Mercadores de braços

Riqueza e acumulação na organização
da emigração europeia para o Novo Mundo

Mercadores de braços

Riqueza e acumulação na organização
da emigração europeia para o Novo Mundo

Paulo Cesar Gonçalves

Copyright © 2012 Paulo Cesar Gonçalves

Grafia atualizada segundo o Acordo Ortográfico da Língua Portuguesa de 1990, que entrou em vigor no Brasil em 2009.

Publishers: Joana Monteleone/ Haroldo Ceravolo Sereza/ Roberto Cosso
Edição: Joana Monteleone
Editor assistente: Vitor Rodrigo Donofrio Arruda
Revisão: Ana Paula Marchi Martini
Projeto gráfico, capa e diagramação: Sami Reininger
Assistente de produção: João Paulo Putini

Imagem da capa: Propaganda da companhia de navegação italiana La Veloce, 1913. Coleção de Björn Larsson.

Este livro foi publicado com o apoio da Fapesp.

CIP-BRASIL. CATALOGAÇÃO-NA-FONTE
SINDICATO NACIONAL DOS EDITORES DE LIVROS, RJ

G628m
Gonçalves, Paulo Cesar
MERCADORES DE BRAÇOS: RIQUEZA E ACUMULAÇÃO NA ORGANIZAÇÃO
DA EMIGRAÇÃO EUROPEIA PARA O NOVO MUNDO
Paulo Cesar Gonçalves.
São Paulo: Alameda, 2012.
538p.

Inclui bibliografia
ISBN 978-85-7939-104-0

1. Imigrantes – História – Século XIX. 2. Italianos – América – História. 3. Imigração – Política governamental – Brasil – História. 4. Café – Aspectos econômicos – Brasil – História. 5. História econômica – Século XIX. I. Título.

11-5668. CDD: 981.04
          CDU: 94(81).04
                                     029365

Alameda Casa Editorial
Rua Conselheiro Ramalho, 694, Bela Vista
CEP 01325-000 São Paulo, SP
Tel. (11) 3012-2400
www.alamedaeditorial.com.br

Sumário

Prefácio	13
Introdução	17
Parte I – Nos dois lados do Atlântico	31
Capítulo 1. Na Itália, *scampo*	
No horizonte, a emigração	33
O grande êxodo: um problema, duas leis	52
Agentes e subagentes: *I mercanti di carne umana?*	76
Emigração clandestina	103
Na terra e no mar	113
Capítulo 2. No Brasil, *arrivo*	
A expansão da cafeicultura e a carência de braços	131
A política brasileira de imigração e colonização	140
O debate sobre o imigrante ideal	162
São Paulo: leis e contratos para introdução de imigrantes	173
Parte II – Um negócio do Atlântico	229
Capítulo 3. Novos empreendimentos, velhas demandas	
Em direção a um mundo unificado	231
O problema da mão de obra	240
Emigração, recrutamento e transporte na Europa mediterrânea	249

Capítulo **4. *La Più Grande Italia***
Emigração, desenvolvimento econômico e política externa — 297
Emigração e comércio de mercadorias — 307
Expansionismo: América ou África? — 323
As remessas: *I fiumi d'oro* — 332

Capítulo **5. O oceano como espaço de acumulação**
Sujeitos da acumulação na Itália — 341
Sujeitos da acumulação no Brasil — 427

Considerações finais — 447

Fontes — 453

Bibliografia — 471

Anexos — 489

Agradecimentos — 535

Lista de abreviaturas e siglas

Arquivos e bibliotecas consultadas

Brasil

ACS – Arquivo da Associação Comercial de Santos – SP
AN – Arquivo Nacional – RJ
CAPH – Centro de Apoio à Pesquisa em História – FFLCH/USP
CEM – Centro de Estudos Migratórios – SP
CJC – Cátedra Jaime Cortesão – FFLCH/USP
DAESP – Arquivo Público do Estado de São Paulo
EP – Biblioteca Central da Escola Politécnica – USP
FD – Biblioteca da Faculdade de Direito – USP
FEA – Biblioteca da Faculdade de Economia e Administração – USP
FFLCH – Biblioteca Florestan Fernandes – FFLCH/USP
FSP – Biblioteca da Faculdade de Saúde Pública – USP
IEB – Biblioteca do Instituto de Estudos Brasileiros – USP
IIC – Biblioteca do Instituto Italiano de Cultura de São Paulo
MI – Memorial do Imigrante de São Paulo
MP – Biblioteca do Museu Paulista – USP

Internet

UC – Universidade de Chicago (acervo de documentos brasileiros na internet)
PO – Proyecto Dos Orillas

Itália

ACSR – Archivio Centrale dello Stato – Roma
ALP – Archivio Ligure della Scritura Populare – Università degli Studi di Genova
ASG – Archivio di Stato di Genova
BCB – Biblioteca Civica Berio – Gênova
BEB – Biblioteca della Facoltà di Economia – Università degli Studi di Bari
BEG – Biblioteca della Facoltà di Economia – Università degli Studi di Genova
BER – Biblioteca della Facoltà di Economia – Università degli Studi di Roma La Sapienza
BGV – Biblioteca Giorgio Del Vecchio – Università degli Studi di Roma La Sapienza
BNCF – Biblioteca Nazionale Centrale Firenze
BNCR – Biblioteca Nazionale Centrale Roma
BPB – Biblioteca Paolo Baffi della Banca d'Italia – Roma
BSP – Biblioteca della Facoltà di Scienze Politiche – Università degli Studi di Genova
BUG – Biblioteca Universitaria di Genova
CSER – Centro Studi Emigrazione Roma
FA – Fondazione Ansaldo – Gênova
FBM – Fondazione Biblioteca del Mulino – Bolonha

Cabe ao século passado [XIX], *portanto, a glória e a responsabilidade de ter soltado sobre a face da História as grandes multidões.*

José Ortega y Gasset
La rebelión de las masas, 1930

À minha mulher,
Silvana;
a meus pais,
Egisto e Celeste;
e a Gustavo,
meu querido sobrinho.

Prefácio

Vera Lucia Amaral Ferlini

A TRANSIÇÃO DO TRABALHO ESCRAVO para o trabalho livre e o uso do braço imigrante são temas constantemente visitados na historiografia brasileira. Os enfoques privilegiam, geralmente, a introdução de formas assalariadas, a partir da segunda metade do XIX, como elemento de superação do escravismo.[1] Do ponto de vista da consolidação do trabalho como mercadoria tratou-se, sem dúvida de ruptura, pois no regime servil o próprio trabalhador era o produto comercializado, alimentando redes mercantis. O mercado de braços, porém, continuou e o impressionante fluxo de europeus que cruzaram o Atlântico, no período, teve também, na sua base, poderoso sistema de negócios.

A formação do mercado de trabalho livre, no Brasil, envolveu, desde o início do século XIX, discussões, propostas políticas e experiências de imigração. Dois elementos impulsionavam esse processo: os embargos ao tráfico de africanos e a visão ilustrada do trabalho como elemento de dignificação e de progresso.[2] A população livre pobre nacional não era

---

1 Veja-se, dentre outros: Emília Viotti da Costa. *Da senzala à colônia*. 3ª ed. São Paulo: Editora Unesp, 1998; Sylvia Bassetto. *Política de mão-de-obra na economia cafeeira do oeste paulista (período de transição)*. Tese de Doutoramento. São Paulo: FFLCH/USP, 1982; Paula Beiguelman. "A grande imigração em São Paulo" (I). *Revista do Instituto de Estudos Brasileiros*. São Paulo, n. 3, 1968, p. 99-116; Boris Fausto, (org.). *Fazer a América. A imigração em massa para a América latina*. 2ª ed. São Paulo: EDUSP, 2000; *Historiografia da imigração para São Paulo*. São Paulo: Editora Sumaré; Fapesp, 1991; Thomas H. Holloway, "Condições do mercado de trabalho e organização do trabalho nas plantações na economia cafeeira de São Paulo, 1885-1915". *Estudos Econômicos*. São Paulo, v. 2, n. 6, 1972, p. 145-180; *Imigrantes para o café: café e sociedade em São Paulo, 1886-1934*. Trad. port. Rio de Janeiro: Paz e Terra, 1984; Maria Theresa Schorer Petrone. "Política imigratória e interesses econômicos". In: Gianfausto Rosoli, (org.). *Emigrazioni europea e popolo brasiliano. Atti del Congresso Euro-Brasiliano sulle migrazioni*. Roma, Centro Studi Emigrazione, 1987.

2 Veja-se Tarcisio Botelho. *População e Nação no Brasil do século XIX*. Tese de doutoramento. São Paulo: FFLCH/USP, 1998 e Lucas Jannoni Soares. *A presença dos homens livres pobres na sociedade da América Portuguesa*. Dissertação de mestrado. São Paulo: FFLCH/USP, 2006.

insignificante, mas sua disponibilidade para o árduo trabalho nas plantações encontrava obstáculos em suas formas tradicionais de vida e de acesso à terra.[3] A ideia de progresso, que direcionava a ação das elites, vislumbrava, no branqueamento e na entrada de europeus, o caminho da civilização.[4]

Não se tratava apenas da extinção do regime de trabalho escravo. O crescimento vigoroso da economia, no século XIX, que tivera no braço africano seu elemento propulsor, necessitava de fluxo constante de mão-de-obra, cujo acesso à terra pudesse ser controlado e que correspondesse ao ideário civilizatório e progressista dominante. A utilização de europeus foi a solução tentada já nas primeiras décadas, com a formação de colônias no início, com o sistema de parcerias mais tarde.

As colônias de franceses e suíços, implantadas desde o período joanino não se constituíam, porém, em fontes de mão de obra para a grande lavoura.[5] Formavam-se como enclaves, reproduzindo a sociedade camponesa europeia, sem maior diálogo econômico e social com o país. O sistema de parceria, tal como tentado por Vergueiro, em Ibicaba, logo mostrou suas limitações.[6]

O avanço da produção cafeeira, na segunda metade do século XIX requeria braços livres e disponíveis, sem condições de acesso à terra, ou seja, proletarizados.[7] Os contingentes europeus, pressionados pelas modificações do sistema agrário, constituíram a solução. Sua obtenção implicou em ações políticas e na canalização de largos recursos para o estabelecimento das condições legais de imigração, seu agenciamento, transporte e hospedagem. Na década de 1880, o volume de trabalhadores exigidos pela lavoura inviabilizava o agenciamento direto pelos fazendeiros e a criação da Sociedade Promotora de Imigração alavancou o programa imigratório, gerenciando o complexo sistema de contratação de agências, atuando na aplicação de vultosa receita pública que ativou o novo comércio de braços. Com

---

3   Paulo Cesar Gonçalves. *Migração e mão-de-obra: retirantes cearenses na economia cafeeira do Centro-Sul (1877-1901)*. São Paulo: Humanitas, 2006; Lúcio Kowarick. *Trabalho e vadiagem: a origem do trabalho livre no Brasil*. 2ª ed. Rio de Janeiro: Paz e Terra, 1994; Maria Lúcia Lamounier. *Da escravidão ao trabalho livre: a lei de locação e serviços de 1879*. Campinas, São Paulo: Papirus, 1988.

4   Lilia Moritz Schwarcz. *O espetáculo das raças*. São Paulo: Companhia das Letras, 1993.

5   Emília Viotti da Costa. *Da senzala à colônia*. 3ª. ed., São Paulo: Editora Unesp, 1998.

6   Warren Dean. *Rio Claro: um sistema brasileiro de grande lavoura (1820-1920)*. Tradução portuguesa. Rio de Janeiro: Paz e Terra, 1977.

7   José de Souza Martins. *A imigração e a crise no Brasil agrário*. São Paulo: Livraria Pioneira Editora, 1973; *O cativeiro da terra*. 6ª ed., São Paulo: Hucitec, 1996; Peter L Eisenberg, "Escravo e proletário na História do Brasil". *Estudos. Econômicos* 13(1):55-69, jan./abr. 1983.

a implantação da Hospedaria de Imigrantes do Brás foi possível centralizar os imigrantes e alocá-los de acordo com a demanda da cafeicultura. Os fundos criados subvencionaram as passagens sob contrato e, em menor medida, o reembolso do valor despendido na viagem dos imigrantes espontâneos que se enquadrassem nas exigências da lei.

A necessidade de recrutar braços na Europa movimentou, pois, grande volume de recursos financeiros via contratos, estimulando a participação de agências que passaram a se dedicar quase que exclusivamente a esse negócio. Celebraram acordos para introdução de imigrantes e participaram desse negócio que unia não só o Brasil à Itália, mas também à Espanha e Portugal. Um grande número de intermediários ligava esses países europeus e as fazendas paulistas: agentes e subagentes de emigração, companhias de navegação, corpo consular, serviço da imigração e agências introdutoras de imigrantes.

Paulo Cesar Gonçalves, neste livro, trata desse comércio de trabalhadores, que impulsionou as companhias de navegação, o sistema financeiro, sustentando a diáspora europeia que mudou as sociedades americanas. Parte das profundas transformações globais que marcaram o século XIX – independências americanas, repressão ao tráfico de escravos, modificações na estrutura fundiária na Europa, miséria camponesa, incremento mundial das trocas, moderna navegação a vapor – e apresenta os meandros desse comércio que fez do provimento de mão-de-obra para as Américas um próspero investimento.

Sua minuciosa pesquisa, em arquivos do Brasil e da Itália, focou o agenciamento de emigrantes e o papel desempenhado pelas companhias de navegação e pela indústria naval, no negócio da mão-de-obra. Os novos vapores eram capazes de transportar grandes cargas, ligar continentes com rapidez, e atendendo à demanda das Américas, deslocar os excedentes populacionais europeus. A mudança no transporte marítimo deu novo impulso ao negócio da emigração, criando formas e agentes de recrutamento, companhias ferroviárias, sociedades de colonização, propagandistas, bancos e pequenos banqueiros, casas de câmbio e hospedarias

O autor estuda principalmente as Companhias de Navegação e os grupos italianos ligados à emigração. Expõe, analisando os relatórios e balanços financeiros, a importância do transporte de emigrantes para seus negócios, mostrando que algumas foram criadas com esse objetivo. Os primórdios do negócio, na Itália, foram as experiências genovesas para o Prata, com veleiros de tradicionais famílias de armadores do norte. Os extraordinários lucros dessas operações estimularam a formação de sociedades de investimento, de maior porte. O advento da poderosa Navigazione Generale Italiana (NGI) marcou o processo de concentração com apoio de recursos estatais que a transformou na maior companhia de navegação da Itália. Sua atuação no negócio da emigração foi vigorosa e, na década de 1890, alguns exercícios fecharam com a receita do transporte de passageiros superior à obtida com os fretes de mercadorias, tendência fortalecida na virada do século.

Este livro, além do quadro minucioso dessas redes de negócios do comércio de braços, lança novas luzes a velhas questões da historiografia sobre a transição para o trabalho livre e o fim do escravismo no século XIX. Ao enfatizar a continuidade do mercado de trabalhadores e de seu comércio como poderoso instrumento de acumulação, coloca em questão a própria natureza do escravo enquanto trabalhador para o capital, enfatizando a importância do cativeiro da terra na constituição do novo regime. A sofisticação empresarial, a legitimidade jurídica e a europeização imprimiram cores de progresso ao novo sistema de trabalho, mas o processo dramático da arregimentação dos emigrantes, seu transporte na terceira classe, as duras condições de travessia, o processo de alocação na Hospedaria, expõem as semelhanças com o tráfico negreiro e indicam os limites dessa modernização.

Introdução

NA ALVORADA DO SÉCULO XIX iniciou-se a maior movimentação de povos da História, delimitando o período clássico da migração transoceânica que ultrapassaria a virada para o século seguinte. Naqueles anos, europeus deslocaram-se pelo interior do continente e para o além-mar, onde Estados Unidos, Argentina e Brasil constituíram-se nos principais destinos. Pesquisadores estimam que, entre 1815 e 1914, cerca de 44 a 52 milhões de emigrantes tenham abandonado seus países de origem na aventura até o Novo Mundo.[1] Grande parte desses estudos baseou-se nos dados exaustivamente compilados por Imre Ferenczi e publicados, em 1929, por Walter Willcox, que compõem o primeiro dos dois volumes desse trabalho pioneiro.[2] Destrinchando esses números, Gianfausto Rosoli observa que mais de 50 milhões de europeus deixaram o continente entre o início do século XIX e a Primeira Guerra Mundial. A maior parte dirigiu-se à América do Norte[3] e aproximadamente 11 milhões

---

1   Ercole Sori. *L'emigrazione italiana dall'Unità alla Seconda Guerra Mondiale*. Bolonha: Il Mulino, 1979; J. D. Gould. "European inter-continental emigration 1815-1914: patterns and causes". *The Journal of European Economic History*. Roma, v. 8, n. 3, 1979, p. 593-679; Blanca Sánchez Alonso. "La emigración española a la Argentina, 1880-1930". In: Nicolás Sánchez-Albornoz (org.). *Españoles hacia América. La emigración en masa, 1880-1930*. Madri: Alianza Editorial, 1988, p. 205-134; Eric J. Hobsbawm. *A era do capital, 1848-1875*. 5ª. ed. Rio de Janeiro: Paz e Terra, 1996; Chiara Vangelista. *Dal vechio al nuovo continente. L'immigrazione in America Latina*. Turim: Paravia, 1997; Maria Ioannis B. Baganha. "A emigração portuguesa e as correntes migratórias internacionais (1855-1974) – Síntese histórica". *Estudios Migratórios Latinoamericanos*. Buenos Aires, ano 12, n. 38, 1998, p. 29-55.

2   Imre Ferenczi; Walter Willcox. *International migrations*. v. 1: *Statistics*; v. 2: *Interpretations*. Nova York: National Bureau of Economic Research, 1929.

3   Refletindo sobre o tema, Hobsbawm apresenta números que dão ideia do volume e do progressivo aumento dessas migrações ao longo da segunda metade do Oitocentos para os Estados Unidos: no período de 1846 a 1850, média anual do êxodo europeu foi de mais de 250 mil, nos cinco anos subsequentes, chegou a 350 mil, alcançando 428 mil em 1854. Na década de 1880, entre 700 mil e 800 mil europeus migraram, em

aportaram na América Latina. Desse último montante, 38% eram italianos, 28% espanhóis, 11% portugueses e 3% franceses e alemães.[4]

Mais do que a busca pela precisão estatística, tarefa inglória, importa a este estudo o extraordinário volume de emigrantes que se dispuseram a atravessar o oceano em busca de melhores condições de vida, favorecido pela revolução nos meios de transporte, sobretudo pelo surgimento do navio a vapor que, associado às ferrovias, encurtou distâncias com a diminuição do tempo das viagens. Paralelamente, a emigração permitiu o desenvolvimento de um tipo de negócio com contornos de grande empreendimento e potencialidade de ganhos até então inéditos: o transporte transoceânico de passageiros de 3ª classe e seus desdobramentos em termos de organização do fluxo migratório nos dois lados do Atlântico.

As pesquisas sobre emigração/imigração envolvem diferentes questões como deslocamento de populações, causas de sua origem – fatores de atração e de repulsão –, substituição de mão de obra e aspectos culturais. Sánchez-Albornoz assinala ainda que: "A emigração é um problema de políticas nacionais e de tomada de decisão pessoal, porém é ao mesmo tempo uma gigantesca empresa sem a qual não se concretizam nem umas nem outras. Multidões de indivíduos e de entidades participam dela recrutando e transportando emigrantes".[5] À luz dessas observações, a proposta deste estudo é analisar a organização da empresa envolvida com o recrutamento e transporte de europeus para o Novo Mundo, dedicando especial atenção ao movimento de italianos para o Brasil, inserido no contexto da grande emigração entre as décadas finais do século XIX e a eclosão do primeiro conflito mundial.

Nesse período, a Itália constituiu-se na principal exportadora de mão de obra para o Novo Mundo. Os Estados Unidos receberam o maior contingente, depois vieram Argentina e Brasil.[6] Este último, apesar de ser o terceiro receptor desses imigrantes, teve como característica fundamental uma política imigratória bastante ativa na atração de mão de obra estrangeira, representada por São Paulo e seus grandes contratos de introdução de imigrantes subsidiados. Portanto, a organização que aproximou as fronteiras de Europa e América para

---

    média, a cada ano e, após 1900, entre 1 e 1,4 milhão, anualmente. Eric J. Hobsbawm. *A era do capital, 1848-1875, op. cit.*, p. 272.

4 Gianfausto Rosoli. "Um quadro globale della diaspora italiana nelle Americhe". *Altreitalie*, Turim, n. 8, 1992, p. 10.

5 Nicolás Sánchez-Albornoz. "Medio siglo de emigración masiva de España hacia América". In: Nicolás Sánchez-Albornoz (org.). *Españoles hacia América. La emigración en masa, 1880-1930*. Madri: Alianza Editorial, 1988, p. 22.

6 Um estudo comparado do fluxo italiano para os Estados Unidos, Argentina e Brasil, com ênfase nos fatores de atração e repulsão encontra-se em Douglas H. Graham. "Migração estrangeira e a questão da oferta de mão de obra no crescimento econômico brasileiro – 1880-1930". *Estudos Econômicos*. São Paulo, v. 3, n. 1, 1973, p. 7-64.

satisfazer a demanda e dar conta da oferta, delineia-se como caminho importante para se examinar a emigração como negócio e perceber quais foram seus maiores beneficiários.

O Novo Mundo, que até o século XVIII – em muitos casos até primeira metade do XIX – apresentava padrão de imigração relacionado às populações dos países colonizadores e à importação de escravos africanos, sofreu alterações em seu modelo migratório no Oitocentos. A emancipação das colônias, a abolição da escravidão e a expansão capitalista estimularam a imigração europeia massiva, temporária ou permanente. Isso foi possível porque, simultaneamente, mudanças econômicas e demográficas na Europa – especialmente a setentrional – e o aumento da integração da economia mundial liberaram contingentes significativos de populações dispostas ou obrigadas a migrar.[7]

Em meados do século XIX, ingleses, irlandeses, suíços e alemães foram os primeiros povos a partir em massa, impulsionados, essencialmente, pelos graves problemas econômicos e sociais – pressão sobre a terra e rebaixamento dos salários –, potencializados pelo crescimento demográfico sem par até então e por fatores conjunturais como a grande fome que assolou a Irlanda em 1846-1847.[8]

As migrações transoceânicas de alemães e italianos entraram em cena tardiamente, quando os grandes espaços vazios, abertos a partir dos descobrimentos, já tinham sua forma de ocupação definida e outros grupos de imigrantes desempenhando as atividades econômicas subjacentes a essa tarefa. Portugueses, espanhóis, ingleses, franceses e holandeses foram os principais participantes dessa 'partilha do mundo', integrando as áreas recém-descobertas aos interesses do capitalismo comercial em expansão e definindo suas funções econômicas.[9] No entanto, ao menos para os países ibéricos, essa realidade sofreu alterações concretizadas ao longo do século XIX, que os deixaram em segundo plano diante do novo concerto das nações. Tal fato não impediu suas populações de elegerem como destino principal suas ex-colônias.

Na Itália, desde a década de 1860, quando o país já estava unificado, a emigração começou a tomar forma, alcançando maior importância a partir do decênio seguinte.[10] Alguns

---

[7] A população europeia mais que triplicou entre 1800 a 1920, passando de 144 para 486 milhões. O ápice do crescimento se deu entre 1870-1880, exatamente no período em que teve início o *boom* emigracionista. José Jobson de Andrade Arruda. "A expansão europeia oitocentista: emigração e colonização". In: Fernando de Souza; Ismênia Martins. *A emigração portuguesa para o Brasil*. Porto: Afrontamento, 2007, p. 13-40.

[8] Eric J. Hobsbawm. *A era do capital, 1848-1875*, op. cit., p. 273.

[9] Maria Theresa Schorer Petrone. "Política imigratória e interesses econômicos". In: Gianfausto Rosoli (org.). *Emigrazioni europee e popolo brasiliano – Atti del Congresso Euro-Brasiliano sulle migrazioni*. Roma: Centro Studi Emigrazione, 1987, p. 258.

[10] Os números apresentados pela historiografia são bastante próximos e dão ideia do volume da emigração italiana. Segundo Ercole Sori, entre 1861 e 1940, saíram da Itália aproximadamente 20 milhões de pessoas. Ercole Sori.

fatores de expulsão eram similares àqueles dos países europeus pioneiros na exportação de populações: aumento acentuado da população rural e a depressão agrícola.[11] Outros eram peculiares à península, como confisco de pequenas propriedades, cujos donos não conseguiam pagar a taxa sobre a farinha e a diminuição da procura de mão de obra no Império Austro-Húngaro e na Alemanha, tradicionais mercados de trabalho para a emigração temporária de trabalhadores do Vêneto.[12]

Em meio à expansão do capitalismo mundial, a Europa passou por transformações que modificaram os padrões seculares da agricultura camponesa, afrouxando os laços do homem com a terra, agora destinada à produção em larga escala, conforme a demanda mundial por alimentos e matérias-primas. A terra adquiria, portanto, nova função como fator de produção e fonte de capital, e não mais como meio de vida tradicional do mundo rural europeu, ancorado na produção camponesa.

Ao mesmo tempo, no Novo Mundo, a agricultura voltada para o comércio exterior, já organizada em larga escala e sob a égide do trabalho escravo ou servil, especializou-se ainda mais na produção de matérias-primas para suprir as necessidades da dinâmica da economia mundial, na qual o escravismo perdia importância.[13] O aumento da produção tinha por características principais a dependência dos recursos naturais e o avanço sobre novas terras, cuja exploração dependia, em última instância, do aprovisionamento de mão de obra.

Tais fatores, associados à demanda de trabalhadores no setor industrial em expansão e nas áreas antes inacessíveis de forma efetiva para o mercado mundial – conquistadas através do avanço tecnológico (ferrovias e navios a vapor) – criaram condições para constituição do

---

L'emigrazione italiana dall'Unità alla Seconda Guerra Mondiale, op. cit., p. 19. Gianfausto Rosoli apresenta dados semelhantes: cerca de 18 milhões de italianos procuraram trabalho no exterior entre 1870 e 1930. Utilizando-se do censo de 1871, o autor calcula que existiam naquele ano 450 mil italianos vivendo no exterior, número que, dez anos depois chegou a 1 milhão. Gianfausto Rosoli. "Um quadro globale della diaspora italiana nelle Americhe", *op. cit.*, p. 11.

11 Sobre as causas e implicações da depressão agrícola na Europa nas últimas décadas do século XIX ver Valentin Vázquez de Prada. *História económica mundial. II – Da Revolução Industrial à actualidade*. Porto: Livraria Civilização Editora, 1976, p. 192-206.

12 Angelo Trento. *Do outro lado do Atlântico*. São Paulo: Nobel/Istituto Italiano di Cultura di San Paolo/Instituto Cultural Ítalo-Brasileiro, 1988, p. 31. Sori chama atenção para outro problema enfrentado pelas populações camponesas: a impossibilidade de conseguir dinheiro vivo, cada vez mais necessário para sua sobrevivência. Ercole Sori. *L'emigrazione italiana dall'Unità alla Seconda Guerra Mondiale. op. cit.*

13 "O capitalismo industrial 'propõe' a formação de uma periferia produtora, em massa, de produtos primários de exportação, organizando-se a produção em bases capitalistas, quer dizer, mediante trabalho assalariado. Assim deu-se a inserção das economias periféricas na nova divisão internacional do trabalho". João Manuel Cardoso de Mello. *O capitalismo tardio*. 9ª ed. São Paulo: Brasiliense, 1998, p. 45.

mercado internacional de trabalho e a massificação dos deslocamentos de populações europeias para o Novo Mundo e outras áreas do globo. No momento em que os campos europeus entravam em fase acelerada de desarticulação, a América aglutinou a gigantesca dilatação do mercado de trabalho, apresentando-se como imenso território de reserva para numerosos e famélicos contingentes do Velho Mundo.[14]

O processo de erosão da base de sustentação do modo de vida camponês, todavia, não ocorreu sem a resistência da população rural – o próprio êxodo pode ser entendido como forma de resistência à proletarização. A expropriação dos meios de vida, a falta de trabalho no campo e a fome surgiam como combustíveis para levantes e revoltas que colocavam a ordem social em risco.[15] As emigrações ganhavam apoio de parte de grupos políticos e econômicos – em especial daquelas cuja riqueza e poder não advinham da exploração do trabalho associado à terra – não apenas pelo medo de convulsão social, mas também pela possibilidade de ganhos com a organização dos deslocamentos além-mar.

Sobre esse negócio, Hobsbawm assinala que, onde havia grande demanda por trabalho (ou por terra) de um lado, uma população ignorante das condições no país escolhido de outro, separados por longa distância, o agente ou contratador prosperava. Tais indivíduos acumulavam seus lucros enviando "gado humano" para as companhias de navegação ansiosas por completar suas equipagens. Os agentes eram pagos pelos empregadores e pelos centavos de homens e mulheres que não raramente haviam atravessado metade de um continente estranho antes de embarcar para cruzar o Atlântico.[16]

No âmbito político, as revoluções que varreram a Europa na primeira metade do século XIX abriram caminho para a burguesia assumir o poder e deixaram como legado a destruição das estruturas do Antigo Regime em níveis diferentes por todo o continente. O liberalismo e a liberdade individual emergiram da antiga repressão e figuraram praticamente em todas as constituições, ou ao menos, contribuíram para formação de um ideário novo.[17] O problema da emigração deve ser entendido também sob a luz desse novo parâmetro. Em virtude de

---

14   A. W. Crosby. *Ecological imperialism: the overseas migration of western Europeans as a biological phenomenon.* Apud Piero Bevilacqua. "Società rurale e emigrazione". In: Piero Bevilacqua, Andreina De Clementi & Emilio Franzina (orgs.). *Storia dell'emigrazione italiana. Partenze.* v. I. Roma: Donzelli Editore, 2001, p. 107.

15   Na Itália, segundo Sori, já na década de 1860, o aumento no volume das expatriações coincidiu com agitações e greves contra a taxação da farinha, em 1869; na região de Mantova, após as autoridades locais conseguirem debelar as lutas agrárias, em 1873; na Itália meridional, nas áreas onde o *brigantaggio* se manifestou durante o início dos anos de 1870. Ercole Sori. *L'emigrazione italiana dall'Unità alla Seconda Guerra Mondiale, op. cit.,* p. 218-219.

16   Eric J. Hobsbawm. *A era do capital, 1848-1875, op. cit.,* p. 279.

17   Cf. José Jobson de Andrade Arruda. "A expansão europeia oitocentista: emigração e colonização". *op. cit.*

seus aspectos econômicos, o êxodo, muitas vezes, não foi reprimido, chegando mesmo a ser incentivado, o que não impediu a instituição de regras e ações restritivas. Mas qualquer discussão sobre o tema deve, sem sombra de dúvida, levar em consideração a afirmação da conquista da liberdade do indivíduo dispor de si mesmo, inclusive, de se movimentar além das fronteiras. Por outro lado, não se pode esquecer o peso da consolidação da ideia, igualmente nova, de nação e o crescimento das funções e dos poderes do Estado, responsável, a partir de então, pela definição da política migratória dentro de seu território. Ou seja, apreender em que medida a liberdade individual se sobrepunha aos interesses da nação e vice-versa.

As migrações de populações europeias, comuns já nos séculos anteriores ao XIX, ganharam força a partir do período napoleônico. Nas áreas montanhosas da Itália, as condições naturais adversas obrigavam à busca sazonal do sustento familiar em outras regiões ou nos países vizinhos, como na economia de transumância praticada entre a região Alpina e o Agro Romano, na emigração de populações do Vêneto para regiões da Europa central (França e Alemanha)[18] e na emigração sazonal de Abruzzi e Campânia para o norte da península, para trabalhar nas obras de drenagem durante o século XVIII.[19]

Nas diferentes zonas dos Alpes – Piemonte, Trento e Lombardia –, onde os fluxos migratórios temporários não tiveram origem na crise do final do Oitocentos, mas em um passado de mobilidade territorial de caráter sazonal com forte componente artesanal e mercantil, tais movimentos forjaram um gênero de vida e uma cultura de mobilidade que contribuíram para a manutenção da economia das sociedades alpinas durante o Antigo Regime e forneceram resposta às novas condições internas e externas durante o século XIX.[20]

Iniciada no norte, a emigração em massa de italianos só posteriormente atingiu o sul da península, encaminhando-se, quase que exclusivamente, para o outro lado do Atlântico.[21] Na

---

18   Sobre os movimentos migratórios das áreas montanhosas do Vêneto ver Emilio Franzina. "L'emigrazione dalla montagna veneta fra Otto e novecento". *La montagna veneta in età contemporanea. Storia e ambiente. Uomini e risorce.* s.n., 1991.

19   Ercole Sori. *L'emigrazione italiana dall'Unità alla Seconda Guerra Mondiale, op. cit.*, p. 12-4. Uma interessante e sucinta abordagem dos diferentes modelos migratórios característicos da península italiana está em Giovanni Pizzorusso. "I movimenti migratori in Italia in antico regime". In: Piero Bevilacqua, Andreina De Clementi & Emilio Franzina (orgs.). *Storia dell'emigrazione italiana. Partenze*, v. I. Roma: Donzelli Editore, 2001, p. 7-10.

20   Paola Corti. "L'emigrazione temporanea in Europa, in Africa e nel Levante". In: Piero Bevilacqua, Andreina De Clementi & Emilio Franzina (orgs.). *Storia dell'emigrazione italiana. Partenze.* v. I. Roma: Donzelli Editore, 2001, p. 221.

21   Segundo Andreina De Clementi, as causas do êxodo na região setentrional são anteriores a 1888 e se referem à inserção, de forma subordinada, da economia italiana no mercado ocidental, ao alargamento do mercado interno e ao início de um processo de mecanização e centralização agrícola. Na região meridional, a autora

montanha e na colina piemontesa, as dificuldades da economia rural compeliam ao aumento da duração da expatriação sazonal para o plurianual, ou mesmo definitivo, inicialmente para Europa, depois para América. Neste sentido, grande parte da emigração precária italiana esteve inserida no rastro da mobilidade territorial das forças de trabalho agrícolas que, crescendo dentro dos confins nacionais sobre os caminhos das migrações internas agrícolas, apresentavam-se em contínua dilatação geográfica.[22] Hobsbawm considera que essa era, em parte, uma mobilidade do Antigo Regime expandida geograficamente em demasia,[23] que culminou na descoberta da lei do valor-trabalho em um mercado capitalista já estendido além dos confins da nação.[24]

A emigração italiana inseriu-se no modelo de crescimento mundial e de desenvolvimento do comércio internacional que caracterizou grande parte do século XIX. O campo italiano presenciava o avanço do mundo industrial, que penetrava na velha sociedade com produtos mais baratos, novas técnicas e ideias. Tais fenômenos atingiam uma escala global.[25] Os grãos norte-americanos e argentinos faziam concorrência vitoriosa aos produzidos na Europa, pois eram transportados por grandes vapores em volumosas quantidades a baixo custo. O mundo ficava cada vez menor, inclusive para os movimentos de populações.[26]

Dessa forma, a península transformou-se em uma das maiores fornecedoras de mão de obra barata no mercado. Força de trabalho que foi chamada a cumprir junto aos países extra-europeus – na fase mundial de desenvolvimento na qual se afirmou ampla abertura do mercado internacional de trabalho – um papel subordinado e marginal no processo

---

destaca a forte pressão fiscal e a consequente expropriação de terras já no final da década de 1880. Andreina De Clementi. "La 'grande emigrazione'". In: Piero Bevilacqua, Andreina De Clementi & Emilio Franzina (orgs.). *Storia dell'emigrazione italiana. Partenze.* v. I. Roma: Donzelli Editore, 2001, p. 200-1. Sobre a emigração do *Mezzogiorno* ver também Andreina De Clementi. *Di qua e di là dall'Oceano. Emigrazione e mercati nel Meridione (1860-1930).* Roma: Carocci, 1999.

22 Ercole Sori. *L'emigrazione italiana dall'Unità alla Seconda Guerra Mondiale, op. cit.,* p. 346.

23 Eric J. Hobsbawm. *A era do capital, 1848-1875. op. cit.* cap. 11.

24 Ercole Sori. *L'emigrazione italiana dall'Unità alla Seconda Guerra Mondiale, op. cit.,* p. 395.

25 Zuleika Alvim apresenta síntese sobre a forma como o capitalismo penetrou no campo italiano, ressaltando que tal processo não ocorreu de maneira uniforme: "concentração da propriedade; altas taxas de impostos sobre a terra, que impeliram o pequeno proprietário a empréstimos e ao consequente endividamento; oferta, pela grande propriedade, de produtos a preços inferiores no mercado, eliminando a concorrência do pequeno agricultor; e, finalmente, a sua transformação em mão de obra para a indústria nascente". Zuleika M. F. Alvim. *Brava gente! Os italianos em São Paulo, 1870-1920.* São Paulo: Brasiliense, 1986, p. 22.

26 Piero Bevilacqua. "Società rurale e emigrazione", *op. cit.,* p. 106.

produtivo.²⁷ As restrições locais ao acesso à terra e ao mercado de trabalho agrícola levaram a uma maior participação dos camponeses italianos, sobretudo do *Mezzogiorno*, no mercado mundial de trabalho.²⁸

No Oitocentos, esse mercado não requeria trabalhadores qualificados. Estes podiam proceder de atividades mais humildes como colonos agrícolas, artesãos e assalariados dotados apenas da força de seus próprios braços. Assim, o êxodo em massa de italianos encaminhou-se, essencialmente, a duas áreas: Europa central, para trabalhos em ferrovias e minas, e América, onde a política de povoamento e procura de braços para a lavoura permitiu que famílias inteiras de emigrantes lá se estabelecessem. Sem contar o imenso volume de mão de obra composto por homens que se destinavam às indústrias das principais cidades dos Estados Unidos.

Ganharam importância, nesse sentido, os avanços tecnológicos representados pelas ferrovias e pelos navios a vapor, pois baratearam o custo do transporte e diminuíram o tempo das viagens. Além disso, a rede ferroviária, parte integrante da revolução nos meios de locomoção, também exigia braços para sua expansão e manutenção. O setor de comunicações e transportes registrou mudanças profundas durante a segunda metade do século XIX, em resultado da difusão e desenvolvimento da tecnologia industrial. A combinação de vapores, telégrafos, ferrovias e correios, refletiu-se em maior regularidade e velocidade de informação e movimentação de cargas e pessoas.²⁹

A substituição do veleiro pelo navio a vapor³⁰ implicou em navegação regular com rotas e escalas pré-determinadas que não apenas atendiam a demanda, mas estimulavam o tráfico. Tal organização obrigou à especialização e modernização de portos e ao estabelecimento de uma rede de serviços subordinada às companhias de navegação. Apoiadas nos subsídios estatais para os serviços postais, no aumento do volume de cargas e passageiros,

---

27 Ercole Sori. *L'emigrazione italiana dall'Unità alla Seconda Guerra Mondiale, op. cit.*, p. 44.

28 Emilio Sereni. *Il Capitalismo nelle campagne (1860-1900)*. Turim: Einaudi Editore, 1980, p. 363.

29 Joaquim da Costa Leite. "O transporte de emigrantes: da vela ao vapor na rota do Brasil 1851-1914". *Análise Social*. Lisboa, n. 112-113, 1991, p. 741. Um estudo completo do tema está em Joaquim da Costa Leite. *Portugal and emigration, 1855-1914*. Tese de Doutoramento. Nova York: Columbia University, 1994.

30 A cronologia da substituição da vela pelo vapor foi diferente para cargas, passageiros e rotas, e dependeu muito do volume do tráfego, dos subsídios ou contratos de correio, das características da carga ou das possibilidades econômicas dos passageiros. Joaquim da Costa Leite. "O transporte de emigrantes: da vela ao vapor na rota do Brasil 1851-1914", *op. cit.*, p. 747. No transporte de passageiros, essa substituição completou-se na década de 1870. Em termos globais, no entanto, a tonelagem dos vapores ultrapassou a dos veleiros por volta de meados da década de 1890 (Tabela A.18).

tornaram-se importante instrumento de expansão econômica e política dos Estados em plena competição imperialista.[31]

Em meio a esse processo encontrava-se a emigração e sua potencialidade em termos econômicos, o que estimulou a especialização das atividades de recrutamento, transporte e distribuição de emigrantes. Negócio próspero que contou com a participação de diversas empresas – companhias de navegação a vapor, companhias ferroviárias, companhias de colonização, armadores, agenciadores, além dos serviços públicos nos países de origem e chegada – e colocou em evidência a primeira contribuição desses trabalhadores migrantes ao processo de acumulação capitalista, mesmo antes do trabalho nas terras e nas fábricas a que se destinavam.

Delimita-se, assim, a hipótese deste estudo. A organização da emigração transoceânica – recrutamento e transporte de europeus para o continente americano, assim como a alocação e distribuição destes no país de destino – delineou-se como empreendimento lucrativo que, ao mesmo tempo, não mediu esforços em estimular o fluxo para a América. A análise do movimento de populações entre Itália e Brasil, com especial atenção aos investimentos públicos que financiaram a política imigratória brasileira, sobretudo a paulista, constitui tentativa de apreender como esses recursos foram carreados para companhias de navegação e agências de introdução de imigrantes, além de outras atividades ligadas ao êxodo. O próprio sucesso do empreendimento dependeu da articulação dos setores responsáveis pelo deslocamento e alocação da mão de obra nos dois países. Percebe-se, assim, uma rede de negócios estabelecida nos dois lados do Atlântico, cujos objetivos eram claros: auferir lucros com a emigração.

Necessário, portanto, estabelecer recorte temporal que abarque o momento em que esses interesses começaram a se estruturar nos dois países, tendo como base a oferta de força de trabalho na Itália, pois, no Brasil, essa demanda remontava há tempos, diante da perspectiva da substituição da mão de obra escrava após a extinção do tráfico.

De maneira geral, a historiografia considera o período clássico da emigração transoceânica de europeus entre a segunda metade do Oitocentos e as primeiras décadas do Novecentos. É consenso, ainda, que os italianos partiram para o além-mar mais tardiamente para se transformarem em uma das principais correntes migratórias a partir do final do século XIX.[32]

---

31 Alexandre Vázquez González. "Os novos señores da rede comercial da emigración a América por portos galegos: os consignatarios das grandes navieiras transatlánticas, 1870-1939". *Estudios Migratórios*. Santiago de Compostela, n. 13-14, 2002, p. 9-49; Alejandro Vásquez González. "De la vela al vapor. La modernización de los buques en la emigración gallega a América". *Estudios Migratórios Latinoamericanos*. Buenos Aires, ano 9, n. 28, 1994, p. 569-596.

32 Eric J. Hobsbawm. *A era do capital, 1848-1875. op. cit.*; Emilio Sereni. *Il Capitalismo nelle campagne (1860-1900)*. Turim: Einaudi Editore, 1980; Angelo Trento. *Do outro lado do Atlântico*. São Paulo: Nobel/Inst. Italiano di Cultura di San Paolo/Inst. Cultural Ítalo-Brasileiro, 1988; Gianfausto Rosoli. "Un quadro globale della diaspora

A historiografia italiana sobre a emigração também parte desse balizamento. Fernando Manzotti[33] demarca o período do grande fluxo migratório italiano entre 1861 e 1914, às vésperas do início da guerra. O autor, no entanto, considera três momentos distintos: o primeiro, de 1861 a 1880, na fase inicial, mas crescente, do êxodo, em que ainda não havia uma política de emigração definida; de 1881 a 1901, quando o fluxo assumiu grandes proporções e se instaurou política repressora; e o último, de 1901 a 1914, caracterizado pela forte emigração meridional, influenciada pelo mercado internacional de trabalho e pela intensa demanda norte-americana.

Para Antonio Annino,[34] a grande emigração italiana pode ser delimitada entre a unificação e o início do fascismo, mas subdividida em quatro fases: 1876-1886; 1887-1900; 1901-1913; 1919-1925. As três primeiras correspondem ao crescimento gradual do fenômeno, como se depreende das médias anuais de emigração para cada uma delas: 134 mil, 269 mil e 650 mil. Após isso, com a eclosão da Primeira Guerra Mundial, e o rompimento das comunicações, a emigração caiu vertiginosamente, chegando à quase total interrupção, para voltar a crescer somente a partir de 1920. O marco inicial do autor prende-se ao primeiro ano das estatísticas oficiais, informações fundamentais para a análise qualitativa e quantitativa do fluxo migratório. Entretanto, em seu estudo sobre as origens e controvérsias da lei de 1901, Annino não se furtou de recuar no tempo para analisar, por exemplo, a Circular Lanza, de 1873, uma das primeiras tentativas de resposta repressora, por parte do governo, ao aumento do êxodo.

Angelo Filipuzzi,[35] por seu turno, não foge da proposta de Manzotti ao considerar o espaço de tempo que engloba a grande emigração, entre 1861 e 1914. A divisão em quatro partes prende-se basicamente aos marcos estabelecidos pelas leis de emigração. O primeiro período vai de 1861 a 1876, ano da Circular Nicotera, então ministro do Interior; o segundo, de 1877 a 1887, caracteriza-se pela discussão sobre a lei de emigração; o terceiro, entre 1888 e 1901, demarcado pelas duas leis, e palco das polêmicas sobre as limitações da primeira e as propostas para elaboração da segunda; por último, o período de 1902 a 1914,

---

italiana nelle Americhe". *op. cit.*; Chiara Vangelista. *Dal vechio al nuovo continente. L'immigrazione in America Latina. op. cit.*; Donna R. Gabaccia. *Emigranti. Le diaspore degli italiani dal Medievo a oggi*. Turim: Einaudi Editore, 2000; Piero Bevilacqua. "Società rurale e emigrazione". In: Piero Bevilacqua, Andreina De Clementi & Emilio Franzina (orgs.). *Storia dell'emigrazione italiana. Partenze*, v. I. Roma: Donzelli Editore, 2001.

33 Fernando Manzotti. *La polemica sull'emigrazione nell'Italia Unita*. Milão: Società Editrice Dante Alighieri, 1969.

34 Antonio Annino. "Origine e controversie della legge 31 gennaio 1901. La politica migratoria dello Stato postunitario". *Il Ponte*. Gênova, n. 30-31, 1974, p. 1229-1268.

35 Angelo Filipuzzi. *Il dibattito sull'emigrazione. Polemiche nazionali e stampa veneta (1861-1914)*. Florença: Felice le Monnier, 1976.

refém dos efeitos da nova legislação que, em essência, dirigiria a política migratória italiana até o advento do fascismo.

Ercole Sori,[36] em trabalho mais abrangente, considera que o período da grande emigração iniciou-se em 1861, quando o fluxo transoceânico italiano, embora ainda modesto em números, se comparado com as décadas seguintes, começava a ganhar importância, dirigindo-se predominantemente à região do rio da Prata em detrimento de outros pontos das Américas. Seu marco final é o ano de 1914, com a eclosão do conflito mundial e a consequente queda abrupta do êxodo.

Tratando especificamente da região do Vêneto, mas fornecendo visão geral do quadro migratório italiano, inserido no contexto da transição de um país agrícola e pré-industrial a um estágio de específica maturidade capitalista, Emilio Franzina[37] decompõe o fenômeno em duas fases. A primeira, compreendida entre a Unificação e o fim do século, caracterizada fundamentalmente por causas endógenas de expulsão, pelo surgimento do assistencialismo aos que partiam e pela predominância de emigrantes rurais vênetos. A segunda, que coincide com os anos da era de Giolitti[38] até o advento do fascismo, marcada pela predominância de italianos do Sul, destinados majoritariamente aos Estados Unidos, em resposta à atração exercida por esse mercado de trabalho, e pela afirmação de um novo mecanismo de acumulação nacional, representado pelas remessas monetárias dos emigrantes.

Sob o aspecto jurídico, Rosoli reparte "os cem anos de emigração italiana" em quatro períodos, sendo que os dois primeiros interessam diretamente a este estudo. Aquele caracterizado pela lei de 1888 que, em oposição às restrições impostas a partir da Unificação, concedeu total liberdade para emigrar, como também para os agentes de emigração ampliarem "seu comércio". E o momento após a lei de 1901, quando o Estado pela primeira vez demonstrou interesse pelo êxodo, seja através do aproveitamento de seus aspectos econômicos, sociais, culturais e políticos, seja na intenção de proteger seus cidadãos durante a viagem e no exterior.[39]

---

36   Ercole Sori. *L'emigrazione italiana dall'Unità alla Seconda Guerra Mondiale. op. cit.*

37   Emilio Franzina. *La grande emigrazione. L'esodo dei rurali dal Veneto durante il secolo XIX.* Veneza: Marsilio Editore, 1976. Recentemente, este livro foi publicado no Brasil sob o título: *A grande emigração. O êxodo dos italianos do Vêneto para o Brasil.* Campinas, SP: Unicamp, 2006. Ver ainda do mesmo autor, *Gli italiani al Nuovo Mondo: l'emigrazione italiana in America, 1492-1942.* Milão: A. Modadori, 1995. Algumas questões sobre a emigração vêneta estão sintetizadas em Emilio Franzina. "Emigrazione e storia del Veneto: spunti per um dibattito". *Rivista di Storia Contemporanea.* Turim, ano XI, fasc. 3, 1982, p. 465-489.

38   É comum na historiografia italiana a utilização do termo *L'Età Giolittiana* para delimitar o período entre 1901 e 1914. Giovanni Giolitti, no entanto, não presidiu o Conselho de Ministros ininterruptamente, mas por três ocasiões: 1903-1905, 1906-1909 e 1911-1914.

39   Gianfausto Rosoli. "Un quadro globale della diaspora italiana nelle Americhe", *op. cit.*, p. 19.

Tendo como um dos objetos a análise de algumas companhias de navegação italianas, este estudo não poderia deixar de contemplar a década de 1860, período de escassas estatísticas oficiais. Embora problemático em relação aos números da emigração, foi palco de ensaio daquilo que seria um dos fatores fundamentais no desenvolvimento econômico da península: com a emigração transoceânica para a região do Prata começaram a se estabelecer os interesses da marinha mercantil italiana, mais especificamente genovesa, baseados em uma incipiente dinâmica que combinava transporte de emigrantes e mercadorias.

O ano de 1868 pode ser considerado marco importante. Nesse momento, surgiram as primeiras reações – favoráveis ou não – ao fluxo migratório por parte de políticos e publicistas italianos: o discurso do deputado Ercole Lualdi no Parlamento; a intervenção oficial do Estado através da circular de 23 de janeiro, que procurava restringir o êxodo; a publicação do livro *Migrazioni transatlantiche degli italiani ed in especie di quelle dei liguri alle regioni del Plata* de Jacopo Virgilio, um veículo de propaganda e defesa dos interesses da marinha e dos mercadores genoveses em relação à emigração transoceânica e suas potencialidades econômicas.

A justificativa do ano de 1915 como marco temporal final é mais simples. O irromper da guerra, que em certa medida afetou o comércio entre as nações, também impossibilitou a continuidade do fluxo migratório em grande escala, causando problemas às companhias de navegação italianas e estrangeiras. Ercole Sori ressalta o duro golpe que as marinhas europeias receberam no pós-guerra, com o advento de restrições à emigração para as duas Américas. Os efeitos em cascata sobre os estaleiros e as economias das cidades portuárias, associados ao aumento do custo médio dos fretes marítimos, causado pela impossibilidade de realizar compensações tarifárias nos grandes navios que levavam mercadorias e passageiros, desencorajaram as exportações.[40]

Este estudo está estruturado em duas partes. A primeira, subdividida em dois capítulos, procura dar conta do movimento migratório nos dois lados do Atlântico,[41] mais especificamente Itália e Brasil, discutindo fatores condicionantes, reflexos internos e externos, contradições e particularidades. O Capítulo 1 trata da emigração na Itália e examina, apoiado na legislação sobre o tema, a dinâmica do processo migratório até se transformar em grande êxodo, ganhando contornos de problema nacional. Os interesses conflitantes dos grupos en-

---

[40] Posteriormente, nos cruciais anos 1921-1924, o governo adotou medidas mais favoráveis às companhias de navegação: sanção de exclusividade para os navios nacionais no transporte de emigrantes e aumento dos fretes (de 1.600 para 2.600 liras para os EUA). Ercole Sori. *L'emigrazione italiana dall'Unità alla Seconda Guerra Mondiale*, op. cit., p. 320.

[41] Um estudo original sobre o Oceano Atlântico na perspectiva de um espaço de integração entre continentes encontra-se em Wulf Siewert. *El Atlántico: geopolítica de un océano* (1942). Barcelona: Editorial Labor, s.d. Nesse sentido, mas voltado para a África, não se pode esquecer o feliz título do livro de Alberto da Costa e Silva. *Um rio chamado Atlântico*. Rio de Janeiro: Nova Fronteira; Ed. UFRJ, 2003.

volvidos, como companhias de navegação, agentes e subagentes, e de seus representantes no Estado, também são objetos da análise. O Capítulo 2 versa sobre a experiência imigratória no Brasil e em São Paulo, estabelecendo suas diferenças e seus desdobramentos que, no caso paulista, implicaram na imigração subsidiada. Se o financiamento promovido pelo Estado era essencial na criação de um grande fluxo para atender a demanda da lavoura de café, consistiu também em fonte de rendimentos a indivíduos e empresas ligadas à execução dos serviços de imigração, ou seja, recrutamento e transporte.

A segunda parte, composta por três capítulos, examina os beneficiários diretos da organização da emigração transoceânica da Itália para o Brasil, levando em consideração a inserção do fluxo no contexto da formação do mercado internacional de trabalho, na disputa por novos mercados e na afirmação política e econômica dos Estados nacionais. O Capítulo 3 trata da questão histórica da demanda por mão de obra, que se intensificou ainda mais diante do processo capitalista de formação e consolidação de um mundo unificado, e analisa mais detidamente os fluxos migratórios dos países ibéricos, comparando-os com o da Itália. No Capítulo 4, o tema é o debate que ganhou corpo na península italiana na medida em que a emigração crescia. Transformá-la em instrumento de fomento econômico, através do desenvolvimento da marinha mercantil e da conquista de novos mercados, era o desejo de muitos políticos e intelectuais italianos: a chamada "via pacífica de colonização". Por outro lado, a alternativa africana também foi aventada à sombra das primeiras conquistas no continente. Projetos que esbarraram nos limites da frágil economia do reino. O Capítulo 5 aborda a importância da emigração para as companhias de navegação italianas, tendo como fonte seus balanços financeiros e relatórios dos conselhos administrativos. Complementando essa rede de negócios, o estudo se encerra com a discussão sobre as agências de introdução de imigrantes que celebraram contratos com a Sociedade Promotora de Imigração e o governo paulista.

Finalmente, cabe ressaltar que este trabalho, além de estudar o papel econômico da emigração, procurou abordar o movimento em massa de pessoas na perspectiva de que este não foi apenas uma reação passiva das populações envolvidas, mas de resistência e resposta ativa ao processo de proletarização imposto pelas novas condições capitalistas no campo, associado às possibilidades abertas pela expansão do mercado mundial de trabalho. Tudo isso, facilitado pelo encurtamento das distâncias e melhoria das comunicações, quando os vapores já predominavam nos percursos marítimos, os telégrafos rapidamente transmitiam informações e as estradas de ferro já riscavam o território de outros continentes, além do europeu.

PARTE I
Nos dois lados do Atlântico

Capítulo 1. Na Itália, *scampo*

No horizonte, a emigração

O início do êxodo e as circulares do governo

Sem querer indicar as razões, digo ser realidade que nos últimos três anos a emigração assumiu no reino da Itália proporções verdadeiramente aflitivas. E mais particularmente observo que no distrito ao qual pertence meu colégio eleitoral, onde nunca ocorrera nenhum tipo de emigração, em 1864 ela começou a se desenvolver, e aumentou de tal modo que, somente no ano de 1867, recém-terminado, atingiu a desoladora cifra de mais de mil pessoas.

Eu submeto este fato à ponderação da Câmara e do Ministério, porque se deve indagar quais as causas que o provocam, além de se verificar se é possível, como penso eu, diminuir sua proporção.[1]

ANO DE 1868, A EMIGRAÇÃO daqueles que abandonavam o reino da Itália recém-unificado[2] emitia sinais incômodos e obrigava o governo à primeira intervenção oficial na tentativa

---

[1] Intervenção no Parlamento italiano do deputado pela Lombardia Ercole Lualdi em 30 de janeiro de 1868 que, segundo a historiografia italiana, inaugurou a polêmica sobre o problema da emigração. Parte da interpelação do deputado Lualdi ao ministro Menabrea, presidente do Conselho, está reproduzida em Angelo Filipuzzi. *Il dibattito sull'emigrazione. Polemiche nazionali e stampa veneta (1861-1914)*. Florença: Felice le Monnier, 1976, p. 3-5.

[2] A unificação italiana foi um processo longo, conduzido pelo reino do Piemonte-Sardenha – que já havia incorporado a Ligúria após o Congresso de Viena de 1815 – liderado por seu primeiro ministro Cavour. Com apoio da França na guerra contra a dominação austríaca iniciada em 1859, foi anexado o reino da Lombardia. Em 1860, através de plebiscitos, Parma, Modena, Toscana e Romania juntaram-se ao Piemonte. No mesmo ano, as tropas de Garibaldi ocuparam o reino das Duas Sicílias. Em 1861, Vittorio Emanuele II era proclamado rei da Itália. Em 1866, após a guerra entre Áustria e Prússia, então aliada dos italianos, o

de disciplinar ou mesmo impedir a saída de contingentes para a aventura do além-mar, em forte ascensão no transcorrer da década de 1860, a par da emigração temporânea – dirigida essencialmente aos países europeus.

Os italianos já se faziam presentes na região platina desde o início do século XIX, mas foi na década de 1860 que a emigração começou a tomar fôlego.³ Era grande a presença de lígures nas cidades de Buenos Aires e Montevidéu, os responsáveis pela rota transatlântica e

---

Vêneto foi incorporado. Roma passou a fazer parte da Itália apenas em 1870. Cf. Giampiero Carocci. *Storia d'Italia dall'Unità ad oggi*. Milão: Feltrinelli Editore, 1995. Para uma síntese do processo de unificação ver ainda John Gooch. *A Unificação da Itália*. São Paulo: Ática, 1991. O substrato ideológico para a formação da nação italiana era dado pelo movimento cultural denominado *Risorgimento*. Segundo Donna Gabaccia, esse movimento inspirou-se na ideia de "civilização italiana", criada pelo gênio extraordinário de uma hipotética nação antes de cair sob domínio da tirania estrangeira. A origem do *Risorgimento* e do conceito de nação italiana, por este defendido, era burguesa e secular, o que afastou os intelectuais ligados à Igreja católica. As massas camponesas e os trabalhadores agrícolas que não possuíam terras identificaram o *Risorgimento* como expressão da difícil situação em que se encontravam. Por sua parte, a burguesia nacionalista chegou à conclusão de que para a "plebe" – a não utilização da palavra "povo" é sintomática – era necessária uma vigilância do tipo policial ao invés da democracia. A conclusão de Gabaccia sobre todo processo é elucidativa: "In ultima analisi fu questo il risultato dell'indipendenza italiana". Donna R. Gabaccia. *Emigranti. Le diaspore degli italiani dal Medievo a oggi*. Turim: Einaudi Editore, 2003, p. 36; a discussão sobre o *Risorgimento* e a "criação do italiano" fora e dentro da Itália encontra-se no capítulo II de sua obra. A melhor e mais completa análise sobre o *Risorgimento* foi feita por Antonio Gramsci. *Il Risorgimento*. Turim: Einaudi, 1947; ver também do mesmo autor *Cadernos do cárcere. O Risorgimento. Notas sobre a história da Itália*. v. 5. Rio de janeiro: Civilização Brasileira, 2002.

3 "(…) verso il 1830 le Americhe erano già una destinazione popolare tra il poveri. In alcune documenti statunitensi si parla dell'arrivo di circa 1000 "italiani" all'anno, verso la fine degli anni Cinquanta dell'Ottocento. Tra il 1857 e il 1860 gli addetti all'immigrazione argentini annotarono arrivi annuale nel paese di tre volte quel numero. Il numero degli emigranti negli Stati Uniti e in Argentina salí rapidamente dopo l'unificazione nazionale del 1861. Nel 1870, 23 000 italiani giunsero in Argentina e quasi 3000 negli Stati Uniti". Donna R. Gabaccia. *Emigranti, op. cit.*, p. 45-46. O editorial do *Il giornale di Udine e del Veneto orientale*, publicado em 13 de fevereiro de 1868, apresentou balanço da proporção de italianos no total de emigrantes que entraram em Buenos Aires nos primeiros anos da década de 1860. *Apud* Angelo Filipuzzi. *Il dibattito sull'emigrazione, op. cit.*, p. 14.

Ano	Total de Emigrantes	Italianos	Ano	Total de Emigrantes	Italianos
1862	6.717	3.082	1864	11.682	5.435
1863	10.408	4.941	1865	11.762	5.001

Em 1867, segundo Virgilio, dos 23.500 emigrantes que se dirigiram à Argentina, 8.972 eram italianos. Jacopo Virgilio. *Delle migrazioni transatlantiche degli italiani ed in especie di quelle dei liguri alle regioni del Plata: cenni economico-statistici*. Gênova: Typografia del Commercio, 1868, p. 146. Para 1869,

pelo comércio de cabotagem nos rios da bacia do Prata. Deve-se destacar, também, a existência de marinheiros sardos que, juntamente com os naturais da Ligúria, formavam a base da mão de obra nas embarcações.[4]

A circular de 23 de janeiro de 1868, enviada aos prefeitos por Borromeo, o ministro do Interior, tinha caráter restritivo e recomendava aos mandatários locais não deixar partir para a Argélia e América aqueles que não comprovassem ter ocupação assegurada ou, ao menos, meios de subsistência no exterior.[5] Com essa medida buscava-se solucionar o problema através de política de fundo explicitamente policial e repressor,[6] em consonância com os interesses dos grupos agrários posicionados abertamente contra a emigração, ou seja, refratários à perda de força de trabalho e ao consequente aumento dos salários no campo – uma clara discriminação em relação à grande massa de camponeses pobres, sem recursos para procurar trabalho fora do país.[7]

Por outro lado, setores ligados ao comércio marítimo – favoráveis à emigração – viam com bons olhos, não apenas os recursos angariados com o transporte daqueles que abandonavam a península, mas também a possibilidade, ainda que em futuro incerto, do desenvolvimento de trocas comerciais com as áreas receptoras de emigrantes no Novo Mundo, sobretudo a região

---

Malnate calculou em 14.634 o número de italianos que aportaram na república platense. Natale Malnate. *L'emigrazione all'America meridionale dal porto di Genova durante l'anno 1883*. Gênova: Pietro Pellas fu L., 1884, p. 3.

4 Cf. Niccolò Cuneo. *Storia dell'emigrazione italiana in Argentina, 1810-1870*. Milão: Garzanti, 1940. Sobre a primeira fase da presença italiana na região do Prata ver ainda a interessante síntese de Fernando Devoto. "In Argentina". In: Piero Bevilacqua; Andreina De Clementi; Emilio Franzina (orgs.). *Storia dell'emigrazione italiana. Arrivi*. v. II. Roma: Donzelli Editore, 2002, p. 26-33.

5 Fernando Manzotti. *La polemica sull'emigrazione nell'Italia Unita*. Milão: Società Editrice Dante Alighieri, 1969, p. 16. "In base a queste disposizioni alcune autorità locali giunsero a rifiutarsi di far partire anche chi dimostrava di possedere sino a tre o quattromila lire e il bigletto gratuito". Grazia Dore. *La democrazia italiana e l'emigrazione in America*. Brescia: Morcelliana, 1964, p. 55.

6 Desde 20 de março de 1865, a emigração era regulada com base na lei de segurança pública, permitindo ao Ministério do Interior controlar o fenômeno através de disposições que, invariavelmente, recorriam às autoridades de polícia locais. Zeffiro Ciuffoletti; Mauricio Degl'Innocenti. *L'emigrazione nella storia d'Italia 1868-1975*. Florença: Vallechi Editore, 1978, p. 7.

7 Ciuffoletti & Degl'Innocenti notam que a frente contrária à emigração, em sintonia com os interesses agrários, forçou o governo a abandonar, ao menos em relação ao problema migratório, a tradição liberalista e a política de Cavour, que atentando para a experiência inglesa e observando os efeitos da emigração lígure, considerou positiva a emigração para as áreas do Prata e passou a favorecer seu desenvolvimento. Ciuffoletti & Degl'Innocenti. *L'emigrazione nella storia d'Italia, op. cit.*, p. 6. Ainda na mesma intervenção do dia 30 de janeiro de 1868, Ercole Lualdi explicitava as preocupações dos proprietários de terras e dos industriais: "Se andiamo avanti di questo passo, mancheranno gli uomini necessari per lavorare i terreni e per sviluppare l'industrie". *Apud* Fernando Manzotti. *La polemica sull'emigrazione nell'Italia Unita, op. cit.*, p. 11.

do Prata.⁸ Tal expectativa era fruto de comparações com outros países europeus, sobretudo Inglaterra e Alemanha, sempre lembrados quando o assunto era o papel do comércio internacional no crescimento econômico da nação, mais especificamente, o comércio com as denominadas "colônias". Nos primeiros anos depois da Unificação, as relações com a Argentina, e seus estreitos laços entre emigração e comércio externo, criavam expectativas para os italianos em seguir o exemplo alemão em seu processo de industrialização. Entretanto, o grande problema era o caráter proletário dessa emigração e o descaso do Estado.⁹

Ainda em 1868, Jacopo Virgilio, professor e economista genovês sintonizado com os interesses dos armadores da Ligúria, publicava *Migrazioni transatlantiche degli italiani ed in especie di quelle dei liguri alle regioni del Plata*. O livro apontava as vantagens para o reino de uma política expansionista baseada na emigração destinada ao Prata: aumento do comércio internacional, desenvolvimento da frota marítima mercantil e o afluxo de dinheiro através das economias enviadas pelos emigrantes a seus familiares.¹⁰ Em estudo divulgado no mesmo ano, Mantegazza estimava em cerca de dois milhões e meio de liras o valor das remessas expedidas da Argentina para a Itália a cada ano.¹¹ Soma considerável, principalmente no momento em que a marinha genovesa passava por séria crise, com a contração de seu comércio marítimo, devido à concorrência

---

8   Ercole Sori. *L'emigrazione italiana dall'Unità alla Seconda Guerra Mondiale*. Bolonha: Il Mulino, 1979, p. 127.

9   Ercole Sori. *L'emigrazione italiana dall'Unità alla Seconda Guerra Mondiale, op. cit.*, p. 128. "In Germania lo Stato si prendeva cura della preparazione professionale degli emigranti, tutelava le operazioni di ingaggio e di partenza, e favoriva l'investimento di capitali in imprese di colonizzazione", p. E. De Luca. *Delle emigrazione europea ed in particolare di quella italiana*, 1909. *Apud* Fernando Manzotti. *La polemica sull'emigrazione nell'Italia Unita, op. cit.*, p. 15. "(…) mentre i tedeschi erano emigranti qualificati professionalmente, inquadrati in gruppi e provvisti di capitali, i nostri erano analfabeti e diseredati, straccioni, privi di ogni mezzi di sustezza". Angelo Filipuzzi. *Il dibattito sull'emigrazione, op. cit.*, p. XI. A Inglaterra, dona da maior marinha mercante e senhora de colônias espalhadas por todos os continentes era o exemplo a ser seguido: tinha meios de produção, de circulação (marinah) e mercados consumidores à sua disposição.

10 Jacopo Virgilio. *Delle migrazioni transatlantiche degli italiani… op. cit.*, p. 55. Na abertura, Virgilio informava que o livro posiciona-se contra as recentes medidas governativas que criavam obstáculos à emigração. Ao final, o publicista reproduziu a discussão ocorrida no Parlamento em 30 de janeiro de 1868 (citada parcialmente na abertura deste capítulo) para fazer uma crítica nada imparcial aos deputados que, como Ercole Lualdi, eram contrários à fuga de italianos para o ultramar, p. 117-124.

11 P. Mantegazza. *Le colonie europee nel Rio de la Plata*, 1868, citado em *Il giornale di Udine e del Veneto orientale* de 13 de fevereiro de 1868. *Apud* Angelo Filipuzzi. *Il dibattito sull'emigrazione, op. cit.*, p. 13.

dos vapores ingleses em áreas onde tradicionalmente atuava transportando grãos: o Mar Negro e o Mediterrâneo oriental.[12]

No campo, a tensão era fato incontestável. As relações desiguais expulsavam os italianos e a emigração para a região do Prata crescia ano a ano[13] tornando-se fundamental para a marinha mercantil genovesa, que tinha nesse tipo de tráfico a possibilidade concreta de fomentar seu desenvolvimento, conjugando-o com o transporte de mercadorias.[14] Dessa forma, em resposta à circular que restringia a saída de italianos, um grupo de armadores, comerciantes e capitães marítimos da Ligúria enviou carta[15] ao ministro do Interior protestando contra a política do Estado que, segundo eles, ao atender apenas aos interesses dos proprietários agrícolas, sufocava essa significativa via de financiamento e desenvolvimento da marinha nacional – principalmente ao procurar dificultar a emigração para a América do Sul – e, ao mesmo tempo, favorecia a concorrência de portos e companhias de navegação estrangeiras, que se alimentavam da emigração clandestina.[16]

---

12 Antonio Annino. "Origine e controversie della legge 31 gennaio 1901. La politica migratoria dello Stato postunitario". *Il Ponte*. Gênova, n. 30-31, 1974, p. 1236.

13 Os primeiros trinta anos pós-unificação foram caracterizados pelo descontentamento da população do campo e pelos confrontos com o novo Estado. Os grupos dirigentes viam os camponeses como expoentes de uma raça inferior que preferia a superstição religiosa à "civilização italiana". Depois de quase vinte anos de uma verdadeira guerra civil, o governo nomeou uma comissão, presidida por Stefano Jacini, para conduzir uma pesquisa sobre as causas do problema agrário no país. Os resultados publicados em 1884, sob o título *I risultati dell'inchiesta agraria*, mostraram a irrelevância da nação aos olhos dos camponeses e a crescente popularidade da emigração entre os mesmos. Cf. Donna R. Gabaccia. *Emigranti, op. cit.*, p. 60.

14 "Ma in mezzo a tante avversità, capitò agli armatori genovesi anche un colpo di fortuna. È sempre una fortuna che nasce dalla miseria, miseria delle champagne italiane; ma per che possiedi bastimenti è un vantaggio: l'emigrazione verso le republiche del Plata. E si tratta di una corrente di traffico costante, in espansione e altamente redditizia. Per di più, i noli non si ricavavano solo dal viaggio di andata: anche il ritorno era fonte di non trascurabili incassi". Giorgio Doria. *Investimenti e sviluppo economico a Genova alla vigilia della prima guerra mondiale (1815-1882)*. Milão: A. Giuffrè Editore, 1969. v. I, p. 212. Ainda segundo Doria, os números da emigração para o Prata pelo porto de Gênova eram os seguintes:

Ano	Passageiros	Ano	Passageiros
1863	2.774	1866	3.406
1864	2.475	1867	7.983
1865	3.089	1868	10.105

15 A carta de protesto dos armadores está reproduzida em Ciuffoletti & Degl'Innocenti. *L'emigrazione nella storia d'Italia, op. cit.*, p. 17-21.

16 Esse *lobby*, entretanto, não era novo. Em meados da década de 1850 as companhias de navegação, de olho no florescente mercado de transporte de emigrantes, uniram-se para pressionar Cavour a favor de uma

Dentro desse grupo encontravam-se duas das mais tradicionais famílias de armadores de Gênova, os Raggio e os Piaggio, além de Giovanni Battista Lavarello, armador e mercador de Camogli,[17] o pioneiro na constituição de uma companhia de navegação em condições de desempenhar o serviço transoceânico entre Itália e a região do Prata com frota de navios mistos a vela e a vapor.[18] Com base na lei argentina de 1862, que oferecia passagens e terras gratuitas aos imigrantes que viessem povoar o país, o armador estabeleceu acordos com o governo para a introdução de italianos da Ligúria, Lombardia, Piemonte e Vêneto. Os emigrantes transportados nos veleiros *G. B. Lavarello* e *Argentina*, os primeiros de sua frota a atravessar o Atlântico, foram distribuídos nas colônias fundadas entre 1857 e 1864.[19] Assim, paralelamente ao tradicional êxodo voluntário – formado por italianos com pelo menos algum aporte financeiro, característica dos emigrantes lígures – inaugurou-se a emigração por arrolamento, constituída basicamente por habitantes pobres do meio rural.

O negócio próspero fez com que seis das principais casas que exerciam o transporte de emigrantes passassem, em quatro anos (1864-65 a 1868-69), de uma frota de 5.428 toneladas para 13.706. Já o capital investido, levando em conta o melhoramento qualitativo do material, a frequente substituição dos veleiros por barcos mistos e a aquisição de alguns navios a vapor, foi mais do que triplicado.[20] Em 1864, a companhia de Lavarello adquiriu o *clipper*[21] *Buenos Ayres* e, em 1867, o *Montevideo*. Em 1870, incorporou à sua linha para a região do Prata, o vapor *Espresso* e, em 1872, o *Nord-America*, o *Sud-America* e o *Europa*.[22]

---

política de proteção à nascente marinha mercantil. Fernando Devoto. "In Argentina", *op. cit.*, p. 29.

17   Cidade portuária situada 21 km a leste de Gênova.

18   Na verdade, a primeira companhia de navegação foi constituída em 1852, com linhas regulares para as Américas do Sul e do Norte. Mesmo contando com subvenção do Estado, a Companhia Transatlantica in Genova sobreviveu apenas até 1857, data de sua falência. Cf. Giorgio Doria. *Debiti e navi. La compaghia di Rubattino (1839-1881)*. Gênova: Marieti, 1990. p. 45-52.

19   Niccolò Cuneo. *dell'emigrazione italiana in Argentina, 1810-1870*, *op. cit.*, p. 290-295.

20   Giorgio Doria. *Investimenti e sviluppo economico a Genova alla vigilia della prima guerra mondiale (1815-1882)*. Milão: A. Giuffrè Editore, 1969. v. I, p. 213-214. As seis casas citadas pelo autor são: G. B. Lavarello, Fratelli Frassineti, Antonio Cerruti, Fratelli Sanguineti, Fratelli Raggio e Gruppo Piaggio. Mario E. Ferrari aponta, ainda, a Società di Navigazione a Vapore Italo-Platense, constituída no ano de 1869, em Buenos Aires, por Antonio Oneto e com participação de imigrantes lígures estabelecidos na Argentina. Seus três vapores dedicavam-se exclusivamente às linhas da América do Sul. Mario Enrico Ferrari. *Emigrazione e colonie: il giornale genovese La Borsa (1865-1894)*. Gênova: Bozzi Editore, 1983. p. 204.

21   *Clipper*: veleiro de grande dimensão e muito veloz, empregado na segunda metade do Oitocentos.

22   Mario Enrico Ferrari. *Emigrazione e colonie: il giornale genovese La Borsa (1865-1894)*, *op. cit.*, p. 198.

O transporte dos emigrantes emergiu em Gênova, no final dos anos cinquenta, como importante setor de atividade econômica, tornando-se a principal aposta da marinha mercante lígure. A mercadoria homem possuía alto valor específico, tanto que em 1851, com tarifas de cerca de 300 liras para a travessia atlântica, um armador poderia arrecadar de 100 a 120 mil liras por ano, empregando veleiros avaliados em 75 mil liras. A integração da emigração, já crescente no tempo, com o transporte volante de mercadorias na volta para a Itália permitia, ainda, lucrativos balanços econômicos da viagem. Com negócios realizados com veleiros obsoletos os armadores genoveses conseguiram os recursos necessários para comandar a reestruturação da frota, sobretudo no período de 1860-1668, durante a delicada fase de conversão dos barcos a vela para os navios a vapor. O tráfico de emigrantes acabou por fornecer aos armadores consistente margem de autofinanciamento para investimentos. Na própria rota de emigração, experimentaram-se as novas unidades mistas – vela e vapor. Foi com essa frota que, nos anos setenta, realizaram-se lucros brutos anuais – em torno de 37% do capital investido.[23]

O movimento de saída de italianos nos anos de 1860, no entanto, quando comparado com as duas últimas décadas do século XIX e as primeiras do XX, foi modesto e atingiu regiões que jamais chegariam a despontar como grandes centros de expulsão de populações – exceção feita ao Vêneto. A emigração lígure moveu-se pioneiramente, já na primeira metade do Oitocentos, ganhando corpo até os anos depois da Unificação, quando Gênova era o principal terminal marítimo da rede de transporte que ligava a Itália ao resto do mundo; uma emigração de caráter mercantil, atípica em relação ao grande fluxo em vias de se formar.

No período compreendido entre 1833 e 1850, partiram do porto de Gênova para a região do Rio da Prata cerca de 13.700 indivíduos, em sua grande maioria composta pelo sexo masculino. Esse número representa 10,7% do total de embarque, que chegou a 128.500 passageiros. Além disso, a região do Prata era o principal destino daqueles que se dirigiam à América (68% do total), seguida pelos Estados Unidos (16,5%) e Brasil (8,9%).[24]

Elizabetta Tonizzi assinala certa dificuldade em se estabelecer a Ligúria como local de origem dos emigrantes, pois os documentos indicavam apenas "súditos sardos". Problema que pode ser relativamente sanado quando se atenta para o fato de que, nesse período, o porto de Gênova, devido às precárias condições das vias de comunicação da região, exercia suas funções

---

23 Ercole Sori. *L'emigrazione italiana dall'Unità alla Seconda Guerra Mondiale, op. cit.*, p. 315.

24 Os dados foram extraídos dos registros do *Ufficio di Sanità Marittima. Registri di spedizione passegeri per l'estero*. Apud M. Elisabetta Tonizzi. *Merci, strutture e lavoro nel porto di Genova tra '800 e '900*. Milão: Franco Agneli, 2000, p. 40. Segundo a autora, esses números seguramente representam uma subestimação, pois em muitos casos os passageiros seguiam de Gênova para Marselha ou Cádiz – destino indicado pelos registros do *Ufficio di Sanità* – de onde partiam para a América.

quase que exclusivamente na área delimitada pela Ligúria e Piemonte. Independentemente da proveniência, o movimento de passageiros constituiu-se, já na época pré-unitária, em importante componente do tráfico do porto lígure, não só pelas dimensões quantitativas, mas pelo seu significado econômico em relação às atividades marítimas e financeiras.[25]

Ercole Sori chama atenção para outros destinos da emigração italiana. Aqueles que residiam nos Alpes normalmente dirigiam-se à França (onde em 1861 já se encontravam cerca de 16 mil), Suíça, Áustria, Alemanha e até Polônia. Outra corrente importante partia das áreas ocidentais da Sicília para a costa setentrional da África; a Argélia recebeu também piemonteses e lígures e, em 1860, chegou a contar com cerca de 12.700 italianos.[26]

Entre a Unificação e a metade da década de 1870, o tráfico de emigrantes pelo porto genovês assumiu relevante consistência. De 1861 a 1874, partiram quase 197 mil pessoas para as Américas, cerca 5 mil por ano, até 1865. A Tabela 1.1 mostra que o êxodo ultrapassou a média de 20 mil embarques anuais a partir de 1867.[27]

Tabela 1.1. Emigrantes que partiram de Gênova para a América (1861-1874)

Ano	Quantidade	Ano	Quantidade
1861	5.525	1868	18.129
1862	4.287	1869	23.325
1863	5.071	1870	15.743
1864	4.879	1871	10.651
1865	5.672	1872	20.264
1866	8.790	1873	26.183
1867	18.447	1874	30.000

Fonte: Mario Enrico Ferrari. *Emigrazione e colonie: il giornale genovese La Borsa (1865-1894)*, p. 141-142.

Nos anos setenta, acentuaram-se as partidas da Ligúria para o Prata, e do Vêneto, Lombardia e Piemonte para a Europa.[28] Em estudo contemporâneo sobre a emigração camponesa no ultramar, Bertagnolli observou que o êxodo para a América, iniciado na Ligúria sem, no entanto, transformar-se em partidas em massa, propagou-se no decênio

---

25 M. Elisabetta Tonizzi. *Merci, strutture e lavoro nel porto di Genova tra '800 e '900*, op. cit., p. 41.
26 Ercole Sori. *L'emigrazione italiana dall'Unità alla Seconda Guerra Mondiale*, op. cit., p. 16.
27 M. Elisabetta Tonizzi, op. cit., p. 43-44.
28 Antonio Annino. "Origine e controversie della legge 31 gennaio 1901", op. cit., p. 1231.

de 1860-1870 ao Piemonte; no final deste e na década sucessiva, especialmente nos anos de 1872, 1873 e 1874, alcançou as montanhas da Lombardia e, posteriormente, as planícies do Vêneto, onde atingiu grandes proporções. Finalmente, as províncias meridionais juntaram-se ao fluxo, com emigrações em massa, sobretudo Basilicata, Salerno, Campobasso e Cosenza, fornecedoras dos maiores contingentes no final da década de 1880.[29]

A intensificação do êxodo majoritariamente composto por trabalhadores do campo aprofundou a cisão entre os interesses dos armadores e comerciantes genoveses, favoráveis à sua liberalização, e os dos proprietários de terras, que temiam o colapso da produção com o esvaziamento do meio rural. Esses últimos responsabilizavam a propaganda efetiva das companhias de navegação e a ação predatória dos agentes e subagentes pela chamada "emigração artificial" e reclamavam medidas repressivas para estancar o fenômeno.[30] Em 5 de julho 1871, por exemplo, o ministro do Interior e presidente do Conselho de Ministros, Giovanni Lanza, enviou carta ao prefeito de Gênova informando sobre a propaganda de incentivo à emigração por parte da companhia de navegação Italo-Platense, que fazia viagens entre a Itália, Buenos Aires, Rio de Janeiro e Montevidéu, passando por Marselha, Barcelona e Gibraltar: um "manifesto impresso" dirigido às províncias meridionais italianas alardeando sobre salários melhores do que aqueles pagos aos trabalhadores do campo.[31]

Em 18 de janeiro de 1873, Giovanni Lanza emitiu circular que prescrevia aos prefeitos a concessão do *nula-osta* de saída somente para aqueles que comprovassem dispor de capital para emigrar.[32] Apoiada ainda na lei de segurança pública de 1865, seu objetivo era claro: coibir a ação dos agentes de emigração.

> O Ministro espera que de tal modo se conseguirá reprimir a maléfica indústria dos agentes de emigração, e se colocará fim à crescente tendência dos cidadãos

---

29 C. Bertagnolli. *L'emigrazione dei contadini per l'America*. Florença: Uffizio della Rassegna Nazionale, 1887, p. 4.

30 "Dietro l'opera degli agenti non c'erano solo gli interessi del capitale e dell'industria armatoriale italiani, ma anche le richieste degli imprenditori d'oltreoceano e dei governi sudamericani che aspiravano a colonizzare e a popolare rapidamenti i propri territori". Ciuffoletti & Degl'Innocenti. *L'emigrazione nella storia d'Italia, op. cit.*, p. 29. Os autores não comentam, mas na verdade, sem deixar de lado a questão do povoamento, o principal e imediato interesse dos governos sul-americanos residia na busca de força de trabalho para os empreendimentos ligados à exportação.

31 ASG. Fondo Prefettura di Genova, Busta 144.

32 "Anche la circolare Lanza esigeva dagli emigranti la prova che essi (...) presentassero persona solvente la quale si obligasse per iscritto a pagare il viaggio di ritorno, nel caso che dovessero essere rimpatriati a spese cei consolati. Si esigeva, in altre parole, che provassero di possedere un capitale per la mancanza del quale emigravano". Grazia Dore. *La democrazia italiana e l'emigrazione in America, op. cit.*, p. 55.

a abandonarem a terra natal, iluminando-os sobre os perigos que correm ao acreditarem em falsas promessas de especuladores gananciosos.[33]

Os protestos por parte dos grupos ligados à marinha mercante ecoaram por toda a península, e contaram, inclusive, com o apoio do nascente movimento industrialista do Piemonte e da Lombardia, personificado por Alessandro Rossi e Luigi Luzzatti, ambos defensores da maior participação do Estado na definição de uma política econômica favorável à industrialização do país.[34] Na verdade, mais do que criar obstáculos à emigração, formava-se consenso de que o fenômeno deveria ser estudado com maior profundidade em relação aos seus aspectos econômicos e sociais. Um dos vetores desse pensamento surgiu no *Primo Congresso degli Economisti*, ocorrido na cidade de Milão, em janeiro de 1875. Realizado com o objetivo de marcar posição contra os economistas clássicos e defender os ensinamentos da "escola alemã" – protecionismo estatal e legislação social –, o congresso também colocou a questão da emigração na ordem do dia, aprovando, em assembleia, posição favorável à liberação do êxodo e à criação de lei para a tutela do emigrante, a ser discutida no Parlamento.[35]

O epicentro da discórdia, entretanto, ocorreu na Ligúria, mais especificamente em Gênova. Jornais e revistas ligados às companhias de navegação e aos armadores criticaram a circular, afirmando que ao impor freio à emigração, o governo paralisaria o comércio italiano com a América e faria cessar um dos mais lucrativos ramos da marinha mercantil: o transporte de passageiros, que anualmente empregava cerca de 150 navios. Ainda segundo os críticos, as restrições induziriam aqueles que desejassem emigrar a se dirigirem às companhias e portos estrangeiros, fato que, além de prejudicar sensivelmente a marinha e o comércio

---

33   *Circolare Lanza del 18 gennaio 1873. Apud* Ciuffoletti & Degl'Innocenti. *L'emigrazione nella storia d'Italia, op. cit.*, p. 31-34.

34   "Il movimento sviluppa la sua critica al liberismo classico non soltanto sul piano economico ma anche su quello sociale, rivendicando allo stato il diritto di protezione per le industrie e di intervento nei problemi del lavoro". Antonio Annino. "Origine e controversie della legge 31 gennaio 1901", *op. cit.*, p. 1237. O estudo de Annino é fundamental para se compreender o debate político sobre a emigração e diferenciar os interesses dos grupos pró e contra o êxodo. Interesses difíceis de serem identificados no complexo cenário político italiano, dividido ideologicamente entre *Destra* e *Sinistra*, e geograficamente entre Itália meridional e setentrional, sendo que estes ainda apresentavam subdivisões importantes. Outros estudos importantes são os de Fernando Manzotti. *La polemica sull'emigrazione nell'Italia Unita, op. cit.*, e Angelo Filipuzzi. *Il dibattito sull'emigrazione. op. cit.* Grande parte da discussão a seguir baseia-se nos escritos desses autores.

35   Fernando Manzotti. *La polemica sull'emigrazione nell'Italia Unita, op. cit.*, p. 32-33. Participaram desse congresso economistas italianos de renome que teriam papel importante nas futuras discussões sobre as leis relacionadas à emigração, como L. Luzzatti, F. Lampertico e V. Ellena.

nacionais, colocaria em risco o próprio emigrante; portanto, o governo ao invés de proibir a emigração deveria favorecê-la, protegê-la e organizá-la.[36]

A Circular Lanza foi abolida em 1876, ano em que o ministro da Agricultura do governo Depretis, através de decreto, instituiu comissão para estudar as condições da emigração italiana e propor legislação para combater os abusos das agências de emigração e das empresas de transporte.[37] As conclusões da comissão, entretanto, limitaram-se a afirmar que os abusos eram questão de segurança pública, refletindo a tradicional posição dos proprietários de terras e afastando qualquer possibilidade de regular o fenômeno migratório mediante nova lei. Nesse sentido, Nicotera, ministro do Interior, enviou nova circular aos prefeitos com precisas disposições para impedir com todos os meios a denominada "emigração artificial": o arrolamento de camponeses pobres.[38] Quanto à regulamentação da relação dos emigrantes com armadores e sociedades de navegação, a comissão emitiu parecer considerando suficientes as disposições existentes no *Codice di Commercio della Marina Mercantile*.

A polêmica sobre o melhor tratamento a ser dispensado à emigração intensificou-se por toda Itália, com reflexos no Parlamento. Os grupos favoráveis à sua liberalização pressionavam pela criação do *Ufficio dell'Emigrazione* ligado ao Ministério da Agricultura, Indústria e Comércio, uma clara tentativa de tutelar a emigração sem considerá-la questão de segurança

---

36 *L'emigrazione e la Circolare Lanza.* Sem identificar o autor, esse manifesto publicado em Gênova no ano de 1873, de cunho emigrantista, foi escrito em consonância com os interesses dos armadores e comerciantes utilizando-se das teses de Jacopo Virgilio, citado como "nostro concittadino" (p. 7). A data e o local de publicação do opúsculo foram consultados em Fernando Manzotti. *La polemica sull'emigrazione nell'Italia Unita, op. cit.*, p. 29, nota 19.

37 Em 1876, como prova da maior atenção dedicada ao fluxo migratório, o Ministério da Agricultura, Indústria e Comércio começou a publicar em seus anais a estatística oficial da emigração. Fernando Manzotti. *La polemica sull'emigrazione nell'Italia Unita, op. cit.*, p. 33. Sobre as discussões que levaram à regulamentação desse serviço ver Dora Marucco. "Le statistiche dell'emigrazione italiana". In: Piero Bevilacqua; Andreina De Clementi; Emilio Franzina (orgs.). *Storia dell'emigrazione italiana. Partenze.* v. I. Roma: Donzelli Editore, 2001, p. 61-75; Elisabetta Bilotta. "L'emigrazione italiana all'estero". In: Ercole Sori; Anna Treves (org.). *L'Italia in movimento: due secoli di migrazioni (XIX-XX).* Udine: Forum, 2008, p. 417-433.

38 Antonio Annino. "Origine e controversie della legge 31 gennaio 1901", *op. cit.*, p. 1238-1239. Manzotti revela que Nicotera havia emitido alguns meses antes outra circular, com conteúdo diverso, considerado mais liberal e favorável à marinha mercantil italiana, como se depreende do seguinte excerto: "Di fatti l'Italia continuò (dopo la circolare Lanza) a dar un contingente ancora ragguardevole all'emigrazione transatlantica con questa differenza che gli emigranti, per sottrarsi alle ristrettive della circolare suddetta, anzichè prendere imbarco nei porti del Regno, come usavano fare dapprima, approfittarono dei porti esteri, ove era loro permesso di partire senza passaporto, nè altra formalità qualsiasi. Ne venne di conseguenza un notevole danno alla marina mercantile italiana, alla quale mancò per intiero il trasporto d'emigrazione verso i paesi transatlantici". *Circolare del 28 aprile 1876.* Apud Fernando Manzotti. *La polemica sull'emigrazione nell'Italia Unita, op. cit.*, p. 34.

pública, retirando-a da esfera de atuação do Ministério do Interior.[39] Essa proposta, todavia, provocou a reação do mundo agrário, concretizada na apresentação do contra-projeto *Disposizioni relativi agli agenti di emigrazione*, cujo objetivo era a criação de lei específica com instrumentos de controle sobre a emigração, ou seja, sobre a ação dos agentes.[40] Na verdade, a polêmica contra os agentes nada mais era do que a expressão da oposição à liberdade de emigrar. Todo esse aparato restritivo, entretanto, não impediu a emigração, que continuou a crescer inclusive em sua forma clandestina, via portos[41] e companhias de navegação estrangeiras, com grave prejuízo à marinha mercantil italiana.

Em seu estudo, Fernando Manzotti observa argutamente, que a falência das várias tentativas de dar vida a uma lei sobre a emigração revelou as dificuldades do Estado italiano em legislar sobre o tema e mediar os interesses díspares dos grupos nele representados. Sua conduta oscilante, circunscrita à lei de polícia, mas que jamais correspondeu plenamente ao espírito reacionário dos proprietários de terras, não era realmente animada por precisa vontade repressora, que exigiria a coordenação dos procedimentos restritivos à emigração com outras medidas lesivas à liberdade do cidadão. Na verdade, à época, predominava no ambiente político um *animus* conservador, não um *animus* decisivamente antiliberal.[42]

Segundo Grazia Dore, por mais de uma década – entre 1876 e 1888 – o Parlamento italiano não só evitou decidir sobre a matéria, como adiou a discussão sobre as duas tendências díspares de políticas migratórias claramente delineadas: a que pretendia limitar a ação estatal à vigilância da emigração, e a que reivindicava para o Estado o direito de dirigi-la.[43] Diante desse embate, foram os grupos da Itália setentrional – a principal área fornecedora de emigrantes até aquele momento – que por meio de interpelações e desenhos de lei contribuíram para desenvolver a temática da emigração livre e protegida pelo Estado.[44]

---

39 "Prima ancora d'essere, insomma, ricerca di provvedimenti legislativi adeguati a un fatto che assumeva d'anno in anno proporzionipiù inquietanti, l'esodo dei contadini dalla Penisola venne affrontato come un problema di politica interna, quando non addirittura di polizia, o come l'aspetto più inquietante della questione agraria". Grazia Dore. *La democrazia italiana e l'emigrazione in America, op. cit.*, p. 31.

40 O primeiro projeto de lei elaborado por Minghetti e Luzzatti e o segundo por Del Giudice. Sobre essa discussão no Parlamento ver Antonio Annino. "Origine e controversie della legge 31 gennaio 1901", *op. cit.*, p. 1240-1243.

41 Os portos estrangeiros mais utilizados pelos emigrantes italianos eram os de Marselha e do Havre.

42 Fernando Manzotti. *La polemica sull'emigrazione nell'Italia Unita, op. cit.*, p. 53.

43 Grazia Dore. *La democrazia italiana e l'emigrazione in America, op. cit.*, p. 57.

44 Antonio Annino. "Origine e controversie della legge 31 gennaio 1901", *op. cit.*, p. 1239.

A escalada da emigração

Percebido de forma mais consistente já no início dos anos de 1860, o fenômeno migratório não parou mais de crescer. Agrupando-se os números da emigração italiana em decênios, observa-se o incremento substancial do fluxo: médias anuais de 121 mil no período de 1861-1870; 283 mil para 1891-1900; 603 mil entre 1901-1910. Esses dados incluem as emigrações definitivas e temporâneas, as quais influenciaram sobremaneira o grande volume de saídas. Ercole Sori assinala, com base na população residente, que as quotas máximas do êxodo definitivo ocorreram nos anos 80 e provavelmente na primeira metade de 1890, ocasionadas pelas grandes emigrações agrícolas para a América Latina, movimento que se desenvolveu entre a "crise agrária" e os primeiros anos críticos da década de 1890.[45]

Tabela 1.2. Emigração italiana, por decênio (1861-1920)

Anos	Saídas	Êxodo definitivo
1861-1870	1.210.000	227.000
1871-1880	1.180.000	334.000
1881-1890	1.880.000	1.041.000
1891-1900	2.830.000	1.433.000
1901-1910	6.030.000	1.021.000
1911-1920	3.830.000	992.000
Total	16.960.000	5.048.000

Fonte: A. Bellettini, 1973. *Apud* Ercole Sori. *L'emigrazione italiana dall'Unità alla Seconda Guerra Mondiale, op. cit.*, p. 20.

A distribuição geográfica da origem do fluxo migratório variou bastante no período em questão. O Vêneto nos anos oitenta e noventa, e depois o *Mezzogiorno* a partir do final do século, constituíram-se nos grandes reservatórios de população para suprir a demanda por força do trabalho na Europa e no Novo Mundo (Tabela 1.3). Neste sentido, outra característica importante do fluxo migratório foi o crescimento rápido e contínuo da

---

45 O autor utilizou dados do estudo de A. Bettellini. "La popolazione italiana dall'inizio dell'era volgare ai giorni nostri: valutazioni e tendenze". *Storia d'Italia*. v. V/1. Turim: Einaudi, 1973. Ercole Sori. *L'emigrazione italiana dall'Unità alla Seconda Guerra Mondiale, op. cit.*, p. 20-21. As cotas de emigração definitiva por decênios foram as seguintes: 1861-1870 (18,8%); 1871-1880 (28,3%); 1881-1890 (55,4%); 1891-1900 (50,6%); 1901-1910 (16,9%); 1911-1920 (25,9%).

componente transoceânica, que já no final da década de oitenta superou a emigração para o Velho Continente (Tabela 1.4 e Gráfico 1.1).

Os números das duas tabelas ilustram essa alteração de comportamento por parte da emigração italiana. Através dos dados oficiais, Livi Bacci calculou a média anual de expatriação por regiões. Até 1900, o Vêneto aparecia na primeira posição, sempre com valores crescentes, sendo superado, no século seguinte, por algumas áreas do *Mezzogiorno*: Abruzzi, Basilicata e Calábria[46]. As regiões de emigração pioneira – Piemonte, Ligúria e Lombardia – perderam progressivamente importância, enquanto a Sicília começou a participar do êxodo em massa mais tardiamente.

Tabela 1.3. Emigração decenal por mil habitantes nas regiões italianas (1876-1913)

1876-1880*		1881-1890		1891-1900		1901-1910		1911-1913	
Vêneto	11,98	Vêneto	20,31	Vêneto	33,85	Abruzzi M.	33,70	Abruzzi M.	32,74
Piemonte	9,10	Basilicata	16,52	Basilicata	18,11	Calábria	31,66	Calábria	31,77
Basilicata	5,98	Piemonte	9,94	Calábria	12,12	Basilicata	29,76	Vêneto	31,71
Ligúria	5,03	Calábria	7,95	Abruzzi M.	10,69	Vêneto	29,47	Basilicata	29,15
Lombardia	4,98	Abruzzi M.	6,52	Campânia	10,61	Campânia	21,63	Sicília	26,29
Toscana	3,27	Ligúria	6,05	Piemonte	7,98	Sicília	21,50	Marche	24,92
Campânia	2,07	Lombardia	5,77	Toscana	5,86	Marche	20,57	Úmbria	21,34
Emília R.	1,86	Campânia	5,50	Emília R.	5,59	Piemonte	16,50	Campânia	20,10
Calábria	1,77	Toscana	4,79	Sicília	5,05	Úmbria	14,96	Piemonte	19,10
Abruzzi M.	0,99	Emília R.	3,00	Lombardia	5,03	Emília R.	12,94	Lombardia	15,84

*As estatísticas oficiais tiveram início em 1876.
Fonte: M. Livi Baci. *La trasformazione demografica delle società europee*. Turim: Loescher, 1977.
Apud Ercole Sori. *L'emigrazione italiana dall'Unità alla Seconda Guerra Mondiale, op. cit.*, p. 25.

---

46 "Uma análise, mesmo que breve, da distribuição regional desses emigrantes, demonstra como foi sobretudo o Vêneto que ofereceu o núcleo maior do fluxo migratório italiano, tanto temporário como permanente, do qual representava, comparado com as cifras dos totais nacionais, respectivamente a metade e pouco menos de um sétimo". Emilio Franzina. *A Grande Emigração. O êxodo dos italianos do Vêneto para o Brasil*. Campinas: Unicamp, 2006, p. 84.

Tabela 1.4. Emigração italiana para Europa e América, em % (1876-1915)

Ano	Europa	América	Ano	Europa	América
1876	79,40	18,03	1896	35,75	62,77
1877	77,12	21,34	1897	41,79	57,13
1878	75,17	21,55	1898	50,95	47,65
1879	66,76	30,94	1899	52,83	45,38
1880	70,24	27,59	1900	51,32	46,95
1881	67,81	30,09	1901	45,82	52,16
1882	58,14	36,95	1902	44,42	53,17
1883	58,35	37,49	1903	42,51	55,20
1884	59,55	37,73	1904	43,28	52,97
1885	49,77	46,11	1905	36,76	61,23
1886	47,91	48,95	1906	33,62	64,64
1887	38,24	60,03	1907	39,24	58,79
1888	28,53	70,26	1908	49,51	48,78
1889	42,41	56,40	1909	35,10	63,58
1890	46,45	52,36	1910	37,20	61,53
1891	35,38	63,50	1911	49,45	48,77
1892	47,85	50,88	1912	41,38	56,18
1893	42,34	56,05	1913	35,26	63,75
1894	49,15	49,47	1914	50,40	48,16
1895	35,91	62,73	1915	50,94	45,12

Obs.: A diferença na somatória das porcentagens corresponde à emigração para África, Ásia e Oceania.
Fonte: Commissariato Generale dell'Emigrazione. *Annuario statistico della emigrazione italiana dal 1876 al 1925.* Roma, 1926.

Os números publicados pelo *Commissariato Generale dell'Emigrazione* indicam que, em 1886, a emigração transoceânica para a América suplantou a continental; esta voltou a ser superior apenas entre 1898-1900, 1908 e a partir do início da Primeira Guerra Mundial. Através do Gráfico 1.1 observa-se melhor essa dinâmica.

Gráfico 1.1. Emigração italiana para Europa e América, em % (1876-1915)

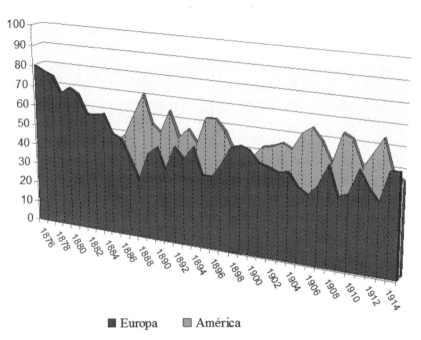

Fonte: Tabela 1.4.

A origem regional do fluxo constituiu-se em fator primordial na determinação do destino – Europa ou América (Tabela 1.5). A Itália setentrional sempre apresentou elevada preferência pela emigração europeia, mesmo com o Vêneto fornecendo grandes contingentes para o outro lado do Atlântico;[47] a meridional, ao contrário, dirigiu-se massivamente ao ultramar; a Itália central manteve-se em posição intermediária nos dois mercados de trabalho.[48]

---

47 "Il caso estremo è costituito dal Veneto, che ebbe accesso all'emigrazione transoceanica di massa praticamente solo attraverso le grandi punte di emigrazione sovvenzionata del 1888, 1891 e 1895-96 [para o Brasil]." Ercole Sori. *L'emigrazione italiana dall'Unità alla Seconda Guerra Mondiale*, op. cit., p. 63.

48 Essa divisão da Itália em três macro-regiões obedece ao critério adotado pelo Commissariato Generale dell'Emigrazione. *Annuario statistico della emigrazione italiana dal 1876 al 1925*. Roma, 1926. Ou seja: Itália setentrional (Piemonte, Ligúria, Lombardia, Vêneto, Veneza, Emília); Itália central (Toscana, Marche, Úmbria, Lazio); Itália meridional (Abruzzi e Molise, Campânia, Puglia, Basilicata, Calábria, Sicília, Sardenha).

Tabela 1.5. Emigração italiana segundo origem e destino (1876-1914)

	Porcentagem da Emigração Transoceânica por Macro-Região		
	1876-1886	1887-1900	1901-1914
Itália Setentrional	23,8	30,8	24,9
Itália Central	28,8	62,4	51,1
Itália Meridional	86,9	93,1	93,1
Itália	37,2	54,5	59,2
	Porcentagem da Emigração Continental sob Total Nacional		
	1876-1886	1887-1900	1901-1914
Itália Setentrional	87,4	88,4	76,8
Itália Central	8,3	6,4	15,5
Itália Meridional	4,3	5,2	7,7
	Porcentagem da Emigração Transoceânica sob Total Nacional		
	1876-1886	1887-1900	1901-1914
Itália Setentrional	46,0	32,8	17,6
Itália Central	5,7	8,9	11,2
Itália Meridional	48,3	58,3	71,2

Fonte: O. Vitali. "Le migrazioni interne: una sintisi storico-statistica". *Affari Sociali Internazionali*. n. 1-2, 1974. *Apud* Ercole Sori. *L'emigrazione italiana dall'Unità alla Seconda Guerra Mondiale, op. cit.*, p. 29.

O movimento anual de partida conforme a macro-região permite reforçar alguns aspectos demonstrados na tabela acima, ou seja, a marcante especialização regional do fluxo por países de destino: a efetiva predominância da emigração para a Europa por parte da Itália setentrional (variando de 90% a 74%) e o momento (1880) em que a emigração meridional em direção à América começou a ultrapassar a setentrional, para, no alvorecer do século XX, ratificar sua supremacia[49] (Tabela A.1).

Se no continente europeu os italianos emigravam preferencialmente para França, Áustria, Alemanha e Suíça, na América, os principais países da imigração eram Estados Unidos, Argentina e Brasil. A intensidade de cada fluxo, entretanto, variou ao longo dos

---

[49] "Entretanto, é bom recordar que as novidades desse período se referem também ao crescimento desmedido, em relação aos dados iniciais do fluxo, do número de emigrantes: entre 1901 e as vésperas da Primeira Guerra Mundial, torna-se estável a predominância do componente transoceânico sobre o temporário e sazonal, girando a média da emigração permanente em torno de 300 mil emigrantes por ano, com picos, às vezes de mais de meio milhão!" Emilio Franzina. *A Grande Emigração, op. cit.*, p. 46.

anos, refletindo as condições internas da península e os fatores externos de atração. Ao final dos anos 70 e 80, a emigração italiana construiu seu mercado de trabalho na América, encaminhando-se para os três países já citados. Nos anos 90, o Brasil recebeu parte dos fluxos que a crise econômica da Argentina e a insuficiente demanda de trabalho por parte da Europa e dos Estados Unidos não permitiam mais absorver. No âmbito europeu, a redução da emigração para a França devido a problemas políticos e disputas alfandegárias no final da década de 1880, foi compensada por outros destinos já tradicionais: Alemanha e Suíça.[50]

Outro aspecto relevante refere-se ao tipo de força de trabalho que emigrou da Itália: homens com idade acima de 15 anos (Tabela 1.6). Para o período da grande emigração, esse grupo apresenta percentuais bastante elevados: em torno de 90 % para aqueles com mais de 15 anos e entre 80-85 % para o sexo masculino. Sori observa que as duas taxas variaram proporcionalmente nesse período, sofrendo certa queda entre 1885 a 1897, momento específico que correspondeu aos altos índices de emigração de famílias para a América Latina, em especial para o Brasil.[51] Tal fato, na verdade, foi reflexo da política de imigração ativa desenvolvida, sobretudo pelo governo de São Paulo, ao fornecer transporte gratuito a um tipo particular de imigrante: grupos familiares de agricultores.[52]

Tabela 1.6. Emigrantes italianos que partiram sozinhos
e em grupos familiares, em % (1876-1915)

Período	Sozinhos	Grupos Familiares	Total (Nº Absoluto)
1876-1880	74,5	25,5	543.984
1881-1885	72,1	27,9	770.705
1886-1890	64,6	35,4	1.109.886
1891-1895	60,6	39,4	1.282.553
1896-1900	64,5	35,5	1.552.173
1901-1905	76,7	23,3	2.770.252
1906-1910	79,9	20,1	3.256.438
1911-1915	78,2	21,8	2.743.059

Fonte: S. Somogyi. "Ripercussioni demografico-sociale dell'emigrazione italiana". *Previdenza Sociale.* set./out., 1956. Apud Ercole Sori. *L'emigrazione italiana dall'Unità alla Seconda Guerra Mondiale*, op. cit., p. 34.

---

50   Ercole Sori. *L'emigrazione italiana dall'Unità alla Seconda Guerra Mondiale*, op. cit., p. 30-31.
51   Ercole Sori. *L'emigrazione italiana dall'Unità alla Seconda Guerra Mondiale*, op. cit., p. 32.
52   Esse aspecto será desenvolvido no Capítulo 2.

Em relação à composição profissional da emigração italiana, vários autores[53] relatam sobre a dificuldade em utilizar as estatísticas oficiais devido à imprecisão da nomenclatura: agricultores, pequenos proprietários, jornaleiros e *braccianti*.[54] A par disso, Ercole Sori chama atenção para o processo de proletarização no qual os agricultores perderam o acesso à terra e foram obrigados a vender sua força de trabalho dentro e fora da península. O fenômeno – cuja evolução pode ser tipificada pela seguinte sequência: primeiro, agricultores, camponeses e pastores; segundo, carregadores, *braccianti* e jornaleiros sem qualificação; terceiro, pedreiros, trabalhadores da construção; e, finalmente, artesãos e operários – refletiu-se na participação desses segmentos no fluxo migratório. Entre 1881-1886 cresceu a quota de agricultores, depois, em 1886-1891, a dos *braccianti*, seguindo-se, entre 1891-1896, certa constância das duas; em 1896-1901 aumentou a participação dos pedreiros e, finalmente, em 1901-1906, a dos operários e artesãos.[55]

Foram as massas camponesas, sobretudo, que deram a contribuição mais notável ao movimento migratório geral, ainda que isso não permita explicar unilateralmente o problema da expulsão dos agricultores, que se desenvolveu de acordo com fenômenos ligados à conjuntura da agricultura, mas também, em virtude do pacto protecionista às indústrias marítima e siderúrgica. O caso da emigração vêneta nas duas últimas décadas do Oitocentos é exemplar. Primeiro partiram os pequenos proprietários cultivadores que venderam suas terras para poder financiar a expatriação; depois saíram os *braccianti*.[56] O ano de 1887, em que teve início a gestão protecionista da economia italiana, aparece como divisor de dois momentos migratórios distintos. Se anteriormente, o fluxo já existia e era até mesmo consistente, após essa data, o êxodo aumentou de tal maneira, que justificou sua denominação como emigração de massa.[57] Causas naturais também contribuíram para incentivar a fuga dos campos em direção à América. Na região conhecida como Polesine, a emigração teve início com as fortes chuvas de 1882 que provocaram a cheia do rio Pó, inundando todo o vale e deixando milhares de

---

53 Dentre eles, Ercole Sori. *L'emigrazione italiana dall'Unità alla Seconda Guerra Mondiale. op. cit.*; Emilio Franzina. *A Grande Emigração. op. cit.*; Zuleika Alvim. *Brava gente! Os italianos em São Paulo*. São Paulo: Brasiliense, 1986.

54 *Braccianti* (plural de *bracciante*): trabalhador agrícola assalariado não especializado.

55 Ercole Sori. *L'emigrazione italiana dall'Unità alla Seconda Guerra Mondiale, op. cit.*, p. 34.

56 Segundo Sori, Na fase inicial da grande emigração, com os fretes ainda elevados, o custo da expatriação dificultava a superação da relação direta entre estado de indigência e necessidade de emigrar. Ercole Sori. *L'emigrazione italiana dall'Unità alla Seconda Guerra Mondiale, op. cit.*, p. 295. Sobre as condições no campo e a emigração dos pequenos proprietários vênetos e, posteriormente, dos *braccianti*, ver a interessante síntese de Zuleika Alvim. *Brava gente! op. cit.*, p. 28-40.

57 Emilio Franzina. *A Grande Emigração, op. cit.*, p. 84-85.

desabrigados. Posteriormente, a intensificação da desocupação crônica proporcionou o grande êxodo transoceânico de 1888 e 1891.[58]

Por fim, cabem algumas considerações sobre a Sicília, que por seu desenvolvimento peculiar, foi uma das últimas regiões da Itália a ser arrastada pelo crescente movimento migratório. Já antes da Unificação, existiam fortes correntes de migração interna na ilha, sobretudo nos períodos da colheita do trigo e da oliva. Esses movimentos perduraram nos anos 80. A crise da década de 1890 desarticulou todo o sistema econômico e os fluxos internos começaram a se desviar para o além-mar. O grande êxodo siciliano começou, de fato, a partir de 1900, alcançando picos de mais de 100 mil emigrantes nos anos de 1905 e 1906, revelando profunda mobilidade da população, que transformou, de certa forma, a própria emigração transoceânica em sazonal. Ou seja, vários camponeses zarpavam para o oceano depois de terminado os serviços no campo, para retornar no início da nova estação agrícola. Bastava uma má colheita para que dezenas de milhares de trabalhadores embarcassem em um vapor, quase com a mesma simplicidade com que os camponeses da Itália setentrional tomavam trem para trabalhar na França ou Suíça. O principal destino dessa emigração não diferia do restante do *Mezzogiorno*: os Estados Unidos.[59] Ercole Sori chama atenção para os trabalhadores sazonais sicilianos que se dirigiam à Nova Orleans nos vapores da então conhecida como "via dei limoni".[60]

O grande êxodo: um problema, duas leis

A Lei de 1888: reação ao fluxo

No início dos anos oitenta, em virtude da intensificação do fluxo migratório, a discussão sobre o êxodo ampliou-se, entrando em contato com a questão colonial italiana teorizada e dividida

---

58   Ercole Sori. *L'emigrazione italiana dall'Unità alla Seconda Guerra Mondiale*, op. cit., p. 220-221.

59   Sobre a emigração na Sicília ver Francesco Renda. *L'emigrazione in Sicilia (1652-1961)*. Roma: Salvatore Sciascia Editore, 1989.

60   Ercole Sori. *L'emigrazione italiana dall'Unità alla Seconda Guerra Mondiale*, op. cit., p. 295. Nesse período, a agricultura do sul da Itália passava por uma intensiva especialização baseada, sobretudo, na fruticultura, cuja exportação tinha como destino final os EUA. "Dalla Sicilia partono uomini, ma ormai da anni continuano a partire anche arance e limoni". S. Lupo. *Il giardino degli aranci*. 1990. *Apud* Piero Bevilacqua. "Società rurale e emigrazione". In: Piero Bevilacqua; Andreina De Clementi; Emilio Franzina (orgs.). *Storia dell'emigrazione italiana. Partenze*. v. I. Roma: Donzelli Editore, 2001, p. 109.

entre colonização espontânea, que tinha na região do Prata seu exemplo mais consistente, e colonização direta, *manu militari*, voltada para a África.⁶¹

Não podia ser diferente, pois a Itália estava inserida no contexto europeu, cujas principais potências buscavam ampliar seus mercados para exportação de mercadorias e capitais, incorporando novos territórios coloniais através da ocupação militar ou de ação mais incisiva de penetração econômica. Para tanto, o desenvolvimento de um moderno sistema de transporte marítimo era fundamental.⁶²

A emigração começava, então, a ser considerada como instrumento de política comercial e, consequentemente, deveria passar para esfera de atuação do Ministério da Agricultura, Indústria e Comércio. Essa mudança de ação política por parte do governo italiano foi marcada, como bem mostra Antonio Annino, pela a inclusão dos temas "colônias" e "emigração" na *Inchiesta sulla Marina Mercantile 1881-1882* e sua relação com o incremento da marinha mercante e do comércio internacional.⁶³ Ao questionário responderam câmeras de comércio, armadores e capitães de toda a Itália, além dos cônsules e residentes no exterior. A América do Sul foi considerada como área a ser priorizada pelo empreendimento baseado nas colônias livres. Também merece destaque a massiva presença dos interesses lígures, pedindo facilidades para o expatriamento o que garantiria ganhos imediatos através do aumento do número de fretes.

Os armadores solicitaram, ainda, a abolição do passaporte⁶⁴ e a exclusividade da conexão entre o bilhete ferroviário e o de embarque nos vapores italianos, uma medida indireta, que visava à proteção contra a concorrência estrangeira.⁶⁵ O embarque de italianos em portos estrangeiros, aliás, era preocupação constante das companhias de navegação, que viam esse fato como consequência das tentativas do governo de impedir o êxodo, causando importantes prejuízos à marinha nacional.

---

61 Segundo Manzotti, o primeiro estudioso sobre o tema do colonialismo italiano foi o geógrafo Cristoforo Negri, cujos artigos foram reunidos na antologia *La grandezza dell'Italia*. Turim, 1864. Sua visão, entretanto, era repleta de paixão pela pátria e pela busca de conhecer o mundo extra-europeu, sem se preocupar com aspectos e análises das questões internas da península, questões basilares nos estudos de Jacopo Virgilio. Fernando Manzotti. *La polemica sull'emigrazione nell'Italia Unita, op. cit.*, p. 48. Ainda sobre Cristoforo Negri ver Grazia Dore. "Alcuni aspetti dei primi studi e dibattiti sull'emigrazione transoceanica". *Rassegna di Politica e di Storia*. Roma, v. 2, 1955, p. 2-8.

62 Giuseppe Barone. "Lo Stato e la marina mercantile italiana (1881-1894)". *Studi Storici*. Istituto Gramsci Editore, anno XV, n. 3, 1974, p. 624.

63 Antonio Annino. "Origine e controversie della legge 31 gennaio 1901", *op. cit.*, p. 1245-1246.

64 A lei de 13 de novembro de 1857, que instituiu o passaporte no reino do Piemonte-Sardenha, passou a vigorar por toda Itália após a Unificação.

65 Ercole Sori. *L'emigrazione italiana dall'Unità alla Seconda Guerra Mondiale, op. cit.*, p. 317.

> Na verdade, os portos de Marselha, Bordeaux, Havre e Liverpool, onde regurgitam os nossos emigrantes que embarcam nos navios daqueles Estados para a América, são prova das perdas da navegação nacional devido às descuidadas disposições das autoridades, que, pouco seriamente, fecham-lhes as portas da via marítima, para exortá-los a passar comodamente pela janela da via terrestre em busca dos portos estrangeiros.[66]

A *Società di Mutuo Soccorso dei Capitani Marittimi Liguri*, ao responder o quesito XIII sobre a emigração, explicitou o pensamento da marinha mercantil genovesa. Apesar de louvar os esforços do governo para dissuadir os cidadãos italianos de emigrar e de criticar a atuação dos agentes de emigração, a associação deixou clara sua expectativa pela liberalização do fluxo e, até mesmo, de seu favorecimento, através do rebaixamento dos preços dos fretes para os emigrantes mais pobres que embarcassem nos vapores nacionais, pois tinha ciência de suas potencialidades econômicas em relação ao desenvolvimento da marinha a vapor e do incremento do comércio exterior para o país.[67]

As páginas da *Inchiesta* também registraram o conflito entre companhias de navegação e agentes, que ganhava proporções conforme a intensificação do fluxo migratório. As primeiras, preocupadas em racionalizar o mercado de emigrantes e eliminar os excessivos custos resultantes do pagamento das gratificações, solicitaram maior controle por parte do Estado sobre a atividade dos agentes.[68] Luigi Bodio chegou a afirmar que, com a comissão de 20 a 50 liras por emigrante apresentado, os agentes poderiam absorver cerca de metade do lucro líquido do preço do transporte do armador, o que era compensado na baixa qualidade do serviço.[69]

Em 1883, Depretis afirmava que não tinha nenhum intento de coibir a emigração, nem de lhe colocar obstáculos, mas de deixá-la livre quando dependente da ação individual de cada cidadão.[70] Na verdade, os agentes eram o alvo do presidente do Conselho de Ministros,

---

66   Edoardo Berlingieri. *Pensieri sulla Marina Mercantile coordinati al formolario dell'Inchiesta Parlamentare sulla Marina medesima*. Gênova: Il Commercio Gazzetta di Genova, 1881, p. 24.

67   Società di M. S. dei Capitani Marittimi Liguri. *Risposte ai quesiti formulati dalla Commissione de Inchiesta Parlamentare per la Marina Mercantile*. Gênova: Il Commercio Gazzetta di Genova, 1881, p. 19-20.

68   Antonio Annino. "Origine e controversie della legge 31 gennaio 1901", *op. cit.*, p. 1245-1246.

69   Luigi Bodio. "Della nuova legge 31 gennaio 1901 per la tutela degli emigranti". *Atti del IV Congresso Geografico Italiano*. Milão, 1902. Apud Ercole Sori. *L'emigrazione italiana dall'Unità alla Seconda Guerra Mondiale*, *op. cit.*, p. 308. Em 1878, Bodio foi nomeado diretor da *Direzione Generale di Statistica*; posteriormente, em 1901, assumiu a direção do *Commissariato Generale dell'Emigrazione*. Cf. Elisabetta Bilotta. "L'emigrazione italiana all'estero", *op. cit.*, p. 424-426.

70   Fernando Manzotti. *La polemica sull'emigrazione nell'Italia Unita*, *op. cit.*, p. 59.

e outra circular foi enviada aos prefeitos para que mais uma vez proibissem sua ação. As críticas à medida avolumaram-se, principalmente porque as teses sobre relação direta entre as potencialidades da colonização e da emigração ganharam terreno, e outro debate importante entrou de vez na pauta do Parlamento italiano: o problema da fuga dos campos e suas causas.

A tese elaborada anos atrás pelo deputado Sonnino de que a emigração seria a "válvula de segurança"[71] para se evitar as tensões sociais no campo,[72] começou, então, a ser vista como possível solução para as duas questões que causavam incômodo – emigração e ordem pública – e para o desenvolvimento de uma política econômica externa mais atuante, pois o fluxo migratório poderia tornar-se potentíssimo instrumento de colonização e de desenvolvimento da marinha mercantil.[73]

Se em um primeiro momento, as teorias expansionistas de caráter mercantilista estavam restritas aos circuitos genoveses, cujas figuras de armador e comerciante se confundiam, a transformação do armador em operador financeiro associado a capitais diversificados baseados no monopólio serviu para coligar os interesses de Gênova aos do bloco protecionista, dando-lhes peso adequado.[74] Essa alternativa reforçou-se com o passar dos anos oitenta, conforme emergiu poderoso aparato industrial/siderúrgico/armador à procura de ganhos mais

---

71 O tema da "válvula de segurança" apareceu, também, no jornal lombardo *La Plebe*, em 25 de novembro de 1876. Publicado como carta de um suposto camponês a Nicotera, então ministro do Interior, o texto afirmava: "Avete nell'emigrazione una valvola di sicurezza: vi consigliamo nel vostro interesse e pel minore dei mali a non chiuderla. Quando si vuole violentare di troppo il vapore, la caldaia scoppia, e noi siamo stanchi di morire d'inanizione sulla gleba". *Apud* Fernando Manzotti. *La polemica sull'emigrazione nell'Italia Unita, op. cit.*, p. 47.

72 O medo de convulsão social no campo povoava as mentes dos proprietários rurais por conta do *brigantaggio*. Ocorrido na região meridional entre 1861-1865, o fenômeno pode ser caracterizado como guerra social contra os novos governos, contra o novo sistema econômico e contra as grandes propriedades. Para estancá-lo, foram tomadas medidas repressivas duras, como a lei Pica, que deixava excessivo espaço ao arbítrio das autoridades judiciárias e, sobretudo, militares. Metade do exército (120 mil homens) foi empregada na luta. As perdas humanas foram superiores àquelas registradas na campanha da unificação. Depois de anos de luta, a repressão obteve sucesso. Giampiero Carocci. *Storia d'Italia dall'Unità ad oggi, op. cit.*, p. 366.

73 "Dopo aver affermato che il fluxo è 'un potentissimo strumento di colonizzazzione', il Sonnino insiste sull'indicare i vantaggi interni del fenomeno: tutta la legislazione sociale sarebbe inutile e non riuscirebbe a contenere la ribellione delle masse se non vi fosse un esodo continuo dalle champagne; in Toscana verebbe minacciata la mezzadria, nel Sud persisterebbe il brigantaggio". Antonio Annino. "Origine e controversie della legge 31 gennaio 1901", *op. cit.*, p. 1246.

74 Segundo Giorgio Doria: "Le società sostenute dal capitale extraligure detevano dunque negli anni 1897-1898 più di metà del tonnellaggio a vapore iscritto al compartimento di Genova; negli anni 1899-1903 una quota oscilante fra il 42 il 48%; dal 1904 al 1906 di nuovo oltre la metà nel 1907 addirittura più dei tre quinti". Giorgio Doria. *Investimenti e sviluppo economico a Genova alla vigilia della prima guerra mondiale (1882-1914)*. Milão: A. Giuffrè Editore, 1973. v. II, p. 274.

elevados do que aqueles oferecidos pelo restrito mercado interno e pelo limitado volume de comércio externo italiano.[75]

A intervenção de Crispi na discussão parlamentar, em maio de 1885, sobre a lei de prêmios e incentivos à construção naval,[76] expressava claramente as ambiciosas propostas de ampliação das linhas de navegação para subsidiar a política expansionista italiana.[77] Nesse sentido, essa lei e a aprovação, em 1887, da nova tarifa alfandegária protecionista sobre produtos industrializados e sobre o trigo,[78] além de consolidarem a intervenção direta do Estado na economia, foram fundamentais para alargar a base de sustentação da transformação defendida pelo bloco expansionista. Assim, à marinha mercantil e à indústria pesada, juntaram-se a nascente indústria manufatureira setentrional, interessada na ampliação do mercado e, após a eclosão da crise agrária, os grandes proprietários de terras meridionais e setentrionais.[79] Dentro desse complexo equilíbrio de forças, a equação desenvolvimento econômico, política de expansão e segurança interna[80] apresentava um denominador comum: a emigração.

Um dilema, entretanto, persistia no cenário italiano: a emigração deveria ser lamentada como perda de braços, ou considerada como veículo de riqueza nacional? No final década de oitenta, *pari passu* ao incremento da emigração, ocorreu mudança importante na forma de se encarar o êxodo. Enquanto no governo Depretis a questão reduzia-se essencialmente à função de polícia, para Crispi, seu sucessor na presidência do Conselho de Ministros, o fenômeno ganhava contornos mais amplos e começava a se apresentar como problema de política

---

75   Antonio Annino. "Origine e controversie della legge 31 gennaio 1901", *op. cit.*, p. 1236 e 1248.

76   Sobre a lei promulgada em 6 de dezembro de 1885 e as subvenções estatais à marinha mercantil italiana ver Giuseppe Barone. "Lo Stato e la marina mercantile italiana", *op. cit.*, p. 626-633.

77   Giuseppe Barone. "Lo Stato e la marina mercantile italiana", *op. cit.*, p. 634.

78   Sobre o conteúdo protecionista dessa tarifa ver Giuseppe Barone. "Sviluppo capitalistico e politica finanziaria in Italia nel dedennio 1880-1890". *Studi Storici*. Istituto Gramsci Editore, ano XIII, n. 3, 1972, p. 568-573.

79   Gigliola Dinucci. "Il Modello della colonia libera nell'ideologia espansionistica italiana. Dagli anni'80 alla fine del secolo". *Storia Contemporanea*. Bolonha: Il Mulino, anno X, n. 3, 1979, p. 429. Annino observa que a estabilidade garantida à renda da terra pelos acordos de 1887 atenuou as preocupações do grupo agrário, que, assim, acolheu em parte os argumentos daqueles que eram favoráveis à emigração, para apoiar os projetos coloniais italianos. Antonio Annino. "Origine e controversie della legge 31 gennaio 1901", *op. cit.*, p. 1253.

80   "A questo punto l'emigrazione diventava davvero la valvola di sicurezza del sistema. Il protezionismo granario e l'emigrazione venivano di fatto a salvare l'interno sistema da una crise economica e sociale, che avrebbe potuto travolgere l'agricoltura latifondista meridionale e rompere gli equilibri politici e le alleanze su cui poggiava lo Stato". Zeffiro Ciuffoletti. "L'emigrazione e le classi dirigenti. I meridionalisti liberali". *Il Ponte*. La Nuova Italia editrice, n. 30-31, 1974, p. 1287.

externa e, consequentemente, exigia maior presença do Estado na tutela do emigrante. Com base nessa perspectiva discutiu-se, entre 1887-1888, o projeto de lei sobre a emigração.[81]

Apresentado por Crispi em dezembro de 1887, o projeto enfrentou forte oposição no Parlamento. A liberdade de emigrar (salvo as obrigações militares), a faculdade do Ministério do Interior de limitar o arrolamento e as restrições à ação dos agentes, dividiram os parlamentares e expuseram interesses conflitantes. A discussão prolongou-se por cerca de um ano.[82] A reprodução parcial de algumas intervenções na Câmara dos Deputados às vésperas da aprovação da lei desenha com traços nítidos a polêmica sobre os principais temas envolvidos no debate: a manutenção do caráter de polícia da lei; a liberdade de emigrar e fazer emigrar; a regulamentação da atuação dos agentes e subagentes; as condições do transporte dos emigrantes; o problema social; os interesses dos proprietários de terras, dos armadores e da marinha mercantil nacional.

> Dep. Franchetti
> [entre impedir e limitar ou liberar a emigração] (…) prefiro a segunda solução à primeira. Prefiro-a acima de tudo porque não gostaria que pudesse nascer em alguém a suspeita certamente injusta de que a escolha pela solução restritiva nasceu de um sentimento de interesse de classe, sem falar de interesse pessoal: o interesse que existe na classe dos proprietários em impedir a diminuição de braços, e o consequente aumento dos salários.
>
> Dep. Odoardo Luchini
> (…) o Estado, que tem os meios para iluminar a emigração que nem os indivíduos nem as associações possuem, deve indicar quais podem ser as direções mais úteis da emigração; tanto no interesse dos emigrantes, quanto no da sociedade em geral, para que se aumente a riqueza nacional e se inicie boas relações com as nações estrangeiras.
> (…)
> Eu não sei se, em algumas regiões, este impedir, este restringir, este constranger a emigração, não teria por efeito fazer ressurgir o *brigantaggio*!
>
> Dep. Enrico Ferri
> (…) porque esta [lei de emigração] é e deve ser uma lei eminentemente, exclusivamente de polícia, é fato que o tema disciplinado nesta lei é uma questão eminentemente social.

---

81   Fernando Manzotti. *La polemica sull'emigrazione nell'Italia Unita*, op. cit., p. 67.

82   Sobre essa discussão no Parlamento italiano ver Fernando Manzotti. *La polemica sull'emigrazione nell'Italia Unita*, op. cit., p. 69-76.

Pelo contrário, eu acredito que em relação à emigração, a distinção fundamental que se deve fazer é a seguinte: emigração em massa ou coletiva. Estas são as duas formas de emigração que realmente requerem do governo e do legislador medidas diversas.
(…)
É verdade que para os nossos emigrantes (…), que certas sociedades de navegação transportam para cumprir os contratos com os governos americanos, violam-se frequentemente todas as leis de higiene e de decência no trajeto de Gênova ou de Nápoles até a América, e tudo isso apesar do código mercantil.

Dep. Florenzano
Mas, observado o fenômeno em si, e constatado que, ao invés de emigração, se parece com um verdadeiro tráfico de brancos, fica evidente a necessidade de uma lei de disciplina, de uma lei de polícia.
(…)
Existe realmente a necessidade dessa lei? Sim, senhores! O processo de emigração oferece-nos páginas dolorosas, que se denominam fraudes, traições, desilusões, os primeiros, cometidos por agentes e subagentes de emigração e por armadores e cointeressados, os últimos sofridos pelos pobres emigrantes; se existe o mal, e, longe de diminuir, tem aumentado gradativamente, e se o país pede uma lei para diminuí-lo, é necessário que a lei se faça.

Dep. Guicciardini
Eu, portanto, elogio o governo, elogio a comissão por haver mantido o projeto dentro dos limites de uma medida de polícia.
(…)
Ao governo cabe esta obrigação (de fazer os emigrantes perceberem que a pátria se preocupa com eles) por muitas razões, mas citarei apenas uma, a de conservar à emigração italiana a fisionomia nacional.
Diz-se que a emigração é útil à economia pública, porque serve para difundir os hábitos, os costumes dos países da qual provém, e porque tal difusão traz o incremento da produção, do comércio e da marinha mercante nacional.

Dep. Sidney Sonnino
No projeto ministerial [sobre a liberdade de emigrar] se estabelecia certa ingerência da administração, que revela a intenção de não apenas tutelar os emigrantes, mas também de limitação dos arrolamentos em algumas províncias; a proibição aos prefeitos e professores de orientar e favorecer a emigração; o

retorno de muitas questões ao regulamento; são disposições de retração em benefício dos proprietários.

(...)

Eu a vejo [a emigração] como uma saída natural; uma válvula de segurança para o nosso país; e não apenas um sintoma de doença, como alguns a consideram, mas também uma cura da mesma doença. Portanto, vocês querem suprimir a cura ao invés da doença. E a emigração é um modo de assegurar a solução gradual de uma infinidade de questões sociais.

(...)

Além do mais, a liberdade de emigração é um modo de ganhar tempo para poder dissolver pacificamente a questão social.

Temos provas positivas disso em nosso país; temos a prova do *brigantaggio* que antes reprimido violentamente, acabou por desaparecer devido à emigração; temos a prova da província de Mantova da qual já se falou nesta discussão, onde a situação se tornara insustentável e os ânimos foram relativamente pacificados como resultado do movimento de emigração.

De resto, eu sou daqueles que acreditam que o futuro da Itália esteja na extensão de suas colônias sob qualquer forma.

(...)

Devemos ainda tomar cuidado em não exagerar neste ódio contra os agentes. O agente não é certamente um ser muito simpático; mas nesta como em muitas outras funções sociais é útil, é necessário o mediador ou o agente. E vocês poderiam imaginar a emigração do pobre camponês sem o trabalho do agente?[83]

O *Mezzogiorno* resistiu tenazmente ao projeto e depois à lei. Nas comissões em que o projeto foi discutido, havia vivíssima oposição por parte dos representantes do Sul, que alegavam não ser possível privar as províncias mais pobres da Itália meridional de um seguro benefício financeiro, ou seja, os ganhos com a mediação da emigração. Também em 1888, Francesco Nitti publicou estudo no qual o protesto da burguesia meridional aparecia com particular evidência: *L'emigrazione e i suoi avversari*. Nele, o publicista defendia os afazeres desse tipo de serviço.

> Quando o camponês não tiver mais os agentes como intermediários naturais entre ele e as sociedades dos armadores, obrigando-o, para partir, a se dirigir antes aos portos marítimos, acreditam vocês que o ajudaram?[84]

---

83 BNCR. *Atti della Camera di Deputati. Discussioni.* 5 e 6 de dezembro de 1888, p. 5742-5801.

84 Francesco S. Nitti. *L'emigrazione e i suoi avversari*, 1888. *Apud* Grazia Dore. "Il mezzogiorno e gli agenti di emigrazione". *Rassegna di Politica e di Storia*. Roma, v.3, abril, 1956, p. 16.

A mediação, diziam seus defensores, havia resolvido o problema da organização da emigração, facilitando o êxodo necessário: seus adversários eram na verdade contra a emigração. Nitti caracterizava a lei de 1888 como imposição dos proprietários de terras.[85]

No dia 30 de dezembro de 1888 foi aprovada a Lei n. 5866, com suas diretrizes básicas – liberdade para abandonar a pátria e controle sobre os agentes – explicitadas nos dois primeiros artigos.

> Art. 1.
> A emigração é livre, salvo as obrigações impostas aos cidadãos pelas leis. Os militares de primeira e segunda categoria em licença ilimitada, pertencentes ao exército permanente e à milícia móvel, não podem viajar para o exterior, sem obter licença do Ministro da Guerra.
>
> Art. 2.
> Ninguém pode recrutar emigrantes, vender ou distribuir bilhetes para emigrar, ou fazer-se mediador entre quem deseja emigrar e quem procura ou favorece o embarque, se não obtiver do Ministério a patente de agente ou do Prefeito a licença de subagente.[86]

De acordo com a lei, os agentes seriam reconhecidos legalmente através da patente concedida pelo Ministério do Interior – ainda o responsável pelo controle da emigração – e poderiam contratar número indeterminado de subagentes que, no entanto, deveriam obter a licença de trabalho nas províncias, onde estariam restritos a agir. Ficava proibido o excitamento público da emigração. Os acordos de transporte estabelecidos com os emigrantes deveriam ser regidos por contrato. Ficava vetado ao agente e ao subagente exigirem qualquer compensação financeira do emigrante pelo trabalho de mediação, salvo o simples reembolso das despesas efetivamente antecipadas por eles. A lei proibia, ainda, que pessoas com funções públicas, como funcionários da administração municipal, prefeitos e párocos exercessem essa atividade. Para Annino, todos esses procedimentos controladores, ao ratificarem juridicamente a liberdade de ação das companhias de navegação, vieram ao encontro dos anseios da marinha mercantil, um dos setores mais dinâmicos da restrita economia italiana à época.[87]

A lei de 1888, entretanto, revelou-se insuficiente para controlar agentes e subagentes devido, em grande parte, à falta de eficaz controle estatal. No *Mezzogiorno*, a luta dos

---

85 Grazia Dore. "Il mezzogiorno e gli agenti di emigrazione", *op. cit.*, p. 17.

86 *Lei n. 5866, 30 dicembre 1888. Gazzeta Ufficiale del Regno d'Italia.* ACSR.

87 Antonio Annino. "Origine e controversie della legge 31 gennaio 1901", *op. cit.*, p. 1250.

mediadores – com também eram denominados os agente e subagentes – buscava impedir que o Estado organizasse a emigração subtraindo os vários tipos de ganhos que acompanhavam a intermediação. Recrutar emigrantes, alugar navios para transportá-los, atrair para Nápoles companhias de navegação – todas essas atividades permaneceram em suas mãos.[88]

Os anos noventa testemunharam aumento vertiginoso da estrutura de mediação, inclusive a clandestina, paralelamente ao incremento do fluxo migratório. Intensificou-se, também, a presença da figura do fretador, que alugava embarcações – certamente em condições mais precárias – para o transporte de emigrantes. As agências de recrutamento aproveitaram-se de algumas disposições do texto legislativo para expandir suas redes de subagentes pelos campos italianos e, ao mesmo tempo, ganharam importância como grupo de pressão capaz de estabelecer relações com os políticos locais e nacionais. Na verdade, tal crescimento foi catalisado por fator externo decisivo: a demanda cada vez maior de força de trabalho por parte de países como Argentina e Brasil, que desenvolviam, em nível de Estado, políticas agressivas de recrutamento de europeus[89] e do atrativo mercado de trabalho dos Estados Unidos.

Ercole Sori explica o relativo poder político e o funcionamento dessa imensa rede de recrutamento e propaganda no *Mezzogiorno*, ou em suas palavras, "uma enorme infantaria de intermediários italianos", que se articulava na incipiente fusão entre a pequena burguesia meridional e a burocracia central e periférica. O sistema, que gozava de complacente silêncio dos prefeitos e parlamentares, previa que uma agência escrevesse às autoridades locais para demandar, em troca de provisões e licenças, colaboração que podia ser o simples resultado da campanha de venda de passagens, até aquele incomensurável serviço que consistia em transportar para o exterior, além de trabalhadores, as relações mafiosas e clientelistas nas quais o *Mezzogiorno* estava envolvido.[90]

Anos mais tarde, os grandes proprietários rurais ainda constituíam grupo de pressão importante. A Circular Crispi[91] de 1891 era prova disso. Em essência, seu conteúdo ordenava aos prefeitos vetar a concessão de passaporte àqueles que, sob denúncia dos senhores

---

88   Grazia Dore. *La democrazia italiana e l'emigrazione in America*, op. cit., p. 65.

89   Antonio Annino. "Origine e controversie della legge 31 gennaio 1901", *op. cit.*, p. 1253. O autor esclarece, ainda, que data dos anos sessenta o estabelecimento na Itália das primeiras agências de emigração pelos consulados das nações sul-americanas.

90   Ercole Sori. *L'emigrazione italiana dall'Unità alla Seconda Guerra Mondiale*, op. cit., p. 307.

91   Grazia Dore assinala que quando Crispi apresentou o desenho de lei sobre a emigração em dezembro de 1887, Francesco Saverio Nitti, publicista e estudioso da emigração, acusou o então presidente do Conselho de Ministros de haver redigido uma lei projetada conforme os interesses dos grupos agrários, temerosos de que os salários aumentassem pela falta de braços. *La democrazia italiana e l'emigrazione in America*, op. cit., p. 58-59.

de terras, não haviam regularizado as pendências dos contratos de aluguel ou *mezzadria*.[92] Se a emigração era inevitável, ao menos se procurava proibir a fuga dos campos dos supostos devedores. Para Ercole Sori, a circular mostrava com clareza a busca, por parte do governo e dos senhores agrários, de certa flexibilidade legal que permitisse avaliar caso por caso, de tempo em tempo, zona por zona.[93]

A lei de 1888 também acirrou uma questão que já aparecia nos debates entre os defensores e os contrários à saída de italianos: a definição de uma tipologia do êxodo. Entre legisladores e estudiosos do tema, buscava-se caracterizar os dois tipos já consagrados de emigração – natural e artificial – através da forma pela qual o emigrante teve acesso ao bilhete de embarque. O estudo de Giuseppe Carerj analisou a questão à luz dessa lei, em especial, do artigo 2º. Para o autor, a emigração atuava em quatro formas: a natural, também chamada livre ou espontânea, na qual o emigrante pagava a passagem por conta própria, não sendo necessária nenhuma lei especial para regulamentá-la; emigração a preço reduzido, resultado de alguma convenção entre uma companhia de navegação e um governo interessado em receber italianos; emigração com bilhetes pré-pagos comprados na América e enviados àquele que desejasse emigrar; emigração gratuita, ou seja, com passagens pagas por governos ou empresários e que dependia do recrutamento feito por agentes e subagentes para se efetivar.[94]

Alguns anos mais tarde, Natale Malnate apresentava classificação até certo ponto distinta, afirmando que para traçar as características da emigração italiana seria necessário utilizar vocábulos de uso da prática, não da filologia. Dessa forma, a emigração dividia-se em espontânea, quando paga com o dinheiro daquele que partiu; por arrolamento, através de contratos com empresas privadas de locação de pessoa e de trabalho; emigração favorecida (subsidiada ou auxiliada), quando os governos americanos pagam a passagem e exigem o cumprimento de determinadas condições – famílias de agricultores, limite de idade, local de origem, etc. A primeira era considerada natural, enquanto as outras duas formavam a chamada emigração gratuita, sinônimo para o autor, de emigração artificial.[95]

---

92 *Mezzadria*: contrato agrário que previa a cultivo de terreno por conta do colono, que dividia depois a metade dos rendimentos com o proprietário.

93 Ercole Sori. *L'emigrazione italiana dall'Unità alla Seconda Guerra Mondiale*, op. cit., p. 260.

94 Giuseppe Carerj. "La legge sull'emigrazione al cospetto della critica". *I Congresso Geografico Italiano*. Gênova. v. II, t. II, 1892, p. 329-330. O autor usa essas definições para fazer severas críticas à lei de 1888, considerada como entrave à emigração. Com argumentação baseada em hábil jogo de palavras, Carerj conclui que os legisladores não conheciam suficientemente o fenômeno sobre o qual queriam juridicamente disciplinar e afirma enfaticamente: "La legge in vigore non riguarda che la sola emigrazione gratutita". (p. 338).

95 Natale Malnate. *Gli italiani in America*. Gênova: Pietro Pellas fu L., 1898, p. 6-7.

Definições à parte, a lei de 1888 revelou-se insuficiente para deter a emigração – considerando-se a ótica dos que eram contra o êxodo. Por outro lado, para pessoas que eram a favor, como Carerj, ao dificultar o processo migratório, a legislação colocava entraves ao desenvolvimento da marinha mercantil italiana. Talvez em uma questão todos concordassem: sua incapacidade de tutelar os emigrantes desde a saída da vila ou cidade até o destino final no outro lado do Atlântico. Uma nova lei fazia-se necessária.

A Lei de 1901 e o Estado regulador

Em vista da crescente demanda externa e da resposta positiva do meio rural, a península italiana transformou-se em um grande mercado de mão de obra, comandado, em sua essência, pelos agentes e subagentes, que encaminhavam os emigrantes para as companhias de navegação conforme a melhor retribuição financeira pela execução do serviço. A disputa pela repartição do lucro proveniente do tráfico de emigrantes teve como consequência direta o recrudescimento da cisão entre os grandes favorecidos pelo maciço fluxo migratório: de um lado, as companhias de navegação e, do outro, os agentes e subagentes. Estes, aproveitando-se de algumas sugestões involuntárias que a lei proporcionava, organizaram-se melhor e constituíram associações para defender seus interesses, agindo em franca oposição aos grandes armadores do Norte, chamando sociedades de navegação de outros países para os portos da península.[96] As companhias de navegação italianas passaram a sofrer a concorrência estrangeira mais intensa, cujas frotas eram bastante superiores em número e em qualidade.

A contenda desenvolveu-se no campo mais sensível para a opinião pública italiana: as péssimas condições de transporte e o tratamento dispensado aos emigrantes. Na verdade, as acusações mútuas pouco se importavam com aquele que emigrava. O objetivo era jogar a responsabilidade para o outro lado e assim garantir a maior fatia dos lucros e o apoio da sociedade. Os agentes afirmavam que as grandes companhias italianas haviam formado um *trust* para agir de forma quase monopolista, aumentando superficialmente os preços dos fretes marítimos, que não estavam sujeitos ao controle do Estado, ao mesmo tempo em que reduziam os custos dos serviços de bordo. A ação dos agentes – sempre segundo eles – seria benéfica, pois favoreceria a concorrência e ao consequente rebaixamento dos preços da travessia atlântica.

Na defesa dos agentes e subagentes, um panfleto anônimo circulou em Nápoles no ano de 1899 argumentando que se o objetivo do governo era melhorar as condições de viagem

---

96 Grazia Dore. *La democrazia italiana e l'emigrazione in America, op. cit.*, p. 66.

do emigrante, não poderia jamais conceder o monopólio do transporte às companhias de navegação, armadores e fretadores, sejam nacionais ou estrangeiros. A mediação dos agentes e subagentes era vista de forma positiva, como auxílio às massas camponesas no enfrentamento dos obstáculos existentes no ato de emigrar – compra de passagens, obtenção de passaporte, a viagem do local de origem até o porto de partida. Sua supressão significaria o fim da concorrência, a principal arma, segundo o autor anônimo, de proteção ao emigrante – qualidade do transporte e menor preço das passagens – e o motor da modernização da marinha mercantil italiana.[97]

Os argumentos das companhias consistiam em fazer eco à má fama que os agentes gozavam perante quase toda sociedade italiana, que invariavelmente definia-os como "mercanti di carne umana", e os responsabilizava pelo encaminhamento dos emigrantes àquelas empresas com pior material náutico e não adaptado ao conforto dos passageiros, que, por serem mais baratos, permitiam o pagamento de melhores comissões. As companhias italianas alegavam, ainda, que as empresas estrangeiras podiam remunerar melhor aos agentes, pois frequentemente descumpriam os regulamentos estabelecidos pelo governo italiano, o que acarretava em menores custos. Amoreno Martellini sintetiza essa polêmica na qual os dois lados organizaram-se para defender seus interesses: a atividade essencial dos agentes permitiu a pressão por aumentos contínuos das comissões, levando as companhias maiores a uma coalizão com o objetivo claro de impedir essas exigências.[98]

Ciuffoletti & Degl'Innocenti afirmam que a disputa entre companhias de navegação e agentes representava, na verdade, espectro maior, em que se opunham, respectivamente, os industriais do Norte – que desfrutavam do apoio financeiro do Estado, através de prêmios e subvenções – e os interesses parasitários ligados à intermediação da emigração do *Mezzogiorno*. Nessa batalha, que teve participação ativa da imprensa no acirramento das questões entre Norte e Sul, os armadores, para desmontar o argumento de que a ação das agentes garantiria a concorrência, não se furtaram de tornar público o acordo firmado entre as companhias de navegação e os agentes meridionais para comprovar a participação dessa rede de mediação na conformação do truste marítimo e o consequente aumento do preço dos fretes.[99]

---

97 *Considerazioni sul progetto di una nuova legge sull'emigrazione*. Nápoles, 1899. *Apud* Angelo Filipuzzi. *Il dibattito sull'emigrazione*, op. cit., p. 311-317.

98 Amoreno Martellini. "Il commercio dell'emigrazione: intermediari e agenti". In: Piero Bevilacqua; Andreina De Clementi; Emilio Franzina (orgs.). *Storia dell'emigrazione italiana. Partenze*. v. I. Roma: Donzelli Editore, 2001, p. 304-305.

99 Ciuffoletti & Degl'Innocenti. *L'emigrazione nella storia d'Italia*, op. cit., p. 353-361. O acordo entre as companhias e os agentes da praça de Nápoles foi compilado pelos autores (p. 355-358).

Os atos ilícitos no espaço de tempo entre o recrutamento e o embarque também eram frequentes: os agentes exigiam o valor do bilhete mesmo quando não era devido – como nas viagens gratuitas – e expediam os emigrantes ao porto de embarque uma semana antes da partida, para fazê-lo recorrer aos taberneiros, cambistas, carregadores, que animavam o subúrbio de aproveitadores de emigrantes nos grandes portos.[100] As denúncias das entidades de defesa do emigrante tiveram forte recepção na opinião pública e encontraram eco por ocasião do intenso debate que precedeu a lei de emigração de 1901.

Ao cabo do século XIX, as discussões sobre a nova legislação refletiram toda essa controvérsia. Em julho de 1896, o deputado Pantano apresentava sua proposta de lei sobre emigração. A essa iniciativa parlamentar, o governo contrapôs com outro desenho de lei através do ministro do Exterior Visconti-Venosta.[101] Os dois projetos tinham em comum a preocupação com a tutela da emigração e a construção da estrutura necessária para operá-la. A divergência, entretanto, estabelecia-se em matéria importante. No desenho parlamentar as agências e seus subagentes ainda eram reconhecidos juridicamente, apenas incorporavam-se regras novas para combater os abusos. O projeto do governo suprimia agências e subagentes, legando às companhias de navegação e a seus representantes o direito de negociar com o emigrante. O que norteava o primeiro projeto era o conceito de que os agentes favoreciam a concorrência, enquanto o segundo considerava sua ação danosa ao emigrante.[102]

Mais uma vez, os debates no Parlamento às vésperas da aprovação da nova lei iluminam a percepção das dificuldades enfrentadas pelos agentes e subagentes, com destaque para a intervenção do senador Municchi, que evocava sua experiência como prefeito de Gênova em 1888.

> Aconteceu que para o agente de emigração, transformado erroneamente em oficial público, na realidade intermediário inútil, tutor para a burla, explorador da fé dos emigrantes, o homem não era mais do que uma mercadoria na qual ele queria e podia obter o maior ganho possível.

---

100   Ercole Sori. *L'emigrazione italiana dall'Unità alla Seconda Guerra Mondiale*, op. cit., p. 308.

101   Em 27 de novembro de 1900, o ministro defendeu seu projeto e expôs o pensamento do governo sobre a emigração: "(…) la emigrazione non dev'essere lasciata al regime sfrenato della speculazione, ma che deve esser posta sotto il regime della tutela sociale. Accettare l'emigrazione come un fatto del nostro sviluppo economico, aiutarla, dirigerla, fare di quest'opera un grande servizio pubblico: tale è il concetto che informa il presente disegno di legge". *Apud* Angelo Filipuzzi. *Il dibattito sull'emigrazione*, op. cit., p. 319-320.

102   Um artigo publicado em 16 de fevereiro de 1900 no jornal socialista *Avanti!* descrevia sucintamente as diferenças entre os dois projetos. *Apud* Angelo Filipuzzi. *Il dibattito sull'emigrazione*, op. cit., p. 307-311. Sobre as discussões que envolveram a aprovação da lei de 1901 ver Fernando Manzotti. *La polemica sull'emigrazione nell'Italia Unita*, op. cit., p. 105-111.

> Para o agente era importante recrutar, reunir e apresentar aos vetores o maior número que fosse possível de emigrantes. Assim, os agentes tinham interesse em excitar uma emigração artificial condenável, porque a emigração não deve ser impedida nem estimulada artificialmente por quem não tem como objetivo o bem da emigração, mas o interesse próprio.
> (…)
> O agente não era obrigado a avisar o emigrante sobre o dia exato da partida do navio. (…) e que triste espetáculo eu vi muitas vezes como prefeito de Gênova! Os emigrantes chegavam à cidade antes do dia da partida do navio em que deviam embarcar, e às vezes (ao menos era o que se dizia) muito tarde; e frequentemente surgiam questões nem sempre estranhas quanto à diferença do valor dos fretes entre navios bons e outros piores ou péssimos, ao agente interessava aguardar a partida do navio que lhe havia oferecido o maior ganho.
> Enquanto isso, as massas de emigrantes compostas de mulheres com crianças de colo, de velhos, de jovens, de meninos, carregando seus míseros bens domésticos, andavam pela cidade em um espetáculo de piedade e vergonha para a nossa Itália.
> (…)
> Eu já disse que os agentes de emigração consideravam, e a lei não os impedia, o emigrante como uma mercadoria, portanto, para ganharem mais, procuravam os armadores e fretadores de navios (não falo das companhias de navegação nas quais, para dizer a verdade, eram maiores a respeitabilidade e o sentimento do próprio dever) que oferecessem seus serviços mais baratos, descontando nos pobres emigrantes, que viajavam em navios de péssima qualidade, ou mesmo ao reduzir as rações durante a viagem. Está comprovado que o maior perigo nessa prestação de serviço ao emigrante vem dos fretadores que não têm as despesas dos negócios da navegação, que utilizam um navio qualquer para limitada especulação sem emprego de grandes capitais, e que ainda empregavam certas embarcações antes destinadas ao serviço de transporte de carvão, adaptando seus espaços para colocar a pobre mercadoria humana. Com os fretadores, mais do que com os armadores, os agentes podiam realizar com vantagens suas operações de venda de sua mercadoria![103]

O quadro pintado pelo senador – não se sabe se com tintas por demais densas – criticava o comportamento dos agentes de emigração, que viviam da exploração dos emigrantes, e dos fretadores, que alugavam qualquer sucata para o transporte dos passageiros, sempre tratados como mercadoria. Todavia, de forma clara e reveladora de seus compromissos, poupava as grandes companhias que, segundo o ex-prefeito, estavam cientes de suas responsabilidades.

---

103   BNCR. *Atti Parlamentari. Senato del Regno. Discussione*. 26 de janeiro de 1901, p. 950.

Mas a discussão sobre a nova lei não se restringiu apenas ao Parlamento. Em setembro de 1899, representantes de vários segmentos da sociedade italiana reuniram-se em Turim. Políticos, acadêmicos, publicistas, religiosos, empresários e homens de negócio tinham como proposta debater o tema que ocupava a ordem do dia: os italianos no exterior, sua relação com o comércio e a participação da igreja na tutela do êxodo em terras estrangeiras. A relação nominal dos participantes ilustra os interesses que a emigração despertava. Lá estavam, dentre outros, os senadores Fedele Lampertico e Lorenzo Bruno; o economista Luigi Einaudi; representantes da igreja católica ligados à emigração, os bispos Scalabrini e Geremia Bonomelli, além de dom Pietro Maldotti; técnicos como Giuseppe Maranghi e Natale Malnate; os embaixadores da Itália no Chile, conde Greppi e na Austrália, comendador Corti; porta-vozes de alguns grupos econômicos poderosos como a Navigazione Generale Italiana, representada por Giuseppe Carerj; e intelectuais ligados a sociedades geográficas e estudos coloniais.[104] Dessa forma, nos dois dias de reunião, a emigração ganhou contornos de problema nacional, que, tutelado pelo Estado e com auxílio da igreja, poderia trazer frutos socioeconômicos para a nação, identificada muitas vezes com os interesses dos principais grupos econômicos, como a marinha mercantil, defendida com unhas e dentes através de propostas protecionistas.

Uma rápida passagem pelos nomes acima citados revela a importância desse encontro como catalisador de ideias que habitavam o pensamento de significativa parcela dos meios intelectuais, políticos e econômicos. Scalabrini e Bonomelli capitaneavam instituições católicas para proteção dos emigrantes na Itália e no exterior, Maldotti prestava assistência aos que embarcavam no porto de Gênova;[105] Luigi Einaudi demonstrou todo seu interesse na relação entre emigração e economia ao escrever *Un principe mercante. Studio sull'espansione coloniale italiana* (1900), título que dispensa comentários adicionais; Natale Malnate foi inspetor de segurança do porto de Gênova por mais de 15 anos, dedicando-se ao tema com inúmeros estudos publicados; Giuseppe Carerj e Giuseppe Maranghi eram tenazes defensores da marinha mercante nacional, sendo que o segundo chegou a cogitar a nacionalização do transporte dos emigrantes.[106] O senador Lampertico foi o relator da lei para o Senado e mediou naquela ocasião os esforços dos católicos e protecionistas em favor do projeto de lei que Visconti-Venosta havia apresentado contra o de Edoardo Pantano. Considerando tais elementos, Franzina afirma

---

104   Cf. Emilio Franzina. *A Grande Emigração, op. cit.*, p. 416-417.

105   Sobre a participação da igreja na tutela dos emigrantes ver o último item deste capítulo.

106   Os escritos desses estudiosos e publicistas são citados no decorrer deste trabalho, sobretudo nos capítulos 1 e 4.

que a lei de 1901, a primeira legislação orgânica sobre emigração, foi condicionada, "no texto e no espírito", pelos participantes do congresso de Turim.[107]

Em 31 de janeiro de 1901, promulgou-se a Lei n. 23, em que os parlamentares acabaram por ratificar a posição das grandes companhias de navegação contra os agentes de emigração, substituindo-os pela figura do representante ligado diretamente às empresas autorizadas a realizar o transporte dos emigrantes, os então denominados vetores de emigração, cuja patente seria renovada a cada ano mediante pagamento da taxa calculada com base no capital social da companhia, sendo 500 liras italianas o valor mínimo.

Dessa forma, segundo o art. 13, ninguém poderia arrolar ou transportar emigrantes nem prometer ou vender bilhetes de embarque sem a obtenção junto ao *Commissariato dell'Emigrazione* da patente de vetor de emigração. Estabeleceu-se, ainda, a necessidade de licença especial quando se tratar de emigrantes com viagem gratuita, favorecida ou subsidiada. Poderiam solicitar a patente as companhias de navegação italianas e estrangeiras, estas reconhecidas conforme o código de comércio do reino; os armadores e fretadores – nacionais ou estrangeiros.[108]

Entretanto, ao deixar o recrutamento e o transporte a cargo das companhias, a lei, preocupada com as condições dos emigrantes, impôs como contrapartida sua responsabilidade pela tutela do passageiro[109] e instituiu o controle estatal sobre os preços das passagens. A natureza socioeconômica do fenômeno migratório foi reconhecida e, ao mesmo tempo, fortaleceram-se as ambições dos armadores interessados no fluxo migratório e no desenvolvimento da marinha mercantil.

Um parágrafo do relatório Luzzatti-Pantano sobre o projeto de lei elucida o espírito da nova legislação, que buscava atender aos interesses econômicos, conciliando-os com o tratamento humanitário dos emigrantes – assunto tão caro à opinião pública à época.

> O elemento central desta lei está no Comissariado, que representa e reúne todas as instituições de tutela a favor dos emigrantes, (…) que deve cuidar do ser humano e não apenas dos interesses econômicos; e se trata de interesses

---

107 Emilio Franzina. *A Grande Emigração, op. cit.*, p. 418 e 453, nota 35.

108 *Dei vettori d'emigranti e dei noli. Art. 13. Legge sulla emigrazione 31 gennaio 1901. Legge i Decreti Del Regno D'Italia – 1901.* Gazzetta Ufficiale del Regno.

109 Atribuir essa responsabilidade aos armadores, porém, nem sempre foi possível, pois estes encontravam brechas na lei para diminuir a já escassa responsabilidade a eles atribuída. Ercole Sori. *L'emigrazione italiana dall'Unità alla Seconda Guerra Mondiale, op. cit.*, p. 319.

econômicos não mais restritos aos estreitos confins da pátria, mas que ligam a pátria com a humanidade.[110]

Em reposta ao senso comum da necessidade da tutela da emigração por parte do Estado, a lei de 1901 impôs série de medidas para propiciar uma "corrente assistencial" ao emigrante: estabelecimento de comissões nas regiões de emigração; escolta dos emigrantes até os portos de embarque (Gênova, Nápoles e Palermo), onde havia escritórios de proteção e colocação; obrigatoriedade de um inspetor médico em cada vapor; vigilância dos cônsules e embaixadores italianos e a construção – nunca iniciada – de alojamentos em Nápoles e Gênova.[111] Definiram-se, ainda, requisitos técnicos obrigatórios quanto à velocidade mínima dos vapores, ao espaço destinado a cada passageiro e ao transporte de bagagens.[112] Finalmente, com o objetivo de tutelar as remessas dos emigrados, instituiu-se a exclusividade dessas transações para o *Banco di Napoli*.[113] Uma tentativa de tutela para evitar a concorrência de bancos estrangeiros que, segundo Ercole Sori, teve efeito modesto, pois em média, apenas 10% das remessas passaram pelo Banco entre 1901-1913.[114]

Foi constituído o *Commissariato Generale dell'Emigrazione* (CGE), órgão subordinado ao Ministério do Exterior, com a função de concentrar toda assistência ao emigrante e fiscalizar as etapas da emigração. Juntamente com o *Commissariato*, instituiu-se o *Fondo per l'emigrazione*, destinado a financiar as despesas dos serviços de emigração com o dinheiro proveniente da taxa de patente dos vetores e da taxa de emigração para cada passageiro

---

110 *Relazione sul progetto di legge sull'emigrazione*. Apresentado por Luzzatti e Pantano à Câmara dos Deputados em novembro de 1900. *Apud* Maria Rosaria Ostuni. "Leggi e politiche di governo". In: Piero Bevilacqua; Andreina De Clementi; Emilio Franzina (orgs.). *Storia dell'emigrazione italiana. Partenze*. v. I. Roma: Donzelli Editore, 2001, p. 312.

111 Sobre a organização dos órgãos estatais ligados à emigração instituída pela Lei n. 23, de 31 de janeiro de 1901 ver Francesca Grispo (org.). Ministero degli Affari Esteri. *La struttura e il funzionamento degli organi preposti all'emigrazione (1910-1919)*. Roma: Istituto Poligrafico e Zecca dello Stato, 1985.

112 *Trasporto di emigranti in viagi transoceanici. Regolamento per l'esecuzione della legge 31 gennaio, n. 23, sull'emigrazione. Leggi e Decreti del Regno d'Italia*. Gazzetta Ufficiale del Regno.

113 A Lei n. 24, sobre a tutela das remessas pelo *Banco di Napoli* foi publicada em 1º de fevereiro de 1901, ou seja, um dia após a lei de emigração.

114 Ercole Sori. *L'emigrazione italiana dall'Unità alla Seconda Guerra Mondiale, op. cit.*, p. 124. As críticas a essa exclusividade foram intensas, vindas especialmente do *Mezzogiorno*, onde a execução desse serviço representava a atividade de muitos. Em 10 de fevereiro de 1900 o *Corriere di Napoli* publicou editorial analisando o problema das remessas dos emigrantes revelando perplexidade a respeito do remédio proposto pela comissão de substituir os "banqueiros" clandestinos pelos serviços do *Banco di Napoli*. *Apud* Angelo Filipuzzi. *Il dibattito sull'emigrazione, op. cit.*, p. 304-307.

embarcado para o ultramar.[115] Foram criados ainda o *Consiglio dell'Emigrazione*, cujo objetivo era estabelecer as diretrizes concretas de ação do *Commissariato*, e a *Commissione Parlamentare di Vigilanza*, para garantir a correta gestão financeira do *Fondo*.[116]

Em 1902, o CGE deu início à publicação do *Bollettino della Emigrazione*. Seu primeiro número trazia no preâmbulo seus principais propósitos: fornecer à sociedade italiana – Parlamento, autoridades do governo em todos os níveis, companhias de navegação, opinião pública – publicidade de seus atos, informações, notícias, instruções e regulamentos sobre a emigração.

> Primeiramente, o Boletim destina-se a fazer conhecer as ações do Comissariado na proteção dos emigrantes, seja no interior ou no exterior, além de resumir as disposições adotadas frente aos vetores e aos seus representantes, as instruções apresentadas sob a forma de circulares aos Prefeitos, aos inspetores nos portos de embarque, aos comitês municipais e distritais; e ainda aos Cônsules e aos Comitês dos patronatos no exterior no que diz respeito à proteção dos emigrantes em sua chegada. Também dará conta do movimento dos emigrantes, agrupados por destino e classificados segundo suas qualidades pessoais, e fará conhecer periodicamente os rendimentos obtidos através da taxa imposta aos vetores para cada emigrante transportado.[117]

Advertia que as notícias a respeito da emigração seriam recolhidas dentro e fora da Itália, com apoio de estudiosos do tema e de agentes consulares e diplomáticos.

> No interior do Reino, eles serão recolhidos em forma de monografias sobre as causas e as características da emigração, tanto temporária quanto permanente, nas várias províncias, tendo-se o cuidado para que as informações possam ser facilmente comparadas umas com as outras. Com esse propósito será providenciada a redação de um questionário, que será publicado logo que possível, a respeito das origens e das diversas fases do movimento migratório a das circunstâncias que o acompanham, seja de índole geral, seja de índole particular, nas várias localidades.

---

115 A taxa de emigração era de 8 liras por posto inteiro, 4 por meio posto e 2 por um quarto. *Fonde per l'emigrazione. Art. 28. Legge sulla emigrazione 31 gennaio 1901. Legge i Decreti Del Regno D'Italia – 1901.* Gazzetta Ufficiale del Regno. Segundo Ercole Sori, o objetivo, em suma, era de não despender nenhuma lira com a emigração que não proviesse de suas próprias taxas: a grande emigração italiana deveria ser uma operação de todo proveito para o Estado e para os grupos dirigentes da Itália. Ercole Sori. *L'emigrazione italiana dall'Unità alla Seconda Guerra Mondiale, op. cit.*, p. 270.

116 Maria Rosaria Ostuni. "Leggi e politiche di governo", *op. cit.*, p. 313.

117 Commissariato dell'Emigrazione. "Avvertenza". *Bollettino della Emigrazione*. Roma, n.1, 1902.

> O questionário será largamente difundido, fazendo-se apelo aos estudiosos que queiram tornarem-se beneméritos desse estudo tão importante para a economia nacional e queiram contribuir com conhecimentos particulares dos lugares em que vivem.
>
> Quanto ao que concerne às notícias recolhidas no estrangeiro, o Boletim contemplará um rico material fornecido pelos régios Agentes diplomáticos e consulares a respeito das condições das colônias italianas nos respectivos países de adoção. Trata-se das respostas elaboradas às perguntas contidas na circular de 29 de novembro de 1900 do Ministro dos Negócios Estrangeiros aos régios Representantes, na ocasião em que se preparava o recenseamento da população do Reino e se desejava conhecer também a situação dos italianos no exterior. Os quesitos referiam-se não apenas às condições comerciais, mas também à constituição política e às condições gerais, físicas e econômicas de cada país.[118]

Finalizando, o preâmbulo resumia o pensamento dominante a respeito do fenômeno migratório consolidado ao alvorecer do século XX, ou seja, a emigração demandava uma série de serviços que traziam frutos para setores importantes da economia italiana, cujos interesses confundiam-se com os da nação. Todavia, a opinião pública exigia sua tutela pelo Estado.

> Enfim, o Boletim informará o quanto puderam fazer as associações privadas dos patronatos pela tutela dos emigrantes, na Itália e no exterior. Um dos meios mais eficazes de fornecer essa tutela é através da cooperação direta e espontânea da iniciativa privada associada à ação do Estado.[119]

O CGE enfrentou oposição dentro do governo, principalmente por parte dos Ministérios do Interior, da Marinha e do Exterior, que tiveram algumas de suas prerrogativas subtraídas e repassadas ao novo órgão. Encontrou, também, forte resistência dos proprietários rurais, preocupados com a hemorragia da força de trabalho e com o crescimento dos salários no campo, e dos liberalistas, posicionados contra o frete controlado pelo Estado e defensores, em nome de seus princípios, da causa das companhias de navegação.[120]

Ciente das amplas possibilidades abertas pela emigração, a marinha mercante pressionou o governo e os parlamentares para que "defendessem os interesses do reino", criando condições que permitissem maior participação das companhias italianas no transporte de

---

118 Commissariato dell'Emigrazione. "Avvertenza". *op. cit.*
119 Commissariato dell'Emigrazione. "Avvertenza". *op. cit.*
120 Maria Rosaria Ostuni. "Leggi e politiche di governo", *op. cit.*, p. 313.

emigrantes. Nesse sentido, a supressão dos agentes e subagentes e a instituição da figura do representante de vetor de emigração – as próprias companhias de navegação – podem ser entendidas como tentativa de limitar a concorrência da marinha mercantil estrangeira.

Até mesmo a defesa do monopólio foi sustentada. Em 1898, Giuseppe Maranghi publicou em Gênova um opúsculo em campanha aberta pela nacionalização do transporte dos emigrantes.[121] Levantando questões humanitárias e econômicas, sempre ligando os interesses da marinha mercantil e dos armadores aos interesses da nação, o autor apontava os prejuízos causados pela concorrência externa.

> São 33 % da emigração italiana que zarpam de nossos portos preferem a bandeira estrangeira à nacional. São aproximadamente dez milhões em fretes por ano que nossa marinha mercante vê desaparecer sob seus próprios olhos.[122]

Para Maranghi, a marinha mercante italiana só conseguiria crescer através de legislação protetora, que favorecesse sua hegemonia perante as companhias estrangeiras – "não ousamos dizer um monopólio". Isso traria, inclusive, vantagens ao emigrante, pois a nacionalização do transporte implicaria na observação total das disposições legais. O publicista legava especial atenção à emigração subvencionada – "na qual o emigrante é mais mercadoria do que passageiro" – na qual deveriam ser empregados exclusivamente navios italianos.[123] Em suma, sua defesa voltava-se para a salvaguarda legal da tutela da marinha nacional e do emigrante – ao que tudo indica nessa ordem de prioridade.

Apesar de muitas pressões, a lei não estabeleceu a exclusividade do transporte de emigrantes para a marinha nacional. O relatório Luzzatti-Pantano posicionou-se contra esse monopólio. Em resposta à proposta do deputado Raffaele Corsi de entregar o transporte de emigrantes italianos exclusivamente a navios construídos na Itália e de bandeira nacional, os relatores evocaram o princípio da concorrência, que, segundo eles, não seria apenas favorável ao emigrante, mas também à marinha nacional. Para os deputados, era maduro o momento de erradicar o tratamento desumano legado àquele que deixa o país; mediadores, vetores e instituições públicas deveriam subordinar-se ao intento de transportar os emigrantes da melhor maneira possível e as exigências das companhias de navegação nacionais não poderiam

---

121 Giuseppe Maranghi. *La nazionalizzazionne del trasporto degli emigranti*. Gênova: Cromo-Tipografia G.B. Marsano, 1898.

122 Giuseppe Maranghi. *La nazionalizzazionne del trasporto degli emigranti, op. cit.*, p. 8.; ênfase do autor.

123 Giuseppe Maranghi. *La nazionalizzazionne del trasporto degli emigranti, op. cit.*, p. 9. O opúsculo termina com uma frase bastante elucidativa sobre seu pensamento: *Per Italiam pro Italia*.

inaugurar um novo direito público marítimo baseado na estranha assertiva: "tudo para as companhias e nada para os emigrantes".[124]

A experiência dos anos anteriores não recomendava a concessão desse tipo de monopólio. Como já mencionado, por conta do grande êxodo, as empresas estrangeiras entraram fortemente no mercado italiano de olho nos lucros provenientes da emigração, estabelecendo intensa concorrência com as companhias italianas pelo emigrante e pelos agentes. Entre 1895-1898, houve queda nos preços das passagens, particularmente para os Estados Unidos – principal destino da emigração meridional e italiana em geral. Para fazer frente à concorrência estrangeira, os armadores nacionais tentaram especular através da redução do investimento na renovação tecnológica ou superlotando os vapores com emigrantes, solução que se revelaria transitória devido aos problemas com as condições higiênicas de bordo e à pressão da opinião pública.[125]

O primeiro acordo entre companhias interessadas na linha para Nova York, estabelecido em 1888, envolveu a Navigazione Generale Italiana a companhia inglesa Ancor Line e a La Fabre de Marselha. Em 1895, com a concorrência das companhias alemãs Nord-Deutscher e Amburg-Amerikanische, que passaram a operar na Itália, o *pool* entrou em crise, mas em 1899 voltou à ativa com a ampliação para todas as companhias, inclusive as norte-americanas. Em relação à linha para a América do Sul, a Navigazione Generale Italiana, que naquele momento dominava o tráfico para o Prata, havia firmado um acordo com a La Veloce e a companhia francesa Société Générale des Transports Maritimes à Vapeur (SGTMV). Em 1889, com a inclusão da La Fabre e da Hamburg-Amerika, concluiu-se o *pool* para operação dessa linha.[126]

O domínio pleno do mercado de passagens tornou-se definitivo com o alargamento do acordo através da adesão dos agentes napolitanos, eliminando, assim, um dos pontos chaves na disputa pelo emigrante. Como consequência desse amplo pacto, no intervalo de um ano, entre 1898 e 1899, os preços das passagens começaram a subir vertiginosamente para todas as linhas ligadas à emigração italiana. A variação dos preços das passagens em liras para o período foi a seguinte: Gênova/Nova York, de 125 para 190; Gênova/Brasil, de 110 para 160; Gênova/Buenos Aires ou Montevidéu, de 160 para 180.[127]

---

124 *Relazione sul progetto di legge sull'emigrazione*. Apresentada por Luzzatti e Pantano à Câmara dos Deputados em novembro de 1900. *Apud* Ciuffoletti & Degl'Innocenti. *L'emigrazione nella storia d'Italia, op. cit.*, p. 367.

125 A questão da higiene a bordo dos navios é tratada no final deste capítulo.

126 Ciuffoletti & Degl'Innocenti. *L'emigrazione nella storia d'Italia, op. cit.*, p. 354.

127 Ciuffoletti & Degl'Innocenti. *L'emigrazione nella storia d'Italia, op. cit.*, p. 357-358.

O controle estatal dos preços das passagens e o imposto de 8 liras por emigrante embarcado foram objetos de críticas por parte das companhias de navegação e de seus representantes. A *Relazione del Commissariato sui prezzo dei noli per trasporto degli emigranti per il primo quadrimestre dell'anno 1902* testemunhou o primeiro desencontro entre o *Commissariato dell'Emigrazione* e os então denominados vetores. As companhias foram chamadas a apresentar proposta com o valor das passagens para os primeiros 4 meses de 1902, que foi examinada e considerada alta pelo *Commissariato*. Sem o acordo, estabeleceu-se preço menor que o sugerido, com as seguintes e esclarecedoras justificativas: os vapores não transportavam apenas emigrantes, mas também passageiros de primeira e segunda classe e mercadorias, portanto, os vetores deveriam considerar todas essas variáveis na composição da passagem; com a nova lei, os vetores estariam livres das despesas com os agentes e subagentes.[128] A Relação informava, ainda, a metodologia utilizada pelo *Commissariato* para calcular o valor do frete levando em consideração três fatores: os bilhetes pré-pagos, a concorrência, e a flutuação artificial dos preços.[129] A diferença de valores pode ser observada nas Tabelas A.7 a A.11 do Anexo.

Os liberalistas eram os principais críticos do controle de preços das passagens pelo Estado. Segundo eles, somente a concorrência entre as companhias poderia frear os aumentos, e esta, acabava por ser impedida pelo protecionismo estatal, com suas subvenções e prêmios de navegação. Nesse sentido, em 1908, Mariano Rocco publicou estudo sobre os preços das passagens antes e depois da lei de 1901, posicionando-se a favor dos agentes e subagentes, os responsáveis, segundo o autor, pela livre concorrência, pelo consequente rebaixamento dos valores das passagens e pela quebra do monopólio das companhias. Sua discordância em relação à lei estendia-se às especificações, que eram, no seu entender, as responsáveis pelo aumento dos custos: a adoção da velocidade mínima das embarcações, as regras sobre a alimentação dos emigrantes e presença obrigatória do médico de bordo.

Em sua conclusão, Rocco pedia o fim da tutela econômica do emigrante; a restauração da figura jurídica do agente de emigração; o fim do título de patente e da taxa de 8 liras e o fim do controle de preços pelo Estado. Ou seja, uma nova lei de emigração que satisfizesse três deveres essenciais: "proteção ao Estado, ao emigrante, à marinha mercante".[130] Um programa liberal, que, embora diferente na forma, tinha o mesmo objetivo dos projetos protecionistas: defender o desenvolvimento da marinha mercantil italiana.

---

128 *Relazione del Commissariato sui prezzo dei noli per trasporto degli emigranti per il primo quadrimestre dell'anno 1902*, p. 1-2. ASG. Fondo Camara de Commercio, Busta 99.

129 *Relazione del Commissariato... op. cit.*, p. 4.

130 Mariano Rocco. *I noli degli emigranti prima e dopo la Legge del 1901*. Turim: S.T.E.N., 1908, p. 108.

Publicado em 1903, ou seja, cinco anos antes, o estudo do major-médico da marinha italiana, Pasquale Gabrielli, pode ser utilizado como contraponto ao de Mariano Rocco em relação ao regulamento de transporte de emigrantes. Defendendo urgência em sua reforma, o médico criticava duramente os artigos 96 e 98, que tratavam da velocidade dos vapores e dos locais destinados a alojar os passageiros. Ao longo do opúsculo, fica evidente não só sua preocupação com os emigrantes, mas também com o futuro da marinha mercantil nacional.

> Este artigo [n. 96] é vergonhoso! É a prova evidente de que se quer favorecer os especuladores, conveniente aos navios-cemitérios, é também a prova evidente da decadência, para não dizer destruição de Nossa Marinha Mercante, que por isso sofrerá o grave dano de não lograr seu progresso![131]

Apesar de Mariano Rocco afirmar que os preços das passagens aumentaram significativamente após 1901, a comparação dos valores quadrimestrais para o período compreendido entre 1898 e 1907, levando-se em consideração o acordo já mencionado entre as companhias às vésperas do século XX, não autoriza tal assertiva. Os estudos de Annino e Ciuffoletti & Degl'Innocenti também não concordam com sua observação[132] (Tabela A.12 do Anexo). De qualquer maneira, não é possível negar os ganhos significativos provenientes do tráfico de emigrantes.

A lei de 1901 definiu as orientações da política migratória italiana, salvo alguma modificação marginal introduzida sucessivamente, até o fascismo. Em 17 de março de 1910, aprovou-se matéria que reforçou a atuação do *Commissariato* e instituiu uma taxa a favor do *Fondo per l'emigrazione* também para os emigrantes continentais. A lei de 2 de agosto de 1913 estabeleceu que o arrolamento estaria sujeito a autorização especial que dependia do exame das condições do contrato de trabalho oferecido.[133] A mesma lei também reduziu a quatro o número de comissões arbitrais de emigração, que antes eram provinciais; deu aos inspetores de emigração a competência para solucionar controvérsias de até 250 liras e tornou mais graves as sanções penais já previstas na Lei n. 23. Em seguida, o decreto de 29 de agosto de 1918 deferiu exclusivamente aos inspetores de emigração presentes nos portos

---

131 Pasquale Gabrielli. *Saggio circa l'urgente riforma del regolamento pel trasporto degli emigranti*. Nápoles: Tip. Gennaro Errico e Figli, 1903, p. 12.

132 Antonio Annino. "Origine e controversie della legge 31 gennaio 1901". *op. cit.* e Ciuffoletti & Degl'Innocenti. *L'emigrazione nella storia d'Italia. op. cit.*

133 Fernando Manzotti. *La polemica sull'emigrazione nell'Italia Unita, op. cit.*, p. 123-124. Para uma breve discussão sobre o tema ver Grazia Dore. *La democrazia italiana e l'emigrazione in America, op. cit.*, p. 97-98.

de embarque a competência sobre os recursos.[134] Manzotti chama atenção para o decreto de 6 de agosto de 1914 que suspendia a faculdade de emigrar a todos os convocados e militares de qualquer categoria; fato que demonstrava mudanças em relação à liberdade de emigrar, refletindo a guerra de conquista da Líbia.[135]

Como instrumento de tutela e controle da emigração a lei de 1901 revelou-se mais eficaz que a de 1888. Apesar disso, não atacou minimamente a estrutura de mediação, pois os representantes dos vetores nada mais eram que os antigos agentes. O estabelecimento do controle do preço da passagem pelo Estado permitiu a contenção dos custos intermediários e, com o passar do tempo, um progressivo melhoramento tecnológico da frota italiana, sob o efeito positivo da concorrência estrangeira. O verdadeiro ponto débil de sua aplicação era a tutela do emigrante no exterior. Isso pode ser verificado através da escassa organização consular, no que se refere ao relacionamento com o emigrado, e o baixo orçamento despendido com sua proteção no estrangeiro.[136]

Agentes e subagentes: *I mercanti di carne umana?*

Um dos elos da corrente

Agentes e subagentes sempre operaram em qualquer país da Europa e da Ásia em que houvesse emigração. Nas regiões de imigração, especialmente na América, sua atuação também era comum. Em ambos os casos os objetivos eram os mesmos: fomentar o fluxo migratório e colher os frutos financeiros desse tipo de serviço.[137]

Na Itália, os agentes e subagentes foram, de longe, as figuras mais polêmicas relacionadas à emigração, dividindo opiniões na sociedade. Muitos os acusavam de serem os principais

---

134 Maria Rosaria Ostuni. "Leggi e politiche di governo", *op. cit.*, p. 312. Para uma cronologia comentada das leis e decretos deste período ver Francesca Grispo (org.). Ministero degli Affari Esteri. *La struttura e il funzionamento degli organi preposti all'emigrazione (1910-1919)*, *op. cit.*, p. 1-20.

135 Fernando Manzotti. *La polemica sull'emigrazione nell'Italia Unita*, *op. cit.*, p. 168.

136 Antonio Annino. "Origine e controversie della legge 31 gennaio 1901", *op. cit.*, p. 1267. Nesse sentido, vale lembrar as observações de Franzina sobre a importância da igreja na tutela do emigrante no exterior, contando, inclusive com a aquiescência do Estado. Emilio Franzina. *A Grande Emigração*, *op. cit.*, p. 414.

137 Sobre a ação dos agentes em Portugal ver Joaquim da Costa Leite. "Os negócios da emigração (1870-1914)". *Análise Social*. Lisboa, v. XXXI, n. 136-137, 1996. Para a região da Galícia na Espanha ver Alexandre Vázquez González. "Os novos señores da rede comercial da emigración a América por portos galegos: os consignatarios das grandes navieiras transatlánticas, 1870-1939". *Estudios Migratorios*, n. 13-14, 2002. Os dois trabalhos são discutidos mais adiante, no capítulo 3.

incentivadores do êxodo em massa; outros os defendiam, considerando que sua atuação era fundamental dentro do processo migratório. Posições, essas, quase nunca desprovidas de interesses específicos. Não se pode negar, porém, que eles se constituíram em um dos elos da corrente que unia a mais remota vila camponesa italiana ao mercado mundial de trabalho e, no caso específico do Brasil, às fazendas de café que avançavam pelo interior paulista.

Em um primeiro momento, foram sobretudo os cônsules das repúblicas americanas a cumprir a função de promover a emigração. Não demorou muito para esses funcionários de governos estrangeiros serem substituídos por elementos locais, ligados a interesses que rapidamente e espontaneamente formaram-se em torno do processo migratório.[138]

Para Grazia Dore, o exame da política de emigração italiana da Circular Lanza de 18 de junho de 1873 à lei de 1901 demonstra que um de seus objetivos primordiais era a luta contra os chamados agentes de emigração, que representaram, sob seu ponto de vista, o aspecto social mais interessante do fenômeno migratório.[139]

Martellini fornece descrição esclarecedora sobre esses indivíduos que povoavam os campos italianos a partir da década de 1870. As agências de emigração eram empresas privadas, nascidas nas cidades costeiras, sede dos portos de embarque para a América. No início, as mais importantes eram as genovesas Colajanni, Laurens, Goudrand, Rocco Piaggio e Raggio, ramificadas em todo Centro-Norte da Itália; e, no Sul, as napolitanas Ciamberini, Sacco e Ferrola. Em resposta à grande procura por emigrantes do outro lado do Atlântico, essas agências dotaram-se de representantes – os subagentes – por todo interior da península, ampliando, assim, sua capacidade na operação do recrutamento. Enquanto aos agentes competia a tarefa de contratar o preço de cada emigrante com as companhias de navegação e de endereçá-los ao navio de maior oferta, aos subagentes cabia agir no mercado, *in loco*: eram eles que deveriam difundir a febre migratória nas áreas que ainda se encontravam imunes.[140]

Na busca por benefícios financeiros, formou-se uma rede de intermediários – profundos conhecedores dos lugares e das gentes – entre o emigrante e as companhias de navegação que cresceu proporcionalmente ao aumento do fenômeno migratório. Em 1892 existiam 30 agências e 5.172 subagentes, três anos mais tarde, o número chegava a 34 e 7.169, respectivamente.[141] Quando a lei de 1901 entrou em vigor, existiam 40 agências e cerca de 10 mil intermediários, e, ao final da

---

138 Grazia Dore. "Il mezzogiorno e gli agenti di emigrazione", *op. cit.*, p. 10.
139 Grazia Dore. "Alcuni aspetti dei primi studi e dibattiti sull'emigrazione transoceanica", *op. cit.*, p. 7.
140 Amoreno Martellini. "Il commercio dell'emigrazione: intermediari e agenti", *op. cit.*, p. 295 e 297.
141 Angelo Trento. *Do outro lado do Atlântico. Um século de imigração italiana no Brasil.* São Paulo: Nobel; Istituto Italiano di Cultura di San Paolo; Instituto Cultural Ítalo-Brasileiro, 1988, p. 29. O autor baseou-se em Luigi Bodio. "Della protezione degli emigranti italiani in America". *Nuova Antologia*, 1895.

primeira década do século XX, quase 13 mil (Tabela 1.7), sem contar a quantidade incalculável de agentes e recrutadores clandestinos, ausentes de qualquer estatística.[142]

Além do recrutamento, os agentes e subagentes ofereciam a assistência tão necessária à massa rural semi-analfabeta, sempre órfã de qualquer auxílio estatal. Eram eles que se incumbiam das etapas para obtenção do passaporte, do *nulla osta* militar, cuidavam da viagem ao porto de embarque, e ainda escreviam e liam cartas vindas e enviadas ao exterior.[143]

Sem figura jurídica definida, o agente de emigração e o subagente eram considerados como intermediários ou mediadores. Portanto, sem nenhuma norma ou disciplina específica, estavam sujeitos a punições como qualquer outro negociante. A autoridade de segurança pública era a responsável pela vigilância desse tipo de operação. A partir de 30 de dezembro de 1888,[144] no entanto, a lei de emigração exigiu o registro para que os agentes e subagentes pudessem trabalhar.[145] Os primeiros deveriam obter a patente no Ministério do Interior, mediante caução de 3 a 5 mil liras em títulos do Estado, enquanto os segundos, além de serem obrigatoriamente nomeados pelos agentes, necessitavam de licença fornecida pelo representante do governo central de cada província, onde estariam restritos a atuar.

Pouco mais de um mês após a promulgação da lei de 1888, a Navigazione Generale Italiana enviava circular aos agentes, explicitando quais os procedimentos a serem adotados para que eles – e também os subagentes – permanecessem trabalhando sem infringir a nova legislação.

> Circular de 5 de fevereiro de 1889, n. 120
> Aos senhores Agentes
>
> A emissão de bilhetes de embarque aos emigrantes é, pela nova lei de 30 de dezembro de 1888, n. 5866, considerada uma operação de emigração, e implica como necessária a qualidade de agente de emigração ou de subagente.

---

142 Amoreno Martellini. "Il commercio dell'emigrazione: intermediari e agenti", *op. cit.*, p. 297. Para a mesma década, Malnate calculava em cerca de 24 mil o número de recrutadores clandestinos. Natale Malnate. *Gli agenti d'emigrazione*. Florença: (Estratto dalla Rassegna Nazionale, fasc. 16 ago.), 1911, p. 16.

143 Ercole Sori. *L'emigrazione italiana dall'Unità alla Seconda Guerra Mondiale*, op. cit., p. 304. *Nulla osta*: espécie de certificado de liberação.

144 Dore observa que essa lei impôs aos executores desse tipo de intermediação os nomes de agente e subagente de emigração. Denominação, esta, rejeitada obstinadamente pelos mesmos. Grazia Dore. "Il mezzogiorno e gli agenti di emigrazione", *op. cit.*, p. 10.

145 Ao instituir a obrigatoriedade do registro, a lei permitiu a estatística desses mediadores. Antes disso, era muito difícil estabelecer ideia precisa sobre sua quantidade exata.

Esta sociedade já está em pleno acordo com o regulamento, obtendo a patente de agente de emigração; de modo que seus agentes comerciais não poderiam continuar a exercitar suas atribuições em relação aos emigrantes, sem obterem a licença de subagente na forma indicada com precisão na lei.

Para tal efeito, ocorre que eles se declarem estarem sujeitos às condições do contrato, o qual, para vossa regra, anexamos um exemplar, que são uma consequência da mesma lei.

Da vossa parte, quando enviarem a necessária autorização de subagente, favor remeter, ao mesmo tempo, à Sede Compartimental da qual dependem, a retorno de mensageiro, a contra-resposta, munida de sua assinatura.

Para obter a licença de subagente é necessário remeter imediatamente à mesma Sede os seguintes documentos:

certidão de nascimento – certificado de nacionalidade – atestado de antecedentes criminais – certificado de boa conduta – atestado de residência no reino, comprovando não ser ministro de cultos, funcionário do Estado ou empregado da administração pública local – certificado de que se encontra em pleno gozo dos direitos civis – certificado de que não está submetido à fiscalização especial da segurança pública.

Lembramos a todos que, para atender aos preceitos da lei, também os preços que foram estabelecidos para as passagens não poderão mais compreender as provisões que no passado se acordavam aos escritórios correspondentes para a emissão dos bilhetes aos emigrantes, de modo que os mesmos devem ser reduzidos ao máximo, porque ficam a cargo da companhia. Por outro lado, os subagentes munidos de licença não deixarão de encontrar justa compensação à sua atividade, porque de um lado se encontrarão diante de uma concorrência menos ativa, e de outro terão possibilidade de atuar com preços favoráveis.[146]

Anexo à circular existia um modelo de formulário que deveria ser preenchido pelos agentes para obtenção da patente de agente de emigração da NGI.

Respeitável Navigazione Generale Italiana (Società Riunite Florio & Rubattino), Compartimento de _____

---

146 Cf. Navigazione Generale Italiana. *Raccolta delle circolari e delle disposizioni in vigore dal 30 giugno 1895*. Roma: Tip. dell'Unione Cooperativa Editrice, 1895, p. 43-44.

> De posse da circular da Direção Geral de 5 de fevereiro do ano corrente, n. 120, tenho a satisfação de certificar que quando Vossa Excia. honrar-me com o mandato de seu agente de emigração para o território _____, e quando o Ilmo. Sr. Prefeito aceitar fornecer-me a relativa licença, eu, neste momento, declaro submeter-me a todas as condições especificadas no contrato de data: Roma, 1º de fevereiro de 1889 (registrado em Roma no dia seguinte, 2 de fevereiro, sob registro 43, n. 9851, série 3ª) do qual tomei perfeito conhecimento, e me comprometo a observar rigorosamente todas as disposições da Lei de 30 de dezembro de 1888, n. 5866, série 3ª, sobre a emigração e o relativo regulamento.[147]

Em suma, a lei impunha duas dificuldades aos mediadores: a incompatibilidade da intermediação com funções públicas – ministro de culto, funcionário do Estado e empregado da administração pública – e a renúncia ao anonimato, o que colocava em risco o decoro social daqueles que secretamente desenvolviam as atividades de subagentes.[148]

A reação contra os agentes e subagentes na formulação da lei de 1888 já foi discutida no item anterior; resta, porém, a análise mais pontual das relações entre esses intermediários e as companhias de navegação, no que se refere ao pagamento de comissões e prêmios pelo recrutamento de emigrantes e a identificação econômico-social desta vasta camada que agia nos campos italianos. Vale ressaltar apenas a arguta observação de Malnate: esta lei, para não prejudicar os negócios da marinha mercantil, permitiu plena liberdade às sociedades de navegação, interessadas no transporte de emigrantes, de fazer propaganda e arrolamento em massa, e se ocupou exclusivamente, através de medidas de polícia, dos agentes e subagentes que forneciam emigrantes às companhias.[149]

A lei de 1888 surgia, em parte, como resposta à opinião pública que condenava a ação dos agentes e subagentes, especialmente em relação ao recrutamento destinado à emigração gratuita para a América do Sul. Em busca das comissões e prêmios, os recrutadores não mediam esforços na tarefa de obter o maior número possível de pessoas dispostas a emigrar e, assim, cumprir os acordos estabelecidos com as companhias de navegação ou mesmo diretamente com os governos sul-americanos. No local de destino, os emigrantes arrolados encontravam-se na maioria das vezes sem nenhuma proteção por parte do governo italiano, que possuía poucas representações no exterior, especialmente na América. Muitos permaneciam endividados com o contratador e presos à terra que deveriam cultivar ou ainda tinham dívidas com as companhias que os haviam recrutado.

---

147 Navigazione Generale Italiana. *Raccolta delle circolari... op. cit.*

148 Grazia Dore. "Il mezzogiorno e gli agenti di emigrazione", *op. cit.*, p. 16.

149 Natale Malnate. *Gli agenti d'emigrazione, op. cit.*, p. 4-5.

Histórias de maus tratos na Itália e nos países de destino, engodo, exploração, mortes durante as viagens, tudo isso era valorizado ainda mais pelos opositores da ação dos agentes e, sobretudo, dos subagentes, servindo para cristalizar a imagem desses intermediários como

> Uma raça nova de negreiros, pouco distinta da antiga pela ganância e falta de escrúpulos (sem ter daquela a coragem, porque protegida e incentivada por governantes igualmente ávidos ou inconsequentes) surgiu como que por encanto.[150]

A força da lei de 1888, no que diz respeito à proteção do emigrante, sempre foi muito questionada, pois na prática, apresentou poucos resultados: não inibiu a ação dos intermediários, nem freou a emigração. Segundo Ercole Sori, a tutela que a lei instituiu aos ilícitos ocorridos nas atividades dos agentes e dos subagentes limitou-se a uma branda jurisdição especial constituída por comissões arbitrais. Apoiando-se nos estudos de Bodio e Bosco, o historiador observa que elas chegaram a registrar, entre 1892 e 1895, somente quatro pareceres.[151] Nas palavras de Malnate, as comissões arbitrais ligadas às prefeituras eram uma alegoria, pois não podiam julgar as fraudes, os enganos, os danos ocasionados pelas falsas promessas feitas aos emigrantes: elas não tinham competência para emitir juízo senão apenas depois que as companhias de navegação transportassem os emigrantes munidos dos bilhetes de embarque, ou quando os emigrantes pagassem valor superior ao estabelecido nos avisos. Dois casos que não se verificaram quase nunca, seja porque os bilhetes de embarque eram entregues aos emigrantes apenas momentos antes do embarque, ou porque a diferença de preços era de difícil comprovação. O autor, entretanto, informa que as comissões arbitrais das 69 prefeituras haviam pronunciado apenas duas centenas de sentenças em seus doze anos de existência (1888-1900).[152]

Mas afinal, que pessoas eram essas a percorrer os campos, os vilarejos e as pequenas cidades, de casebre em casebre, engajando emigrantes para serem enviados aos agentes em Gênova e Nápoles, onde embarcariam para atravessar o Atlântico na chamada *via dell'America*?

Ercole Sori apresenta alguns números dessa rede de intermediários na primeira metade dos anos 90: 463 subagentes em Cosenza, 361 em Potenza, 359 em Salerno, 266 em Campobasso, 200 em Caserta, 190 em Chieti, 130 em Turim, 161 em Alessandria e 50 em

---

150 A. Franzoni. "L'Italia e il Brasile". *Rivista di Italia*, 1908. *Apud* Angelo Trento. *Do outro lado do Atlântico, op. cit.*, p. 29.

151 Luigi Bodio. "Sulla emigrazione italiana e sul patronato degli emigranti". *Atti del I Congresso Geografico Italiano*,1892; A. Bosco. "La legge e la questione dell'emigrazione in Italia". *Giornale degli Economisti*, 1900. *Apud* Ercole Sori. *L'emigrazione italiana dall'Unità alla Seconda Guerra Mondiale, op. cit.*, p. 308.

152 Natale Malnate. *Gli agenti d'emigrazione, op. cit.*, p. 6.

Bérgamo. Segundo o historiador, tratava-se de uma florescente indústria do subdesenvolvimento, na qual se movimentavam pessoas sem outra profissão, operários, donas-de-casa, carteiros, donos de albergues, chefes de estação ferroviária, revendedores de licor, advogados, professores, proprietários de cafés e tratorias, farmacêuticos, párocos, escrivães, cobradores e diretores de bancos populares. Os subagentes também eram recrutados entre os *galantuomini*, embaraçados com a queda da renda fundiária e em via de reestruturação ocupacional.[153]

Em artigo específico, a lei de 1888 fornece parte dessa resposta ao listar aqueles que estariam proibidos de exercer a função de agente ou subagente: prefeitos, padres e funcionários públicos. Ou seja, pessoas que se aproveitavam de suas funções perante a população, para exercitar, através das facilidades inerentes ao cargo e da confiança nelas depositadas, atividades de remuneração compensadora: o recrutamento e a mediação.

Outro corpo documental oficial, amplamente utilizado por Grazia Dore[154] em seus estudos sobre a mediação no *Mezzogiorno*, que traz informações sobre os subagentes é composto pela pesquisa enviada aos representantes das províncias pelo Ministério do Interior em 1870, e, a partir de 1876, por indagações anexadas a algumas das estatísticas anuais da emigração italiana para o exterior, sob a responsabilidade da *Direzione Generale della Statistica*, vinculada ao Ministério da Agricultura Indústria e Comércio. Na tentativa de compreender de que forma atuava um fato tão complexo como o da emigração em um vilarejo isolado – em aparente espontaneidade e sem ajuda externa – procurou-se individualizar quais forças estranhas organizavam o êxodo dos camponeses até então considerados incapazes de organização.[155]

As respostas às indagações foram vagas e, ao invés de confirmarem a presença de "especuladores" que excitavam à emigração em diversas cidades tanto meridionais (Lece, Potenza, Salerno) quanto setentrionais (Verona, Padova, Vicenza, Cremona, Bérgamo, Macerata), nada informavam sobre quem eram essas pessoas, nem como agiam. Segundo Dore, os prefeitos, aos quais se requeriam dados sobre as agências, estavam frequentemente comprometidos com a intermediação da emigração, daí a lentidão e imprecisão das manifestações aos primeiros questionamentos. Nem mesmo as perguntas diretas realizadas nos anos de 1881 e 1882 suscitaram qualquer alteração das informações prestadas anteriormente.[156]

---

153 Ercole Sori. *L'emigrazione italiana dall'Unità alla Seconda Guerra Mondiale*, op. cit., p. 307. *Galantuomini*: nobreza ligada à terra.

154 Grazia Dore. "Il mezzogiorno e gli agenti di emigrazione", *op. cit.*, p. 10-17. Grazia Dore. *La democrazia italiana. op. cit.*

155 Grazia Dore. "Il mezzogiorno e gli agenti di emigrazione", *op. cit.*, p. 12.

156 Grazia Dore. "Il mezzogiorno e gli agenti di emigrazione", *op. cit.*, p. 12-13. A pergunta era a seguinte: "È la miseria che spinge ad uscire dal paese, ovvero si può credere che vi contribuiscano per molto i consigli di speculatori interessati nei trasporti o d'agenti d'emigrazione pagati dai Governo dei paesi d'immigrazione?"

Com quesitos sobre a emigração renovados e mais detalhados, as estatísticas da emigração dos anos de 1884, 1885 e 1888, realizadas sob a supervisão de Luigi Bodio, permitiram relativo avanço na questão dos agentes e subagentes. A Ligúria informou a existência de 23 agências em 1884-1885 e 40 em 1888. Elas penetravam nos vilarejos da Itália setentrional e central através da propaganda de opúsculos e manifestos; pela obra de seus encarregados, que se conduziam às feiras (Piemonte, Ligúria) ou visitavam periodicamente as províncias arrolando homens. Quanto ao *Mezzogiorno*, as evasivas continuavam. Já não era mais possível negar a existência das agências, mas o anonimato dos subagentes, sua condição social e as somas percebidas, ainda continuavam em segredo. Na Basilicata e na Calábria fazia-se notícia de alguma carta enviada de agências a "pessoas locais influentes" oferecendo-lhes 20 liras por emigrante recrutado. Para Grazia Dore, essa afirmação, mesmo que pouco precisa, é indicação valiosa do modo como a pequena burguesia foi atirada à intermediação da emigração.[157]

A força desse grupo pode ser mensurada mediante a observação de que em qualquer município italiano obtinha-se da administração a proibição da fixação de avisos que indicassem a data de embarque e o preço da viagem, o que dificilmente ocorria no *Mezzogiorno*, onde os prefeitos representavam particularmente as classes profissionais e a pequena burguesia – os detentores do poder político na Itália meridional.[158]

Formaram-se, portanto, dois grupos interessados nos ganhos do tráfico de emigrantes – na Itália setentrional, as companhias de navegação, e na meridional, os intermediários da emigração – cindidos geograficamente, mas interdependentes, pelo menos até que a concorrência pelo emigrante não impingisse definitivamente um contra o outro, em embate que ocuparia todo o final do Oitocentos e culminaria nas discussões para a elaboração da legislação sobre emigração que abriria o século XX.

A nova lei de emigração de 1901 – associada à consolidação da experiência migratória – representou mudança importante na forma de agir dos intermediários. Como já foi mencionado, diante da impossibilidade de solucionar as infinitas controvérsias entre as companhias de navegação e os agentes e subagentes, o Parlamento resolveu conceder às primeiras, a liberdade de organizar o recrutamento dos emigrantes, subordinando a parte relativamente mais fraca – agentes e subagentes – aos seus interesses. As figuras jurídicas do agente de emigração e do subagente, criadas pela antiga lei de 1888, foram abolidas e substituídas pela de representante de vetor, diretamente ligado àquelas companhias de navegação autorizadas, pela nova lei, a realizar o transporte de emigrantes.

---

157 Grazia Dore. "Il mezzogiorno e gli agenti di emigrazione", *op. cit.*, p. 15.
158 Grazia Dore. "Il mezzogiorno e gli agenti di emigrazione", *op. cit.*, p. 14.

As palavras de Malnate parecem expressar nitidamente não apenas o sentimento daqueles que eram contrários ao modo de agir dos agentes e subagentes, mas também o deles próprios sobre a imposição da nova lei.

> Os vetores seriam finalmente liberados daquele órgão parasitário que era o agente. Os quarenta agentes de emigração, cessando de viver como tais, seriam humilhados a pedir um emprego aos 18 vetores e teriam que ceder a esses vetores, sem restrições, toda a verdadeira organização viva para a produção, ou seja, a legião de dez mil subagentes, os quais, por força da lei, deveriam abandonar os antigos capitães para assumir com humildade e devoção o serviço diretamente subordinado à bandeira dos novos capitães, ou seja, dos vetores.[159]

Tal fato, porém, não ocorreu sem protestos, principalmente vindos do *Mezzogiorno*, o que não impediu a efetiva aplicação da legislação. A partir desse momento, os antigos agentes, agora representantes de vetor, viram-se obrigados a mudar de estratégia publicitária. Ao invés de descreverem as virtudes da terra prometida, limitaram-se a exaltar as qualidades dos vapores da companhia por eles representada: rapidez da viagem, comida abundante, camas cômodas e boas condições sanitárias.[160]

Segundo Ercole Sori, o pequeno exército de agentes (7 mil) e de subagentes (aproximadamente 20 mil) foi transformado, após a lei de 1901, em rede de concessionários dos transportadores (9 mil reconhecidos contra 20 mil que queriam reconhecimento) assistidos por impressionante número de encarregados e recrutadores.[161] Os mais importantes transformaram-se em locatários de navios para transportar emigrantes, pois encontraram amparo na nova lei, que também concedia a patente de vetor aos fretadores. Expediente interessante aos armadores e às companhias de navegação, que ao alugarem parte de sua frota, conseguiam escapar das responsabilidades impostas aos vetores pela legislação.[162]

Não eram sem base, portanto, as afirmações de Malnate sobre as práticas dos vetores em relação aos emigrantes, consideradas por ele tão precárias quanto a dos antigos agentes

---

159   Natale Malnate. *Gli agenti d'emigrazione, op. cit.*, p. 17.
160   Amoreno Martellini. "Il commercio dell'emigrazione: intermediari e agenti", *op. cit.*, p. 299-300.
161   Ercole Sori. *L'emigrazione italiana dall'Unità alla Seconda Guerra Mondiale, op. cit.*, p. 309.
162   Fernando Manzotti. *La polemica sull'emigrazione nell'Italia Unita, op. cit.*, p. 116.

de emigração. Um não poderia ser melhor do que o outro, pois era o tráfico que alimentava quase exclusivamente a indústria do transporte marítimo.

> É um capital colocado em uso no comércio, e esse capital não pode ter coração, não pode ter em relação ao emigrante nenhum espírito de piedade.[163]

Seu escrito, datado de 1911, indicava o quanto havia crescido o número dos denominados representantes de vetores ao final da primeira década do século XX: 12.634, distribuídos por todo território italiano (Tabela 1.7). Eram, em sua grande maioria, os antigos agentes e subagentes, que continuavam arrolando emigrantes através de expedientes enganosos, mas, agora, com o consentimento da autoridade tutora.[164]

Esses dados permitem ainda duas constatações: a grande quantidade de representantes exclusivos de companhias estrangeiras (apenas 30 % menor que a das italianas), que também detinham a patente de vetor de emigração;[165] e a superioridade do número de representantes na Itália meridional, onde, a partir do início do século XX, a emigração transoceânica cresceu em resposta aos problemas socioeconômicos enfrentados e ao aumento demanda por mão de obra nos Estados Unidos.[166]

Todo esse potencial migratório, aliado às poucas opções de trabalho nos campos italianos, compeliu mais e mais pessoas a atuarem como intermediários nos serviços de emigração. Dessa forma, não obter a autorização para atuar, não impediu que na clandestinidade – existente desde a lei de 1888 – elas arrolassem emigrantes. Ao final da primeira década do novo século, o número de recrutadores clandestinos superava, em muito, os 12.634 representantes de vetores legalizados – Malnate os calculava em cerca de 25 mil.[167]

---

163 Natale Malnate. *Gli agenti d'emigrazione, op. cit.*, p. 24.

164 Natale Malnate. *Gli agenti d'emigrazione, op. cit.*, p. 24.

165 A Tabela A.13 do Anexo apresenta a discriminação dos vetores e o número de representantes de cada um.

166 "Nell'Alta Italia, sia per la diminuta emigrazione transoceanica del Piemonte e del Lombardo-Veneto, sia perchè i salari del proletariato sono migliori, sia perchè lo sfruttamento è più energicamente represso, fatto è che nell'Alta Italia si conta un numero di rappresentanti di vettori quasi insignificante appetto al numero imponente dei rappresentanti che sono nell"Italia Meridonale". Natale Malnate. *Gli agenti d'emigrazione, op. cit.*, p. 27.

167 Natale Malnate. *Gli agenti d'emigrazione, op. cit.*, p. 25.

Tabela 1.7. Representantes autorizados e sua distribuição por região e nacionalidade das companhias de navegação (vetores) – 1909-1910

Regiões	Cias. Italianas	Cias. Estrangeiras	Comuns	Total
Piemonte	485	185	114	784
Ligúria	136	56	21	213
Lombardia	348	158	76	582
Vêneto	223	74	53	350
Emília	229	123	56	408
Toscana	257	123	55	435
Marche	273	166	48	487
Úmbria	93	71	8	172
Lazio	212	139	14	365
Abruzzi e Molise	824	721	101	1.646
Campânia	1.015	836	124	1.975
Puglia	456	386	46	888
Basilicata	416	290	45	751
Calábria	813	611	100	1.524
Sicília	1.050	841	31	1.922
Sardenha	81	27	24	132
Reino	6.911	4.807	916	**12.634**

Fonte: Reggio Commissariato dell'emigrazione. Relazione sui servizi dell'emigrazione *per l'anno 1909-1910, presentata al Ministro degli Affari Esteri dal commissario generale Luigi Rossi*. Roma: Tip. Nazionale di G. Bertero & C., 1910.

Os proventos recebidos pelos agentes e subagentes sempre foram motivos de controvérsias. Os valores variavam bastante de região para região e sofreram alterações com o desenvolvimento do fluxo migratório e a instituição das leis sobre emigração que, de alguma forma, procuraram disciplinar tais proventos. Grazia Dore fornece exemplos de quantias pagas aos subagentes em algumas províncias: em Cuneo, uma agência prometia 10 liras por emigrante embarcado, em Caserta, de 20 a 25 liras, na Calábria, 20 liras e em Abruzzi, de 20 a 40 liras.[168]

Em seu relatório sobre os serviços de emigração para o ano de 1904, o comissário Egisto Rossi apresentou panorama sobre os representantes de vetores. Segundo Rossi, o recrutamento rendia de 10 a 30 liras italianas por emigrante, pagos pelas companhias que possuíam linhas

---

168 Grazia Dore. "Il mezzogiorno e gli agenti di emigrazione", *op. cit.*, p. 16.

determinadas, frota numerosa e de boa qualidade, que buscavam limitar essas provisões. O contrário acontecia com os fretadores que realizavam viagens esporádicas, com navios ultrapassados, e, portanto, interessados em elevar as provisões, que poderiam chegar a 70 liras italianas. Na prática, afirmava o comissário, esses representantes agiam como os subagentes da antiga lei de 1888.[169]

Outro estudo contemporâneo realizado por Malnate permite que se tenha ideia geral da evolução histórica dos valores das provisões. Antes de 1887, pagava-se não mais que 15 liras por emigrante embarcado. Após a lei de 1888, de 30 a 40 liras e, na primeira década do século XX, com a promulgação da lei de 1901, os valores atingiram 50, 65, chegando até 70 liras. A explicação fornecida pelo estudioso ilumina outro caminho para se compreender a dinâmica dessas provisões: o progressivo aumento deveu-se aos freios legislativos impostos aos agentes e subagentes, que antes extraiam maior lucro não tanto das provisões, mas dos pagamentos exigidos abertamente pelos serviços prestados àqueles que desejassem partir.

A lei de 1888 foi explícita ao abolir o pagamento desses serviços por parte do emigrante, vetando aos agentes qualquer cobrança afora o preço da passagem. Dessa forma, esses intermediários requereram às companhias e armadores pagamento maior pelo serviço de recrutamento, aumentando a concorrência pelos seus préstimos e elevando, inclusive, o valor dos fretes.

Receber compensação financeira do emigrante era comum entre esses intermediários. Tanto que, em 1897, a Navigazione Generale Italiana fez publicar um regulamento para ser distribuído a seus representantes. Alguns dos 35 artigos são esclarecedores sobre esse tipo de prática.

> Art. 4. O subagente deverá recolher por conta da companhia, dos emigrantes que a ele se dirigem, uma antecipação não inferior a 30 liras por cabeça, emitindo o respectivo recibo, compilado no formulário fornecido pela companhia. Os recursos recolhidos pelo subagente a título de antecipação da passagem deverão ser remetidos à companhia imediatamente.
> Art. 5. O subagente poderá reter a quantia recolhida toda ou parte da provisão a ele devida, somente quando, solicitada autorização, for devidamente autorizado pela companhia, em todos os casos, porém, deverá sempre avisar à mesma o valor da soma recolhida.
> (...)
> Art. 15. O subagente, se necessário, deve prestar auxílio ao emigrante para conseguir a emissão do passaporte. Porém, não deve receber nenhuma compensação por isso ou qualquer outro pretexto, salvo o direito de reembolso das taxas de selo, documentos, correios e telégrafos, que possam ser eventualmente

---

169 "La quarta relazione annuale sui servizi dell'emigrazione redatta dal comm. Egisto Rossi". Cf. *La Marina Mercantile Italiana*. 07 de julho de 1905.

demonstrados e justificados com documentos.
(…)
Art. 27. É absolutamente proibido ao subagente aceitar das famílias de emigrantes gratuitos qualquer quantia a título de compensação, e os contraventores serão encaminhados às autoridades de Segurança Pública por violação da lei sobre emigração.[170]

A lei de 1901 manteve a proibição do recebimento de qualquer compensação, porém, o então denominado representante de vetor conseguiu elevar seus rendimentos oferecendo ao emigrante outros serviços como agilização da expedição do passaporte e indicação de hospedagem na cidade portuária de onde ele partiria para a América.[171]

A dissecação dos ganhos de um representante de vetor na primeira década do Novecentos mostra os diversos tipos de serviços prestados e cobrados ao emigrante.[172] Alguns itens devem ser vistos com reservas, mas é inegável a exploração dos emigrantes por parte desses mediadores.

Provisão média recebida do vetor	L. 25
Compenso por prover o emigrante do passaporte e outros documentos	L. 10
Mediação recebida pelo assegurador pelos riscos da navegação	L. 5
Compenso pelo acompanhamento e assistência ao emigrante no porto de embarque	L. 5
Mediação recebida do dono da estalagem utilizada pelo emigrante	L. 3
Mediação recebida pela venda do bilhete das ferrovias americanas	L. 2
Compenso recebido pela venda de terreno ou empréstimo de dinheiro	L. 15
Total do ganho médio	L. 65

Por outro lado, as companhias de navegação não tinham prejuízos. É certo, como já foi mencionado, que pagavam aos agentes comissões que giravam entre 20 e 30 liras, chegando, mais tarde, em alguns casos, até 60 liras por emigrante engajado. Malnate revelou em outro estudo sobre os agentes de emigração, uma prática bastante comum dessas sociedades para o pagamento das comissões: o sobre-preço das passagens.

---

170 Navigazione Generale Italiana. *Istruzioni regulamentari per l'esercizio del mandato di subagente di emigrazione*. Roma: Tip. dell'Unione Cooperativa Editrice, 1897.

171 Natale Malnate. *Spontaneità ed artifico nell'emigrazione*. (Estratto dalla Rasegna Nazionale, abr.), 1910, p. 3.

172 Natale Malnate. *Gli agenti d'emigrazione, op. cit.*, p. 26.

Assim como a sociedade de navegação tinha liberdade de estabelecer preços de cartel, a ser pago pelo emigrante, de acordo com a quantia que julgasse mais oportuna, por exemplo, 200 liras, estabelecia com seu contratado o valor efetivo de apenas 150 liras, e assim, 50 liras por emigrante, era o ganho líquido do contratado ou agente de emigração.[173]

Nem vetores de emigração ou companhias de navegação, nem representantes de vetores ou agentes e subagentes, na verdade, o prejuízo sempre acabou nas mãos dos emigrantes. Dano que não se restringiu ao aspecto financeiro, mas também às precárias condições dos serviços a que estavam sujeitos, desde a saída do vilarejo onde moravam, no deslocamento até o porto, na espera pelo embarque e, finalmente, durante a viagem; sem contar as prováveis agruras a serem enfrentadas nos locais de destino.

Il Faro: um jornal a serviço dos agentes

Em meio à polêmica sobre a atuação dos agentes e subagentes no excitamento da emigração, surgia em Gênova um jornal com o sugestivo nome de *Il Faro*. Em seu primeiro editorial defendia o papel da imprensa na discussão e defesa de ideias, no caso liberais, e expunha seus objetivos ao afirmar que:

> O nosso jornal se ocupará, também, com vivo interesse, da nossa marinha e de nosso comércio, viva e segura fonte de riqueza e de glória de nosso país, e assim como a questão social hoje se impõe a todas as almas boas, independentemente qualquer consideração em contrário, nós defenderemos firmemente todas as leis, invocaremos todas as reformas que trarão consigo um raio de sol onde a miséria e a ignorância produziram a desolação – as leis e reformas que portarão uma justa, uma necessária ajuda e retribuição aos trabalhadores que tentam elevar-se à dignidade dos homens.[174]

Ligado aos autodenominados "agentes marítimos" genoveses, o jornal habilmente "confundia" os interesses desse grupo – comércio e emigração – com os da nação, prática muito comum naquele momento de afirmação do Estado italiano.[175] Por toda sua existência,

---

173 Natale Malnate. *Gli agenti d'emigrazione, op. cit.*, p. 5.

174 *Il Faro*. 17 de novembro de 1888.

175 A percepção por parte de grupos econômicos da importância da imprensa como defensora de seus interesses merece ser sublinhado. Em Gênova circulavam inúmeras revistas e jornais ligados à marinha mercante, aos

o periódico privilegiou o problema da emigração sustentando que deveria ser considerada como um serviço público de capital importância para a prosperidade econômica nacional.[176]

Outro fato que chama bastante atenção é a insistência em se estabelecer distinção entre os agentes marítimos que, apesar de prestarem serviços relativos à emigração, faziam questão de não serem confundidos com os agentes de emigração e subagentes – observação recorrente em várias edições.

> O amigo nosso pertence à classe dos Agentes Marítimos – não se deve confundir – independente do que já foi escrito e pensado – com os agentes de emigração, recrutadores, e similares.[177]

> (...) operosa classe de agentes marítimos, não se deve confundir (...) com agentes recrutadores, reais especuladores da ignorância e da miséria dos verdadeiros camponeses.[178]

Não por acaso o *Il Faro* foi editado entre novembro de 1888 e meados de 1901,[179] período em que se colocaram em cheque as atividades dos intermediários da emigração através da elaboração das duas leis. A de 1888, elaborada em meio ao clamor público, com objetivo de estabelecer o controle da emigração, que no entender da época, consistia em regulamentar as atividades dos agentes e subagentes, e a de 1901, que extinguiu essas duas categorias, ao menos na teoria, com a criação da figura do representante de vetor.[180]

---

armadores e à indústria pesada em crescimento. Cf. Giorgio Doria. *Debiti e navi. La compagnia di Rubattino 1839-1881*. Gênova: Marietti, 1990, p. 162-167. O papel da imprensa italiana na defesa dos interesses das companhias de navegação e de outros grupos econômicos importantes será analisado pontualmente no capítulo 4, com destaque para as revistas *L'Amazzonia*; *La Marina Mercantile Italiana* e *Rivista Marittima* e o jornal *La Borsa*.

176 Marina Milan. *La stampa periodica a Genova dal 1871 al 1900*. Milão: Franco Angeli, 1989, p. 169.

177 *Il Faro*. 24 de novembro de 1888.

178 *Il Faro*. 13 de janeiro de 1889.

179 Durante esse período, o *Il Faro* sofreu algumas interrupções: de maio de 1889 a maio de 1895 e de outubro de 1895 a maio de 1896. Sua periodicidade também foi alterada, passando de semanal para quinzenal e, finalmente, mensal. Cf. Francesco Surdich. "I problemi dell'emigrazione nella rivista genovese *Il Faro*, portavoce degli interessi degli agenti marittimi (1888-1901)". *Miscellanea di Storia delle esplorazioni XXIX*. Gênova: Bozzi Editore, 2004, p. 143-160.

180 O jornal interveio pontualmente no debate político e cultural que precedeu a discussão de numerosos projetos de lei sobre a emigração, demonstrando-se favorável àquele elaborado pelo deputado Pantano. Marina Milan. *La stampa periodica a Genova dal 1871 al 1900, op. cit.*, p. 169.

O primeiro ponto sensível para o jornal era o direito à emigração, cuja gestão era considerada serviço de capital importância para a prosperidade e economia nacional, no qual os agentes marítimos eram figuras fundamentais na relação entre o emigrante ou passageiro e as companhias de navegação ou armadores: venda ou distribuição de passagens, fixação do lugar e data da partida, expedição das bagagens, hospedagem. Eram os agentes marítimos, segundo o jornal, os grandes responsáveis pela concorrência entre as companhias de navegação e, consequentemente, pelo rebaixamento dos preços das passagens.

> Se hoje o emigrante despende relativamente pouquíssimo pela travessia transatlântica, é devido ao agente marítimo, à concorrência por ele proporcionada há muito tempo entre as várias Companhias de Navegação nacionais e estrangeiras, tanto que as passagens, que, vinte ou mais anos atrás, quando ainda não existiam os mediadores entre os passageiros e os armadores, subiram para 300 liras, hoje em dia caíram para a modesta soma de 170 liras.[181]

Com a lei de 1888, todos esses serviços só puderam ser executados por quem possuísse patente de agente ou licença de subagente, o que provocou forte resistência do jornal. O artigo 2.º era o que mais incomodava,[182] e explica porque se fazia tão necessária a suposta distinção – por parte do jornal – entre agente marítimo e agente de emigração e subagente. Deputados foram acusados de favorecimento às companhias de navegação;[183] complôs foram vistos por todos os lados: Igreja, agentes da Segurança Pública, imprensa – a principal responsável, segundo o *Il Faro*, pela campanha difamatória contra os agentes marítimos.[184]

Procurando diferenciar a emigração natural – isto é, paga pelo próprio emigrante, com o auxílio da atividade lícita do agente marítimo – daquela feita pelos recrutadores que ofereciam passagem gratuita, o *Il Faro* publicou alguns artigos sobre a emigração subvencionada para o Brasil, chamada de *Tratta dei Bianchi* (Tráfico de Brancos). As críticas eram direcionadas aos governos italiano e brasileiro que permitiam o comércio de pessoas, que

---

181   Carta de um agente marítimo (não identificado) a Rocco De Zerbi, relator do projeto de lei sobre a emigração. *Il Faro*. 24 de novembro de 1888.

182   O artigo está reproduzido na página 60.

183   "Si sospetta che la legge sull'emigrazione sia stata escogitata e preparata a Genova in certi gabinetti particolari con l'anticipata approvazione di Governo per servire ai fini che mirabilmente convengono agli epuloni che stanno a capo della N.G.I., Piaggio, Laganà, Crispi". *Il Faro*. 1º de janeiro 1889.

184   Seu principal alvo na imprensa italiana era a *Gazzetta di Venezia* que, segundo o jornal, assemelhava "propositadamente" a figura do agente de emigração à do agente marítimo. Marina Milan. *La stampa periodica a Genova dal 1871 al 1900, op. cit.*, p. 169.

eram encaminhadas pelos especuladores a quem oferecesse maior compensação financeira pela execução do serviço.

> É a emigração gratuita, provocada, promovida pelos mercadores de carne humana, pelos agentes recrutadores, autorizada, habilitada pelo nosso governo, que ausente, não pensa em nada e nada faz através de seus cônsules ou de seus ministros.[185]

Outro alvo do jornal era a Navigazione Generale Italiana, acusada de ser a única companhia de navegação subvencionada pelo governo com dinheiro público e de ter em seu conjunto de acionistas grande número de funcionários públicos: cerca de um terço do total. Essa preferência, essa busca pelo monopólio da navegação – reivindicava o semanário – colocava em risco não só os interesses dos agentes marítimos, mas também os próprios interesses nacionais.[186] Em contrapartida, a companhia de navegação La Veloce recebia considerações favoráveis por ter uma das mais modernas frotas e não ser subsidiada pelo Estado.[187] A sociedade, inclusive, era anunciante do jornal.[188] Em edição de 7 de abril de 1889, a última desse primeiro período, afirmava que a La Veloce proporcionava dividendos aos seus acionistas porque explorava a emigração para a América do Sul, coisa que a NGI não fazia, pois visava à África. Nessa última edição, o *Il Faro* deixava claro mais um ponto da gama de interesses de seus representados: comércio e emigração sim, mas com a América meridional.

Em 24 de maio de 1895, após intervalo de pouco mais de seis anos, o *Il Faro* voltava a ser publicado. Seu editorial intitulado *Ricominciando* parecia antever a luta que se travaria nos últimos anos do século e só acabaria com a instituição da lei de 1901.

Em campanha por nova lei que viesse substituir a de 1888 e estabelecesse a diferença entre agente marítimo e agente de emigração, o *Il Faro* reproduzia artigos e notícias de outros jornais.

> Nos últimos dias, o Conselho de ministros se ocupou longamente e exclusivamente do problema da emigração e das formas de regulá-la e tutelá-la: assim anunciava um despacho publicado pelo *Corriere della Sera*.[189]

---

185 *Il Faro*. 8 de dezembro de 1888, ênfase do autor. Em 1º de janeiro de 1889 foi publicado novo artigo sob o mesmo título.

186 *Il Faro*. 1º de janeiro e 31 de março de 1889.

187 Anos mais tarde, a La Veloce começou a ser criticada pelo jornal na medida em que sofreu com problemas financeiros e passou a ser controlada por capital alemão. Il Faro. 8 e 28 de junho de 1895; 15 de janeiro de 1897 e 1º de junho de 1898.

188 O primeiro anúncio foi publicado em 24 de fevereiro de 1889.

189 *Il Faro*. 1º de novembro de 1896.

Qualquer possibilidade de alteração ou reforma era bem-vinda, mas vista com ceticismo, o que não impedia o jornal de defender legislação mais favorável aos agentes marítimos.

> Regular e proteger a verdadeira emigração foi o objetivo de Crispi e nos parece que vai se saindo muito bem em dano dos Agentes Marítimos, que não se deve associar aos Agentes de emigração. [190]

Reforma ou uma nova lei? Ao iniciar o ano de 1897, o *Il Faro*, provavelmente ciente das dificuldades a serem enfrentadas,[191] antecipou-se e publicou proposta de lei a ser analisada pela opinião pública. Sob o título *Proposte Concrete*, informava que era a contribuição dos agentes marítimos de Gênova para o "pesado debate" sobre a introdução de reformas na lei de emigração.[192]

O projeto de lei era composto por 16 artigos que defendiam a liberdade de emigrar; distinguiam a emigração em três tipos: espontânea (aquele que emigrava pelos próprios meios), favorecida (com passagem paga por governo estrangeiro, sem, no entanto, o compromisso específico de trabalho) e por arrolamento (com passagem paga por um governo ou empresário para que o emigrante fosse desenvolver contrato de trabalho já definido); vetavam o excitamento da emigração. Quanto à tutela, seriam instituídos em Gênova e Nápoles duas inspetorias que seriam responsáveis pela fiscalização, concessões de patentes e organização da emigração nos portos de embarque. No exterior, seriam criados comissariados junto aos consulados dos países onde se dirigia a maior parte da emigração para a tutela dos que lá chegassem.[193]

Dois tópicos chamam atenção nesse projeto. A definição de emigrante como todo aquele que abandona a pátria transportando para o estrangeiro família e amigos com o objetivo de se estabelecer e de exercitar sua própria atividade; e a distinção dos tipos de emigração. Ambos eram fundamentais para as pretensões dos agentes marítimos, pois só assim, no entender do jornal, ficaria realmente marcada a diferença entre estes, que cuidavam somente do fluxo espontâneo, e os arroladores de emigrantes, ligados especificamente à emigração subvencionada. Nesse sentido, o desenho de lei apresentado pelo deputado Pantano, que distinguia agente

---

190 *Il Faro*. 1º de novembro de 1896.

191 Ver, por exemplo, a resposta do *Il Faro* à campanha difamatória contra os agentes marítimos (segundo visão do jornal) feita pelo jornal *La Gazzetta de Venezia*. *Il Faro*. 1º de dezembro de 1897.

192 *Il Faro*. 1º de janeiro de 1897.

193 Para discussão mais detalhada sobre esse projeto ver Francesco Surdich. "I problemi dell'emigrazione nella rivista genovese *Il Faro*"... *op. cit.*, p. 150-151.

marítimo e agente de emigração, observando as diferentes características da emigração espontânea, favorecida e por arrolamento, foi saudado como "uma clara proposta de bom senso".[194]

As discussões no Parlamento, entretanto, evoluíam a passos lentos, sempre acompanhados pelo *Il Faro*, até que em fevereiro de 1898 foi apresentado à Câmara o contra-projeto de lei elaborado pelo ministro Visconti-Venosta, que, ao contrário do proposto pelo deputado Pantano, determinava a supressão dos agentes e subagentes. Tal fato exigiu reação por parte do jornal. *Urgente!*. Com esse título o artigo de 8 de março de 1898 convocava todos os interessados a não perder mais tempo e defender junto aos seus representantes a proposta do deputado.

> Agora é chegado o temido momento.
> (…)
> É necessário, então, que todos, sem distinção, os subagentes aproximem-se dos deputados de seus colégios, fazendo com que eles analisem os dois projetos, um de iniciativa parlamentar, apresentado pelo deputado Pantano, e outro, do governo, a fim de que a Comissão forme um todo que, embora respondendo as exigências do momento, não ofenda a justiça, nem o bom direito que tem qualquer classe de cidadãos à honesta existência.
> (…)
> Por informações de fonte não suspeita, os dois projetos em questão, remanejados em apenas um, que será em breve discutido na Câmara eletiva, devem ser claramente distinguidos, ou seja: aquele apresentado pelo deputado Pantano, que contemplava os agentes marítimos e os subagentes como parte integrante, e o outro do governo, em que os mesmos seriam suprimidos.
> Por isso, é necessário repetir: os subagentes não podem absolutamente perder tempo; devem agitar-se e agitar com a palavra, com os escritos, com todos os meios lícitos, consentidos pela sua honestidade, no próprio direito de proteger a própria dignidade.[195]

Restava ao jornal questionar pontualmente o projeto, questionando a nova taxa de 8 liras a ser cobrada por emigrante embarcado e, principalmente, a definição técnica de vetor de emigração e de representante de vetor, que ocasionaria – sempre segundo o *Il Faro* – a substituição das agências privadas de emigração para subagentes dependentes dos vetores.[196]

Em meio a tantas dificuldades, a criação do *Sindacato degli Agenti di Emigrazione* em setembro de 1899, na cidade de Nápoles, era comemorada e instava os agentes de Gênova a

---

194 *Il Faro*. 1º de agosto de 1897.

195 *Il Faro*. 08 de março de 1898.

196 Francesco Surdich. "I problemi dell'emigrazione nella rivista genovese *Il Faro*"… *op. cit.*, p. 155.

seguirem tal exemplo.[197] Segundo o jornal, o sindicato seria uma forma alternativa de pressão contra as companhias de navegação que tentavam impedir o trabalho dos agentes marítimos, evocando novas leis do tipo protecionista.

> (...) as potentes e fortes companhias de navegação querem transformar o fenômeno do movimento migratório em um monopólio cujos benefícios, mais do que para elas mesmas, vão parar nas mãos dos pomposos conselhos de administração e do Diretor Geral.[198]

Em dezembro de 1899, o *Il Faro* publicava longo editorial ocupando a primeira página inteira, sob o título *A Prova di Bomba!* Menção explícita ao estranhamento causado pela informação de que

> Tanto no projeto Pantano quanto no Ministerial, desaparece a figura do Agente e dos Subagentes de Emigração, concedendo-se a patente de Vetor somente aos Armadores, Companhias de Navegação e fretadores de navios.[199]

Esse editorial era acompanhado por mais um apelo aos subagentes e amigos que pressionassem e protestassem junto aos deputados de seus colégios para tentar reverter uma lei que tinha como principal objetivo "a abolição da vossa e nossa classe".

Ao que tudo indica, os protestos pouco adiantaram. O próprio deputado Pantano alterou seu projeto de lei, elaborando novo texto que não previa mais a presença do agente marítimo nem do subagente na função de intermediário entre o vetor e o emigrante; e em outubro de 1900, uma disposição do governo não permitia mais aos agentes subscrever declarações que garantissem o embarque, com as quais os passageiros conseguiam obter o passaporte.[200]

Um duro golpe nas aspirações dos agentes marítimos que se completou com a votação e aprovação do projeto de lei na Câmara dos deputados, e que, ao seguir para o Senado, já não deixava nenhuma esperança de mudança significativa em seu teor, como lamentava o *Il Faro*.

---

197 *Il Faro*. 15 de outubro de 1899.

198 *Il Faro*. 1º de dezembro de 1898. As acusações eram dirigidas especialmente às companhias Navigazione Generale Italiana e La Veloce.

199 *Il Faro*. 15 de dezembro de 1899.

200 Francesco Surdich. "I problemi dell'emigrazione nella rivista genovese *Il Faro*"... *op. cit.*, p. 159-160.

O qual, após algumas emendas que não afetarão seu conceito fundamental, aprovará o texto, se julgar conveniente à gravidade do momentâneo argumento e não lesar aos interesses econômicos, políticos e sociais do país.[201]

Em 31 de janeiro de 1901, a Lei n. 23 entrava em vigor. Recebeu críticas mesmo antes de seu nascimento, que continuaram a existir por anos e anos, sem contar, porém, com a participação do *Il Faro*, que poucos meses depois encerrava definitivamente suas atividades. Como observado por Francesco Surdich, muito provavelmente por não conseguir atingir o objetivo pelo qual combateu por anos.[202]

Ação dos mediadores: uma geografia

O Vêneto, nos anos oitenta e noventa, e depois o *Mezzogiorno*, a partir do final do século, formaram os grandes reservatórios de população onde agentes e subagentes de emigração atuaram para suprir a demanda do Novo Mundo e de outros países europeus por força de trabalho. Operação cheia de especificidades conforme as características de cada região e do destino dos emigrantes, ou seja, de acordo com o que a historiografia definiu como fatores de expulsão e atração. Mesmo sem pretensão de ser exaustiva, a análise da ação dos agentes e subagentes em determinadas áreas pode lançar luz sobre a influência destes no fenômeno migratório. Para tanto, são considerados três casos – Veneza, Sardenha e Marche – com base em estudos historiográficos específicos.

Na província de Veneza a emigração para a América começou cedo, acompanhando o fluxo do Vêneto para o além-mar, que já dividia as atenções com o tradicional destino europeu. Em 1877, partiram os primeiros emigrantes. No mesmo ano, a autoridade judiciária indicava a presença de quatro agentes de emigração: Antonio Frizzo, seu irmão Giobatta, Gaetano Veronese e Fortunato Cazzin.[203]

Antonio Frizzo, carpinteiro desocupado da pequena cidade de Marcon, trabalhava para a agência de Clodomiro de Bernardis de Gênova e fazia propaganda da emigração para o Brasil.

---

201 *Il Faro*. 15 de janeiro de 1901.

202 Francesco Surdich. "I problemi dell'emigrazione nella rivista genovese *Il Faro*"… *op. cit.*, p. 160.

203 Cf. Piero Brunello. "Agenti di emigrazione, contadini e immagini dell'America nella provincia di Venezia". *Rivista di Storia Contemporanea*. Turim: Loescher Editore, anno XI, fasc. 1, 1982, p. 95-122. O autor analisou processos criminais de 1877 contra supostos agentes de emigração e jornais de época como a *Gazzetta di Venezia*. A discussão a seguir baseia-se nesse trabalho.

Discutia sobre o país do além-mar nas osterias, nas praças nos dias de mercado e distribuía pequenos folhetos escritos à mão por ele mesmo, informando:

> Aquele que desejasse ser recrutado para a América se dirigisse ao Subscrito Comissionado Frizzo Antonio, residente em Marcon.[204]

Giobatta Frizzo era padre e foi denunciado pelo delegado como excitador da emigração. Preso junto com o irmão, não recebeu o socorro do pároco, que compartilhava da acusação, afirmando que o religioso instigava os camponeses a emigrar para a América, enganando-os com mil promessas. Após o depoimento de Antonio e de outras testemunhas negando que ele fosse agente de emigração, Giobatta foi liberado do processo apesar de ficar detido por alguns dias. Por outro lado, sua carta enviada à firma de Clodomiro De Bernardis pedindo informações do Brasil e da viagem não deixava dúvidas sobre a atividade de seu irmão. A resposta de De Bernardis veio acompanhada de uma circular impressa e um convite para recolher inscrições daqueles que desejassem seguir para o Brasil. A busca de compensação financeira estimulou Antonio Frizzo a iniciar essa atividade. Ao fim do processo, Antonio foi condenado por contravenção porque havia aberto uma agência de emigração sem autorização e obrigado a pagar multa de poucas liras.[205]

O caso de Gaetano Veronese é ilustrativo de uma das maneiras pelas quais as firmas genovesas recrutavam agentes e subagentes pelo interior da península: o anúncio em jornal. Na *Gazzetta di Venezia*, em março de 1877, publicava-se o seguinte chamado:

> Ganho seguro e garantido de 5 a 10 liras ao dia ou mais, para qualquer pessoa em qualquer região. Para detalhes contatar, mediante um vale postal de 1 lira, o senhor A. E. Capelli, rua Caffaro, 14, Gênova.[206]

Foi assim que esse sapateiro de Torre di Mosto tornou-se agente de emigração. Após enviar carta e a soma solicitada no anúncio, Veronese recebeu um opúsculo de quatro folhas com o título *Miniera di scoperte!* e uma mensagem de Capelli prometendo prêmios pelo sucesso da empreitada. Assim, em menos de dois meses, o recém-admitido agente recrutou

---

204 *Apud* Piero Brunello. "Agenti di emigrazione..." *op. cit.*, p. 104.
205 Para Brunello, Giobatta Frizzo fugia do padrão conservador dos padres do Vêneto à época. Estava preocupado com as péssimas condições do campesinato e acreditava que na América, sua vida seria melhor. Piero Brunello. "Agenti di emigrazione..." *op. cit.*, p. 105-106.
206 *Gazzetta di Venezia.* Piero Brunello. "Agenti di emigrazione..." *op. cit.*, p. 107.

cerca de 11.500 pessoas em um raio de trinta quilômetros antes de ser preso sob acusação de trapaça. Veronese ficou preso por vinte dias, sendo condenado, por infringir o artigo 64 da lei de segurança pública, a pagar 50 liras de multa.

Fortunato Cazzin diferia dos demais agentes já citados. Era agricultor e cultivava terreno alugado em Caltana. Por indicação do cônsul brasileiro em Veneza, dirigiu-se a Clodomiro De Bernardis com uma carta na qual informava ser porta-voz de 86 famílias miseráveis desejosas de partir para o Brasil. Em resposta, foi informado que deveria aguardar alguns meses para embarcar. Nesse intervalo, Cazzin começou a recrutar emigrantes nas osterias, nas praças e nos mercados dos vilarejos vizinhos, sem, no entanto, obter ganho algum, apenas o dinheiro necessário para a viagem com sua família. Até sua prisão, o agente havia arrolado 360 pessoas. Não recebeu condenação por trapaça, mas foi obrigado a pagar 10 liras de multa por promover a emigração sem permissão.

De maneira diferente os agentes acima citados iniciaram a atividade de agente de emigração quando entraram em contato com as companhias de navegação genovesas: Veronese obedecia às ordens da companhia Capelli, que cuidava dos interesses do governo argentino. Frizzo e Cazzin recebiam instruções de Clodomiro De Bernardis, que agia por conta de Caetano Pinto, encarregado pelo governo brasileiro,[207] demonstração clara da cadeia de interesses que ligavam Brasil e Itália, quando o assunto era imigração/emigração. As múltiplas estratégias de recrutamento de agentes alcançavam pessoas das mais variadas profissões, permitindo que se efetivasse uma rede ramificada por todo o Vêneto cada vez mais complexa com o passar dos anos.

Os agentes recebiam as notícias sobre a América diretamente de Gênova, através das circulares dos cônsules estrangeiros ou das companhias de navegação que especificavam a modalidade da viagem (subvenção total ou parcial) e o tipo de trabalho a ser realizado nos países sul-americanos. A circular enviada por Clodomiro De Bernardis aos seus agentes apresentava título bastante ilustrativo: *Emigrazione al Brasile. Vantaggi offerti agli emigranti.*[208]

A situação econômica dos campos italianos, especialmente no Vêneto, era crítica, fato que os camponeses atribuíam aos grandes proprietários de terras. Iniciada a década de 1870, a alternativa da emigração transoceânica tornava-se real, abrindo caminho para aqueles capazes de intermediar e aproximar dois lados distantes: os que queriam partir e os que demandavam mão de obra. Para isso, é importante ressaltar que esses agentes gozavam

---

207 Piero Brunello. "Agenti di emigrazione…" *op. cit.*, p. 107. Em junho de 1874, Caetano Pinto havia firmado contrato com o governo brasileiro para introdução de 100 mil imigrantes. Sobre esse assunto ver o capítulo 2. Sobre sua relação com Clodomiro De Bernardis ver Roselys Izabel Correa dos Santos. *Terra prometida: tese e antítese; os jornais do norte da Itália e a imigração para o Brasil (1875-1899)*. Tese de Doutoramento, São Paulo: FFLCH/USP, 1995, p. 113-122.

208 Piero Brunello. "Agenti di emigrazione…" *op. cit.*, p. 110.

obrigatoriamente da confiança da população – o que não quer dizer que nunca mentiram para conseguir seus objetivos. Funcionavam como mediadores dos camponeses, analfabetos em sua grande maioria e necessitados de auxílio em questões outras além da burocracia da expatriação. Como afirma Brunello, os agentes eram sapateiros, carpinteiros, padres e até mesmo alguns agricultores, todos expertos em questões jurídicas, que sabiam escrever, que viviam nas praças, gente de boa conversa.[209]

Ao contrário do Vêneto com seus limites ao norte voltados para a Europa, interligados por caminhos históricos de migração, a Sardenha, ilha distante 180 quilômetros a oeste do centro da península itálica, apresentava características de isolamento que iam além da geografia. Mesmo assim, não deixou de ser tocada pelos agentes de emigração, em boa parte, exógenos.

A ilha apresentou movimento migratório peculiar, como pode ser depreendido da Tabela 2.8. Até o final do Oitocentos, o fluxo de saída foi muito pequeno; a casa do milhar só foi alcançada em 1901, e a cota anual de 10 mil emigrantes foi superada apenas nos anos de 1907, 1910 e 1912. Entretanto, um fato merece destaque diante da média anual pouco acima de 100 emigrantes por ano que marcou as últimas décadas do século XIX: nos anos de 1896 e 1897 saíram da ilha 5.270 italianos, quase todos destinados ao Brasil.[210]

Tabela 1.8. Emigração de italianos da Sardenha (1876-1915)

Ano	Europa	América	África	Outros	Total	Ano	Europa	América	África	Outros	Total
1876	14	3	10	1*	28	1896	8	2.478	24	–	2.510
1877	18	2	–	–	20	1897	1	2.758	1	–	2.760
1878	2	2	12	–	16	1898	12	26	20	–	58
1879	–	–	23	–	23	1899	11	8	53	–	72
1880	–	1	15	–	16	1900	104	20	570	–	694
1881	8	–	60	–	68	1901	275	63	1.841	3	2.182
1882	3	2	200	–	205	1902	308	125	2.948	1	3.382
1883	6	-	142	–	148	1903	325	90	2.019	2	2.436
1884	4	12	103	–	119	1904	473	231	3.859	9	4.572

---

209 Piero Brunello. "Agenti di emigrazione…" *op. cit.*, p. 121.

210 De acordo com fontes oficiais, em 1896 o número de emigrantes que se dirigiram à América chegou a 98,7 % do total e, em 1897, a 99,9 %. Commissariato Generale dell'Emigrazione. *Annuario statistico della emigrazione italiana dal 1876 al 1925*. Roma, 1926.

1885	19	5	184	–	208	1905	444	433	1.915	9	2.801
1886	20	–	245	–	265	1906	746	2.003	3.910	13	6.672
1887	16	17	105	–	138	1907	2.974	3.350	5.311	24	11.659
1888	9	5	68	–	82	1908	2.274	3.408	886	7	6.575
1889	17	11	72	–	100	1909	2.392	2.576	657	5	5.630
1890	11	51	42	–	104	1910	3.607	6.272	781	3	10.663
1891	13	5	70	–	88	1911	3.213	1.317	828	1	5.359
1892	19	8	39	–	66	1912	3.659	4.234	1.226	12	9.131
1893	15	31	41	2	89	1913	3.988	7.130	1.147	9	12.274
1894	47	21	39	–	107	1914	2.530	1.974	824	23	5.351
1895	27	42	81	–	150	1915	411	170	356	–	937

* Destino não identificado Outros: Ásia e Oceania.
Fonte: Commissariato Generale dell'Emigrazione. *Annuario statistico della emigrazione italiana dal 1876 al 1925*. Roma, 1926.

Mario Lo Monaco se propôs a estudar o fenômeno de forma ampla, com o objetivo de esclarecer os motivos que levaram a esse fluxo atípico, suas consequências para a ilha e a adaptação dos emigrantes no ultramar.[211] A análise a seguir utiliza as observações do autor sobre a presença dos agentes de emigração e sua participação decisiva no excitamento ao êxodo, uma tentativa de apreender as peculiaridades do processo na Sardenha em relação à emigração subvencionada patrocinada pelo governo brasileiro.

Como toda a Itália, a ilha também passou por sérios problemas agrícolas que, no entanto, não levaram a altos índices de emigração como os de outras regiões. Segundo Lo Monaco, a variedade de ambientes, o isolamento de algumas áreas e os aspectos culturais influenciaram, em diferente medida, na aceitação da possibilidade de emigrar. Em determinados locais, entretanto, a evasão chegou a igualar ou até a superar a média do país.[212] Em resumo, uma conjunção de fatores levou ao pico migratório de 1896-1897: crise agrícola, a política de imigração gratuita brasileira e a ação dos agentes.

Nesse período, a emigração subvencionada para o Brasil já era alvo de fortes críticas por parte da sociedade italiana e repercutia nos jornais, dificultando o recrutamento de emigrantes pela península. Para contornar esse problema, desenvolveu-se a estratégia de recorrer a lugares empobrecidos, com índices altos de analfabetismo, pouco suscetíveis à campanha

---

[211] Mario Lo Monaco. "L'emigrazione dei contadini sardi in Brasile negli anni 1896-1897". *Rivista di Storia dell'Agricoltura*. Florença, ano V, n. 2, 1965, p. 186-213.

[212] Mario Lo Monaco. "L'emigrazione dei contadini sardi in Brasile negli anni 1896-1897", *op. cit.*, p. 190.

contra esse tipo de emigração. A Sardenha, ainda intocada pela grande êxodo tornou-se alvo dos agentes.[213] Em busca das gratificações e prêmios pagos pelas companhias encarregadas de engajar emigrantes, esses intermediários percorreram a ilha fazendo propaganda do Brasil e oferecendo aquilo que camponeses, arrendatários, *braccianti* e pequenos agricultores mais desejavam: um pedaço de terra no ultramar para poder trabalhar e sustentar suas famílias.

Esse percurso preocupava-se em atingir as áreas de maior carestia, mas, segundo Lo Monaco, obedeceu, em grande medida, o traçado das vias internas de comunicação. Como resultado, a maioria dos emigrantes não partiu dos lugares mais pobres da ilha, mas daqueles servidos por ferrovias.[214] A atividade dos agentes e subagentes desenvolveu-se com maior eficácia nas áreas mais acessíveis. Trabalho de convencimento levado a efeito nos centros onde a possibilidade de obter sucesso era maior.

A par da conjuntura da Sardenha, esse recrutamento obedeceu, ainda, às exigências dos contratos estipulados com as companhias que, por sua vez, refletiam as imposições do governo brasileiro para o fornecimento de passagens gratuitas: a preferência pela emigração familiar de agricultores. Como não podia deixar de ser, isso disciplinou a composição da massa de emigrantes sardos quanto à idade, relações familiares e profissão. As famílias, por exemplo, chegaram a compor cerca de 98 % da emigração em 1896 e 95 % em 1897.[215]

É certo que a emigração sarda para o Brasil no biênio 1896-1897 representou fenômeno restrito geográfica e temporalmente. Entretanto, através dela é possível observar o funcionamento, mesmo em menor escala, do aparato de intermediários que se desenvolveu incentivado pelas comissões e prêmios oferecidos pelas agências de recrutamento e companhias de navegação e, ao mesmo tempo, constatar a capacidade seletiva da política migratória desenvolvida por países receptores de imigrantes, no caso o Brasil. Segundo Lo Monaco, foi com essa emigração que a Sardenha inseriu-se no mercado internacional de trabalho através da criação de uma rede de agentes de emigração que, a partir de então, continuou a funcionar até 1914.[216]

---

213 "La Sardegna, anzi, specializò il suo scarsissimo contingente di emigrazione esclusivamente in questa direzione [África], salvo un certo sviluppo di una emigrazione europea dopo il 1906 e la drammatica parentesi del 1896-1897, quando, gli agenti di emigrazione per il Brasile, guardati ormai con diffifenza nelle altre regioni italiane, scoprirono le vergine 'riserva' sarda". Ercole Sori. *L'emigrazione italiana dall'Unità alla Seconda Guerra Mondiale*, *op. cit.*, p. 64.

214 Mario Lo Monaco. "L'emigrazione dei contadini sardi in Brasile negli anni 1896-1897", *op. cit.*, p. 194.

215 Mario Lo Monaco. "L'emigrazione dei contadini sardi in Brasile negli anni 1896-1897", *op. cit.*, p. 202.

216 Mario Lo Monaco. "L'emigrazione dei contadini sardi in Brasile negli anni 1896-1897", *op. cit.*, p. 213. O aumento da emigração no século XX pode ser observado na Tabela 1.8.

Para finalizar, algumas considerações sobre os agentes e subagentes na região de Marche, na Itália central. Amoreno Martellini, apoiado na documentação oficial[217] identificou em meados de 1880, a presença de Giuseppe Colajanni[218] – proprietário de uma das mais importantes agências de emigração da Itália, com sede em Gênova – arrolando emigrantes para a América do Sul, sobretudo para a região do Prata. Entretanto, até o final do século XIX, essa era uma atividade ainda reduzida.[219] Somente com o novo século, o fluxo migratório de Marche adquiriu grandes proporções, resultando, inclusive, no rápido crescimento da rede de intermediários regularizados e clandestinos.

Martellini chama atenção para um elemento novo em relação às estratégias de aliciamento de agentes e subagentes (agora como representantes de vetor) pelas companhias de navegação após o advento da lei de 1901. Um caminho natural era a confirmação daqueles que já desenvolviam as funções de agente antes da entrada em vigor da nova lei, regularizando sua situação. Outro consistia em pedir informações às autoridades locais sobre quais seriam os cidadãos capacitados e de absoluta confiança para o cumprimento dessa tarefa. Dessa maneira, afirma o autor, não existia nenhum vilarejo ou cidade de Marche sem que um padre, um oficial de polícia aposentado, um funcionário público ou algum parente próximo do prefeito – o que também revela o caráter familiar dessa atividade – exercessem a atividade de intermediário da emigração.[220]

Outra característica importante da região de Marche era a forte presença de agentes clandestinos e o hábito de seus emigrantes utilizarem esse canal informal de expatriação graças aos preços mais baixos das passagens e menor controle no embarque. Uma porta aberta para o desfrute enganoso por parte de pessoas e empreendimentos ligados ao recrutamento, transporte e alocação no exterior dos marquegianos.[221]

---

217 Ministero di Agricoltura, Industria e Commercio. *Statistiche dell'emigrazione, 1884-1885.* Roma, 1885.

218 A agência editou um guia para os emigrantes com o seguinte título: Giuseppe Colajanni. *Vade Mecum dell'italiano per l'America del Sud – Argentina – Brasile – Peru – Uruguay – Paraguay ecc. Almanaco pel 1886.* Gênova: Stab. Pellas, 1885.

219 Amoreno Martellini. "Le struture della mediazione. Agenti e agenzie di emigrazione nelle Marche dagli anni Ottanta alla prima guerra mondiale". In: Ercole Sori. *Le Marche fuori dalle Marche. Migrazioni interne ed emigrazione all'estero tra XVIII e XX secolo.* Ancona, Tomo II, 1998, p. 463-475.

220 Amoreno Martellini. "Le struture della mediazione", *op. cit.*, p. 466-467.

221 O caso mais famoso é o da fracassada emigração para a colônia agrícola do Delta do Mississipi, nos EUA. Esses marquegianos foram recrutados por um ex-emigrante chamado Umberto Pierini, dono de uma agência clandestina de emigração. Para descrição resumida do episódio ver Amoreno Martellini. "Le struture della mediazione", *op. cit.*, p. 472-475.

Emigração clandestina

Para Ercole Sori, a realidade da emigração clandestina emergiu nos primeiros 40 anos pós-unificação quando os impulsos restricionistas colidiram e se perderam em meio à incapacidade do poder público para instituir controles eficazes sobre a saída de seus cidadãos. A resistência à convocação militar, por exemplo, constituiu-se em uma das principais molas propulsoras desse fenômeno. Reação que recebeu maior destaque nos debates da época do que a emigração daqueles com pendências judiciais e criminais, que a atitude reacionária da burguesia liberal do fim do século produzia, contando com a conivência das camadas dirigentes do país.[222] Ainda segundo o historiador, episódios que os observadores contemporâneos citavam como motivo das saídas clandestinas revelavam também certa tensão social e moral: a falta de liberação do passaporte por obrigações de família do emigrante, a ausência de consenso paterno ou tutorial para a saída de menores e de incapazes, ou ainda, a suposta imoralidade na expatriação de mulheres.[223]

Mensurar a emigração clandestina é tarefa difícil. Primeiro, porque, como não poderia deixar de ser, seus registros são esparsos; segundo, pela diversidade apresentada pelo termo "clandestino", utilizado para descrever diferentes processos durante o período da grande emigração italiana. Na fase inicial do êxodo, eram considerados clandestinos aqueles que emigravam por portos estrangeiros para o além-mar ou que atravessavam as fronteiras do norte sem nenhum controle para trabalhar nos países vizinhos.[224] Todos, de uma maneira ou de outra, buscavam escapar das restrições de ir e vir impostas pelo Estado ou das amarras sócio-econômicas a que estavam sujeitos onde viviam. Para isso, em muitos casos, recorriam ao auxílio de agentes ou agências clandestinas.[225]

---

222 Comentando sobre a média anual da emigração para a América, que girava em torno de 170 mil, Malnate afirmava que existiam ainda outros 10 mil que embarcavam via portos franceses, e explicava: "È emigrazione clandestina perchè extra lege, formata di circa 2 mila contumaci alla giustizia italiana e di otto mila tra giovani vincolati ancora al militare servizio e parenti di essi che li seguono in América". Natale Malnate. *Gli italiani in America*. Gênova: Pietro Pellas fu L., 1898, p. 3.

223 Ercole Sori. *L'emigrazione italiana dall'Unità alla Seconda Guerra Mondiale, op. cit.*, p. 320-321.

224 Para Sori, o limite entre a falta de controle e a clandestinidade manteve o movimento migratório temporário e sazonal, que sempre interessou às regiões setentrionais, sobretudo às províncias alpinas e aos países europeus vizinhos; um movimento para o qual os passaportes e fronteiras tinham pouco significado. A emigração não registrada era estimada em cerca da metade da regular. Ercole Sori. *L'emigrazione italiana dall'Unità alla Seconda Guerra Mondiale, op. cit.*, p. 324.

225 "E ciò tanto che è in quella emigrazione [clandestina] che avvengono i maggiori disordini e danni ai nostri connazionali poveri: – nè il grosso della stessa è composto da coloro che non sono muniti di passaporto per

Em seu estudo sobre a emigração para a América do Sul em 1883, Natale Malnate reproduziu a definição sobre o termo, que parecia consenso à época, para criticá-la: emigração legal é aquela que se efetuava com a ciência do governo, com passaporte; enquanto a clandestina ocorria sem passaporte, contra as prescrições legais. O estudioso observava que a divisão não era correta. Primeiro porque na Itália não existia nenhuma lei que regulasse ou tutelasse o emigrante e, portanto, não poderia existir a verdadeira emigração legal; segundo porque ao acabar com a exigência do passaporte com a França e outros países europeus, o governo italiano não poderia impedir seus cidadãos de embarcar em portos franceses sem o passaporte e ao mesmo tempo, chamá-los de clandestinos.[226]

Mas o fato era que a circular do ministro do Interior, Giovanni Nicotera, encaminhada aos representantes de governo nas províncias, em 1876, era sintomática quando se reportava à reação às medidas restritivas da antiga circular de 1873: o aumento da emigração clandestina.

> De fato, a Itália continuou a fornecer um contingente ainda considerável à emigração transatlântica com a diferença de que os emigrantes, por submeterem-se às restrições da referida circular, em vez de embarcarem nos portos do Reino, como usualmente faziam antes, valeram-se de portos estrangeiros, onde era permitido partirem sem necessidade de passaporte ou de qualquer outra formalidade. O resultado foi um notável dano à marinha mercante italiana, que não conseguiu transportar grande parte da emigração para os países transatlânticos.[227]

A preocupação com essa emigração, ou melhor, com os agentes clandestinos, fossem eles nacionais ou estrangeiros, ocupava praticamente todo o texto da circular que exigia atenção especial na fiscalização dos embarques clandestinos.

> 3. Deverá ainda a Autoridade de segurança pública instituir uma especial e rigorosíssima vigilância sobre os agentes clandestinos de emigração, sejam eles nacionais ou estrangeiros, no duplo escopo de verificar as contravenções ao citado artigo 64 [da lei de Segurança Pública de 1865] e de constatar as fraudes que os mesmos perpetrassem ou tentassem, para agir contra eles com toda a energia e com o máximo rigor.

---

delitti comessi, ma invece per divieto di formalismo burocratico, potendo emigrare istessamente, senza quel documento del Governo, – purchè non si emigri dai porti italiani, nei quali soltanto v'è l'obbligo, e rigoroso, dei passaporti". Natale Malnate. *L'emigrazione all'America meridionale dal porto di Genova durante l'anno 1883, op. cit.*, p. 8.

226   Natale Malnate. *L'emigrazione all'America meridionale… op. cit.*, p. 5.
227   Circolare Nicotera de 28 de abril de 1876. *Apud* Angelo Filipuzzi. *Il dibattito sull'emigrazione, op. cit.*, p. 44.

> 4. A Autoridade de segurança pública nos portos de mar observará as condições e os carregamentos dos navios em partida sob todas as medidas que possam ser necessárias para assegurar a segurança dos emigrantes. Ela também dará atenção aos embarques clandestinos, procedendo de acordo com a lei contra todos os responsáveis.[228]

No mesmo sentido, de acordo com Malnate, caminhavam as consequências imediatas à circular de 1883, cujo objetivo era disciplinar a crescente emigração subvencionada, o novo motor da emigração clandestina.

> O Ministério do Interior, no silêncio da Lei, tentou colocar um fim ao mal, e editou a Circular de 6 de janeiro de 1883, que, se conseguia disciplinar em parte a emigração subvencionada, nada fazia em relação à emigração clandestina. Na verdade, essas medidas ministeriais, como era natural, não fizeram mais do que aumentá-la, sendo que nela encontrava-se a maior parte da especulação (...).[229]

Já ao final da década de 1880, surgiram inúmeras reclamações por parte dos interessados – companhias de navegação italianas – e de seus representantes – jornais e políticos – a respeito dos entraves impostos à emigração pelo governo italiano, que fatalmente levariam à saída de italianos por portos estrangeiros, resultando em prejuízos à marinha mercante nacional.

> Mas fatos são fatos e números são números. E o que dizer de um Governo, que impõe um mundo de entraves e restrições à emigração italiana para o Brasil por portos italianos, sem pensar que essa emigração simplesmente viaja algumas poucas horas para embarcar em Marselha, no Havre, em Antuérpia?[230]

Mais uma vez, assinalava-se que sobre a emigração clandestina descarregavam-se as piores condições, maus tratos e golpes em relação à qualidade e modalidade de transporte marítimo ou à colocação de trabalhadores nos lugares de destino, argumento forte usado nas discussões do projeto de lei de 1888 para tentar impedir os agentes de enviar emigrantes para o embarque em portos estrangeiros.[231]

---

228 *Apud* Angelo Filipuzzi. *Il dibattito sull'emigrazione, op. cit.*, p. 45.
229 Natale Malnate. *L'emigrazione all'America meridionale... op. cit.*, p. 7.
230 *La Borsa*. Ano II, n. 20, 23 de maio de 1891.
231 Ercole Sori. *L'emigrazione italiana dall'Unità alla Seconda Guerra Mondiale, op. cit.*, p. 323. Segundo o historiador, essa mistura de humanitarismo protecionista vinha ao encontro dos interesses das companhias

Com as leis de 1888 e 1901, e a consequente regulamentação da função de agente de emigração e subagente, depois representante de vetor, a emigração clandestina recebeu caracterização jurídica como ato de recrutar por parte de pessoas não autorizadas legalmente. Segundo Martellini, o termo clandestino passou a se referir não mais ao tipo de expatriação, mas ao tipo de recrutamento.[232]

Na verdade, esse tipo de emigração era constituído, na maioria dos casos, pela relação direta entre agente clandestino e o embarque em portos estrangeiros. Não foi sem propósito que a lei de 1901, em seu artigo 13, vetou o arrolamento de emigrantes por aqueles que não obtivessem a patente de representante de vetor e, no artigo 23, proibiu os próprios vetores de embarcar emigrantes em portos fora da Itália.[233]

As fontes não oficiais sobre o volume dessa emigração demonstravam sua relevância, o que certamente justificava a preocupação por parte das autoridades responsáveis. Em 1895, uma publicação do Ministério da Agricultura reproduzia as dificuldades para obtenção dos números mais corretos sobre a emigração.

> Enquanto esta autoridade procura registrar a emigração de uma e de outra espécie, não há dúvida que a estatística oficial não consegue computar inteiramente esse movimento. Não poucos declaram que vão procurar trabalho nos Estados limítrofes durante uma parte do ano, e depois, quando se encontram no estrangeiro, convertem-se em emigrantes propriamente ditos, seja ampliando sua permanência nos países de destino, seja embarcando em um porto estrangeiro para viajar a um país mais distante.[234]

As estimativas mais consistentes foram realizadas por Leone Carpi,[235] cujos números – compilados por Franzina (Tabela 1.9) – foram considerados inferiores à realidade por

---

de navegação italianas.

232 Amoreno Martellini. "Il commercio dell'emigrazione: intermediari e agenti", *op. cit.*, p. 306. O autor observa que: "La legge puniva il reclutatore clandestino, mentre l'emigrante, da parte sua, era libero di imbarcarsi in un porto straniero e di scegliere un vettore non autorizzato, ma in questo caso perdeva tutti i benefici che la nuova legge garantiva (…)."

233 Legge n. 23, sulla Emigrazione, 31 gennaio 1901. *Leggi e Decreti del Regno d'Italia*. Gazzetta Ufficiale del Regno.

234 Ministero di Agricoltura, Industria e Commercio. "Emigrazione italiana all'estero avvenuta nell'anno 1894 confrontata con quella dell'anno 1893". *Gazzetta Ufficiale del Regno d'Italia*, n. 160, 1895.

235 Os estudos de Leone Carpi são os seguintes: *Dell'emigrazione italiana all'estero*. Florença: Stab. L. Civelli, 1871; *Statistica illustrata dell'emigrazione italiana all'estero nell triennio 1874-1876*. Roma, 1878. *Apud* Emilio Franzina. *A Grande Emigração, op. cit.*, p. 30, nota 70.

Vittorio Ellena, outro estudioso da emigração à época. Posteriormente, o senador Luigi Bodio afirmava que o fenômeno manteve-se em níveis elevados, cerca de 20 mil por ano, até pelo menos o início do século XX.[236]

Tabela 1.9. Emigração italiana clandestina segundo país de destino (1869-1876)

Ano	França	Alemanha	Áustria	América	Outros	Total
1869	2.810	316	2.219	2.174	6.144	13.663*
1870	819	407	3.722	633	2.884	8.465*
1871	–	–	–	–	–	11.068
1872	–	–	–	–	–	5.585
1873	2.549	1.272	5.543	1.768	789	11.921
1874	6.222	1.973	3.313	1.842	3.914	17.264*
1875	15.049	2.138	3.221	1.335	5.371	27.114*
1876	–	–	–	–	–	25.387

* Totais corrigidos
Fonte: Emilio Franzina. *A Grande Emigração, op. cit.*, p. 94-95.

Os canais da emigração clandestina para América passavam, via de regra, pela França, onde grande parte desses expatriados embarcava nos portos de Marselha e Havre, e, em menor proporção, pela Alemanha (Tabela 1.10). Com simples passaporte para o interior, liberado facilmente pelos ofícios municipais, era possível atravessar a fronteira através de qualquer parte do vale alpino sem controle ou mesmo imerso no expressivo vai-vem do fluxo sazonal e temporário que a França, sobretudo nos anos 70 e 80, alimentava e que era impossível controlar e regulamentar.[237] Outra forma de alcançar a América percorria caminho ainda mais tortuoso: da Itália para a Tunísia, depois para Marselha e, finalmente, Nova York.

---

236 Vittorio Ellena. "L'emigrazione e le sue leggi". *Archivio di Statistica*, v. I, 1876. Luigi Bodio. "Della nuova legge 31 gennaio 1901 per la tutela degli emigranti". *Atti del IV Congresso Geografico Italiano*. Milão, 1902. *Apud* Ercole Sori. *L'emigrazione italiana dall'Unità alla Seconda Guerra Mondiale, op. cit.*, p. 321.

237 Segundo Sori, Em alguns casos não era possível distinguir a emigração clandestina de um nomadismo migratório que, nos períodos de crise e desocupação nos países europeus, trazia grupos de trabalhadores errantes à procura de trabalho nos portos de Marselha, Havre, Bordeaux, Bremen e Hamburgo, de onde embarcavam para a América. Ercole Sori. *L'emigrazione italiana dall'Unità alla Seconda Guerra Mondiale, op. cit.*, p. 323.

Tabela 1.10. Emigração clandestina de italianos por portos estrangeiros (1861-1884)

Ano	França				Alemanha		
	Marselha	Havre	Bordeaux	Total	Hamburgo	Bremen	Total
1861				380			
1862				456			
1863				278			
1864				502			
1865	421	431	61	913			
1866	673	519	339	1.531			
1867	2.135	688	463	3.886			
1868	3.831	1.391	130	5.352			
1869	5.987	3.548	101	9.636			
1870	5.844	2.668	110	8.622			
1871	2.872	1.313	203	4.388	47	16	63
1872	7.680	9.507	1.018	18.205	37	32	69
1873	8.961	10.529	2.237	21.727	62	16	78
1874	7.260	8.319	2.031	17.610	76	33	110
1875	5.439	5.641		12.084	270	57	327
1876	6.254			12.760	169	1	170
1877				12.927			42
1878				13.988			30
1879				19.190			23
1880				16.283			32
1881				20.387			110
1882				26.217			52
1883				23.544			44
1884				11.823			101
Total	57.357	44.554	6.693	262.689	661	155	1.251

Fonte: Ercole Sori. *L'emigrazione italiana dall'Unità alla Seconda Guerra Mondiale*, op. cit., p. 322 (Tabela 8.2).

Utilizando-se de uma circular de propaganda de uma agência de Chiasso (Suíça), Bernardino Frescura descreveu o expediente utilizado para ludibriar o controle de emigração dos Estados Unidos. Segundo o folheto, a agência aceitava em seus navios até mesmo aqueles que não se encontravam em condições de desembarcar em Nova York. Estes, porém, deveriam ter ciência da necessidade de percorrer a linha do Canadá, onde desceriam no porto de Saint John (Nova Brunswick) para, via ferrovia, alcançarem Montreal, o ponto mais próximo para alcançar a tão desejada cidade estadunidense, sem nenhum tipo de perturbação.[238]

Debruçando-se sobre o tema, o publicista desvendou parcialmente o universo obscuro das agências estrangeiras que agiam em território italiano através de seus representantes considerados clandestinos. Eram escritórios com sede nas cidades suíças de Chiasso, Lugano, Giubiasco e Bodio, e na francesa Bellinzona. Áreas relativamente próximas ao norte da Itália, onde agiam estabelecendo percursos para movimentar a emigração clandestina nas regiões da Lombardia e do Piemonte: Menaggio-Porlezza-Lugano; Milão-Como-Chiasso; Pavia-Mortara-Novara-Luino; Alessandria-Mortara-Novara-Sesto Calende-Porto Ceresio; Milão-Varese-Porto Ceresio. Caminhos fluidos, que de acordo com intensidade da vigilância, eram alterados rapidamente. Até mesmo Gênova fazia parte dessas rotas, sempre em direção ao norte, passando por Arona, Baveno, no Piemonte, até chegar a Locarno, Suíça; existiam, ainda, outras alternativas: recrutar aqueles que desembarcavam na estação ferroviária central, mandando-os para Chiasso, Modane (França), Ventimiglia (extremo oeste da Ligúria) ou aguardar os navios vindos de Nápoles para arrolar alguns emigrantes, que seriam deslocados de trem até Chiasso e depois enviados para Antuérpia, Boulogne (França) ou Havre.[239]

Em 1904, os escritos de Frescura deixavam transparecer seu incomodo com o crescimento dessa prática, que a lei de 1901 parecia não conseguir debelar, fato corroborado, segundo sua ótica, pela expansão da ação das agências estrangeiras para o sul da Itália.

> Vemos um agitar-se vivaz, contínuo, obstinado de agências estrangeiras, que, espalhadas dentro de nossas fronteiras, em Chiasso, em Bodio, em Modane, em Ventimiglia estendem seus tentáculos através de todo nosso país; e, não se contentando em buscar a emigração nas regiões da alta Itália, mas, empurrando sua área de ação até a Itália meridional e a Sicília, tentam desviar as correntes migratórias de nossos portos e da vigilância de nossas leis, para atraí-las aos portos da Europa setentrional.[240]

Em estudo recente, Martellini mapeou alguns detalhes práticos do êxodo clandestino tendo por base um folheto da agência de emigração suíça Berta & C., distribuído em 1907. Depois da burocracia relativa ao passaporte, os emigrantes recebiam o horário e as instruções

---

238 Bernardino Frescura. "Dell'emigrazione clandestina italiana". Cf. *La Marina Mercantile Italiana*. 22 de junho de 1904.

239 Bernardino Frescura. "Dell'emigrazione clandestina italiana". *op. cit.*

240 Bernardino Frescura. "Dell'emigrazione clandestina italiana". *op. cit.*

detalhadas para a viagem desde o trem até o embarque no navio (o autor lembra que se tratava de procedimento arriscado, pois era o primeiro documento escrito entregue ao emigrante, que podia apresentar denúncia contra o agente), em que o laconismo e a dissimulação deveriam ser a regra.

> Partindo de casa tenham cuidado de vestir-se o melhor possível, de colocar suas coisas em uma mochila ou mala de lona e não em sacos, que conferem péssima imagem, sobretudo no desembarque. Durante a viagem até Chiasso sejam cautelosos com tudo, rejeitem qualquer endereço, ou aviso, caso contrário correrão o risco de serem desviados ou enganados. Se por ventura a Polícia perguntar o nome de quem poderia tê-los encaminhado ao nosso Escritório, vocês, tomando cuidado para não revelar nada, responderão francamente que vêm por sua conta, pouco preocupados com as eventuais ameaças de repatriação que de nenhum modo poderiam ocorrer, pela simples razão de que com um passaporte qualquer pessoa tem o direito de se dirigir aonde melhor lhe parecer. Além disso, digam que possuem o endereço de alguém na América.[241]

Outra forma de burlar a fiscalização dos comissários de emigração foi revelada por uma denúncia publicada na mesma revista, ao final do já citado estudo de Bernardino Frescura.

> Como os passageiros de primeira e segunda classe são isentos de passaporte e nenhuma autoridade pode retê-los nas fronteiras, os senhores de Chiasso dão aos seus correspondentes clandestinos os talões de bilhetes de segunda classe, de cor verde, e estes servem como bilhetes de terceira classe, e mesmo se forem surpreendidos nenhuma autoridade pode enquadrá-los em contravenção, porque qualquer um pode ter bilhetes de segunda e primeira classe sem incorrer em problemas. Os números dos talonários são conhecidos das Agências de fronteira, e quando os passageiros se apresentam se faz uma troca pelo bilhete de terceira classe. Ao passageiro dizem para responder que, como o preço é um pouco mais caro do que o da terceira classe, preferem fazer a viagem na segunda.[242]

A sorte das agências estrangeiras que agiam na Itália parecia ligada apenas em parte às leis restritivas que, em momentos diversos, buscavam impedir a livre emigração para países

---

241 *Apud* Amoreno Martellini. "Il commercio dell'emigrazione: intermediari e agenti", *op. cit.*, p. 308.
242 *La Marina Mercantile Italiana*. 07 de julho de 1904.

do além-mar.²⁴³ A emigração gratuita (ou subsidiada) foi uma das principais fomentadoras desse tipo de ação. Entretanto, a ausência de dados não permite a afirmação segura sobre o aumento do fluxo clandestino quando, por exemplo, da proibição da emigração subvencionada para o Brasil em 1896 e a partir de 1902 com o Decreto Prinetti.

Voltando a tratar de números, mesmo com a criação do *Commissariatto dell'Emigrazzione* em 1901, persistiam as dificuldades para quantificá-la. Segundo esse órgão, a estimativa do fluxo clandestino anual para terras americanas seria de 20 mil pessoas; no entanto, não estava excluída a possibilidade de cifra ainda maior.

Debruçando-se sobre o assunto, Malnate propôs a revisão dessas estimativas, consideradas baixas. Para os anos de 1905 a 1907, baseando-se em três aspectos – na quantidade de pedidos de passaportes para os principais destinos na América, no número efetivo de embarques daqueles que pagaram a taxa e nas estatísticas de desembarque – o estudioso chegou a um valor médio anual da emigração clandestina bem superior ao do *Commissariato*: 35 mil para a América do Norte – sendo que cerca de 20 mil seriam irregulares por conta da rigorosa inspeção médica ainda em portos italianos e os restantes 15 mil pela ação dos agentes clandestinos – e 20 mil para a América do Sul – em sua maior parte sob influência destes.²⁴⁴

Aliás, após a lei de 1901, quando o controle de saúde tornou-se mais rigoroso, uma das principais preocupações dos emigrantes que esperavam pelo embarque era de serem rejeitados na inspeção médica. Na viagem para os Estados Unidos, a comissão de visita previa a presença do chamado "médico americano", funcionário de confiança do governo estadunidense, cuja figura aterrorizava aos emigrantes e era mal vista pelos médicos do serviço sanitário italiano.²⁴⁵

Alertando que a clandestinidade correspondia à sétima parte do fluxo transoceânico, Malnate, no entanto, acreditava não ser apenas culpa dos agentes informais, pois até mesmo agentes legalizados, nos momentos de grande afluxo de emigrantes, quando seus vetores não conseguiam dar conta de todos, acabavam por enviar recrutados para as agências clandestinas; também era rotina esses representantes não resistirem aos apelos financeiros de outras agências para afrontar os interesses de seus mandatários.²⁴⁶ Por outro lado, em algumas cidades importantes, próximas a potenciais áreas de recrutamento, existiam representantes

---

243 Amoreno Martellini. "Il commercio dell'emigrazione: intermediari e agenti", *op. cit.*, p. 307.

244 Natale Malnate. *L'emigrazione clandestina*. Florença: Ufficio della "Rassegna Nazionale", 1911, p. 10.

245 Augusta Molinari. "La salute". In: Piero Bevilacqua; Andreina De Clementi; Emilio Franzina (orgs.). *Storia dell'emigrazione italiana. Arrivi*. v. II. Roma: Donzelli Editore, 2002, p. 391-392. A historiadora cita o relatório sobre o serviço sanitário escrito em 1909 por T. Rosati para ilustrar o que esse médico representava para os emigrantes: "Il medico americano è l'ultima delle disgrazie che l'emigrante deve subire prima di partire".

246 Natale Malnate. *L'emigrazione clandestina, op. cit.*, p. 10.

de vetor que nem se preocupavam em realizar o arrolamento, simplesmente recebiam os emigrantes dos agentes clandestinos, dividindo com estes a recompensa.[247]

Em 1901, a nova lei de emigração estabeleceu a tutela a todo emigrante embarcado em portos italianos mediante o pagamento de 8 liras destinadas ao *Fondo per l'emigrazione*. Permitiu também a quase completa liberdade de obtenção de passaporte pelas massas populares. Apesar disso, a emigração clandestina ainda era sentida e incomodava as autoridades e as companhias de navegação italianas. O estudo de Bernardino Frescura corrobora tal fato. Através da leitura atenta percebe-se claramente quais eram seus compromissos ao condenar a emigração clandestina e tentar propor algum tipo de solução para contê-la: debelada a concorrência dos agentes clandestinos, a emigração afluiria aos portos italianos, proporcionando maior tráfico e melhores condições de investimentos na indústria marítima.[248]

Sem esse compromisso, e talvez por isso, o diagnóstico de Natale Malnate era semelhante, porém mais direto.

> Porque se é verdade que reprimindo a emigração clandestina se enxugam lágrimas e se previne o maior dano de milhares de infelizes, é também verdade que se favorecem as Companhias de navegação que exercitam o tráfico de emigrantes na Itália (…).[249]

Ou seja, segundo seus cálculos, em uma situação ideal, se fosse possível induzir os emigrantes clandestinos a embarcar em portos do reino, os 55 mil bilhetes de 3ª classe corresponderiam a 8,8 milhões de liras para os cofres das companhias de navegação italianas.

---

247 Natale Malnate. *Gli agenti d'emigrazione, op. cit.*, p. 25.

248 Bernardino Frescura. "Dell'emigrazione clandestina italiana". *La Marina Mercantile Italiana*. 07 de julho de 1904.

249 Natale Malnate. *L'emigrazione clandestina, op. cit.*, p. 11-12.

Na terra e no mar

Gênova: *città degli emigranti*

Importante cidade portuária do Mediterrâneo, Gênova, historicamente, sempre esteve ligada às atividades marítimas. A geografia local favorecia a constituição de um porto. Uma enseada em forma de ferradura, protegida da arrebentação, amparada por terreno montanhoso, onde as habitações escalam a encosta, construídas em "curvas de nível" à semelhança da paisagem produzida pelas culturas agrícolas – como as plantações de café – desenvolvidas nas montanhas, em forma de "terraços". Braudel talvez tenha produzido a melhor definição da geografia e da consequente atividade local ao cunhar a descrição do quadro pintado por Cristofor Grassi: "A cidade em anfiteatro, suas casas altas, suas fortificações, o arsenal, o farol; galeras e enormes carrancas"; "na cidade propriamente dita, faltam a praça e os terrenos de construção, os palácios suntuosos estão condenados a crescer obstinadamente, desesperadamente em altura"; atrás, "uma cortina de montanhas estéreis".[250]

A vida voltada para o mar, no entanto, não significava um porto em condições de atender ao inédito volume de emigrantes que já começava a ganhar contornos em meados do século XIX.

> A ponte Calvi é o Comissariado de Polícia para a certificação e verificação dos passaportes. Seria oportuno sugerir a construção de um local conveniente para essa função, já que o número de viajantes cresceu muito pela frequência dos navios a vapor, é incômodo e desagradável esperar sobre essa ponte para atender a verificação do passaporte e a fiscalização aduaneira. Nem é agradável quando cai a chuva, ou o mar enfurece ou o que sei eu. Para acabar com esse inconveniente se deveria construir um galpão capaz de acolher os viajantes e seus funcionários. É vergonhoso para o país, devemos melhorar nossa hospitalidade.[251]

---

250 Fernand Braudel. *Civilização material, economia e capitalismo, séculos XV-XVIII*: III. *O tempo do mundo*. Tradução de Telma Costa. São Paulo: Martins Fontes, 1995, p. 140-143. Mais à frente, Braudel ainda encontrou espaço para assinalar o papel da principal cidade da Ligúria durante o século XIX: "(…) Gênova vê-se, uma vez mais, como o motor mais ativo da península. Por ocasião da criação da navegação marítima a vapor e no tempo do *Risorgimento*, criará uma indústria, uma forte marinha moderna e o Banco d'Italia será em grande medida obra sua", p. 154.

251 G. Banchero. *Genova e le due Riviere*. 1846. Apud M. Elisabetta Tonizzi. *Merci, strutture e lavoro nel porto di Genova tra '800 e '900*. Milão: Franco Agneli, 2000, p. 42.

O relato acima sobre as precárias condições de embarque dos emigrantes no porto de Gênova é de 1845. Algumas décadas mais tarde, mesmo com o constante aumento do fluxo migratório, nada ou quase nada sofreu alteração. A ponte Calvi, pequeno ancoradouro adaptado ao uso de passageiros situado na porção leste do porto e a uma notável distância da estação ferroviária, continuava a ser o único ponto de embarque daqueles que tentariam a sorte do outro lado do oceano. O abrigo para os emigrantes, apesar da incontestável necessidade e de vários projetos,[252] jamais foi construído, abrindo caminho para a desonesta especulação em cima daqueles que chegavam em Gênova dias ou até semanas antes da saída do navio, trazidos por agentes e subagentes mal-intencionados.

Somente com as obras de ampliação do porto entre 1877 e 1890 ocorreu certa melhora na infraestrutura do embarque.[253] Em 1887, foi entregue a estação marítima, construída sobre a ponte Federico Guglielmo e destinada exclusivamente ao movimento de passageiros. A estação era subdividida em três espaços: um edifício onde ficavam a alfândega, o escritório da Segurança Pública, o posto do correio, o depósito de bagagens e os banheiros; ao lado, outra construção destinada à visita sanitária dos emigrantes; as duas estruturas sustentavam uma cobertura metálica, fechada lateralmente por vidros, com capacidade para o movimento diário de 2 mil pessoas, onde os emigrantes esperavam pela partida.[254] Se as condições de embarque sofreram relativa melhora, desnecessário qualquer comentário sobre a precariedade desse "improvisado alojamento".[255]

A chegada de grupos de miseráveis que se espalhavam por Gênova tornava-se cada vez mais frequentes. Milhares de pessoas, já então consideradas italianas, aguardavam para embarcar em um navio que as levaria para o outro lado do oceano, distante de seus vilarejos ou de suas comunas. Essa espera, por sua vez, produziu cenas que marcaram a capital da Ligúria e o imaginário da emigração italiana. Eram comuns as aglomerações na estação ferroviária *Principe* – homens, mulheres e crianças dormindo ao relento ou lotando albergues precários localizados nas imediações. Na praça da igreja *Santissima D'Annunziata*, as cenas repetiam-se,

---

252 Para um histórico das discussões sobre os projetos apresentados entre as últimas décadas do século XIX e as primeiras do XX para a construção de um abrigo destinado aos emigrantes ver M. Elisabetta Tonizzi. *Merci, strutture e lavoro... op. cit.*, p. 50-58.

253 As Figuras A.2 e A.3 do Anexo ilustram a modernização do porto de Gênova com a construção de novas pontes, além da Federico Guglielmo, para embarque e desembarque de mercadorias.

254 M. Elisabetta Tonizzi. *Merci, strutture e lavoro... op. cit.*, p. 48.

255 Segundo Molinari, logo depois de sua construção, a Ponte Guglielmo já não conseguia dar conta do movimento migratório dez vezes superior ao de trinta anos atrás. Augusta Molinari. "Porto, trasporti, compagnie". In: Piero Bevilacqua; Andreina De Clementi; Emilio Franzina (orgs.). *Storia dell'emigrazione italiana. Partenze.* v. I. Roma: Donzelli Editore, 2001, p. 247-248.

e a escadaria servia de leito para aqueles que não tinham condições de pagar hospedagem por alguns poucos dias. Comum também eram as tentativas frustradas de quem muitas vezes não conseguia embarcar para a América, nem mesmo voltar para seu local de origem sem ter que aguardar vários dias por alguma ação das autoridades de segurança pública.

Os jornais da época publicaram inúmeras notícias sobre a precariedade da situação que tomava conta de Gênova, a "città degli emigranti".

Em fevereiro de 1868, o *Corriere Mercantile* trazia a seguinte denúncia:

> Circulam pela nossa cidade algumas centenas de napolitanos, a espera, fomos informados, do embarque para a América. Mas o pior é que eles dizem haver pago antecipadamente pelo embarque a um atravessador de mercadorias similares e que agora tenta controlá-los com palavras por não ter de pronto um barco para embarcá-los, e talvez outros por motivos menos desculpáveis. Imaginem vocês em que estado se encontram esses pobres emigrantes, que miséria, que sofrimento.[256]

Oito anos mais tarde, outro jornal mostrava que a situação em Gênova pouco se alterara.

> Os pobres emigrantes que se dirigem à América continuam a oferecer um espetáculo verdadeiramente desolador. Os arcos da Praça *Caricamento*, da rua Carlo Alberto e da Igreja *D'Annunziata* foram novamente ocupados há algumas noites por uma multidão desses desgraçados, em sua maior parte vítimas de uma infame especulação. Alguns daqueles infelizes contam que os agentes que os haviam induzido a abandonar suas casas prometeram que durante a estadia em Gênova antes do embarque cada um teria direito a uma lira por dia.
> Mas aqui, descobriram tarde demais que foram traídos!... O Município, convém dizê-lo, em honra da verdade, fez o que pôde para que aquela pobre gente fosse ao menos protegida das intempéries e recolheu-as em grande número na artilharia da CAMPANETTA. Mas nesses dias a passagem extraordinária de tropas, as quais o Município teve que providenciar alojamento, fez com que a delegacia de polícia municipal se encontrasse na impossibilidade de atender a tantas necessidades, enquanto homens, mulheres, crianças lactantes passavam as noites sobre o mármore exposto; e por consequência disso um número extraordinário deles adoeceu, e foi recolhido ao hospital de PAMATTONE![257]

---

[256] *Apud* Jacopo Virgilio. *Delle migrazioni transatlantiche degli italiani... op. cit.*, p. 60.
[257] *Il Caffaro*. 29 de setembro de 1876. *Apud* Angelo Filipuzzi. *Il dibattito sull'emigrazione, op. cit.*, p. 51.

No mesmo ano, 1876, cerca de 800 emigrantes de Mantova, na baixa Lombardia, dirigiram-se à Gênova, onde aguardaram o embarque para a América sem sucesso. Todos foram enganados pelo agente que os havia recrutado e, logo depois, fugido com o dinheiro arrecadado para pagamento das passagens. Não restou outra alternativa senão o governo financiar o retorno dos mesmos ao local de origem. Ao chegarem em Milão, as cenas de abandono e desespero repetiram-se:

> Eu anunciei a partida de Gênova dos pobres camponeses de Mantova. Dos jornais de Milão constato que aquela numerosa multidão de desgraçados chegou àquela cidade. Na estação central observava-se o espetáculo de uma turba de famintos que reclamava o que comer e de poder retornar a sua terra natal.[258]

Não era o primeiro caso de abandono de emigrantes no porto. Em 1874, a imprensa de Verona informava que um agente havia enganado 1.500 camponeses vênetos que embarcariam para a América, deixando-os em Gênova sem os passaportes e sem o dinheiro que fora adiantado para a compra das passagens. Às vezes, os emigrantes conseguiam embarcar, mas sem saber que o destino não era mais aquele combinado anteriormente. No mesmo ano, um vapor carregado de camponeses lombardos, que deveria dirigir-se ao Rio da Prata, atracou em Nova York porque o agente que os havia enganado especulou com o custo do bilhete de viagem.[259] Outra prática bastante difundida era a dos agentes cobrarem a passagem dos emigrantes que se dirigiam ao Brasil com direito ao transporte gratuito.

Nos anos de 1890, apesar da construção da nova ponte,[260] uma das operações de embarque – no período em que o número de emigrantes crescia rapidamente – era assim descrita por um observador da época.

> Por volta das 4 horas do dia 20 de março a descida da Ponte Federico Guglielmo formigava de gente. Às 10 da manhã, o [vapor] *Washington* havia começado a receber o seu carregamento humano. Trata-se de gente proveniente de todas as regiões da Itália. (…) Fora da ponte, imediatamente antes dos corredores de embarque que correm ao longo do porto, existia uma densa camada de vendedores ambulantes.

---

258 *Il Caffaro*. 18 de setembro de 1876. *Apud* Angelo Filipuzzi. *Il dibattito sull'emigrazione, op. cit.*, p. 51.

259 *L'Adige*. Verona. s.d. *Apud* Angelo Filipuzzi. *Il dibattito sull'emigrazione, op. cit.*, p. 30.

260 No início do século XX, na tentativa de melhorar a infra-estrutura do embarque de emigrantes, a ponte Federico Guglielmo foi ampliada para permitir o acostamento contemporâneo de quatro grandes vapores. M. Elisabetta Tonizzi. *Merci, strutture e lavoro… op. cit.*, p. 57.

(...)
No interior da Estação Marítima existe um local de inspeção de bagagens e vistoria dos emigrantes que passam pelo Inspetor de Segurança Pública e por um médico da Capitânia. A sujeira das roupas e dos corpos, devido à longa viagem de trem e, sobretudo, à impossibilidade de utilização, antes do embarque, dos serviços de higiene, rende um espetáculo ainda mais triste e miserável, além de ser motivo de riso por parte dos inspetores que, sem qualquer consideração pelo sofrimento à dignidade humana, costumam gritar para fazer avançar os emigrantes: "Em frente imundos!"[261]

A primeira etapa da emigração constituiu-se em verdadeira provação: no embarque, caos, desrespeito por parte de funcionários do Estado e uma incontável quantidade de aproveitadores a oferecer qualquer serviço em busca de ganhos, por menores que fossem. Nos albergues indicados pelos agentes, os emigrantes que conseguiam evitar o pernoite ao relento, enfrentavam sérios problemas devido às precárias condições de hospedagem. Não era fato incomum centenas de famílias deitadas promiscuamente no pavimento úmido ou sobre sacos, no porão ou no sótão, sem ar e sem luz; além da violência contras as mulheres, vítimas daqueles que rondavam essas hospedarias durante a noite.[262] Acontecimentos corriqueiros em Gênova, que se repetiam em outros portos de embarque de emigrantes.

Nos portos do *Mezzogiorno*: Nápoles e Palermo

Assim como o porto de Gênova, o de Nápoles e, em menor proporção, o de Palermo também tiveram importante movimento de emigrantes desejosos de alcançar a América. Entretanto, nos dois portos da Itália meridional, o fluxo mais significativo teve início na virada do século – momento em que as saídas pelo porto de Nápoles suplantaram as de Gênova[263] – e a esmagadora maioria dirigia-se à América do Norte. As condições do porto de Nápoles eram muito precárias: pelo menos até 1900, ainda não existia sequer uma estação

---

[261] Ferruccio Macola. *L'Europa alla conquista dell'America Latina*. Veneza, 1894. *Apud* M. Elisabetta Tonizzi. *Merci, strutture e lavoro... op. cit.*, p. 50.

[262] Descrição feita por don Pietro Maldoti, missionário responsável pela assistência aos emigrantes no porto de Gênova. *Apud* M. Elisabetta Tonizzi. *Merci, strutture e lavoro... op. cit.*, p. 49. Os albergues e hospedarias eram parte significativa dos negócios que orbitavam a emigração.

[263] Dados publicados na revista *La Marina Mercantile Italiana*, de 07 de julho de 1904, demonstravam a superioridade do principal porto do *Mezzogiorno*. No ano de 1903, embarcaram 181.627 emigrantes em Nápoles, 62.308 em Gênova, 16.516 em Palermo, e 14.834 no Havre.

marítima para o embarque de passageiros.²⁶⁴ Além disso, a área portuária era infestada por todo tipo de trapaceiros e aproveitadores que agiam sob a complacência das autoridades, aproveitando-se da fragilidade de suas vítimas.

Mas os problemas não se reduziam ao porto. Esquecidos pelas autoridades, os emigrantes eram obrigados a aguardar ao relento ou nas inúmeras hospedarias ilegais que, na verdade, tinham acordos de compensação financeira com as companhias de navegação, um tipo de negócio que ganhou especial relevo em Nápoles.²⁶⁵ Em um ambiente hostil e violento, exposto às intempéries, à péssima alimentação, à imundície, quem mais sofria eram as mulheres e as crianças. As epidemias eram comuns e, foi uma delas, a de cólera em 1911, que levou à criação do primeiro e único abrigo estatal, cujas péssimas condições justificavam a preferência dos emigrantes pelas hospedarias particulares.²⁶⁶ Um pequeno excerto do relatório do primeiro ano de atividade do abrigo é revelador:

> Ao meio dia, quando há poucas horas os emigrantes foram reunidos, tudo já estava de cabeça para baixo; nos dormitórios um cheiro particular de suor, defumado, de queijo pecorino, característicos das massas de nosso povo, já se sentia fortemente. As latrinas fediam, vizinhas aos lavatórios existiam possas de água, por todos os cantos via-se imundice de toda a espécie.²⁶⁷

Em suma, praticamente abandonado pelo Estado nas principais cidades de embarque, restou ao emigrante contar com outras formas de proteção. Em sua defesa contra companhias de navegação, agentes e subagentes operaram algumas instituições religiosas e laicas. Em 1887, o bispo de Piacenza, Giovanni Scalabrini fundou a *Associazione di Patronato per*

---

264 Augusta Molinari. "Porto, trasporti, compagnie", *op. cit.*, p. 249.

265 Segundo Molinari, em 1905, estimativas do *Comissariato Generale dell'Emigrazione* indicavam a existência de 87 albergues autorizados em Nápoles (total de 2.400 vagas), 33 em Gênova (720 vagas), 25 em Palermo (770 vagas) e 18 em Messina (341 vagas). Sem contar as inúmeras que funcionavam sem autorização oficial. Para se ter uma ideia, em Nápoles no final do Oitocentos, mais de 200 albergues tinham acordos com as companhias de navegação. Augusta Molinari. "Porto, trasporti, compagnie", *op. cit.*, p. 251-252.

266 Sori chama atenção para os protestos de proprietários dos albergues napolitanos em 1910-1911 para obter a reabertura dos locais fechados pela autoridade sanitária devido à epidemia de cólera e, ainda, contra a concorrência de um abrigo estatal na cidade onde os emigrantes aguardariam a partida dos navios. Ercole Sori. *L'emigrazione italiana dall'Unità alla Seconda Guerra Mondiale, op. cit.*, p. 313.

267 Irene De Bonis de Nobili. *Le donne e i fanciulli emigranti nei porti d'imbarco. Il porto di Napoli*. 1913. Apud Augusta Molinari. "Porto, trasporti, compagnie", *op. cit.*, p. 255. Ainda sobre as condições do albergue estatal em Nápoles ver Francesco S. Nitti. "Interpellanza sul porto di Naploi". *Discorsi parlamentari*. Apud Angelo Filipuzzi. *Il dibattito sull'emigrazione, op. cit.*, p. 380-388.

l'Emigrazione (que em 1894 assumiria o nome de *Società di S. Raffaele*), formada, sobretudo, por laicos, cujo objetivo era prestar assistência aos emigrantes nas áreas de origem e nos portos de embarque. No mesmo ano, Scalabrini instituiu a *Congregazione dei Sacerdoti Missionari di San Carlo Borromeo*, rapidamente difundida por todo o mundo,[268] além da presença dos *comitati locali* nos portos italianos.

Em 1900, Geremia Bonomelli, bispo de Cremona, fundou a *Opera di Bonomelli* para defender os emigrantes temporários que se dirigiam aos países europeus. A *Opera* ganhou notoriedade com a denúncia do tráfico de meninos italianos vendidos pelas próprias famílias por pequenas somas aos mediadores, para serem empregados como escravos na indústria do vidro de Lion e Paris.[269]

A questão tratada por essas associações católicas, entretanto, não se resumiu apenas aos limites do território italiano. A tutela estendeu-se pelas áreas de destino dos emigrantes, substituindo as funções frequentemente incertas, carentes ou omissas da fraca representação italiana no exterior. Através da ajuda financeira dirigida à *Opera di Bonomelli* e da concessão de subsídios aos vários escritórios da assistência criados em torno das Missões Scalabrinianas da América, o Estado tendeu a delegar atividades que pertenciam à suas funções consulares. Existia determinado critério estatal de economia e de funcionalidade que procurava fazer da emigração um bom negócio. Nesse sentido, estruturaram-se as bases de uma política de contrato em relação às instituições religiosas, que atuavam no campo da assistência aos trabalhadores no exterior.[270]

---

268   Sobre a obra assistencial do bispo Scalabrini ver Deliso Villa. *Storia dimenticata*. Porto Alegre: EST, 2002 e Giovanni Battista Scalabrini. *A emigração italiana na América* (1887). Porto Alegre: EST/CEPAM; Caxias do Sul: UCS, 1979.

269   Sobre a *Opera Bonomelli* ver Deliso Villa. *Storia dimenticata, op. cit.*, p. 325-333; Angelo Filipuzzi. *Il dibattito sull'emigrazione, op. cit.*, p. 268-271. Além da tutela do emigrante, outras preocupações estavam na órbita de Bonomelli, especialmente porque a emigração temporária era considerada como forte veículo de difusão do socialismo. Cf. Fernando Manzotti. *La polemica sull'emigrazione nell'Italia Unita, op. cit.*, p. 94-97.

270   F. Grassi. "Giolitti, Tittoni e l'emigrazione". *Affari Sociali Internazionali*. n. 3, 1973. *Apud* Emilio Franzina. *A Grande Emigração, op. cit.*, p. 414. No capítulo 8 da mesma obra, Franzina apresenta importante discussão sobre a ampla participação da igreja católica a partir dos últimos anos de 1880, inclusive nos debates que antecederam as leis de 1888 e 1901. Para uma análise das verbas destinadas pelo Estado às instituições criadas por Bonomelli e Scalabrini ver Fernando Manzotti. *La polemica sull'emigrazione nell'Italia Unita, op. cit.*, p. 135-143.

No oceano

Le Navi di Lazzaro: assim eram definidos pela opinião pública italiana da época os navios que vagavam pelo oceano com sua carga de miséria e doença, ou seja, os emigrantes.[271]

Após todo sofrimento em terra e o embarque no navio, a viagem transformava-se em nova batalha, talvez a mais difícil, a ser vencida pelos emigrantes. Com o escopo de apresentar descrição mais completa, não apenas baseada em números estatísticos de doenças e de mortalidade a bordo, a exposição a seguir recorrerá também à literatura sobre o tema, em especial à obra *Sull'Oceano* de Edmondo De Amicis *(1846-1908),* publicada em 1889[272] e amplamente utilizada pela historiografia dedicada ao estudo da emigração.

Esse célebre texto é considerado um dos primeiros romances italianos a afrontar o tema da grande emigração. Escrito depois de sua viagem de Gênova a Montevidéu no vapor *Galileo*, em 1884, o livro relata essa experiência. Uma espécie de diário de bordo, dedicado à viagem dos emigrantes, vindos de muitas regiões italianas, que falavam dialetos locais e, portanto, comunicavam-se apenas com os próprios compatriotas. Famílias que viajavam para a América do Sul, em terceira classe, na busca de uma vida melhor, foram retratadas pelo escritor, que lhes deu voz e mostrou suas agruras.[273]

> Quando cheguei, à noite, o embarque dos emigrantes já tinha começado havia uma ora, e o [vapor] *Galileo*, junto à descida de uma pequena ponte móvel, continuava a ensacar a miséria: uma procissão interminável de gente que saía em grupos do edifício em frente, onde um delegado da Polícia examinava os passaportes. Muitos emigrantes, depois de passarem uma ou duas noites ao relento, agachados como cães pelas ruas de Gênova, estavam exaustos e cheios de sono. Operários, camponeses, mulheres com filhos no peito, crianças que tinham

---

271 Augusta Molinari. *Traversate. Vite e viaggi dell'emigrazione transoceanica italiana. Il viaggio per mare.* Milão: Seleni Edizioni, 2005, p. 138.

272 Edmondo De Amicis. *Sull'Oceano*. Milão, 1889. Por iniciativa do CISEI (Centro Internazionale di Studi sull'Emigrazione Italiana), o livro foi reeditado em 2005, em parceria com a Editora Diabasis, sob os cuidados de Giorgio Bertoni.

273 De Amicis realizou efetivamente, cinco anos antes, a viagem de Gênova a Montevidéu junto à cerca de 1.600 emigrantes, que descreveu no romance. Emilio Franzina. *A Grande Emigração, op. cit.*, p. 403, nota 69. Segundo Filipuzzi, o escritor sublinhava o contraste, caro à época, entre a Itália sonhada durante o *Risorgimento* e a Itália real, que via seus próprios filhos partirem para evitar a miséria e a fome. Angelo Filipuzzi. *Il dibattito sull'emigrazione, op. cit.*, p. 149. Ainda sobre esse tipo de literatura, Ciuffoletti & Degl'Innocenti. *L'emigrazione nella storia d'Italia, op. cit.*, p. 215, registram a importância do livro de Ferrucio Macola. *L'Europa alla conquista dell'America*. Veneza, 1894.

ainda presa ao corpo a chapinha de lata da escola infantil passavam, portando quase tudo: uma cadeira dobrável sob o braço, sacos e malas de todas as formas na mão ou na cabeça, braçadas de colchões e cobertas, e o bilhete com o número do beliche comprimido entre os lábios.

(...)

Mas o espetáculo era a terceira classe, onde a maior parte dos emigrantes, com fortes enjoos, desordenadamente espalhados, atravessados nos bancos, com atitudes de doentes ou de mortos, com os rostos sujos e os cabelos desarrumados, em meio a um grande emaranhado de cobertores e trapos. Viam-se famílias próximas em grupos que davam compaixão, com um ar de abandono e de perda, que é próprio de uma família sem teto: o marido sentado e adormecido, a mulher com a cabeça apoiada nos ombros dele, e as crianças sobre o chão, dormindo com a cabeça nos joelhos dos dois: montes de trapos, onde não se via nenhum rosto, e não se percebia mais do que um braço de criança ou uma trança de mulher.

(...)

E o pior estava abaixo, no grande dormitório, do qual que se abria a escotilha vizinha ao tombadilho da popa: através dela, viam-se em meio à escuridão corpos sobre corpos, como os navios que trazem para casa os cadáveres dos emigrantes chineses; e vinha de lá, como de um hospital subterrâneo, um concerto de lamentos, de suspiros e tosses, de deixar qualquer um com a tentação de desembarcar em Marselha.[274]

De Amicis pouco enfatizou questões delicadas como a alimentação a bordo, as condições de higiene e a mortalidade durante a viagem.[275] Na verdade, muitos morriam devido a doenças ou a desconfortos sofridos nos navios – na maioria das vezes crianças.[276] Exemplos não faltaram, sobretudo nos vapores que rumavam para o Brasil levando emigrantes subvencionados: em 1888, morreram de fome 36 pessoas no *Matteo Bruzzo* e 18 no *Carlo Raggio*;

---

274 E. De Amicis. *Sull'Oceano*. *Apud* Angelo Filipuzzi. *Il dibattito sull'emigrazione, op. cit.*, p. 149-153.

275 Mesmo assim, segundo Molinari, sua descrição em *Sull'Oceano* ecoou entre médicos e engenheiros navais, que frequentemente expressavam suas ideias em revistas científicas e tratados de medicina naval. Isso certamente repercutiu nas discussões sobre a lei de 1901. Augusta Molinari. *Le navi di Lazzaro. Aspetti socio-sanitari dell'emigrazione transoceanica italiana. Il viaggio per mare*. Milão: Angeli, 1988, p. 12. Esse abrangente trabalho é de importância fundamental para o estudo das condições higiênico-sanitárias dos navios que transportaram emigrantes italianos para o ultramar.

276 Emilio Franzina. *A Grande Emigração, op. cit.*, p. 404, nota 72.

em 1889, no *Frisia*, 300 emigrantes adoeceram e 27 faleceram por asfixia em decorrência da proximidade entre o dormitório e a sala das máquinas.[277]

As observações do deputado Pantano em uma sessão do Parlamento no ano de 1899 apontam claramente o motivo de tantas mortes. De acordo com o parlamentar,

> Os navios eram carcaças já muitas vezes dedicadas ao transporte de carvão, cargas de carne humana, amontoada e desprotegida, cuja passagem pelo oceano era assinalada por uma esteira de cadáveres ceifados pela morte nas fileiras dos emigrantes mais fracos e doentes, das mulheres e das crianças, extenuadas, mal de saúde devido aos alimentos insuficientes ou de má qualidade, pela inexistência de cuidados sanitários e pela falta de ar respirável na plenitude de um horizonte livre.[278]

Em relação a esses episódios, a fase mais crítica ocorreu antes da lei de 1901. Nesse período, a tutela sanitária das massas de emigrantes, na falta de uma lei orgânica sobre emigração, era legada ao *Regolamento della Marina Mercantile* de 1879 e depois ao *Regolamento di Sanità Marittima* de 1895. O primeiro limitava-se ao conjunto de normas higiênicas para as embarcações adaptadas ao transporte de emigrantes; o segundo foi pioneiro na matéria sanitária, contemplando diretrizes para a tutela do emigrante – então definido como objeto jurídico específico – e delimitando, em termos gerais, uma série de funções competentes aos oficiais de porto e aos médicos de bordo.[279]

Ciuffoletti & Degl'Innocenti utilizam um desses documentos, o boletim de bordo do vapor *Giava*, escrito pelo médico Teodoro Ansermini, para apresentar descrição minuciosa da situação higiênico-sanitária dentro do vapor da Navigazione Generale Italiana em uma das inúmeras viagens de transporte de emigrantes para a América do Sul. O navio deixou Gênova em 8 de outubro, aportou em Buenos Aires em 8 de novembro e retornou à Gênova em 4 de dezembro de 1899, passando por Santos e Rio de Janeiro.[280]

---

277 Cf. M. Missori. "Le condizioni degli emigranti alla fine del XIX secolo in alcune documenti delle autorità marittime". *Affari Sociali Internazionale*, n. 3, 1973.

278 *Apud* Angelo Trento. *Do outro lado do Atlântico, op. cit.*, p. 45.

279 Augusta Molinari. *Le navi di Lazzaro, op. cit.*, p. 16 e 30.

280 *Giornale sanitario di bordo del piroscafo Giava. Apud* Ciuffoletti & Degl'Innocenti. *L'emigrazione nella storia d'Italia, op. cit.*, p. 216-221. A importância da documentação sanitária de bordo também foi ressaltada nos trabalhos de Augusta Molinari. *Le navi di Lazzaro. op. cit.* e "Fuentes para la historia de la emigración transoceánica italiana: la documentación sanitaria de a bordo". *Estudios Migratórios Latinoamericanos*. Buenos Aires, ano 5, n. 15-16, 1990, p. 533-545.

Os problemas começaram logo na partida, quando Ansermini, o médico de bordo, solicitou o documento comprobatório da desinfecção do navio e foi prontamente lembrado de que era pago pela companhia e, portanto, não deveria criar obstáculos. Discorrendo sobre a estrutura interna do vapor, o médico acusava a falta de ventilação e de luz natural, as péssimas condições de alimentação e de alojamento, que dificultavam até mesmo o emigrante de lavar-se, além da escassez de remédios. Diante desse quadro de precária higiene, o alastramento de doenças era sua principal preocupação.

> Quando se pretende dar ao médico de bordo certa responsabilidade nos casos de epidemia, é imprescindível que lhe seja conferida também a autoridade para executar o que for necessário à higiene de bordo: até agora eu não pude obter, exceto por uma noite, que fosse prolongada a permanência dos passageiros no convés, fato de real necessidade para tentar bloquear a invasão das epidemias de tifo e varíola, porque os porões não são suficientemente arejados, e o pouco ar que lá existe, já insalubre, é quente e decomposto, tornando-se irrespirável.[281]

Antes do início da viagem de retorno, Ansermini revelou outra preocupação com a higiene quando veio a ordem para o capitão do navio desfazer-se de grande quantidade de camas para abrir espaço ao carregamento de mercadorias. Tal fato expunha, mais uma vez, o emprego promíscuo dos vapores no transporte de emigrantes e mercancias.

> O problema é que assim, depois de tantas doenças epidêmico-contagiosas ocorridas a bordo (varíola, tifo, difteria, sarampo) não se podem mais fazer as desinfecções, e as mercadorias serão arrumadas nos locais já habitados pelos passageiros há um mês (…).[282]

Finalizando os registros no boletim de bordo, o médico recuperou seu pequeno histórico de vida profissional para expressar sua indignação e perplexidade mediante a viagem que durara quase dois meses.

> Não me recordo, no meu exercício prático de sete anos, sendo médico dos pobres e de seis sociedades operárias, de ter visto tanta sujeira e tantas vidas amontoadas em locais tão apertados e inapropriados ao uso destinado (…).[283]

---

281 *Giornale sanitário… Apud* Ciuffoletti & Degl'Innocenti. *L'emigrazione nella storia d'Italia, op. cit.*, p. 219.
282 *Giornale sanitário… Apud* Ciuffoletti & Degl'Innocenti. *L'emigrazione nella storia d'Italia, op. cit.*, p. 220.
283 *Giornale sanitário… Apud* Ciuffoletti & Degl'Innocenti. *L'emigrazione nella storia d'Italia, op. cit.*, p. 220.

O testemunho de Teodoro Ansermini, segundo Ciuffoletti & Degl'Innocenti, constituiu-se em corajosa denúncia do sistema que explorava o emigrante e uma prova do tratamento dispensado pelas autoridades competentes, mais atentas aos interesses das companhias de navegação do que aos daqueles que emigravam.[284] Por conta disso, criou-se uma comissão formada por um oficial e um médico do porto de Gênova para analisar as denúncias. As medidas tomadas mostram com clareza de que lado os órgãos oficiais estavam: interpelada verbalmente, a Navigazione Generale Italiana garantiu que tais fatos jamais se repetiriam, enquanto o médico, cujos escritos foram considerados exagerados, recebeu severa censura do Ministério da Marinha, ao qual era subordinado.[285]

Vários outros documentos oferecem testemunhos dramáticos, sobretudo no período da emigração subvencionada para a América do Sul, quando a lei de 1888 ainda não havia regulamentado as condições de viagem e permitia a utilização de navios a vela ou mistos.[286] Os interesses dos armadores e o complacente silêncio das autoridades marítimas somados às estratégias engendradas para enfrentar a concorrência asseguravam contratos lucrativos de introdução da imigração subvencionada, apoiados no baixo preço da rota sul-americana. De outra parte, o emigrante italiano era mercadoria pobre, solicitada a mover-se com baixos preços do bilhete de viagem.[287]

A estatística sanitária oficial da emigração italiana começou a ser publicada apenas em 1903. Alguns estudos contemporâneos, no entanto, fornecem dados sobre as condições sanitárias das viagens transoceânicas. Mesmo apresentando alguns senões, são considerados por Augusta Molinari como as únicas fontes relativamente confiáveis para o período após a aprovação da lei de 1888. A historiadora utiliza o estudo de Giovanni Druetti, secretário médico da *Direzione della Sanità Pubblica* para apresentar alguns números sobre a mortalidade e morbidade nos navios de emigrantes. Dos 480 casos examinados por Druetti, 133 apresentaram mortes e destes, 90 diziam respeito a crianças com idade inferior a 5 anos. As altas taxas de mortalidade eram causadas por doenças infecciosas, intestinais ou do aparelho respiratório. Quanto aos adultos, a principal *causa-mortis* era a tuberculose pulmonar.[288]

---

284 Ciuffoletti & Degl'Innocenti. *L'emigrazione nella storia d'Italia, op. cit.*, p. 216.

285 *Lettera della R. Capitaneria di Porto di Genova al Ministero della Marina, 12 gennaio 1890. Apud* Ciuffoletti & Degl'Innocenti. *L'emigrazione nella storia d'Italia, op. cit.*, p. 221.

286 Cf. M. Missori. "Le condizioni degli emigranti alla fine del XIX secolo in alcuni documenti delle autorità marittime". *op. cit.*

287 Ercole Sori. *L'emigrazione italiana dall'Unità alla Seconda Guerra Mondiale, op. cit.*, p. 325.

288 Giovanni Druetti. "Sullo stato sanitario degli emigranti nelle traversate transoceaniche". *Rivista d'igiene e sanità pubblica*. n. 1, 1890. *Apud* Augusta Molinari. *Le navi di Lazzaro, op. cit.*, p. 24-25.

No século XX, quando a lei de 1901 instituiu as diretrizes básicas da tutela sobre a saúde do emigrante antes do embarque e durante a viagem,[289] estabelecendo responsabilidades e controles, começaram a ser produzidos documentos importantes.[290] Com base nesse *corpus documental*, o exaustivo levantamento de Molinari desnuda os problemas higiênico-sanitários da travessia do Atlântico e seus desdobramentos em mortes ou doenças.[291]

As taxas anuais de mortalidade para o período 1903-1915 foram quantificadas de acordo com o destino no Novo Mundo e se a viagem era de ida ou volta. Essas taxas nunca ultrapassaram o índice de uma morte a cada mil embarcados, sendo que os números concernentes à América do Sul sempre foram superiores aos da América do Norte, com exceção dos anos de 1914-1915. No movimento de retorno, as taxas aproximavam-se – ultrapassando, em alguns anos (1903, 1904 e 1907) – do índice citado acima, e os valores para a América do Norte superaram os do Sul em 1909, 1910 e 1915. A taxa de mortalidade superior na emigração para a América do Sul pode ser explicada pela prevalência de grupos familiares, ou seja, pela maior presença de crianças nos navios. Vítimas potenciais de doenças infecto-contagiosas, não por acaso elas lideravam as estatísticas dos óbitos.[292]

As doenças mais frequentes nos vapores que se dirigiam às Américas eram malária, sarampo e doenças bronco-pulmonares. Em relação à viagem de retorno, havia certa diferença entre o Norte e o Sul do continente americano. Entre os italianos que voltavam da América do Norte, a principal doença que os acometia era a tuberculose pulmonar,

---

289 "La legge del 1901 sembra, infatti, sancire la rinuncia da parte dello Stato a svolgere un ruolo di effettivo controllo sull'andamento e sulla gestione dei flussi transoceanici e ad esercitare un'azione di assistenza e di tutela sugli emigranti sia in Italia che all'estero". Augusta Molinari. *Le navi di Lazzaro, op. cit.*, p. 65.

290 A nova lei instituiu a figura do diretor do serviço sanitário de bordo a ser ocupado por um médico da *R. Marina*. Dentre suas responsabilidades estavam o controle da higiene do navio e dos passageiros, da qualidade e distribuição dos alimentos, da limpeza a bordo e a coordenação dos procedimentos necessários quando surgisse alguma epidemia. Cabia ainda médico o preenchimento do *giornale sanitario*, para registrar diariamente todos os fatos ocorridos durante a viagem, e redigir um relatório geral. Esses documentos constituíram-se na principal fonte de informações para a confecção de boletins e estatísticas oficiais. Cf. Augusta Molinari. *Le navi di Lazzaro, op. cit.*, p. 58-59; para uma relação de outras publicações ver p. 119-121.

291 "Si tratta di un materiale eterogeneo che non consente di delineare un panorama della situazione sanitaria di bordo per tutto l'arco di tempo preso in esame, il primo ventennio del secolo, ma che risulta di grande interesse per documentare le condizione igieniche e sanitarie del viaggio per mare nel periodo della grande migrazione". Augusta Molinari. *Le navi di Lazzaro, op. cit.*, p. 115.

292 Augusta Molinari. *Le navi di Lazzaro, op. cit.*, p. 142-149. Sobre os índices ver especialmente as figs. 1, 2, 4 e 5.

seguida pela alienação mental e o sarampo. Para aqueles que vinham da América do Sul, prevaleciam o tracoma, a tuberculose pulmonar e o sarampo.[293]

As péssimas condições e a lotação dos vapores que transportavam emigrantes, muitas vezes navios de carga adaptados para essa função, ofereciam a combinação ideal para a disseminação de doenças. Outro fator importante era o debilitado estado de saúde daqueles que deixavam a Itália. Mas o que chama atenção no estudo de Augusta Molinari é a superioridade das taxas de mortalidade e morbidade da viagem de retorno, revelando a situação precária desses emigrantes em terras americanas e, até mesmo, uma política intencional por parte desses governos para se livrarem dos considerados "rejeitados" e "indigentes".[294]

No ultramar e na Europa

O sonho de cruzar o Atlântico ou mesmo a fronteira com algum país europeu em busca de terra e trabalho moveu enorme contingente de italianos. Decisão difícil, apoiada na miséria e na perspectiva – ou ilusão – de melhora das condições de vida, que nem sempre se concretizaram. Tal fato é atestado, ao menos em parte, quando se trata da emigração para a América, pelo grande volume das repatriações e pelo estado de degradação físico-social desses indivíduos.[295]

Não cabe aqui analisar a gama de problemas enfrentados pelos emigrantes nos países de destino. Apenas serão discutidos alguns casos ilustrativos da forma de inserção permitida aos trabalhadores italianos pelo mercado internacional de trabalho, ou seja, relações sem regulamentação alguma, que se aproveitavam da grande oferta de mão de obra disponível na península.

Em Aigues Mortes, pequena cidade de 4 mil habitantes situada ao sul da França, ocorreu, em agosto de 1893, um confronto entre trabalhadores franceses e operários italianos que formavam numerosa colônia e se ocupavam dos trabalhos em uma salina. O sindicato da região elaborou manifesto exigindo que a companhia *Etang des Pesquiers di Salines* excluísse de suas fileiras todos os italianos. O motivo era simples: preferidos pelos empreendedores, eles se sujeitavam a receber salários mais baixos, realizavam serviços por empreitada e não participavam das lutas sindicais por melhoria das condições contratuais.

---

293 Augusta Molinari. *Le navi di Lazzaro, op. cit.*, p. 132-141. Para índices e números das doenças ver tabelas 3.3 e 3.4.

294 A legislação dos EUA previa a expulsão de qualquer imigrante conforme as seguintes cláusulas de rejeição: enfermidade, pobreza, condenação por infâmia ou desvio moral. Ercole Sori. *L'emigrazione italiana dall'Unità alla Seconda Guerra Mondiale, op. cit.*, p. 329.

295 Molinari apresenta alguns números sobre a situação desses repatriados. Augusta Molinari. *Le navi di Lazzaro. op. cit.*, p. 129-130, tabelas. 3.1 e 3.2.

A situação tensa confluiu para a violência, terminando com uma centena de feridos e alguns mortos, todos italianos. Os sobreviventes seguiram para Marselha de onde foram repatriados. A observação de Filipuzzi sobre esses emigrantes temporários é esclarecedora quanto ao baixo nível de exigência dessa mão de obra: analfabetos, despreparados para esse tipo de luta, tinham como único objetivo ganhar o máximo possível e voltar para casa, sem se preocupar com sacrifícios, cansaço, privações.[296] Aigues Mortes pôs à mostra, mais do que o problema da intolerância e preconceito contra o outro, a condição geral da mão de obra italiana no mercado internacional de trabalho: seu baixo custo.

Do outro lado do oceano, o emigrante italiano assumia outra função: a colonização de zonas inóspitas. Nos Estados Unidos, a ampla região do delta do Mississipi, em boa parte pantanosa e insalubre, foi colonizada a partir da segunda metade da década de 1890 com mão de obra italiana, em particular do Vêneto, Emília e Marche. No início do século XX, um emigrante retornado começou a recrutar famílias pobres na região marquegiana para a colônia agrícola de *Sunny Side* (organizada pela companhia de colonização de mesmo nome) através de cartas falsas supostamente enviadas por parentes ou amigos, que descreviam as qualidades do lugar e exaltavam a possibilidade de enriquecimento rápido. Animados com as notícias, vários camponeses partiram utilizando o bilhete pré-pago, que se constituiria no primeiro débito de tantos outros a ligá-los de maneira indissolúvel à terra, conforme contrato estipulado com a companhia. Ao chegar em *Sunny Side*, além da decepção em relação às condições adversas da colônia, muitos eram encaminhados para plantações muito distantes daquelas em que se encontravam seus parentes.[297]

Mesmo escapando desse tipo de armadilha, no meio urbano, o emigrante podia cair facilmente – quando já não vinha encomendado – nas mãos de outra espécie de especulador, que o explorava com a oferta de alguma ocupação, tirando-lhe fatia do salário, cobrando caro pelo alojamento, no fornecimento de alimentos e com as operações de câmbio para a remessa de suas economias aos parentes na Itália.[298] A figura desses especuladores ou intermediários era recorrente, principalmente nos EUA, onde ficaram conhecidos como *boss* (ou *padrone*) e *banchiere*.

---

296 Esse episódio repercutiu por toda a Itália, causando inúmeros protestos antifranceses. Os relatos dos participantes dos acontecimentos de Aigues Mortes difundiram-se rapidamente pela imprensa italiana. Um deles foi publicado pelo jornal *Gazzetta di Venezia* nos dias 23 e 24 de maio de 1893. *Apud* Angelo Filipuzzi. *Il dibattito sull'emigrazione*. op. cit., p. 254-256.

297 Amoreno Martellini. "Le struture della mediazione". op. cit., p. 472-475.

298 Angelo Filipuzzi. *Il dibattito sull'emigrazione*. op. cit., p. 266.

O *boss* era um italiano que fornecia a seu compatriota, geralmente analfabeto, a integração sócio-cultural através da pronta ocupação.[299] Oferta essencial, pois ao desembarcar, o emigrante, sem dinheiro, necessitava rapidamente de emprego. O *boss* também era imprescindível para o mercado de trabalho enquanto organizador e distribuidor de mão de obra barata e desqualificada, disposta a trabalhar por salários ínfimos, aspecto particularmente importante nas condições do desenvolvimento capitalista americano.[300] O *banchiere*, geralmente associado ao *boss,* era o responsável pela antecipação dos bilhetes pré-pagos enviados aos futuros emigrantes, cuja dívida deveria ser quitada com parte dos rendimentos do trabalho que lhe seria oferecido ao chegar. Entretanto, a principal fonte de lucro desse intermediário estava na "gestão" das economias e das remessas dos imigrantes.[301]

Como mão de obra não qualificada, o imigrado acabava empregado na construção e manutenção de ferrovias, escavação de túneis, nos portos para descarregar mercadorias dos navios e na construção civil. Ademais, o italiano era excluído dos serviços com melhor remuneração, não apenas pela falta de capacidade técnica, mas também devido ao forte preconceito racial que estabelecia certa gradação entre as nacionalidades dos imigrantes – traço característico da sociedade norte-americana à época.[302]

No Brasil, a imigração italiana, que inicialmente destinava-se à região sul (Rio Grande do Sul e Santa Catarina) em resposta às intenções colonizadoras do governo, a partir das últimas duas décadas do século XIX começou a dirigir-se às terras acima do Trópico de Capricórnio, onde se plantava café destinado ao mercado externo. Nessa empreitada,

---

299 Sori observa que a figura do *boss* tinha certa identificação com a sociedade camponesa tradicional do *Mezzogiorno*, baseada em relações pessoais de dependência e intermediação e que, certamente, exercia seu peso também no ultramar. Entretanto, o historiador chama atenção para uma particularidade: não se pode esquecer o uso "capitalista" do *boss* na configuração do mercado de mão de obra imigrada nos Estados Unidos. Ercole Sori. *L'emigrazione italiana dall'Unità alla Seconda Guerra Mondiale. op. cit.*, p. 332. Da mesma forma pensa Rudolph Vecoli: "Così configurato, il cosiddetto 'sistema padronale' serviva a pieno interessi dei datori di lavoro americani. Costituiva per loro un modo assai redditizio per assumere e impiegare centinaia di migliaia di lavoratori italiani, che si rivelarono preziosi nel condurre a compimento la grande stagione dei lavori edilizi". Rudolph J. Vecoli. "Negli Stati Uniti". In: Piero Bevilacqua; Andreina De Clementi; Emilio Franzina (orgs.). *Storia dell'emigrazione italiana. Arrivi.* v. II. Roma: Donzelli Editore, 2002. p. 58.

300 Segundo Sori, o *boss* operou nos principais pontos de recolhimento e classificação de imigrantes italianos nos Estados Unidos: Nova York, Filadélfia, Boston, Baltimore, Nova Orleans e Chicago. Ercole Sori. *L'emigrazione italiana dall'Unità alla Seconda Guerra Mondiale. op. cit.*, p. 333.

301 Ercole Sori. *L'emigrazione italiana dall'Unità alla Seconda Guerra Mondiale. op. cit.*, p. 334.

302 Rudolph J. Vecoli. "Negli Stati Uniti". *op. cit.*, p. 57. Ainda Segundo o autor, os italianos do Sul eram a última opção na preferência dos responsáveis pela construção de ferrovias, pois carregavam o estereotipo da baixa estatura e da pouca força física.

outros europeus, como espanhóis e portugueses, somaram-se aos italianos. As fazendas de São Paulo receberam a maior parte desses contingentes como mão de obra para a lavoura, mas em outras áreas – Espírito Santo e Minas Gerais – prevaleceu a tentativa de utilizá-los em colônias agrícolas para produção de alimentos e povoamento de regiões inóspitas, experimentos muitas vezes com efeitos desastrosos para essas populações.

Colonização, povoamento, mão de obra para a lavoura: temas caros à política de imigração brasileira e paulista, que certamente influenciaram a demografia do fluxo e a inserção socioeconômica de italianos e de outros europeus, são objeto de discussão no capítulo seguinte.

Capítulo 2. No Brasil, *arrivo*

A expansão da cafeicultura e a carência de braços

É POUCO PROVÁVEL que qualquer análise sobre a grande imigração para São Paulo alcance o grau de profundidade desejado sem que lance seu olhar para a economia cafeeira no Centro-Sul do Brasil. Sua expansão a partir do início do século XIX demandou terras, capitais e mão de obra e, mais uma vez, a grande lavoura de exportação recorreu ao braço escravo. A opção pelo imigrante tornar-se-ia realidade somente mais tarde. Em 1850, a Lei Eusébio de Queiroz proibiu o tráfico transatlântico de africanos, colocando em xeque o futuro da escravidão. A Lei de Terras, por seu turno, além da questão fundiária, trouxe a preocupação em autorizar o governo a promover a colonização estrangeira localizando-a onde achasse conveniente: estabelecimentos agrícolas, trabalhos dirigidos pela administração pública, ou formação de colônias. Certamente, o objetivo não era apenas carrear estrangeiros para substituir diretamente os escravos nas lavouras ou criar núcleos de povoamento com funções específicas de ocupação e defesa. Havia um propósito mais ambicioso de superação do trabalho compulsório e, consequentemente, de formação de uma nova sociedade espelhada nos padrões europeus, na qual a contribuição dos imigrantes seria fundamental.

Apoiada na demanda do mercado internacional, a cafeicultura desenvolveu-se inicialmente ocupando as terras do Vale do Paraíba fluminense – Vassouras, Valença, Resende e Cantagalo – e da Zona da Mata mineira. Posteriormente, chegou a São Paulo seguindo o caminho do rio Paraíba – Areias, Bananal e Silveiras –, para depois alcançar o centro da província; finalmente, nas últimas décadas do Oitocentos, as terras roxas do oeste começaram a ser incorporadas.[1]

---

1   Uma descrição do avanço do café em São Paulo e a classificação das zonas cafeeiras estão em Sergio Milliet. *Roteiro do café e outros estudos*. 4ª ed. São Paulo: Hucitec, 1982. Sobre a expansão da lavoura cafeeira no Vale do Paraíba fluminense ver Stanley J. Stein. *Grandeza e decadência do café no Vale do Paraíba*. São Paulo: Brasiliense, 1961.

Acompanhando a cafeicultura, vinha a mão de obra escrava. Isso teve como efeito imediato a progressiva concentração de escravos nas áreas onde se plantava café.[2] No início, através da intensificação do tráfico de africanos, e depois, com sua proibição, mediante a compra de cativos em outras províncias, sobretudo do norte.[3] A consequência direta foi o aumento do preço da mão de obra.

Diante desse quadro, colocou-se em pauta a alternativa do trabalho livre, cujo exemplo marcante foi a implantação do sistema de parceria criado por Nicolau de Campos Vergueiro. As expectativas iniciais dos fazendeiros em relação a essa nova forma de trabalho foram suplantadas pela dura realidade dos colonos. Seu rápido malogro trouxe a revalorização do braço escravo e o aumento do tráfico interprovincial. A dinâmica da empresa agroexportadora continuava condicionada à disponibilidade de terras e de escravos. Na medida em que crescia a demanda por café, a rentabilidade do empreendimento impunha a intensificação da apropriação territorial e ampliava a busca por mão de obra escrava para viabilizar tal exploração.

No decênio da Independência, o café correspondia a 18,4% das exportações, atrás do açúcar (30,1%) e do algodão (20,6%). Nos anos de 1830, já respondendo por 43,8% da balança comercial brasileira, assumiu a primeiro lugar – posição que perduraria por muitas décadas.[4] Entre 1830 e 1870, a produção concentrou-se no Vale do Paraíba fluminense e, em menor proporção, na sua porção paulista. Nas duas últimas décadas do século, quando o café já era responsável por mais da metade das exportações, a produção de São Paulo ultrapassou a do Rio de Janeiro e o planalto ocidental começou a superar o Vale do Paraíba paulista, refletindo o deslocamento geográfico das plantações e a melhor qualidade do solo. Por volta de 1890, o porto de Santos igualou-se ao do Rio de Janeiro na quantidade de café recebido do interior e, a partir de 1894, tornou-se o mais importante centro exportador de café. E foi exatamente a produção do oeste paulista a responsável por transformar o país no principal

---

2   Segundo Emília Viotti, o desenvolvimento na produção açucareira em São Paulo na primeira metade do século XIX contribuiu para o crescimento da população escrava. Mesmo assim, em 1823, enquanto em Minas e no Rio de Janeiro havia, respectivamente, 215 mil e 150.500 escravos, Bahia e Pernambuco possuíam 237.458 e 150 mil aproximadamente, São Paulo contava, apenas, 21 mil. Foi o café o grande responsável pelo aumento do número de escravos e pela modificação das estatísticas. Em 1887, a província detinha, juntamente com Rio de Janeiro e Minas Gerais, 50% do plantel do país. Emília Viotti da Costa. *Da senzala à colônia*. 3ª ed. São Paulo: Editora Unesp, 1998, p. 69-70.

3   Sobre o tráfico interprovincial de escravos ver Robert Conrad. *Os últimos anos da escravatura no Brasil: 1850-1888*. Rio de Janeiro: Civilização Brasileira, 1978.

4   Virgílio Noya Pinto. "Balanço das transformações econômicas no século XIX". In: Carlos Guilherme Mota (org.). *Brasil em perspectiva*. 14ª ed. São Paulo: Difel, 1984.

produtor mundial, respondendo, do início do século XX até a Primeira Guerra, por cerca de 75% do total da produção.[5]

Desenvolvida diante do novo modo de inserção das economias nacionais latino-americanas na divisão internacional do trabalho estruturada a partir da Revolução Industrial, cuja função de produzir alimentos e matérias-primas para os países industrialisados gerou um sistema econômico atrelado e dependente da demanda externa,[6] a cafeicultura apresentou seu desenvolvimento invariavelmente determinado pelos preços no mercado mundial.[7]

A primeira metade do século XIX foi marcada pela constituição e consolidação da economia cafeeira, assim como pela generalização do consumo do café nos mercados centrais.[8] Nesse sentido, foi possível expandir a produção, enfrentando e ao mesmo tempo promovendo uma sensível diminuição dos preços internacionais. A depressão cambial, a exploração predatória da terra e a exploração imposta ao escravo acabaram por compensar as baixas cotações do café e possibilitaram a manutenção da rentabilidade de seu cultivo.[9]

Anos mais tarde, a expansão cafeeira já podia contar com o auxílio essencial das estradas de ferro. Dessa forma, o custo do transporte não seria mais impedimento para apropriação das terras cada vez mais distantes do porto de Santos, tornando-as viáveis economicamente. Se a questão da terra parecia resolvida, outro componente fundamental, a mão de obra, ainda necessitava de solução adequada. A partir da década de 1870 foram introduzidos novos métodos de cultivo

---

5   Thomas H. Holloway. *Imigrantes para o café: café e sociedade em São Paulo, 1886-1934*. Rio de Janeiro: Paz e Terra, 1984, p. 26. A década de 1880 marcou a viragem, quando o Brasil produziu pouco mais de 56% do café mundial. A evolução da participação brasileira entre 1820 e 1904 está em Virgílio Noya Pinto. "Balanço das transformações econômicas no século XIX", *op. cit.*, p. 139.

6   João Manuel Cardoso de Mello. *O capitalismo tardio*. 9ª ed. São Paulo: Brasiliense, 1998. capítulo 1.

7   "Ao concluir-se o terceiro quartel do século XIX os termos do problema econômico brasileiro modificaram-se basicamente. Surgira o produto que permitiria ao país reintegrar-se nas correntes em expansão do comércio mundial". Celso Furtado. *Formação econômica do Brasil*. 5ª. ed. Rio de Janeiro: Fundo de Cultura, 1963, p. 139.

8   "O consumo europeu, no final desse século [XVIII], não atingira ainda 1 milhão de sacas. Mas sua adoção definitiva pelos principais núcleos de civilização na Europa ia incrementar o seu maior emprego na era industrial do século XIX, quando a humanidade necessitava desenvolver grande atividade física e intelectual. O café, nesse tempo, passou a ser usado pelos operários, e quem facilitou esse uso, proporcionando grande produção e relativa redução de preços foi o Brasil que, a partir de 1830, tornar-se-ia, ininterruptamente, a maior região produtora de café do mundo". Roberto C. Simonsen. *Evolução industrial do Brasil e outros estudos*. São Paulo: Editora Nacional; Editora da USP, 1973, p. 171. Delfim Netto assinala a importância do crescimento da população dos Estados Unidos, que particmente triplicou entre 1850 e 1900, e do aumento da renda per capita nos principais países consumidores pelo alto dinamismo da procura de café. Antonio Delfim Netto. *O problema do café no Brasil*. 3ª ed. São Paulo: Editora Unesp/Facamp, 2009, p. 43-44.

9   João Manuel Cardoso de Mello. *O capitalismo tardio, op. cit.*, p. 69-70; Roberto C. Simonsen. *Evolução industrial do Brasil e outros estudos, op. cit.*, p. 180.

– como a divisão do trabalho – e de beneficiamento com o objetivo de economizar braços. Com a Lei do Ventre Livre, ficava ainda mais claro que a escravidão estava com seus dias contados. A despeito de fracassos anteriores, as tentativas de introdução da mão de obra europeia ganharam força, sobretudo nas áreas do oeste paulista, que se aproveitaram dos altos preços do café no mercado internacional, da extraordinária fertilidade do solo e da conjuntura interna favorável, às custas de melhores técnicas de produção e das vias de comunicação, para promover a substituição do trabalho escravo pelo livre.

O café englobava novas áreas, mas o número de escravos não aumentava na mesma proporção; além disso, tornavam-se mais caros e difíceis de serem obtidos.[10] O tráfico interprovincial começou a receber restrições financeiras através de taxações cada vez mais onerosas. Em 1881, por exemplo, São Paulo impôs tributação de 2 contos de réis para a transferência de escravos de outras províncias. A principal região produtora de café do país, até aquele momento, apoiada no braço cativo, procurou limitar sua entrada. As fugas, a resistência escrava, o movimento abolicionista, o temor da insurreição e do desequilíbrio que se acentuava entre o norte e o sul do país[11] contribuíram para imposição dessas restrições. Mas foi principalmente a necessidade de incentivar a imigração que influenciou sobremaneira a posição de grupos de fazendeiros do oeste paulista.

Esse posicionamento, no entanto, sempre esteve de acordo com uma demanda específica: a mão de obra para a lavoura. Sylvia Bassetto observa a rápida mudança de opinião dos fazendeiros do oeste ocorrida entre o final da década de 1870 e os anos precedentes à libertação dos escravos. Inicialmente, defendiam a emancipação gradual, contando com os efeitos de protelação da Lei do Ventre Livre, como encaminhamento político à questão, sempre com a condição de que o contingente de escravos seria substituído aos poucos pelo trabalhador livre – nesse sentido, segundo a historiadora, naquele momento não havia como diferenciar os interesses do oeste antigo e do oeste novo. Mais tarde, quando o trabalho livre apresentava-se melhor organizado, a posição dos fazendeiros, sobretudo do segundo grupo,

---

10   Emília Viotti da Costa. *Da senzala à colônia, op. cit.*, p. 256.

11   Sobre o "medo coletivo da onda negra" – sobretudo após a sangrenta revolução em Santo Domingo culminada com a independência do Haiti em 1804 – que pairava na província de São Paulo, principal receptora de escravos vindos do norte ver Célia Maria Marinho de Azevedo. *Onda negra, medo branco: o negro no imaginário das elites – século XIX*. Rio de Janeiro: Paz e Terra, 1987. A autora chama atenção para um dado importante: entre o final da década de 1870 e início de 1880, os relatórios de polícia e de presidentes da província de São Paulo davam conta de uma generalização das revoltas de negros nas fazendas, p. 257.

frente à libertação dos escravos mudou, ao mesmo tempo em que passaram a reivindicar recursos estatais para o estabelecimento de um fluxo imigratório.[12]

A resistência dos fazendeiros do oeste, inclusive de sua vanguarda, a uma solução rápida para a questão servil correspondia às dificuldades de impor o projeto imigrantista ao Estado. Bassetto ressalta o pragmatismo desses homens que na verdade não eram abolicionistas, nem necessariamente escravistas, mas reivindicadores de mão de obra.[13] Dessa forma, compreende-se melhor a opção pela imigração, pois como observa Emília Viotti, o braço escravo ainda predominava na lavoura cafeeira até meados da década de 1880. Mesmo em São Paulo, as zonas relativamente novas como Rio Claro, Araras, Jaboticabal, Araraquara, Descalvado, Limeira, São Carlos, pertencentes ao chamado oeste, cujo desenvolvimento fora posterior a 1850, apresentavam, ainda em 1886, um elevado índice de população escrava (12,9%), comparável ao das zonas mais antigas, como o Vale do Paraíba (8,5%) e o oeste mais antigo (10,5%).[14]

Em meio às restrições à entrada de escravos na província, teve início um programa de auxílio à introdução de imigrantes com financiamento do Estado, que enfrentou forte resistência da parte dos representantes do Vale do Paraíba.[15] Estabelecida a imigração a partir de 1886, as áreas mais novas, beneficiadas pelas melhores condições econômicas em decorrência da alta produtividade de seus cafezais, receberam maior número de europeus. O aumento do preço do café a partir de 1885 e sua manutenção até 1896 permitiram lucros e índices de expansão inéditos. Os braços necessários já não faltavam mais: países da Europa, em especial a Itália, liberavam elevados contingentes populacionais que supriam essa demanda.

Em 1898, a produção brasileira praticamente dobrou em relação à safra de meados da década de 1880, e os preços caíram cerca de um terço da média do começo dos anos de 1890. Depressão que durou mais de dez anos, quando o aumento da produção abarrotou o mercado. As dificuldades desse período podem ser verificadas na relativa queda da imigração entre o final do século XIX e os primeiros anos do XX. Mais do que isso, as saídas de terceira classe do porto de Santos, que jamais ultrapassaram a média anual de 23 mil antes de 1896, nos vinte anos seguintes, elevaram-se a 32 mil pessoas.[16] Tais oscilações não decorreram de uma única causa, mas certamente foram influenciadas pela crise no setor

---

12 Sylvia Bassetto. *Política de mão de obra na economia cafeeira do oeste paulista (período de transição)*. Tese de Doutoramento. São Paulo: FFLCH/USP, 1982, p. 103-106.

13 Sylvia Bassetto. *Política de mão de obra na economia cafeeira do oeste paulista (período de transição)*, op. cit., p. 104.

14 Emília Viotti da Costa. *Da senzala à colônia*, op. cit., p. 259.

15 A autorização de verba para os serviços da imigração foi votada na Assembleia Provincial em fevereiro de 1881, um mês depois da aprovação da tarifa sobre a compra de escravos.

16 Thomas H. Holloway. *Imigrantes para o café: café e sociedade em São Paulo, 1886-1934*, op. cit., p. 140.

cafeeiro, que resultou em salários mais baixos e na deterioração das relações de trabalho entre colonos e fazendeiros – que historicamente sempre foram conflituosas. A mobilidade do imigrante, característica comum desde o início da grande imigração, apresentava-se, então, como o principal problema a ser resolvido, sobretudo quando as saídas começaram a suplantar as entradas, já em 1900. Nos relatórios dos presidentes do estado de São Paulo era recorrente a alusão a esse déficit.[17] Aventou-se, inclusive, a hipótese de proibição de novas plantações para se evitar que os colonos mudassem de fazenda em busca de melhores condições de trabalho.

Em 1906, em virtude da excepcional safra (Tabela A.20 do Anexo), e para evitar queda ainda maior dos preços, definiram-se as bases de uma política de valorização do café, na qual o Estado foi chamado a intervir, comprando os excedentes, mediante empréstimos estrangeiros.[18] Somente com a alta do preço do café entre 1910 e 1912 a situação apresentou certo alívio, permitindo aos fazendeiros melhorarem sua margem de lucro sem a necessidade de comprimir ainda mais os salários em suas propriedades. Não por acaso, mais uma vez o movimento imigratório cresceu extraordinariamente, chegando a mais de 214 mil pessoas em 1912-1913, e a expansão da produção ultrapassou a da década de 1890.[19]

Para completar o panorama geral da economia cafeeira, deve-se ainda tecer algumas considerações sobre os regimes de trabalho adotados: parceria, locação de serviços e colonato. Muitos anos antes da imigração se tornar realidade, as primeiras experiências com a introdução de colonos europeus regeram-se sob o sistema de parceria, instituído de forma pioneira por Nicolau Campos Vergueiro na fazenda Ibicaba.

---

17   Em 1900, ocorreu o primeiro déficit migratório: entraram 22.802 e saíram 27.917 passageiros de 3ª classe. Mensagem enviada ao Congresso do Estado a 7 de abril de 1901 pelo Dr. Francisco de Paula Rodrigues Alves, Presidente do Estado, p. 30. Em 1908, o problema persistia: "O movimento migratorio do Estado em 1907 está expresso pelos seguintes algarismos: 40.432 entradas e 43.917 sahidas. Do total das entradas, 8.751 foram de passageiros e 31.681 de immigrantes. Do total de sahidas, 7.648 foram de passageiros e 36.260 de immigrantes. Pelos dados acima, verifica-se que houve um saldo no movimento de passageiros. No de immigrantes, porém, nota-se um deficit de 4.588 devido principalmente a menor introdução de immigrantes com passagem paga pelo governo". Mensagem enviada ao Congresso Legislativo, a 14 de julho de 1908, pelo Dr. M. J. Albuquerque Lins, Presidente do Estado, p. 24.

18   Sobre as discussões envolvendo o Convênio de Taubaté e o empréstimo externo para financiar a política de valorização do café ver Celso Furtado. *Formação econômica do Brasil, op. cit.*, p. 207-209; Caio Prado Júnior. *História econômica do Brasil*. 40ª ed. São Paulo: Brasiliense, 1993, p. 228-233.

19   Os dados estão em Thomas H. Holloway. *Imigrantes para o café: café e sociedade em São Paulo, 1886-1934*, op. cit., p. 144-146.

Da Europa, vinham famílias de colonos contratadas para o trabalho na lavoura de café. O fazendeiro financiava a viagem e o transporte até as fazendas que, juntamente com as despesas iniciais de sua manutenção, entravam como adiantamento até que os imigrantes conseguissem promover seu sustento pelo próprio trabalho. A cada família atribuía-se uma porção de cafeeiros na proporção de sua capacidade de cultivar, colher e beneficiar. O plantio de víveres entre as filas de café era permitido enquanto as plantas eram novas. Após esse período, podia-se plantar em locais indicados pelos fazendeiros. Com a venda do café, os colonos recebiam metade do lucro líquido, deduzidas todas as despesas com o beneficiamento, transporte, comissão de venda e impostos. Sobre os gastos feitos pelos fazendeiros em adiantamento aos colonos, cobravam-se juros de 6%.[20]

Foi exatamente esse conjunto de pesadas dívidas que recaíam sobre o imigrante desde sua chegada à fazenda, e que se acumulavam com o passar dos anos sem que ele conseguisse saldá-las, um dos principais responsáveis pelo fracasso da parceria. Agravando ainda mais o problema, em muitos casos, lançava-se mão de artifícios, como o fornecimento a preços demasiado altos pelos gêneros de que o colono necessitava, para mantê-lo preso à fazenda durante o maior tempo possível.[21] Como o fazendeiro era o responsável pelo transporte, instalação e alimentação do colono e sua família, seu capital permanecia imobilizado na formação da força de trabalho. O trabalhador era, de certa forma, sua propriedade temporária. A submissão do imigrante era ainda agravada pelos padrões de relacionamento pessoal ditados pela sociedade escravista.[22]

Na década de 1860 já não existia apenas a parceria. Surgiram outras formas de relações de trabalho: a remuneração dos colonos através do pagamento no fim da colheita por alqueire de café e o trabalho fora das plantações pago por salários. No final desse período introduziram-se os salários fixos para o trato do cafezal e o pagamento pela colheita/alqueire. Iniciou-se, ainda, a divisão do trabalho na lavoura cafeeira, com a formação do

---

20 Emília Viotti da Costa. *Da senzala à colônia*, op. cit., p. 124.

21 Emília Viotti da Costa. *Da senzala à colônia*, op. cit., p. 137-138. Dean observa que as hipotecas de alguns proprietários da região de Rio Claro mostram que eles usavam as dívidas dos imigrantes como garantia subsidiária de empréstimos, exatamente como se fossem os preços de escravos. Warren Dean. *Rio Claro: um sistema brasileiro de grande lavoura (1820-1920)*. Rio de Janeiro: Paz e Terra, 1977, p. 115-116.

22 Sylvia Bassetto. *Política de mão de obra na economia cafeeira do oeste paulista (período de transição)*, op. cit., p. 125-126. Seu estudo de caso sobre a Colônia Sete Quedas, de propriedade do Barão de Indaiatuba, coloca em evidência os frequentes problemas entre os parceiros e o fazendeiro.

cafezal e a derrubada de mata realizadas por trabalhadores alheios à fazenda contratados por empreitada.[23]

A parceria foi substituída aos poucos pelo contrato de locação de serviços. Em lugar de uma parcela do valor da produção, os trabalhadores passaram a ser pagos mediante preços estabelecidos por medida de café produzido. Em 1879, foi aprovada a nova lei de locação e serviços menos genérica que as anteriores e que tratava minuciosamente das obrigações de locatários e locadores exclusivamente na agricultura. Essa lei tinha como objetivo garantir a estabilidade dos trabalhadores nas fazendas e os baixos salários, através do estabelecimento de obrigações e punições – inclusive pena de prisão por abandono do serviço – para o cumprimento de longos contratos, além de precauções contra greves.[24]

Durante a crise do escravismo no final do século XIX surgiu o regime de trabalho denominado colonato, caracterizado pela combinação de três elementos: pagamento fixo pelo trato do cafezal, pagamento proporcional pela quantidade de café colhido, produção direta de alimentos para subsistência com excedentes comercializáveis pelo próprio trabalhador. Além disso, tinha como base a unidade familiar, ou seja, combinava as forças de todos os membros da família, que recebia uma parcela do cafezal com a incumbência de mantê-la limpa. Na época da colheita, o trabalho da família tornava-se mais intenso. O pagamento era feito conforme a quantia determinada por alqueire de 50 litros de café colhido e entregue no carreador. Quanto maior o número de trabalhadores, maior a quantidade de café colhido pela unidade familiar. Assim, o rendimento monetário anual do colono dependia do grau de intensificação do trabalho que podia impor à sua família.[25] Os próprios fazendeiros preferiam contratar famílias para reduzir os custos por unidade de trabalho, já que o grande número de trabalhadores permitia diminuir ainda mais os custos dos salários.[26]

---

23   O Relatório do Ministro dos Negócios da Agricultura de 1866 apontava a transformação que se operava no meio rural, quanto à transição do trabalho servil para o livre. Em São Paulo, ensaiava-se a cultura do café dentro do princípio econômico da divisão do trabalho, sendo incumbidos do preparo e amanho da terra, plantação do cafezal e seu tratamento até quatro e seis anos de idade, pessoas alheias à fazenda, especialmente contratadas para essa tarefa. Ao dono das terras reservava-se apenas a incumbência de colher e beneficiar mais tarde o fruto. Emília Viotti da Costa. *Da senzala à colônia, op. cit.*, p. 188-189.

24   Maria Lúcia Lamounier. *Da escravidão ao trabalho livre: a lei de locação e serviços de 1879*. Campinas, SP: Papirus, 1988, p. 121.

25   José de Souza Martins. *O cativeiro da terra*. 6ª ed. São Paulo: Hucitec, 1996, p. 82.

26   Verena Stolcke; Michael Hall. "A introdução do trabalho livre nas fazendas de café de São Paulo". *Revista Brasileira de História*. São Paulo, n. 6, 1983, p. 111-112.

O colono combinava o plantio do café com a produção de uma parte substancial dos seus meios de vida. Nas culturas novas ele podia plantar milho, feijão e outros víveres entre os pés de café. O excedente não consumido pela família era vendido aos comerciantes ou, até mesmo, ao fazendeiro. A principal fonte de rendimento de uma família de colonos procedia da colheita do café. Outros ganhos provinham do trato do café, da limpeza de terrenos e das jornadas de trabalho como diarista na fazenda. Por outro lado, o colono estava sujeito a determinadas modalidades de trabalho gratuito, como a limpeza de pastos e o conserto de estradas.[27]

Em suma, o colonato, como resultante de experiências anteriores e de ajustamentos entre fazendeiros e imigrantes, consolidou-se como o sistema de trabalho predominante na economia cafeeira, mesmo apresentando grandes contradições que se agravaram em períodos de crise.[28] Certamente, um dos fatores do seu relativo sucesso foi a política de subvenção das passagens dos imigrantes, livrando-os das dívidas com transporte e evitando que os fazendeiros imobilizassem parte substancial de seus capitais. Nesse sentido, a maior liberdade dos colonos teve que ser compensada através da chegada de grandes contingentes que não só garantiriam a mão de obra necessária, mas também os baixos salários.

Esses encaminhamentos característicos do final do século XIX, porém, resultaram de um longo período em que a política imigratória brasileira buscava colonos para povoar o território, e a província de São Paulo, em momento de expansão econômica que não poderia ser obstado pelo o problema da substituição do braço escravo, voltava-se para o abastecimento das fazendas com mão de obra familiar europeia. Essas duas vertentes são analisadas a seguir.[29]

---

27 José de Souza Martins. *O cativeiro da terra*, op. cit., p. 83-85.

28 Não cabe neste estudo realizar uma análise dos problemas enfrentados pelos imigrantes nas fazendas. As péssimas condições de vida e trabalho, a exploração e a violência contra os colonos contribuíram para o aumento do número de retornos e motivaram diversos relatórios de autoridades consulares europeias que, ao relatarem essa dura realidade, contribuíram para criar imagem negativa do Brasil, sobretudo São Paulo. Sobre a vida nas fazendas paulistas, relações sociais e econômicas e a resistência dos colonos a partir das décadas finais do século XIX ver, entre outros, Zuleika M. F. Alvim. *Brava gente! Os italianos em São Paulo, 1870-1920*. São Paulo: Brasiliense, 1986; Thomas H. Holloway. *Imigrantes para o café: café e sociedade em São Paulo, 1886-1934*. op. cit.; Thomas H. Holloway. "Condições do mercado de trabalho e organização do trabalho nas plantações na economia cafeeira de São Paulo, 1885-1915". *Estudos Econômicos*. São Paulo, v. 2, n. 6, 1972, p. 145-180. José de Souza Martins. *O cativeiro da terra*. op. cit.; Warren Dean. *Rio Claro: um sistema brasileiro de grande lavoura (1820-1920)*. op. cit.; Chiara Vangelista. *Os braços da lavoura: imigrantes e caipiras na formação do mercado de trabalho paulista (1850-1930)*. São Paulo: Hucitec, 1991.

29 A política brasileira de trazer imigrantes para ocupação de territórios também tinha como objetivo criar alternativas ao escravismo. Nas regiões de fronteiras esse binômio era comum. Cf. Rosângela Ferreira Leite. *Nos limites da colonização: ocupação territorial, organização econômica e populações livres pobres (Guarapuava, 1808-1880)*. Tese de Doutoramento. São Paulo: FFLCH/USP, 2006.

A política brasileira de imigração e colonização

A vinda de imigrantes europeus para povoar a vasta possessão portuguesa no além-mar já não era novidade ao final do período colonial. Açorianos[30] e suíços[31] foram os primeiros trazidos por ordem oficial, culminando com as medidas adotadas por D João VI, que refletiam o interesse da Coroa em incentivar a emigração europeia para o Brasil. Com isso, o monarca pretendia ocupar, fazer produzir e valorizar as terras despovoadas, instalar uma policultura que abastecesse as cidades e os latifúndios escravistas e ainda garantir a ocupação de áreas próximas das fronteiras e proteger terras de ataques de índios.[32]

Já em meados do século XVIII, no entanto, elaboraram-se algumas provisões régias relativas à emigração de açorianos para o Brasil, como a de 9 de agosto de 1747, que mandava conduzir 4 mil casais para onde "fosse mais preciso, e conveniente povoarem-se logo", concedendo privilégios especiais: ajuda de custo, terras, rações, animais de tração, sementes, armas e ferramentas. O texto assinalava ainda a possibilidade de se estender tais "graças" aos habitantes da Ilha da Madeira.[33]

Em 1808, já estabelecido há alguns meses em terras brasileiras, o príncipe regente mandou trazer para o Rio Grande do Sul 1.500 famílias da Ilha dos Açores. A ordem veio acompanhada por palavras que expressavam a preocupação em povoar aquela região da fronteira sul, possibilitando, inclusive, o futuro recrutamento de soldados. Ao mesmo tempo, esse deslocamento diminuiria a pressão sobre a terra na ilha, cuja população avolumava-se. Em outras palavras, a expectativa era de que o aumento da povoação resultasse em riqueza e prosperidade da capitania, além de fornecer condições de segurança e defesa em tempos de guerra.[34]

Após a independência, efetivou-se no Brasil o controle da política de imigração pelo Estado. Em 1823, a lei de 20 de outubro, que dava nova forma aos governos provinciais, também os autorizava a promoverem a colonização de estrangeiros nas terras de sua responsabilidade.

---

30 O Decreto de 01 de setembro mandava vir da Ilha dos Açores 1500 famílias para a capitania do Rio Grande do Sul. As leis, decretos, avisos e decisões foram compilados do livro de Luiza Horn Iotti (org.). *Imigração e Colonização: legislação de 1747 a 1915*. Porto Alegre: Assembleia Legislativa do Estado do Rio Grande do Sul – Caxias do Sul: EDUCS, 2001. Quando retiradas de outras fontes, estas serão identificadas ao longo do texto.

31 A Carta Régia de 02 de maio de 1818 autorizava o estabelecimento de famílias suíças no Brasil.

32 Maria Theresa Schorer Petrone. "Política imigratória e interesses econômicos". In: Gianfausto Rosoli (org.). *Emigrazioni europee e popolo brasiliano – Atti del Congresso Euro-Brasiliano sulle migrazioni*. Roma, Centro Studi Emigrazione, 1987, p. 260-261.

33 Provisão de 09 de agosto de 1747.

34 Decreto de 1º de setembro de 1808.

Entretanto, a veia centralizadora do poder imperial fez-se presente com o decreto de 2 de dezembro de 1825, cujo objetivo era criar uma comissão para organizar um plano geral de colonização uniforme para todas as províncias.

Além de servir para ocupação de regiões fronteiriças, a imigração era apontada como parte da solução para os problemas enfrentados pela agricultura – falta de braços e grandes extensões de terras incultas. Objetivo expresso nas palavras do Imperador:

> Convido auxiliar o desenvolvimento de nossa agricultura, é absolutamente necessário facilitar a entrada e promover a aquisição de colonos prestadios, que aumentem o número de braços, de que tanto carecemos. Uma lei de naturalização acomodada às nossas circunstâncias, e de um bom regulamento para a distribuição das terras incultas, cuja data se acha paralisada, seriam meios conducentes para aquele fim.[35]

Ao lado da experiência dos núcleos de povoamento, tratou a administração de subvencionar a vinda de colonos com o objetivo de formar um corpo de operários para os serviços públicos. No Centro-Sul, à medida que se expandiam as plantações de café, mais difícil e cara tornava-se a obtenção de trabalhadores para construção e conservação das estradas, reparo de pontes e outros serviços públicos. Os fazendeiros alugavam seus escravos, mas os custos eram cada vez mais altos. Havia africanos livres, mas não o suficiente para satisfazer as necessidades da administração. Dessa forma, pensou-se nos estrangeiros como alternativa.[36]

Na década de 1830, o governo tomou algumas medidas para incentivar aqueles que pretendiam introduzir imigrantes, como por exemplo, a dedução do imposto de ancoragem das embarcações que conduzissem mais de cem colonos brancos.[37] Em 1843, quando definiu as despesas e receitas para os exercícios de 1843-1844 e 1844-1845, fixou a quantia de 10.000$000 para gastos com os serviços de colonização,[38] valor que chegaria a 200.000$000 no orçamento de 1845-1846.[39]

Ao mesmo tempo, existia a preocupação com a regulamentação do trabalho livre, especialmente o dos imigrantes. Em 1837, foi aprovada a lei que forneceu as bases para os contratos

---

35   Fala com que Sua Majestade o Imperador abriu a Assembleia Geral no dia 3 de maio de 1829. *Apud* Luiza Horn Iotti (org.). *Imigração e Colonização: legislação de 1747 a 1915, op. cit.*, p. 86-87.

36   Emília Viotti da Costa. *Da senzala à colônia, op. cit.*, p. 111.

37   Lei n. 99 de 31 de outubro de 1835. Regulamentado pelo Decreto n. 356 de 26 de abril de 1844.

38   Lei n. 317 de 21 de outubro de 1843.

39   Lei n. 369 de 18 de setembro de 1845

de locação de serviços, o primeiro passo para a organização das relações de trabalho em que as duas partes eram livres, uma alternativa ao trabalho escravo. A Lei n. 108 de 11 de outubro de 1837 mostrava preocupação com o estabelecimento de condições que facilitassem a imigração, tanto para combater o tráfico de escravos, quanto para promover o povoamento de áreas sensíveis nas fronteiras. No entanto, em meados do século, essa legislação já se revelava incapaz de resolver a questão. De qualquer maneira, constituiu-se na base para regulamentar os diferentes sistemas de trabalho utilizados a partir de então: parceria e colonato.[40]

A constituição da Sociedade Promotora de Colonização no Rio de Janeiro foi reconhecida e saudada entusiasticamente pelo governo imperial através do Aviso de 8 de março de 1836.[41] Anos depois, em 1850, aprovou-se o contrato celebrado com a Sociedade Colonizadora, estabelecida na cidade de Hamburgo, para a fundação de uma colônia agrícola em terras pertencentes à província de Santa Catarina,[42] dando início a uma série de contratos para a introdução de imigrantes na região que perduraria até a década de 1890.[43]

Após a Lei de Terras de 18 de setembro de 1850 e sua regulamentação em 1854, que possibilitava o acesso à posse da terra a qualquer indivíduo, independente de sua nacionalidade, e concedia auxílios à colonização, verificou-se um incremento das relações entre o Estado e particulares (agências, companhias ou indivíduos) para a introdução de imigrantes e colonização de novas áreas. A transformação da terra em mercadoria despertou interesses privados que, cientes da possibilidade de auferir lucros, intensificaram a formação de núcleos coloniais e de companhias colonizadoras.

Fruto de amplas discussões no Parlamento,[44] essa lei buscava promover o ordenamento jurídico da propriedade para obter o controle sobre as terras devolutas que, desde o fim do

---

40 Ademir Gebara. *O mercado de trabalho livre no Brasil (1871-1888)*. São Paulo: Brasiliense, 1986, p. 81.

41 "[O Imperador] Há por bem louvar a referida Sociedade pelo importante fim a que se propõe; certificando-lhe que concebe fundadas esperanças de que o seu zelo e patriotismo concorram, para que o Brasil veja em breve tempo sua indústria em mãos de trabalhadores livres; do que devem necessariamente seguir-se os mais felizes resultados em benefício da prosperidade pública". Aviso de 8 de março de 1836.

42 Decreto n. 537 de 15 de maio de 1850.

43 O Aviso n. 6 de junho de 1855 aprovou a introdução de 2.500 colonos pela Sociedade Colonizadora de Hamburgo. A Decisão n. 46 de 23 de fevereiro de 1864 prorrogou por mais seis meses o referido contrato. A Lei n. 3349 de 20 de outubro de 1887 prorrogou por mais 5 anos o contrato com a referida sociedade.

44 Roberto Smith observa que as discussões parlamentares sobre o projeto da Lei de Terras em 1843 explicitavam as diferenças regionais. Enquanto no Nordeste as terras encontravam-se apropriadas desde o período colonial, em São Paulo e no Rio de Janeiro as fronteiras estavam abertas, sem refreamento jurídico ao apossamento de terras. Roberto Smith. *Propriedade da terra e transição: estudo da formação da propriedade privada da terra e transição para o capitalismo no Brasil*. São Paulo, Brasiliense, 1990, p. 296. Nesse sentido, Lígia Osorio destaca o papel importante dos políticos do Rio de Janeiro nas propostas sobre a questão das

regime de concessão de sesmarias, em 17 de julho de 1822, estavam passando de forma livre e desordenada para o patrimônio particular. O reforço do quadro institucional fazia-se necessário. Por um lado, a ordenação jurídica da propriedade da terra era necessidade intrínseca ao próprio desenvolvimento do Estado, que não poderia aceitar que a questão da apropriação territorial passasse ao largo da autoridade estabelecida. Por outro, somente nesse momento de reconhecimento pleno da propriedade privada da terra é que a classe dos proprietários estaria em condições de constituir-se de fato e de direito.[45]

No entanto, não se pode perder de vista a preocupação com o destino da escravidão e o processo de transição para o trabalho livre. A Lei de 1850 – sancionada quatorze dias após a Lei Eusébio de Queiroz – ao estabelecer que a terra só poderia ser comprada, procurou impedir seu acesso à grande maioria da população nativa e incentivar a colonização possibilitando aos imigrantes adquirirem lotes de terras devolutas com suas poupanças, após alguns anos de trabalho nas lavouras dos grandes proprietários. O produto dessa venda serviria para subvencionar a vinda de mais colonos europeus. Dessa forma, tentava-se garantir a mão de obra necessária à substituição do braço escravo.[46]

Com o fim do tráfico de escravos, a política imigratória ganhou força. Em 1855, o Ministério dos Negócios Estrangeiros manifestou a preocupação em estabelecer uma linha regular de vapores entre Hamburgo e os portos do Império, "com o duplo fim de estreitar as

---

terras apresentadas em 1842-1843, pois lá, o problema foi sentido com certa agudeza pelos plantadores, levando-os a apoiarem a ideia da regulamentação territorial sugerida pelos burocratas da corte. Lígia Osorio Silva. *Terras devolutas e latifúndio: efeitos da Lei de 1850*. Campinas, Editora da Unicamp, 1996, p. 91-92.

45 Lígia Osorio Silva. *Terras devolutas e latifúndio: efeitos da Lei de 1850, op. cit.*, p. 91. A historiadora observa ainda que a historiografia, de maneira geral, preocupou-se apenas em avaliar a Lei de Terras sob a ótica da substituição da mão de obra escrava por trabalhadores que não teriam acesso à terra. Em seu estudo, procurou "resgatar uma outra dimensão da lei (...) que consistia na sua intenção de demarcar as terras devolutas e normatizar seu acesso por parte dos particulares", p. 14. "Ao iniciar-se o segundo reinado, tal era a confusão dos títulos de propriedade, que os interesses dos fazendeiros obrigaram o governo imperial a cogitar a necessidade de uma legislação nesse sentido". Emília Viotti da Costa. *Da senzala à colônia, op. cit.*, p. 115. O latifúndio, tal como consagrado na historiografia, como entidade totalizadora, cristalizou-se ao longo do século XIX com a exclusão da articulação entre a grande exploração e os pequenos cultivos e com a eliminação dos pequenos produtores. Vera Lucia Amaral Ferlini. *Açúcar e Colonização*. São Paulo: Alameda, 2010.

46 Regina Maria d'Aquino Fonseca Gadelha. "A Lei de Terras (1850) e a abolição da escravidão: capitalismo e força de trabalho no Brasil do século XIX". *Revista de História*, São Paulo, n. 120, 1989, p. 160-161. Para uma análise mais detalhada do papel da Lei de 1850 na transformação da terra em propriedade fundiária e sua concentração ver Regina Maria d'Aquino Fonseca Gadelha. *Os núcleos coloniais e o processo de acumulação cafeeira em São Paulo (1850-1920)*. Tese de Doutoramento. São Paulo: FFLCH/USP, 1982. Segundo Bassetto, os objetivos em relação à imigração não foram alcançados satisfatoriamente, uma vez que não se arrecadaram os recursos necessários à importação em larga escala de colonos. Sylvia Bassetto. *Política de mão de obra na economia cafeeira do oeste paulista (período de transição), op. cit.*, p. 13.

relações comerciais, e facilitar a emigração", observando que a companhia teria direito aos mesmos "favores" concedidos a três sociedades inglesas e, assim que "algumas providências para a recepção dos emigrantes e emprego deles, tenham princípio de execução", trataria de melhorar as condições para a importação de colonos.[47]

Em abril de 1855, o governo autorizou por decreto a incorporação e aprovou os estatutos da companhia Associação Central de Colonização. A questão nodular residia na preferência por famílias de agricultores, que viriam para o Brasil espontaneamente ou subsidiadas. Os estatutos da Associação com sede no Rio de Janeiro definiam uma série de operações que, ao menos na teoria, davam corpo a um amplo programa de imigração:

> 1 – Promover e auxiliar a emigração, convidando, engajando, transportando, e tratando de estabelecer os colonos, e encarregando-se da encomenda dos que tiverem de vir por conta do governo, companhias, ou particulares, mediante contratos.
>
> 2 – Abrir correspondência com negociantes nos países estrangeiros, e com as companhias e sociedades de emigração e colonização aí estabelecidas; e entender-se com os proprietários, negociantes ou quaisquer habitantes do Império.
>
> 3 – Ter à bem dos interesses da colonização agentes nos diferentes países, donde convenha atrair emigração, e bem assim em qualquer ponto do Império, dando a uns e outros as instruções convenientes, segundo a natureza das respectivas comissões.
>
> 4 – Solicitar ao governo imperial as necessárias providências para que tais agentes sejam coadjuvados pelos empregados diplomáticos e consulares brasileiros, ou pelas autoridades do país.
>
> 5 – Procurar mediante o auxílio do mesmo governo conceituar a emigração para o Brasil, e combater as hostilidades e os obstáculos que injustamente possa sofrer.
>
> 6 – Comprar ou aforar terras devolutas ou outras, pertencentes ao domínio público ou particular, para colonizá-las, distribuindo-as a colonos por meio de arrendamento, aforamento e venda, com a condição de em prazo determinado povoá-las com gente livre.
>
> 7 – Estabelecer navegação para o transporte dos colonos dos portos de partida até o desembarque definitivo nos lugares de seu destino, comprando, encomendando e fretando, no todo ou em parte, embarcações que possam melhor preencher esse fim.
>
> 8 – Ter em lugar apropriado para desembarque dos colonos acomodações precisas, onde sejam recebidos à sua chegada, e tratados convenientemente enquanto não acharem destino, dando-lhes casa e comida por preço razoável,

---

47 Aviso n. 10 de 15 de março de 1855.

aconselhando-os, dirigindo-os, e promovendo, ou facilitando o seu pronto emprego no país por todos os meios que estiverem ao seu alcance.[48]

Em 1857, o contrato foi celebrado com a Associação para importação e recepção de 50 mil colonos durante 5 anos, com subvenção por parte do governo de 30$000 por colono maior de 10 anos e menor de 45, e de 20$000 para os de 5 a 10 anos.[49] Nesse mesmo ano, também foi autorizado à Companhia União e Indústria a importação e estabelecimento de 400 famílias de colonos nas vizinhanças da estrada que estava construindo.[50] Aprovou-se, ainda, a constituição da Associação de Colonização de Pernambuco, Paraíba e Alagoas,[51] cujos fins eram semelhantes aos da Associação Central de Colonização. Menos de um mês depois, a associação, estabelecida no Recife, firmava acordo com o governo para trazer 25 mil colonos para as três províncias, com a mesma subvenção estabelecida no contrato com a associação fluminense.[52]

Segundo seus estatutos, as duas associações eram de natureza comercial, organizadas com capital privado dividido em ações, com duração de dez anos prorrogáveis. Seus objetivos eram explícitos: desenvolver serviços ligados à emigração e lucrar com isso, ou seja, recrutar, transportar, alojar, alocar emigrantes, contando, inclusive, com subvenção estatal. Entretanto, o mote parecia ser a compra ou recebimento de terras devolutas para colonizá-las mediante divisão e repasse aos colonos.

O movimento de entrada de estrangeiros sofria acréscimos significativos (Tabela 2.1) e o governo, em 1º de maio de 1858, aprovou regulamento para o transporte embarque e desembarque de imigrantes visando à segurança dos mesmos, à otimização dos gastos e, principalmente, à "qualidade" dos imigrantes.[53] Intenção comprovada no ano seguinte pela recomendação aos inspetores das alfândegas que não desembarcassem os navios de emigrantes antes das indagações da comissão criada pelo decreto citado acima, com relação "à qualidade dos mesmos emigrantes, estado dos mantimentos, medidas sanitárias, relações de passageiros, e seus contratos".[54]

---

48 Decreto n. 1584 de 02 de abril de 1855.

49 Decisão n. 1915 de 28 de março de 1857. O Decreto n. 2159 de maio de 1858 aumentou a subvenção para 50$000 e 30$000, respectivamente.

50 Aviso n. 7 de 27 de abril de 1857.

51 Decreto n. 1979 de 26 de setembro de 1857.

52 Decreto n. 1986 de 07 de outubro de 1857.

53 Decreto n. 2168 de 01 de maio de 1858.

54 Decisão n. 367 de 24 de novembro de 1859.

No início de 1861, o governo emitiu decreto organizando a Secretaria de Estado dos Negócios da Agricultura e Comércio, criada no ano anterior.[55] Essa secretaria, com status de ministério, passou a centralizar todos os assuntos concernentes à imigração e colonização na repartição Diretoria de Terras Públicas e Colonização, uma clara evidência de que o governo relacionava ambas com o problema da produção agrícola.

A partir da década de 1860, a política de imigração brasileira passou a ser mais ativa no exterior. Em 1865, o Ministério dos Negócios da Agricultura, Comércio e Obras Públicas determinou aos cônsules e ministros do Brasil por toda a Europa que divulgassem, inclusive por meio de anúncios em jornais de maior circulação nas capitais, que o governo imperial concederia aos indivíduos que quisessem emigrar, sem prejuízos dos favores outorgados nas disposições anteriores, a diferença entre o valor das passagens para portos brasileiros e os da América do Norte.[56]

Crescia o número de companhias colonizadoras e introdutoras de imigrantes e os contratos com o governo central acompanhavam esse ritmo. Em dezembro de 1865, foi autorizada a criação da Companhia Promotora da Colonização Polaca no Império, com sede no Rio de Janeiro;[57] em março de 1866, autorizou-se o funcionamento da Sociedade Internacional de Imigração.[58] No ano seguinte, o decreto de 19 de janeiro elaborou as bases da regulamentação e uniformização para criação de colônias em todo o território brasileiro, com especial atenção para sua fundação, distribuição de terras e condições de propriedades, administração, recepção e estabelecimento de colonos.[59] Buscando centralizar essa política, o governo imperial nada mais fez do que uniformizar todo o processo de imigração e colonização, que persistiria por longo tempo.

Em 1872, o governo central renovou contratos com introdutores de imigrantes. Em outubro, com a Brazilian Cofffee States, que em quatro anos obrigava-se a trazer 5 mil imigrantes do norte da Europa afeitos aos trabalhos agrícolas, com boa saúde, com idade inferior a 45 anos (exceto se forem chefes de família) e, de preferência, portadores de algum capital, conforme o seguinte cronograma: 1873 (750 emigrantes), 1874 (1.000 emigrantes), 1875 (1.250 emigrantes), 1876 (2.000 emigrantes). As exigências seriam comprovadas mediante documentação assinada pelas autoridades locais. O governo pagaria pelos serviços

---

55   Decretos n. 2748 de 16 de fevereiro de 1861 e n. 1067 de 28 de junho de 1860, respectivamente.

56   Decisão n. 486 – Circular de 25 de abril de 1865.

57   Decreto n. 3575 de 30 de dezembro de 1865. Chama atenção o artigo 3º, segundo o qual "a sociedade nunca poderá ocupar-se de assuntos políticos, nem relativos ao Brasil, nem à pátria dos colonos (...)".

58   Decreto n. 3628 de 16 de março de 1866.

59   Decreto n. 3784 de 19 de janeiro de 1867.

em duas etapas: em Londres, comprovado o embarque, a companhia receberia 6 libras por adulto e 3 libras pelos menores de 2 a 10 anos; no Brasil, faria jus a mais 110$000 e 55$000, de acordo com a respectiva idade, além de um prêmio de trinta contos de réis se o contrato fosse cumprido à risca.[60]

Em novembro, foi a vez de Savino Tripoti ter seu contrato renovado para trazer em seis anos 500 famílias ou 2.500 emigrantes da Alemanha e Itália objetivando a fundação de uma ou mais colônias agrícolas em terras adquiridas ao Estado, que também se obrigava a fornecer subsídios no valor total de 200 contos de réis.[61] Os italianos eram pretendidos também nas províncias do Norte do Império, como Pernambuco, onde indivíduos e empresas pleiteavam contratos com o poder central para o estabelecimento de colônias agrícolas ou industriais.[62]

Em 1873, continuavam as renovações e surgiam novos contratos espalhados pelo Império. Charles Willian Kitto celebrou acordo para introdução e estabelecimento na província do Paraná – em terras cedidas pelo governo mediante pagamento – de 30 mil imigrantes ingleses no prazo de 10 anos na seguinte proporção: mil em cada um dos dois primeiros anos; dois mil no terceiro e no quarto; e quatro mil em cada ano restante, recebendo do governo 130$000 por imigrante adulto e 65$000 pelos de 7 a 10 anos.[63] Polycarpo Lopes de Leão e Egas Muniz Barreto de Aragão obtiveram autorização para trazer 10 mil imigrantes agricultores do norte da Europa durante seis anos e estabelecer "uma ou mais colônias na Bahia e Maranhão".[64] À diferença dos outros acordos, existia a possibilidade de trazê-los como trabalhadores para as fazendas ou como pequenos proprietários. A preferência do poder central pelo segundo tipo de imigrante, no entanto, saltava aos olhos mediante a diferenciação das formas de remuneração propostas: se os imigrantes trabalhassem como simples empregados em estabelecimentos rurais, os introdutores receberiam 60$000 por colono maior de 10 anos e a metade pelos menores de 10 e maiores de um ano; se estabelecidos como proprietários, a quantia paga seria de 150$000 por adulto e a metade pelos menores.[65]

Ainda em 1873, a Associação de Emigração e Colonização de São Paulo, constituída há dois anos, conseguia a renovação do acordo para introduzir 15 mil imigrantes, sendo dois terços do norte da Europa e um terço do sul, excetuando-se os maiores de 45 e os menores

---

60   Decreto n. 5128 de 30 de outubro de 1872.
61   Decreto n. 5153 de 27 de novembro de 1872.
62   Decreto n. 5154 de 27 de novembro de 1872.
63   Decreto n. 5271 de 26 de abril de 1873.
64   Decreto n. 5291 de 24 de maio de 1873.
65   Era flagrante a opção por parte do poder central pelos imigrantes como pequenos proprietários e não como mão de obra para agricultura. Anos mais tarde, como se sabe, ao menos em São Paulo, tal política seria alterada.

de 2 anos.⁶⁶ A diferença de pagamento conforme a atividade exercida também aparecia nesse contrato: se os colonos trabalhassem como simples empregados em estabelecimentos rurais, o desembolso do governo seria de 100$000 por colono adulto e a metade pelos menores de 10 e maiores de um ano; se estabelecidos pelo sistema de propriedade, a quantia desembolsada seria de 150$000 por adulto e a 75$000 pelos menores de 14 e maiores de 2 anos.

Inovando no processo de introdução de imigrantes, José Frederico de Freitas Júnior recebeu do governo autorização para constituir a Companhia Comércio e Colonização de Campos a fim de importar colonos europeus, exportar produtos da comarca de Campos (RJ) para portos do Império e de outros países, além de importar gêneros necessários ao abastecimento e consumo da comarca.⁶⁷ Essa companhia apresentou-se de forma pioneira – pelo menos em relação a toda legislação pesquisada sobre imigração e colonização – ao propor a junção de atividades até então desenvolvidas separadamente, quais sejam: a importação e exportação de produtos e a introdução de imigrantes/colonos – seus ganhos, portanto, deveriam "sair da parte comercial, da lavoura e das comissões pelos colonos introduzidos por conta de terceiros". Operações que, em um futuro próximo, diante da grande imigração, tornar-se-iam mais comuns.

Ainda na província do Rio de Janeiro, a família Paes Leme celebrou contrato com o governo central para trazer e assentar 500 imigrantes em suas terras, no município de Vassouras, no prazo de 5 anos. O auxílio estatal apareceu, então, diferenciado em três níveis: 60$000 pelos os contratados como empregados rurais dos empresários, 80$000 por aqueles que se tornassem arrendatários e 170$000 pelos que se estabelecessem como proprietários.⁶⁸

No Pará, Barclay & Comp. foi autorizada a importar 500 imigrantes do sul da Europa ou das Antilhas no prazo de dois anos, recebendo auxílio de 100$000 por imigrantes maiores de 12 anos e a metade pelos de 6 a 12 anos, sem nenhuma referência sobre pagamento diferenciado conforme a atividade desenvolvida pelos imigrados – se apenas trabalhadores rurais ou como proprietários de lotes.⁶⁹ A renovação do contrato celebrado com Bento José da Costa permitia a introdução de 15 mil imigrantes nas províncias do Norte, a partir de Alagoas, no prazo de 5 anos, recebendo do governo 100$000 por colono empregado como simples trabalhador rural, 70$000 pelos estabelecidos como arrendatários e 150$000 pelos assentados como proprietários.⁷⁰

---

66   Decreto n. 5351 de 23 de julho de 1873.
67   Decreto n. 5365 de 30 de julho de 1873.
68   Decreto n. 5416 de 24 de setembro de 1873.
69   Decreto n. 5398 de 10 de setembro de 1873.
70   Decreto n. 5524 de 07 de janeiro de 1874.

Em 1874, inaugurou-se nova fase na política imigratória brasileira: a dos grandes contratos para introdução de europeus. O acordo firmado entre o governo e Joaquim Caetano Pinto Júnior estabelecia a introdução de 100 mil imigrantes em todo o Império, exceto na província do Rio Grande do Sul, no prazo de 10 anos. Eles deveriam ser alemães, austríacos, italianos do norte, bascos, belgas, suecos, dinamarqueses e franceses, com idade entre 2 e 45 anos, salvo se fossem chefes de família, todos agricultores (no máximo 20% poderiam pertencer a outras profissões).[71] Caetano Pinto receberia por adulto as seguintes subvenções: 125$000 pelos primeiros 50 mil imigrantes, 100$000 pelos 25 mil seguintes e 60$000 pelos últimos 25 mil e a metade pelos menores de 12 e maiores de 2 anos. Ficou acertado também que o governo concederia gratuitamente aos imigrantes hospedagem e alimentação durante os primeiros oito dias de sua chegada e transporte gratuito até as colônias da província a que se destinassem. O empresário, inclusive, teria direito a receber a diferença do preço da passagem entre o Rio de Janeiro e as regiões para onde os imigrantes seriam enviados diretamente da Europa.

Caetano Pinto não é muito conhecido pela historiografia, mas existem alguns estudos que apresentam informações sobre sua ação de recrutamento na Itália. Para trazer 100 mil imigrantes para o Brasil, foi montada uma vasta rede de agentes e de propaganda nas cidades europeias, especialmente nos principais portos de embarque: Marselha, onde contava ao menos com dois agentes – E. Depas e Antonio Badin, que coordenavam os arroladores que agiam na Itália e na Áustria – e em Gênova – cuja relação com o agente Clodomiro De Bernardis era alvo de críticas por parte da imprensa italiana.[72]

A importância desse contrato para a política de imigração brasileira pode ser avaliada pelo discurso de Martinho Prado na Assembleia Legislativa de São Paulo, dez anos depois.

> (...) basta ponderar que entre nós desenvolveu-se a imigração só posteriormente ao contrato de Caetano Pinto (...). Por aquele contrato vieram as primeiras famílias italianas para a Província. Por esse meio, o Dr. Antonio Prado teve em sua fazenda os primeiros colonos daquela nacionalidade, e posteriormente o orador,

---

71 Decreto n. 5663 de 17 de junho de 1874.

72 Piero Brunello. "Agenti di emigrazione, contadini e immagini dell'America nella provincia di Venezia". *Rivista di Storia Contemporanea*. Turim: Loescher Editore, anno XI, fasc. 1, 1982, p. 95-122; Roselys Izabel Correa dos Santos. *Terra prometida: tese e antítese; os jornais do norte da Itália e a imigração para o Brasil (1875-1899)*. Tese de Doutoramento. São Paulo: FFLCH/USP, 1995. Renzo Maria Grosselli. *Di schiavi bianchi a coloni. Um progetto per le fazendas; contadini trentini (veneti e lombradi) nelle foreste brasiliane*. Trento: s.e., 1991.

> sendo isso objeto de motejo, pois a ignorância levava os nossos lavradores a julgar o italiano inapto para a lavoura.[73]

Além do governo imperial, o empresário também celebrou acordos diretamente com fazendeiros. Em seu *Memorandum*, o Visconde de Indaiatuba citou um contrato com Joaquim Caetano Pinto Júnior para trazer imigrantes da Europa.

> Em dezembro do mesmo ano [1876] atirei minhas vistas para o Tirol, e para isso auxiliei-me da empresa de Joaquim Caetano Pinto Júnior & Cia.
> Em meado de 1877, recebi mais ou menos 50 lombardos, contratados na capital desta província [São Paulo].
> Em 31 de agôsto e 27 de setembro do mesmo ano, recebi mais cêrca de 350 tiroloses, em famílias grandes e laboriosas.[74]

Os dados dos Relatórios do Ministério da Agricultura de 1876 e 1877 dão a medida do volume de imigrantes introduzidos por Caetano Pinto e por outros contratantes – com números modestos, a exceção da Companhia de Navegação Transatlantica – e ratificam as palavras do então deputado Martinho Prado. Como prova disso, todos os contratos menores, exceto aquele com a Sociedade Colonizadora em Hamburgo – o mais antigo e sempre renovado desde 1850 – foram rescindidos.

> Taes são, destes ultimos, os celebrados com Charles Willian Kitto, Pereira Alves Bendaszeski & C., e Savino Tripoti, rescindidos pelo meu antecessor, e o da Companhia de Navegação Transatlantica, rescindido durante minha administração.[75]

De acordo com o então ministro da Agricultura, Cansansão de Sinimbú, o contrato com Caetano Pinto exigiu aos cofres públicos, até aquele momento, o dispêndio de cerca de 4 mil contos de réis para introdução de pouco mais de 39 mil imigrantes.[76]

---

73 Anais da Assembleia Legislativa da Província de São Paulo. Sessão de 11 de fevereiro de 1884. *Apud* Paula Beiguelman. *Formação do povo no complexo cafeeiro: aspectos políticos*. São Paulo: Edusp, 2005, p. 105.

74 Cf. Odilon Nogueira Matos. "Visconde de Indaiatuba e o trabalho livre em São Paulo". *Anais do VI Simpósio Nacional dos Professores Universitários de História* ("Trabalho livre e trabalho escravo"), v. I. Coleção da Revista de História. São Paulo, 1973, p. 767.

75 Relatório do Ministério dos Negócios da Agricultura, Comércio e Obras Públicas de 1877.

76 Relatório do Ministério dos Negócios da Agricultura, Comércio e Obras Públicas de 1877.

Tabela 2.1. Discriminação da entrada de imigrantes por contratos
estabelecidos com o governo imperial (1873-1878)

Ano	Joaquim Caetano Pinto Júnior	Cia. de Navegação Transatlantica	Pedro Alves Bendaszeski & C.	Savino Tripoti	Sociedade Colonizadora em Hamburgo	Espontâneos
1873	–	1.003	–	–	–	–
1874	13	4.282	–	–	–	–
1875	7.321	3.774	195	–	–	–
1876	15.457	2.052	702	179	875	7.281
1877	7.940	–	–	–	–	–
1878	8.327	–	–	–	–	–
Total	39.058	10.108	897	179	875	7.281

Fonte: Relatórios do Ministério dos Negócios da Agricultura, Comércio e Obras Públicas (1876 e 1877).

Trazer mais imigrantes implicava em mais recursos. O texto introdutório ao Decreto de 14 de dezembro de 1876, que tratava do aumento das despesas do Ministério da Agricultura, Comércio e Obras Públicas, refletia a importância crescente dos gastos com a imigração:

> Motivaram tal excesso serviços urgentes e não previstos por aquela Lei [n. 2640 de 22 de setembro de 1875, sobre o exercício de 1875-1876], tais como a execução do contrato celebrado com Joaquim Caetano Pinto Júnior mediante cláusulas instituídas no Decreto n. 5663 de 17 de junho de 1874. Atinge a cerca de 18.000 o número de imigrantes introduzidos no Império até a presente data em virtude deste contrato; sendo que, somente no exercício de 1875-1876, subiu a 711:437$500 a importância da subvenção, paga e por pagar, ao sobredito Caetano Pinto Júnior, em observância das cláusulas 4ª, 5ª e 15ª do referido contrato, além das despesas com o alojamento e sustento dos imigrantes; a internação destes e com a demarcação e divisão dos lotes necessários para seu estabelecimento.[77]

No Decreto imediatamente posterior, foi aprovisionado crédito extraordinário de 1.745:920$598 para as despesas com os serviços da verba Terras Públicas e Colonização.[78]

---

77 Introdução ao Decreto n. 6412 de 14 de dezembro de 1876, por Thomaz José Coelho de Almeida, Ministro da Agricultura.

78 Decreto n. 6413 de 14 de dezembro de 1876.

Dando prosseguimento ao fortalecimento da política de imigração, em 1876, organizou-se a Inspetoria Geral das Terras e Colonização, cujos objetivos eram: efetivar, nos termos da Lei n. 601, de 18 de setembro de 1850 (Lei de Terras), a separação das terras do domínio público das do particular, concorrendo para o aproveitamento e cultura das que pertenciam ao Estado; fiscalizar e dirigir todos os serviços atinentes à imigração e colonização; promover a imigração espontânea, provendo ao pronto e vantajoso estabelecimento dos imigrantes. O decreto organizava, ainda, a fiscalização dos navios e dos contratos para introdução de imigrantes, a hospedaria, os escritórios de locação de serviços e a obtenção e divulgação de dados estatísticos concernentes aos núcleos coloniais a ao movimento de imigrantes.[79] Dois anos mais tarde, ainda preocupado com os serviços da Inspetoria de Terras e Colonização, o Ministério da Agricultura decidiu solicitar a entrega das listas nominais dos passageiros de terceira classe transportados em paquetes das companhias transatlânticas.[80]

As despesas com a imigração avolumavam-se e, em 1878, alegando insuficiência da verba votada destinada à Imigração e Colonização e grave desequilíbrio no orçamento para que se pudesse honrar os serviços acordados, Cansansão de Sinimbú resolveu suspender o contrato firmado quatro anos atrás com Joaquim Caetano Pinto Júnior.[81] Isso não impediu, porém que o governo continuasse celebrando novos contratos – agora mais modestos – para introdução de imigrantes. Em 1879, Francisco Ferreira de Moraes, residente em Portugal, e representado por John Petty & C., apresentou proposta ao Ministério da Agricultura para trazer imigrantes da Ilha da Madeira, Açores e Canárias. Prontamente o acordo foi firmado, com o governo comprometendo-se a pagar 10 libras por adulto de 14 a 45 anos e a metade por aqueles de 4 a 14 anos, desde que o número não excedesse a mil insulares.[82]

Em 1880, entretanto, uma Decisão do Ministério da Agricultura expôs novamente as dificuldades financeiras enfrentadas pelos serviços de imigração. Assim, ficavam suspensos temporariamente os favores prestados aos imigrantes por ocasião de seu desembarque e transporte para as províncias, até que situação econômica do Estado melhorasse – condição

---

79 Decreto n. 6129 de 23 de fevereiro de 1876.

80 Decisão n. 23 de 25 de janeiro de 1878.

81 "Continúa suspenso o contracto celebrado com Joaquim Caetano Pinto Junior, por conta do qual foram introduzidos 39.029 imigrantes de 1874 a 1878. Desde a intimação do Aviso de 17 de julho do anno proximo passado cessou inteiramente o contractante, como devia, a remessa de imigrantes, havendo até então expedido 8.327 no mesmo anno". Relatório do Ministério dos Negócios da Agricultura, Comércio e Obras Públicas de 1878.

82 Decisão n. 151 de 15 de março de 1879.

essencial para a normalização de tais serviços.[83] Dessa maneira, aboliu-se todo e qualquer sistema de imigração oficial ou subvencionada, salvo os contratos já existentes. Dois anos mais tarde, de posse da estatística de entrada de imigrantes em portos brasileiros, Henrique d'Avila, então ministro da Agricultura, lamentava a queda no movimento (Tabela 2.2) ocorrida, segundo sua ótica, pelo fim dos "largos favores concedidos aos immigrantes".[84]

Como demonstrou a lei que fixava as despesas do Império para os exercícios de 1882-1883 e 1883-1884, as dificuldades financeiras ainda persistiam. A verba destinada às Terras Públicas e Colonização sofreu redução para 700:000$000, bem como o quadro de pessoal da Repartição das Terras Públicas e Colonização. Por essa lei, o governo ficou autorizado apenas a renovar o contrato com a Sociedade Colonizadora de Hamburgo e a conceder passagens gratuitas a imigrantes nas estradas de ferro do Estado.[85]

O financiamento da imigração gerava graves problemas ao erário público, ao mesmo tempo em que não produzia os efeitos esperados. Em 1884, o relato do ministro da Agricultura, João Ferreira de Moura, dirigido aos parlamentares era a expressão dessa dura realidade.

> Tenho recebido diversas propostas de companhias de navegação, e até de particulares, offerecendo-se para introduzir immigrantes mediante subvenção annual ou tanto por cabeça, e as tenho repellido, porque a immigração por capitação não tem dado bons resultados e presta-se a muitos abusos.[86]

A propaganda era a solução defendida pelo ministro. No seu entender, somente isso poderia criar um movimento espontâneo e duradouro de imigrantes europeus para terras brasileiras. Nesse sentido, sem deixar de subsidiar as passagens, lançou mão de duas estratégias. No plano externo:

> Tratei de entender-me, por meio do Ministério de estrangeiros, com os nossos agentes diplomaticos e consulares, nos paizes dos quaes podíamos contar com immigração, auxiliei a ida de emissarios a alguns desses paizes, procurei fazer conhecido desses mesmos paizes tudo quanto podesse despertar e animar

---

83 Decisão n. 15 de 07 de abril de 1880. Ficava suspenso, assim, o Decreto n. 3784 de 19 de janeiro de 1867.
84 Relatório do Ministério dos Negócios da Agricultura, Comércio e Obras Públicas de 1882, p. 221.
85 Lei n. 3141 de 30 de outubro de 1882.
86 Relatório do Ministério dos Negócios da Agricultura, Comércio e Obras Públicas de 1884, p. 358.

> a immigração, e nutro a esperança de que, si não pararmos nas medidas que encetei, teremos uma corrente de immigração satisfactoria para o Brasil.[87]

No plano interno:

> O meio principal que empreguei e estou certo produzirá os mais completos resultados, foi dirigir-me aos nucleos coloniaes e aos logares de residencia dos immigrantes e declarar aos colonos e immigrantes já estabelecidos que o Governo facilitaria passagens aos parentes e amigos que desejassem vir para o Brasil.[88]

Sua expectativa otimista era típica de quem buscava junto ao Parlamento os votos para a provisão dos recursos necessários para execução dessa tarefa.

> Quero crer que, com a continuação de uma propaganda eficaz e com a remessa dessas listas, acompanhadas de cartas, poderemos obter a vinda de grande numero de indivíduos, que, aqui chegando, collaborem comnosco no augmento da riqueza do paiz e sejam outros tantos atrahentes da immigração.[89]

No ano seguinte, em sua passagem pela chefia do Ministério da Agricultura, Antonio da Silva Prado – membro de uma das principais famílias de cafeicultores de São Paulo e pioneira na introdução de imigrantes italianos – alegando que o país precisava tanto do colono quanto do imigrante e ciente da importância da propaganda, deu contornos mais claros ao programa de imigração baseado em três pontos.

> Para promover e auxiliar o desenvolvimento da immigração, o Governo está resolvido a não poupar esforços nem sacrificios, para o que pretende pôr em pratica as seguintes medidas, si dispuzer, no orçamento, dos recursos necessarios:
> 1º. Organizar um serviço regular de propaganda em favor da emigração européa para o Brazil;
> 2º. Auxiliar o transporte dos emigrantes, desde o logar da sua residencia na Europa até o do seu destino no imperio;

---

[87] Relatório do Ministério dos Negócios da Agricultura, Comércio e Obras Públicas de 1884, p. 358.
[88] Relatório do Ministério dos Negócios da Agricultura, Comércio e Obras Públicas de 1884, p. 358.
[89] Relatório do Ministério dos Negócios da Agricultura, Comércio e Obras Públicas de 1884, p. 358.

3º. Reorganizar o serviço da medição e venda das terras publicas, de modo a poder offerecer aos immigrantes prompta e conveniente colocação.[90]

Para esse fim, foram organizados na Itália (Gênova e Milão) dois escritórios oficiais de informação sobre assuntos ligados à emigração para o Brasil. Anos mais tarde, o mesmo Antonio da Silva Prado, em viagem pela Europa, foi convidado e assumiu o cargo de superintendente geral das duas representações.[91] Sua "desenvoltura na defesa dos interesses do país" era saudada pelo governo, especialmente contra "publicações hostis" que colocavam em risco todo o trabalho de propaganda empreendido até aquele momento.[92] Anos mais tarde, em 1894, a Superintendência de Imigração na Europa foi desativada pelo ministro da Agricultura, Antonio Olyntho dos Santos Pires, que alegou falta de autorização legal no ato de sua criação, além dos excessivos gastos despendidos para resultados pouco satisfatórios.[93]

No período em que a escravidão agonizava, a Lei de 27 de outubro de 1887 destinou às Terras Públicas e Colonização a verba no valor de 2.365:318$245 e autorizou a reorganização da Secretaria dos Negócios da Agricultura, Comércio e Obras Públicas e de suas repartições.[94] Após a abolição da escravidão, a Lei de 24 de novembro de 1888 permitiu que parte da renda destinada ao fundo de emancipação de escravos fosse utilizada nos serviços da Imigração e Colonização.[95] Data do mesmo dia, a lei que destinou grande parte dos recursos (mais de 46 mil contos de réis) do Ministério da Agricultura para os serviços ligados a terras públicas, colonização nacional e estrangeira e imigração, prestação de auxílio aos agricultores que pretendessem introduzir imigrantes, concessão de terras devolutas a serem aplicadas à colonização.[96]

A década de 1880 foi um período fundamental para a política imigratória brasileira, pois testemunhou o aumento do fluxo (Tabela 2.2), que obrigou a uma série de medidas para absorvê-lo. Em termos de logística, a criação da Hospedaria da Ilha das Flores, certamente foi a mais importante. O Estado, assim, tomava para si a execução dos serviços de recepção, embarque e desembarque e hospedagem dos imigrantes. Localizada na ilha de mesmo nome, comprada pelo Ministério da Agricultura junto a um senador, a hospedaria

---

90 Relatório do Ministério dos Negócios da Agricultura, Comércio e Obras Públicas de 1885, p. 18.
91 Relatório do Ministério dos Negócios da Agricultura, Comércio e Obras Públicas de 1889, p. 82-84.
92 Relatório do Ministério dos Negócios da Agricultura, Comércio e Obras Públicas de 1890, p. 106.
93 Relatório do Ministério dos Negócios da Agricultura, Comércio e Obras Públicas de 1894, p. 66.
94 Lei n. 3349 de 20 de outubro de 1887.
95 Lei n. 3396 de 24 de novembro de 1888.
96 Lei n. 3397 de 24 de novembro de 1888.

foi construída em 1882 e constantemente reformada[97] para dar conta do intenso movimento ao menos até 1895-1896, quando o poder central abriu mão dos serviços de introdução de imigrantes, como resultado tardio e derradeiro do fim do Império e de outras tantas medidas tomadas pela república para atender aos interesses descentralizadores dos estados, sobretudo São Paulo.

Tabela 2.2. Entrada de imigrantes em portos brasileiros, incluindo São Paulo (1878-1895)

Ano	Imigrantes	Ano	Imigrantes
1878	22.423	1887	54.990
1879	22.189	1888	131.745
1880	29.729	1889	65.187
1881	11.054	1890	107.100
1882	27.197	1891	216.659
1883	28.257	1892	86.213
1884	30.087	1893	123.926
1885	30.135	1894	63.294
1886	25.741	1895	164.371

Fonte: Relatórios do Ministério dos Negócios da Agricultura, Comércio e Obras Públicas (1887, 1890, 1893 e 1895).

No início do período republicano, o governo provisório fez publicar alguns atos legislativos que marcaram a mudança de rumo da política brasileira de imigração e colonização no sentido da sua descentralização. O Decreto n. 528 de 28 de junho de 1890, também conhecido como Lei Glicério – sobrenome de seu autor, o senador Francisco Glicério –, estabeleceu a reforma das leis de imigração e colonização com o intuito de atender à necessidade de se "fomentar e expandir as forças produtivas da república"[98] através da imigração europeia. Assim, o decreto estabeleceu as bases para a criação de núcleos nas propriedades particulares e nas terras devolutas adquiridas e definiu as condições que os imigrantes deveriam preencher para terem direito ao tratamento dispensado pelo gover-

---

97 Um histórico das reformas e adaptações sofridas pela Hospedaria da Ilha das Flores encontra-se no Relatório do Ministério dos Negócios da Agricultura, Comércio e Obras Públicas de 1898, p. 72 e ss.; ver ainda, Diana Zaidman. *A imigração ao Brasil no Império: o caso particular da Hospedaria de Imigrantes da Ilha das Flores*. Dissertação de Mestrado. Niterói: ICHF/UFF, 1983.

98 Francisco Glicério. Introdução ao Decreto n. 528 de 28 de junho de 1890.

no. Somente teriam passagem integral ou reduzida, por conta do governo, as famílias de agricultores, limitados aos respectivos chefes, ou aos seus ascendentes os indivíduos acima de 50 anos; os varões solteiros maiores de 18 e menores de 50 anos, desde que agricultores; os operários, artesãos e aqueles que se destinavam aos serviços domésticos, cujas idades achavam-se também entre 18 e 50 anos. Definiu também quais eram os imigrantes indesejáveis proibindo a entrada de "indígenas da Ásia ou da África" que seriam impedidos de desembarcar pela polícia.[99]

O Estado pagaria às companhias de transporte marítimo a subvenção de 120 francos pela passagem de cada imigrante adulto transportado da Europa, a metade do valor pelos menores de 12 até 8 anos, e a quarta parte pelos de 8 e 3 anos. Os imigrantes introduzidos mediante contrato deveriam vir acompanhados de atestado do agente consular brasileiro, com a especificação do nome, idade, estado civil, profissão e o grau de parentesco dos componentes da família. Os proprietários agrícolas, assim como bancos, companhias ou proprietários de núcleos particulares que desejassem receber imigrantes deveriam apresentar à Inspetoria Geral das Terras e Colonização o respectivo pedido, com o número de famílias, a nacionalidade e as vantagens oferecidas, conforme o tipo de serviço indicado. O decreto estabelecia, ainda, prêmio de 100 mil francos às companhias que transportassem, no espaço de um ano, pelo menos 10 mil imigrantes, sem nenhuma reclamação quanto às bagagens e ao tratamento dos mesmos.

Preocupado em "atrair a maior corrente de immigração para os Estados da União", o senador Francisco Glicério atentou também para a "necessidade de reorganizar-se a repartição incumbida da direção e fiscalização" do serviço de imigração e colonização.[100] A Inspetoria Geral das Terras e Colonização sofreu processo de descentralização, e foi estruturada conforme o Decreto n. 603 de 26 de julho de 1890 da seguinte forma:

> A Inspetoria Geral compreenderá a Repartição Central de Terras e Colonização, cuja sede é na Capital Federal; e nos Estados da União, as delegacias, agências de colonização e comissões técnicas que forem criadas de acordo com as condições estabelecidas neste regulamento; e finalmente, as hospedarias para imigrantes.[101]

---

99 Art. 1º. do Decreto n. 528 de 28 de junho de 1890. As discussões sobre como e com quais imigrantes colonizar o país agitavam o ambiente político e intelectual brasileiro. O tema será tratado no item seguinte.

100 Francisco Glicério. Introdução ao Decreto n. 603 de 26 de julho de 1890.

101 Art. 2º. do Decreto n. 603 de 26 de julho de 1890.

Como medida para manter o controle dos gastos com a imigração e colonização no país, o governo provisório decretou, ainda no mesmo ano, que as concessões para a fundação de núcleos e novos contratos para introdução de imigrantes somente ocorreriam com a autorização expressa do Congresso e depois de consignados os fundos necessários às respectivas despesas.[102]

A Constituição de 1891, ao transferir o domínio das terras devolutas para as unidades da federação,[103] ratificou o processo de descentralização do poder, com reflexos diretos na política de imigração e colonização, cujo controle, os estados assumiram a passos lentos, pois o poder central ainda era responsável pelo pagamento das passagens e por outras despesas concernentes à colonização.[104] Dois decretos de julho de 1893, que abriam créditos ao Ministério da Agricultura para o pagamento de passagens de imigrantes, seguiram o caminho apontado pela carta constitucional.[105]

Na verdade, o início dessa descentralização ocorreu quando o governo federal, atendendo às requisições dos estados de São Paulo e Espírito Santo, e de acordo com autorização legislativa,[106] entregou-lhes o serviço de colonização, cujas despesas correriam por conta dos respectivos cofres.[107] Deve-se lembrar que, nesse período, São Paulo já havia colocado em prática sua política de imigração, subsidiando com recursos próprios as passagens daqueles que vinham para os trabalhos na lavoura.[108]

Em 2 de agosto de 1892, o governo federal firmou contrato com Companhia Metropolitana[109] para introdução de 1 milhão de imigrantes – 100 mil anualmente – pro-

---

102 Decreto n. 1187 de 20 de dezembro de 1890.

103 Constituição de 1891. Art. 64. "Pertencem aos Estados as minas e terras devolutas situadas nos seus respectivos territórios, cabendo à União somente a porção de território que for indispensável para a defesa das fronteiras, fortificações, construções militares e estradas de ferro federais".

104 Segundo o Relatório do ministro da Agricultura de 1892, os estados de São Paulo e Espírito Santo já haviam solicitado a assunção dos serviços de imigração, o que foi prontamente concedido desde que estes assumissem os custos.

105 Decretos n. 144 de 05 de julho de 1893 e n. 1470 de 13 de julho de 1893.

106 A Lei n. 126 B de 2 de novembro de 1892 transferiu aos estados o serviço de localização, mas manteve a introdução de imigrantes como prerrogativa do governo federal.

107 Relatório do Ministério dos Negócios da Agricultura, Comércio e Obras Públicas de 1892, p. 13.

108 As despesas de São Paulo com a imigração tiveram início em 1881. Cf. Henrique Doria de Vasconcelos. "Oscilações do movimento imigratório no Brasil". *Revista de Imigração e Colonização*. Rio de Janeiro, ano I, n. 2, 1940.

109 Existem poucas informações sobre a Companhia. Instalada na cidade do Rio de Janeiro, era presidida por Carlos Augusto de Miranda Jordão, engenheiro e negociante fluminense. A atuação da Metropolitana não se restringiu apenas à importação de imigrantes. Na década de 1890, recebeu concessões de terras do

cedentes da Europa e possessões portuguesas e espanholas, no espaço de dez anos. Além da já tradicional exigência de que todos fossem agricultores, duas cláusulas revelavam a intenção discriminatória do Estado: a exclusão de indivíduos solteiros e a fixação de um limite máximo para cada nacionalidade.[110] No entanto, as dificuldades financeiras para seu cumprimento apareceram já em 1893, o primeiro ano de sua execução, quando se reduziu a entrada anual para 50 mil.[111] Da parte do governo, o objetivo do acordo era distribuir parte dos imigrantes pelas diversas regiões, sobretudo no chamado Norte do Brasil. Nesse sentido, lamentava-se a concentração quase que exclusiva nos estados do Sul da república, mas também se tomavam providências para tentar reverter esse quadro: criação de núcleos coloniais oficiais no Ceará, Alagoas e Pará e intensificação da propaganda desses e de outros estados do norte na Europa.[112]

Em 1895, o poder executivo foi autorizado por lei a transferir o contrato com a Companhia Metropolitana aos estados ou então rescindi-lo.[113] No início de 1896, consultados sobre a possibilidade de assumir sua parte do contrato, os representantes de São Paulo, Minas Gerais, Rio de Janeiro e Espírito Santo não aceitaram, o que obrigou o governo a entrar em acordo com a contratante. Ficou acertada a indenização de oito mil e quinhentos

---

    governo geral em Santa Catarina, que seriam loteadas para implantação de colônias, como Nova Veneza e Nova Trieste.

110 Tais cláusulas, no entanto, podiam ser contornadas através de autorizações especiais. Em 1895, por exemplo, em virtude da crise de trabalho nas minas no sul da Itália, a Metropolitana solicitou permissão para introduzir, com destino ao estado de Minas Gerais, 500 famílias de imigrantes mineiros. O ministério, porém, julgou conveniente autorizar a vinda de 50 famílias, no total de 309 pessoas. Relatório do Ministério dos Negócios da Agricultura, Comércio e Obras Públicas de 1895, p. 70-71. Famílias de mineiros do *Mezzogiorno* italiano: rompiam-se assim, ao menos duas exigências do contrato – a de que os imigrantes fossem agricultores e, no caso da Itália, originários do norte.

111 "A vista da exiguidade da verba votada, fixou-se a introdução de imigrantes do corrente anno [1893] ao mínimo do contracto, isto é a cincoenta mil; devendo-se brevemente dirigir-se uma mensagem ao Congresso Nacional solicitando a abertura de credito, afim de ficar o Governo habilitado a satisfazer compromissos oriundos de contractos". Relatório do Ministério dos Negócios da Agricultura, Comércio e Obras Públicas de 1892, p. 9-10.

112 Os números, na verdade, eram desoladores. Em 1892, por exemplo, dos mais de 54 mil desembarcados no porto do Rio de Janeiro, apenas 112 foram encaminhados para Pernambuco e 95 para Bahia, enquanto os outros estados do Norte, discriminados como "diversas localidades", dividiram os 280 restantes. Relatório do Ministério dos Negócios da Agricultura, Comércio e Obras Públicas de 1892, p. 11-13. Ainda segundo o relatório, somente Pernambuco e Bahia possuíam núcleos coloniais federais bastante adiantados.

113 Lei n. 360 de 30 de dezembro de 1895. Cf. Relatório do Ministério da Agricultura de 1896, p. 35-36.

contos de réis, a serem pagos em duas prestações, obrigando-se a companhia a completar até 31 de dezembro a introdução do número de imigrantes para o referido ano.[114]

A rescisão do contrato com a Metropolitana marcou na prática o fim da intervenção do governo republicano nos serviços de introdução de imigrantes, reduzindo de forma significativa o movimento no Rio de Janeiro, até então, o principal ponto de recebimento e distribuição de europeus para o restante do país, com exceção de São Paulo. Como consequência, em agosto de 1897, um decreto federal mandou fechar a hospedaria de imigrantes da estação Pinheiros, criada em 28 de março de 1891 durante o pico imigratório, pois

> Considerando que, por haver cessado o serviço de imigração por conta do Governo Federal, o número de imigrantes diminuiu de tal modo, que nenhuma necessidade tem havido nesses últimos doze meses de recebê-los na hospedaria da estação de Pinheiros;
> Considerando que (...) é a hospedaria da Ilha das Flores mais que suficiente para o serviço de recebimento e agasalho dos imigrantes espontâneos (...).[115]

Restava ainda solucionar o problema as demandas de companhias de navegação em relação ao prêmio de 100 mil francos estipulado pela Lei Glicério para quem transportasse 10 mil imigrantes em um ano sem nenhum tipo de reclamação. Condenado judicialmente, restou ao Estado, através de um decreto em 1900, autorizar a abertura de crédito especial no valor de 1.020:000$000 para liquidação definitiva dos compromissos contraídos; ação que encerrou definitivamente a participação do governo brasileiro na imigração direcionada.[116] Como decorrência, o Ministério da Agricultura perdeu o controle estatístico da entrada de imigrantes no país, pois apesar de solicitar aos estados mapas anuais com o movimento, poucos atenderam.[117] Isso explica o intervalo de 11 anos (1896-1906) em que os relatórios traziam apenas informações sobre o afluxo na capital federal.

Em 1907, entre abril e maio, o governo federal colocou no papel sua política de imigração voltada especificamente ao estabelecimento de estrangeiros (espontâneos ou trazidos por empreendimentos de particulares) como proprietários. Instituiu a Diretoria Geral do

---

114 O termo de rescisão do contrato foi assinado em 05 de setembro de 1896; a abertura de crédito para a indenização foi autorizada pelo Decreto n. 2340 de 14 de setembro de 1896. Cf. Relatório do Ministério da Agricultura de 1896, p. 36. As últimas pendências do acordo foram resolvidas judicialmente apenas em agosto de 1897, quando o Estado foi condenado a pagar à companhia aproximadamente 6 mil libras.

115 Decreto n. 2598 de 31 de agosto de 1897.

116 Decreto n. 705 de 15 de outubro de 1900.

117 Relatório do Ministério dos Negócios da Agricultura, Comércio e Obras Públicas de 1900, p. 60.

Serviço de Povoamento[118] e estabeleceu, através de extenso texto, as *Bases regulamentares para o serviço de povoamento do solo nacional*. O art. 92, sobre a introdução de imigrantes, deixava claro seu objetivo:

> O Governo Federal promoverá a introdução de imigrantes que, sendo agricultores e acompanhados de família, desejarem fixar-se no país como proprietários territoriais, em lotes de núcleos coloniais, ou terras outras que satisfaçam as exigências deste decreto.[119]

Ressaltando a importância de o país fazer-se conhecer na Europa, em outubro do mesmo ano, um decreto estabeleceu as instruções para o serviço de propaganda e expansão econômica do Brasil no estrangeiro, ligado à Diretoria de Povoamento. Ou seja, mais uma medida cujo norte era a imigração. Todo esse novo aparato legal foi minuciosamente detalhado, e pouco alterado em sua essência, pelo Decreto n. 9081, de 03 de novembro de 1911, seguindo-se pelo Decreto n. 10105, de 5 de março de 1913, que dava novo regulamento às terras devolutas da União. Consolidava-se, portanto, ao menos no campo jurídico, a política de povoamento do solo nacional com base na presença de imigrantes.

Tendo por base o corpo legislativo sobre Imigração e Colonização no âmbito do governo brasileiro, é possível, em primeiro lugar, identificar nas leis, lutas e contradições na fase que precedeu – e até mesmo acompanhou – a grande imigração subsidiada, a disputa entre duas distintas políticas de imigração: de um lado, a criação de núcleos coloniais com pequenos proprietários e, de outro, o fornecimento de braços para a grande lavoura exportadora – projeto que prevaleceu em São Paulo.[120] Em segundo lugar, compreender como essas leis favoreceram financeiramente determinados grupos ou indivíduos ligados à execução dos serviços de imigração e colonização, pois, em ambos os casos, percebe-se que agências e companhias privadas sempre estiveram presentes, associando-se aos governos (imperial/federal e provincial/estadual) em empreendimentos onerosos ao Estado que, em contrapartida, além de favoráveis aos fazendeiros, eram bastante lucrativos a elas.

---

118 A diretoria, subordinada ao Ministério da Agricultura, ficou responsável pela estatística geral da imigração, o que certamente explica a volta da coleta dos números do fluxo a partir de 1907 que, no entanto, apareceram apenas a partir do Relatório do Ministério dos Negócios da Agricultura, Comércio e Obras Públicas de 1914, p. 90.

119 Decreto n. 6455 de 19 de abril de 1907.

120 Sobre a política de criação de núcleos coloniais no Brasil e em São Paulo durante o Império ver Miyoko Makino. "Contribuição ao estudo da legislação sobre núcleos coloniais no período imperial". *Anais do Museu Paulista*. São Paulo, t. XXV, 1971-1974, p. 79-130.

O quadro apresentado em 1893 pelo ministro da Agricultura, Bibiano da Fontoura Cestallat, fornece a amplitude alcançada por esse negócio que, no entanto, não proporcionou bons resultados ao Estado.

> (…) quase todas as concessões obtidas desviaram-se completamente do fim principal, que presidiu á confecção do decreto citado [Lei Glicério], limitando-se os concessionários, em sua maioria, a transferirem as mesmas concessões a companhias, adrede preparadas para especulações de Bolsa que, então, se desenvolveram em larga escala.[121]

Inúmeros contratos foram cancelados, em grande parte pela caducidade em que tinham incorrido, não apenas pela não execução das cláusulas estipuladas, mas também pela falta de cumprimento de várias disposições legais. Em 1893, cancelaram-se 70 concessões e, no início de 1894, mais cinco, proporcionando uma economia de mais de 190 mil contos de réis. Por fim, revelava o ministro, ainda estavam em pleno vigor 34 contratos dos 325 celebrados pelo governo provisório.[122] Ou seja, em paralelo às definições da política de imigração e colonização, corriam empreendimentos e especulações que dela se alimentavam.

Tal procedimento não passou incólume por Vicenzo Grossi, historiador contemporâneo da emigração italiana para o Brasil, ao observar que, da orientação combinada do Estado com a iniciativa privada para buscar braços e colonizar novas regiões, surgiram dois empreendimentos: as companhias ou sociedades de colonização e os contratos para introdução de imigrantes. No primeiro caso, o governo vendia terrenos a baixo preço às sociedades ou empreendedores que se obrigavam a estabelecer uma colônia através do repasse de lotes aos imigrantes a preços sempre superiores.[123] No segundo, constituíram-se agências nacionais que estenderam seus tentáculos até o outro lado do Atlântico para recrutar emigrantes, que eram trazidos por companhias de navegação ávidas em desfrutar desse rentável tráfico.

O debate sobre o imigrante ideal

Outro ponto importante a ser analisado em relação ao programa imigratório – que permeou todo o século XIX e invadiu o XX – é a chamada política de branqueamento apoiada

---

121 Relatório do Ministério dos Negócios da Agricultura, Comércio e Obras Públicas de 1893, p. 82.

122 Relatório do Ministério dos Negócios da Agricultura, Comércio e Obras Públicas de 1893, p. 82.

123 Vicenzo Grossi. *Storia della colonizzazione europea al Brasile e della emigrazione italiana nello stato di S. Paulo*. Roma: Officina Poligrafica Italiana, 1905, p. 165-167.

em teorias raciais originárias da Europa e Estados Unidos e desenvolvidas com a chancela da ciência à época.[124] Essa política, em certo sentido, encontrava-se diretamente ligada à ideia de progresso, representado pelo trabalho livre e pela obrigatoriedade da eliminação da escravidão, considerada por muitos a principal responsável pela crise na agricultura e pelo atraso brasileiro. Mas o escravo não era o único alvo dessas ideias, o livre nacional também era visto com reservas. Dessa forma, a imigração europeia, entendida como veículo do progresso e da civilização, transformou-se em um dos temas privilegiados sobre a discussão do processo de transição do trabalho escravo para o livre em detrimento também da população nativa.

O progresso do país, acreditava-se, estava atrelado ao aumento da produção agrícola e das exportações, à modernização da técnica e ao trabalho livre operoso e disciplinado. O próprio discurso de valorização do trabalho aparecia invariavelmente ligado a temas candentes, como a falta de mão de obra, a abolição do tráfico de escravos, a imigração europeia e a manutenção da ordem que, em conjunto, configuravam problema maior, designado genericamente nos debates políticos como "crise da agricultura".[125]

A imigração europeia apresentava-se como possível solução para os "males do país" e condição necessária para instituição de uma nova configuração social dignificante do trabalho, que teria como consequência a prosperidade material, solucionando o problema da falta de braços, e moral, neutralizando o ócio dos livres nacionais e os efeitos nocivos da escravidão. A par de uma análise mais ampla,[126] esse é o caminho a ser trilhado nas próximas linhas: discutir o tema da imigração como um fator do trabalho no sentido qualitativo e quantitativo, que certamente balizaram a política imigratória no âmbito nacional e local. Dessa forma, acompanhar o debate

---

124 Segundo Skidmore, a teoria do branqueamento era peculiar ao Brasil e jamais foi adotada na Europa ou nos Estados Unidos. A tese baseava-se na presunção da superioridade da raça branca; junto a isso, acreditava--se que a população negra diminuiria progressivamente em relação à branca devido à maior incidência de doenças e à desorganização social e que a miscigenação levaria a uma população mais clara, em parte por ser o "gene branco" mais forte e em parte porque as pessoas procuravam parceiros mais claros do que elas. Nesse sentido, a imigração de europeus reforçaria a predominância branca. Thomas E. Skidmore. *Preto no branco: raça e nacionalidade no pensamento brasileiro*. 2ª ed. Rio de Janeiro: Paz e Terra, 1976. Sobre o impacto dessas teorias raciais no Brasil ver Lilia Moritz Schwarcz. *O espetáculo das raças: cientistas, instituições e questão racial no Brasil, 1870-1930*. São Paulo: Companhias das Letras, 1993.

125 Isabel Andrade Marson. "Trabalho livre e progresso". *Revista Brasileira de História*. São Paulo, n.7, 1974, p. 89.

126 A historiografia sobre o tema é bastante rica em termos numéricos e em formas de abordagem: escravidão, trabalhador nacional, formação da nação e do povo. Ver, entre outros, Célia Maria Marinho de Azevedo. *Onda negra, medo branco: o negro no imaginário das elites – século XIX*. op. cit.; Lúcio Kowarick. *Trabalho e vadiagem: a origem do trabalho livre no Brasil*. 2ª ed. Rio de Janeiro: Paz e Terra, 1994; Iracy Galvão Salles. *República: a civilização dos excluídos (representações do "trabalhador nacional" – 1870-1919)*. Tese de Doutoramento. São Paulo: FFLCH/USP, 1995; Thomas E. Skidmore. *Preto no branco: raça e nacionalidade no pensamento brasileiro*. op. cit.

sobre a introdução de imigrantes chineses pode ajudar a compreender melhor a relação que se impunha entre a imigração de europeus e o progresso/civilização.

Se havia consenso que a imigração poderia resolver o problema da agricultura brasileira, em determinados momentos, o "imigrante ideal" para essa tarefa variou conforme preferências pessoais, contingências internas ou disponibilidade deste nas áreas de origem. Em 1855, poucos anos após o fim do tráfico de escravos, Lacerda Werneck, membro de uma importante família cafeicultora do Vale do Paraíba fluminense, expôs algumas de suas ideias sobre a colonização do Brasil, ressaltando que somente com a imigração o país conseguiria alavancar seu desenvolvimento, pois não possuía população habilitada para exercer tal tarefa. Em sua opinião, os imigrantes deveriam ser europeus – "a raça forte e energica dos neo-latinos e anglo-saxões" –, cuja missão era assim definida pelo fazendeiro: "com sua intervenção venham inocular-nos o sangue fervente da agitação industriosa, misturando-se e derramando-se pela nossa população atual".[127]

Em outro ponto de seu estudo, mostrava-se radicalmente contrário à vinda de chineses afirmando que eles não eram "os homens do século", nem "os obreiros da civilização", pertenciam a "uma raça inteiramente avessa aos pensamentos, ás idéas de melhoramento e progresso" e que não era "nesse povo" que o Brasil deveria "buscar um contingente prestimoso para a conquista grandiosa que temos em vista: a cultura da razão, a organização social, a produção multiplicada, o progresso sem limites".[128] Com essas considerações, Werneck posicionava-se no debate que ganhava corpo à época, no qual a imigração chinesa era vista por muitos como a solução para o conturbado momento da transição do trabalho escravo para o livre.

A ideia de importar trabalhadores chineses entrou na pauta de discussão do Parlamento brasileiro em 1854 e seus defensores recorreram ao suposto sucesso da utilização dessa mão de obra nas lavouras de Cuba e do Peru.[129] Em 1855, a representação brasileira em Londres recebeu instruções para "contratar importação de colonos Chins neste Império com alguma casa comercial de Londres, Liverpool, ou outra qualquer praça importante, que inspire confiança, e ofereça garantia de bom e pronto desempenho". Para tanto, o governo imperial dispunha-se a pagar de 15 a 20 libras, para um total de no máximo 6 mil imigrantes importados no intervalo de dois anos. As instruções eram claras sobre o tipo de trabalhador desejado:

---

127 Luiz Peixoto de Lacerda Werneck. *Idéas sobre colonisação precedidas de uma succinta exposição dos principios geraes que regem a população*. Rio de Janeiro: Typographia Universal de Laemert, 1855, p. 78.

128 Luiz Peixoto de Lacerda Werneck. *Ideias sobre a colonização... op. cit.*, p. 78.

129 David Northrup. *Indentured labor in the age of imperialism, 1834-1922*. Nova York: Cambridge University Press, 1995, p. 25. Sobre esse tema ver Capítulo 3 a seguir.

> 1 – Os Chins, que se contratarem, deverão ser naturais e habitantes das províncias, em que forem mais morigerados, amigos do trabalho, e dados à cultura da cana-de-açúcar; tais como: Amoy, Shangay, Ningpó e Chusan, preferindo sempre as pequenas povoações como Cunsingmoon, Namoa, &c.
> 2 – Os colonos deverão ser lavradores, sadios, morigerados e não dados ao uso de ópio, regulando suas idades entre 12 e 35 anos.
> 3 – Aos colonos casados, e que pretenderem trazer suas mulheres e filhos será-lhes permitido isso (...).[130]

Tanto cuidado nas especificações era fruto da visão negativa a respeito dos chineses e de um pseudo-conhecimento que de alguma forma autorizavam os responsáveis pela política de imigração a definir em quais regiões da Ásia poderiam ser encontrados os trabalhadores mais adequados. Nesse sentido, o item 5 chama atenção para o fato de que os navios utilizados no transporte de colonos deveriam trazer um médico e um intérprete que falasse português, geralmente de Macau, de onde, no entanto, não poderiam "em caso algum ser tirados os colonos".

Quatro meses depois, em resposta às dificuldades enfrentadas para a importação de chineses – a proposta apresentada por Monsieur Forster não pôde ser aceita, pois seria cobrada a soma de 25 libras por indivíduo, quantia considerada alta –, o governo imperial demonstrava toda sua cautela em contratar chineses ao observar ao representante do Brasil em Londres[131]

> Que à vista das dificuldades do objeto, e do risco que se corre em uma importação de colonos quase que inteiramente desconhecida no país; cumpre que V. Exa. não contrate mais de 2.000 colonos, que devem ser remetidos em diversas porções dentro do prazo de um ano, embora se imponha ao Governo a obrigação de logo depois das primeiras remessas declarar se quer ou não contratar maior porção até o total de 6.000.
> Servirá assim o primeiro contrato como que de um ensaio, que não pode deixar de ser útil, tanto ao Governo como aos empresários.[132]

---

130 Aviso n. 1 de 19 de janeiro de 1855.

131 Em 1856, chegou uma única leva com 360 trabalhadores e a empreitada não logrou sucesso. Robert Conrad. "The planter class and the debate over chinese immigration to Brazil, 1850-1893". *International Migration Review*. Nova York, v. IX, n. 1, 1975, p. 43.

132 Aviso n. 3 de 14 de maio de 1855. Novamente sublinhava-se a necessidade da seleção regional. Dever-se-ia evitar habitantes de Cantão, ou cidades. Só seriam admitidos "colonos e trabalhadores do norte ou de pontos como Amões e Hong Kong, reconhecidos como aqueles em que mais facilmente se encontram homens morigerados, e empregados na agricultura".

Nos anos seguintes, o debate prosseguiu com menções nada favoráveis aos denominados pejorativamente de "chins". Os que eram contra consideravam-no "pior que o negro", "atrasado intelectualmente e sem nenhum amor ao trabalho".[133] Aqueles favoráveis à sua utilização apresentavam-no como a salvação da lavoura cafeeira, o trabalhador ideal para completar a tão desejada transição para o trabalho livre. No entanto, além das qualidades, seus defensores não se furtavam em ressaltar o que acreditavam ser defeitos: "os chineses eram exigentes quanto a seus salários, não assimiláveis, amantes do jogo, resistentes à disciplina que os impedisse de jogar, e de natureza moral pervertida".[134]

Na argumentação de Quintino Bocaiúva, o autor das considerações acima, a urgente necessidade por esse tipo de imigrante mataria o preconceito, porque só através de tal meio seria possível promover o desenvolvimento da propriedade rural sem alterar sua forma e essência, ou seja, a grande lavoura exportadora e o regime de trabalho compulsório, fadados, em sua opinião, a persistir ainda por muito tempo. Em suma, de forma diversa dos que defendiam a imigração europeia como modificadora da realidade socioeconômica, Bocaiúva, assim como outros partidários, apresentava a vinda de chineses como alternativa para a manutenção do *status quo*, ou ao menos garantir a lenta transição do regime de trabalho.

Na década de 1870, essa questão foi tratada com mais atenção. Em 1869, o Ministério da Agricultura recebeu um estudo realizado por Xavier Pinheiro sobre a importação de "chins".[135] Posicionando-se favoravelmente à presença desses trabalhadores como mão de obra para a lavoura, o autor apresentou um histórico das primeiras tentativas fracassadas e, no plano internacional, relatou a satisfatória – segundo sua ótica – experiência cubana. Em diversas colônias, lembrava Pinheiro, com lavoura semelhante a do Brasil, após a emancipação dos escravos, recorreu-se à China e à Índia "reservatórios copiosos" onde se conseguiram os braços substitutos. Manifestou e justificou sua preferência pelos chineses – "mais robustos" e "mais fáceis de serem obtidos" – em detrimento dos indianos. Preocupado em documentar seus argumentos e conclusões e, ao mesmo tempo, fornecer subsídios para uma nova empreitada, o autor incorporou ao relatório o *Regulamento do Governo Hespanhol para introdução de colonos chins na Ilha de Cuba* de 1860, alguns contratos de introdução com empresas particulares e

---

133 Assim Werneck apresentava sua comparação do chinês com o negro africano: "Superior ao China, fraco, imbuido de grandes erros, de prejuizos enraizados, immoral por doutrina, e no entanto aspirando a fóros de illustrado, é o Africano. Porque ao mesno nelle ha a força bruta, a intelligencia não está viciada (…)". Luiz Peixoto de Lacerda Werneck. *Ideias sobre a colonização… op. cit.*, p. 79.

134 Quintino Bocaiúva. *A crise da lavoura* (1869). Apud Emília Viotti da Costa. *Da senzala à colônia, op. cit.*, p. 185.

135 João Pedro Xavier Pinheiro. *Importação de trabalhadores chins. Memoria apresentada ao Ministerio da Agricultura, Commercio e Obras Publicas e impressa por sua ordem*. Rio de Janeiro: Typographia de João Ignacio da Silva, 1869.

uma convenção celebrada em 1861 entre França e Inglaterra, permitindo que a primeira recrutasse para suas colônias emigrantes das possessões britânicas nas Índias. Experiências que, segundo seu ponto de vista, poderiam ser aproveitadas pelo Brasil.

Muito provavelmente por conta desse estudo, no ano seguinte, o governo imperial voltou mais uma vez os olhos para o Oriente e concedeu autorização a Manoel da Costa Lima Vianna e João Antonio de Miranda e Silva para introdução exclusiva de asiáticos destinados aos serviços da lavoura, pelo prazo de 10 anos, durante o qual nenhuma outra empresa poderia importar trabalhadores da mesma procedência e com finalidade idêntica.[136] A companhia foi dissolvida em novembro de 1883, devido às dificuldades para levar avante seu projeto, quando os governos inglês e português proibiram o engajamento e embarque de trabalhadores chineses no porto de Hong-Kong e Macau.[137]

A autorização via decreto era clara – "trabalhadores", não colonos – e específica quanto às obrigações dos recrutados – dentre outras, a obrigação de indenizar o patrão por tempo de serviço perdido, sujeição por parte do trabalhador à disciplina da fazenda, fábrica ou estabelecimento, renúncia do direito de reclamar do salário. As exigências assemelhavam-se àquelas dos avisos de 1855 – os trabalhadores deveriam ser robustos e habituados ao serviço da lavoura, não podiam estar acostumados ao uso do ópio, ou ter idade superior a 45 anos. No entanto, além da denominação genérica de "asiáticos", nada se mencionou em relação à região de procedência, fruto, talvez, da premente necessidade da lavoura e das dificuldades no recrutamento. Ao que parece, a denominação "asiáticos" englobava ao menos dois povos: os "chins" (chineses) e os "coolies" (indianos).

Em 1875, Menezes e Souza, conselheiro do Império, apresentava um relatório ao Ministério da Agricultura intitulado *Theses sobre a colonização do Brazil*, um amplo estudo sobre os problemas e soluções para se promover a imigração e colonização que, aumentando a "população válida e laboriosa, dê lugar a que se desenvolva pelo trabalho, *maxime* o da lavoura, a riqueza publica e particular".[138] Na abertura do texto, mais uma vez ficava clara a estreita relação entre o progresso do país e a vinda de imigrantes. A definição de quais imigrantes, viria apenas ao final, mas indícios do prólogo já apontavam para o europeu.

---

136   Decreto n. 4547 de 09 de julho de 1870. Luiza Horn Iotti (org.). *Imigração e Colonização: legislação de 1747 a 1915, op. cit.*, p. 304-307.

137   Emília Viotti da Costa. *Da senzala à colônia, op. cit.*, p. 188. Outro problema levantado pelo Barão de Itaúna, ministro da Agricultura em 1871, era o valor das subvenções consideradas muito altas, como resultado da ação de especuladores nas áreas de recrutamento e embarque de chineses. Relatorio do Ministério da Agricultura, Commercio e Obras Publicas, 1871.

138   João Cardoso de Menezes e Souza. *Theses sobre a colonização do Brasil. Projecto de solução ás questões sociaes, que se prendem a este difícil problema*. Rio de Janeiro: Typographia Nacional, 1875.

> A emigração deve fazer do Brazil um poderoso Imperio e um vasto mercado pela união dos interesses e recursos da monarchia americana e do antigo mundo.[139]

No decorrer do relatório, mesmo considerando o escravo uma força centrifuga ao imigrante, defendia a abolição gradual da escravidão nos moldes da Lei do Ventre Livre, pois temia a desorganização imediata da produção e exortava ao Estado assumir o papel de incentivador da imigração, argumentando que apenas com a formação de núcleos coloniais seria possível atrair europeus, que viriam para serem proprietários. Ao final do estudo, Menezes e Souza formulou a seguinte questão: "Qual é a nação européa, que nos póde fornecer emigrantes mais aptos e em maior cópia?"

Seguiu-se a isso, sua descrição das características de alguns "povos do Velho Mundo". Um desfile de cientificismo, teorias raciais classificatórias e sobre a capacidade de assimilação de cada povo, além das observações sobre as experiências ocorridas no país, que resultaram na opção pelo alemão e na caracterização da Alemanha como "o viveiro da imigração para o Brazil". A pergunta era clara: qual nação europeia? Mas o conselheiro, após dedicar algumas linhas para descrever as aptidões de outros europeus – belgas, suíços, espanhóis, portugueses, italianos e britânicos –, debruçou-se com mais atenção sobre o tema candente na década de 1870: a imigração de "chins" e "coolies".

Definitivamente contra a entrada desses imigrantes, Menezes e Souza utilizava argumentos raciais e exemplos de tentativas fracassadas no exterior para desacreditar qualquer intenção de transformá-los em mão de obra para a lavoura brasileira. Mais do que isso, duas questões pareciam incomodar profundamente o conselheiro. Por um lado, "estudos científicos" indicavam que tanto os chineses quanto os indianos pertenciam a "sociedades envelhecidas" e que "conservavam com tenacidade seus habitos e costumes anti-europeus"; por outro, experiências nas colônias francesas e inglesas mostravam que a imigração asiática era, na verdade, "uma segunda escravidão", identificada por ele como inimiga do progresso. Em suma, para Menezes e Souza e sua "verdade anthropologica" não havia escolha a ser feita, pois existia apenas uma opção. O imigrante europeu "modifica o caracter do nacional, creando-lhe a vocação para o trabalho technico" e "a raça chineza abastarda, e faz degenerar a nossa".[140]

Em 1878, o então ministro da Agricultura e chefe do Conselho de Ministros, Cansansão de Sinimbú, promoveu o Congresso Agrícola do Rio de Janeiro para discutir os principais problemas da lavoura do sul do país. O tema não poderia ser outro, a escassez de mão de obra

---

139 João Cardoso de Menezes e Souza. *Theses sobre a colonização do Brasil, op. cit.*, p. IX.

140 João Cardoso de Menezes e Souza. *Theses sobre a colonização do Brasil, op. cit.*, p. VI, 403 e ss.

e a perspectiva negativa por conta da libertação dos nascituros e das fracassadas experiências com a imigração europeia até aquele momento. Duas alternativas foram discutidas: a utilização do trabalhador nacional e a importação dos "coolies" e dos "chins". Sinimbú era francamente favorável à importação de asiáticos[141] como medida de transição para o trabalhador livre europeu, posição aceita pela maioria, mas como solução provisória; os opositores, mais uma vez, reproduziram os mesmos argumentos raciais para criticar a alternativa.[142]

O interesse por esse trabalhador parecia ser grande. A única conferência documentada nos anais do Congresso Agrícola foi proferida por um inglês chamado Scoth Blacklaw, diretor da fazenda Angélica,[143] no interior de São Paulo, que se dispôs a relatar seus estudos sobre a utilização dos "coolies" sob contrato em algumas colônias britânicas após a abolição da escravidão e no Ceilão para onde se dirigiam espontaneamente em busca de trabalho. Sua argumentação baseada em "princípios de superioridade da raça branca", no entanto, fazia eco aos problemas enfrentados por aqueles que haviam tentado introduzir o braço europeu na lavoura cafeeira.

> (...) a lavoura tropical, a lavoura de café, não serve para gente branca. Não é que o branco não possa prestar esse serviço: ha muitos que trabalham nos cafezaes da fazenda Angelica melhor do que os negros; não é questão de força; é questão de concurrencia de nosso café com o de outros logares. Não ha um branco que possa trabalhar pelo mesmo salario de um preto ou de um coolie da India.[144]

---

141 No início de 1879, em sessão no Parlamento, Sinimbú fez a seguinte declaração sobre os chineses: "Digamos a verdade, sejamos sinceros. A educação e o exemplo que recebemos de nossos antepassados, assim como o habito que temos de mandar sobre escravos, nos tornarão bem difícil a direção de trabalhadores livres e no gozo dos mesmos direitos que nós". Sessão parlamentar de 10 de janeiro de 1879. *Apud* Miguel Lemos. *Immigração chineza. Mensagem a S. Ex. o embaixador do Celeste Imperio junto aos governos de França e Inglaterra*. Rio de Janeiro: Centro Positivista Brasileiro; Typ. Central, 1881, p. 13.

142 José Murilo de Carvalho. Introdução. Congresso Agrícola do Rio de Janeiro, 1878. Anais. Rio de Janeiro: Fundação Casa Rui Barbosa, 1988 (Edição fac-similar), p. VII-VIII; Emília Viotti da Costa. *Da senzala à colônia, op. cit.*, p. 185-187. Como presidente do Conselho de Ministros, Sinimbú também teve papel ativo na transferência de retirantes cearenses, vítimas da grande seca de 1877-1878, para a província de São Paulo. Paulo Cesar Gonçalves. *Migração e mão de obra: retirantes cearenses na economia cafeeira do Centro-Sul (1877-1901)*. São Paulo: Humanitas, 2006. Capítulo 3.

143 Antiga propriedade da família Vergueiro, a fazenda Angélica foi vendida aos credores, o London & Brazilian Bank. Warren Dean. *Rio Claro: um sistema brasileiro de grande lavoura (1820-1920), op. cit.*, p. 118.

144 Conferencia feita pelo Sr. Blacklaw perante o Congresso Agricola, em 12 de junho de 1878, acerca do trabalho dos coolies. Congresso Agrícola do Rio de Janeiro, 1878, *op. cit.*, p. 255-262.

Uma de suas afirmações, no entanto, parece ter agradado ainda mais a atenta plateia: "o coolie não é colono, não ficará aqui definitivamente estabelecido". Ou seja, da mesma forma que os "chins", a ideia de que ambos não seriam assimilados pela "raça brasílica"[145] consistia em argumento fundamental usado pelos partidários dessa solução para a crise de mão de obra na agricultura, no sentido de refutar o maior temor que afligia a todos: o perigo da "mongolização" do país. Era senso comum entre os defensores da imigração chinesa que em virtude de sua inferioridade racial, esses trabalhadores teriam apenas papel transitório, pois avessos à civilização ocidental, seriam incapazes de fixar residência no Brasil.[146]

Os protestos contra a imigração chinesa cresciam na mesma medida em que os projetos do governo Sinimbú tentavam sair do papel. Manifestações certamente exageradas quando se observam os tímidos números das entradas de chineses no Brasil, estimados em 2.947 durante todo o século XIX.[147] A tentativa de Sinimbú em estabelecer acordo de amizade e comércio com a China, com a clara intenção de facilitar a vinda dessa mão de obra para o Brasil,[148] mais do que protestos, provocou a elaboração de um documento por parte do Centro Positivista Brasileiro a ser enviado ao embaixador chinês na Inglaterra, denunciando as verdadeiras intenções do ministro. O argumento era semelhante ao de Menezes e Souza.

> Nossos estadistas, porém, em vez de tomar resoluções energicas e decisivas como as que o caso exige, procuram iludir a reforma tentando uma nova escravidão que proporcione á classe agricola a continuação do regimen escravo e, com a mais patriotica das indagações, somos forçados a declarar a V. Ex. que foi este o fim real das relações tentadas pelo nosso Governo com o soberano do Celeste Imperio.[149]

---

145 Expressão extraída de Luiz Peixoto de Lacerda Werneck. *Ideias sobre a colonização... op. cit.*, p. 78.

146 Célia Maria Marinho de Azevedo. *Onda negra, medo branco: o negro no imaginário das elites – século XIX, op. cit.*, p. 150-151.

147 Os números são os seguintes: até 1810, aproximadamente 500; em 1856, chegaram 360; entre 1859-1866, vieram 612; em 1874, mais 1.000 e até 1893, outros 475. Robert Conrad. "The planter class and the debate over chinese immigration to Brazil, 1850-1893", *op. cit.*, p. 42.

148 Robert Conrad. "The planter class and the debate over chinese immigration to Brazil, 1850-1893", *op. cit.*, p. 45.

149 Miguel Lemos. *Immigração chineza, op. cit.*, p. 9. Para comprovar a denúncia, o documento reproduzia vários trechos dos debates entre parlamentares e ministros em 1879 por conta da chamada "Missão Chinesa", constituída para estudar os meios necessários para efetivação do acordo. O teor das discussões era sempre o mesmo: a viabilidade do trabalhador chinês na lavoura de exportação. Não foi possível avaliar a representatividade dessa entidade, mas ao menos fica demonstrado que o debate sobre o trabalhador "chin" era acompanhado de perto também por setores de fora do âmbito rural.

Os maiores opositores da vinda dos "chins" eram os que advogavam a imigração europeia; muitos dos quais, acreditavam ser ela a força motriz de mudanças na sociedade brasileira. Em 17 de novembro de 1883, foi fundada, no Rio de Janeiro, a Sociedade Central de Imigração, que aplicou seus esforços para conseguir a divisão das fazendas hipotecadas em lotes compráveis pelos colonos imigrantes e nacionais. Sua política buscava estimular a pequena propriedade, partindo da ideia de que o desejo do imigrante era sempre se tornar proprietário.[150] Seus principais membros, Alfredo d'Escragnolle Taunay, Henrique Beaurepaire Rohan e André Rebouças defendiam o fim do latifúndio escravista, o símbolo do atraso brasileiro, e a criação de uma camada rural composta de imigrantes europeus como pequenos proprietários.

A reconstrução do Brasil, na concepção da Sociedade Central, estava atrelada à imigração europeia, o que ficava claro em suas posições sobre a imigração chinesa – "uma raça atrofiada e corrupta, bastardizada e depravada" – ou mesmo em relação aos imigrantes árabes, que povoavam o Rio de Janeiro como ambulantes e mascates – "homens nojentos e sórdidos". A própria abolição foi tratada de forma secundária por não ser considerada obstáculo sério ao tipo de imigração advogada pela entidade.[151]

Sobre a população rural brasileira, Hall afirma não haver dúvidas que a Sociedade considerava-a com severas limitações, definindo-a em muitas vezes como "indolente" e "inconstante". Tal afirmação deve ser relativizada, sobretudo quando se analisam alguns escritos de André Rebouças e Henrique Rohan. O primeiro, em *Agricultura nacional*, na seção intitulada "Carência de Braços", defendia o melhor aproveitamento dos nacionais, negava sua suposta ociosidade, e tecia fortes críticas àqueles que se queixavam da falta de mão de obra. Prosseguindo sua análise, o engenheiro, afirmava que a verdadeira interpretação da frase oficial – carência de braços – era que o Império necessitava de reformas sociais, econômicas e financeiras que permitissem o aproveitamento de milhares de indivíduos.[152] Rohan, por seu turno, defendia, como condição essencial para o desenvolvimento da agricultura brasileira, a divisão da grande propriedade em pequenas áreas produtivas, cedendo o fazendeiro aos

---

150 Emília Viotti da Costa. *Da senzala à colônia, op. cit.*, p. 117-118. Para um estudo sobre essa Sociedade ver Irina Vassilieff. *Sociedade Central de Imigração nos fins do século XIX e a democracia rural*. Tese de Doutoramento. São Paulo: FFLCH/USP, 1987.

151 Excertos extraídos do jornal *A Imigração*, publicado pela Sociedade e de discursos de Taunay no senado. Cf. Michael M. Hall. "Reformadores de classe média no Império brasileiro: a Sociedade Central de Imigração". *Revista de História*. São Paulo, ano XXVII, v. LIII, 1976, p. 160-161.

152 André Rebouças. *Agricultura nacional: estudos econômicos. Propaganda abolicionista e democrática* (1883). Estudo introdutório de Joselice Jucá. 2ª ed. fac-similar. Recife: FUNDAJ; Editora Massangana, 1988, p. 379-384.

lavradores o domínio útil de suas terras. O general ia mais longe ao propor que esses colonos poderiam ser imigrantes europeus, nacionais e ex-escravos.[153]

A Sociedade Central de Imigração encerrou suas atividades em 1891, já tendo presenciado o sucesso da política de subvenção de passagens empreendida por São Paulo em meados da década de 1880, um dos principais alvos de suas críticas.[154] Se a entidade acreditava na modernização da sociedade brasileira através da imigração europeia ancorada na pequena propriedade, esse não era o pensamento da maior parte dos fazendeiros paulistas, cuja única preocupação era a de conseguir braços para a grande lavoura exportadora de café e, para tanto, desenvolveram um programa levado a termo com a criação da Sociedade Promotora de Imigração. Antes, porém, alguns fazendeiros aventaram a hipótese de utilização de chineses como o elemento ideal na transição para o trabalho livre, ancorado na imigração europeia, proposta que foi rechaçada e, posteriormente, engolida quando começaram a chegar levas de europeus.[155]

Dessa forma, após as primeiras tentativas em meados do século XIX, o imigrante europeu, sobretudo o italiano, chegava para solucionar o problema quantitativo da mão de obra e desenvolver a produção de café. Se ele seria ou não elemento constitutivo do progresso em outro sentido que não o material, era questão de somenos importância para os cafeicultores paulistas. O imigrante europeu acabou, então, reduzido a um instrumento de produção, em certo sentido, à semelhança do escravo, e contrariando todas as expectativas de publicistas como Menezes e Souza, que o vislumbravam como agente de dinamismo e modernização da sociedade brasileira.[156]

---

153 Henrique Beaurepaire Rohan. *O futuro da grande lavoura e da grande propriedade no Brasil*. Congresso Agrícola do Rio de Janeiro, 1878. Anais. Rio de Janeiro: Fundação Casa Rui Barbosa, 1988 (Edição fac-similar), p. 242-252.

154 Sobre a polêmica entre as duas Sociedades ver Michael M. Hall. "Reformadores de classe média no Império brasileiro: a Sociedade Central de Imigração", *op. cit.*, p. 164 e ss.

155 Sobre as discussões na Assembleia Provincial de São Paulo ver Célia Maria Marinho de Azevedo. *Onda negra, medo branco: o negro no imaginário das elites – século XIX, op. cit.*, p. 147 e ss.

156 Para uma ampla discussão sobre o tema ver Florestan Fernandes. *A revolução burguesa no Brasil*. São Paulo: Globo, 2006. Segundo o sociólogo, "o imigrante seria o nosso tipo humano que encarnaria de modo mais completo a concretização interna da *mentalidade capitalista* e iria desempenhar os principais papéis econômicos que estruturaram e dinamizaram a evolução do capitalismo no Brasil", p. 168.

São Paulo: leis e contratos para introdução de imigrantes

As primeiras experiências

Em São Paulo, pode-se dizer que a imigração dirigida pelo governo teve início na segunda metade do século XIX. Em 1827, entretanto, já existia uma incipiente política oficial de formação de núcleos coloniais. O primeiro instalou-se no sertão do Rio Negro, em terras hoje pertencentes ao Paraná, que à época ainda faziam parte da província paulista. Chegaram imigrantes alemães (200 em 1827 e 726 em 1828) de Bremen, trazidos pelo major Jorge Antonio Schäffer, representante do governo imperial. Chama atenção uma das cláusulas do contrato que obrigava os colonos a pegar em armas, caso fosse necessário; bem como sujeitar seus filhos ao serviço militar.[157]

Em 1836, chegaram 27 colonos com suas famílias, que foram engajados nos serviços da estrada de ferro de Santos. Um ano depois, o presidente da província encarregou o major João Bloem, em viagem pela Europa, de contratar trabalhadores para a mesma estrada. Assim, no final de 1838, chegaram ao porto de Santos 277 indivíduos, inclusive 59 mulheres e filhos, quase todos da Prússia. 56 dirigiram-se para a fábrica de ferro de Ypanema, 88 aceitaram o trabalho em Santos, o restante seguiu outros destinos.[158]

Na década de 1840, o senador Vergueiro trouxe para a fazenda Ibicaba 90 colonos portugueses e instituiu o regime de parceria que, em pouco tempo, malogrou.[159] Isso, porém, não impediu que alguns anos depois o senador contratasse mais 80 famílias alemãs.[160] Com base nessas experiências, Vergueiro fundou uma companhia para trazer imigrantes, a

---

157 Cf. "Contratos relativos á immigração". *Boletim do Departamento Estadual do Trabalho*. São Paulo, Ano VI, n. 22, 1917, p. 39; e "Dados para a História da Immigração e da Colonização em S. Paulo". *Boletim do Departamento Estadual do Trabalho*. São Paulo, Ano V, n. 19, 1916, p. 178.

158 Discurso com que o Ilmº. Sr. Dr. José Antonio Saraiva, Presidente da Provincia de São Paulo, abrio a Assembléa Legislativa Provincial, no dia 15 de fevereiro de 1855, p. 20-21. Para um estudo mais detalhado sobre o início da colonização de São Paulo ver Emília Viotti da Costa. *Da senzala à colônia*. São Paulo: Editora Unesp, 1998. Cap. 2. Segundo a historiadora, entre 1827 e 1837, cerca de 1.200 colonos foram localizados em diferentes pontos da província. Problemas como a péssima qualidade do solo, distância dos centros consumidores, acesso difícil, contribuíram para o fracasso e abandono das terras, p. 111.

159 Em 1827, quando consultado pelo governo imperial sobre a vinda de alemães que formariam um núcleo colonial, o senador posicionou-se contra, alegando, entre outras razões, a incompatibilidade entre esse tipo de colonização e o interesse dos proprietários. Emília Viotti da Costa. *Da senzala à colônia, op. cit.*, p. 110.

160 "Dados para a História da Immigração e da Colonização em S. Paulo", *op. cit.*, p. 179.

Vergueiro & Cia.,[161] constituindo-se na primeira empresa privada a estabelecer contratos diretamente com fazendeiros e com os governos provincial e central.[162]

Na década de 1850, foram celebrados dois contratos da Vergueiro & Cia. com o governo de São Paulo. O primeiro, de 20 de agosto de 1852, para introduzir anualmente 500 colonos alemães, portugueses e outras nacionalidades, constituídos em famílias. Não existia subvenção, mas o governo obrigava-se a emprestar sem juros à companhia 25:000$000 anuais, reversível aos cofres provinciais em 3 anos. O segundo, de 04 de setembro de 1854, tratava da introdução anual de mil colonos, nas mesmas condições do contrato anterior.[163] Além da subvenção anual de 1:500$000, como revelou José Antonio Saraiva, então presidente da província de São Paulo, a casa Vergueiro & Cia. contava com outras vantagens: o desenvolvimento de suas relações comerciais; o adiantamento de muitas passagens pelos municípios suíços e a comissão que recebia para cada colono, cuja vinda promovia.[164]

Cessado o tráfico de escravos, o interesse nesse tipo de colonização intensificou-se, com reflexos diretos no aumento da demanda e no oferecimento de um novo tipo de serviço que

---

161 Em Ibicaba, os colonos recrutados na Europa por Vergueiro trabalharam ao lado de escravos. O senador é figura bastante emblemática. Além de ser fazendeiro, é apontado por alguns historiadores como traficante de escravos. Atuou também no ramo de exportação de café e ainda criou uma companhia para trazer imigrantes. Warren Dean. *Rio Claro: um sistema brasileiro de grande lavoura (1820-1920), op. cit.*, p. 59. Essa possível transição de traficante para mercador de braços europeus mereceria investigação mais detalhada. O estudo mais conhecido sobre o senador ignora totalmente essa atividade. Djalma Forjaz. *O senador Vergueiro: sua vida e sua época, 1778-1859*. São Paulo: Officinas do Diario Official, 1924. Utilizando-se de algumas fontes encontradas no Arquivo Nacional do Rio de Janeiro, Alencastro foi quem mais se aproximou desse assunto. Cf. Luiz Felipe de Alencastro. "Proletários e escravos: imigrantes portugueses e cativos africanos no Rio de Janeiro, 1850-1872". *Novos Estudos CEBRAP*. São Paulo, n. 21, 1988, p. 30-56.

162 Em 1847, em contraste com a introdução de imigrantes realizada por Vergueiro em sua fazenda sob o regime de parceria, estabeleceu-se na região de Guarapuava, no vale do rio Ivaí, a colônia Tereza Cristina com imigrantes franceses. Vislumbrava-se alternativa ao trabalho escravo, de caráter civilizador e, ao mesmo tempo, de incorporação estratégica de territórios até então ocupados por indígenas. Um excelente estudo sobre essa colônia e a região de Guarapuava no sentido de sua organização fundiária e produtiva como um espaço novo de colonização encontra-se em Rosângela Ferreira Leite. *Nos limites da colonização: ocupação territorial, organização econômica e populações livres pobres (Guarapuava, 1808-1880). op. cit.*

163 "Contratos relativos á immigração", *op. cit.*, p. 39-40.

164 Discurso com que o Ilmº. Sr. Dr. José Antonio Saraiva, *op. cit.*, p. 18. Algumas linhas à frente, o presidente da província justificava a comissão recebida pela companhia alegando que a verba dispensada à imigração era muito reduzida e que os cofres provinciais prestavam insignificantes serviços: "O auxilio, que prestaes a casa Vergueiro, não lhe permitindo de fazer o menor favor a colonisação, ou antes, não lhe permitindo incumbir-se da importação de colonos sem dispensar uma comissão pelo trabalho, que tem de agenciar a sua vinda, não favorece absolutamente ao colono (…), e conseguintemente não anima a emigração, e nem-uma influencia pode exercer em seu desenvolvimento, em sua sorte".

então se delineava: o fornecimento de braços europeus. A Vergueiro & Cia. foi pioneira, mas já no início da década de 1850, surgiram outras sociedades interessadas em trazer imigrantes. Nesse sentido, uma importante casa ligada à exportação de café, a Theodor Wille & Cia.,[165] trouxe por sua própria conta 460 colonos em 1855. Investimento que encontrou retorno já no ano seguinte, quando o orçamento provincial, através do artigo 11 das disposições transitórias, autorizou contratar com a mesma a importação de colonos e sua distribuição na província, consignando verba de até 10 contos de réis.[166]

Segundo o vice-presidente da província paulista, além da Vergueiro & Cia. e da Theodor Wille & Cia., existiam outras pessoas na Europa dispostas a trazer imigrantes a expensas suas.[167] No final dos anos de 1850, três fazendeiros paulistas contrataram com Achilles Martins d'Estadens a introdução de um pequeno número de colonos de nacionalidade alemã e suíça. Nos três contratos os fazendeiros prestaram fiança e o governo provincial responsabilizou-se pelos valores junto ao contratado.[168]

Ainda nessa década, fundaram-se inúmeras colônias particulares por importantes personagens da vida econômica e política que, preocupados com o futuro do trabalho escravo, buscavam alternativas para suprir a demanda por mão de obra. A par dos núcleos coloniais oficiais, organizados pela distribuição de terras aos colonos, esses empreendimentos privados ocupavam-se da produção do café sob o regime de parceria.

> É quasi geral a tendencia dos fazendeiros para a fundação de colonias, sendo á isso levados quer pela falta de braços para a lavoura, quer por observarem que estão satisfeitos com os resultados obtidos aquelles, que as tem estabelecido; sendo por isso d'esperar que se vá progressivamente augmentando o número delas.[169]

---

165 De origem alemã, a Theodor Wille & Cia., que levava o nome de seu fundador, tornou-se uma das maiores exportadoras de café pelo porto de Santos entre o final do século XIX e início do XX. Relatório da Associação Comercial de Santos (vários anos). Segundo o jornal *A Tribuna de Santos* (26 de janeiro de 1939), Theodor Wille foi o responsável pela exportação da primeira saca de café paulista via porto de Santos para a Europa.

166 Emília Viotti da Costa. *Da senzala à colônia, op. cit.*, p. 123.

167 Discurso com que o Ilmº. Sr. Dr. Antonio Roberto d'Almeida, Vice-Presidente da Provincia de São Paulo, abrio a Assembléa Legislativa Provincial, no dia 15 de fevereiro de 1856, p. 23.

168 Os contratos foram assinados entre março e maio de 1857. O primeiro, com Lourenço Francisco Cintra estabelecia a introdução de 40 colonos alemães, no valor total de 4:000$000; o segundo, com Manuel Vaz de Toledo, de 100 a 105 colonos suíços, a 140$000 por imigrante de 14 a 45 anos, 105$000 pelos de 8 a 14 anos e 70$000 pelos de 1 a 8 anos; e o terceiro, com João Baptista da Silva Gomes Barata, de 70 a 75 colonos suíços, no valor total de 7:000$000. "Contratos relativos á immigração", *op. cit.*, p. 40-41.

169 Discurso com que o Ilmº. Sr. Dr. José Antonio Saraiva, *op. cit.*, p. 23.

Em 1852, já existiam as seguintes colônias: Sete Quedas, em Campinas, fundada por Joaquim Bonifácio do Amaral; São Lourenço, criada por Luiz Antonio de Souza Barros; Senador Queiroz, em Limeira, fundada pelo senador Francisco de Souza Queiroz; Boa-Vista, em Rio Claro, fundada por Benedicto Antonio de Camargo; Bery, de José Elias Pacheco Jordão, em Rio Claro. Em 1853, as colônias Carumbatahy do padre Manoel Rosa de Carvalho, em Rio Claro; São Joaquim, pertencente a Joaquim Benedicto Queiroz Telles, em Jundiaí. Em 1854, as colônias Morro Grande de João Ribeiro dos Santos Camargo, em Rio Claro; Santo Antonio do comendador Antonio Queiroz Telles, em Jundiaí; São José de Antonio Joaquim Pereira Guimarães, também em Jundiaí.[170]

O relativo sucesso inicial do regime de parceria, utilizado concomitantemente ao trabalho escravo que persistiu na maioria das fazendas, favoreceu diretamente os negócios da Vergueiro & Cia., que prosseguiu importando colonos em número cada vez maior, chegando a estender suas atividades a outras províncias. Os agricultores interessados na experiência recorriam à companhia que lhes fornecia trabalhadores. Muitos fazendeiros importantes, como Souza Queiroz, financiaram por conta própria a vinda de colonos diretamente da Europa.[171] Naquele momento, o senador Campos Vergueiro, mais do que fornecer braços para a lavoura, parecia vender uma ideia de sucesso, uma alternativa ao braço escravo: o sistema de parceria com colonos europeus.

Simbolizado pela revolta dos colonos na fazenda Ibicaba em 1857, que pertencia ao senador Vergueiro, o sistema de parceria, em meio a tantas contradições, perdeu rapidamente o prestígio entre colonos e fazendeiros.[172] Problemas com o pagamento pela colheita do café, as enormes dívidas acumuladas pelos colonos até chegarem às fazendas, abusos por parte dos proprietários – que não hesitavam em recorrer à intervenção do Estado para obrigar seus parceiros ao cumprimento dos contratos. Em suma, o rompimento das expectativas dos dois lados envolvidos que resultou em revoltas e protestos em várias colônias – os colonos vinham com o objetivo de se tornarem proprietários, mas sentiam-se reduzidos à situação de escravos, os fazendeiros, acostumados a lidar com a mão de obra escrava, buscavam um tipo de trabalhado que a substituísse com vantagem na lavoura, todavia tinham dificuldade em lidar com relações contratuais.[173]

---

170 Discurso com que o Ilmº. Sr. Dr. José Antonio Saraiva, *op. cit.*, p. 21-22.

171 Emília Viotti da Costa. *Da senzala à colônia, op. cit.*, p. 125.

172 Sobre a revolta na fazenda Ibicaba ver o testemunho de Thomas Davatz. *Memórias de um colono no Brasil* (1850). Tradução, prefácio e notas de Sérgio Buarque de Holanda. São Paulo: Livraria Martins, 1972. A historiografia também tratou desse episódio. Ver José Sebastião Witter. *Ibicaba, uma experiência pioneira*. São Paulo: Edições Arquivo do Estado, 1982; Warren Dean. *Rio Claro: um sistema brasileiro de grande lavoura (1820-1920). op. cit.*

173 "O fracasso do sistema de parceria foi causado, sobretudo, pelo fato de ter sido implantado ao lado ou 'dentro' do sistema escravista, encarado como uma forma viável de substituir o escravo pelo colono livre; deveria,

Esses episódios não só contribuíram para desacreditar o regime de parceria, mas também para desmoralizar a política migratória nacional. Diversas sindicâncias realizadas por representantes estrangeiros levaram, inclusive, à suspensão da emigração por parte de alguns países europeus.[174] As questões entre fazendeiros e colonos, apreciadas pelos seus cônsules fizeram com que diminuísse notavelmente a corrente imigratória para o Brasil.[175] Em São Paulo, o desinteresse por essa forma de trabalho espalhou-se por toda província, resultando na redução na entrada de imigrantes (Tabela 2.3), que também eram pouco procurados pelos fazendeiros.

Tabela 2.3. Imigração na província de São Paulo (1850-1879)

Ano	Imigrantes	Ano	Imigrantes	Ano	Imigrantes
1850	5	1860	108	1870	159
1851	53	1861	218	1871	83
1852	976	1862	185	1872	323
1853	535	1863	10	1873	590
1854	732	1864	-	1874	120
1855	2.125	1865	1	1875	3.829
1856	926	1866	144	1876	1.303
1857	509	1867	789	1877	2.832
1858	329	1868	109	1878	1.678
1859	120	1869	117	1879	953
Sub-Total	6.310	Sub-Total	1.681	Sub-Total	11.870
Total 19.861					

Fonte: Henrique Doria de Vasconcelos. "Oscilações do movimento imigratório no Brasil". *Revista de Imigração e Colonização*. Rio de Janeiro, ano I, n. 2, 1940, p. 227, Quadro A.

---

portanto, traduzir-se em custos menores ou iguais ao regime servil. E a única forma de viabilizar o custo da mão de obra imigrante era aumentar a taxa de exploração". Cheywa R. Spindel. *Homens e máquinas na transição de uma economia cafeeira*. Rio de Janeiro: Paz e Terra, 1979, p. 63. Para uma interpretação diferente ver Verena Stolcke; Michael M. Hall. "A introdução do trabalho livre nas fazendas de café de São Paulo", *op. cit.*, p. 116-120. Dentre outros aspectos, os autores não acreditam que a escravidão servia de parâmetro quando os fazendeiros avaliavam as condições de implantação do trabalho livre.

174 Emília Viotti da Costa. *Da senzala à colônia*, *op. cit.*, p. 147.

175 Affonso d'Escragnolle Taunay. *História do café no Brasil*. v. 8. Rio de Janeiro: Departamento Nacional do Café, 1943.

Os números da década de 1860 encontram justificativa em alguns relatos de presidentes, em que os acontecimentos de Ibicaba eram sempre lembrados, sobretudo em relação à sua ampla ressonância.

> As perturbações que no ano antepassado [1857] se manifestaram na Colonia *Ibicaba* pertencente ao senador Nicoláo Pereira de Campos Vergueiro, e que tão serios cuidados deu ao Governo e aos proprietarios de colônias, desapareceram inteiramente (…).
> Nota-se em geral da parte de nossos fazendeiros um arrefecimento não pouco pronunciado pela colonisação extrangeira; mas não obstante, foram importados no ano passado 515 colonos por conta das casas Vergueiro & Cia. e Theodor Wille & Cia.[176]

Dois anos mais tarde, já se lamentava o fracasso da colonização europeia como alternativa para suprir a falta de braços africanos através do seguinte diagnóstico.

> Infelizmente essa colonização no Brasil, e mesmo n'esta Provincia, não tem passado de uma simples experiencia, concorrendo para isso causas diversas. A rotina, o habito, a falta de costumes, e sobretudo a guerra vivissima, que na Europa tem sofrido a emigração para o Brasil, quer pela concorrencia dos Estado-Unidos, e Colonias Inglezas, quer pelas calumnias, de que tem sido victima nosso paiz, são causas muito conhecidas de todos os que se tem dado ao trabalho de estudar a questão da emigração européa.[177]

A esses problemas, Eduardo Prado associou dois outros fatores conjunturais: o aumento do preço do café, permitindo que os fazendeiros comprassem escravos a preços mais altos das províncias do norte e a Guerra do Paraguai que, durante cinco anos, impediu o governo brasileiro de se ocupar da imigração.[178] Nesse sentido, os infortúnios da parceria e a precariedade dos contratos de locação de serviços comprometeram as tentativas de substituição do trabalho

---

176 Discurso com que o Ilmº. Sr. Dr. José Joaquim Fernandes Torres, Presidente da Provincia de São Paulo, abrio a Assembléa Legislativa Provincial, no dia 2 de fevereiro de 1859, p. 20.

177 Discurso com que o Ilmº. Sr. Dr. Antonio José Henriques, Presidente da Provincia de São Paulo, abrio a Assembléa Legislativa Provincial, no dia 2 de março de 1861, p. 28.

178 Eduardo Prado. "A imigração no Brasil" (II). *Boletim do Serviço de Imigração e Colonização*. Secretaria da Agricultura, Indústria e Comércio. São Paulo, n. 4, 1941, p. 107.

escravo pelo livre na cafeicultura.[179] A opção pelo trabalhador nacional, ao menos por enquanto, parecia não empolgar.[180] Revalorizou-se então o escravo, ao menos até a década de 1870, quando uma série de transformações atingiria a economia cafeeira que, associada ao movimento abolicionista em ascensão, acabaram por favorecer a transição para o trabalho livre e a desagregação do sistema escravista.[181] Abriram-se, portanto, maiores possibilidades para a imigração.

Em 1871, ano da Lei do Ventre Livre,[182] fundou-se em São Paulo, a Associação Auxiliadora da Colonização e Imigração, com seu estatuto aprovado por decreto imperial em 8 de agosto. Prevista para durar 5 anos, a entidade contava com a presença de importantes fazendeiros como Francisco Antonio de Souza Queiroz (presidente), Antonio da Silva Prado (vice-presidente).[183] Na verdade, mesmo antes de legalmente constituída, já no mês de abril, a associação emitiu circular definindo seus objetivos.[184] Certamente, não foi mera coincidência a quase simultaneidade com a aprovação da Lei Provincial n. 42, de 30 de março, que autorizava o governo paulista a emitir apólices de 600 contos para auxiliar o pagamento de passagens para imigrantes da Europa do norte, favorecendo lavradores que

---

179   Emília Viotti da Costa. *Da senzala à colônia*, op. cit., p. 169.

180   Sobre a questão do trabalhador nacional e sua utilização na cafeicultura em fins do século XIX ver Paulo Cesar Gonçalves. *Migração e mão de obra: retirantes cearenses na economia cafeeira do Centro-Sul (1877-1901)*. op. cit.; ver também as discussões do Congresso Agrícola, Rio de Janeiro, 1878. Anais. Introdução e Notas de José Murilo de Carvalho. Rio de Janeiro: Fundação Casa Rui Barbosa, 1988 (Edição fac-similar).

181   Emília Viotti assim define essas transformações: "A melhor conservação das estradas de rodagem e o traçado de novos caminhos, a abertura de vias férreas, o progresso nos métodos de beneficiamento de café, com o emprego de máquinas cada vez mais aperfeiçoadas (...)". Emília Viotti da Costa. *Da senzala à colônia*, op. cit., p. 201.

182   A aprovação da Lei do Ventre Livre em 28 de setembro de 1871 teve consequências diretas na discussão sobre o problema da mão de obra para a lavoura em todo o Brasil. Em São Paulo, Campos Salles, um dos representantes dos cafeicultores do oeste paulista, escreveu artigo no jornal *Gazeta de Campinas* no qual explicitou sua preocupação com a substituição do braço escravo pelo imigrante, criticando o Parlamento, que aprovou a libertação dos nascituros, mas nada fazia de concreto em relação à imigração: "Se em 1870 tínhamos em perspectiva a probabilidade de uma grande modificação no sistema de trabalho agrícola, hoje temos já a realidade descarnada, a convidar-nos para novos e sérios cometimentos (...). É de lá [Poder Legislativo] que vem a lei de 28 de setembro... É de lá que se trata de uma filantropia fingida e hipócrita da emancipação dos escravos, ao passo que dificulta-se a imigração levantando peias aos agricultores". Campos Salles. "Agricultura". *Gazeta de Campinas*. 04 de dezembro de 1871. *Apud* Sylvia Bassetto. *Política de mão de obra na economia cafeeira do oeste paulista (período de transição)*, op. cit., p. 61.

183   Decreto n. 4796 de 08 de agosto de 1871. Para uma discussão sobre os interesses dos fazendeiros que compunham a Associação Auxiliadora e seu papel na política de imigração em São Paulo ver Sylvia Bassetto. *Política de mão de obra na economia cafeeira do oeste paulista (período de transição)*, op. cit., p. 78 e ss.

184   Sylvia Bassetto. *Política de mão de obra na economia cafeeira do oeste paulista (período de transição)*, op. cit., p. 78.

quisessem trazer colonos para seus estabelecimentos agrícolas. Logo depois, o poder central acabou associando-se à província aumentando a verba para esse fim.[185]

No mesmo ano, o executivo paulista estabeleceu contrato com a Associação Auxiliadora da Colonização e da Imigração para introdução de 15 mil imigrantes europeus no prazo de três anos. Um acordo que, mesmo renovado por autorização do decreto imperial em julho de 1873, e seu prazo estendido de três para cinco anos por outro decreto em outubro, não trouxe frutos significativos, pois, entre 1872-1873, a Associação foi responsável pela entrada de apenas 480 imigrantes a um custo aproximado de 42 contos de réis e de 354 em 1874.[186] Por outro lado, fazendeiros mais empenhados em iniciativas individuais preferiram fazer contratos diretamente com o governo imperial para trazer imigrantes, dentre eles, Joaquim Bonifácio do Amaral (Visconde de Indaiatuba) e Bernardo Avelino Gavião Peixoto, que estabeleceram acordos em que o Estado pagaria as passagens dos menores de 14 anos, desonerando, em parte, os encargos dos 200 colonos a serem engajados para cada fazenda.[187]

Apenas a partir de 1875, a chegada de imigrantes atingiu a casa do milhar (Tabela 2.3), mas ainda era o governo imperial o maior responsável pelas entradas, enquanto a Associação da Colonização ainda engatinhava em sua tarefa.[188] Nesse período, muitos fazendeiros, mesmo contando com apoio do Estado, ainda agiam isoladamente para obter mão de obra na Europa. Lutavam, ainda, para mudar a política de imigração oficial direcionada ao povoamento da província, argumentando que os núcleos coloniais eram onerosos e inúteis, não auxiliando em nada na atração de imigrantes. No entender desse grupo, o Estado devia apenas auxiliar os particulares que

---

185 Coleção de Leis – Posturas municipais promulgadas pela Assembleia Legislativa Provincial de São Paulo, 1871. *Apud* Lucy Maffei Hutter. *Imigração Italiana em São Paulo (1880-1889)*. São Paulo: IEB/USP, 1972, p. 25; Emília Viotti da Costa. *Da senzala à colônia, op. cit.*, p. 233-234; Paula Beiguelman. *Formação do povo no complexo cafeeiro: aspectos políticos, op. cit.*, p. 100. O projeto de lei para que o Estado subvenciona-se as passagens foi apresentado à Assembleia Provincial pela primeira vez em 1870, quando foi derrotado pela forte oposição empreendida pelos representantes do Vale do Paraíba. Somente um ano mais tarde, ao retornar à Assembleia, a proposta foi aprovada. Cf. Sylvia Bassetto. *Política de mão de obra na economia cafeeira do oeste paulista (período de transição), op. cit.*, p. 55-56.

186 Relatorio apresentado á Assembléa Legislativa Provincial de S. Paulo pelo Exm°. Sr. Dr. João Theodoro Xavier, Presidente da Provincia, no dia 14 de fevereiro de 1875.

187 Sylvia Bassetto. *Política de mão de obra na economia cafeeira do oeste paulista (período de transição), op. cit.*, p. 56-57.

188 Em 1875, entraram em São Paulo 3.289 imigrantes sendo: 2.122 por conta da Agência Oficial de Colonização; 107 pela Associação Auxiliadora da Colonização e da Imigração; 43 pelo comendador Montenegro; e 1.017 espontâneos. Relatorio apresentado á Assembléa Legislativa Provincial de São Paulo pelo Presidente da Província, Exm°. Sr. Dr. Sebastião José Pereira, em 2 de fevereiro de 1876, p. 65.

pretendessem introduzir colonos em suas propriedades.[189] A Lei de 30 de março de 1871 constituiu-se na primeira experiência e, nesse sentido, sob olhar retrospectivo, um tímido ensaio para o programa de subvenção de passagens que seria estruturado a partir da década de 1880.

Como observou Paula Beiguelman, pela diretriz imperial, a colonização consistia na introdução de imigrantes em termos de um povoamento orientado do país, com a perspectiva da posse da terra aos que chegavam. Já a província paulista, desde cedo, hostilizou esse caminho em nome dos interesses da grande lavoura.[190] Assim, o termo colono tinha em São Paulo dois significados. O que interessava aos fazendeiros – aquele que trabalharia em suas terras mediante o sistema de parceria, locação de serviços e, posteriormente, colonato – e o significado tradicional – pequeno proprietário de terra em núcleos coloniais. Os imigrantes como colonos eram bem-vindos desde que se dirigissem para a cafeicultura; os núcleos coloniais também, mas com a função específica de incentivar a emigração da Europa para a província.[191] Souza Martins observa que a existência dos núcleos coloniais paulistas foi assentada em função da economia de exportação, embora aparentemente constituídos como se existissem condições para uma economia de subsistência de base mercantil. Nesse sentido, sempre foram apresentados de modo a estarem ligados de alguma forma aos interesses da cafeicultura: como abastecedores das regiões carentes de gêneros alimentícios, como focos de atração de imigrantes ou como meio de criação de mão de obra para a lavoura em épocas específicas.[192]

---

189 Cf. Congresso Agrícola, Rio de Janeiro, 1878. Introdução e notas de José Murilo de Carvalho. Edição facsimilar. Rio de Janeiro: Fundação Casa de Rui Barbosa, 1988.

190 Paula Beiguelman. *Formação do povo no complexo cafeeiro: aspectos políticos, op. cit.*, p. 89. "A imigração europea em São Paulo foi organizada em função das necessidades dessa sociedade e dirigida por governos surgidos diretamente dela; não é de se surpreender que os imigrantes não tenham sido considerados elementos de povoamento, mas simplesmente braços para suas lavouras". Pierre Monbeig. *Pioneiros e fazendeiros de São Paulo*. São Paulo: Hucitec, 1984, p. 156-157.

191 Essa ideia apareceu em alguns relatórios de presidentes da província de São Paulo. "O Governo Imperial, tendo em vista a vantagem de fixarem-se os imigrantes, por espontanea escolha, em terras adquiridas, que cultivem por sua propria conta e responsabilidade, o que muito concorrerá para attraír immigração européa na escala correspondente ás nossas necessidades (...)". Relatorio apresentado á Assembléa Legislativa Provincial de São Paulo pelo Presidente da Província João Alfredo Corrêa de Oliveira no dia 15 de fevereiro de 1886, p. 36.

192 José de Souza Martins. *A imigração e a crise no Brasil agrário*. São Paulo: Livraria Pioneira Editora, 1973, p. 63. Sobre a criação de núcleos coloniais e a carestia de gêneros em São Paulo ver Emília Viotti da Costa. *Da senzala à colônia, op. cit.*, p. 177-184.

A imigração subsidiada

Na década de 1880, as demandas da lavoura intensificaram-se, não apenas pelo seu crescimento, mas também pela força que o movimento abolicionista alcançou, colocando em risco a escravidão. Não bastavam mais os poucos imigrantes que os fazendeiros mandavam trazer da Europa; seria necessário ampliar esse recrutamento. Assim sendo, o Estado foi chamado a promover, endereçar e organizar a imigração transoceânica, tornando-se fiador, em relação aos proprietários de terras, do abastecimento constante de braços para a plantação.[193] É a partir desse momento que a política imigratória paulista sofre, na prática, ajuste de rumo, passando a financiar sistematicamente a obtenção de braços para a lavoura. Tarefa de grande vulto – como mostram as entradas anuais de imigrantes a partir de 1887 (Tabela 2.4; Tabela A.6 do Anexo) – que só o Estado teria condições de desenvolver, como instrumento de ação dos fazendeiros.

Em 1881, a Lei Provincial n. 36, de 21 de fevereiro, consignava 150 contos para o pagamento de passagens de imigrantes e determinava a construção de uma hospedaria. Ficava claro, portanto, que não bastava apenas subsidiar a vinda de braços, seria necessário criar uma infraestrutura para recebê-los. Para tanto, já na década anterior, esboçaram-se os primeiros passos. Em 1875, o presidente da província de São Paulo encarregou Antonio da Silva Prado da direção do serviço de recepção, alojamento, alimentação e emprego dos colonos, antes exercido pelo Barão de Souza Queiroz.[194] Os imigrantes ficavam alojados em casas alugadas pelo governo próximas à estação de trem da Luz. Posteriormente, instalou-se um alojamento no bairro do Pari, também em local próximo às estradas de ferro, mas inadequado pelo seu pequeno tamanho. Somente a partir de 1882, quando da aquisição de um edifício no Bom Retiro, estruturou-se a hospedaria de imigrantes que, após algumas reformas, encontrava-se em condições de receber cerca de 500 pessoas. Nesse mesmo ano, os serviços da imigração já haviam voltado para as mãos de Souza Queiroz e o chefe do executivo nomeava um agente oficial para a cidade de Santos, pois "quase todos os immigrantes veem por aquelle porto, e convinha ter quem providenciasse logo á chegada".[195]

---

193 Chiara Vangelista. *Os braços da lavoura: imigrantes e caipiras na formação do mercado de trabalho paulista (1850-1930)*, op. cit., p. 54.

194 Relatorio apresentado á Assembléa Legislativa Provincial de São Paulo pelo Presidente da Província, Exmº. Sr. Dr. Sebastião José Pereira, em 2 de fevereiro de 1876, p. 65.

195 Relatorio com que passou a administração da Provincia de São Paulo ao Exmº. Presidente Conselheiro Francisco de Carvalho Soares Brandão o Vice-Presidente Manoel Marcondes de Moura e Costa (1882), p. 20-21. Antes de autorizar a compra do referido prédio, o vice-presidente afirmou que ouviu "uma Commissão de pessoas das mais competentes pela probidade e interessadas como lavradores importantes (...)".

O afluxo de imigrantes na província crescia ano após ano (Tabela 2.4) e vinha acompanhado pelo aumento das despesas, não só com passagens, mas com alojamento, alimentação, atendimento médico e ampliação do quadro de funcionários. Para os anos de 1883 e 1884, em que os números da imigração aproximaram-se bastante, os gastos com alimentação foram, respectivamente, 14:339$100 e 12:794$350; com relação ao pagamento dos empregados, as quantias despendidas chegaram a 2:600$000 e 4:522$266.[196] O abastecimento de alimentos da hospedaria parecia ser negócio interessante na medida em que existia um contrato entre o governo e um fornecedor (Maufred Meyer), datado de 10 de junho de 1882, em que se estabelecia preço, qualidade e quantidade dos gêneros.[197]

Tabela 2.4. Imigração na província de São Paulo (1880-1889)

Ano	Imigrantes
1880	613
1881	2.705
1882	2.743
1883	4.912
1884	4.868
1885	6.500
1886	9.534
1887	32.110
1888	91.826
1889	27.694
Total	183.505

Fonte: Henrique Doria de Vasconcelos. "Oscilações do movimento imigratório no Brasil", *op. cit.*, p. 227, Quadro A.

---

196 Falla dirigida á Assembléa Legislativa Provincial de São Paulo na abertura da 1ª. sessão da 25ª. Legislatura em 26 de janeiro de 1884 pelo Presidente Barão de Guajará, p. 55; Falla dirigida á Assembléa Legislativa Provincial de São Paulo na abertura da 2ª. sessão da 26ª. Legislatura em 10 de janeiro de 1885 pelo Presidente Dr. José Luiz de Almeida Couto, p. 88. Em 30 de abril de 1884, Nicolau de Souza Queiroz pediu exoneração do cargo de delegado do governo para a imigração. Na mesma data, foram nomeados um inspetor, um ajudante de inspetor, um escriturário, um "externo", um guarda com atribuições de enfermeiro e um médico. Relatorio com que o Exmº. Sr. Dr. Luiz Carlos d'Assumpção Vice-Presidente da Provincia de São Paulo passou a administração ao Presidente Exmº. Sr. Dr. José Luiz de Almeida Couto (1884), p. 30.

197 Falla dirigida á Assembléa Legislativa Provincial de São Paulo na abertura da 1ª. sessão da 25ª. Legislatura em 26 de janeiro de 1884 pelo Presidente Barão de Guajará, p. 56.

Em 1884, a Lei Provincial n. 28, de 29 de março, voltava a abrir créditos financeiros, agora de forma mais ampla, para introdução de imigrantes. No entanto, as verbas tinham duplo destino: 200 contos de réis para criação de núcleos coloniais,[198] conforme política nacional de colonização e 400 contos para o auxílio à imigração destinada à grande lavoura e aos referidos núcleos através do pagamento de passagens. No entanto, garantiu-se na letra da lei a condição fundamental, no entender de muitos fazendeiros, para satisfazer a lavoura cafeeira, sobretudo nas áreas mais novas, cujo abastecimento de mão de obra era urgente: a opção exclusiva pela composição familiar da imigração.[199] No ano seguinte, a Lei n. 14 de 11 de fevereiro, abriu a possibilidade de a verba ser concedida também a empresas ou particulares que introduzissem imigrantes, retirando a obrigatoriedade do pagamento indenizatório pelas despesas efetuadas por aqueles que emigrassem para a província.

A partir de 1885, em vista do maior movimento de entrada de imigrantes, as condições da hospedaria do Bom Retiro começaram a ser questionadas.

> Este edifício não offerece condições correspondentes ao seu destino, já porque só pode comportar numero exiguo relativamente aos imigrantes que dão entrada nesta província, como principalmente pela distancia em que se acha das estações de estradas de ferro e linhas de bonds, não fallando nas péssimas accommodações do edifício.[200]

Por conta disso, e respaldado pela Lei Provincial n. 56, de 21 de março de 1885, que autorizou o governo a construir uma nova hospedaria de imigrantes, podendo despender

---

198 Apoiados nessa lei foram criados dois núcleos coloniais: um no município de Rio Claro, na fazenda Cascalho, outro na fazenda das Cannas, em Lorena, com o objetivo de fornecer cana-de-açúcar ao engenho central dessa localidade. Relatorio com que o Exmº. Sr. Dr. José Luiz de Almeida Couto Presidente da Provincia de São Paulo passou a administração ao 1º Vice-Presidente Exmº. Sr. Dr. Francisco Antonio de Souza Queiroz Filho, p. 29. Sobre a fundação do Núcleo Colonial das Cannas e sua relação com o Engenho Central de Lorena ver José Evando Vieira de Melo. *O Engenho Central de Lorena: modernização açucareira e colonização (1881-1901)*. Dissertação de Mestrado. São Paulo: FFLCH/USP, 2003.

199 Emília Viotti da Costa. *Da senzala à colônia*, op. cit., p. 235. Tudo indica que a regra não era letra morta. Em ofício despachado em 29 de janeiro de 1886, o Inspetor Geral de Imigração, informando a petição de um imigrante solteiro (Francisco de Mattos Pacheco) que solicitava reembolso da passagem, recebeu o seguinte parecer: "Não ha que deferir, visto que o supplicante veiu só, e o auxilio provincial é concedido unicamente aos immigrantes que constituem família". Relatorio apresentado á Assembléa Legislativa Provincial de São Paulo pelo Presidente da Província João Alfredo Corrêa de Oliveira no dia 15 de fevereiro de 1886. Annexo n. 5. Immigração e Colonisação, p. 5.

200 Relatorio com que passou a administração da Provincia de São Paulo ao Exmº. Presidente Conselheiro João Alfredo Corrêa de Oliveira o Vice-Presidente Dr. Elias Antonio Pacheco e Chaves, p. 18.

até a quantia de 100 contos de réis, além da venda do estabelecimento do Bom Retiro, foi nomeada uma comissão pelo presidente da província para escolha do lugar apropriado. Composta por quatro membros, o general José Vieira Couto de Magalhães, o inspetor geral de imigração, José de Sá Albuquerque, e por dois dos mais importantes cafeicultores paulistas, Nicolau de Souza Queiroz e Raphael Aguiar Paes de Barros, a comissão dividiu-se quanto à escolha do local. Os dois primeiros optaram por um terreno pertencente ao convento da Luz; os fazendeiros preferiram uma área situada entre os bairros da Mooca e do Brás.[201]

De início a escolha recaiu no bairro da Luz, cuja compra foi autorizada mediante a quantia de 30 contos. A negociação sofreu certo atraso em virtude de um litígio jurídico entre governo e o convento da Luz, que ocupava o local. No entanto, mesmo com a vitória na contenda, e após realizar a transação, o então presidente da província de São Paulo, João Alfredo Corrêa de Oliveira, alegando "razões de conveniência", resolveu-se pelo terreno do Brás, repassando o outro ao Ministério da Guerra.

> Pelo lado legal verifica-se que ella importa dispensa na lei de 21 de março do anno findo [1885], que, autorizando a construção de novo edifício para a Hospedaria determinou que esta ficasse situada nas proximidades das linhas ferreas do Norte e Inglesa. O terreno da Luz fica proximo só da segunda destas linhas.
> Attendendo á conveniencia, (...) não é logar proprio para um alojamento de immigrantes o bairro que mais presta a ser aformoseado, e que vae merecendo a preferencia da população abastada para ahi construir predios vastos e elegantes. É possivel consultar todas as exigencias do serviço mediante a collocação do edificio em terrenos do Braz, a qual permitirá, o que é vantagem consideravel, que os immigrantes, vindos quér por uma quér por outra estrada, desembarquem com suas bagagens dentro do estabelecimento, e tomem na estação que alli tem a estrada ingleza os trens que demandam o oeste da província, para onde em geral se encaminham.[202]

Na ótica dos mandatários e dos fazendeiros, a hospedaria do Bom Retiro havia prestado "bons serviços" à imigração, mas já não dava mais conta da situação, colocando em risco as próprias condições sanitárias e aumentando a probabilidade do alastramento de doenças. Em tempos de lotação, era comum o governo alugar algumas casas próximas ao local ou adotar

---

201 Relatorio com que o Exmº. Sr. Dr. José Luiz de Almeida Couto Presidente da Provincia de São Paulo passou a administração ao 1º Vice-Presidente Exmº. Sr. Dr. Francisco Antonio de Souza Queiroz Filho, p. 26.

202 Relatorio apresentado á Assembléa Legislativa Provincial de São Paulo pelo Presidente da Província João Alfredo Corrêa de Oliveira no dia 15 de fevereiro de 1886, p. 34.

medidas paliativas para aumentar suas acomodações. Durante o período de funcionamento (do início de 1882 a dezembro de 1886), passaram pelo alojamento 31.275 imigrantes.[203]

O terreno localizado no Brás foi adquirido pela quantia de 17 contos de réis na gestão de Antonio de Queiroz Telles, o Barão do Parnaíba,[204] que rapidamente ordenou a construção do edifício em junho de 1886, alegando temer pelas condições da hospedaria do Bom Retiro que não reunia "um só dos requisitos exigidos para um estabelecimento dessa natureza".[205] Exatamente um ano depois, em junho de 1887, mesmo provisoriamente, pois as obras ainda estavam em andamento, a Hospedaria dos Imigrantes do Brás recebeu a primeira turma de imigrantes. Providência tomada pelo agora Visconde do Parnaíba "para evitar o contagio da variola, que se manifestára na antiga Hospedaria do Bom Retiro".[206]

A construção da nova hospedaria foi concluída em 1888. Projetada para abrigar três mil imigrantes, fazia parte de um ambicioso processo de recrutamento e encaminhamento de mão de obra para a lavoura cafeeira. A proposta era não permitir ao imigrante qualquer contato com o mundo exterior desde a sua chegada ao porto de Santos. Ao aportarem, os vapores recebiam a visita de um funcionário do serviço de imigração que fazia as verificações necessárias – sobretudo em relação às exigências legais – e depois acompanhava os imigrantes até a estrada de ferro Inglesa para embarcá-los com destino à Hospedaria do Brás, na capital. Desembarcados, eram registrados, alojados e aguardavam até serem contratados por algum fazendeiro. O embarque para o interior da província, com passagem paga pelo governo, realizava-se na própria estação da hospedaria.[207]

---

203 Relatorio apresentado á Assembléa Legislativa Provincial de São Paulo pelo Presidente da Provincia Barão do Parnahyba no dia 17 de janeiro de 1887. Annexo n. 10. Immigração, p. 13.

204 Antonio de Queiroz Telles foi um dos maiores incentivadores da imigração para São Paulo. Fazendeiro do oeste paulista e político influente do Partido Conservador foi um dos fundadores da Companhia Mogiana de Estrada de Ferro, que também presidiu. Cf. Adelino R. Ricciardi. "Parnaíba, o pioneiro da imigração". *Revista do Arquivo Municipal*. São Paulo, n. XLIV, 1938, p. 137-184.

205 Relatorio apresentado á Assembléa Legislativa Provincial de São Paulo pelo Presidente da Provincia Barão do Parnahyba no dia 17 de janeiro de 1887, p. 123.

206 Exposição com que o Exmº. Sr. Visconde do Parnahyba passou a administração da Província de São Paulo ao Exmº. Sr. Dr. Francisco de Paula Rodrigues Alves Presidente desta Provincia no dia 19 de novembro de 1887, p. 114.

207 Em determinadas épocas, a hospedaria chegou a abrigar cerca de 10 mil pessoas. Existia ainda um forte esquema de vigilância, o prédio era patrulhado dia e noite e os guardas cuidavam para que ninguém saísse ou entrasse sem autorização. Eram comuns os protestos de imigrantes e cônsules contra o sistema de segurança que transformava o local em uma prisão da qual só se escapava assinando contrato para trabalhar em uma fazenda de café. Thomas H. Holloway. *Imigrantes para o café: café e sociedade em São Paulo, 1886-1934, op. cit.*, p. 86-88. O autor fornece ainda uma breve e interessante descrição das condições de alojamento da hospedaria.

A experiência iniciada ainda nos anos de 1870 serviu como primeira aproximação ao problema, que passou a exigir respostas rápidas para atender os efeitos da grande oferta e demanda. No período anterior à construção da hospedaria, o serviço de recepção e distribuição de imigrantes já dava sinais de organização. Quando o volume das entradas ainda era pequeno, os fazendeiros podiam solicitar imigrantes até mesmo por telegramas.[208] Diversos ofícios do órgão responsável pelos serviços da imigração naquele momento, a Agência Oficial de Colonização, lançam luz sobre os procedimentos adotados. O agente da colonização era peça chave nessa estrutura. Além de administrar o alojamento, ele era o responsável por informar diretamente, através de um mapa com as entradas e saídas, o movimento diário da hospedaria ao presidente da província, a quem também solicitava passagens de trem para os imigrantes contratados pelos fazendeiros com sua colaboração.[209]

Apesar de os órgãos oficiais que intermediavam as contratações mudarem com o passar do tempo, o objetivo era o mesmo: manter minucioso controle e carrear os braços necessários à lavoura cafeeira.[210] Assim, anexos à hospedaria, funcionaram escritórios da Inspetoria de Terras, Colonização e Imigração, depois da Diretoria de Terras, Colonização e Imigração e, a partir de 1905, da Agência Oficial de Colonização e Trabalho, que contava ainda com uma casa de câmbio e agência de correio e telégrafos. Em 1911, foi criada a Agência Oficial de Colocação, ligada ao Departamento Estadual do Trabalho, responsável, até 1930, pelas questões relativas aos imigrantes.[211] Ou seja, pela evolução das instituições que cuidavam dos imigrantes percebe-se que sua utilidade, na visão do Estado como representante dos interesses dos fazendeiros, relacionava-se cada vez mais com a questão da mão de obra.

Concretizavam-se, assim, as palavras do presidente da província João Alfredo Corrêa de Oliveira em seu relatório de 15 de fevereiro de 1886 sobre as vantagens da localização do novo alojamento. Mas a Hospedaria dos Imigrantes do Brás era apenas parte da política de imigração

---

208 DAESP: Núcleos Coloniais, CO 7215.

209 Para mais detalhes ver Paulo Cesar Gonçalves. *Migração e mão de obra: retirantes cearenses na economia cafeeira do Centro-Sul (1877-1901), op. cit.*, p. 156 e ss.

210 "Este refúgio, no qual o imigrante recém-chegado ao Brasil encontra alojamento, comida e assistência médica fornecidos pelo Estado, não só é um centro de distribuição, mas também um verdadeiro mercado de força de trabalho: quem não é ainda provido de contrato poderá facilmente obtê-lo, sendo contratado pelos agentes do fazendeiro ou pelo próprio". Chiara Vangelista. *Os braços da lavoura: imigrantes e caipiras na formação do mercado de trabalho paulista (1850-1930), op. cit.*, p. 56.

211 "Dados para a História da Immigração e da Colonização em S. Paulo". *Boletim do Departamento Estadual do Trabalho*. São Paulo, Ano V, n. 19, 1916, p. 187-189; Plinio Silveira Mendes. "São Paulo e seus serviços administrativos de imigração". *Boletim do Serviço de Imigração e Colonização*. Secretaria da Agricultura, Indústria e Comércio. São Paulo, n. 4, 1941, p. 85-99.

que se delineava. Antes mesmo de sua construção, foi criado o principal instrumento de ação dos fazendeiros para recrutar braços na Europa: a Sociedade Promotora de Imigração.

Favorecidos pela a Lei n. 14 de 1885 que abriu caminho para articulação de uma organização para fomentar a imigração,[212] em 2 de julho de 1886, os cafeicultores paulistas, cientes da importância de controlar o processo em seus diversos níveis – propaganda no exterior, recrutamento, condições de transporte, recebimento, alojamento e colocação nas fazendas – constituíram a Sociedade Promotora de Imigração. Entre seus fundadores destacavam-se renomadas figuras do oeste paulista: Martinho da Silva Prado Júnior, Rafael Aguiar Paes de Barros e Nicolau de Souza Queiroz.[213] O presidente da província era Antonio de Queiroz Telles, cujo entusiasmo pelo fato mereceu algumas palavras em seu relatório de janeiro de 1887.

> Constituida como está, póde esta sociedade prestar á Provincia não pequenos serviços e auxiliar de modo lisongeiro a administração. Ella está, como o Governo, animada do mais vivo interesse em que só tenham entrada immigrantes, que busquem a nossa Provincia á chamada dos parentes e amigos aqui residentes, que tem meios de fiscalisar a qualidade dos que querem vir.
> Annunciada a constituição da sociedade, e que em seu escriptorio se recebiam listas dos immigrantes que quizessem vir a esta Provincia a convite dos parentes, foi avultado o numero de pedidos. E já estaria chegada grande parte delles, si não tivessem sido fechados os nossos portos ás procedencias da Italia, em consequencia do cholera. Felizmente desappareceu esse obstaculo, e agora devemos augurar um resultado feliz, graças á propaganda séria e honesta e á viagem à Europa do digno Presidente da Associação Promotora de Immigração, que visitará especialmente a Italia e a Allemanha.[214]

---

212 Paula Beiguelman. *Formação do povo no complexo cafeeiro: aspectos políticos, op. cit.*, p. 65

213 Apesar de sua importância, a Sociedade Promotora de Imigração recebeu pouca atenção da historiografia. Existem dois estudos específicos: Maria Eliana Basile Bianco. *A Sociedade Promotora de Imigração (1886-1895)*. Dissertação de Mestrado, São Paulo: FFLCH/USP, 1982; Ivison Poleto dos Santos. *A Sociedade Promotora de Imigração e o financiamento público do serviço de imigração (1886-1895)*. Dissertação de Mestrado, São Paulo: FFLCH/USP, 2008. Além dos três fazendeiros citados, que constituíram a primeira diretoria, assinaram a ata de constituição: Conde de Itu, Conde de Três Rios, Visconde do Pinhal, Barão de Tatuí, Barão de Mello de Oliveira, Barão de Piracicaba, Augusto de Souza Queiroz, Joaquim da Cunha Bueno, Jorge Tibiriçá, Antonio Paes de Barros, Benedito Augusto Vieira Barbosa, Augusto de Almeida Lima, Francisco Antonio de Souza Queiroz Filho, Luiz de Souza Queiroz, Francisco de Aguiar Paes de Barros, *op. cit.*, p. 44.

214 Relatorio apresentado á Assembléa Legislativa Provincial de São Paulo pelo Presidente da Provincia Barão do Parnahyba no dia 17 de janeiro de 1887, p. 125. No Annexo 10 – Immigração, o inspector geral de imigração,

Entidade civil sem caráter especulativo ou fins lucrativos,[215] a Sociedade Promotora de Imigração registrava em seu estatuto os seguintes objetivos: criar uma corrente migratória permanente; tornar conhecidas as qualidades do Brasil através de propaganda na Europa; facilitar os meios de transporte e colocação dos imigrantes.[216] Para tanto, estava autorizada a assinar contratos com o governo de São Paulo e do Brasil e conceder a agências ou companhias particulares o serviço de introdução de imigrantes, recebendo as subvenções necessárias para executar a tarefa.[217]

Uma política com objetivos bem delimitados e o conhecimento da realidade europeia contribuíram para o sucesso da Promotora no que tange ao fomento da imigração. A propaganda nas paragens certas da Europa era elemento chave. Martinho Prado, presidente da Promotora, elaborou o folheto intitulado *A Província de S. Paulo no Brasil*, traduzido para o italiano e alemão e que foi publicado com tiragem de 80 mil exemplares, ao custo de mais de 25 contos de réis, subsidiado parcialmente pelo Ministério da Agricultura (12 contos), ocupado por Antonio da Silva Prado.[218] Os dois idiomas adotados no opúsculo dizem muito sobre as nacionalidades que seriam alvos da propaganda e do recrutamento da Promotora. A opção pelo povo germânico, tradicionalmente considerado como o imigrante ideal, representava um desejo antigo, que se provava cada vez mais distante. Já a Itália, bastante conhecida por alguns membros da Sociedade de Imigração, apresentava-se como principal fonte de braços. O italiano, nem sempre a melhor opção na concepção de muitos fazendeiros, tornou-se, a partir de então, uma alternativa viável, sobretudo o habitante do norte da península, região fronteiriça com Suíça e Áustria, onde certamente o folheto em alemão seria bastante útil.[219]

Frederico Abranches, elaborou diversos mapas com as entradas de imigrantes e, dirigindo-se ao chefe do executivo, manifestou seu otimismo apoiado nas leis sobre o tema: "Para a Província de S. Paulo, parece estar, felizmente, resolvido o magno problema. As leis sob n. 28 de 29 de Março de 1884 e n. 14 de 11 de Fevereiro de 1885, para cuja execução foram expedidos os Regulamentos de 12 de Setembro de 1884 e de 24 de Fevereiro de 1885, e as Instruções de 10 de Agosto do corrente anno, vão produzindo magníficos resultados".

215 De acordo com a escritura de constituição: "sem caracter de especulação lucrosa". Escritura da Sociedade Promotora de Immigração. *In Memoriam, Martinho Prado Júnior*. São Paulo: Elvino Pocai, 1944, p. 369.

216 Sociedade Promotora de Immigração de São Paulo. Relatorio da Directoria ao ilustre cidadão Dr. José Alves Cerqueira Cesar, Vice-Presidente do Estado de São Paulo em 16 de Janeiro de 1892.

217 Escritura de constituição da Sociedade Promotora de Immigração. *In Memoriam, Martinho Prado Júnior, op. cit.*, p. 369.

218 Relatorio apresentado ao Illmº. e Exmº. Snr. Visconde de Parnahyba Presidente da Província de São Paulo pela Sociedade Promotora de Immigração, p. 4 e 8.

219 Vale destacar, no entanto, a persistência nas tentativas para trazer imigrantes do norte europeu que, tudo indica, esfriaram melancolicamente por volta de 1897, quando o secretário da Agricultura informou a

Constituiu-se, assim, o local de ação preferencial da Promotora. Queiroz Telles, então presidente da província (1886-1887), havia visitado oito países da Europa em 1878, voltando entusiasmado com a potencialidade de cada um como fonte de mão de obra, sobretudo a Itália.[220] Na verdade, basta verificar nos relatórios dos chefes do executivo paulista na década de 1880 os mapas das entradas de imigrantes para perceber que o italiano já figurava como principal grupo.[221] A Promotora, e especialmente Martinho da Silva Prado Júnior, apontado pelo Visconde de Parnaíba como "o propugnador mais ardente da immigração",[222] davam mostras de que conheciam bem, ao menos em relação aos seus interesses, da situação econômica de países como a Itália.

O primeiro relatório da Sociedade Promotora de Imigração apresentado ao presidente da província era bastante pragmático e revelador nesse sentido. Em suas 17 páginas estavam presentes, de forma bastante resumida, os motivos, que no entender de sua diretoria, levavam populações inteiras a abandonarem sua pátria:

---

desativação do comissariado de imigração estabelecido nos países da Europa setentrional devido ao baixíssimo número de emigrantes que lá embarcavam para São Paulo. Ficavam mantidos os outros dois: um em Gênova, com um sub-comissariado em Nápoles e outro que cuidava de Portugal e Espanha. Relatorio de 1897 apresentado ao Dr. Francisco de Assis Peixoto Gomide, Vice-Presidente do Estado, pelo Dr. Firmiano M. Pinto, Secretario dos Negocios da Agricultura, Commercio e Obras Publicas, p. 91.

220 Richard M. Morse. *Formação histórica de São Paulo*. São Paulo: Difusão Europeia do Livro, 1970, p. 223-224. "A 28 de maio de 1878, a bordo do 'Cotopaxi' seguiu com toda sua família para a Europa. Nessa ocasião visitou Paris, Lyon, Marselha, Monaco, Nice, Genova, Turim, Piza, Florença, Bolonha, Roma, Napoles, Milão, Viena, Munich, Dresden, Zurich, varias outras cidades da Suissa, varias cidades da Belgica e diversas da Holanda e da Inglaterra. Dois grandes fins tinha em mira o dr. Antonio de Queiroz Telles nessa viagem ao Velho Mundo, além de descansar juntamente com a familia: Conhecer os aparelhamentos das estradas de ferro, para tornar mais proficua sua ação na chefia da Companhia Mogiana e examinar, *de visu*, quais os colonos que melhor serviriam para povoar o solo de Piratininga". Adelino R. Ricciardi. "Parnaíba, o pioneiro da imigração", *op. cit.*, p. 159.

221 Dos 31.275 imigrantes que passaram pelo alojamento do Bom Retiro, 16.407 eram italianos, seguidos por 8.859 portugueses e 2.323 espanhóis; os alemães, austríacos e suíços totalizaram 916. Relatorio apresentado á Assembléa Legislativa Provincial de São Paulo pelo Presidente da Provincia Barão do Parnahyba no dia 17 de janeiro de 1887. Annexo n. 10. Immigração, p. 13.

222 Exposição com que o Exm.º Sr. Visconde do Parnahyba passou a administração da Provincia de São Paulo ao Exm.º Sr. Dr. Francisco de Paula Rodrigues Alves Presidente desta Provincia no dia 19 de novembro de 1887, p. 116. Embora adversários políticos, uma questão ao menos os unia: o projeto de imigração para a grande lavoura. Assim ao organizar a lista dos deputados candidatos às eleições provinciais do Partido Conservador, Queiroz Telles incluiu o nome de Martinho Prado. Quando questionado sobre a incongruência do ato, pois Prado era republicano, respondeu: "É dele que eu preciso na Assembléa. É o unico no momento capaz de ali defender os interesses da immigração". Adelino R. Ricciardi. "Parnaíba, o pioneiro da imigração", *op. cit.*, p. 183-184.

> Os grandes exercitos europeus, e os impostos pesados para mantel-os, se incumbirão em poucos annos de povoar a America do Sul.
>
> A miseria e o serviço militar, nos abriram as largas fontes da immigração, convindo tudo envidar para encaminhal-a indo ao seu encontro com auxilio efficaz e prudente.

A miséria era a palavra chave para a defesa dos subsídios às passagens, pois os membros da Promotora estavam convencidos de que os imigrantes somente optariam pelo Brasil, leia-se São Paulo, se amparados por meio de favores e concessões.

> É preciso nos convencermos que, por enquanto, emigra para o Brasil somente o individuo sem recurso, assaltado pela necessidade sob todas as suas formas, e o faz encontrando passagem gratuita ou reduzida, contentando-se com subsistencia garantida e isenção de serviço militar para seus filhos.[223]

Trazer agricultores pobres: esse era o objetivo da Sociedade Promotora, personificado por Martinho Prado quando, em discussão na sessão da Assembleia Provincial em janeiro de 1888, tipificou os imigrantes que se dirigiam para as repúblicas do Prata, deixando claro que não serviam para a província paulista.

> Esses são commerciantes, são homens que dispõe de capitães; é gente que não serve. Para que queremos nós immigrantes com fortuna na actualidade, em que se occuparão elles na provincia? Responda-me o nobre deputado [Souza Queiroz]. Discutamos o assumpto com reflexão, debaixo do ponto de vista pratico; o que vem fazer aqui immigrantes com capitaes?
> Immigrantes com dinheiro são inuteis para nós.[224]

A miséria e a subvenção favoreciam o recrutamento de famílias de agricultores e o relatório defendia essa opção, considerada a mão de obra ideal para a cafeicultura – nos contratos de introdução exigia-se que ao menos 90% pertencessem a esse grupo. Nesse sentido, aludia-se mais uma vez ao movimento migratório para a Argentina – composto basicamente por homens solteiros, que para lá se dirigiam na época da colheita, para retornar em seguida – como um tipo de imigração indesejável sob dois aspectos: a

---

[223] Relatorio apresentado ao Illmº. e Exmº. Snr. Visconde de Parnahyba Presidente da Provincia de São Paulo pela Sociedade Promotora de Imigração, p. 10.

[224] Assembleia Legislativa Provincial de São Paulo. Sessão de 17 de janeiro de 1888. *In Memoriam, Martinho Prado Júnior, op. cit.*, p. 235.

necessidade do trato contínuo do cafezal e a propaganda voluntária positiva resultante do estabelecimento dessas famílias nas fazendas ou núcleos coloniais.

Era, aliás, nessa estratégia que a Promotora depositava suas esperanças para desenvolver a imigração. A ideia consistia em atrair parentes e amigos daqueles já domiciliados na província. Para tanto, foram publicados vários anúncios em jornais convidando aos que desejassem utilizar passagens gratuitas para mandar trazer suas gentes a se dirigirem à sede da Sociedade para solicitá-las.

> Immediatamente affluiram ao nosso escritório milhares de cartas e listas nominaes de chamados, que montam até o presente ao numero de 36 mil pessoas, de ambos os sexos e idades (...).[225]

Esse expediente também serviu para responder às críticas de alguns jornais da península sobre a preferência da Promotora por italianos do norte em detrimento aos do sul. O excerto, no entanto, deixa claro qual o tipo de trabalhador desejado, tipificado, no caso, pelos naturais da Itália setentrional. Ademais, basta lembrar que os contratos de introdução de imigrantes celebrados antes de sua constituição, tanto os fazendeiros quanto o Estado jamais contemplaram a opção pelos italianos meridionais.

> Si a Sociedade Promotora até hoje tem introduzido somente italianos, e do norte, não o fez por systema, procurando affastar os de outras procedencias. O motivo principal foi o já apontado, da preferencia para os que são chamados, além da grande procura e predileção pelos trabalhadores desta nacionalidade, perfeitamente adaptados pela moralidade e inexcedivel amor ao trabalho, aos nossos desejos, si nos quizermos pronunciar com imparcialidade e justiça.[226]

Ao término do relatório, a Sociedade – depois de argumentar a favor de uma legislação provincial que restringisse as passagens gratuitas apenas aos imigrantes introduzidos por ela e propor ao Ministério da Agricultura o encerramento de todos os contratos em vigor – ratificou sua receita, que se pretendia nacional, para fomentar a imigração, convidando todas as províncias e governo central a seguirem o exemplo de São Paulo: conceder "favores materiais", ou seja, passagens gratuitas ou reduzidas aos imigrantes constituídos em famílias.

---

225 Relatorio apresentado ao Illmº. e Exmº. Snr. Visconde de Parnahyba Presidente da Provincia de São Paulo pela Sociedade Promotora de Immigração, p. 4.

226 Relatorio apresentado ao Illmº. e Exmº. Snr. Visconde de Parnahyba Presidente da Provincia de São Paulo pela Sociedade Promotora de Immigração, p. 5-6.

No início de 1887, Queiroz Telles escreveu em seu relatório que pensava seriamente em entregar à Sociedade Promotora "todo o serviço referente á immigração, desde que fique concluido o alojamento Provincial".[227] Em 22 de fevereiro de 1888, sua intenção concretizou-se pela assinatura de Francisco de Paula Rodrigues Alves, então presidente da província, que transferiu a administração da Hospedaria dos Imigrantes do Brás para a Promotora, através de concessão mediante contrato em que o governo comprometia-se a fornecer subvenção anual de 20 contos, pagos em prestações mensais, mas continuava responsável pelas despesas com alimentação, medicamentos, água, luz, móveis, utensílios e manutenção do edifício.[228]

Ao receber a administração da hospedaria, a Promotora fechou o circuito, assumindo de vez o controle da política de imigração. O local, além de abrigar os imigrantes, centralizava todo o serviço de contratação e distribuição da mão de obra para a lavoura, constituindo-se em etapa fundamental dessa política. Concretizaram-se, assim, os anseios dos cafeicultores do oeste paulista para expandirem suas plantações, no qual a Sociedade Promotora de Imigração foi instrumento fundamental: a vinda de mão de obra familiar em grande quantidade a ser recrutada diretamente em São Paulo sem nenhum custo, pois o Estado financiava as passagens.

Após sua criação, a Promotora passou a centralizar todos os contratos para introdução de imigrantes subsidiados com dinheiro do Estado até 1895, data de sua dissolução. Nesse sentido, ficava mais fácil para os grandes cafeicultores providenciarem o imigrante desejado: famílias de agricultores sem economias, que obrigatoriamente viriam para trabalhar nas fazendas. Fruto não só dos anseios, mas também do aprendizado com as fracassadas experiências anteriores de contratação de imigrantes, a Sociedade subverteu a ordem geográfica do recrutamento, trazendo para São Paulo o universo de pessoas no qual os fazendeiros buscariam seus colonos, evitando, assim, os problemas e as dificuldades de se realizar o engajamento diretamente na Europa. A proposta era garantir a "qualidade" dos braços, sobretudo naquele momento em que os volumes, tanto o exigido pela expansão cafeeira quanto o ofertado pela crise conjuntural italiana, atingiam proporções de massa e exigiam a centralização do comando da política imigratória nas mãos dos principais interessados e o imprescindível apoio financeiro do Estado. Os números da entrada de imigrantes na Hospedaria do Brás nos últimos anos de 1880

---

[227] Relatorio apresentado á Assembléa Legislativa Provincial de São Paulo pelo Presidente da Provincia Barão do Parnahyba no dia 17 de janeiro de 1887, p. 125.

[228] Contrato celebrado com o Governo da Provincia e a Sociedade Promotora de Imigração. Anexos. Relatorio apresentado á Assembléa Legislativa Provincial de São Paulo pelo Presidente da Provincia Dr. Pedro Vicente de Azevedo no dia 11 de janeiro de 1889. Ainda segundo o relatório, as despesas do governo com a hospedaria alcançavam, em média, dois a três contos por mês, p. 142.

(Tabela 2.4) comprovam, ao menos, o sucesso inicial a que se propunha no artigo 1º da escritura de constituição:

> (…) promover por todos os meios a introducção de immigrantes e sua collocação nesta provincia, mediante os auxilios e subsidios determinados nas leis, e que lhes forem concedidos.[229]

Em suma, nas origens da constituição da Sociedade Promotora de Imigração detectam-se algumas ideias defendidas por Martinho Prado Júnior na Assembleia Provincial, quando questionou a viabilidade para a grande lavoura da Lei n. 28, de 29 de março de 1884, e identificou as mudanças necessárias para atendê-la. Maior expoente dos cafeicultores do oeste paulista e imigracionista convicto, o deputado apresentou projeto para modificar a essência de dois pontos do artigo 1º, que tratava do auxílio financeiro do governo.

> Esse auxilio será concedido somente a immigrantes casados ou com filhos que vierem a se estabelecer na provincia, ou solteiros em companhia de irmãos, avós e tios (…)
> O auxilio deverá ser concedido diretamente pelo governo, á qualquer companhia de navegação, ou empreza, particular, que se propuzerem a transportal-os daquelles paízes.[230]

No ano seguinte, às vésperas da aprovação da Lei Provincial n. 14, de 11 de fevereiro, Martinho Prado apresentou algumas emendas ao projeto da nova legislação que acabariam por ser incorporadas. Sua argumentação seminal justifica a longa citação.

> Não se trata de contractos com immigrantes, mas com companhias particulares, emprezas de navegação que trouxerem immigrantes.
> Este é o ponto capital do actual projecto. Até aqui só vinham immigrantes mandados vir por particulares, que faziam adiantamentos, não só de passagens como para outras despezas, resultando dahi que muito pouca gente vinha, porque os particulares não queriam, com razão, arriscar despezas, na incerteza de serem pelos immigrantes reembolsados.
> Desde, porem, que o governo pagar directamente a passagem a companhias,

---

[229] Escritura de constituição da Sociedade Promotora de Imigração. *In Memoriam, Martinho Prado Júnior, op. cit.*, p. 369.

[230] Assembleia Legislativa Provincial de São Paulo. *In Memoriam, Martinho Prado Júnior, op. cit.*, p. 228.

essa immigração tomará consideravel incremento, e a procura de braço se há de desenvolver na provincia. Dahi resultará também a vantagem enorme de ficar o immigrante livre de seguir o destino que lhe parecer mais conveniente, sem a obrigação de seguir para a propriedade daquella que faz o adiantamento da passagem. Libertará o immigrante do contracto, esse espantalho do colono, e a que se vê forçado o lavrador, maugrado seu.

(...)

Não devemos, porem, contar senão com as classes pauperrimas que na emigração procuram recursos para as mais triviaes necessidades da vida.[231]

Mediante todo o aparato montado para obtenção de mão de obra destinada à grande lavoura, certamente pode-se questionar a aludida "liberdade do imigrante para escolher seu destino". Mas para este estudo sobre os "Mercadores de Braços" o mais importante é a possibilidade aberta em 1885 pela Lei n. 14 para que companhias de navegação e agências de recrutamento estabelecessem contratos para a introdução de imigrantes em grande quantidade.

Contratos para introdução de imigrantes

Desde o início da década de 1880, alguns fazendeiros do oeste da província defendiam a imigração subvencionada como a solução do problema da mão de obra para a cafeicultura. Tarefa que encontrou resistência dos cafeicultores, sobretudo do Vale do Paraíba – área mais antiga, cujo investimento em escravos garantia a mão de obra para a lavoura, inviabilizando a experiência com outro tipo de trabalho que não o compulsório. Somado a isso, com a produção de café enfraquecida pelo desgaste do solo, tornou-se impossível competir com as terras do oeste, através do oferecimento de melhores salários ou qualquer outro tipo de vantagem aos imigrantes.[232]

---

231 Assembleia Legislativa Provincial de São Paulo. Sessão de 4 de fevereiro de 1885. *In Memoriam, Martinho Prado Júnior, op. cit.*, p. 229-232.

232 "Continua a notar-se que a corrente procura de preferencia certa zona da provincia, a do Oeste, devido principalmente á facilidade do trabalho e á assombrosa fertilidade do sólo, que asseguram ao trabalhador pingue remuneração. (...) Em verdade não podem estes proprietarios [do Vale do Paraíba] dar ao immigrante, em toda a extensão de seus predios, as vantagens que encontram nas zonas mais férteis e de trabalho mais commodo e remunerador". Relatorio com que o Exmº. Sr. Dr. Francisco de Paula Rodrigues Alves passou a administração da Província de S. Paulo ao Exmº. Sr. Dr. Francisco Antonio Dutra Rodrigues 1º. Vice-Presidente no dia 27 de abril de 1888, p. 64. As disputas políticas entre os fazendeiros do Vale do Paraíba e do oeste da província e seus desdobramentos foram estudadas por Emília Viotti da Costa. *Da senzala à colônia. op. cit.* e Paula Beiguelman. *Formação do povo no complexo cafeeiro: aspectos políticos. op. cit.*

Ao assumirem o controle político da província, os fazendeiros do oeste passaram a usufruir diretamente dos cofres públicos para desencadear seu projeto de imigração, marcando cada vez mais a posição de São Paulo em relação ao cenário nacional. Com o subsídio governamental, desobrigavam-se de arcar individualmente com as despesas de importação de trabalhadores e o problema das dívidas mostrava-se, então, equacionado. Associado a isso, o afluxo cada vez maior de imigrantes europeus, principalmente italianos, tornou a compulsão legal ao trabalho desnecessária, pois a mobilidade dos colonos seria compensada pelo ingresso de novas levas.[233]

A participação do poder público subsidiando as passagens e as críticas condições econômicas de alguns países europeus, como a Itália, viabilizaram a transferência massiva de mão de obra, que cruzou o Atlântico em inúmeras viagens realizadas por companhias de navegação. Um tráfico de imigrantes que, se não interessou diretamente aos fazendeiros como negócio, atraiu homens e empresas encarregados de recrutá-los e transportá-los. Em um primeiro momento, esses empreendedores firmaram acordos diretamente com o governo paulista: contrato de 11 de abril de 1885 com Henri Raffard, Luis Bianchi Betoldi e José Antunes dos Santos, para introdução de 6 mil imigrantes da Lombardia, Tirol, Galícia, Açores e Canalhas; contrato de 14 de abril de 1885 com Francisco Ferreira de Moraes, para introdução de 2 mil imigrantes; contrato de 25 de abril de 1885 com R. O. Lobedans, para introdução de 2 mil imigrantes da Áustria e Alemanha; contrato de 06 de maio de 1885 com a Companhia de Colonização Agrícola, para introdução de 780 açorianos.[234] Todos, no entanto, foram rescindidos em 19 de setembro e 10 de outubro do mesmo ano, com cobrança de multas, pois os contratantes não haviam introduzido nenhum imigrante dentro do prazo determinado.[235]

Em de 17 de maio de 1886, Antonio de Queiroz Telles contratou com José Antunes dos Santos a introdução de 4 mil imigrantes da Europa ou das Canárias, Açores e Madeira, sendo mil suecos, dinamarqueses e alemães, alegando que embora os italianos "tenham provado ser laboriosos e intelligentes", não se devia buscar em uma só fonte os braços que a lavoura

---

233 Após seu fracasso, o sistema de parceria foi lentamente substituído pelo contrato de locação de serviços com base na lei de 1837 e depois pelos moldes estabelecidos na lei de 1879, cujo objetivo principal era garantir a estabilidade dos trabalhadores nas fazendas – nacionais e estrangeiros. No início a nova legislação foi apontada como solução para os problemas da lavoura, mas não tardou muito para ser considerada seriamente prejudicial para a atração de mais imigrantes, sendo revogada em 1890. Maria Lúcia Lamounier. *Da escravidão ao trabalho livre (a lei de locação de serviços de 1879)*, op. cit., p. 153.

234 "Contratos relativos á immigração", *op. cit.*, p. 42-43.

235 Relatorio apresentado á Assembléa Legislativa Provincial de São Paulo pelo Presidente da Provincia João Alfredo Corrêa de Oliveira no dia 15 de fevereiro de 1886, p. 37.

necessitava.²³⁶ O acordo foi parcialmente cumprido entre agosto de 1886 e abril de 1887, com a entrada de 869 famílias, totalizando 3.174 indivíduos – mil alemães, suecos e dinamarqueses e o restante dividido entre europeus e insulares – ao custo de 240 contos de réis.²³⁷

Esse foi o último ajuste feito diretamente pelo governo provincial com uma agência encarregada de introduzir imigrantes. A partir de então, todos os contratos relativos à imigração teriam a participação da recém-constituída Sociedade Promotora de Imigração. O primeiro data de 03 de julho de 1886 – um dia depois da sua criação – e estabelecia a vinda de 6 mil imigrantes, mediante a subvenção de 85$000 (maiores de 12 anos), 42$500 (7 a 12 anos) e 21$250 (3 a 7 anos). O segundo, de 22 de julho de 1887, determinava a introdução de 30 mil imigrantes, a um preço menor distribuído pela mesma faixa etária: 75$000, 37$500 e 18$750. Valores que se repetiram no terceiro contrato, de 2 de março de 1888, que fixou a introdução de 60 mil imigrantes.²³⁸

O primeiro contrato foi cumprido entre janeiro e agosto de 1887, com a chegada de 5.962 imigrantes, constituídos em 1.173 famílias, todos italianos, a exceção de 7 russos solteiros.²³⁹ O governo despendeu a quantia de 374:722$000. Conforme a diretoria da Promotora, o atraso no início do recrutamento deveu-se ao surgimento do cólera na Itália que inviabilizou qualquer partida no ano de 1886.²⁴⁰

Quanto ao segundo acordo, foram necessários 10 meses (entre setembro de 1887 a maio de 1888) para trazer 33.171 pessoas, número 10% superior ao combinado: 5.186

---

236 Relatorio apresentado á Assembléa Legislativa Provincial de São Paulo pelo Presidente da Provincia Barão do Parnahyba no dia 17 de janeiro de 1887, p. 124-125.

237 Exposição com que o Exmº. Sr. Visconde do Parnahyba passou a administração da Provincia de São Paulo ao Exmº. Sr. Dr. Francisco de Paula Rodrigues Alves Presidente desta Provincia no dia 19 de novembro de 1887, p. 117. As subvenções eram as seguintes: 80$000 pelos maiores de 12 anos; 40$000 pelos de 7 a 12 anos; 20$000 pelos de 3 a 7 anos.

238 "Contratos relativos á immigração", *op. cit.*, p. 44. Em relação ao contrato de 2 de março de 1888, vale destacar a presença e a assinatura do Visconde de Parnaíba, agora como membro da diretoria da Promotora. Cf. Contrato celebrado com o Governo da Provincia e a Sociedade Promotora de Imigração. Anexos. Relatorio apresentado á Assembléa Legislativa Provincial de São Paulo pelo Presidente da Provincia Dr. Pedro Vicente de Azevedo no dia 11 de janeiro de 1889.

239 Sociedade Promotora de Immigração de São Paulo. Relatorio da Directoria ao ilustre cidadão Dr. José Alves Cerqueira Cesar, Vice-Presidente do Estado de São Paulo em 16 de Janeiro de 1892. Anexo 4.

240 Sociedade Promotora de Immigração de São Paulo. Relatorio apresentado ao Ilmº. e Exmº. Sr. Visconde do Parnahyba Presidente da Província de São Paulo (1887), p. 3.

famílias compostas por 32.365 italianos: 147 constituídas por 757 austríacos e 9 por 49 alemães,[241] custando aos cofres da província cerca de 1.828:750$000.[242]

O terceiro contrato, mais ambicioso, demandou tempo maior para ser cumprido – entre fevereiro de 1888 a julho de 1891 – e teve participação de três agências. A quantidade de imigrantes introduzidos ultrapassou um pouco o combinado, chegando a 60.748 pessoas constituídas em 11.935 famílias de diversas nacionalidades europeias – italiana (a grande maioria), portuguesa, espanhola, alemã, austríaca – e apenas um imigrante suíço solteiro. As despesas provenientes desse acordo alcançaram a quantia de 3.378:371$250.[243]

A Tabela 2.5 mostra que o total de gastos para introdução de 99.882 imigrantes ultrapassou 5,5 mil contos de réis, pagos durante o período de pouco mais de quatro anos e meio, ou seja, desde a chegada do *Adria*, vapor que trouxe os primeiros imigrantes em janeiro de 1887, até o desembarque dos últimos em julho de 1891, que vieram em navios não especificados.

Tabela 2.5. Contratos do governo paulista com a Sociedade Promotora de Imigração: despesas e imigrantes introduzidos

Contratos	Despesas (A)	Imigrantes (B)	Média (A/B)
03 de julho de 1886	374:722$000	5.962	62$852
22 de julho de 1887	1.828:725$000	33.171	55$618
02 de março de 1888	3.378:731$250	60.749	55$130
Total	5.582:178$250	99.882	55$888

Fonte: Relatório da Sociedade Promotora de Imigração de São Paulo, *op. cit.*, 1892.

Quantia volumosa, diretamente proporcional ao aumento do fluxo, sempre saudado pelos governantes da província e diretores da Promotora. Um problema, no entanto, se

---

241 Sociedade Promotora de Immigração de São Paulo. Relatorio da Directoria ao ilustre cidadão Dr. José Alves Cerqueira Cesar, Vice-Presidente do Estado de São Paulo em 16 de Janeiro de 1892. Anexo 7.

242 Cálculo baseado nos preços das passagens e na quantidade de imigrantes fornecidos pelo *Mappa geral dos immigrantes introduzidos em São Paulo pela Sociedade Promotora de Imigração em virtude do contrato de 22 de julho de 1887*. Sociedade Promotora de Immigração de São Paulo. Relatorio da Directoria ao ilustre cidadão Dr. José Alves Cerqueira Cesar, Vice-Presidente do Estado de São Paulo em 16 de Janeiro de 1892. Anexo 7.

243 Cálculo baseado nos preços das passagens e na quantidade de imigrantes fornecidos pelo *Extracto dos mappas de imigrantes introduzidos por Diversos, para a satisfação do Contracto celebrado a 2 de março de 1888*. Sociedade Promotora de Immigração de São Paulo. Relatorio da Directoria ao ilustre cidadão Dr. José Alves Cerqueira Cesar, Vice-Presidente do Estado de São Paulo em 16 de Janeiro de 1892. Anexo 8.

colocava: como obter os recursos financeiros necessários a essa empreitada? Preocupação presente já em fins de 1886, durante o governo de Queiroz Telles, que atentou para o aumento desse tipo de despesa nos três últimos exercícios (1883-1884 a 1885-1886), alcançando a quantia de 801:346$235.[244] No relatório seguinte, ainda como presidente, aventou a necessidade de solicitar à Assembleia Provincial autorização para levantar um empréstimo de "5 ou 6 mil contos" com aplicação exclusiva no serviço de introdução de imigrantes.[245]

Mudava o presidente, mas as inquietações e as justificativas pouco se alteravam. Rodrigues Alves, talvez pelo próprio crescimento das despesas, era mais enfático ao afirmar para a Assembleia Provincial que "conheceis os grandes sacrifícios que temos feito com o serviço de immigração". Observou ainda que o aumento era natural, pois o serviço apresentava grande desenvolvimento e não convinha "entorpecer-lhe a marcha, antes que a corrente" ficasse "perfeitamente estabelecida" e que a questão era simplesmente de sacrifício pecuniário, "porque não só ha grande facilidade na vinda do immigrante, como tem sido rápida a sua colocação". Os números também falavam por si mesmos: no exercício de 1886-1887 foram gastos 1.133:422$681, enquanto no semestre seguinte, 831:595$64.[246]

A Seção de Finanças do mesmo relatório permite que se tenha ideia do que representavam as despesas com subsídios de passagens e demais serviços atinentes aos imigrantes. A previsão da receita a arrecadar no exercício 1888-1889 era de aproximadamente 4,6 mil contos, enquanto as despesas chegariam a 4,1 contos, sem contar os custos da imigração. Considerando os dados da Tabela 2.5 e o tempo necessário para o cumprimento dos três contratos (4,5 anos), calculou-se a média anual dos gastos em aproximadamente 1,2 contos, ou seja, 25% de toda a receita da província.[247]

O afluxo de imigrantes, na visão dos fazendeiros e de seus representantes políticos, não deveria parar jamais. Se a questão era a falta de dinheiro, um empréstimo fazia-se necessário. Ao que tudo indica, tal volume de recursos só poderia ser buscado no exterior. Nesse sentido, em 22 de março de 1888, menos de um mês após a celebração do contrato com a Sociedade

---

244 Relatorio apresentado á Assembléa Legislativa Provincial de São Paulo pelo Presidente da Provincia Barão do Parnahyba no dia 17 de janeiro de 1887, p. 124. As despesas foram as seguintes: 1883-1884 (110:284$906); 1884-1885 (358:534$840); 1885-1886 (332:529$489).

245 Exposição com que o Exmº. Sr. Visconde do Parnahyba passou a administração da Província de São Paulo ao Exmº. Sr. Dr. Francisco de Paula Rodrigues Alves Presidente desta Provincia no dia 19 de novembro de 1887, p. 116.

246 Relatorio apresentado á Assembléa Legislativa Provincial de São Paulo pelo Presidente da Provincia Exmº. Sr. Dr. Francisco de Paula Rodrigues Alves no dia 10 de janeiro de 1888, p. 34.

247 Relatorio apresentado á Assembléa Legislativa Provincial de São Paulo pelo Presidente da Provincia Exmº. Sr. Dr. Francisco de Paula Rodrigues Alves no dia 10 de janeiro de 1888. Sessão de Finanças, p. 38-40.

Promotora de Imigração para a introdução de 60 mil imigrantes, a Assembleia Provincial aprovou a Lei n. 55, que fixava as despesas do orçamento para o ano financeiro de 1888-1889 e concedia, pelo artigo 3º das Disposições Permanentes, autorização para o governo

> (...) emitir desde já, apolices até a quantia de sete mil contos, ao juro de seis por cento ao anno, pago semestralmente, para consolidação da divida fluctuante e para a que contrahir com o serviço de immigração, ou, se julgar mais conveniente, a contrahir um emprestimo externo ou interno applicavel exclusivamente a taes fins, ou a fazer quaesquer outras operações de credito.[248]

Com base nessa lei, em 12 de setembro de 1888, Pedro Vicente de Azevedo, presidente da província de São Paulo, celebrou contrato com o banco inglês Louis Cohen & Sons para o empréstimo de 787.500 libras esterlinas (7 mil contos de réis), com juros de 5% ao ano e a garantia de que os serviços da dívida sairiam anualmente das rendas da província.[249]

Fazendo um balanço do último contrato celebrado com a Promotora, Vicente de Azevedo informou que até o início de dezembro de 1888, chegaram 38.136 imigrantes, resultando na despesa de 2.060:812$500 e que, portanto, não poderia fazer outro contrato com a referida sociedade sem que a Assembleia autorizasse novo empréstimo, pois

> É preciso não esquecer que os 7.000:000$000 levantados em Londres se destinaram principalmente á consolidação da divida já existente, feita com este serviço da substituição dos braços escravos.
> Por muito tempo nos mantivemos unicamente com o recurso do nosso credito.[250]

Todo esse volume de recursos passou pelas mãos da Sociedade Promotora de Imigração e seguiu um longo caminho iniciado ainda no lado ocidental do Atlântico, quando foram contratadas três agências sediadas na província para buscar imigrantes na Europa. Nessa primeira fase, os serviços foram prestados por Angelo Fiorita & C., Zerrenner Büllow & C. e José Antunes dos Santos. Na verdade, antes de começarem a recrutar imigrantes, essas casas nada

---

248 Lei n. 55 de 22 de março de 1888. *Colleção das Leis promulgadas pela Assembléa da Provincia de São Paulo*, p. 43-61.

249 Termo de contrato celebrado entre o Governo da Provincia de São Paulo e os Banqueiros Louis Cohen and Sons. Anexos. Relatorio apresentado á Assembléa Legislativa Provincial de São Paulo pelo Presidente da Provincia Dr. Pedro Vicente de Azevedo no dia 11 de janeiro de 1889.

250 Relatorio apresentado á Assembléa Legislativa Provincial de São Paulo pelo Presidente da Provincia Dr. Pedro Vicente de Azevedo no dia 11 de janeiro de 1889, p. 142.

mais eram do que representações comerciais de exportação e importação de mercadorias, cujos contatos no exterior facilitaram o desenvolvimento desse novo ramo de atividade.[251]

A Angelo Fiorita & C. constituiu-se na principal parceira da Promotora e a única responsável pela introdução dos 36 mil imigrantes dos contratos de 3 de julho de 1886 e 27 de julho de 1887. Posteriormente, no acordo para a introdução de 60 mil, a agência contou com a colaboração de Zerrenner Büllow & C. e José Antunes dos Santos. A participação de cada uma está discriminada na Tabela 2.6.

Pode-se afirmar que as três agências praticamente dividiam as áreas de recrutamento na Europa. Angelo Fiorita & C. trazia imigrantes italianos, austríacos e suíços; José Antunes dos Santos, os procedentes de Portugal e das ilhas da Madeira e Açores; Zerrenner Büllow & C. agia apenas na Alemanha. Todas eram agentes ou representantes de companhias de navegação europeias como a Navigazione Generale Italiana (NGI), La Veloce, Ligure Brasiliana, Hamburg-Amerika, Nord-Deutscher Lloyd, Messageries Maritims, S. G. Transports Maritimes à Vapeur.

Tabela 2.6. Imigrantes introduzidos pelo contrato de 02 março de 1888, discriminados por agências e nacionalidades

Angelo Fiorita & C.	
Italianos	44.669
Espanhóis	2.769
Portugueses	5.270
Alemães	1.528
Austríacos	1.239
Franceses	41
Belgas	19
Suíços	1
Sub-total	55.536
José Antunes dos Santos	
Portugueses	4.600
Zerrenner Büllow & C.	
Alemães	613
Total	60.749

Fonte: Relatório da Sociedade Promotora de Immigração de São Paulo, *op. cit.*, 1892.

---

251 Um estudo mais detalhado sobre essas agências está no Capítulo 5.

As informações dos relatórios da diretoria da Sociedade Promotora de Imigração apresentados em novembro de 1887 e em janeiro de 1892 cobriram todo o período dos três primeiros contratos, discriminando as importâncias percebidas pelas agências executoras dos serviços de introdução de imigrantes. Angelo Fiorita & C. recebeu, respectivamente, as quantias de 350:292$500[252] e 5.311:273$750, que somadas alcançaram 5.661:566$250; José Antunes dos Santos auferiu 233:747$500; já o aporte destinado a Zerrenner Büllow & C. não constava no balanço contábil, mas cálculos com base nos passageiros trazidos indicam que o valor girou em torno de 35:250$000.[253] Juntas, ultrapassam os cálculos apresentados na Tabela 2.5 que, como já foi mencionado, é resultado de estimativas. Além disso, a diferença a maior deve-se ao fato de que nos valores recebidos pela Fiorita estão incluídos os serviços prestados ao governo imperial, via Promotora. O que importa, no entanto, é o volume de dinheiro que passou pelas mãos da Angelo Fiorita & C., uma pequena representação comercial que já se delineava como a mais importante recrutadora de imigrantes não só de São Paulo, mas de todo o país.

Outra importante fonte, o Livro Caixa da Sociedade Promotora de Imigração, relaciona todos os pagamentos efetuados para as agências contratadas pela entidade entre outubro de 1887 e junho de 1893,[254] ou seja, além dos dois acordos de 22 de julho de 1887 e 2 de março de 1888, faz parte do documento o contrato estabelecido em 23 de fevereiro de 1892 para a introdução de 50 mil imigrantes.

As primeiras anotações que abrem o livro davam conta da dívida do governo central com a Promotora pela introdução de 498 famílias, cujas despesas com passagens importaram em 188:943$750. A seguir, apareciam os registros de cada vapor que chegava ao porto de Santos trazendo imigrantes com as seguintes informações: número da fatura a ser paga, data do assentamento no livro, agência introdutora, nome do vapor, data do desembarque, quantidade de imigrantes subdivididos por faixa etária correspondente ao preço da passagem, valor total da despesa – informações importantes, mas que não contemplavam a nacionalidade dos passageiros. A título de ilustração reproduz-se abaixo um dos mais de 380 registros.

---

252 O valor abaixo do que o despendido pelo Estado, pois as passagens contratadas pela Sociedade Promotora de Imigração com a agência introdutora eram mais baratas: 80$000 pelos maiores de 12 anos; 40$000 pelos de 7 a 12 anos; 20$000 pelos de 3 a 7 anos. A diferença foi utilizada na impressão do folheto *A Província de S. Paulo*. Sociedade Promotora de Immigração de São Paulo. Relatorio apresentado ao Ilm°. e Exm°. Sr. Visconde do Parnahyba Presidente da Província de São Paulo, p. 3-4.

253 Sociedade Promotora de Immigração de São Paulo. Relatorio da Directoria ao ilustre cidadão Dr. José Alves Cerqueira Cesar, Vice-Presidente do Estado de São Paulo em 16 de Janeiro de 1892. Anexo 1.

254 Livro Caixa da Sociedade Promotora de Imigração. DAESP: Secretaria da Agricultura, EO 1490.

Immigração
a A. Fiorita & Cia.

Sua factura nº 44 de immigrantes do vapor *Poitou*, entrado em Santos a vinte e sete deste mês [dezembro de 1892]

227	maiores	a £ 6.15.0		1532.15.0
45	medios	a £ 3.7.6		138.7.6
48	menores	a £ 1.13.9		60.5.0
29	gratis		----	----
Cambio a 12 ¾				£ 1731.7.6

O exemplo acima se refere ao contrato de 23 de fevereiro de 1892, em que os preços das passagens foram estipulados em libras esterlinas conforme a faixa etária: £ 7-0-0, por imigrante maior de 12 anos; £ 3-7-6, de 7 a 12 anos; £ 1-13-9, de 3 a 7 anos.[255] Valores que, convertidos pelo câmbio da época, correspondiam, na data de assinatura, a aproximadamente 139$000, 69$500 e 34$750, ou seja, quase o dobro dos contratos anteriores em relação à moeda brasileira, mas praticamente as mesmas 7 libras ao câmbio de julho de 1887 ou de março de 1888.[256] O que chama atenção é o valor menor da passagem cobrada pelos maiores de 12 anos (£ 6-15-0 ou 134$000) em relação à subvenção estabelecida no acordo (£ 7-0-0) que seria desembolsada pelo governo paulista. Essa diferença foi absorvida em despesas ordinárias da Promotora.

O contrato de 1892, que estabeleceu a introdução de 50 mil imigrantes, apresentou como novidade a presença de duas novas agências de recrutamento além da Angelo Fiorita & C. e José Antunes dos Santos, a Francisco Cepeda e a Campos Gasparetti & C., ambas, porém, tiveram participação relativamente discreta e restrita ao ano de 1893. Das 52.317 pessoas que chegaram a Santos entre abril de 1892 e junho de 1893, a Fiorita foi responsável por 45.787, a Cepeda por 3.471 e a Gasparetti por 3.059. Somadas, as despesas alcançaram a quantia de 5.690:395$358, perfazendo um gasto médio de 108$768 por imigrante.[257]

A Tabela 2.7 resume os gastos anuais com a imigração discriminados por agências. Percebe-se, mais uma vez, que a Angelo Fiorita & C. era a grande parceira da Sociedade

---

255 "Contratos relativos á immigração", *op. cit.*, p. 45-46.

256 "Cotações mensais da libra esterlina em relação à moeda nacional – 1870-1930". In: IBGE. *Estatísticas históricas do Brasil. Séries econômicas demográficas e sociais de 1550 a 1988*. 2ª ed. Rio de Janeiro: IBGE, 1990, p. 592-593.

257 Todos os cálculos basearam-se nos dados do Livro Caixa da Sociedade Promotora de Imigração. DAESP: Secretaria da Agricultura, EO 1490.

Promotora de Imigração, trazendo a esmagadora maioria dos imigrantes, com resultados financeiros que ultrapassaram os 10 mil contos de réis, enquanto a soma das outras quatro chegou a pouco mais de mil contos. Todavia, as Listas Gerais de Desembarque de Passageiros, apesar de não relacionar as despesas com cada vapor, contém informações mais completas como porto de embarque, agência responsável pelo envio dos imigrantes, número e país de origem.[258]

O cruzamento dos dados permite constatar que a Fiorita continuou a dividir os campos de ação na Europa com José Antunes dos Santos, ficando este, com os territórios português e espanhol e suas ilhas. Uma parceria necessária devido ao grande volume e à amplitude geográfica do recrutamento. Alguns documentos sobre a emigração portuguesa para o Brasil mostram claramente que parte do serviço de arrolamento contratado junto à Fiorita era repassada a José Antunes dos Santos. Um ofício da Inspetoria de Imigração em São Paulo sobre a chegada de imigrantes portugueses embarcados na Ilha da Madeira no vapor alemão *Rhein*, trazia em seu cabeçalho: "por conta do contrato celebrado pelo Sr. Angelo Fiorita com o governo provincial e remetidos por José Antunes dos Santos".[259]

Por outro lado, no Livro Caixa da Promotora, existem diversos registros de pagamentos referentes ao período do contrato de 2 de março de 1888 em nome de Ordem de Passagens da Alemanha. Tudo indica que essas operações financeiras corresponderam aos serviços realizados por Zerrenner Büllow & C., como pode ser apreendido das informações do Relatório da Sociedade Promotora de Imigração de 1892, cujo Anexo n. 11 apresenta uma lista com nome das embarcações, data de chegada, quantidade e faixa etária dos imigrantes alemães introduzidos pela agência.[260] Os vapores que chegaram entre março de 1889 e julho de 1891 trazendo 613 passageiros invariavelmente eram os mesmos: *Baltimore*, *Kromprintz*, *Bismarck* e *Ohio*, todos da companhia alemã Nord-Deutscher Lloyd.

---

258 MI: Listas Gerais de Desembarque de Passageiros. Microfilmes 1000/1 e 1001/2.

259 Cf. Maria Beatriz Nizza da Silva. *Documentos para a história da emigração portuguesa no Brasil, 1850-1938*. Rio de Janeiro: Editorial Nórdica, 1992.

260 Sociedade Promotora de Immigração de São Paulo. Relatorio da Directoria ao ilustre cidadão Dr. José Alves Cerqueira Cesar, Vice-Presidente do Estado de São Paulo em 16 de Janeiro de 1892. Anexo 11.

Tabela 2.7. Distribuição das despesas da Sociedade Promotora de Imigração com as agências introdutoras de imigrantes: Recursos de São Paulo (1887-1893)

Ano	José Antunes dos Santos	Angelo Fiorita	Ord. Pas. Alemanha	Francisco Cepeda	Campos Gasparetti	Total
1887	–	541:812$500	–	–	–	541:812$500
1888	307:645$000	3.254:986$250	5:548$880	–	–	3.568:180$130
1889	–	744:527$750	51:129$532	–	–	795:657$282
1890	–	380:188$500	36:605$154	–	–	416:793$654
1891	–	46:852$000	3:305$132	–	–	50:157$132
1892*	–	1.578:782$642	–	–	–	1.578:782$642
1893*	–	3.454:425$340	–	418:825$200	338:676$440	4.211:926$980
Total	307:645$000	10.001:574$982	96:588$698	418:825$200	338:676$440	11.163:310$230

* Anos de cumprimento do contrato de 23 de fevereiro de 1892.
Fonte: Elaborada a partir de dados do Livro Caixa da Sociedade Promotora de Imigração. DAESP. Secretaria da Agricultura, EO 1409.

A Sociedade Promotora de Imigração não celebrou contratos apenas com o governo paulista. Suas atividades estenderam-se até o âmbito do governo geral, via Ministério da Agricultura, que tinha alguns de seus acordos para trazer imigrantes intermediados por essa sociedade, cuja parceria com Angelo Fiorita & C. era recorrente. Pelo contrato de 30 de março de 1887, foram introduzidos 3.436 imigrantes; pelo de 7 de agosto de 1888, 7.342; pelo de 29 de novembro do mesmo ano, mais 7.975 – ainda não completado até aquele momento. Para tanto, a Promotora recebeu 1.025:312$500 e repassou às agências introdutoras 947:296$750, ou mais especificamente à Fiorita.[261]

Quando comparadas com as informações do Livro Caixa da Promotora, as despesas apresentaram certa diferença, mas em essência, o aporte financeiro do governo central sempre foi bastante reduzido (Tabela 2.8). Em 1892, no relatório da Sociedade, lamentava-se que na Lei n. 26, de 30 de dezembro de 1891, o governo provisório havia legado à São Paulo apenas a oitava parte dos 5.850:000$000 alocados para introdução de imigrantes.[262]

Tabela 2.8. Total das despesas da imigração pagas às agências pela Sociedade Promotora de Imigração: Recursos de São Paulo e do Ministério da Agricultura (1887-1893)

Ano	São Paulo (Livro Caixa da SPI)	Ministério da Agricultura (Livro Caixa da SPI)	Ministério da Agricultura (Relatório da SPI de 1892)
1887	541:812$500	188:706$250	
1888	3.568:180$130	478:668$750	
1889	795:657$282	157:368$750	
1890	416:793$564	210$000	
1891	50:157$132	–	
1892	1.578:782$642	–	
1893	4.211:926$980	–	
Total	11.163:310$230	824:953$750	947:296$750

Fonte: *Idem* Tabela 2.7.

---

261 Sociedade Promotora de Immigração de São Paulo. Relatorio da Directoria ao ilustre cidadão Dr. José Alves Cerqueira Cesar, Vice-Presidente do Estado de São Paulo em 16 de Janeiro de 1892. Anexos 3 e 5.

262 Sociedade Promotora de Immigração de São Paulo. Relatorio da Directoria ao ilustre cidadão Dr. José Alves Cerqueira Cesar, Vice-Presidente do Estado de São Paulo em 16 de Janeiro de 1892. Introdução.

O contrato de 23 de fevereiro de 1892 estipulou que os imigrantes deveriam ser italianos, alemães, austríacos e portugueses; no entanto, cinco meses depois sofreu algumas modificações que permitiram trazer também suíços, suecos ou nativos das Ilhas Canárias, estabeleceu-se a cota de 5% de profissões não ligadas à agricultura, além de outras alterações em relação à composição das famílias.[263] Mesmo antes de concluída a introdução dos 50 mil imigrantes, o governo paulista celebrou outro contrato com a Promotora em 10 de janeiro de 1893 para trazer mais 40 mil trabalhadores europeus, assim distribuídos: 10 mil italianos, 15 mil alemães e suecos e 15 mil das outras nacionalidades – portugueses do continente e açorianos, suíços e austríacos. Seis meses mais tarde, provavelmente em virtude da facilidade no recrutamento de italianos e da dificuldade de trazer alemães, suecos e suíços, aumentou-se para 15 mil o número de italianos, enquanto que os das outras nacionalidades seriam fixados mediante acordos futuros.[264]

Tal fato demonstrava pela primeira vez, ao menos no papel, a tentativa de diversificar o fluxo para São Paulo, diminuindo a entrada do principal grupo até então. Ensaio frustrado, como mostram claramente as Listas Gerais de Desembarque de Passageiros entre 1893 e 1895, com apenas 820 austríacos, 24 alemães e 21 suíços, e ainda caracterizadas pela maior presença italiana, acompanhada mais de perto por espanhóis e portugueses. Quanto às agências encarregadas, apenas duas estavam presentes: Angelo Fiorita & C. introduzindo os naturais da Itália e José Antunes dos Santos, os de Portugal e Espanha.[265]

O acordo de 1893 foi o último entre a Sociedade Promotora de Imigração e o governo de São Paulo. Em 31 de dezembro de 1895, a entidade encerrou suas atividades e os contratos de introdução de imigrantes passaram para a Secretaria da Agricultura de São Paulo – alteração que começou a figurar nas Listas de Desembarque no final do mesmo ano. Nessa altura, uma pergunta se impõe: por que a Promotora deixou de existir?

Na historiografia existem poucas referências aos motivos da dissolução da Sociedade Promotora de Imigração. Seu estatuto estabelecia que a sociedade deveria durar até 1892,[266] mas, segundo Zuleika Alvim, seus membros não consideraram o governo central em condições de assumir totalmente os encargos da imigração necessária à lavoura. Com a eleição para presidente vencida pelo paulista Prudente de Moraes (candidato das oligarquias cafeeiras) em 1894,

---

263 "Contratos relativos á imigração", *op. cit.*, p. 45-46.

264 O contrato também estabeleceu a introdução de 2 mil criadas de nacionalidade alemã, suíça, portuguesa e das Canárias. "Contratos relativos á imigração", *op. cit.*, p. 47.

265 MI: Listas Gerais de Desembarque de Passageiros. Microfilmes 1001/2; 1002/3; 1003/4 e 1004/5.

266 Escritura de constituição da Sociedade Promotora de Imigração. *In Memoriam, Martinho Prado Júnior, op. cit.*, p. 369.

a lavoura mereceu grande atenção, o que possibilitou sua dissolução, pois naquele momento, o modelo criado por São Paulo passou, efetivamente, a ser seguido por toda a nação.[267]

Certamente, ao assumir a presidência, Prudente de Moraes defendeu os interesses de seu estado natal, inclusive na questão basilar que era o suprimento de mão de obra para os cafezais. No entanto, suas medidas não buscaram impor a política imigratória paulista para toda a nação, como afirma a historiadora. Pelo contrário, tudo foi encaminhado no sentido de retirar o governo federal das questões relativas à imigração e deixá-la a cargo dos estados. Nesse sentido, o principal marco dessa nova orientação foi a tentativa, com base na Lei n. 360, de 30 de dezembro de 1895, de repassar o contrato celebrado com a Companhia Metropolitana às unidades federativas ou rescindi-lo, o que ocorreu em setembro de 1896. Tal fato marcou, na prática, o fim da intervenção do governo republicano nos serviços de introdução de imigrantes.

As palavras de Campos Salles, chefe do governo paulista, resumiram de forma precisa o pensamento que imperava no estado.

> Como sabeis, o Governo Federal rescindiu os contractos que mantinha para o mesmo serviço [imigração], cabendo por isso de óra em deante ao Estado exclusivamente promover o suprimento de braços ás suas industrias. A União libertou-se assim de um pesado encargo que, sem razão, recahia sobre o seu Thesouro.[268]

Em essência, (e essa hipótese mereceria um estudo mais aprofundado), parece que a intenção era retirar o Brasil da concorrência com São Paulo pelos braços da Europa, deixando a federação arcar apenas com os custos da imigração espontânea. Um documento de 1893, produzido pelo cônsul geral do Brasil em Portugal para certificar que os 25 imigrantes embarcados no vapor *Itaparica* não pagaram as passagens, pois seguiam viagem "por conta da Companhia Metropolitana e do contracto entre o governo dos Estados Unidos do Brasil com a Sociedade Promotora de Immigração para S. Paulo e os Srs. A. Fiorita & C." mostra que a disputa pelo recrutamento de imigrantes ocorria nos mesmos locais.[269]

Seria coincidência que o fim da Sociedade Promotora de Imigração foi decretado em 31 de dezembro de 1895, um dia depois da Lei n. 360?

---

267 Zuleika M. F. Alvim. *Brava gente! Os italianos em São Paulo, 1870-1920*, op. cit., 1986, p. 49-50.

268 Mensagem enviada ao Congresso Legislativo, a 7 de abril de 1897, por Campo Salles, Presidente do Estado, p. 88-89.

269 Certificado emitido por João Vieira da Silva, Cônsul Geral do Brasil em Portugal (11 de julho de 1893). DAESP: Secretaria da Agricultura, CO 4152. Na Lista de Desembarque de Passageiros constam 22 portugueses que chegaram em 4 de agosto em Santos, indicando, por exclusão, que apenas 3 foram encaminhados pela Companhia Metropolitana. MI: Listas Gerais de Desembarque de Passageiros. Microfilme 1001/2.

Para se compreender melhor o porquê da sua dissolução é necessário analisar também os motivos de sua fundação. Criada em 1886, a Promotora era fruto e defendia os interesses dos cafeicultores do oeste paulista, sobretudo na questão da mão de obra, que no entender desse grupo exigia solução diferente da proposta pelo governo imperial – a criação de núcleos coloniais. Nesse sentido, buscava-se implantar uma política diferenciada, elaborada dentro das fronteiras da província, que só seria definitivamente alcançada com a concretização da autonomia em relação ao poder central. O advento da República e a Constituição de 1891, através do federalismo, permitiram aos estados maior liberdade na defesa de seus interesses.[270] Uma autonomia que nos últimos anos do Império já dava sinais de força como ficou demonstrado, por exemplo, quando em setembro de 1888, o governo da província paulista acertou diretamente com um banco estrangeiro o empréstimo de 7 mil contos de réis a serem utilizados na importação de braços, antecipando aquilo que um sociólogo afirma só ter acontecido após a proclamação da República: "São Paulo, estado líder da economia, desembaraçou-se logo das peias centrais para contrair empréstimos (no exterior) e assegurar a mão de obra indispensável à cafeicultura".[271]

Em suma, a Sociedade Promotora de Imigração permitiu a execução de um programa de imigração criado para atender às necessidades da grande lavoura cafeeira. Organizada como instrumento de classe para conduzir o Estado (provincial) segundo seus interesses, acabou por garantir a continuidade desse programa mesmo durante todo período de reorganização compreendido entre a queda do Império, a formação do governo provisório e o estabelecimento definitivo das bases do poder republicano, com a Constituição Federal de 1891.[272]

Ao finalizar suas atividades, a Promotora havia introduzido em São Paulo mais de 220 mil europeus, em sua grande maioria italianos.[273] Durante toda sua existência (1886-1895), não serviu apenas aos interesses dos fazendeiros, também funcionou como canal

---

270 A autonomia provincial na fase final do Império é motivo de discussão na historiografia recente. São inúmeras as análises do tema sob a ótica política e econômica. Alguns aspectos desse debate podem ser vistos em José Murilo de Carvalho. "Federalismo e centralização no Império brasileiro: história e argumento". In: José Murilo de Carvalho. *Pontos e Bordados: escritos de história e política*. Belo Horizonte: Editora da UFMG, 1998, p. 155-188. Para uma posição diferente ver Miriam Dolhnikoff. *O pacto imperial: origens do federalismo no Brasil*. São Paulo: Editora Globo, 2005. Nesse sentido, a questão da imigração mereceria um estudo mais aprofundado, sobretudo para São Paulo, o que não será possível no âmbito deste trabalho.

271 Fernando Henrique Cardoso. "Dos governos militares a Prudente–Campos Salles". In: Boris Fausto (org.). *História Geral da Civilização Brasileira. O Brasil Republicano*. t. III, v. 1. São Paulo: Difel, 1977, p. 38.

272 Thomas H. Holloway. *Imigrantes para o café: café e sociedade em São Paulo, 1886-1934*, op. cit., p. 66.

273 Relatorio da directoria da Sociedade Promotora de Imigração em 31 de dezembro de 1895. *Apud* Michael M. Hall. *Origins of mass migration in Brazil, 1871-1914*. Tese de Doutoramento. Columbia University, 1969 (mimeo), p. 95.

de transferência de dinheiro público para companhias de navegação e agências contratadas para introduzir imigrantes. Receita volumosa que passaria a ser distribuída mediante novos contratos, a partir de então, subordinados à Secretaria de Agricultura de São Paulo. Função assumida precocemente, já em 21 de agosto de 1894, quando foi concluído o primeiro acordo entre o estado com uma antiga conhecida da Promotora, a Angelo Fiorita & C. Outro acerto ambicioso, que pretendia trazer 50 mil europeus, sem exceder em 10 mil o número de italianos e que contou mais uma vez com a participação de José Antunes dos Santos. Em 10 de agosto de 1895, novamente o governo rendia-se não só às condições de recrutamento na Europa, mas principalmente aos interesses da agência introdutora, elevando aquele limite a 25 mil.[274] No início do mesmo ano, Bernardino de Campos, ao afirmar que "por conta deste ultimo contracto ainda ha muita gente a transportar", nada mais fez do que registrar essas dificuldades.[275]

Esse contrato, celebrado após um longo período de interrupção da entrada de imigrantes devido ao aparecimento do cólera nos portos de procedência em agosto de 1893, foi uma clara tentativa do governo paulista de restabelecer o fluxo.[276] As Listas Gerais de Desembarque de Passageiros documentaram o momento: entre 24 de setembro de 1893, data da entrada do vapor *Aquitaine*, até 5 de outubro de 1894, com a chegada do mesmo vapor, nenhum desembarque foi registrado.[277] O tempo perdido, no entanto, foi recuperado em 1895, com a chegada de quase 140 mil imigrantes (Tabela 2.9).

Em 1896, o governo paulista abriu mais uma concorrência para a escolha do parceiro na introdução de imigrantes e, em 7 de março, celebrou novo contrato com Angelo Fiorita & C. para trazer 45 mil europeus: italianos, holandeses, suecos, alemães, noruegueses, ingleses, austríacos portugueses e espanhóis; e mais 10 mil canadenses da província de Quebec. Vale destacar que pela primeira vez estabeleceram-se diferentes subvenções, em libras esterlinas, conforme a nacionalidade: italianos adultos £ 4-16-0; europeus adultos £ 5-10-0; americanos adultos £ 9-0-0; as outras faixas etárias seguiam as mesmas proporções dos contratos anteriores, ou seja, metade para os de 7 a 12 anos e a quarta parte para os de 3 a 7 anos.[278]

---

274 "Contratos relativos á immigração", *op. cit.*, p. 47-48.

275 Mensagem apresentada ao Congresso Legislativo do Estado, em 7 de abril de 1895, pelo Presidente do Estado, Dr. Bernardino de Campos, p. 47.

276 Mensagem dirigida ao Congresso Legislativo de São Paulo, pelo Presidente do Estado, Dr. Bernardino de Campos, no dia 7 de abril de 1894, p. 32.

277 MI: Listas Gerais de Desembarque de Passageiros. Microfilme 1001/2.

278 "Contratos relativos á immigração", *op. cit.*, p. 48-49.

Cláusulas que indicavam claramente a tentativa do governo em impor limites à introdução de imigrantes italianos. A discussão ganhava corpo nos últimos anos – especialmente após os conflitos em São Paulo entre italianos e brasileiros em 1892, que acabaram por se estender até 1895[279] –, mas a intensa demanda da lavoura cafeeira por braços não permitia escolher a nacionalidade do imigrante e acabava sempre por obscurecê-la. Mais uma vez, as palavras de Campos Salles delinearam de forma cristalina o dilema imposto à política de imigração paulista e ratificaram a opção pela imigração subsidiada.

> Muitos ha, porém, que julgam necessario mesclar (é a expressão consagrada) mais ainda as nacionalidades de origem, abrindo novas fontes ou desenvolvendo algumas das que já existem. Confesso que não se me afigura de facil solução este problema, sendo certo que estamos adstrictos a procurar elementos consôantes ás necessidades do nosso trabalho, tal como se acha organizado.
> (…)
> Desde que se trata da introdução de operarios agricolas, uma de duas: ou ella será estipendiada, ou não existirá. (…) Ninguem se faça illusões a este respeito. Por duas vezes foi o governo do Estado obrigado, em virtude de acontecimentos extraordinarios, a decretar a suspensão de transporte gratuito dos immigrantes, e das duas vezes foi como si se tivesse decretado a suspensão de entrada de immigrantes. É, pois, minha convicção que deixar de subsidiar a immigração, equivale a supprimil-a.[280]

Seguindo essa linha, em 20 de abril de 1897, a Angelo Fiorita & C. dirigiu-se ao secretário da Agricultura para solicitar a prorrogação do prazo e autorização para poder completar o número de imigrantes que ainda faltava com os de nacionalidade italiana.

> Os [suplicantes], pois, convencidos da superioridade dos immigrantes da nacionalidade italiana para a lavoura deste Estado, pedem a Vª. Exª. que se digne a autorizar-lhes a complementar o numero referido de 55.000 immigrantes, introduzindo italianos, em numero de 10 a 12 mil e os de outras nacionalidades que lhes forem possiveis.[281]

---

279 Sobre esses conflitos ver Zuleika Alvim. *Brava gente! op. cit.*, p. 51-52.

280 Mensagem enviada ao Congresso Legislativo, a 7 de abril de 1897, por Campo Salles, Presidente do Estado, p. 89 e 92.

281 Ofício da Angelo Fiorita & C. ao secretário da Agricultura (20 de abril de 1897). DAESP: Secretaria da Agricultura, CO 4256.

Alguns dias depois, o diretor geral de Terras, Colonização e Imigração emitiu parecer favorável, informando que até março a agência havia introduzido 34.363 imigrantes europeus, além de 378 canadenses. O pedido foi aceito pelo secretário, que concedeu prorrogação do prazo, anteriormente estipulado até março, para julho do mesmo ano.[282] No mesmo mês, entretanto, a Fiorita enviou mais um ofício ao secretário para solicitar outra prorrogação até setembro, pois até aquele momento havia introduzido cerca de 47 mil imigrantes. Apesar do parecer contrário do diretor geral, o pedido foi aceito pela Secretaria da Agricultura.[283] Ficou acertado ainda que os canadenses que faltavam poderiam ser substituídos por italianos.[284]

Mesmo antes do encerramento do contrato, Angelo Fiorita & C. apresentou-se em nova concorrência para introdução de imigrantes. Em resposta ao edital de 26 de abril de 1897, a empresa elaborou proposta para introdução de 40 mil imigrantes em 12 meses, todos agricultores, sendo 10 mil austríacos e 30 mil italianos, com cotas específicas para cada região de origem.[285] A subvenção proposta era semelhante ao contrato anterior, ou seja, valores maiores para os egressos da Áustria. No final do documento, uma declaração reveladora da preferência pela referida agência:

> (…) os proponentes deixam de apresentar documentos que provem a sua idoneidade, porque, até a presente data, o serviço de imigração neste Estado tem sido feito exclusivamente pelos proponentes.[286]

O contrato foi assinado em 6 de agosto de 1897 e era cópia fiel da proposta vitoriosa apresentada pela Fiorita. Isso não impediu que fosse modificado posteriormente. Em 30 de agosto de 1899, a agência foi autorizada a perfazer com italianos o total de 40 mil; em 21 de maio de

---

282 Parecer do Inspetor e do Diretor Geral e Despacho do Secretário da Agricultura (30 de abril de 1897). DAESP: Secretaria da Agricultura, CO 4256.

283 Ofício da Angelo Fiorita & C. ao secretário da Agricultura (15 de julho de 1897); Parecer do Inspetor e do Diretor Geral e Despacho do Secretário da Agricultura (21 de julho de 1897). DAESP: Secretaria da Agricultura, CO 4256.

284 "Contratos relativos á imigração", *op. cit.*, p. 49. A vinda de canadenses para São Paulo mostrou-se um verdadeiro fracasso e a grande maioria dos 378 foi repatriada pelo cônsul britânico. Thomas H. Holloway. *Imigrantes para o café: café e sociedade em São Paulo, 1886-1934*, *op. cit.*, p. 81 e 274.

285 As regiões estendiam-se de norte a sul da península, fato que parecia já ser uma resposta ao aumento da emigração no Mezzogiorno italiano, apesar da tradicional preferência pelos setentrionais. As cotas eram as seguintes: Vêneto (15 mil); Lombardia (3 mil); Emília (mil); Marche (2 mil); Toscana (dois mil); România (mil); Abruzzi (mil); Campobasso, Avelino, Benevente e Nápoles (2 mil); Calábria (mil); Sicília (2 mil).

286 Proposta da Angelo Fiorita & C. para introdução de 40.000 imigrantes (30 de junho de 1897). DAESP: Secretaria da Agricultura, CO 4256.

1900, sofreu um aditamento obrigando a Fiorita a promover a vinda de imigrantes chamados por parentes já localizados na lavoura; em 27 de setembro do mesmo ano o Estado passou a aceitar aqueles que já estiveram anteriormente no país, concordou em pagar um adicional de £ 0-10-0 pelos maiores de 12 anos, £ 0-5-0 pelos de 7 a 12 anos e £ 0-2-6 pelos de 3 a 7 anos, permitiu a introdução de solteiros e a contagem dos primos como membros da família.[287] Certamente, tais alterações eram reflexos da diminuição da entrada de braços italianos em São Paulo. Ao que tudo indica, esse contrato foi finalmente honrado por Angelo Fiorita & C. com a chegada, prevista para janeiro de 1901, de quatro vapores vindos de Gênova, transportando 2.798 imigrantes.[288]

Na mesma data da assinatura do contrato com Angelo Fiorita & C., o governo também estabeleceu acordo com José Antunes dos Santos para introdução de 20 mil imigrantes: 10 mil espanhóis, 5 mil portugueses do continente e ilhas e 5 mil alemães, belgas suecos e dinamarqueses.[289] As subvenções também eram diferenciadas: pelos ibéricos maiores de 12 anos seriam pagas £ 5-10-0 e pelos europeus do norte, £ 6-6-0, ambos os valores, cabe ressaltar, eram superiores àqueles pagos pelos imigrantes italianos adultos (£ 4-16-0). Em 27 de setembro de 1900, o contrato sofreu as mesmas modificações que o firmado com a Fiorita.[290]

Ainda em 1897, a Angelo Fiorita & C. voltou seus olhos para o Extremo Oriente e, interessada em trazer japoneses para os trabalhos na lavoura, que viriam por conta própria, apresentou, de forma inédita até aquele momento, um pedido de informações ao secretário da Agricultura sobre a possibilidade desses imigrantes receberem o mesmo tratamento daqueles introduzidos por conta do governo: alojamento na hospedaria da capital e passagens gratuitas de Santos a São Paulo e, posteriormente, até as fazendas de destino. Na resposta, o secretário deferiu o pedido embasado no regulamento citado pelo inspetor de Terras e Colonização, assinalando que, se fossem trabalhadores rurais, teriam direito ao tratamento oferecido pelo governo.[291] No entanto, a empreitada não se concretizou e a imigração japonesa para terras paulistas esperaria ainda mais uma década para tomar corpo.[292]

---

287 "Contratos relativos á immigração", *op. cit.*, p. 50.

288 Ofício da Angelo Fiorita & C. ao secretário da agricultura (02 de janeiro de 1901). DAESP: Secretaria da Agricultura, CO 7254.

289 Os 10 mil espanhóis deveriam ser da Galícia, Navarra, Vascongadas, Canárias, Málaga e Cáceres.

290 "Contratos relativos á immigração", *op. cit.*, p. 49-50.

291 Ofício da Angelo Fiorita & C. ao secretário da agricultura (03 de novembro de 1897). DAESP: Secretaria da Agricultura, CO 4256.

292 Em 1901, novamente no comando de São Paulo, Rodrigues Alves informava sobre a situação de mais um ensaio da imigração japonesa: "Contractei em setembro do anno passado a introducção de 600 famílias de imigrantes japoneses que são, segundo sou informado, bons trabalhadores. Fui solicitado por lavradores que desejavam experimentar esse novo elemento e não duvidei, por ser caro o preço das passagens, auxilial-os

Apesar das dificuldades enfrentadas nos âmbitos interno e externo, que traziam consigo grandes oscilações do movimento migratório, além do aumento significativo dos retornos, o afluxo de imigrantes na última década do Oitocentos chegou a quase 735 mil, com picos excepcionais em 1891, 1895, 1896 e 1897. Todavia, a fórmula dos grandes contratos exclusivos para introdução de imigrantes dava sinais de esgotamento, pois passou a enfrentar embaraços no exterior, sobretudo na Itália que impôs restrições a esse tipo de recrutamento com a promulgação da Lei n. 23, de 31 de janeiro de 1901.

Tabela 2.9. Imigração no estado de São Paulo (1890-1899)

Ano	Imigrantes
1890	38.291
1891	108.688
1892	42.061
1893	81.745
1894	48.947
1895	139.998
1896	99.010
1897	98.134
1898	46.939
1899	31.172
Total	734.985

Fonte: Henrique Doria de Vasconcelos. "Oscilações do movimento imigratório no Brasil", *op. cit.*, p. 228, Quadro A.

O governo paulista não subvencionava apenas os imigrantes vindos sob contrato. A exemplo da autorização concedida aos prováveis imigrantes japoneses, aqueles que se enquadrassem nas exigências da lei também teriam direito ao auxílio quando instalados na

---

com a contribuição de uma parte dellas. Não me consta que até agora se tenha feito qualquer esforço util para execução desse contracto". Mensagem enviada ao Congresso do Estado a 7 de abril de 1901 pelo Dr. Francisco de Paula Rodrigues Alves, Presidente do Estado, p. 31. O contrato inicialmente celebrado com Marçal Sans de Ellorz foi transferido para Angelo Fiorita & C. e, posteriormente, o pedido de renovação foi negado pela Secretaria de Agricultura em 1903. "Contratos relativos á imigração", *op. cit.*, p. 50. Grosselli relata uma proposta, ao final desse mesmo ano, da Angelo Fiorita & C. para substituir os japoneses por espanhóis e italianos. Renzo M. Grosselli. *Di schiavi Bianchi a coloni, op. cit.*, p. 117. Para mais detalhes dessa empreitada fracassada ver Arlinda Rocha Nogueira. *A imigração japonesa para a lavoura cafeeira paulista, 1909-1922.* São Paulo: USP/IEB,1973, p. 62-69.

lavoura. Na virada do século, no entanto, a política de subvenção de passagens sofreu importante alteração inaugurada com a Lei n. 673, de 9 de setembro de 1899, sobre o serviço de introdução de imigrantes, e regulamentada um ano depois pelo Decreto n. 823, de 20 de setembro. Em mensagem ao legislativo, Rodrigues Alves apresentou um breve balanço da entrada de imigrantes em 1900 (22.802) e no início do ano seguinte, revelando expectativa positiva com a nova legislação.

> Foi, como vêdes, muito acanhado o movimento, que está entrando em nova fase com as providencias que decretastes. De 1º de janeiro a 30 de março deste anno, deram entrada na Hospedaria 10.930 immigrantes.[293]

Em suma, a lei fixou um prêmio – a princípio, em libras esterlinas, e diferenciado por nacionalidades, depois, no valor único de 50 francos – por imigrante a ser pago às companhias de navegação ou armadores que dispusessem de "vapores com as necessarias condições de hygiene e de rapidez de viagens" e que se encarregassem de trazer braços para a lavoura desde que vindos pela primeira vez ao Brasil, constituídos em famílias, "exclusivamente agricultores, validos, de boa conducta moral e civil, e tendo cada familia, pelo menos um individuo apto para o trabalho", além de impor limite ao número de imigrantes a serem introduzidos anualmente.[294]

Regulamentou-se, ainda, "os pedidos de introdução de imigrantes com destino certo na lavoura" a serem encaminhados para a Secretaria da Agricultura, que os distribuiria às companhias de navegação, com as quais o governo havia ajustado o fornecimento de bilhetes de chamada.[295] Esses pedidos, também conhecidos como "fórmulas de chamadas", nos quais o fazendeiro estipulava a quantidade de imigrantes requeridos, deveriam obrigatoriamente ser acompanhados por um atestado assinado pelo presidente da Comissão de Agricultura do município comprovando a idoneidade e profissão de lavrador do requerente.[296] Nesse sentido, afo-

---

293 Mensagem enviada ao Congresso do Estado a 7 de abril de 1901 pelo Dr. Francisco de Paula Rodrigues Alves, Presidente do Estado, p. 31.

294 *Colleção das Leis e Decretos do Estado de São Paulo* (1900), p. 206-212. A partir de então, diversos decretos do executivo definiram o número de imigrantes a introduzir: em 1900 (4 mil); em 1901 (25 mil); em 1902 (10 mil); em 1904 (5 mil); em 1905 (20 mil); 1907 (10 mil); 1908 (10 mil); 1909 (10 mil); 1910 (10 mil).

295 Decreto n. 1.247 de 17 de dezembro de 1904. *Colleção das Leis e Decretos do Estado de São Paulo* (1904), p. 137-140.

296 Esse documento, no entanto, nem sempre era necessário. Em 9 de dezembro de 1907, o diretor-interino da recém-criada Agência Oficial de Colonização e Trabalho enviou ofício ao secretário da Agricultura com as fórmulas de chamadas de sete fazendeiros, assinalando que "algumas destas formulas não levam attestado

ra os contratos para introdução de imigrantes, delinearam-se – em torno das novas alternativas engendradas para se conseguir braços para a lavoura – outras oportunidades de ganhos para as companhias de navegação e armadores que poderiam encaminhar diretamente seus passageiros ao estado de São Paulo, sem intermediação.

Mais modestos, os acordos firmados no novo século, refletiram a modificação no programa imigratório, promoveram certa diversidade das agências contratadas, mas nada inovaram nas nacionalidades dos imigrantes pretendidos. Em 29 de março de 1901, o governo estabeleceu dois acordos. Um com Gastaldi & C., para trazer 7 mil italianos, espanhóis e portugueses; outro com Roso Lagoa, para introdução de 2 mil portugueses e espanhóis. Em 03 de abril de 1905, o contrato com The Royal Mail Steam Packet Co. estabelecia a vinda de 2 mil imigrantes do norte da Europa. Em outro, de 10 de janeiro de 1908, a Companhia Agrícola Fazenda Dumont conseguia subvenções diferenciadas para trazer 200 famílias europeias: portuguesas, espanholas ou de outras nacionalidades.[297]

As duas principais agências, antigas parceiras da Sociedade Promotora e do governo paulista, não ficaram de fora dessa nova fase. Em 23 de março de 1901, José Antunes dos Santos obrigava-se perante o estado a trazer 14 mil imigrantes espanhóis, portugueses, italianos e austríacos, com subvenções superiores àquelas dos contratos anteriores: italianos £ 5-0-0, espanhóis e portugueses £ 5-15-0, austríacos £ 6-0-0 (valores para adultos). Segundo informações oficiais, esse acordo e o de 6 de agosto de 1897 foram liquidados em 2 de maio de 1902.[298] Um dia depois, a Angelo Fiorita & C. também firmou contrato para introdução de 7 mil italianos.[299] O que chama atenção, é que cada agência foi autorizada, inclusive, a trazer mais 3 mil imigrantes pelo regime do Decreto n. 823.[300]

No relatório da Secretaria de Agricultura de 1902 encontram-se informações sobre esses contratos. Apenas Angelo Fiorita & C. conseguiu cumprir o acordo durante o período combinado, trazendo 7.174 italianos. José Antunes dos Santos deixou de trazer 2.570 imigrantes dos 14 mil e acabou por perder a importância de 10 contos depositada anteriormente como garantia da execução do acordo. Gastaldi & C. encontrou mais dificuldades e até o final de 1901, não havia introduzido nenhum imigrante e, ao término do ano seguinte ainda faltavam 2.306 para

---

do Presidente da Comissão Municipal de Agricultura por serem de fazendeiros conhecidos nesta agencia". DAESP: Secretaria da Agricultura, CO 7254.

297 "Contratos relativos á immigração", *op. cit.*, p. 51-53.
298 "Contratos relativos á immigração", *op. cit.*, p. 51. No entanto, de acordo com o Relatório da Secretaria da Agricultura de 1902, citado a seguir, o contrato de 23 de março de 1901 não foi cumprido integralmente.
299 "Contratos relativos á immigração", *op. cit.*, p. 51.
300 "Contratos relativos á immigração", *op. cit.*, p. 51.

completar a cota combinada, o que resultou na perda da caução de 5 contos. Com Roso Lagoa a situação era muito pior, pois chegaram apenas 48 pessoas dos 2 mil a serem recrutados e sua caução de 2 contos também foi perdida.[301]

No mesmo documento em que se expôs tal dificuldade, o secretário observou que terminados os contratos de março de 1901, estabeleceu-se o serviço de introdução de imigrantes mediante subvenção a qualquer companhia de navegação ou armadores, no regime do Decreto n. 823. Com o prêmio de 50 francos, o estado acabou por gastar 24.050 francos com a chegada de 481 pessoas em 1902.[302] As alterações promovidas pela Lei n. 673 em conjunto com o decreto já mencionado deixaram seus primeiros sinais nas Listas Gerais de Desembarque de Passageiros do ano de 1901. Assim, ao lado de Angelo Fiorita & C. e José Antunes dos Santos, começaram a aparecer nomes de companhias de navegação já bastante conhecidas no transporte de imigrantes – NGI, La Veloce, Ligure Brasiliana, Transports Maritimes, Nord-Deutscher Lloyd – e outras, até então, nem tanto – as inglesas Royal Mail Steam Packet e Pacific Steam, as espanholas Cantabrica e A. Folch y C., as italianas Italia Società di Navigazione, Dufur & Bruzzo e Giuseppe Zino, a alemã Hamburg-Amerika, e a nacional Lloyd Brasileiro.[303]

A partir da metade final do primeiro decênio do século XX, a entrada de imigrantes em São Paulo apresentou significativa modificação quanto à diversidade da nacionalidade dos que chegavam. Os italianos, sempre maioria, foram ultrapassados pela primeira vez pelos espanhóis. Tal fato pode ser creditado à entrada em vigor da lei de emigração italiana de 1901, cujos reflexos foram sentidos nos anos seguintes, mas também aos efeitos negativos causados pelas condições dos colonos nas fazendas, que se agravavam a cada crise na economia cafeeira. No entanto, mesmo após o Decreto Prinetti de 1902, que proibiu a emigração subsidiada para o Brasil, os imigrantes italianos ainda constituíam a maioria, ao menos até 1905 e 1906,[304] quando os espanhóis acabaram por superá-los.[305] Isso se

---

301 Relatorio apresentado ao Bernardino de Campos, Presidente do Estado, pelo João Baptista de Mello Peixoto, Secretario da Agricultura, anno de 1902, p. 170-172.

302 Relatorio apresentado ao Bernardino de Campos, Presidente do Estado, pelo João Baptista de Mello Peixoto, Secretario da Agricultura, anno de 1902, p. 173.

303 MI: Listas Gerais de Desembarque de Passageiros. Microfilmes 1010/11; 1011/12; 1012/13; 1013/14; 1014/15; 1015/16 e 1016/17.

304 Em 2 de fevereiro de 1906, um decreto do governo italiano procurou dificultar a concessão de passaporte para o Brasil, o que certamente contribuiu para a queda do movimento. Renzo M. Grosselli. *Di schiavi Bianchi a coloni, op. cit.*, p. 116.

305 No primeiro semestre de 1905, por exemplo, os três principais grupos de imigrantes que chegaram à Hospedaria do Brás estavam assim divididos: 6.281 espanhóis (1.348 famílias), 2.625 italianos (461 famílias), 1.094 portugueses (248 famílias). Cf. Quadro dos immigrantes entrados na Hospedaria da Capital,

deveu mais ao aumento incomum por parte dos egressos da Espanha do que pela queda do fluxo de italianos. Após 1907, com a diminuição na entrada de espanhóis em virtude da suspensão temporária da imigração subsidiada, as duas nacionalidades, juntamente com os portugueses, que passaram a chegar em maior número, mantiveram certa equivalência, alterada somente em 1912-1913, anos em que a imigração superou a casa dos 100 mil, pela prevalência lusitana.[306]

Tabela 2.10. Imigração no estado de São Paulo (1900-1915)

Ano	Imigrantes	Ano	Imigrantes
1900	22.802	1908	37.278
1901	70.348	1909	38.308
1902	37.831	1910	39.468
1903	16.553	1911	61.508
1904	23.761	1912	98.640
1905	45.839	1913	116.640
1906	46.214	1914	46.624
1907	28.900	1915	15.614
Total			746.328

Fonte: Henrique Doria de Vasconcelos. "Oscilações do movimento imigratório no Brasil", *op. cit.*, p. 228, Quadro A.

A par da tradicional imigração da Europa mediterrânea, a grande novidade foi a chegada de japoneses a partir de 1908. Não por acaso, quando a imigração japonesa começou a ganhar contornos,[307] surgiram companhias que se encarregaram de tentar promovê-la.

---

durante o semestre de 1 de janeiro a 30 de junho de 1905. DAESP. Secretaria da Agricultura, CO 7254. Ver, ainda, a Tabela A. 6 do Anexo.

306 "Não obstante ter sido suspensa em agosto a imigração subsidiada, por estar suficientemente suprida de braços à lavoura cafeeira, as entradas de imigrantes foram, em 1906, de 48.429, contra 47.817, em 1905. (...) Para o augmento da imigração concorreram os italianos, allemães, russos, e outros, tendo decrescido sómente a entrada de imigrantes hispanhóes e protuguezes, com effeito de suspensão da immigração subsidiada". Mensagem enviada ao Congresso Legislativo, a 14 de julho de 1907, pelo Dr. Jorge Tibiriçá, Presidente do Estado, p. 352. Para os números completos ver Tabela A.6.

307 Em nível nacional, porém, o primeiro passo foi dado anos antes, com a assinatura, em 1895, do Tratado de Amizade, Comércio e Navegação entre Brasil e Japão, mas que ainda não estabelecia nenhum entendimento sobre a questão da imigração. Célia Sakurai. "Imigração japonesa para o Brasil: um exemplo de imigração tutelada (1908-1941)". In: Boris Fausto. *Fazer a América. A imigração em massa para a América latina*. 2ª ed. São Paulo: Edusp, 2000, p. 206. Em São Paulo, além das tentativas já observadas anteriormente, pode-se

Em 06 de novembro de 1907, o governo celebrou contrato com a Companhia Imperial de Emigração de Tókio para trazer 3 mil imigrantes japoneses, com subvenção de £ 10 para os maiores de 12 anos, £ 5 para os de 7 a 12 anos e £ 2-10-0 para os de 3 a 7 anos. Os fazendeiros que recebessem os imigrantes obrigavam-se a restituir ao governo 4, 2 e 1 libra, conforme a idade. Esse acordo foi alterado em 14 de novembro de 1908 em relação à constituição familiar e à restituição da importância, reduzida para £ 1-10-0, 0-15-0 e 0-7-6, sendo que os fazendeiros poderiam descontar esse valor dos salários dos colonos;[308] prática que há tempos foi suprimida quanto aos europeus, mas que parecia ser a prova da desconfiança do governo e fazendeiros em relação ao braço oriental.

A alternativa da imigração japonesa foi pensada com maior afinco no momento em que a economia cafeeira demandava mais mão de obra, com a expansão da área cultivada, em virtude da alta dos preços do café no mercado internacional no início do século.[309] Preocupação que crescia, principalmente quando se verificavam saldos negativos entre a entrada e saída de imigrantes. Mesmo assim, a introdução de japoneses era vista com reservas até por seus partidários, que a propunham "a titulo de ensaio, como fonte de supprimento de braços á lavoura cafeeira".[310] Em meio a isso, o primeiro grupo composto por 793 pessoas chegou em 19 de junho de 1908, encaminhando-se, em sua maioria, para a lavoura. Um ano depois, os resultados decepcionaram o ainda chefe do executivo paulista.

> A immigração japoneza parece não produzir os resultados esperados. Os 781 primeiros immigrantes, introduzidos na vigencia do contracto de 6 de novembro de 1907, deram entrada na Hospedaria da Capital em junho do anno findo; mas, na maioria individuos solteiros e pouco habituados á lavoura, esquivaram-se a certos serviços agrícolas, que abandonaram aos poucos. Sómente ficaram nas fazendas algumas famílias constituídas por verdadeiros agricultores, que trabalham a muito contento dos fazendeiros em cujas propriedades se localizaram.[311]

---

citar o Decreto n. 855, de 7 de dezembro de 1900, que fixou em 20 mil os imigrantes a serem introduzidos, sendo mil japoneses. *Colleção das Leis e Decretos do Estado de São Paulo* (1900), p. 282.

308 "Contratos relativos á immigração", *op. cit.*, p. 52.

309 Célia Sakurai. "Imigração japonesa para o Brasil: um exemplo de imigração tutelada (1908-1941)", *op. cit.*, p. 206. Sobre a imigração japonesa e o café ver Arlinda Rocha Nogueira. *A imigração japonesa para a lavoura cafeeira paulista, 1909-1922. op. cit.*

310 Mensagem enviada ao Congresso Legislativo, a 14 de julho de 1908, pelo Dr. M. J. Albuquerque Lins, Presidente do Estado, p. 25.

311 Mensagem enviada ao Congresso Legislativo, a 14 de julho de 1909, pelo Dr. M. J. Albuquerque Lins, Presidente do Estado, p. 33.

À vista desses problemas, estabeleceu-se que os grupos introduzidos de cada vez não excederiam 650 indivíduos, e apesar das dificuldades da companhia em cumprir o contrato, a experiência não foi abandonada. Em 4 de outubro de 1910, o acordo estabelecido com Takemura Yoyemon estipulava a introdução de até 1.500 japoneses por ano, com subvenção de £ 9 para os maiores de 12 anos, de £ 4-10-0 aos de 7 a 12 anos e £ 2-5-0 de 3 a 7 anos. Em 30 de outubro de 1911, foi assinado, nos mesmos termos do anterior, um contrato com a Companhia Oriental de Emigração para a introdução anual de 1.500 japoneses. Em 8 de março de 1912, o governo estabeleceu acordo com o Sindicato de Tókio para introduzir 2 mil famílias japonesas e colonizar a zona situada no Vale do Ribeira e as colônias de Pariquera-Açú e Cananeia, nos termos da Lei n. 1299-F, de 29 de dezembro de 1911, pela qual se comprometia a criar a infraestrutura necessária e a isentá-la de impostos durante cinco anos.[312]

Mesmo mediante esses contratos, e contando com o apoio do governo do Japão que via com interesse a saída de seus súditos, preocupando-se em tutelá-la, o fluxo de japoneses para São Paulo manteve certa descontinuidade. Na verdade, foram introduzidas dez levas de imigrantes distribuídas entre 1908 e 1914, totalizando 14.892 pessoas, sendo que o maior volume foi atingido em 1913, com a chegada de 6.847,[313] número que seria facilmente superado com a consolidação da imigração a partir de 1924.[314]

Foi, aliás, em 1913, que a entrada de estrangeiros chegou a pouco mais de 116 mil, superando o movimento recorde do ano anterior (98 mil). Nessa década, a exceção daqueles celebrados com companhias japonesas, já não existiam mais contratos para introdução de imigrantes. Estes continuaram a afluir – nem sempre de acordo com as necessidades e expectativas da grande lavoura –, em boa parte, subvencionados conforme as leis estabelecidas no início do novo século, consolidadas, posteriormente, pelo extenso Decreto n. 2.400, de 9 de julho de 1913.[315]

---

312 "Contratos relativos á immigração", *op. cit.*, p. 52-53. Em 1917, segundo palavras do presidente do estado de São Paulo, "a colonização japoneza na zona do Ribeira de Iguape, de accôrdo com o contracto vigente, ainda não poude ser iniciada (…)". Mensagem apresentada ao Congresso Legislativo do Estado, em 14 de julho de 1917, pelo Dr. Altino Arantes, Presidente do Estado de São Paulo, p. 52.

313 A imigração japonesa subvencionada foi interrompida em 1914 e retomada a partir de 1917. Arlinda Rocha Nogueira. *A imigração japonesa para a lavoura cafeeira paulista, 1909-1922, op. cit.*, p. 179 e ss. A quantidade de imigrantes em cada desembarque encontra-se no Quadro II, p. 154.

314 Célia Sakurai. "Imigração japonesa para o Brasil: um exemplo de imigração tutelada (1908-1941)", *op. cit.*, p. 210. Quanto aos números da imigração japonesa, os dados fornecidos pela autora são os seguintes: entre 1908-1923 chegaram 31.414; de 1924-1941 entraram 137.572.

315 Decreto n. 2.400 de 09 de julho de 1913 – "Manda observar a consolidação das leis, decretos e decisões sobre immigração, colonisação e patronato agrícola". São Paulo: Diario Official, 1913.

Quando se desenha o quadro da evolução do programa imigratório de São Paulo, o traço característico é a subvenção das passagens sob contrato ou não. Um olhar retrospectivo não apenas na legislação, mas também nos números, permite delinear ao menos dois momentos distintos balizados pelas conjunturas internas e externas. O primeiro, que cobre o início da imigração sob grandes contratos até o final do século XIX, foi marcado pela prevalência dos imigrantes subsidiados. Os dados compilados pelo Boletim do Departamento Estadual do Trabalho têm início em 1889, mas são esclarecedores: entre 1889 e 1901, dos mais de 857 mil imigrantes que chegaram, 79,2% vieram por meio de subsídios. A partir de então, esse padrão se inverte e, de 1902 a 1915, dos 690 mil, 63,1% encaminharam-se espontaneamente[316] (Tabela A.6). Isso não quer dizer que a política imigratória foi alterada em sua essência. Suprir a lavoura cafeeira de mão de obra ainda era seu principal objetivo. Sinais nesse sentido, não faltaram. Entre 1907 e 1908, quando consultado oficialmente por um interessado sobre os "meios de vir como imigrante" para São Paulo, o secretário da Agricultura respondeu indicando o caminho vislumbrado há muitos anos atrás, mesmo antes da grande imigração, por Martinho Prado Júnior, e aproveitou para reforçar algumas premissas.

> (...) para aquelles que não dispôem de recursos financeiros é melhor e preferivel trabalhar primeiro por um tempo n'uma propriedade rural, até que tenham adquirido conhecimento dos processos da lavoura paulista e adquirido um peculio que lhes permite comprar terras do governo ou de particulares.
> (...) só são restituidas as passagens de 3ª classe a imigrantes constituidos em familias e o estabelecimento em nucleos coloniaes ocorrera somente se os chefes de familia possuirem recursos para pagar a primeira prestação antes de ocupal-o.[317]

Com efeito, quando se analisa a emigração/imigração como um negócio – tema basilar desta pesquisa –, é inevitável constatar que, naquele primeiro momento, as agências de introdução de imigrantes e as companhias de navegação foram as principais beneficiárias; mas depois, com a suspensão dos grandes contratos, e a despeito da participação desses introdutores nos moldes da legislação de 1899-1900, apenas as últimas continuaram a auferir grandes lucros com o transporte daqueles que cruzavam o Atlântico.

---

316 Calculado a partir das informações do *Boletim do Departamento Estadual do Trabalho*. São Paulo, ano V, n. 19, 1916. "Dados para a Historia da Immigração e da Colonização em S. Paulo", p. 183-185. Os índices são bastante similares aos apresentados em Annibal Villanova Villela; Wilson Suzigan. *Política do governo e crescimento da economia brasileira, 1889-1945*. 2ª ed. Rio de Janeiro: IPEA; INPES, 1975, p. 249, Tabela B.10.

317 Pedido de informações sobre meios de vir como imigrante (4 de dezembro de 1907); Resposta da Secretaria de Agricultura (11 de fevereiro de 1908). DAESP: Secretaria da Agricultura, CO 7254.

Controle e pagamento dos serviços da imigração

Com a prevalência da política de imigração subsidiada voltada para o suprimento de mão de obra para a cafeicultura e a opção por famílias de imigrantes agricultores foram desenvolvidos, por parte dos interessados – fazendeiros e Estado –, mecanismos de controle para o êxito do empreendimento. A adoção de tais procedimentos visava evitar que as companhias de navegação e as agências introdutoras recebessem por serviços não prestados ou pelo encaminhamento de imigrantes fora dos padrões estabelecidos. O mesmo ocorria com os imigrados por conta própria, que só teriam direito ao reembolso da passagem se estivessem dentro das especificações exigidas pela grande lavoura: grupos familiares de agricultores.

Um conjunto de documentos localizados no Arquivo do Estado de São Paulo ajuda a esclarecer os procedimentos burocráticos necessários para que o imigrante fosse aceito na hospedaria. Todos aqueles embarcados em portos europeus subsidiados por contratos deveriam constar em listas nominativas – discriminando idade, parentesco familiar e profissão do chefe de família – visadas pelo cônsul brasileiro, que também era responsável pela emissão de certificado informando que os mesmos nada pagaram pelas passagens. Esse documento era de fundamental importância para verificação das condições de cada passageiro. Para a imigração espontânea, exigia-se, ainda, declaração do chefe da localidade – prefeito ou cargo similar – onde o imigrante habitava, confirmando sua profissão de agricultor.

Em junho de 1893, por exemplo, a companhia de navegação La Veloce embarcou no vapor *Napoli*, que sairia de Gênova com destino a São Paulo, a família de Giovanni Battista Turra, composta por seis pessoas. Para receber o dinheiro das passagens do governo paulista, a companhia era obrigada a providenciar alguns papéis que comprovassem que o grupo enquadrava-se nas exigências estabelecidas pela lei. Para tanto, foi apresentada uma declaração padrão comprovando que o candidato a imigrante dirigiu-se ao prefeito de sua localidade para informar seu desejo de se transferir para São Paulo com sua mulher e filhos. No mesmo papel, o prefeito afirmava que os interessados eram honestos e sempre tiveram boa conduta, que jamais estiveram no Brasil, e que as despesas do deslocamento até Gênova foram pagas por eles mesmos; no pé do documento, o médico local atestava que todos eram dotados de boa capacidade física. Além das assinaturas de Giovanni Battista e do prefeito, constava o visto do consulado brasileiro em Gênova autorizando o embarque. O verso estava reservado para a lista com os nomes, idades, profissão, naturalidade, sexo e religião de cada indivíduo. Finalmente, em declaração a parte, o imigrante afirmava que recebeu da companhia as passagens de acordo com a lei de emigração italiana de 30 de dezembro de 1888, e que nada pagou a título de comissão, passaporte e embarque de bagagens.[318]

O procedimento para o pagamento dos serviços das agências de recrutamento também pode ser descrito com base na documentação pesquisada. Localizou-se uma série de recibos, ofícios e atestados datados de 1898 e relacionados aos serviços de introdução de imigrantes prestados por Angelo Fiorita & C. e José Antunes dos Santos por conta do contrato de 6 de agosto de 1897. O primeiro passo do processo era semelhante ao caso das companhias de navegação analisado anteriormente. Ou seja, a preparação da uma Lista Nominativa dos Emigrantes com todas as informações necessárias – profissão, idade, composição familiar, número de passagens. Junto a esse documento era imprescindível a apresentação de um certificado do corpo consular brasileiro no local de embarque informando que os imigrantes não pagaram pelas passagens, que todos eram lavradores e nunca estiveram no Brasil. Comum, também, era o preenchimento da Declaração de Passageiro, assinada pelo chefe de família, ratificando as informações da Lista.[319]

O acerto financeiro acontecia somente após a chegada dos imigrantes na hospedaria, onde o diretor conferia a documentação para ter certeza de que os recém-chegados atendiam às condições estabelecidas no contrato (nacionalidade, grupo familiar e se eram agricultores). Comprovada as informações, emitia um atestado e dava ciência à Inspetoria de Terras, Colonização e Imigração, que enviava um ofício ao secretário de Agricultura informando a quantidade de imigrantes, o valor total das passagens, e a agência responsável pela introdução. Finalmente, o órgão responsável pela liberação da verba emitia o recibo em nome do estado de São Paulo e fazia o pagamento. Após a inspeção na hospedaria, os solteiros e os não agricultores, mesmo constituídos em famílias, eram recusados e enviados de volta, com as despesas a cargo dos introdutores.[320]

Essa documentação também permite descrever como era a rotina dos navios que transportavam europeus para o Brasil e assim compreender melhor o funcionamento dos grandes contratos para introdução de imigrantes de diferentes nacionalidades (Tabela A.14 do Anexo). As escalas e a parceria da Angelo Fiorita com José Antunes dos Santos eram fundamentais para trazer o maior número possível de passageiros de terceira classe, que conforme o tamanho da embarcação aproximava-se facilmente dos mil. O vapor *Italie*, por exemplo, da companhia de navegação francesa Transports Maritimes, saiu de Marselha no dia 26

---

318   DAESP: Secretaria da Agricultura, CO 4152. Em alguns Certificados de Família aparecia a seguinte especificação: "per emigrazione spontanea, non per arruolamento".

319   DAESP: Secretaria da Agricultura, CO 4738.

320   DAESP: Secretaria da Agricultura, CO 4738.

de maio de 1898 com 5 emigrantes austríacos; no dia 28 do mesmo mês fez sua primeira parada em Málaga para recolher 105 espanhóis; dias depois, já em Gênova, embarcaram 227 italianos e 8 austríacos; em 1º de junho, na Ilha da Madeira, parou pela última vez para receber 121 portugueses. Finalmente, no dia 17, após 22 dias entre Mediterrâneo e travessia do Atlântico, o vapor chegou ao porto de Santos.[321]

A Hospedaria do Brás, como já observado, foi importante passo para centralizar e distribuir a mão de obra que chegava em grande número no porto de Santos, conforme a demanda da lavoura cafeeira. Serviu também como centro de fiscalização da "qualidade" dos imigrantes introduzidos pelos contratos celebrados com as agências. A prova disso é que entre os atestados emitidos na hospedaria compulsados por esta pesquisa no Arquivo do Estado de São Paulo, a grande maioria registrava a rejeição de imigrantes "por serem artistas", "por não constituir família", "por ser invalido" ou porque "já esteve no Brasil".[322]

Uma rede, um objetivo: introduzir imigrantes

No caso brasileiro, alguns autores afirmam que a viabilização da imigração, quando comparada ao rendimento do comércio de escravos, não apresentou nenhum interesse econômico a particulares e, por isso, poderia ser relegada ao Estado.[323] Entretanto, alguns contratos firmados entre o governo imperial e empresas introdutoras em meados do século XIX, quando os fazendeiros contratavam ou mandavam trazer colonos diretamente da Europa, contrapõe-se à ideia da falta de atrativos econômicos desse empreendimento – especialmente levando em consideração as regalias obtidas do Estado para execução dos contratos.[324] Em São Paulo, a casa Vergueiro & Cia. talvez seja o melhor exemplo dessa iniciativa que, aproveitando-se da busca por alternativas ao braço escravo, criou um serviço para importar europeus em número cada vez maior. Naquele momento, no entanto, mais do que a defesa desse negócio ou até mesmo para torná-lo viável, era necessário demonstrar que a experiência com o trabalho livre merecia crédito através da montagem do sistema de parceria nas terras do próprio senador.

---

321 Recibos de pagamento a Angelo Fiorita & C. e a José Antunes dos Santos (vários). DAESP: Secretaria da Agricultura, CO 4738.

322 Atestados da Hospedaria dos Imigrantes (vários). DAESP: Secretaria da Agricultura, CO 4738.

323 Chiara Vangelista. *Os braços da lavoura: imigrantes e caipiras na formação do mercado de trabalho paulista (1850-1930), op. cit.*, p. 55.

324 Emília Viotti da Costa. *Da senzala à colônia, op. cit.*, p. 125.

Na verdade, não foi a ausência de interesse econômico que afugentou a participação dos fazendeiros, mas a magnitude do negócio e dos atores que dele participaram. As questões referentes à emigração/imigração ganharam amplitude nacional e exigiram a participação dos Estados. Não seria mais possível alguém como Souza Queiroz, um dos principais fazendeiros paulistas, viajar para a Europa com o propósito de contratar imigrantes e trazê-los, por sua própria conta, para trabalhar em sua lavoura. Assim sendo, dois fatores interligados concorreram para "empurrar" para o Estado o financiamento e organização da imigração: o aumento exponencial da demanda e a grande oferta de braços na Europa. Um fluxo que dificilmente seria passível de controle e de organização por alguns poucos indivíduos.

Se o Brasil, como outros países do Novo Mundo, precisava de mão de obra, deveria organizar-se para recebê-la.[325] São Paulo fez mais do que isso: estruturou-se para atender aos anseios específicos da lavoura cafeeira, canalizando recursos que foram o objeto de interesse daqueles que se propuseram a prestar dois serviços de suma importância, o recrutamento e o transporte de imigrantes. Os fazendeiros, apoiados no Estado, foram capazes de buscar soluções satisfatórias – pelo menos para seus interesses imediatos. Soluções que inegavelmente proporcionaram ganhos às agências executoras dos serviços imprescindíveis ao volume sempre crescente do movimento imigratório. Isso tudo inserido em um mundo onde o avanço tecnológico permitia cada vez mais o encurtamento das distâncias e o barateamento do transporte – para mercadorias e pessoas – e grandes investimentos voltavam-se para o financiamento dessa infraestrutura, favorecida, inclusive, pelo próprio volume do movimento de imigrantes.

No decorrer do período da imigração em massa, os procedimentos e as leis de imigração sofreram poucas alterações significativas. Modificações que, em grande parte, eram resposta às repercussões negativas no exterior ou mesmo adaptações aos novos regulamentos, restrições e leis, que como ocorreu na Itália em 1902, colocavam entraves às preensões dos cafeicultores que, nesse sentido, estavam sempre com um olho no outro lado do Atlântico,

---

325 Sob os efeitos da emigração europeia, os países do Novo Mundo desenvolveram políticas imigratórias que variaram conforme a necessidade de mão de obra e a maior ou menor disponibilidade de recursos financeiros. O México, limitado em suas possibilidades de seleção pelos danosos efeitos do caso texano, viu reduzidas suas opções aos emigrantes da Itália e tentou instalá-los no norte do país entre 1870 e 1880. O governo chileno criou como centro de propaganda e seleção de imigrantes europeus as Agencias Generales de Colonización e Inmigración com sedes na França e delegações em outros seis países europeus. O Uruguai, o país menos intervencionista em termos de imigração, estabeleceu um conjunto de leis entre 1881 (Ley de las Colonias) e 1890 (Ley de Inmigración) para tentar competir com Brasil e Argentina. Fernando J. Devoto. "Políticas migratórias argentinas y flujo de población europea (1876-1925)". *Estudios Migratórios Latinoamericanos*. Buenos Aires, ano 4, n. 11, 1989, p. 138-139. Para uma comparação das políticas imigratórias na América Latina ver Blanca Sánchez Alonso. "Algunas reflexiones sobre las políticas de inmigración en América Latina en la época de las migraciones de masas". *Estudios Migratórios Latinoamericanos*. Buenos Aires, ano 18, n. 53, 2004, p. 155-175.

mas também na América do Sul, sobretudo na Argentina, a principal concorrente pelos imigrantes vindos da Europa.

A República do Prata havia instituído já em 1876 a Lei n. 817, de 19 de outubro, que tratava especificamente da imigração e colonização. Criou-se o *Departamento General de Inmigración*, ligado ao Ministério do Interior e permitiu-se o estabelecimento de *Oficinas de Información y Propaganda* em cidades do centro e norte da Europa e em Nova York. Mas foi somente a partir da Lei de novembro de 1887 que o governo argentino começou a conceder em grande escala as passagens subsidiadas, em certo sentido, para enfrentar a concorrência do Brasil, ao mesmo tempo em que tentava redimensionar o peso da imigração italiana.[326] Esse procedimento foi suspenso em 1890, como reflexo da crise econômica vivida pelo país.

Em fins de 1927, o governador Júlio Prestes determinou que não se pagaria mais o transporte de emigrantes para o estado de São Paulo. As reclamações sobre os vultosos gastos despendidos com os serviços de imigração e as novas fontes de mão de obra, inclusive de outras regiões brasileiras,[327] tornaram o programa de subsídio cada vez menos necessário e, em 1928, decretou-se seu encerramento.[328] Os fazendeiros paulistas, acostumados em contar com a receita pública para obtenção de trabalhadores em quantidade suficiente protestaram, mas com a proporção do imposto de exportação de café caindo na arrecadação do tesouro, o antigo argumento de que a cafeicultura sustentava o estado enfraquecia-se cada vez mais.[329]

A organização da imigração transatlântica contou com a participação de um número ilimitado de pessoas. Negócio que exigia grande capacidade de articulação e aporte

---

326 Mabel Olivieri. "Un siglo del legislación en materia de inmigración Italia-Argentina, 1860-1960". *Estudios Migratórios Latinoamericanos*. Buenos Aires, ano 2, n. 6-7, 1987, p. 232-233; Fernando J. Devoto. "Políticas migratórias argentinas y flujo de población europea (1876-1925)", *op. cit.*, p. 140-141. Segundo Devoto, nesse período, o fluxo migratório ultramarino cresceu radicalmente; o volume de passagens subsidiadas foi o seguinte: 12.618 em 1888; 100.248 em 1889 e 20.121 em 1890.

327 Sobre a migração de trabalhadores nordestinos para São Paulo e o papel da Hospedaria dos Imigrantes na canalização destes para a lavoura e indústria ver Odair da Cruz Paiva. *Caminhos cruzados: migração e construção do Brasil moderno (1930-1950)*. Bauru/SP: EDUSC, 2004.

328 Thomas H. Holloway. *Imigrantes para o café: café e sociedade em São Paulo, 1886-1934, op. cit.*, p. 107-109.

329 Em artigo para a Revista da Sociedade Rural Brasileira, Antonio de Queiroz Telles, expressou sua perplexidade com a medida tomada pelo governo, que atrapalhou negociação para a vinda de poloneses. "(...) quando já as primeiras levas de imigrantes polacos se mobilisavam para embarcar para o nosso Estado, em Agosto de 1927 foi subitamente suspensa a introdução de imigrantes subsidiados pelo Governo, ficando por isto sem execução o convenio, logo no seu nascecouro. Essa brusca resolução do governo, veio encontrar a nossa lavoura inteiramente desprevinida de braços e não preparada para de qualquer forma, suprir de prompto a falta de novos contingentes de imigrantes que lhe foram sempre assegurados durante mais de quarenta annos". Antonio de Queiroz Telles. "Lavoura e immigração". *Revista da Sociedade Rural Brasileira*. São Paulo, ano VIII, n. 102, 1928, p. 331.

financeiro possíveis apenas aos Estados e a algumas empresas de transporte já existentes ao final do século XIX. Desse empreendimento participaram instituições públicas, companhias de navegação, companhias ferroviárias, agências de recrutamento e de colonização, propagandistas, agentes e subagentes, bancos, casas de câmbio e hospedagem nas cidades de embarque e desembarque. Uma complexa rede de atividades que acabou por estender seus braços ao comércio local e internacional. Sem mencionar, ainda, as remessas de dinheiro dos imigrantes para os países de origem que, na Itália e em Portugal, representaram importante fator de aquecimento da economia interna.[330]

Cabe observar que muitas agências introdutoras de imigrantes tinham ligação com o comércio de importação e exportação de mercadorias, além de serem representantes das companhias de navegação. Anúncios em jornais e nos almanaques revelam a diversidade de seus negócios. Nos exemplares do *Fanfulla*, jornal dedicado à colônia italiana residente em São Paulo, era comum a presença de propaganda de companhias de navegação (La Veloce, Navigazione Generale Italiana, Ligure Brasiliana), cujos representantes no Brasil eram: Angelo Fiorita & C., João Bricola & C., Karl Valais & C., Schmidt, Trost & C., Camilo Cresta & C., Fratelli Martinelli & C., todas ligadas ao comércio de mercadorias.[331] As listas dos principais exportadores de café dos relatórios da Associação Comercial de Santos traziam nomes conhecidos de introdutores de imigrantes, como Zerrenner Büllow & C., que ocupou sempre as primeiras posições nos negócios do café entre 1885-1892.[332]

A interdependência era fundamental para manutenção do negócio da imigração entre contratador e prestadores desse serviço. As sociedades de navegação, sempre atentas às subvenções pagas pelo governo, esforçavam-se para estreitar não apenas laços comerciais. Pode-se ressaltar, por exemplo, documento revelador da intimidade entre governo paulista, agentes e companhias transatlânticas. Datado de 27 de agosto de 1907, sob o título de "particular", Fratelli Martinelli & C., agentes gerais para São Paulo das companhias Navigazione Generale Italiana, La Veloce, Società Italia, entre outras, cientes de que Carlos Botelho partiria em viagem para a Argentina, informaram ao então secretário da Agricultura que "tomaram a liberdade" de colocar à disposição, "em nome das mesmas", os vapores que "eventualmente possam merecer a honra de sua escolha, independente de compenso pecuniário".[333]

Desde os tempos coloniais, a organização produtiva brasileira demandava força de trabalho que era importada via Atlântico. Os setores dinâmicos da economia dependiam do

---

330 Sobre esse tema ver o Capítulo 3.
331 Anúncios do jornal *Fanfulla* (1893-1898). Microfilmado. CAPH.
332 Cf. Relatório da Associação Comercial de Santos (vários anos).
333 DAESP: Secretaria da Agricultura, CO 7254.

tráfico negreiro e, posteriormente, do trato de imigrantes europeus. Alencastro afirma que, no Brasil, o mercado de trabalho esteve desterritorializado entre 1550 e 1930, quando o contingente principal da mão de obra nasceu e cresceu fora do território colonial e nacional.[334] Para trazê-lo, foi fundamental o papel desempenhado pelos mercadores de braços.

---

334 Luiz Felipe de Alencastro. *O trato dos viventes: Formação do Brasil no Atlântico Sul*. São Paulo: Companhia das Letras, 2000, p. 354.

PARTE II
Um negócio do Atlântico

Capítulo 3. Novos empreendimentos, velhas demandas

Em direção a um mundo unificado

O SÉCULO XIX foi palco de um processo que uniu os dois lados do Atlântico e aproximou do Velho Mundo áreas do Pacífico e do Índico, entrelaçando de forma inédita até então, demandas e ofertas de mão de obra, produtos agrícolas e industrializados e estabelecendo novo parâmetro de circulação de ideias. O avanço tecnológico certamente é uma das chaves para análise desse fenômeno. Avanço, este, que esteve – e está até hoje – ligado à expansão capitalista, cuja busca pela unificação do mundo em suas bases resultou – e resulta – em integração consoante aos interesses do próprio capital. Certamente é necessário ter-se ciência de que esse processo jamais poderá ser entendido como linear e consensual. Suas contradições e as resistências enfrentadas também ajudaram na conformação desse capitalismo mundial, que interagiu com especificidades locais, moldando-as. Processo que, em olhar retroativo e sincrônico, não deve ser apreendido como resultado de um projeto original, pré-concebido, com objetivos já traçados, mas sim como sentido histórico que tomou ao longo do tempo – tomando-se emprestada, ou mesmo ampliando-se geograficamente, a observação de Caio Prado Júnior ao analisar outro objeto: o sentido da colonização do Brasil.[1]

---

1 “Todo povo tem na sua evolução, vista à distância, um certo 'sentido'”. Caio Prado Júnior. *A formação do Brasil contemporâneo: colônia*. 9ª ed. São Paulo: Brasiliense, 1969, p. 19. Essa frase de Caio Prado Júnior foi interpretada de diversas formas nas últimas décadas, chegando-se inclusive a rotulá-lo de "determinista" e "anacrônico". Neste estudo, ora apresentado, tem-se claro que o objetivo do autor era compreender os caminhos percorridos pela formação do Brasil, não no sentido pré-determinado, mas lançando olhar a partir do momento em que pensava e escrevia, pois como grafou Fernand Braudel ao comentar sobre a História produzida pelo autor: "Não há paisagem, nem história, sem posto de observação". Fernand Braudel. "No Brasil: dois livros de Caio Prado Júnior". *Revista Praga*. Tradução de Bernardo Ricupero e Paulo Henrique Martinez. São Paulo, n. 8, 1999, p. 131. Artigo original: "Aux Brésil: deux livres de Caio Prado". *Annales: économies, sociétés, civilisations*, n. 1, 1948.

A efetivação da economia global única, iniciada a partir dos séculos XV e XVI pela expansão marítima, comercial e colonial, que caminharam de mãos dadas com a construção do mercado mundial, implicou necessariamente no abarcamento progressivo das mais remotas paragens em uma rede cada vez mais densa de transações econômicas, comunicações e movimentos de bens, dinheiro, ideias e pessoas, ligando países desenvolvidos entre si e ao mundo não desenvolvido.[2] Como observou Marx, o comércio mundial e o mercado mundial inauguraram, no século XVI, a biografia moderna do capitalismo.

Os contrastes entre o mundo moderno e seu predecessor, separados pelo tempo, são fornecidos por Fernand Braudel.[3] Em seu estudo sobre o "Mundo Mediterrâneo", o historiador descreveu com muita propriedade as dificuldades enfrentadas pelo homem do século XVI no que se refere à conquista do espaço geográfico para o desenvolvimento de suas atividades econômicas. Apontou que a revolução moderna dos transportes não só conferiu aumento extraordinário das velocidades, como suprimiu (o que não era menos importante) o fator de incerteza e de imprevisibilidade dos deslocamentos.[4]

Estudando a "Europa expandida" entre os séculos XV e XVIII, Fernand Braudel focalizou – no segundo volume de *Civilização material, economia e capitalismo*, denominado *Os jogos das trocas* – as redes e circuitos, os instrumentos de trocas, a produção e consumo dentro de uma economia pré-industrial, que já cobriam grande parte do globo, cujo centro era a Europa. Sua análise considerou dois níveis de trocas: as locais, com seus milhares de pontos modestos (feiras, bancas, lojas); e um outro, com seus meios superiores, praças comerciais, bolsas ou grandes feiras, onde a circulação de mercadorias envolvia intermediários, mercadores itinerantes, que atuavam como agentes econômicos. Foi dentro desse último estrato que o capitalismo prosperou, resultando, a partir de seu desenvolvimento e de seus modos de atuação, na implantação de sistemas econômicos internacionais, sob a hegemonia de uma cidade.[5]

Para Braudel, portanto, a gênese do capitalismo ocorreu antes daquela sugerida por Marx, pois, em sua ótica, não foi na produção nem no trabalho assalariado que ela se

---

2   Eric J. Hobsbawm. *A era dos impérios, 1875-1914*. 3ª ed. Rio de Janeiro: Paz e Terra, 1988, p. 95.

3   Fernand Braudel. *El Mediterráneo y el mundo mediterráneo en la época de Felipe II*. ts. I e II. 2ª ed. México: Fondo de Cultura Econômica, 1992 e 1995.

4   "Toda atividade econômica esbarra na resistência que o espaço oferece: este a constringe e a obriga a acomodar-se. Condenada à lentidão, aos preparativos intermináveis e aos estancamentos inevitáveis, a economia mediterrânea só pode ser adequadamente considerada dentro da perspectiva das distâncias". Fernand Braudel. *El Mediterráneo y el mundo mediterráneo en la época de Felipe II*, op. cit., t. I, p. 499.

5   O historiador estudou essas "economias-mundo" no volume III. Fernand Braudel. *Civilização material, economia e capitalismo, séculos XV-XVIII*. v. III. O tempo do mundo. São Paulo: Martins Fontes, 1995.

ancorou, mas na circulação.⁶ Apesar de divergências teóricas, Braudel identificou no século XIX "uma ruptura, uma inovação, uma revolução nas estruturas do cotidiano" – certamente relacionadas às consequências do avanço tecnológico e da criação de um mundo cada vez menor, condicionados pela Revolução Industrial. O historiador reconheceu, ainda, que no mundo pré-industrial a oferta desempenhou papel reduzido e que, a oferta crescente, capaz de criar necessidades novas, surgiu apenas com a mecanização.⁷

É nesse momento que, segundo Jobson Arruda, delineou-se um "novo padrão de colonização" no enlace metrópole-colônia, sob a égide da industrialização. As colônias transformam-se em mercados consumidores dos produtos industrializados metropolitanos e fornecedoras de matérias-primas e alimentos, declinando gradativamente a primazia dos chamados produtos tropicais. O modelo analisado é o da relação entre Inglaterra, Portugal e Brasil ao final do século XVIII que, para o historiador, prenunciou articulação que se tornaria dominante na segunda metade do século seguinte, cujos atores seriam os países industrializados e as colônias africanas e asiáticas. Uma transformação vital: a metrópole avançava implantando fábricas; a colônia diversificava sua produção agrícola; os mercados integravam-se interna e externamente.⁸ Em suma, um processo ancorado na Revolução Industrial que, se originário do Antigo Sistema Colonial, com o passar do tempo, acabou por rompê-lo.⁹

---

6   "O capitalismo é, a meu ver, uma velha aventura: quando começa a Revolução Industrial, ele tem atrás de si um amplo passado de experiências que não são apenas mercantis". Fernand Braudel. *Civilização material, economia e capitalismo, séculos XV-XVIII*. v. II. Os jogos das trocas. São Paulo: Martins Fontes, 1995, p. 559.

7   Fernand Braudel. *Civilização material, economia e capitalismo, séculos XV-XVIII*. v. II, op. cit. Cap. 6.

8   José Jobson de Andrade Arruda. "Decadência ou Crise do Império Luso-Brasileiro: o novo padrão de colonização do século XVIII". *Actas dos IV Cursos Internacionais de Verão de Cascais* (7 a 12 de Julho de 1997). Cascais: Câmara Municipal de Cascais, v. 3, 1998, p. 225-227. Ver também José Jobson de Andrade Arruda. "O sentido da Colônia. Revisitando a crise do antigo sistema colonial". In: José Tengarrinha (org.). *História de Portugal*. Bauru, SP: EDUSC; São Paulo: Editora Unesp; Portugal: Instituto Camões, 2000, p. 167-185.

9   "É pois impossível não ver no funcionamento do Sistema Colonial uma peça essencial na criação das pré--condições do primeiro industrialismo. Não queremos evidentemente dizer que a exploração colonial foi o único motor da Revolução Industrial, mas certamente foi um fator importantíssimo; sobretudo para entender o papel da Inglaterra terá sido decisivo". Fernando A. Novais. "Sistema Colonial, industrialização e etapas do desenvolvimento". In: Fernando A. Novais. *Aproximações: estudos de história e historiografia*. São Paulo: Cosac Naify, 2005, p. 136-137. "A acumulação capitalista, a revolução nos meios de transporte e no sistema de produção, assim como o crescimento da população na Europa e a crescente divisão do trabalho acarretaram a expansão do mercado internacional, tornando impossível a manutenção dos quadros rígidos do sistema colonial tradicional". Emília Viotti da Costa. *Da senzala à colônia*. 3ª ed. São Paulo: Editora Unesp, 1998, p. 29. Sobre a Revolução Industrial como parte da grande revolução inglesa ver José Jobson de Andrade Arruda. *A grande revolução inglesa, 1640-1780: revolução inglesa e revolução industrial na construção da sociedade moderna*. São Paulo: Depto. de História-FFLCH-USP; Hucitec, 1996.

Wallerstein, por seu turno, assinala que no período entre 1750-1850, a "economia-mundo" europeia rompeu seus limites e efetivou a incorporação de vastas zonas novas, denominada por ele de "a segunda grande expansão"; ritmo que se acelerou ao final do século XIX e início do XX. Um processo nascido da necessidade da "economia-mundo" expandir suas fronteiras.[10] No entanto, o autor, apoiado em seu conceito de "capitalismo histórico", não identifica nenhuma alteração significativa no sentido de um novo patamar de produção que resultaria na procura de novos mercados. O crescimento geográfico do "capitalismo histórico" é explicado em parte por seu próprio desenvolvimento tecnológico – melhorias nos transportes, nas comunicações e nos armamentos tornaram mais barato incorporar novas zonas, cada vez mais distantes das áreas centrais. O fator fundamental não era a busca por mercados, mas por força de trabalho a baixo custo, especialmente para contrabalançar a queda nos lucros.[11] Ou seja, a expansão ocorreu na medida da necessidade de incorporar novas áreas à divisão social do trabalho do "capitalismo histórico". No entanto, é importante salientar que essa mão de obra barata a que se refere o autor, encaminhava-se para locais longínquos, em grande parte, por ser expulsa do próprio centro da "economia-mundo": a Europa.

Em seu livro, *A era do capital*, Eric Hobsbawm reflete sobre as razões da acelerada expansão econômica que tomou conta do século XIX. Na verdade, para o historiador, o que chama atenção, ainda na primeira metade do século, é o contraste entre o crescente potencial produtivo da industrialização capitalista e sua incapacidade de quebrar as correntes que a prendiam. Apesar do crescimento, essa industrialização não apresentava condições de expandir os mercados para seus produtos e proporcionar saídas lucrativas ao seu capital acumulado.[12] Problemas essencialmente ligados à circulação.[13]

---

10 Immanuel Wallerstein. *El moderno sistema mundial: la segunda era de gran expansion de la economia mundo capitalista, 1730-1850*. v. 3. Madri: Siglo XXI, 1999, p. 179. Segundo o autor, as áreas abarcadas foram o subcontinente indiano, o Império Otomano, o Império Russo e a África Ocidental.

11 Immanuel Wallerstein. *Capitalismo histórico e civilização capitalista*. Rio de Janeiro: Contraponto, 2001, p. 36-37. Visão diferente apresenta Eric Hobsbawm, cuja importância da expansão dos mercados é a chave explicativa de seu livro: *Da Revolução Industrial inglesa ao imperialismo*. 5ª. ed. Rio de Janeiro: Forense Universitária, 2003.

12 Eric J. Hobsbawm. *A era do capital, 1848-1875*. 5ª ed. Rio de Janeiro: Paz e Terra, 1996, p. 58.

13 A ideia de circulação aqui discutida não está ligada apenas ao deslocamento de mercadorias, homens e capitais, mas também à troca de experiências e aproximação de culturas inerentes ao contato entre seres humanos, que seriam essenciais para a criação de mercados consumidores para a crescente produção que se delineava. Sobre esse assunto ver Camille Vallaux. *El suelo y el Estado*. Madri: Daniel Jorro Editor, 1914. No início do século XX, o geógrafo, crítico das teorias que pretendiam restringir o fenômeno da circulação aos aspectos econômicos, já se preocupava com os seus vários sentidos: "Desde luego, los hombres no cambian solamente productos; cambiam también pensamientos; la circulación no es solamente económica y más

Ainda segundo o historiador, a superação desses obstáculos – impulsionada pela busca de lucro da acumulação do capital – ocorreu graças à estrada de ferro, ao vapor e ao telégrafo, que conferiram os meios de transporte e comunicação adequados aos meios de produção, cujo desdobramento resultou na conquista do espaço geográfico onde a economia capitalista poderia multiplicar-se na medida em que a intensidade das transações comerciais aumentasse.[14] Em termos globais, a malha ferroviária assumia sentido suplementar à navegação transoceânica. Na Ásia, África, América Latina e Austrália, as ferrovias serviam para interligar suas áreas produtoras de bens primários ao porto para exportação.[15]

O telégrafo elétrico, inventado entre 1836 e 1837, em poucos anos já era aplicado nas estradas de ferro e, a partir de experiências na década de 1850, iniciou-se a construção de cabos submarinos, ligando distâncias cada vez maiores. Em 1870, essas instalações já enlaçavam praticamente todo globo. A construção desse sistema telegráfico mundial combinava elementos políticos e comerciais. Para os governos, dispor de meios rápidos de comunicação era essencial por razões militares, de segurança e administrativas. Para os homens de negócio, a supressão do tempo representava maiores possibilidades de ganho.[16]

Geógrafos contemporâneos, como Vidal de La Blache (1845-1918), também observaram a importância dessas novas tecnologias no que se refere à circulação. "De todos esses sistemas de comunicações forma-se uma rede que podemos classificar de mundial. Com efeito, abarca, se não a totalidade do globo, pelo menos uma extensão assaz grande para que quase nada escape ao seu abraço. É o resultado total de combinações múltiplas, realizadas, em meios diferentes, pelo carril, pela navegação marítima ou fluvial. Nos Estados Unidos, a navegação dos Grandes Lagos ligando-se aos caminhos-de-ferro que lhe acolhem e prolongam o tráfico. Na Inglaterra, um desenvolvimento extraordinário da marinha mercante, dispondo de uma carga de hulha completa. Nos Países Baixos e na Alemanha, embarcações fluviais de grande tonelagem que penetram até ao coração do continente, e caminhos-de-ferro que combinam os seus tráficos com o sudeste da Europa. Pelo canal de Suez, se efetuava a junção de dois domínios do comércio marítimo, distintos noutro tempo".[17]

La Blache atentou ainda para o principal efeito do desenvolvimento dessa rede mundial. "O que devemos ver na verdade dos obstáculos vencidos é o desejo de realizar adaptações

---

fuera de toda intervención del Estado; es aún interespiritual, y el cambio de pensamientos no es menos importante que el de los productos", p. 267.

14   Eric J. Hobsbawm. *A era do capital*, op. cit., p. 59.

15   Eric J. Hobsbawm. *A era do capital*, op. cit., p. 91.

16   Eric J. Hobsbawm. *A era do capital*, op. cit., p. 93-94.

17   Vidal de La Blache. *Princípios de geografia humana*. 2ª ed. Lisboa: Edições Cosmos, 1954, p. 330.

capazes de reduzir ao mínimo tudo o que anexa o tráfico de produtos alimentares, e de molde a evitar à circulação o maior número possível de trasbordos e gastos acessórios".[18]

Nas décadas finais do século XIX, esse processo acelerado de transformações tecnológicas e a produção industrial exigiam – e ao mesmo tempo permitiam – a busca por novos mercados consumidores, por suprimento de matérias-primas, além da necessidade de reinvestimento do capital acumulado. A "partilha do restante mundo" – África e Ásia – entre as potências europeias surgia, assim, como possibilidade de expansão de suas economias, acirrando a concorrência entre os países mais industrializados. Tal período – entre 1870 e 1914 – é comumente denominado pela historiografia de imperialismo.[19]

O imperialismo pode ser definido como uma política deliberada dos estados europeus de anexação de povos e territórios com vistas à expansão dos mercados capitalistas.[20] Essa política só se consolidou por meio do domínio militar e teve grande eficácia em vastas regiões do mundo, onde quer que os donos de empresas europeias tivessem interesses em mercados consumidores ou em reservas estratégicas de matéria-prima. No entanto, nem sempre a ampliação dos mercados capitalistas realizou-se através da via do domínio político. O Brasil, por exemplo, durante a expansão cafeeira recebeu investimentos estrangeiros em casas bancárias e comerciais, no aparelhamento dos portos, nos transportes e serviços urbanos de São Paulo e Rio de Janeiro, bem como na abertura de rede ferroviária que se estendia por toda a região

---

18 Vidal de La Blache. *Princípios de geografia humana*, op. cit., p. 330. Segundo Hobsbawm, essa aceleração extraordinária na velocidade das comunicações, entretanto, teve um resultado paradoxal. Aumentando o abismo entre os lugares acessíveis à nova tecnologia e o resto, acabou por intensificar o atraso relativo das partes do mundo onde o cavalo, o boi, a mula, o homem ou o barco, ainda determinavam a velocidade do transporte. Eric J. Hobsbawm. *A era do capital*, op. cit., p. 95.

19 "O ponto crucial da situação econômica global foi que um certo número de economias desenvolvidas sentiu simultaneamente a necessidade de novos mercados. (...) A consequência lógica foi a repartição das partes não ocupadas do Terceiro Mundo. Neste sentido, o 'novo imperialismo' foi o subproduto natural de uma economia internacional baseada na rivalidade entre várias economias industriais concorrentes, intensificada pela pressão econômica dos anos 1880". Eric J. Hobsbawm. *A era dos impérios, 1875-1914*. Rio de Janeiro, Paz e Terra, 1988, p. 101. Tal fato foi percebido contemporaneamente pelo economista liberal John Hobson que registrou em seu livro de 1902 a competição entre países que adotaram a política imperialista que, no seu entendimento, representava sério risco aos Estados nacionais. John Atkinson Hobson. *Estudio del imperialismo* (1902). Madri: Alianza, 1981. Um amplo debate sobre o imperialismo europeu encontrar-se publicado em Alberto Caracciolo; Pasquale Villani. "L'Europa dell'Imperialismo". *Quaderni Storici*. Ancona, ano 7, n. 20, 1972.

20 Imperialismo: palavra cunhada na segunda metade do século XIX para designar uma fase do desenvolvimento capitalista em expansão mundial. Na Inglaterra foi empregada, no auge da era vitoriana, por um grupo de expansionistas, advogados do fortalecimento do império colonial britânico, que significava extensão dos laços de dominação política e ocupação territorial. Maria Yedda Leite Linhares. "O capitalismo: seus novos modos de ação". *Revista Civilização Brasileira*. Rio de Janeiro, v. 3, n. 15, 1967, p. 68-69.

de cultivo do café.²¹ Tais investimentos apresentavam-se como alternativa para aplicação do capital e inclusão dos países receptores na esfera de domínio das nações industrializadas.

Seguindo essa linha de pensamento, Marc Ferro destaca que os imperialismos do final do século XIX e início do XX diferiam, tanto do espírito de conquista e dominação das épocas passadas, quanto da expansão colonial dos séculos anteriores, por estarem mais ligados ao capital financeiro. Para Ferro, a colonização e as conquistas podiam ser imperialistas, mas não eram únicas expressões de sua existência, pois o imperialismo já dispunha de meios de ação para se acomodar à independência política, como ficou demonstrado na China, no Império Otomano e na Rússia.²²

Na América Latina, em geral, foram as complementaridades de recurso com o mercado mundial que desempenharam papel importante na orientação do modo pelo qual suas economias deviam reagir às oportunidades apresentadas pelo crescimento do comércio mundial. O principal motor de seu crescimento foi a produção industrial nos países do centro econômico, fator determinante do incremento da demanda de produtos exportados pelas economias periféricas.²³

Como resultado dessa crescente tendência à mundialização, ou seja, o rompimento dos limites dos territórios nacionais por parte da produção capitalista, as regiões atingidas transformaram-se rapidamente para atender às exigências da economia internacional, especializando-se na produção de matérias-primas ou de produtos agrícolas destinados às áreas mais desenvolvidas.²⁴ Além disso, essas regiões constituíram-se em mercados consumidores para a produção industrial europeia. Percebe-se, assim, a necessidade de crescimento do mercado

---

21   Sánches observa que: "El imperialismo, con sus métodos de dominio territorial, nos ha mostrado que una domincíon territorial no ha de ser necessariamente física, sino que puede ser igualmente eficaz una dominación territorial económica, y politicamente más "limpia". Pero manteniendo como reserva, en última instancia, una fuerza física-militar para cuando la dominación economicoideologica no sea suficiente". Joan-Eugeni Sánchez. *Espacio, economía y sociedad*. Madri: Siglo Vinteuno Ediciones, 1991, p. 154.

22   Marc Ferro. *História das colonizações: das conquistas às independências, séculos XIII a XX*. São Paulo: Companhias das Letras, 1996, p. 34. Essa ideia é tributária de Lênin, que definiu o imperialismo como a fase monopolista do capitalismo, aliando capital financeiro (união de bancos e indústrias monopolistas) à repartição do mundo entre os principais países capitalistas. Vladimir I. Lenin. *Imperialismo: fase superior do capitalismo* (1916). 3ª ed. São Paulo: Global Editora, 1985.

23   William Glade. "A América Latina e a economia internacional, 1870-1914". In: Leslie Bethell (org.). *História da América Latina: de 1870 a 1930*. São Paulo: Edusp/Imprensa Oficial do Estado; Brasília: FUNAG, v. 4, 2001, p. 27-28.

24   Para essas áreas, ou melhor, para os interesses vinculados à exportação de produtos primários, não era negócio se industrializar, pois a função das colônias e das dependências informais era complementar as economias metropolitanas e não lhes fazer concorrência. Eric J. Hobsbawm. *A era dos impérios, op. cit.*, p. 99.

em escala mundial para o êxito das economias capitalistas dominantes. Desenvolvimento, este, apoiado na divisão internacional do trabalho, e que veio a galope da conquista do espaço sobre o qual a produção capitalista poderia se expandir.[25]

Como aponta Hobsbawm, o mundo entrou no período do imperialismo, no sentido maior da palavra, que inclui mudanças na estrutura da organização econômica caracterizadas pelo "capitalismo monopolista", mas também em seu sentido menor, qual seja, uma nova integração de dependência dos países subdesenvolvidos à economia mundial dominada pelos países mais industrializados. Além da rivalidade – que levou as potências dividir o globo entre reservas formais e informais para seus próprios negócios – entre mercados e exportações de capital, tal processo agravou-se pela crescente indisponibilidade de matérias-primas na maioria dos países desenvolvidos – por razões geológicas ou climáticas.[26]

A análise de Camille Vallaux (1870-1945) vem ao encontro do modo de ação dos países industrializados, ao observar que as vias artificiais de circulação – ferrovias e telégrafo – não precederam à formação dos Estados complexos, pois não se podia conceber sua existência sem a presença de um poder político para determinar seu traçado e sua construção e, depois, garantir sua manutenção e segurança.[27] O geógrafo, que presenciou a virada do século, momento em que ocorreu o acirramento da competição entre as nações já fortemente constituídas por novos mercados e por fornecedores de matérias-primas, sublinhou o papel do Estado na conformação dos sistemas de transporte e comunicação e na defesa de seus interesses econômicos – uma expressão do imperialismo.

Com a intensificação da divisão internacional do trabalho viabilizou-se a utilização de áreas ainda imaculadas pelo capital e, por conseguinte, a criação de extensas regiões destinadas à monocultura. Mais uma vez, o Brasil pode ser apontado como exemplo. O avanço dos cafezais em terras fluminenses, mineiras e paulistas resultou do crescimento do comércio mundial e das cotações internacionais favoráveis do café a partir da segunda metade do século XIX.[28] Se no início, a produção baseou-se no braço escravo, o fim do tráfico e a crescente demanda por trabalhadores implicaram na imigração de trabalhadores europeus.

---

25 "A constituição de uma economia mundial capitalista permite que o capital passe a desenvolver a produção em lugares onde não se constituíram condições outrora necessárias ao seu desenvolvimento". Sergio Silva. *Expansão cafeeira e as origens da indústria no Brasil*. São Paulo: Alfa-Omega, 1995, p. 69.

26 Eric J. Hobsbawm. *A era do capital*, op. cit., p. 419.

27 Camille Vallaux. *El suelo y el Estado*, op. cit., p. 287.

28 Já ao final do período colonial, "o centro dinâmico europeu induziu a economia brasileira, que correspondeu com uma nova atividade econômica: o café". José Jobson Andrade Arruda. *O Brasil no comércio colonial*. São Paulo: Ática, 1980, p. 648.

O aparecimento dos navios a vapor no Atlântico Sul deu novo impulso ao comércio de longas distâncias e, em particular, favoreceu as relações comerciais entre a América meridional, Europa e Estados Unidos. Por outro lado, essas linhas regulares de vapores tiveram papel essencial no transporte dos imigrantes que vinham do Velho Continente para trabalhar nas lavouras de café ou nos campos platenses, condição essencial, juntamente com a disponibilidade de terras, para o cumprimento do papel conferido a esses países pela divisão internacional do trabalho: fornecedores de produtos agrícolas e matérias-primas.

A disponibilidade de mão de obra é fundamental para a transformação de recursos naturais em bens, pois estes são produzidos mediante a incorporação de trabalho que lhes confira valor de uso. Assim, o próprio trabalho assumiu o papel de "recurso". Nesse sentido, a "apropriação de homens" converteu-se em objetivo tão importante como apropriação de qualquer outro recurso físico. O escravismo, a localização de centros produtores diretos em áreas subdesenvolvidas com excedente de mão de obra ou as migrações econômicas são exemplos que permitem ver com claridade a importância desse processo[29] que, já na segunda metade do Oitocentos, começou a delinear o mercado internacional de trabalho.

O movimento de populações desenvolveu-se em meio à conformação desse mercado, outra característica do século XIX – o tempo da efetivação de um único mundo expandido. A crescente interpenetração entre as estruturas econômicas regionais e as da economia global afetou não somente o mercado de produtos, mas também o mercado de trabalho. Talvez o melhor exemplo dessa sensibilidade mundial aos ritmos da demanda por mão de obra seja o fenômeno das "golondrinas" – emigrantes italianos que atravessavam o Atlântico para trabalhar na Argentina na época da colheita do trigo (produto exportado para a Europa), retornando à Itália em seguida.[30]

A partir do final do século XVIII e no decorrer do XIX, os novos padrões de produção e acumulação, e suas especializações geográficas, amplificados pela revolução nos transportes e nas comunicações, demandaram grande volume de mão de obra. Nas fábricas dos centros europeus, a população expulsa do campo chegou em grande número para assumir esse papel. Nas áreas exportadoras de matérias-primas e alimentos, demograficamente carentes de braços, as soluções encontradas variaram de acordo com local e tempo: intensificação do

---

29   Joan-Eugeni Sánchez. *Espacio, economia y sociedad, op. cit.*, p. 138.

30   Segundo Ercole Sori, o fenômeno das "golondrinas" ("andorinhas") passou a caracterizar cada vez mais o fluxo de expatrio e retorno da América Latina e os países do Prata em particular, a partir dos anos 90. O fluxo chegou a 30 mil unidades anuais e desfrutou da inversão das estações nos dois hemisférios. Assim, emigrantes padânios e meridionais, com viagem paga pelo governo argentino, conduziram-se de outubro a março para a colheita. Ercole Sori. *L'emigrazione italiana dall'Unità alla Seconda Guerra Mondiale*. Bolonha: Il Mulino, 1979, p. 343.

tráfico e do trabalho escravo; utilização de imigrantes sob contrato; imigração espontânea ou subsidiada de europeus.

Se os empreendimentos eram modernos, a antiga demanda por braços persistia, ou melhor, intensificava-se.

O problema da mão de obra

A escravidão no Novo Mundo resolveu o problema colonial de mão de obra em época que não havia outra solução à vista.[31] A afirmação de Blackburn sintetiza o pensamento corrente na historiografia em relação ao problema do trabalho na expansão da produção e dos mercados em meio ao contexto colonial. No século XVIII, com o aumento das *plantations*, a importação de braços africanos intensificou-se. No entanto, os compassos desse crescimento variaram de acordo com as especificidades e inserções na economia mundial das áreas coloniais detidas por países europeus como Espanha, Portugal, Inglaterra, França e Holanda.[32]

As estimativas de Blackburn dão ideia do volume do tráfico: no século XVI, cerca de 370 mil pessoas foram levadas da África pelo comércio atlântico de escravos; no XVII, o número cresceu para 1.870.000; no XVIII, os cativos traficados para as Américas chegaram a 6.130.000. Em suma, o total da população escrava de origem ou ascendência africana passou de cerca de 330 mil em 1700 para mais de três milhões em 1800.[33]

Não cabe no âmbito deste estudo analisar mais detidamente as singularidades do tráfico de escravos e seu papel no processo de acumulação primitiva de capitais na Europa.[34] Fica apenas evidenciado que a necessidade de mão de obra fomentou um tipo de comércio no Atlântico que, como observa Arrighi, favoreceu a lucratividade de empresas e homens

---

31 Robin Blackburn. *A queda do escravismo colonial: 1776-1848*. Rio de Janeiro: Record, 2002, p. 25.

32 Para um amplo estudo sobre essas especificidades ver Robin Blackburn. *A construção do escravismo no Novo Mundo, 1492-1800*. Rio de Janeiro: Record, 2003.

33 Robin Blackburn. *A construção do escravismo no Novo Mundo, 1492-1800, op. cit.*, p. 458. Para as estimativas da evolução dos números do tráfico de africanos para as Américas (origem e destino) ver Herbert S. Klein *O tráfico de escravos no Atlântico*. Ribeirão Preto, SP: FUNPEC, 2004, p. 208-211, Tabelas A.1 e A.2.

34 Sobre o tema, além dos livros já citados de Robin Blackburn, ver Eric Williams. *Capitalismo e escravidão* (1944). Rio de Janeiro: Editora Americana, 1975; Caio Prado Júnior. *Formação do Brasil contemporâneo: colônia, op. cit.*; Fernando A. Novais. *Portugal e Brasil na crise do Antigo Sistema Colonial (1777-1808)*. 7ª. ed. São Paulo: Hucitec, 2001. Para um contraponto ver Manolo Florentino. *Em costas negras: uma história do tráfico de escravos entre a África e o Rio de Janeiro (séculos XVIII e XIX)*. São Paulo: Companhia das Letras, 1997.

engajados na obtenção, transporte e utilização produtiva do trabalho escravo.[35] As três principais nações que comerciavam escravos no século XVIII eram Inglaterra, Portugal e França, apoiadas, em graus diferentes, no suprimento de mercadorias valorizadas na costa africana, no acesso aos mercados das Américas e na capacidade de suas marinhas mercantes. A costa ocidental africana era a principal fornecedora: 40% de Angola e Congo, 40% dos golfos de Benim e Biafra, cerca de 15% da Costa do Ouro, Serra Leoa e Senegâmbia; o restante vinha de outras áreas como o sul da África oriental e Madagascar.[36]

Ao final do século XVIII, a despeito da prosperidade das colônias do Novo Mundo, a escravidão e o tráfico de escravos começaram a ser combatidos na Europa, sobretudo na Inglaterra. A campanha contra o tráfico negreiro foi referendada pela lei britânica de março de 1807, que o proibiu a partir de janeiro de 1808, dando início uma disputa em que a Inglaterra tentou impor seu poderio no sentido de eliminar de vez o transporte de escravos pelo Atlântico. Após alguns acordos no ano de 1815, apenas Portugal[37] e Espanha continuaram traficando cativos para suas colônias: Brasil, Cuba e Porto Rico. No início da década de 1830, foi declarada a abolição formal nas colônias britânicas do Caribe e, finalmente, em 1848, nas ilhas francesas. Encabeçando a repressão ao tráfico, a Inglaterra direcionou suas forças aos países ibéricos e suas colônias, através do patrulhamento do oceano, tratados de busca e apreensão e até intervenções em solo africano para libertar escravos. No caso brasileiro, o tratado para o abandono do tráfico em 1830 não teve efeito e, somente mediante forte pressão inglesa, este foi abolido em 4 de setembro de 1850.[38] Restava apenas Cuba, e a Espanha resistiu até 1867, pouco depois de os Estados Unidos levarem a cabo a escravidão

---

35   Giovanni Arrighi. *O longo século XX: dinheiro, poder e as origens de nosso tempo*. Rio de Janeiro: Contraponto; São Paulo: Editora Unesp, 1996, p. 49-50. A tese de que o tráfico de escravos era lucrativo não é unanimidade na historiografia. Para um balanço da discussão sobre esse tema ver Immanuel Wallerstein. *El moderno sistema mundial, op. cit.*, p. 199 e ss. A posição do autor, no entanto, é bastante clara: "Nos inclinaríamos a creer que cualquier tipo de comercio que floreciera durante un largo periodo tuvo que haber sido rentable para alguien; de lo contrario, es difícil imaginar que los comerciantes privados, sin ninguna clase de obligación legal de dedicarse a ese tipo de comercio, hubieran seguido ejerciéndo-lo".

36   Robin Blackburn. *A construção do escravismo no Novo Mundo, 1492-1800, op. cit.*, p. 465-466.

37   Nesse mesmo ano, Portugal assinou um acordo com a Inglaterra se comprometendo a acabar com o tráfico de escravos acima da linha do equador e a iniciar abolição progressiva do infame comércio no Brasil. Após a independência a antiga colônia discordou frontalmente de tais concessões.

38   Em cópia de uma "circular reservada" do Ministério do Exterior do Brasil (22 de fevereiro de 1856) relatando a captura de dois navios negreiros no litoral de Pernambuco e do Espírito Santo, informava-se a existência de portos nos Estados Unidos e na costa da África que ainda operavam com Havana e Brasil. ASG. Fondo Prefettura di Genova, Busta 104. *Traffico e Tratta dei Negri*.

e, após saírem da Guerra Civil, juntarem-se ao império britânico na tarefa de reprimir os navios negreiros.[39]

Do outro lado do Atlântico, no entanto, até meados de XIX, o primeiro golpe no regime escravista colonial – prova cabal da capacidade de resistência dos escravos – veio com a insurreição de Santo Domingo em 1791, que culminou na abolição e na independência do Haiti em 1804. De forma menos radical, mas à semelhança da ilha caribenha, a América espanhola também conjugou libertação dos cativos com emancipação política. No restante do continente, os desdobramentos foram outros: nos Estados Unidos e Brasil, suprimiu-se o elo colonial, mas manteve-se a escravidão; nas Índias Ocidentais britânicas e francesas, libertaram-se os escravos, mas o domínio colonial persistiu; somente Cuba permaneceu como colônia escravista.

Foram exatamente as áreas onde o sistema baseado no trabalho escravo persistiu, que, ancoradas na crescente demanda de produtos das *plantations*, apresentaram vitalidade econômica garantida pela participação no comércio atlântico. Com terras e capitais disponíveis, o braço escravo tornava-se ainda mais imprescindível,[40] fato evidenciado pela chegada ao Brasil e Cuba de mais de 2,7 milhões de africanos cativos entre 1801 e 1867.[41]

Por outro lado, o fluxo considerável de trabalhadores sob contrato de servidão (indentured labor[42]) para as Índias Ocidentais britânicas e francesas e para o Peru demonstrou que a exigência econômica do trabalho servil não desapareceu.[43] Mais do que isso, refletiu a busca por mão de obra mediante condições particulares, em que a ausência do escravo não podia ser compensada pela atração de trabalhadores livres.

---

39   Após a proibição do tráfico, seu controle passou a ser de cubanos e brasileiros, ou de europeus residentes nesses países, muito embora o crédito inglês e os bens de troca produzidos nos Estados Unidos continuassem a alimentar o comércio de escravos. Herbert S. Klein *O tráfico de escravos no Atlântico, op. cit.*, p. 200.

40   "A escravidão no Novo Mundo não era mais colonial, mas sim colonizadora". Robin Blackburn. *A queda do escravismo colonial: 1776-1848, op. cit.*, p. 582.

41   Herbert S. Klein *O tráfico de escravos no Atlântico, op. cit.*, p. 210-211, Tabela A.2.

42   A tradução para o português da expressão *indentured labor* talvez não tenha a mesma força semântica do inglês, que indica total sujeição do trabalhador ao contrato por um determinado tempo, desde sua partida, em que lhe foi paga a passagem; a exígua remuneração e a responsabilidade do patrão em fornecer alimentação e alojamento, intensificam ainda mais a dependência, sendo comum associar o tratamento recebido ao de um escravo. Blackburn utiliza o termo "trabalho sob contrato de servidão". Neste estudo, porém, adotou-se apenas a expressão "trabalho sob contrato", conforme tradução de Maria Lúcia Lamounier para o livro de Rebecca J. Scott. *Emancipação escrava em Cuba: a transição para o trabalho livre, 1860-1899*. Rio de Janeiro: Paz e Terra; Campinas, SP: Editora da Unicamp, 1991.

43   Robin Blackburn. *A queda do escravismo colonial: 1776-1848, op. cit.*, p. 576.

A imigração sob contrato de trabalho foi a solução encontrada para substituir a mão de obra escrava nas plantações de cana-de-açúcar após a abolição nas colônias britânicas na década de 1830. Essa experiência expandiu-se para outras áreas ao redor do mundo, tanto em termos de demanda – Índias Ocidentais, Cuba, Peru, Guianas, Havaí, Ilhas Maurícius, Transvaal – quanto nas regiões de origem dos trabalhadores – Ásia, África, ilhas do Pacífico sul, Ilha da Madeira e Açores.[44] Northrup argumenta que, no caso das colônias de plantação do Caribe, o ressurgimento dos contratos de trabalho[45] ultramarinos no século XIX estava ligado não apenas ao fim da escravidão, mas também ao crescimento da demanda, que expandiu as terras cultivadas, como resposta à nova fase do imperialismo em que o capital ocidental intensificou seus investimentos ultramarinos.[46]

Entre 1831 e 1920, pouco mais de dois milhões de pessoas deslocaram-se sob a égide da imigração sob contrato (Tabela A.15 do Anexo). Destes, 927 mil chegaram às Américas, sendo o Caribe britânico seu principal receptor, com médias decenais de 58 mil. O período áureo ocorreu nas décadas de 1850 a 1880, momento em que Cuba e Peru receberam praticamente todos os imigrantes, no caso chineses (Gráfico 3.1).

O exemplo cubano é dos mais interessantes. Em 1847, chegou ao porto de Havana a primeira embarcação trazendo 206 chineses consignados à *Junta Real de Fomento*, formada por proprietários cubanos. Iniciativa particular apoiada na experiência das Filipinas e saudada pelo governo espanhol. No ano seguinte, proibiu-se oficialmente o trato de chineses, que só voltou em 1854, com a chegada de 480 chineses. Em 1859,

---

44 Para uma pequena síntese da utilização desses trabalhadores nessas regiões ver Ricardo Luiz de Souza. "Imigração chinesa, escravidão e questão racial". *Ágora*. Santa Cruz do Sul/RS, v. 12, n. 1, 2006, p. 123-143.

45 Eric Williams descreve a utilização de trabalhadores pobres britânicos – especialmente irlandeses e escoceses – através do trabalho sob contrato antes do emprego de escravos africanos. "Alguns eram servos sob contrato (*indentured servants*), assim chamados porque, antes de partirem de sua terra natal, tinham assinado um contrato, reconhecido por lei, obrigando-os a prestar serviço, por um tempo estipulado, em troca da passagem. Outros ainda, conhecidos como 'resgatadores', combinavam com o comandante do navio para pagar a passagem na chegada ou após um tempo especificado; se não fizessem, eram vendidos pelo comandante a quem oferecesse o lance mais alto. Outros eram sentenciados, enviados por medida deliberada do governo metropolitano para servir durante um período determinado". Eric Williams. *Capitalismo e escravidão, op. cit.*, p. 13-14.

46 David Northrup. *Indentured labor in the age of imperialism, 1834-1922*. Nova York: Cambridge University Press, 1995, p. 41-42. Pelo lado da oferta, China e Índia, em meados do século XIX, sofreram forte pressão imperialista da Inglaterra e França, que inundaram os mercados asiáticos com produtos manufaturados, desarticulando as economias locais e conquistando portos, ilhas e territórios importantes para fomento do comércio. Uma das consequências diretas foi o crescimento do potencial migratório das populações (demograficamente exuberantes) que, sem condições de sobrevivência, procuraram trabalho no Novo Mundo ou em outras áreas. Sobre os processos de conquista e exploração da China e da Índia ver K. M. Panikar. *A dominação ocidental na Ásia: do século XV aos nossos dias*. 3ª ed. Rio de Janeiro: Paz e Terra, 1977.

vetou-se mais uma vez a vinda desses imigrantes até que, finalmente, o Real Decreto de 6 de julho de 1860 estabeleceu o Regulamento para introdução de trabalhadores chineses na Ilha de Cuba.[47]

Fraginals observa que a imigração de chineses foi, depois do tráfico de negros, a contribuição mais séria, no século XIX, ao mercado de trabalho cubano – uma demanda dos proprietários de terras. Entre 1840 e 1860 desembarcaram no porto de Havana pouco mais de 59 mil. Nas décadas seguintes chegaram cerca de cem mil. Seus salários miseráveis compensavam as altas despesas com o transporte e, mais do que isso, contribuíram para o processo de modernização da produção açucareira.[48]

Assim como o autor cubano, Scott assinala que a presença de trabalhadores chineses entre 1847 e 1874 impediu a crise na oferta de trabalho na indústria canavieira atingida pelo arrefecimento do tráfico de escravos. Quando em 1873 e 1874, devido às péssimas condições das viagens e de trabalho em terras americanas,[49] os governos britânico e português proibiram o embarque de chineses em Hong Kong e Macau,[50] o recrutamento voltou-se para as Ilhas Canárias, uma tradicional fonte de imigrantes, que passava por séria crise econômica. A partir do final da década de 1870, entraram em Cuba cerca de 5 mil insulares anualmente.[51]

---

47   Roberto Mesa. *El colonialismo en la crisis del XIX español*. Madri: Ciencia Nueva, 1967, p. 184-188.

48   Manuel Moreno Fraginals. *O engenho: complexo sócio-econômico açucareiro cubano*. v. I. São Paulo: Hucitec/Editora Unesp, 1987, p. 409.

49   Rebecca J. Scott. *Emancipação escrava em Cuba: a transição para o trabalho livre, 1860-1899*, op. cit., p. 44. Segundo a autora, "muitos foram engajados à força ou iludidos e embarcados para um destino previsível em Cuba. Uma vez em terra, eram colocados à venda como se fossem escravos, muito embora legal e estritamente seus contratos é que estivessem sendo vendidos. A maior parte era conduzida para os engenhos de açúcar, onde ficavam alojados em cabanas feitas de cana ou palmeira ou em barracões, alimentados com milho, bananas, carne seca ou peixe, organizados em turmas, e enviados para o trabalho nos campos e usinas sob a supervisão de capatazes armados. Apesar da proibição de castigo corporal de 1854, os chineses eram açoitados". Em 1873 a China enviou uma comissão para analisar as condições de seus emigrados em Cuba.

50   O último navio para as Américas saiu de Macau em 1874. Cf. David Northrup. *Indentured labor in the age of imperialism, 1834-1922*, op. cit., p. 58.

51   Antonio M. Macías Hernández. "Un siglo de emigración canaria, 1830-1930". In: Nicolás Sánchez-Albornoz (org.). *Españoles hacia América. La emigración en masa, 1880-1930*. Madri: Alianza Editorial, 1988, p. 184.

Gráfico 3.1. Importação decenal de imigrantes sob contrato, por destino (1831-1920)

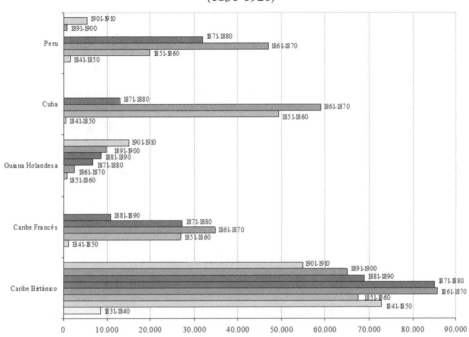

Fonte: Tabela A.15 do Anexo.

A opção pelo trabalho sob contrato fez crescer o tráfico desses imigrantes. Outro fator também acabou por auxiliar o incremento das viagens transoceânicas: o aumento do tamanho e da velocidade das embarcações que realizavam esse transporte.[52] No entanto, qualquer proprietário de veleiro encontrava-se apto a executar o serviço. Na África, o comércio desses braços esteve estreitamente ligado ao tráfico de escravos, como um subproduto de sua supressão ou disfarçada continuação do mesmo. Na emigração açoriana para o Brasil, Alencastro nota certa sobreposição entre o transporte de cativos e o de engajados: a navegação de Portugal procurou suprir com emigrantes do Porto e dos Açores o vazio deixado pela extinção do tráfico negreiro.[53]

Navios genoveses também transportaram chineses de Macau para Cuba e Peru. Geralmente, esse serviço era executado por armadores que ao mesmo tempo capitaneavam

---

52 David Northrup. *Indentured labor in the age of imperialism, 1834-1922, op. cit.*, p. 102.

53 Luiz Felipe de Alencastro. "Proletários e escravos: imigrantes portugueses e cativos africanos no Rio de Janeiro, 1850-1872". *Novos Estudos CEBRAP*. São Paulo, n. 21, 1988, p. 37. Segundo o historiador, as condições de transporte e de trabalho desses "engajados" eram semelhantes àquelas dos *indentured servants* desembarcados nas Antilhas e na América do Norte.

da própria embarcação.⁵⁴ Apesar do risco, o tráfico era muito bem remunerado, como informava o periódico italiano *Rivista Marittima*.

> Os capitães dos navios de coolies têm pagamento de 150 dólares ao mês, proventos de 2 mil dólares por viagem, qualquer que seja o êxito, e de outros 5 dólares por coolie, que entregam a salvo em seu destino. Os custos de operação do navio durante a viagem são cobertos pelas despesas de alimentação da carga. Isso explica como um capitão de navio de coolie pode, depois de poucos anos de tal tráfico, aposentar-se em sua terra-natal, dispondo de um capital de 450 mil francos.⁵⁵

O que chama atenção é o transporte conjugado: na ida até Macau, mercadorias que lá seriam vendidas; na volta, a preciosa carga de "coolies" para as plantações e minas da América.

> E isso se explica pelo preço de aquisição e venda de cada colono chinês. Custa 50 dólares e é vendido por 500.⁵⁶

No mesmo artigo, revelava-se como funcionava a rede de interesses ligada ao tráfico de chineses a partir de Macau, onde as autoridades coloniais portuguesas eram diretamente responsáveis por esse comércio, que lançava seus tentáculos com ventosas pelo interior da China.

> As casas de Lima e de Havana, que tratam do comércio dos coolies, mantêm em Macau seus agentes, que encontram à sua volta e à sua disposição tudo o que há de mais vicioso entre a população chinesa da cidade – Esses intermediários subalternos, em comum acordo com os mandarins menores do interior, com os quais dividem seus ganhos, recrutam pelo interior, entre os fumadores de ópio ou jogadores reduzidos pelo vício à miséria e à mais abjeta degradação, homens que pela antecipação de qualquer tostão (dólar), que lhes dê meios de satisfazer seu

---

54 Esses trabalhadores também eram transportados por companhias chinesas, como a China Merchant's Steam Navigation Company, cujo diretor, Tong Kuig Sing, observou satisfeito a constituição de "um mercado de trabalhadores chineses na formosa ilha de Cuba". Cf. Manuel Moreno Fraginals. *O engenho: complexo sócio-econômico açucareiro cubano*, *op. cit.*, p. 410.

55 "Sulla tratta dei Coolies in Macao". *Rivista Marittima* (1872). *Apud* Mario Enrico Ferrari. "Sulla tratta dei 'coolies' cinesi a Macao nel secolo XIX: l'abolizione della schiavitù e lo sfruttamento dei nuovi 'coatti' nelle colonie europee e in America latina". *Storia Contemporanea*. Bolonha, ano XIV, n. 2, 1983, p. 325.

56 "L'arruolamento e trasporto dei Coolies". *La Borsa* (1874). *Apud* Mario Enrico Ferrari. "Sulla tratta dei 'coolies' cinesi a Macao nel secolo XIX", *op. cit.*, p. 329.

vício predileto, tornam-se escravos desses intermediários que os conduzem aos seus Barracões em Macau.[57]

Em suma, estabeleceu-se relação de oferta e demanda por braços específicos (os migrantes sob contrato) em determinadas regiões do globo, cujo resultado culminou no incentivo ao desenvolvimento de serviços de transporte para ligar regiões distantes e comerciar o bem tão necessário à expansão das atividades econômicas primárias: força de trabalho a baixo custo.

Quanto à demografia desse fluxo, Northrup assinala que a esmagadora maioria era composta por homens solteiros e que as principais fornecedoras desses trabalhadores, em termos absolutos, foram das densas populações da China e da Índia. Em termos proporcionais, porém, não só a contribuição indiana foi superior à chinesa, como também foram a japonesa e a das ilhas do Pacífico.[58]

Ao mesmo tempo em que as ilhas do Caribe e o Peru recebiam imigrantes asiáticos no regime de trabalho sob contrato, nos Estados Unidos chegavam levas de europeus do norte, originários da Grã-Bretanha, sobretudo irlandeses. A vinda dessas populações não era novidade. Em fins do século XVIII, a nação já recebia contingentes significativos. Em franca expansão econômica, tanto agrícola quanto industrial, as oportunidades abriram-se para os excedentes populacionais do velho continente, que "liberava" cada vez mais levas de trabalhadores: na década de 1820, cerca de 14 mil por ano; nos anos de 1830, a média subiu para 58 mil; na metade do século, superou os 250 mil imigrantes anuais. A partir de então, os fluxos de alemães, suíços e escandinavos juntaram-se ao britânico, canalizando-se para o mesmo destino e conferindo ao movimento transoceânico, especialmente após 1870, a característica de verdadeiro êxodo de massa.[59]

---

57 "Sulla tratta dei Coolies in Macao". *Rivista Marittima* (1872). *Apud* Mario Enrico Ferrari. "Sulla tratta dei 'coolies' cinesi a Macao nel secolo XIX, *op. cit.*, p. 313. O artigo deve ser visto com reservas, especialmente em relação ao modo de recrutamento. Segundo Northrup, muitos indivíduos foram raptados, coagidos, enganados, mas parece que a maioria tinha, pelo menos, entendimento parcial da situação em que se envolveria e havia escolhido emigrar na esperança de melhorar sua condição individual de vida ou de ajudar seus familiares. David Northrup. *Indentured labor in the age of imperialism, 1834-1922, op. cit.*, p. 78.

58 David Northrup. *Indentured labor in the age of imperialism, 1834-1922, op. cit.*, p. 78; ver ainda a Tabela A.1, p. 156-158.

59 Tal volume do fluxo certamente permitiu às autoridades estadunidenses elaborar o *Chinese Exclusion Act* de maio de 1882, suspendendo imigração de trabalhadores chineses por dez anos, mas que perdurou até 17 de dezembro de 1943. A emigração chinesa para os Estados Unidos ganhou contornos com a descoberta do ouro na Califórnia: em 1849 existiam apenas 76 indivíduos; 4 mil, ao final de 1850; não menos de 20 mil, em 1852 e, por volta de 1876, cerca de 111 mil, ou 25% da população estrangeira lá residente. Eric J. Hobsbawm. *A era do capital, op. cit.*, p. 98-99.

Outros países americanos, sobretudo Argentina, Uruguai e Brasil, também entraram no circuito migratório europeu. Mas o ápice desse movimento veio com a chamada *new immigration*[60] estabelecida por volta dos anos de 1880, quando a primeira onda, caracterizada pelos europeus do norte, arrefeceu. O contingente de novos emigrantes era formado por italianos, espanhóis, portugueses, além da menor presença de eslavos. A maior diversificação do destino correspondeu, por um lado, às especificidades de cada grupo e, por outro, às oportunidades surgidas e à política de imigração empreendida por parte dos países interessados nessa mão de obra.[61]

Deve-se ter em mente que o aumento constante do fluxo transoceânico a partir das últimas décadas de século XIX estava relacionado com o avanço do capitalismo financeiro e a instauração do imperialismo. A acumulação industrial não poderia ser obstada pelas limitações do mercado europeu e, por conseguinte, buscou novas alternativas de investimentos fora dos contornos do continente. Como resultado, acirrou-se a concorrência entre países industrializados por territórios, que se transformariam em mercados e ou fornecedores de matérias-primas. No limite, esse processo levou à desestruturação social, através do encolhimento da massa

---

60   Sobre a classificação "nova" e "velha" emigração Gould assinala que seria prematuro concluir, como fazem alguns autores, que não existem evidencias empíricas fundamentais que justifiquem tratamento diferenciado entre uma e outra. Em sua opinião, no mínimo, as diferenças cronológicas e de padrão de migração intercontinental entre as duas áreas sugerem que, mesmo sob a influência do fator trabalho, ambas necessariamente operaram de formas distintas no tempo e no espaço. J. D. Gould. "European inter-continental emigration 1815-1914: patterns and causes". *The Journal of European Economic History*. Roma, v. 8, n. 3, 1979, p. 628. Baines aponta um aspecto interessante como reforço a essa ideia, ao observar que italianos, espanhóis e portugueses constituíram-se em exemplos representativos da *new immigration* que aportou nos Estados Unidos desde o final do século XIX até o início da Primeira Guerra. Ou seja, as migrações de grupo ligadas à colonização, à agricultura e com origem na Europa do norte, deram lugar a migrações de caráter individual, destinadas ao trabalho na indústria, cuja característica era a maior tendência ao retorno. Dudley Baines. *Emigration from Europe, 1815-1930*. Houndmills, Basingstoke, Hampshire: Macmillan, 1991. No entanto, deve-se ter em conta a dificuldade em se generalizar essa característica, sobretudo pela complexidade desse fluxo.

61   A discussão na historiografia sobre a importância dos fatores de atração e repulsão ainda não apresentou um denominador comum. No entanto, parece difícil dissociar um fator do outro e deixar de lado a ideia de que ambos são complementares, sendo o peso relativo de cada um determinado pelo momento histórico atravessado pelas economias transatlânticas envolvidas. José Jobson de Andrade Arruda. "A expansão europeia oitocentista: emigração e colonização". In: Fernando de Souza; Ismênia Martins. *A emigração portuguesa para o Brasil*. Porto: Afrontamento, 2007, p. 13-40. Em crítica à teoria do *push and pull*, atribuída à historiografia anglo-saxônica, Sánchez-Albornoz lembra que "La mente del emigrante concilia, en cambio, las razones que se le ofrecen para dejar el país y las que le llevan a elegir destino. Nunca vienen solas, aunque en ocasiones pesan más unas que otras. Una llamada a filas o una hambruna pueden convertirse, en determinado momento, en factor desencadeante de la ausencia; una oferta tentadora puede, por el contrario, decidir una partida no anhelada". Nicolás Sánchez-Albornoz. "Medio siglo de emigración masiva de España hacia America". In: Nicolás Sánchez-Albornoz (org.). *Españoles hacia América. La emigración en masa, 1880-1930*. Madri: Alianza Editorial, 1988, p. 24.

salarial, ao mesmo tempo em que criou oportunidades novas nas terras além-mar, com empreendimentos ligados diretamente ao capital ou indiretamente, por meio de sua demanda.[62]

Nesse sentido, estabeleceram-se as bases para configuração de um mercado internacional de trabalho e integração de todo o globo, mas com especial significância para emigração que, segundo Sánchez-Albornoz, representou a mobilidade alcançada pelo fator trabalho em uma economia atlântica em vias de integração.[63] E isso só foi possível graças à revolução nos meios de transporte: as estradas de ferro e o barco a vapor. Assim, como observa Gould, as mudanças no transporte criaram meios que foram sem dúvida um dos maiores e mais influentes fatores de viabilização da emigração e, por outro lado, também se beneficiaram dela.[64]

Uma relação que pode ser resumida na frase de Jobson Arruda: "Nos barcos a vapor, plenos de carga e apinhados de emigrantes, consubstanciavam-se as duas faces do capitalismo monopolista, a riqueza e a miséria, sem as quais tanto a colonização quanto a emigração não teriam lugar na história".[65]

Emigração, recrutamento e transporte na Europa mediterrânea

A aproximação das fronteiras dos dois lados do Atlântico provocada, em essência, pelo progresso técnico-científico, expresso na introdução do navio a vapor, do telégrafo e da ferrovia, associada à demanda por trabalhadores, refletiu-se no crescimento de um conjunto de atividades que na segunda metade do século XIX começava a se estruturar nos dois lados do Atlântico: o maciço recrutamento e o transporte de emigrantes europeus para o Novo Mundo.

Ao final do Oitocentos, esse tipo de negócio alcançou grandes proporções na Europa mediterrânea – Itália, Portugal e Espanha.[66] Países assolados por graves crises econômicas,

---

62 Para uma análise mais detalhada sobre a relação entre emigração e industrialização ver José Jobson de Andrade Arruda. "A expansão europeia oitocentista: emigração e colonização", *op. cit.*

63 Nicolás Sánchez-Albornoz. "Medio siglo de emigración masiva de España hacia America", *op. cit.*, p. 25.

64 Sobre a importância dos movimentos migratórios para as companhias de navegação, o autor assinala que "The historian of the Cunard line has written that the great changes, both technological and commercial, which took place on the North Atlantic between 1860 and 1880, are explicable only in terms of emigrant traffic". J. D. Gould. "European inter-continental emigration 1815-1914: patterns and causes", *op. cit.*, p. 615.

65 José Jobson de Andrade Arruda. "A expansão europeia oitocentista: emigração e colonização", *op. cit.*

66 Adota-se neste estudo, a definição geográfica de Europa mediterrânea de Marcello Carmagnani. *Emigración mediterránea y América. Formas y transformaciones, 1860-1930*. Colombres (Astúrias): Fundación Archivo de Indianos, 1994. Essa caracterização é importante para Carmagnani estabelecer seu marco de análise, em

suas populações encontraram na emigração para a América a esperança de melhores dias. O grande fluxo, no entanto, apresentou especificidades em cada nação. Uma das principais diferenças residiu em seus reflexos econômicos sobre os executores do transporte. Na Itália, apesar da concorrência estrangeira, as companhias de navegação autóctones conseguiram realizar parte significativa desse tipo de tráfico, fator fundamental para seu desenvolvimento. Portugal e Espanha constituíram-se em reservatórios de potenciais emigrantes, cujo transporte era efetuado quase na sua totalidade por companhias inglesas, alemãs e italianas.[67] Na Espanha, mesmo a mais importante sociedade de navegação, constituída em 1881, a Compañía Trasatlántica, teve papel secundário no transporte de emigrantes. Já em Portugal não surgiu nenhuma companhia de grande porte.

A forma de recrutamento, porém, era semelhante em toda a Europa mediterrânea. A estratégia de sucesso exigia que seus executores – agentes e subagentes[68] – fossem indivíduos conhecedores das populações e das realidades locais. Nesse sentido, a aliança desses intermediários com as companhias de navegação pode ser caracterizada como simbiótica: estas dependiam dos serviços dos recrutadores, que ávidos pelas comissões oferecidas, tornaram-se seus representantes.[69]

Essa rede bem articulada, que atingia as áreas mais inóspitas da península ibérica, à semelhança do que ocorria pelo interior italiano, será examinada a seguir, com ênfase nas particularidades portuguesas e espanholas no que diz respeito ao fluxo migratório: as leis, as repercussões em suas sociedades e as ações específicas dos governos. A análise encontra justificativa em dois níveis. Um mais específico, ancorado não só no fato de as companhias italianas agirem em território ibérico, mas também no significativo número de espanhóis e portugueses que aportaram nas Américas, os primeiros na Argentina, e os últimos no Brasil – muitos dos quais chegaram em São Paulo por conta dos contratos para introdução de imigrantes firmados com as agências A. Fiorita & C. e José Antunes dos Santos. Outro,

---

que a emigração da Europa mediterrânea (1890-1913) manifestou-se quando se atenuou o outro boom migratório, aquele da Europa atlântica ou nórdica (1870-1890).

67   Nos portos de Gênova, Vigo e La Coruña, as companhias de navegação que transportavam o grosso do fluxo migratório para Buenos Aires eram as italianas Navigazione Generale Italiana, Itália, La Veloce e as alemãs Hamburg-Sudamerikanische e Nord-Deutscher Lloyd Bremen. Cf. Alicia Bernasconi. "Aproximacion al estudio de las redes migratorias a través de las listas de desembarco; Possibilidades y problemas". *Inmigración y redes sociales en la Argentina moderna*. Buenos Aires: CEMLA, 1995, p. 191-202.

68   Em Portugal, eram também conhecidos como engajadores e, na Espanha, como ganchos. Cf. Joaquim da Costa Leite. "Os negócios da emigração (1870-1914)". *Análise Social*. Lisboa, v. XXXI, 1996; Alexandre Vázquez González. "Os novos señores da rede comercial da emigração a América por portos galegos: os consignatarios das grandes naviairas transatlánticas, 1870-1939". *Estudios Migratórios*. Buenos Aires, n. 13-14, 2002.

69   Na verdade, essa relação quase sempre foi bastante conflituosa. Para o caso italiano ver Capítulo 1.

mais geral, que consiste na comparação com a Itália do que representou a emigração para cada um desses países em termos de política de desenvolvimento econômico.

Em Portugal

A emigração portuguesa apresentou números significativos durante a segunda metade do Oitocentos, em ascensão no século seguinte, até o início da Primeira Guerra. As estatísticas possuem continuidade cronológica desde 1855 em virtude dos dados compilados por J. J. Rodrigues de Freitas (1855 a 1865) e das publicações oficiais iniciadas com o inquérito parlamentar sobre a emigração em 1873.[70] A Tabela 3.1 relaciona as saídas anuais que, no intervalo de tempo mencionado, totalizaram mais de 1,3 milhões de emigrantes espalhados pelo mundo.[71]

Em relação ao fluxo transoceânico (Tabela 3.2), o Brasil sempre figurou como destino principal, recebendo cerca de 82,3% dos emigrantes, bem à frente dos Estados Unidos (15,3%) e da Argentina (2,4%). As porcentagens foram calculadas com base nas estatísticas americanas, que apresentam certas diferenças em relação à portuguesa em consequência dos critérios de registro adotados em cada lado do Atlântico.[72] De qualquer maneira, quando analisadas no longo período, as flutuações de cada série são bastante similares. A comparação entre as Tabelas 3.1 e 3.2 também deixa claro que as grandes variações da emigração portuguesa, a despeito de outros destinos, como as colônias, são inteiramente explicadas pelo fluxo americano.[73]

---

70   Joaquim da Costa Leite. "Emigração portuguesa: a lei e os números (1855-1914)". *Análise Social*. Lisboa, v. XXIII, n. 97, 1987, p. 463. As publicações são as seguintes: J. J. Rodrigues de Freitas. *Notice sur le Portugal*. Paris, 1867; *Primeiro Inquérito Parlamentar sobre a Emigração Portuguesa*. Lisboa, 1873.

71   Para uma discussão sobre a confiabilidade das estatísticas em relação aos números oficiais e à emigração clandestina ver Joaquim da Costa Leite. "Emigração portuguesa: a lei e os números", *op. cit*. Para uma análise divergente, que apresenta as estimativas da emigração clandestina ver Maria Ioannis B. Baganha. "Uma Imagem desfocada – a emigração portuguesa e as fontes sobre a emigração". *Análise Social*. Lisboa, v. XXVI, n. 112/113, 1991, p. 723-739. Uma crítica mais pontual à comparação das estatísticas realizadas por Costa Leite encontra-se em Miriam Halpern Pereira. *A política portuguesa de emigração (1850-1930)*. Bauru, SP: EDUSC; Portugal: Instituto Camões, 2002, p. 102-106.

72   Cf. Joaquim da Costa Leite. "Emigração portuguesa: a lei e os números", *op. cit.*, p. 480, Apêndice n. 2 (Estatística americana da imigração portuguesa). Segundo o autor, o coeficiente de correlação entre as duas séries é de 0,975. Godinho, baseado em estatísticas portuguesas apresenta os seguintes números: "Dos que emigram em 1880-1888, dirigem-se para o Brasil mais de 85%, para as restantes Américas 7,2% (sendo 4% para os Estados Unidos, 2% para a Argentina, e o que sobra para a Guiana Inglesa), para a Oceania 2,6%, para a Europa e Ásia 2%, para a África Portuguesa 3%". Vitorino Magalhães Godinho. *A estrutura da antiga sociedade portuguesa*. Lisboa: Arcádia, 1971, p. 37.

73   Joaquim da Costa Leite. "Emigração portuguesa: a lei e os números", *op. cit.*, p. 475-476.

Tabela 3.1. Estatística da emigração portuguesa (1855-1914)

Ano	Continente	Ilhas	Total	Ano	Continente	Ilhas	Total
1855	8.953	4.200	13.153	1885	10.337	4.667	15.004
1856	9.183	4.068	13.251	1886	9.207	4.791	13.998
1857	7.673	3.515	11.188	1887	13.206	3.726	16.932
1858	5.695	4.276	9.971	1888	16.475	7.393	23.868
1859	7.902	2.771	10.673	1889	15.592	4.914	20.506
1860	5.665	1.867	7.532	1890	21.863	7.451	29.314
1861	6.241	1.683	7.924	1891	26.140	7.319	33.459
1862	5.750	1.933	7.683	1892	16.297	4.584	20.881
1863	4.870	1.097	5.967	1893	23.931	6.295	30.226
1864	4.692	2.055	6.747	1894	25.129	3.673	28.802
1865	3.745	3.612	7.357	1895	36.553	7.658	44.211
1866	4.124	1.922	6.046	1896	22.100	5.454	27.554
1867	4.805	2.395	7.200	1897	17.533	3.655	21.188
1868	4.782	1.960	6.742	1898	20.791	2.625	23.416
1869	6.035	2.380	8.415	1899	14.282	3.487	17.769
1870	7.310	3.099	10.409	1900	16.033	5.194	21.227
1871	10.388	2.309	12.697	1901	15.264	5.379	20.643
1872	14.814	2.470	17.284	1902	15.012	8.993	24.005
1873	10.083	2.906	12.989	1903	15.634	5.781	21.415
1874	11.849	2.986	14.835	1904	22.234	5.891	28.125
1875	12.978	2.462	15.440	1905	25.193	8.209	33.402
1876	9.257	1.778	11.035	1906	26.989	10.902	37.891
1877	8.362	2.695	11.057	1907	31.206	10.677	41.883
1878	7.603	2.323	9.926	1908	35.689	4.444	40.133
1879	9.298	3.913	13.211	1909	30.286	7.927	38.213
1880	9.277	3.320	12.597	1910	31.799	7.703	39.502
1881	10.286	4.351	14.637	1911	49.560	10.092	59.652
1882	12.212	6.060	18.272	1912	77.745	11.175	88.920
1883	11.860	7.391	19.251	1913	67.821	9.812	77.633
1884	11.332	6.186	17.518	1914	20.918	4.804	25.722

Fonte: Joaquim da Costa Leite. "Emigração portuguesa: a lei e os números", *op. cit.*, p. 478, Apêndice n. 1.

Tabela 3.2. Estatística americana da imigração portuguesa (1855-1914)

Ano	Brasil	Argentina	EUA	Total	Ano	Brasil	Argentina	EUA	Total
1855	9.839	-	205	10.044	1885	7.611	182	2.024	9.817
1856	9.159	-	128	9.287	1886	6.287	374	1.194	7.855
1857	9.340	2	92	9.434	1887	10.205	153	1.360	11.718
1858	9.327	37	177	9.541	1888	18.289	331	1.625	20.245
1859	9.342	49	46	9.437	1889	15.240	209	2.024	17.473
1860	5.914	68	122	6.104	1890	25.174	160	2.600	27.934
1861	6.460	33	47	6.540	1891	32.349	44	2.999	35.392
1862	5.625	7	72	5.704	1892	17.797	93	3.400	21.290
1863	4.420	18	86	4.524	1893	28.986	192	4.631	33.809
1864	5.097	14	240	5.351	1894	17.041	200	2.196	19.437
1865	3.784	19	365	4.168	1895	36.055	178	1.452	37.685
1866	4.724	72	344	5.140	1896	22.299	219	2.766	25.284
1867	4.822	87	126	5.035	1897	13.558	195	1.874	15.627
1868	4.425	113	174	4.712	1898	15.105	175	1.717	16.997
1869	6.347	1	507	6.855	1899	10.989	197	2.054	13.240
1870	4.458	54	697	5.209	1900	8.250	205	4.234	12.689
1871	6.230	90	887	7.207	1901	11.261	156	4.165	15.582
1872	12.918	62	1.306	14.286	1902	11.606	141	5.207	16.954
1873	1.310	21	1.185	2.516	1903	11.378	202	9.317	20.897
1874	6.644	77	1.611	8.332	1904	17.318	518	6.715	24.551
1875	3.692	94	1.939	5.725	1905	20.181	674	5.028	25.883
1876	7.184	38	1.277	8.499	1906	21.706	885	8.517	31.108
1877	7.965	80	2.363	10.408	1907	25.681	1.118	9.608	36.407
1878	6.136	59	1.332	7.527	1908	37.628	2.083	7.307	47.018
1879	8.841	81	1.374	10.296	1909	30.577	1.651	4.956	37.184
1880	12.101	101	808	13.010	1910	30.857	2.848	8.229	41.934
1881	3.144	119	1.215	4.478	1911	47.493	2.575	8.374	58.442
1882	10.621	98	1.436	12.155	1912	76.530	4.959	10.230	91.719
1883	11.286	108	1.573	12.967	1913	76.701	3.619	14.171	94.491
1884	8.683	136	1.927	10.746	1914	27.935	1.397	10.898	40.230

Fonte: Joaquim da Costa Leite. "Emigração portuguesa: a lei e os números", *op. cit.*, p. 480, Apêndice n. 2.

O significativo volume de emigrantes portugueses que se deslocou para o além-mar indica a ação, em Portugal, de agentes e companhias de navegação e, no Brasil, ao menos em parte, dos governos e dos fazendeiros, ancorada no subsídio das passagens.

A vinda de portugueses para terras brasileiras não constituiu novidade e, ao menos até a independência, embora não possa ser caracterizada como emigração *senso stricto*, inegavelmente traçou caminhos a serem seguidos por novas levas. Após 1822, interpuseram-se entre Portugal e Brasil, realidades administrativas inéditas, ligadas à redefinição dos preceitos de nação e fronteira, que estabeleceram novas referências.[74]

No século XVIII, o movimento mais importante em termos numéricos e econômicos, ocorreu por conta da descoberta e exploração da região das minas, que além dos deslocamentos internos, incentivou, em Portugal, a formação de uma grande corrente migratória espontânea destinada ao Brasil.[75] A corrida ao ouro brasileiro avolumou o caudal português que, durante o século XVII, girava em torno de 2 mil emigrados anualmente para a média de 8 a 10 mil nos primeiros 60 anos do século seguinte, provocando a saída de cerca de 600 mil portugueses.[76]

No século XIX, o Brasil era o destino hegemônico na mobilidade transatlântica dos portugueses.[77] Desde a independência o volume intensificou-se: primeiro saíram milhares de emigrantes anualmente, o volume subiu gradualmente para dezenas de milhar e, nos anos iniciais do XX até o início da Primeira Guerra, quase atingiu a centena de milhar (Tabela 3.2).

Esse aumento do fluxo não foi resultado apenas da tradicional prática migratória baseada em relações e laços de família de grupos portugueses já estabelecidos na ex-colônia que,

---

[74] Jorge Fernandes Alves. "Terra de esperanças – O Brasil na emigração portuguesa". *Portugal e Brasil – Encontros, desencontros, reencontros*. Cascais: Câmara Municipal, VII Cursos Internacionais, 2001, p. 113-128.

[75] Celso Furtado. *Formação econômica do Brasil*. 5ª ed. Rio de Janeiro: Fundo de Cultura, 1963, p. 91-92. Segundo o economista: "Não se conhecem dados precisos sobre o volume da corrente emigratória que, das ilhas do Atlântico e do território português, se formou com direção ao Brasil no decorrer do século XVIII. Sabe-se, porém, que houve alarme em Portugal, e que se chegou a tomar medidas concretas para dificultar o fluxo migratório".

[76] Vitorino Magalhães Godinho. *A estrutura da antiga sociedade portuguesa, op. cit.*, p. 43-44.

[77] Para se ter medida da importância da emigração e dos negócios com o Brasil no enriquecimento individual ou mesmo de famílias, sobretudo da cidade do Porto, no início da segunda metade do século XIX, reproduz-se a seguir um excerto de uma obra de Júlio Dinis, que fornece a geografia social do Porto neste período: "Esta nossa cidade (…) divide-se naturalmente em três regiões, distintas por fisionomias particulares: A região oriental, a central e a ocidental. O bairro central é o portuense pròpriamente dito; o oriental, o brasileiro; o ocidental, o inglês. (…) O bairro oriental é principalmente brasileiro, por mais procurado pelos capitalistas que recolhem da América. Predominam neste umas enormes moles graníticas, a que chamam palacetes (…). Pelas janelas quasi sempre um capitalista ocioso". Júlio Dinis. *Uma família inglesa* (1868). *Apud* Vitorino Magalhães Godinho. *A estrutura da antiga sociedade portuguesa, op. cit.*, p. 228-229. O tema do retornado ou "brasileiro" era recorrente na literatura portuguesa. Em várias obras, Camilo Castelo Branco e Eça de Queiroz trataram desse tipo social.

em sua grande maioria, ligava-se ao comércio e habitava o meio urbano. Para os grandes proprietários de terras do Brasil, o tipo de imigrante que interessava era diverso. Buscava-se mão de obra para a produção agrícola, a base da economia que ainda dependia do braço escravo. A alternativa era promover a introdução de europeus, com relações de trabalho regulamentadas pela lei de locação de serviços.[78] Dessa forma, o emigrante português começou a fazer parte de outro tipo de corrente migratória voltada para agricultura e colonização, já conhecida por outros grupos de europeus.

No decorrer do século XIX, delinearam-se para a emigração portuguesa dois destinos socioeconômicos distintos.[79] Um – constituído por jovens solteiros – de forte enraizamento tradicional, ligado aos laços familiares e de vizinhança e ao fato de os portugueses dominarem certos setores do mercado de trabalho urbano, tanto o grande comércio de origem colonial quanto o pequeno, e ainda manterem posições importantes na construção civil, na organização bancária e nos transportes.[80] Outro – formado por jovens ou famílias de agricultores – ligado aos trabalhos no meio rural, mercado geralmente ocupado por indivíduos sem qualificação profissional que chegavam ao Brasil via contratos com particulares apoiados pelo governo.[81]

---

78 Ver Capítulo 2.

79 O pioneiro nesse tipo de análise foi Joel Serrão. *Temas oitocentistas – I. Para a história de Portugal no século passado*. Lisboa: Livros Horizonte, 1980.

80 Um estudo completo sobre a emigração da região Norte de Portugal está em Jorge Fernandes Alves. *Os brasileiros, emigração e retorno no Porto oitocentista*. Tese de Doutoramento. Porto: Faculdade de Letras da Universidade do Porto, 1993. Para o outro lado da presença de portugueses no meio urbano como trabalhadores sem qualificação, particularmente na cidade do Rio de Janeiro, ver Ana Maria da Silva Moura. *Cocheiros e carroceiros. Homens livres no Rio de Janeiro de senhores e escravos*. São Paulo: Hucitec, 1988.

81 Jorge Fernandes Alves. "Terra de esperanças – O Brasil na emigração portuguesa", *op. cit*. Segundo o autor, durante muito tempo foi possível falar de uma emigração até certo ponto privilegiada, destinada a segmentos importantes do mercado brasileiro, à qual se juntou a de intelectuais em busca de oportunidades ou exílio político. Por outro lado, existiam aqueles que viam o Brasil como chance de melhoria de vida, mas não possuíam nenhum apoio na partida ou chegada e eram atraídos por engajadores ligados às agências de imigração brasileiras ou companhias de navegação subsidiadas. Outra questão importante era o serviço militar, que durava até seis anos, e podia ser contornado com apresentação de substituto ou pagamento para remissão da obrigação. Sem dinheiro, as famílias mais pobres enviavam cedo seus filhos para o Brasil para escaparem do recrutamento. Klein observa que no século XIX registrou-se fluxo permanente de portugueses do Norte para o setor comercial urbano do Brasil, a ponto de ter sido por vezes designado uma migração de caixeiros. Mas também se utilizou o contrato *enganchado*, ou trabalhadores contratados dos Açores e do continente para o Rio de Janeiro e outras cidades, para substituir os escravos que se dedicaram à produção de café depois de ter acabado o tráfico de escravos no Atlântico em 1850. Herbert S. Klein. "A integração social e econômica dos imigrantes portugueses no Brasil nos finais do século XIX e no século XX". *Análise Social*. Lisboa, v. XXVIII, n. 121, 1993, p. 243.

Alencastro identifica ainda, o grupo formado por proletários urbanos e rurais, originário das Ilhas e do continente, que chegaram ao Brasil, mais especificamente ao Rio de Janeiro, após o fim do tráfico negreiro. O historiador volta sua atenção aos chamados "engajados", geralmente açorianos que sem recursos financeiros comprometiam-se a saldar as dívidas com passagem e alimentação mediante contratos de trabalho. Nesse sentido, o comandante do navio tornava-se o proprietário da força de trabalho do imigrante, geralmente vendida a um terceiro como forma de compensação.[82]

A componente urbana da imigração portuguesa sempre foi relevante, sobretudo nas maiores cidades brasileiras. O recenseamento de 1890 apontou a presença de 124 mil portugueses residentes no Rio de Janeiro – 24% da população total e 68% dos nascidos no estrangeiro.[83] Naquele mesmo momento, com o início da política de imigração subsidiada, o perfil característico do emigrante – jovem e solteiro – ganhou a companhia das famílias de agricultores.

A crise agrícola do final da década de 1880 desencadeou não apenas a aceleração da emigração, mas em certa medida, uma alteração qualitativa do fluxo, com maior presença de famílias.[84] Nesse sentido, as estatísticas são limitadas e proporcionam somente indícios dessa mudança. Halpern Pereira chama atenção para a maior participação de mulheres e crianças nesse período: na década de 90, a parcela feminina representava 26%, o dobro da registrada até aquele momento, chegando a 32% entre 1910-1919; entre 1891-1899, 41% das mulheres eram casadas e 32% eram menores de 14 anos; taxas que caíram, respectivamente, para 36% e 26% em 1910-1919. Para a autora, essa emigração familiar já representava parte significativa desde a segunda metade dos anos 80.[85]

---

82   Luiz Felipe de Alencastro. "Proletários e escravos: imigrantes portugueses e cativos africanos no Rio de Janeiro, 1850-1872", *op. cit.*, p. 35-36.

83   Herbert S. Klein. "A integração social e econômica dos imigrantes portugueses no Brasil nos finais do século XIX e no século XX", *op. cit.*, p. 244. O movimento anual da entrada de estrangeiros no Rio de Janeiro confirma essa preferência. Em 1893, por exemplo, dos 48.948 imigrantes desembarcados, 19.238 eram portugueses, 14.315 espanhóis e 12.213 italianos. Em Santos, no mesmo ano, dos 74.978 que chegaram no porto, 46.339 eram italianos, 16.683 espanhóis e 9.703 portugueses. Cf. Relatório do Ministério dos Negócios da Agricultura, Comércio e Obras Públicas de 1893, p. 78.

84   Para Oliveira Martins, as maiores taxas de participação de mulheres e crianças em épocas determinadas estavam associadas aos graves problemas econômicos nas províncias de origem e são indícios do êxodo familiar. Oliveira Martins. *A emigração portuguesa* (1931). *Apud* Herbert S. Klein. "A integração social e econômica dos imigrantes portugueses no Brasil nos finais do século XIX e no século XX", *op. cit.*, p. 248. Uma das expressões desses problemas foi a crise vinícola do norte de Portugal entre 1886-1888. Eulália Maria Lahmeyer Lobo. *Imigração portuguesa no Brasil*. São Paulo: Hucitec, 2001, p. 16.

85   Miriam Halpern Pereira. *A política portuguesa de emigração (1850-1930)*, *op. cit.*, p. 117-118. Sobre o estado civil dos emigrantes ver tabelas da p. 118.

A Tabela 3.3 ilustra melhor a argumentação de Halpern Pereira. Os números mostram certa tendência à diminuição da relação entre os sexos (H/M), cuja expressão mínima encontra-se entre 1895-1899 e 1910-1914, com exceção do quinquênio de 1905-1909, ou seja, o crescimento da participação feminina no fluxo. No mesmo sentido, nota-se a maior presença relativa de crianças, cujo ápice (16,3%) foi alcançado em 1895-1899. O período que compreende a Primeira Guerra (1915-1919), com reflexos diretos e indiretos na retração do fluxo migratório mundial, pode ser considerado atípico e seus índices escaparam ao padrão: relação entre homens e mulheres em torno de 1,5 e a participação de crianças chegando a 28,8%.

Tabela 3.3. Emigrantes portugueses: idade e sexo (1875-1919)

Quinquênio	Total	Homens	Mulheres	Crianças	H/M	% Crianças
1875-1879	70.718	51.070	9.596	10.052	5,3	12,4
1880-1884	94.546	65.865	16.410	12.271	4,0	11,5
1885-1889	107.244	69.947	20.582	16.715	3,4	13,5
1890-1894	169.613	106.722	34.652	28.239	3,1	14,3
1895-1899	168.564	98.275	37.349	32.940	2,6	16,3
1900-1904	140.233	84.509	31.535	24.189	2,7	14,7
1905-1909	227.060	147.490	44.439	35.131	3,3	13,4
1910-1914	351.421	204.459	86.970	59.992	2,4	14,6
1915-1919	128.641	65.797	42.484	20.360	1,5	28,8
Total	1.458.040	894.134	324.017	239.889	2,8	14,1

Fonte: Herbert S. Klein. "A integração social e econômica dos imigrantes portugueses no Brasil nos finais do século XIX e no século XX", op. cit., Quadro 4, p. 248 (adaptado e corrigido).

Difícil determinar até que ponto a política brasileira, especialmente a paulista, de subsidiar passagens para famílias de agricultores influenciou de forma qualitativa e quantitativa a emigração portuguesa. O certo é que tal iniciativa encontrou campo fértil para prosperar também em terras lusitanas, atraindo a mão de obra desejada, o que, no entanto, não alterou profundamente a demografia do fluxo geral, ainda caracterizado pela elevada parcela de indivíduos do sexo masculino que emigravam sós, deixando ou não uma família.

A cartografia da emigração portuguesa apresenta duas variantes bem distintas: o continente e as ilhas. A Madeira e os Açores mantiveram em geral taxas migratórias superiores às do continente e com maior diversificação. Os Estados Unidos eram o principal destino insular, sobretudo dos Açores, que forneceu cerca de 65-70% dos emigrados; a distribuição dos madeirenses foi mais equilibrada: cerca de metade seguiu o caminho dos açorianos, enquanto a outra se dirigiu ao Brasil.[86]

Em relação à porção continental, o noroeste do país, onde existia elevada densidade demográfica, constituiu-se na principal área de emigração. Observa-se, no entanto, que a expansão territorial acompanhou o aumento do fluxo. Nos anos de 1840, o núcleo encontrava-se na cidade do Porto; em 1864, as taxas de emigração permitem distinguir além do Porto, que liderava com 5,8 emigrantes por mil habitantes, os de distritos de Viana, Braga, Vila Real e Aveiro, todos com índices superiores à média do continente, que era de 1,29 por mil. Em 1890-1891, biênio de significativas saídas (Tabela 3.1), quando a taxa do continente atingiu 4,29 emigrantes por mil, além dos distritos referidos, outros cinco também ultrapassaram esse valor: Viseu, Coimbra, Leiria, Bragança e Guarda. Em 1911, quando a taxa chegou a 10,2 por mil, os mesmos dez distritos ainda se destacavam.[87]

Costa Leite chama atenção para outro aspecto relacionado à geografia do fluxo. Em sua análise, o autor sublinhou que a partir de um núcleo restrito da cidade do Porto e seus arredores, a emigração espraiou-se por área cada vez mais vasta, enquanto o fenômeno migratório tornava-se mais complexo, atraindo grupos de emigrantes cada vez mais diversificados. A atração migratória espalhou-se pelo noroeste nas áreas de pequena propriedade baseada na produção de milho, onde parte significativa da população podia mobilizar recursos e enviar seus filhos, geralmente jovens e solteiros, para o Brasil na tentativa de preservar o essencial das estruturas de família e propriedade. Nas terras de centeio do nordeste, onde a emigração tardou mais a chegar, a relativa pobreza dos solos e outros aspectos sociais, implicaram na decisão de emigrar com a família, ou seja, ao contrário do típico movimento do noroeste, a perspectiva de retorno era mínima. No sul, a existência do latifúndio era testemunha da maior polarização social e econômica que reproduzia as camadas mais pobres que, sem recursos, eram as principais interessadas em abandonar o país na expectativa da melhora de vida.[88]

---

86 Herbert S. Klein. "A integração social e econômica dos imigrantes portugueses no Brasil nos finais do século XIX e no século XX". *op. cit*, p. 237.

87 Joaquim da Costa Leite. "O Brasil e a emigração portuguesa (1855-1914)". In: Boris Fausto (org.). *Fazer a América. A imigração em massa para a América latina*. 2ª ed. São Paulo: Edusp, 2000, p. 190-191. Para as taxas de emigração por distritos ver Quadro II. Para os números entre 1866 e 1913 ver Eulália Maria Lahmeyer Lobo. *Imigração portuguesa no Brasil, op. cit.*, p. 140, Tabela 1.2.

88 Joaquim da Costa Leite. "O Brasil e a emigração portuguesa (1855-1914)", *op. cit.*, p. 192-193. A análise detalhada sobre esse assunto, inclusive em relação ao papel da imprensa como fonte de informação para aqueles dispostos a emigrar, encontra-se em Joaquim da Costa Leite. *Portugal and emigration, 1855-1914*. Tese de Doutoramento. Nova York: Columbia University, 1994. Ainda sobre a imprensa no norte de Portugal ver Jorge Fernandes Alves. *Os brasileiros, emigração e retorno no Porto oitocentista, op. cit.*

O Estado, no entanto, não ficou inerte a toda essa movimentação. Interesses eram contrariados, enquanto novos surgiam e se associavam àqueles já existentes na defesa da emigração. Nesse sentido, as vicissitudes da política migratória portuguesa refletiram essa situação. A historiografia sublinha a tradição repressiva portuguesa de contenção da emigração que prevaleceu ao menos até a década de 1870 devido, sobretudo, à forte influência de importantes grupos agrários temerosos com a ameaça de redução da mão de obra disponível e do consequente aumento dos salários no campo.[89]

A liberdade de emigrar foi consagrada na Constituição de 1838 que, no entanto, relegou-a a posterior regulamentação.[90] Foram exatamente as leis complementares, com seu caráter policial, que procuraram restringir a expatriação. Como observou um estudioso contemporâneo, a legislação sobre o assunto era toda inspirada no critério proibitivo da emigração: de forma direta quanto à que se fazia clandestinamente e, de forma indireta, por meio de passaportes, imposições e taxas, em relação ao fluxo legal.[91]

As leis de 20 de julho de 1855 e de 31 de janeiro de 1863 regulamentaram as condições de transporte e de contratação de emigrantes – uma forma de reprimir os agentes clandestinos acusados, dentre outros delitos, de incitar à emigração – e estabeleceram as condições de emissão de passaporte apoiadas em princípios gerais de autoridade, na defesa paternalista do emigrante contra abusos – que tiveram forte repercussão na opinião pública – e na questão do serviço militar.[92]

A partir da década de 1870, o aumento da emigração colocou-a na ordem do dia, originando até mesmo um inquérito parlamentar no ano de 1873 para estudar suas causas

---

89 Miriam Halpern Pereira. *A política portuguesa de emigração (1850-1930)*, *op. cit.*; Jorge Fernandes Alves. "Terra de esperanças – O Brasil na emigração portuguesa", *op. cit.* Para uma posição mais matizada ver os trabalhos de Joaquim da Costa Leite. "Emigração portuguesa: a lei e os números", *op. cit.*; "O Brasil e a emigração portuguesa (1855-1914)", *op. cit.* e *Portugal and emigration, 1855-1914*, *op. cit.*

90 "Todo o Cidadão pode conservar-se no Reino, ou sair dele e levar consigo os seus bens, uma vez que não infrinja os regulamentos de polícia, e salvo o prejuízo público ou particular" (art. 12º). *Apud* Joaquim da Costa Leite. "O Brasil e a emigração portuguesa (1855-1914)", *op. cit.*, p. 179.

91 Afonso Costa. *Estudos de economia nacional: o problema da emigração*. Lisboa, 1911. *Apud* Joaquim da Costa Leite. "Emigração portuguesa: a lei e os números", *op. cit.*, p. 464.

92 Com o objetivo de evitar os incidentes ocorridos nos anos 50, como a transferência de trabalhadores de um contratador para outro ou até mesmo a venda no porto de chegada daqueles que deviam ao comandante da embarcação o valor da passagem, obrigou-se o emigrante, no momento da solicitação do passaporte, a apresentar o contrato de trabalho ou provar que a viagem já estava paga. Quanto ao serviço militar, os homens necessitavam comprovar seu cumprimento ou sua isenção, enquanto aqueles de idade entre 14 e 21 anos tinham que depositar fiança ou apresentar fiador idôneo, para garantir o cumprimento futuro das obrigações militares. Joaquim da Costa Leite. "Emigração portuguesa: a lei e os números", *op. cit.*, p. 466.

e estabelecer políticas de ação em relação ao fenômeno. Como primeiro resultado, a lei de 28 de março de 1877 visava estimular o retorno transoceânico e desviar a emigração para as colônias portuguesas na África. Medidas que foram reforçadas em 1896 com gratuidade do passaporte para o continente africano e, em 1907, através de sua supressão. O fluxo para o Brasil, no entanto, continuou a crescer e a tentativa africana mostrou-se um fracasso.

A tudo isso, somava-se a polícia da emigração criada pela lei de 03 de julho de 1896, cujo objetivo tácito era reprimir o fluxo clandestino e seus engajadores; essa mesma lei reconhecia a existência de agências de emigração, que legalizadas deveriam pagar imposto. Como informa Costa Leite, em princípio, a legislação portuguesa proibia o incitamento à emigração, mas, na prática, quase tudo era permitido, desde os anúncios das companhias de navegação até o estabelecimento de agências.[93]

Foram, aliás, os executores dos serviços ligados à emigração que, incitando ou mesmo acompanhando a evolução do fluxo migratório, não deixaram de aproveitar o momento para auferir lucros e crescer de forma substancial em terras portuguesas. O serviço militar obrigatório e a exigência de passaporte condicionavam a emigração, abrindo caminho para agentes que, colocando-se entre o potencial emigrante e a burocracia do Estado, se propunham a ajudá-lo a cumprir ou contornar a lei.[94] As companhias de navegação, por seu turno, encontraram reserva potencial de emigrantes para serem transportados nas rotas do Atlântico e de tudo fizeram para fomentá-la através da propaganda e da contratação de agentes.

As principais companhias que atuavam em território português eram as inglesas Royal Mail Steam Packet e Pacific Steam, as responsáveis pela introdução de vapores na rota Portugal-Brasil,[95] a francesa Messageries Maritimes e a alemã Nord-Deutscher Lloyd. Até 1870, o transporte de emigrantes era realizado, em sua maioria, por veleiros, em muitos casos, portugueses. Em meados dessa década, o domínio do vapor já estava consolidado e, com ele, a supremacia da marinha estrangeira sobre a nacional. Fato que não passou despercebido por alguns contemporâneos, como ficou demonstrado no jornal *Aurora do Lima*.

> (…) vemos com entusiasmo que, de duas carreiras regulares que os paquetes para o Brasil faziam mensalmente, passamos a ter dez! E só estranhamos que

---

93 Joaquim da Costa Leite. "Emigração portuguesa: a lei e os números", *op. cit.*, p. 469.

94 Joaquim da Costa Leite. "Os negócios da emigração (1870-1914)", *op. cit.*, p. 381.

95 A Royal Mail foi a primeira companhia a inaugurar em 1851 uma linha de paquetes ligando Lisboa aos portos brasileiros. Joaquim da Costa Leite. "Os negócios da emigração (1870-1914)", *op. cit.*, p. 390.

os capitais portugueses se hajam conservado na inércia, desprezando os lucros fabulosos que as companhias estrangeiras têm auferido.[96]

A arguta percepção do momento, no entanto, veio acompanhada pela falta de conhecimento da precária inserção portuguesa na conjuntura internacional, na qual sua marinha mercante era apenas mais um exemplo. Visão, ao que parece, presente entre os membros da Sociedade de Geografia de Lisboa que, em sessão de discussão sobre os meios de ativar e aumentar as relações comerciais da metrópole com as possessões ultramarinas, apontava o desenvolvimento da navegação nacional como elemento chave, cuja realidade, no entanto era extremamente grave, "porque a nossa marinha de comércio estava numa situação desgraçada".[97] Como observa Costa Leite, os portugueses continuavam capazes de construir, armar e administrar uma frota de veleiros, mas revelaram-se incapazes de absorver a nova tecnologia, com maiores exigências de capital e organização – nesse processo de declínio relativo, a década de 1870 foi crucial.[98]

Em suma, sem condições de exigir do Estado – cuja falta de recursos também era evidente – o respaldo necessário, a marinha mercante portuguesa não teve como enfrentar a concorrência externa. Na verdade, além dos problemas no erário, o governo português estava preocupado com a manutenção das vias de comunicação marítima com suas possessões africanas. Em 1864, após a falência da Companhia União Mercantil, que exercitava a rota Lisboa-Luanda, o Estado começou a subsidiar uma companhia inglesa que estabeleceu ligação marítima entre Lisboa e as colônias da África ocidental. Em 1890, outras companhias inglesas e uma alemã, que faziam escala em Lisboa e Moçambique passando por Angola e Cidade do Cabo, também passaram a receber subvenção. Tudo isso a despeito da criação da Empresa Nacional de Navegação, com capitais portugueses, mas que não recebia nenhum auxílio financeiro estatal.[99]

Deve-se ter em conta ainda outro fator favorável às companhias estrangeiras e ao triunfo do vapor sobre a vela. O transporte de emigrantes portugueses para o Brasil inseria-se nos fluxos migratórios da Europa mediterrânea para a América do Sul, o que

---

96 *Aurora do Lima*, 15 de janeiro de 1873. *Apud* Joaquim da Costa Leite. "O transporte de emigrantes: da vela ao vapor na rota do Brasil, 1851-1914". *Análise Social*. Lisboa, n. 112/113, 1991, p. 749.

97 *Actas da Sociedade de Geografia de Lisboa*. Sessão de 06 de dezembro de 1880. *Apud* Valentim Alexandre. *Origens do colonialismo português moderno (1822-1891)*. Lisboa: Sá da Costa, 1979, p. 185.

98 Joaquim da Costa. "O transporte de emigrantes: da vela ao vapor na rota do Brasil, 1851-1914", *op. cit.*, p. 749.

99 Cf. Maria Helena da Cunha Rato. "O colonialismo português, factor de subdesenvolvimento nacional". *Análise Social*. Lisboa, v. XIX, n. 77-78-79, 1983, p. 1124.

facilitou a inclusão de Leixões[100] e principalmente Lisboa como escalas das rotas que ligavam os portos do Mediterrâneo – Gênova, Marselha – à região do Prata, percurso do qual portos brasileiros como Rio de Janeiro e Santos já faziam parte.[101]

A partir da década de 1880, a expansão geográfica da emigração, não mais restrita às proximidades do Porto, foi acompanhada pela intensificação da rede de agentes a serviço das companhias de navegação.[102] A presença desses intermediários nas cidades do Norte pode ser verificada nos registros do inquérito parlamentar de 1885 e nos anúncios dos jornais e revistas de Lisboa e Porto, ambos estudados por Costa Leite. Esse setor, aliás, não era bem visto pela opinião pública, cuja lembrança negativa a respeito dos primeiros engajadores de colonos estendia-se aos agentes de emigração, associada, em parte, ao êxodo clandestino e considerado como comércio de "carne humana".[103] São esses testemunhos impressos que esclarecem como era organizada a rede de recrutamento. Assim informava o administrador de Mondim da Beira, cidade do distrito de Viseu:

> Manifesta-se [a emigração clandestina] especialmente com indivíduos incursos no recenseamento militar, para os quais há companhias de engajadores perfeitamente organizadas. Têm estas companhias primeiros, segundos e terceiros agentes. Em geral, o primeiro agente reside em Lisboa ou no Porto, tem uma escrituração perfeitamente regular para este género de mercadoria e encarrega-se de dirigir os

---

100 Situado na foz do rio Douro, o porto de Leixões foi a principal porta de saída de emigrantes durante meados do século XIX, quando os veleiros ainda predominavam. Com a ampliação geográfica do fluxo e a presença dos vapores na execução do transporte, o porto de Lisboa assumiu maior importância. Somente após total remodelação, finalizada em 1891, Leixões pôde receber navios a vapor e voltar a rivalizar com o porto às margens do Tejo. Acerca do transporte de emigrantes para o Rio de Janeiro, por exemplo, apenas em 1908 os dois portos encontram-se em pé de igualdade. Cf. Joaquim da Costa Leite. *Portugal and emigration, 1855-1914, op. cit.*, p. 279-280.

101 "Navigation between Europe and South America was probably the second most promising area of transoceanic shipping, first place being clearly held by routes of the North Atlantic. In this large economic and geostrategic context, Portugal was "on the way" between Great Britain, France and (later in the century) Germany on the one side, and Brazil, Argentina, and (to some extent) Peru on the other. This helps explain the hegemony of foreign companies in the maritime connections between Portugal and Brazil, at least in mail service and transportation of passengers". Joaquim da Costa Leite. *Portugal and emigration, 1855-1914, op. cit.*, p. 275-276.

102 Os agentes e engajadores ajudaram a organizar a rede de emigração que, uma vez estabelecida, podia ser usada tanto para a emigração legal, quanto para a ilegal: a primeira dava cobertura à segunda e os contatos e subornos serviam para ambas. Joaquim da Costa Leite. "Emigração portuguesa: a lei e os números", *op. cit.*, p. 469.

103 Expressão utilizada pelo jornal *O Século* (1º de dezembro de 1890). *Apud* Joaquim da Costa Leite. "Os negócios da emigração (1870-1914)", *op. cit.*, p. 383.

engajados até ao momento do embarque. Faculta os passaportes e de todos estes serviços tem um lucro exorbitante. O segundo engajador reside na província, é geralmente proprietário de uma casa comercial; da sua mão recebem os engajados o dinheiro para pagarem a passagem, para o comboio e para despesas. (…) O terceiro engajador é o agente ativo de todo o contrato; com ele tratam pessoalmente os engajados e famílias. É ele que dá ao engajado uma espécie de cheque sobre o segundo engajador e carta de recomendação para Lisboa ou Porto.

Estes agentes têm comissões de todas as companhias marítimas de transporte e uma correspondência em regra com o agente de Lisboa.[104]

Além de revelar a estrutura básica do serviço de recrutamento, o depoimento tocava na questão das comissões pagas pelas companhias, certamente um dos componentes principais dos rendimentos dos chamados engajadores. Como observa Costa Leite, os ganhos também se estendiam às atividades especulativas, como o empréstimo a juros altos para o emigrante pagar a passagem. Quanto à comissão, o mesmo autor considera razoável admitir que as companhias de navegação cediam em média 1/3 do valor dos bilhetes, distribuído ao longo dos três níveis da cadeia de agentes, cabendo aos recrutadores locais, que lidavam diretamente com os emigrantes, 10% desse montante.[105]

Mas quem eram esses agentes que viviam dispersos em meio à população das cidades, vilas e povoados? Notícias em jornais críticos a tal mister, além de fornecerem estimativas de seu número, identificavam ao menos a profissão desses sujeitos.

> (…) nas províncias, muitos agentes, que ao todo são 3000 a 4000, ocupam na sociedade uma posição que por todos os motivos se devia considerar incompatível com o indigno mister de engajadores.
> E, com efeito, assim sucede. O espírito da vil ganância vencendo os deveres do cargo, como engajadores encontram-se em diversos pontos do país, segundo nos afirmam, vereadores municipais, comerciantes, proprietários abastados, empregados do correio e das administrações e até sacerdotes![106]

---

104 Resposta de José de Vasconcelos Noronha e Menezes Jr. em 27 de novembro de 1885. *Commissão Parlamentar para o estudo da emigração portuguesa 1885*. Apud Joaquim da Costa Leite. "Os negócios da emigração (1870-1914)", *op. cit.*, p. 385-386.

105 Joaquim da Costa Leite. "Os negócios da emigração (1870-1914)", *op. cit.*, p. 388-389.

106 *O Século* (1º de dezembro de 1890). Apud Joaquim da Costa Leite. "Os negócios da emigração (1870-1914)", *op. cit.*, p. 383.

A miríade de atividades que se confundiam com a de recrutamento expõe a instabilidade dessa ocupação, em que os agentes locais teriam ligações esporádicas com o arrolamento de emigrantes para as companhias de navegação e dificilmente conseguiriam fazer disso um modo de vida.[107]

Em suma, os serviços necessários à emigração transoceânica de portugueses abriram possibilidades econômicas que foram em grande parte aproveitadas por estrangeiros. O transporte, a parte substancial do negócio, ficou a cargo das companhias de navegação inglesas, francesas e alemãs.[108] Parte significativa das agências instaladas no Porto e Lisboa também era estrangeira. Foi somente a descentralização no âmbito do recrutamento que contou com participação exclusiva de portugueses. O próprio Estado preocupou-se com as receitas geradas pela emissão de passaporte e nunca cogitou aboli-lo, ao menos para os emigrantes.

Resta explicitar melhor outros interesses relacionados à emigração para compreensão da política migratória de Portugal. Já foi mencionada a tradicional oposição dos grandes proprietários rurais; entretanto, alguns aspectos tornaram esse posicionamento mais flexível. Os tempos prósperos da agricultura (1870-1889) reduziram a necessidade de mão de obra, liberando excedente demográfico, que sem condições de ser absorvido pela incipiente industrialização, encontrou vazão na emigração, reduzindo os riscos de contestação da estrutura fundiária que limitava o acesso à terra. Tal fato, porém, não impediu que em eventuais momentos de crise, representantes desse grupo se colocassem novamente contra a saída de populações. Por outro lado, o crescente volume das remessas dos emigrados começava a fazer diferença até mesmo no equilíbrio da balança de pagamentos do reino, colocando em xeque as vozes contrárias à expatriação.[109]

Na década de 1870, influentes economistas, intelectuais e políticos já demonstravam a importância das remessas dos emigrantes no equilíbrio financeiro de Portugal.[110] As esti-

---

107 Joaquim da Costa Leite. "Os negócios da emigração (1870-1914)", *op. cit.*, p. 391.

108 Com base nas estatísticas de emigração e nos preços das passagens de 3ª classe para o Brasil, Costa Leite estimou as receitas das companhias de navegação: 594 contos de réis entre 1880-1884; 809 contos entre 1900-1904; 2.536 contos entre 1910-1914. Joaquim da Costa Leite. "Os negócios da emigração (1870-1914)", *op. cit.*, Quadro 1, p. 382.

109 Cf. Miriam Halpern Pereira. *A política portuguesa de emigração (1850-1930), op. cit.*, p. 82-85. A autora também chama atenção para o surgimento, nos anos 90, de projetos de colonização interna, visando transformar o Alentejo em celeiro ou campo de vinha, uma tradução, sob nova forma, da antiga preocupação com a diminuição da mão de obra vinda das áreas do norte, provocada pela emigração, *op. cit.*, p. 119.

110 Pode-se destacar Alexandre Herculano, cujos escritos sobre emigração para o Brasil preocupavam-se em compreender os motivos do fluxo, que o levou a identificar dois tipos: o espontâneo, inspirado na ambição de progredir e o forçado, decorrente da pobreza do meio rural do norte do país. Cf. Eulália Maria Lahmeyer Lobo. *Imigração portuguesa no Brasil, op. cit.*, p. 130. Sobre as remessas, o autor chamou a atenção para as condições

mativas para os anos de 1881 a 1890 variavam de 8 mil a 13,5 mil contos, montante que nas duas primeiras décadas do século XX girou entre 20 a 30 mil contos por ano. Inúmeras eram as formas de transferência do dinheiro, com destaque, quase que exclusivo, para as casas bancárias portuguesas e brasileiras e, em menor proporção, os vales consulares e vales postais.[111]

Somente a partir do final do século XIX, a *Agência Financial do Rio de Janeiro* – instituição oficial ligada ao *Caixa Geral do Tesouro* português – começou a concorrer, não sem resistência, com a rede bancária. Responsável pelo encaminhamento de cerca de 25% das remessas registradas, a *Agência* transformou-se na principal intermediária entre o emigrado e sua região de origem. Sua rede espalhou-se por vários pontos do Brasil e, em território português, contava com a extensa penetração do *Banco de Portugal* para alcançar as mais remotas paragens.[112]

A análise dos documentos da *Agência* feita por Halpern Pereira revela algumas características dessas remessas para o período de 1891 a 1924. Eram milhares de envios anuais, constituídos por pequenas quantias destinadas em sua maioria para as zonas de maior emigração – 64% do dinheiro iam para os distritos do Porto e Braga.[113] Deve-se lembrar, no entanto, que esse era apenas um dos caminhos para a transferência das economias dos emigrados. Além da já mencionada importância da rede de casas bancárias, outro componente – que nem sequer foi mencionado pela autora – torna ainda mais difícil a avaliação global das remessas portuguesas: a utilização de meios informais, como por exemplo, o envio pelo correio ordinário, o próprio emigrante portava em seu regresso ou confiava a um parente que retornava ao país.

De qualquer maneira, a notável estabilidade das entradas anuais dessas economias representou fonte de divisas extremamente segura, cuja influência estendeu-se da determinação da taxa cambial ao equilíbrio financeiro de Portugal – segundo cálculos de Chaney, em média, o montante das remessas correspondeu de 50% a 80% do déficit da balança comercial.[114] Maria Mata observa que em condições normais os empréstimos recebidos, os investimentos estrangeiros e as remessas dos emigrantes para suas famílias – de longe as entradas mais significativas que teriam alcançado 160 milhões de libras esterlinas – compensavam os déficits comerciais. Os economistas contemporâneos invariavelmente associavam o afluxo das

---

mais proveitosas da emigração oitocentista quando comparadas com o período colonial, ao afirmar que o Brasil tornou-se "a nossa melhor colónia depois de ser colónia nossa". Alexandre Herculano. *Opúsculos IV. Emigração.* Lisboa, 1879. *Apud* Jorge Fernandes Alves. "Terra de esperanças – O Brasil na emigração portuguesa", *op. cit.*

111 Miriam Halpern Pereira. *A política portuguesa de emigração (1850-1930), op. cit.*, p. 55-56.

112 Miriam Halpern Pereira. *A política portuguesa de emigração (1850-1930), op. cit.*, p. 58-60.

113 Miriam Halpern Pereira. *A política portuguesa de emigração (1850-1930), op. cit.*, p. 61. Sobre o movimento anual das remessas via *Agência Financial do Rio de Janeiro* ver tabelas (p. 66-78).

114 Rick L. Chaney. *The economics of one hundred years of emigration. Apud* Herbert S. Klein. "A integração social e económica dos imigrantes portugueses no Brasil nos finais do século XIX e no século XX". *op. cit*, p. 265.

remessas ao comportamento da economia brasileira. Sua queda no final da década de 1860 – cerca de 2,4 milhões em 1865 para 1,6 milhões de libras em 1869 – foi atribuída à Guerra do Paraguai; ultrapassada a crise por volta de 1871, os valores passaram de 2,8 milhões para 3,2 milhões de libras em 1875, para caírem novamente ao final da década. Nos anos de 1880, os fluxos brasileiros retomaram a normalidade que durou até a crise de 1891; a recuperação viria nos anos finais do século com um pico de 7,6 milhões de libras em 1898.[115]

A importância das remessas enviadas pelos portugueses emigrados para o Brasil pode ser avaliada, segundo historiadores e economistas, pelo papel que assumiram, juntamente com os empréstimos externos, no financiamento da dívida pública do reino. A grave crise financeira de 1891 em Portugal foi, em grande parte, reflexo da forte contração no valor das remessas que sofreram duro golpe com o problema cambial brasileiro nos últimos anos da década de 1880.[116]

No âmbito microeconômico, essas somas constituíram-se em importante fator de monetarização do meio rural e de melhoria das condições de vida de sua população. Relevância que pode ser apreendida pelos efeitos de sua falta. Após o Brasil proibir as saídas das remessas em 1931, um estudo contemporâneo assim descrevia a situação:

> Muitos milhares de famílias portuguesas, que viviam quase exclusivamente do dinheiro que lhes enviavam do Brasil pessoas de família ou do rendimento de títulos e empresas, lutam presentemente com as maiores dificuldades e a capacidade de consumo de uma parte da nossa população é assim fortemente diminuída.[117]

---

115 Maria Eugénia Mata. "As crises financeiras no Portugal contemporâneo: uma perspectiva de conjunto". In: Sérgio Campos Matos (org.). *Crises em Portugal nos séculos XIX e XX. Actas do Seminário organizado pelo Centro de História da Universidade de Lisboa* (6 e 7 de dezembro de 2001). Lisboa, 2002, p. 39-41.

116 Pedro Lains. "A crise financeira de 1891 em seus aspectos políticos". In: Sérgio Campos Matos (org.). *Crises em Portugal nos séculos XIX e XX. Actas do Seminário organizado pelo Centro de História da Universidade de Lisboa* (6 e 7 de dezembro de 2001). Lisboa: Centro de História da Universidade de Lisboa, 2002, p. 59 e 77. Em seu discurso na Câmara dos Deputados no início 1892, o então ministro das Finanças, Oliveira Martins, mencionou a questão das remessas ao tratar dos problemas financeiros enfrentados pela balança comercial portuguesa: "É evidente que a diferença entre importação e a exportação havia de ser paga em espécie, isto é, com o dinheiro recebido por empréstimos e com o dinheiro que nos rendia a emigração para o Brasil, emigração que nos dava capitais muitíssimo consideráveis. Mas chegou um dia em que, por infortúnio nosso, coincidiram duas crises, qual delas a mais grave; uma do nosso descrédito, e outra a da desorganização econômica e política do Brasil. De um momento para o outro faltaram os recursos dos empréstimos, e as remessas de dinheiro do Brasil. Assim, vimo-nos momentaneamente sem nenhum dos recursos com que podíamos mascarar o nosso estado econômico". *Diário da Câmara dos Senhores* Deputados. 20 de Janeiro de 1892.

117 J. Andrade Saraiva. "Causas e consequências da excessiva desvalorização da propriedade em Portugal". *Boletim da Previdência Social*, 1932. Apud Miriam Halpern Pereira. *A política portuguesa de emigração (1850-1930)*, op. cit., p. 63.

Em relação às colônias africanas, o movimento de emigrantes foi sempre aquém das expectativas do governo português e de alguns pensadores e publicistas. Nem mesmo medidas como a gratuidade do passaporte para quem se dirigisse ao continente africano a partir de 1896 ou sua supressão em 1907 conseguiram alterar essa dinâmica. Era flagrante o desinteresse dos portugueses por esse destino.

A tese de desviar a emigração do Brasil para a África foi discutida por Oliveira Martins. Colocando-se contra essa alternativa, alertava para o tipo majoritário de emigrante que se dirigia para a antiga colônia – comerciantes, operários, aprendizes de caixeiros – como o principal responsável pelo envio das remessas. O continente africano, por seu turno, não oferecia oportunidades a essas atividades, o que acarretaria na perda para Portugal das economias e poupanças conquistadas em terras brasileiras, sobretudo no Rio de Janeiro. Lembrava também que mesmo os agricultores sem recursos, contratados por locação de serviços, conseguiam retornar à pátria com algumas economias, o que dificilmente ocorreria se o destino fosse o continente africano. Em sua opinião, mais do que colonizar a África, desviando para lá a emigração que se dirigia ao Brasil, importava ocupar todo o reino português: "a melhor de todas as nossas colônias".[118]

A precariedade das linhas de comunicação, as reduzidas oportunidades econômicas oferecidas, a ausência de meios financeiros por parte do Estado para implementar política de fixação de colonos e de valorização dos territórios explicam, ao menos em parte, o fluxo nada mais que residual para Angola e Moçambique.[119]

O diagnóstico e o caminho a ser percorrido para fazer prosperar as colônias africanas fora apontado pela Sociedade de Geografia de Lisboa no início de 1880, quando se discutiu uma proposta sobre a necessidade de continuar as expedições geográficas pelo interior da África, ao mesmo tempo em que se ressaltou a importâncias de alguns aspectos econômicos como

> A grande necessidade que havia de reformar algumas pautas aduaneiras do ultramar, a fim de que elas, em lugar de beneficiarem a indústria estrangeira, como sucedia actualmente, beneficiassem a indústria nacional; e que se solicitasse

---

118 Joaquim Pedro de Oliveira Martins. *O Brasil e as colônias portuguesas* (1880). 7ª. ed. Lisboa: Guimarães & C. Editores, 1978, p. 214 e ss.

119 Perry Anderson aponta como exemplo da fragilidade de Portugal a presença tardia em suas colônias de companhias concessionárias de exploração – segundo o autor, o maior agente vetor do novo imperialismo – em que, na verdade, predominavam capitais ingleses, alemães e franceses. Perry Anderson. *Portugal e o fim do ultracolonialismo*. Rio de Janeiro: Civilização Brasileira, 1966, p. 36.

quaisquer alterações nas leis vigentes, com o intuito de provocar os nossos capitalistas a colocarem alguns dos seus capitais na indústria da navegação.[120]

Ao final do mesmo ano, a Sociedade sublinhou a necessidade da emigração portuguesa para criação de mercados em terras africanas, pois

> Nem se tinha desenvolvido no indígena a necessidade de determinados produtos, nem havia, na maioria das possessões, europeus em número suficiente que, pelo seu consumo, convidassem o comércio para essas possessões. Portanto, a primeira e mais instante obra a realizar era promover a emigração, fazendo desaparecer as causas da insalubridade no ultramar, a fim de que os europeus em contacto com os indígenas despertassem nestes as necessidades da civilização e daí um aumento considerável de gente consumidora dos nossos produtos.[121]

A realidade, no entanto, era outra. Em meio a movimentos diplomáticos e militares engendrados pela rivalidade entre as grandes potências, a política colonial portuguesa parecia não ter lugar para a emigração. Na verdade, buscava-se uma estratégia de financiamento que permitisse ao reino sustentar os gastos necessários para empreender o controle de fato de suas contestadas possessões no continente africano. Foram os recursos da nova Pauta Aduaneira, decretada em 10 de maio de 1892, por exemplo, que viabilizaram a campanha vitoriosa na Guerra de Pacificação de Moçambique entre 1894-1895.

Os efeitos da política colonial, no entanto, muitas vezes refletiram de forma indireta na intensidade do fluxo migratório que, como já foi mencionado, dava as costas para a África. Cunha Rato observa que o reino ainda sentia os danosos efeitos da crise econômica internacional da década de 1890, quando o orçamento ultramarino global para 1909-1910 apresentou déficit de 2 mil contos de réis e acabou por debilitar ainda mais as já precárias condições da população. No entender da autora, só isso pode explicar o aumento sem precedentes do fluxo migratório na primeira década do século XX em direção ao Brasil. Dessa forma, as colônias africanas, que tão caro custavam a Portugal, representavam muito pouco em termos de absorção de emigrantes.[122]

---

120 *Actas da Sociedade de Geografia de Lisboa*. Sessão de 07 de abril de 1880. *Apud* Valentim Alexandre. *Origens do colonialismo português moderno (1822-1891), op. cit.*, p. 183.

121 *Actas da Sociedade de Geografia de Lisboa*. Sessão de 06 de dezembro de 1880. *Apud* Valentim Alexandre. *Origens do colonialismo português moderno (1822-1891), op. cit.*, p. 186.

122 Maria Helena da Cunha Rato. "O colonialismo português, factor de subdesenvolvimento nacional", *op. cit.*, p. 1125-1126.

A Tabela 3.4 apresenta estimativa da população portuguesa branca que vivia nas colônias africanas. Os números são precários, mas demonstram a irrelevância desse fluxo migratório quando comparado com o movimento geral (ver Tabela 3.1),[123] corroborados por Vitorino Godinho, segundo o qual, no derradeiro quartel do século XIX, apenas meia centena de emigrantes por ano encaminhava-se para a África portuguesa; de 1901 a 1906 foram, em média, pouco mais de 2 mil.[124]

Tabela 3.4. Colônias portuguesas: estimativa da população branca

Ano	Angola	Moçambique*	S. Tomé e Príncipe
1860-1870	< 3.000	–	–
1914	13.000	11.000	1.500

* Muitos brancos não eram portugueses, mas britânicos, italianos e gregos.
Fonte: Joaquim da Costa Leite. *Portugal and emigration, op. cit.*, Tabela A.10, p. 620.

O Estado português nunca abriu mão do controle administrativo sobre a emigração como comprova a exigência de passaporte para aqueles que se propunham a deixar o reino na categoria de emigrantes, ou seja, que tinham a América como destino. Halpern Pereira assinala que três preocupações orientaram a política migratória a partir de década de 1870 até 1930: manter a corrente de divisas provenientes do Brasil; conseguir simultaneamente deslocar para suas colônias na África parte dos emigrantes; conciliar esses dois objetivos com as necessidades de mão de obra dos grandes proprietários de terras e do setor industrial.[125]

Relativamente liberal, segundo Joaquim da Costa Leite, ou restritiva, na concepção de Miriam Halpern Pereira, o ponto de divergência parece estar na interpretação dos efeitos da legislação. Para o primeiro, as formalidades burocráticas – como o passaporte – acarretavam perdas de tempo e dinheiro, que embora significativas, constituíam a menor parcela das dificuldades financeiras que o emigrante deveria enfrentar.[126] Já a autora considera a própria exigência do passaporte como fator de dissuasão para o camponês analfabeto, sem contar a

---

123 A corrente migratória para as colônias africanas sempre permaneceu muito baixa: 1,4% de 1880 a 1960. Miriam Halpern Pereira. *A política portuguesa de emigração (1850-1930), op. cit.*, p. 87.
124 Vitorino Magalhães Godinho. *A estrutura da antiga sociedade portuguesa, op. cit.*, p. 38.
125 Miriam Halpern Pereira. *A política portuguesa de emigração (1850-1930), op. cit.*, p. 86.
126 Joaquim da Costa Leite. "Emigração portuguesa: a lei e os números", *op. cit.*, p. 476. O autor refere-se particularmente às despesas com o passaporte, fiança militar e passagem para o Brasil; os cálculos encontram-se no Quadro 1, p. 467-468.

obrigatoriedade da apresentação do contrato de trabalho ou do comprovante de pagamento da viagem.[127] Por fim, ambos concordam que o pagamento da fiança pelo indivíduo em idade militar constituía-se em importante restrição à principal faixa etária dos candidatos a emigrante.

Seus argumentos, no entanto, ressaltam o problema da emigração clandestina, preocupação recorrente entre alguns dos detentores do poder econômico e político do reino. Por conta desses entraves, a definição portuguesa de clandestino estava essencialmente ligada à questão da documentação em dois pontos: aqueles que partiam sem passaporte e os que utilizavam papéis falsificados. Diferença fundamental quanto ao significado do termo na Itália, frequentemente associado à saída de seus cidadãos por portos não italianos. O motivo dessa diferenciação será discutido mais adiante.

Em Espanha

A emigração transoceânica espanhola começou a tomar envergadura em fins do Oitocentos e atingiu seus índices máximos nas primeiras décadas do século seguinte.[128] Essa talvez seja uma das principais diferenças em relação às correntes migratórias de Portugal e Itália, que haviam alcançado volumes significativos já nas últimas décadas do XIX.

À semelhança do movimento de portugueses para o Brasil, a corrente espanhola para a América hispânica também foi favorecida pela antiga relação metrópole-colônia, interrompida apenas pelas guerras de independência no início do século XIX. Os principais países receptores foram Argentina e Cuba.[129] O Brasil, ex-colônia portuguesa, figurou na terceira posição. As estimativas do fluxo, no entanto, variaram bastante devido às diferenças da metodologia aplicada na Espanha, ao registrar a partida, e nos países americanos de destino, mas ambas não deixam de demonstrar a relevância da corrente de espanhóis para o Novo Mundo. A primeira estatística publicada pelo *Instituto Geográfico y Estadístico* sobre o período de 1882 a 1930, por exemplo, difere bastante dos números oficiais argentinos, brasileiros e cubanos.[130] Considerando-se os dados

---

127 Miriam Halpern Pereira. *A política portuguesa de emigração (1850-1930)*, op. cit., p. 100-101.

128 No que tange à emigração para a Europa, a França constituiu-se em um dos principais destinos dos espanhóis de Aragão; em 1901, lá já viviam 80 mil e, em 1931, cerca de 351 mil. Antonio Domínguez Ortiz. *España, tres milenios de historia*. Madri: Marcial Pons, 2001, p. 299.

129 O Uruguai também recebeu importante corrente de espanhóis que, junto com os italianos, formaram a base da emigração europeia no país. Sobre os números e as dificuldades em obtê-los ver Carlos Zubillaga. "Breve panorama da imigração massiva no Uruguai (1870-1931)". In: Boris Fausto (org.). *Fazer a América. A imigração em massa para a América latina*. 2ª ed. São Paulo: Edusp, 2000, p. 419-460.

130 Dentre as causas dessa divergência estavam a utilização de critérios diferentes de registro e a existência da emigração clandestina; deve-se ressaltar ainda o grande número de espanhóis que partiam via portos

espanhóis, dos quase 3,3 milhões que se dirigiram para a América Latina nesses 69 anos, 48% concentraram-se na Argentina, 34% em Cuba e apenas 15% no Brasil.[131]

A Tabela 3.5, elaborada a partir dos dados referentes à entrada de espanhóis nos três principais países de destino, tem como objetivo fornecer subsídios para a comparação da dinâmica do fluxo migratório ao longo do período proposto por este estudo. A falta de informações sobre Cuba nas duas últimas décadas do século XIX pode ser compensada pela estatística oficial espanhola da saída de emigrantes utilizada por Maluquer de Motes.[132] Dessa forma, a até então principal colônia espanhola no Caribe recebeu a maioria do fluxo transoceânico em virtude do aumento da produção açucareira na segunda metade do século, das vantagens comparativas que lhe conferiam seu status colonial e dos menores custos da travessia do Atlântico diante das alternativas sul-americanas.[133] Nesse período, Cuba foi superada apenas pontualmente pela Argentina em 1889 e pelo Brasil em 1893, sob os efeitos da imigração subsidiada.

---

estrangeiros, sobretudo Leixões e Gibraltar, que não apareciam na estatística oficial. Losada Alvarez observa que os embarques em portos franceses e portugueses tinham importância escassa para Cuba, mas eram responsáveis por significativo fluxo para Brasil e Argentina. Abel F. Losada Alavarez. "España – Cuba: situación económica y flujos migratorios, (1900-1930)". *Estudios Migratórios Latinoamericanos*. Buenos Aires, ano 7, n. 20, 1992, p. 162. Sobre a necessidade de correção das estatísticas espanholas de saída e retorno e a metodologia aplicada ver Blanca Sánchez Alonso. *Las causas de la emigración española, 1880-1930*. Madri: Alianza Universidad, 1995. cap. 3, ou ainda da mesma autora: "Una nueva serie anual de la emigración española: 1882-1930". *Revista de Historia Económica*. Madri, ano VIII, n.1, 1990, p. 133-170. Para uma crítica concisa sobre essa análise ver a resenha do mesmo livro realizada por César Yáñez Gallardo em *Estudios Migratórios Latinoamericanos*. Buenos Aires, ano 11, n. 34, 1996, p. 653-661.

131 Cf. Herbert S. Klein. *A imigração espanhola no Brasil*. São Paulo: Editora Sumaré/Fapesp, 1994, p. 36-39; Elda Evangelina González Martinez. "O Brasil como país de destino para os migrantes espanhóis". In: Boris Fausto (org.). *Fazer a América. A imigração em massa para a América latina*. 2ª ed. São Paulo: Edusp, 2000, p. 239. Os Estados Unidos praticamente não receberam espanhóis devido a "la tirantez continúa a lo largo del siglo XIX alimentada por viejos prejuicios y por asuntos candentes de Cuba y Puerto Rico, tensión que culminaría en una guerra entre esta nación y Espanã, inhibió la emigración espanõla y luego la restringió formalmente". O mesmo ocorreu com México e Porto Rico, que receberam uma emigração qualificada e não de massas. "Circunstancias políticas – la revolución y la ocupación norteamericana – truncaron en ambos países la posibilidad de su perpetuación". Nicolás Sánchez-Albornoz. "Medio siglo de emigración masiva de España hacia América". In: Nicolás Sánchez-Albornoz (org.). *Españoles hacia América. La emigración en masa, 1880-1930*. Madri: Alianza Editorial, 1988, p. 26.

132 Jordi Maluquer de Motes. "A imigração e o emprego em Cuba (1880-1930)". In: Boris Fausto (org.). *Fazer a América. A imigração em massa para a América latina*. 2ª ed. São Paulo: Edusp, 2000, p. 551-577; ver também Carina Frid de Silberstein. "A emigração espanhola na Argentina". In: Boris Fausto (org.). *Fazer a América. A imigração em massa para a América latina*. 2ª ed. São Paulo: Edusp, 2000, p. 99, Gráfico I.

133 Carina Frid de Silberstein. "A emigração espanhola na Argentina", *op. cit.*, p. 100.

Tabela 3.5. Imigração espanhola: estatísticas das entradas (1882-1915)

Ano	Argentina	Brasil	Cuba	Ano	Argentina	Brasil	Cuba
1882	3.520	3.961		1901	18.066	212	17.330
1883	5.023	2.660	78.104	1902	13.911	3.588	9.716
1884	6.832	710		1903	21.917	4.466	16.276
1885	4.314	952		1904	39.851	10.046	23.759
1886	9.895	1.617		1905	53.029	25.329	47.902
1887	15.618	1.766		1906	79.517	24.441	26.923
1888	25.407	4.736	106.465	1907	82.606	9.235	25.330
1889	71.151	9.712		1908	125.497	14.862	21.305
1890	13.560	12.008		1909	86.798	16.219	24.662
1891	4.290	22.146		1910	131.466	20.843	30.913
1892	5.850	10.471		1911	118.723	27.141	32.104
1893	7.100	38.998	188.900	1912	165.662	35.492	32.531
1894	8.122	5.986		1913	122.271	41.064	34.278
1895	11.288	17.641		1914	52.286	18.945	20.140
1896	18.051	24.154		1915	25.250	5.895	24.501
1897	18.316	19.466		Sub-total	1.1366.850	257.778	387.670
1898	18.716	8.024	170.955				
1899	19.798	5.399					
1900	20.383	4.834		%	63,8	14,5	21,7
Sub-total	287.234	195.241	544.424	Total	1.424.084	453.019	932.094

Fonte: Argentina – Blanca Sánchez Alonso. "La emigración española a la Argentina, 1880-1930". In: Nicolás Sánchez-Albornoz (org.). *Españoles hacia América. La emigración en masa, 1880-1930*. Madri: Alianza Editorial, 1988, p. 215-216, Quadro 10.2; Brasil – Maria Stella Ferreira Levy. "O papel da migração internacional na evolução da população brasileira (1872-1972)". *Revista de Saúde Pública*. São Paulo, v. 8 (supl.), 1974, p. 71-73, Tabela 1; Cuba – para 1882-1900 (dados agrupados em quinquênios), Jordi Maluquer de Motes. "A imigração e o emprego em Cuba (1880-1930)". In: Boris Fausto, *op. cit.*, p. 554, Quadro II; para 1901-1915, Fe Iglesias García. "Características de la inmigración española en Cuba, 1904-1930". In: Nicolás Sánchez-Albornoz, *op. cit.*, p. 282, 284 e 287, Quadros 13.8, 13.9, 13.10 e 13.14.

A situação alterou-se já em fins do Oitocentos, sobretudo após a guerra de independência cubana em 1898, quando o caminho do Atlântico sul carreou a maioria dos emigrantes espanhóis, com o aumento exponencial do destino argentino em meados da primeira década do século XX, em resposta ao crescimento da economia agro-exportadora e ao mercado de trabalho urbano em expansão.[134] O mesmo momento em que o Brasil, apoiado em seu programa de imigração subvencionada, começou a fazer frente ao movimento em direção à Cuba. Às condições internas favoráveis nos dois países sul-americanos, deve-se acrescentar a redução do preço do transporte marítimo. Brasil e Cuba, com suas estruturas produtivas baseadas na grande lavoura exportadora e a consequente necessidade de mão de obra, competiam pelo mesmo tipo de emigrante – aquele que não possuía meios para pagar sua travessia – e subsidiavam sua passagem.

Outra característica importante da emigração espanhola era seu forte componente regional, com tendências que variaram com o tempo. Ao longo do século XIX, o fenômeno concentrou-se no arco cantábrico e, em menor medida, dentro do circuito litoral mediterrâneo; o quadro do mapa regional se completaria no século XX, com a incorporação de áreas do interior da península. Galícia, Astúrias e Ilhas Canárias forneceram os maiores contingentes de emigrantes, em especial os transoceânicos. A emigração catalã esteve presente, sobretudo na Argentina, onde conservou seus laços tradicionais, como a vocação para o grande comércio local e de importação e para o transporte marítimo internacional.[135] Volume menor forneceram a costa do levante, de onde grande parte dirigiu-se para o norte da África, e a Andaluzia, cujos egressos dividiram-se entre os dois continentes.

Cuba, historicamente, era o principal destino dos habitantes das Canárias. Inicialmente composta por elevado número de famílias, essa emigração sofreu profunda transformação entre a última década do XIX e a eclosão da Primeira Guerra, quando o fluxo adquiriu características de temporalidade, a denominada emigração "andorinha", que se dirigia para a ilha caribenha entre os meses de agosto, setembro e outubro para realizar a colheita da cana-de-açúcar, retornando logo a seguir. Movimento, este, que correspondia aos anseios e à política de recrutamento de mão de obra dos grandes proprietários de terras cubanos.[136]

Com base na estatística espanhola, Vázquez González observa que a distribuição da emigração galega apresentou maior equilíbrio entre Argentina, Cuba e Brasil (Tabela 3.5). No século XIX, a ilha do Caribe recebeu mais emigrantes, mas foi superada pela Argentina no XX. Foi, aliás, a república platense o principal destino dos egressos da Galícia, responsáveis,

---

134   Isso não quer dizer que o fluxo tenha diminuído. Deve-se ressaltar que mesmo após a independência, Cuba atraiu mais cidadãos da antiga metrópole do que quando era colônia. Nicolás Sánchez-Albornoz. "Medio siglo de emigración masiva de España hacia América", *op. cit.*, p. 26.

135   Carina Frid de Silberstein. "A emigração espanhola na Argentina", *op. cit.*, p. 109-111.

136   Sobre a emigração das Canárias para Cuba e outros destinos ver Antonio M. Macías Hernández. "Un siglo de emigración canaria, 1830-1930", *op. cit.*, p. 166-202.

entre 1880-1930, por 36% das entradas.[137] Quanto ao Brasil, González alerta para a imprecisão dos dados na medida em que não foram contempladas as significativas saídas de galegos por portos portugueses. A abrangência temporal da Tabela 3.6 é bastante restrita, mas serve para mostrar que, ao contrário das Ilhas Canárias, a Galícia apresentou padrão de distribuição semelhante ao fluxo transoceânico espanhol, no qual os galegos corresponderam, em média, a um terço do contingente total – ao menos até o início da Primeira Guerra, quando responderam pela metade.[138]

Tabela 3.6. Destino dos emigrantes galegos na América, em %

Ano	Argentina	Cuba	Brasil
1887-1895	35,5	39,5	16,7
1912-1918	56,5	30,7	*

* Valor não discriminado pelo autor.
Fonte: Alejandro Vásquez González. "La emigración gallega. Migrantes, transporte y remesas", *op. cit.*, p. 86-87, Quadros 5.2 e 5.3.

O destino africano da emigração espanhola também merece algumas considerações. Durante o século XIX, os andaluzes migravam para a costa do norte da África – Argélia e Marrocos – como colonos ou trabalhadores temporários – "andorinhas". Os baixos custos da travessia do Mediterrâneo ou do estreito de Gibraltar permitiam o fluxo de ida e volta durante a época da colheita de cereais, uvas, azeitonas, entre outros produtos agrícolas. Esse movimento sofreu forte abalo após 1881, quando uma insurreição na Argélia liderada por Bu-Amena aterrorizou os colonos, provocando o retorno de muitos e a redução dos embarques.[139] Na conjuntura de fim de século, por conta de subsídios das passagens, a corrente

---

[137] Carina Frid de Silberstein. "A emigração espanhola na Argentina", *op. cit.*, p. 109-110; para a composição regional da emigração entre 1885-1895, ver Quadro III.

[138] Alejandro Vásquez González. "La emigración gallega. Migrantes, transporte y remesas". In: Nicolás Sánchez-Albornoz (org.). *Españoles hacia América. La emigración en masa, 1880-1930.* Madri: Alianza Editorial, 1988, p. 86-87.

[139] Elda Evangelina González Martinez. "O Brasil como país de destino para os migrantes espanhóis", *op. cit.*, p. 244. Bu-Amena comandou a rebelião contra o domínio francês na Argélia, mas espalhou o medo também entre outros estrangeiros, dentre eles os espanhóis. Muitos perderam a vida em Saida ao se defrontarem com o líder argelino. Sobre esse episódio ver as impressões do relato de viagem de Renè Albert Guy de Maupassant. *Bajo el sol de África* (1884). Barcelona: Ed. Maucci, 1905.

ultramarina andaluza direcionou-se primeiro para a Argentina (1888-1889) e, nos anos de 1890, para o Brasil, especialmente São Paulo.[140]

Em meio a toda essa movimentação, o governo espanhol dava sinais de preocupação com o crescente fluxo já em meados do Oitocentos. A antiga tradição repressora da legislação persistiu com a política que liberava a emigração como direito, mas na prática a limitava.[141] A Real Ordem de 16 de setembro de 1853 é considerada pela historiografia como importante marco na política de emigração oficial,[142] Repercutindo a opinião pública da época contra os especuladores, seu principal objetivo era regulamentar os meios de transporte para assegurar condições mínimas aceitáveis para a travessia, controlar de alguma maneira o fenômeno migratório e reduzir a considerada abundante emigração clandestina.

Nesse sentido, a legislação regulamentou a capacidade das embarcações, a disponibilidade de alimentos, as condições sanitárias, as formas de pagamento das passagens, a liberdade dos emigrantes para escolher trabalho quando desembarcassem. Ainda sob seu controle estavam os pré-requisitos necessários àqueles que desejassem emigrar, particularmente no que dizia respeito às obrigações militares dos jovens, e a definição e fiscalização das obrigações dos transportadores, que deviam depositar fiança em espécie para cada passageiro transportado.[143] Por outro lado, a lei procurava canalizar a corrente migratória em favor das colônias espanholas do ultramar.[144]

---

140 "As primeiras saídas ultramarinas (1888-1890) concentraram-se na Andaluzia oriental (centrando-se nas províncias de Málaga e Granada), enquanto a frente almeriense-levantina (Almería, Múrcia, Alicante) dava continuidade a modelos de mobilidade sazonal de curta distância, neste caso dirigidos para a Argélia". Carina Frid de Silberstein. "A emigração espanhola na Argentina", *op. cit.*, p. 98-99. Segundo González Martinez, a imigração subsidiada para São Paulo levou o estado a ser o único no Brasil em que os galegos não eram majoritários, representando cerca de 20% dos espanhóis. O maior grupo (60%) era formado pelas famílias de agricultores andaluzes recrutados para as fazendas. Elda E. González Martinez. "Españoles en Brasil: características generales de un fenómeno emigratorio". *Ciência e Cultura* (Revista da SBPC). São Paulo, v. 42, n. 5/6, 1990, p. 343.

141 Alejandro Vásquez González. "La emigración gallega. Migrantes, transporte y remesas", *op. cit.*, p. 88. Para uma análise da legislação sobre emigração na primeira metade do século XIX ver Moisés Llordén Miñambres. "Posicionamentos del Estado y de la opinión pública ante la emigración española ultramarina a lo largo del siglo XIX". *Estudios Migratórios Latinoamericanos*. Buenos Aires, ano 7, n. 21, 1992, p. 275-289.

142 Moisés Llordén Miñambres. "Los inicios de la emigración asturiana a América, 1858-1870". In: Nicolás Sánchez-Albornoz (org.). *Españoles hacia América. La emigración en masa, 1880-1930*. Madri: Alianza Editorial, 1988, p. 53-65; Blanca Sánchez Alonso. *Las causas de la emigración española, 1880-1930, op. cit.*; Alejandro Vásquez González. "La emigración gallega. Migrantes, transporte y remesas", *op. cit.*, p. 80-104. A historiografia também é unânime ao observar que essas leis eram de aplicação bastante reduzida.

143 R.O. del 16 de septiembre de 1853. *Apud* Moisés Llordén Miñambres. "Los inicios de la emigración asturiana a América, 1858-1870", *op. cit.*, p. 54.

144 Alejandro Vásquez González. "La emigración gallega. Migrantes, transporte y remesas", *op. cit.*, p. 88.

A partir de então, diversas Reais Ordens e circulares seriam promulgadas com o mesmo teor, com destaque para a R.O. de 1862 que alterava a forma de cálculo da capacidade máxima de passageiros nos navios, reafirmada pela R.O. de 12 de janeiro de 1865. Em 1873, em virtude de forte pressão dos armadores sobre o governo, a R.O. de 30 de janeiro eliminou a fiança.[145] Em 1881, a R.O. de 16 de agosto criou nas Cortes a *Comisión especial para estudiar los medios de contener en lo possibile la emigración por medio del desarrollo del trabajo*, considerada por Sánchez Alonso como uma das primeiras iniciativas em matéria social que o governo levou a cabo na década de 80.[146]

As dificuldades da *Comisión* em obter dados quantitativos sobre o fluxo motivaram a criação do *Negociado de emigraciones* – subordinado ao *Instituto Geográfico y Estadístico* – através do Real Decreto de 06 de maio de 1882, que também vetou a utilização de qualquer meio coercitivo para impedir a emigração, fruto do insucesso de experiências anteriores e em nome da liberdade individual.[147] Na década de 1890, a postura do Estado resumiu-se fundamentalmente a três aspectos: combater a emigração clandestina e a ação dos agentes, ou seja, dar proteção oficial ao emigrante; fomentar a colonização no interior da península como meio de estancar o fluxo externo; dirigir a emigração para as colônias no ultramar. A R.O. de 11 de julho de 1891 era bastante clara ao afirmar que o governo deveria ordenar a corrente migratória

> (…) nos limites do próprio solo ou dirigi-la a nossas possessões ultramarinas (…), somando assim forças à produção nacional, que de outra sorte, dispersas no exterior, perdem-se para a Pátria.[148]

---

145 Cf. Moisés Llordén Miñambres. "Los inicios de la emigración asturiana a América, 1858-1870", *op. cit.*, p. 57.

146 Moisés Llordén Miñambres. "Posicionamentos del Estado y de la opinión pública ante la emigración española ultramarina a lo largo del siglo XIX", *op. cit.*, p. 284. Blanca Sánchez Alonso. "La visión contemporánea de la emigración española". *Estudios Migratórios Latinoamericanos*. Buenos Aires, ano 4, n. 13, 1989, p. 442. Um questionário foi enviado a cada província do reino com indagações sobre a existência de agentes de emigração e sobre as características do movimento de população (externo e interno): volume, temporalidade e causas. Para mais detalhes da pesquisa elaborada pela *Comisión* ver Emiliano Fernández de Pinedo. "Los movimientos migratorios vascos, en especial hacia América". In: Nicolás Sánchez-Albornoz (org.). *Españoles hacia América. La emigración en masa, 1880-1930*. Madri: Alianza Editorial, 1988, p. 106.

147 R.D. de 06 de maio de 1882. *Apud* Blanca Sánchez Alonso. "La visión contenporánea de la emigración española", *op. cit.*, p. 446. No caso da emigração galega, Vázquez González assinala que as autoridades deixaram de se preocupar com o despovoamento provocado pela emigração por estimar positivo o fluxo de remessas de divisas e para não prejudicar interesses comerciais. Alejandro Vásquez González. "La emigración gallega. Migrantes, transporte y remesas", *op. cit.*, p. 88.

148 R.O. del 11 de julho de 1891. *Apud* Blanca Sánchez Alonso. "La visión contenporánea de la emigración española", *op. cit.*, p. 445.

O alvorecer do século XX veio acompanhado pelo intenso crescimento do fluxo migratório em níveis até então desconhecidos na Espanha e por inúmeras denúncias de exploração daqueles que partiam.[149] A resposta veio com a promulgação da Lei de Emigração em 21 de dezembro de 1907, cuja regulamentação ocorreu em 30 de abril de 1908. Na verdade, mais do que impor entraves,[150] o objetivo era regulamentar os canais por onde fluía a saída massiva de espanhóis, procurando proteger de forma mais eficaz o emigrante que se dirigia ao ultramar. A preocupação com os efeitos negativos em relação ao despovoamento aparece explicitamente no artigo 15, que facultava ao governo proibir temporariamente a emigração por razões de ordem pública, e no artigo 6, que condicionava a denominada "emigración colectiva" para países estrangeiros com propósito de colonizar terras à indispensável autorização especial do Conselho de Ministros. A definição desse tipo de emigração integrava o texto.

> Para efeitos deste artigo se entenderá por emigração coletiva aquela que afete ao despovoamento de uma região, povoado, vila ou paróquia.[151]

Tudo o que se referia à emigração foi centralizado no *Ministerio de la Gobernación*, que seria auxiliado por dois órgãos subsidiários: o *Consejo Superior de Emigración* e o *Negociado de Emigración* – a descentralização chegava até as *Juntas Locales de Emigración*. Ao primeiro correspondia velar pela aplicação e execução da referida lei, nomear os inspetores de emigração, conceder autorização de transporte às companhias ou armadores, estudar as causas da emigração, produzir e publicar suas estatísticas.[152]

A nova lei dedicou especial atenção aos serviços da emigração – recrutamento, transporte, venda de passagens. Armadores e fretadores necessitavam de permissão do *Ministerio de la Gobernación* para transportar emigrantes, condicionada ao depósito de fiança no valor de 50 mil pesetas. A patente fornecida pelo *Consejo Superior* deveria ser renovada anualmente.

---

149   Segundo Sánchez Alonso, os desastres dos espanhóis no Panamá, Brasil e em especial, a campanha de recrutamento ilegal de andaluzes que partiam de Gibraltar até o Havaí dominaram o debate nas Cortes. A autora cita observação de um membro do governo para ilustrar o clima das sessões: "se ha recogido después de continuo clamor, de las propagandas de la prensa, de las lamentaciones de todos, de las irregularidades, de los abusos, y hasta de las explotaciones de que venía siendo objeto nuestra población emigrante". Blanca Sánchez Alonso. "La visión contemporánea de la emigración española", *op. cit.*, p. 453.

150   "La ley de 1907 vino a liberar a la emigración de muchas de las trabas antes existentes". Alejandro Vásquez González. "La emigración gallega. Migrantes, transporte y remesas", *op. cit.*, p. 88.

151   Ley de Emigración de 21 de diciembre de 1907 (cap. I). *Boletín del Consejo Superior de Emigración*. Madri, ano I, t. I, 1909.

152   Ley de Emigración de 21 de diciembre de 1907 (cap. II). *Boletín del Consejo Superior de Emigración, op. cit.*

Os consignatários nomeados pelos armadores para expedição de emigrantes necessitavam de autorização das *Juntas Locales de Emigración* e pagar fiança de 25 mil pesetas. Quanto à nacionalidade, somente espanhóis poderiam exercer as funções de consignatários. A presença de grandes companhias de navegação, no entanto, ficou assegurada, pois não se vetou a participação de armadores e fretadores estrangeiros, desde que nomeassem um espanhol como representante. Outro alvo era o incitamento à emigração. Agências de emigração foram proibidas em todo o território espanhol e declarou-se ilegal o recrutamento de emigrantes e a propaganda para fomentar a emigração.[153]

Finalmente, além de ratificar a venda de passagens como uma relação contratual, definindo as obrigações dos armadores, fretadores e consignatários,[154] a proposta era acompanhar os emigrantes em todas as etapas do processo migratório através de inspetores designados para as áreas onde existia emigração, nos portos de embarque, nos navios durante a viagem, nos portos de escala e nos de desembarque.[155] Todo esse aparato seria financiado pela *Caja de Emigración*, cujos fundos viriam de uma consignação fixa do Estado, das patentes, das multas, das receitas provenientes das publicações do *Consejo* e de doações de particulares.[156]

A semelhança com a lei italiana de 1901 era flagrante – uma cópia simplificada. Como assinala Sánchez Alonso, no debate parlamentar comparou-se a emigração espanhola com a de outros países europeus, especialmente a Itália e todos tiveram ciência de que a lei aprovada em 1907 era sua irmã siamesa. Dessa forma, alguns deputados alertavam para o equívoco em se comparar duas realidades diferentes, sobretudo em termos de excesso de população, enquanto outros consideravam o reino italiano um exemplo a ser seguido.[157]

A situação, no entanto, pouco se alterou, revelando que o problema da emigração era muito mais complexo e não seria equacionado apenas com a promulgação de uma lei específica. Mesmo a proibição da emigração subsidiada para o Brasil pela R.O. de 25 de agosto de 1910 – aplicação prática do artigo 15 da lei de 1907 – não reprimiu o movimento que continuou elevado (Tabela 3.5).[158] A justificativa era de que os emigrantes

---

153   Ley de Emigración de 21 de diciembre de 1907 (cap. III). *Boletín del Consejo Superior de Emigración, op. cit.*

154   Ley de Emigración de 21 de diciembre de 1907 (cap. IV). *Boletín del Consejo Superior de Emigración, op. cit.*

155   Ley de Emigración de 21 de diciembre de 1907 (cap. V). *Boletín del Consejo Superior de Emigración, op. cit.*

156   Ley de Emigración de 21 de diciembre de 1907 (art. 30, cap. III). *Boletín del Consejo Superior de Emigración, op. cit.*

157   Blanca Sánchez Alonso. "La visión contemporánea de la emigración española", *op. cit.*, p. 453-454.

158   Não foi apenas em números absolutos que a emigração espanhola manteve-se e até mesmo cresceu após a proibição. Com base em informações do Boletim do Departamento Estadual do Trabalho de 1912, Souza Martins observa que 71,8% dos espanhóis que chegaram a São Paulo em 1911 eram subvencionados e, em 1912, 74,2%. José de Souza Martins. La inmigración española en Brasil". In: Nicolás

espanhóis nas fazendas paulistas encontravam-se em condição lastimável devido ao clima, responsável por graves doenças, e à falta de garantias que assegurassem o cumprimento dos contratos por parte dos proprietários. Ressaltava-se ainda que outros países europeus como Alemanha e Itália já haviam proibido esse tipo de emigração.[159]

Tal medida influenciou minimamente o volume do fluxo, mas certamente contribuiu para alterar a geografia dos portos de embarque. Na Galícia, região próxima à Portugal, os emigrantes aproveitaram-se da experiência de décadas e de uma rede de agentes de recrutamento bem constituída para partir via Lisboa ou Leixões, além dos portos de Vigo e La Coruña. Na Andaluzia, importante área fornecedora de braços para o Brasil, a rede de recrutamento acabou por desviar a saída de emigrantes, naturalmente realizada no porto de Cádiz, para Gibraltar. Difícil analisar as condições desse tipo de embarque, todavia, não parece incorreto afirmar que eram piores do que as da emigração legal.

O problema dos clandestinos e do recrutamento de espanhóis era tão antigo quanto a própria emigração transoceânica. Era natural que a busca por imigrantes no outro lado do Atlântico associada à demanda pelos serviços de intermediação dos que pretendiam partir despertassem o interesse de companhias de navegação, de agências de emigração e dos chamados *ganchos* (recrutadores). Organizou-se, então, uma rede que permitiu ligar o ponto mais remoto da Espanha aos distantes territórios do Novo Mundo. Mais do que isso. Como observa Vázquez González, essa rede desenvolveu-se quanto maior era a defasagem entre a política migratória espanhola e as de imigração dos países americanos, contradição, esta, que definiu marco concreto no qual se situou a intervenção dos agentes de emigração.[160] Oficialmente, o reconhecimento do problema dos agentes de emigração apareceu no interrogatório proposto pela *Comisión* em 1881:

> Agentes de emigração percorrem essa localidade? Em caso afirmativo, que tipo de promessas fazem aos emigrantes?[161]

Sánchez-Albornoz (org.). *Españoles hacia América. La emigración en masa, 1880-1930*. Madri: Alianza Editorial, 1988, p. 260.

159 R.O. del 25 de agosto de 1910. *Apud* Herbert S. Klein. *A imigração espanhola no Brasil, op. cit.*, p. 43-44. Para um breve relato da polêmica entre Brasil e Espanha a respeito das condições dos imigrantes espanhóis ver Marília Dalva Klaumann Cánovas. *A emigração espanhola e a trajetória do imigrante na cafeicultura paulista: o caso de Villa Novaes, 1880-1930*. Dissertação de Mestrado. São Paulo: FFLCH/USP, 2001, p. 154-160.

160 Alejandro Vásquez González. "La emigración gallega. Migrantes, transporte y remesas", *op. cit.*, p. 89.

161 5ª pergunta do questionário sobre emigração enviado a Vizcaya. Cf Emiliano Fernández de Pinedo. "Los movimentos migratorios vascos, en especial hacia América", *op. cit.*, p. 106.

Nesse sentido, deve-se estabelecer a diferença entre aquele que oferece seus serviços de intermediação e o que andava pelos campos espanhóis recrutando indivíduos ou famílias para as companhias de navegação ou agências que tinham contratos com países americanos para a introdução de imigrantes. Em suas análises sobre a emigração galega, Vásquez González enfoca toda a gama de intermediários a serviço do fluxo – dos *ganchos* às companhias de navegação, passando pelos agentes e consignatários, seu principal objeto de estudo. A descrição feita pelo autor revela total semelhança com o modo de agir de agentes portugueses (engajadores) e italianos (agentes e subagentes).

Na Galícia, a rede de serviços encontrava-se eficientemente hierarquizada e contava com o apoio interessado de pessoas importantes em cada povoado ou paróquia. Os agentes não se limitavam ao fornecimento de passagens e da documentação necessária para o embarque. Seus negócios abarcavam o financiamento da compra de passagens, a falsificação de passaportes e outros documentos e a canalização da emigração clandestina para portos estrangeiros – geralmente Leixões ou Lisboa – quando necessária. Acordos com os armadores e consignatários garantiam comissão por emigrante embarcado. A organização capilar permitia alcançar qualquer ponto do território espanhol, seja no continente ou nas ilhas. Geralmente em cada porto havia três ou quatro agentes maiores que centralizavam as subagências distribuídas pelo interior, em locais de maior concentração populacional. Por outro lado, existiam indivíduos que também participavam do negócio dando hospedagem aos emigrantes enviados pelos agentes, em que o pagamento de gratificações não fugia à regra.[162]

No País Basco, através das respostas ao interrogatório de 1881, o estudo de Pinedo conseguiu detectar a ação dos agentes que faziam propaganda da emigração gratuita para a Argentina e outros que também emprestavam dinheiro para a compra da passagem, a quem as pessoas recorriam para contratar a travessia. Todos tinham algo em comum: eram indivíduos bastante conhecidos nos povoados, ainda que não tão bem vistos.[163] Na Andaluzia, o modo de ação repetia-se. Nas duas décadas finais do século XIX, quando o destino Argentina dominava, os emigrantes eram recrutados por agentes a mando de agências especializadas. Segundo relato contemporâneo, a Acebal Díaz y Cia – com sede em Buenos Aires – recebia determinada quantia por emigrante desembarcado. Não havia necessidade de propaganda

---

162 Alejandro Vásquez González. "La emigración gallega. Migrantes, transporte y remesas", *op. cit.*, p. 89-90. Uma relação completa das atividades ligadas à emigração está em Alejandro Vásquez González. "Os novos señores da rede comercial da emigración a América por portos galegos: os consignatarios das grandes navieiras transatlánticas, 1870-1939". *Estudios Migratórios*. Santiago de Compostela, n. 13-14, 2002, p. 33.

163 Emiliano Fernández de Pinedo. "Los movimentos migratorios vascos, en especial hacia América", *op. cit.*, p. 118.

muito ativa, bastava anunciar em determinadas localidades as datas de saída dos vapores para conseguir passageiros que se deslocariam até os portos de Málaga e Cádiz.[164]

No topo dessa organização encontravam-se as companhias de navegação, as principais interessadas no fluxo transatlântico, e detentoras da maior fatia dos ganhos com o transporte de emigrantes. À semelhança de Portugal, a participação de companhias estrangeiras em portos espanhóis de emigração começou a crescer a partir da década de 1870, quando se generalizou a substituição dos veleiros pelos vapores nas viagens transoceânicas. Segundo Vásquez González, foi nesse período que ocorreu a internacionalização das companhias que transportavam emigrantes da Galícia para a América, pois a marinha mercante nacional não pôde participar diretamente dessa revolução tecnológica e, em vista do aumento do fluxo, abriram-se oportunidades para realização de lucros que atraíram sociedades de navegação inglesas, alemãs e francesas.[165]

Ao consolidarem-se como regiões de emigração para a América do Sul, as áreas do norte da Espanha, do Cantábrico e do Atlântico e o norte de Portugal começaram a receber com maior regularidade e frequência os vapores de grandes companhias europeias. Assim, os armadores galegos que dominavam com seus veleiros o transporte de emigrantes até 1870 viram-se engolidos por essas companhias, cujos vapores começaram sistematicamente a atracar nos principais portos da Galícia – Vigo, La Coruña e Villagarcía-Carril – em suas linhas do Atlântico sul.[166] Na rota Galícia-Cuba, o domínio continuou nas mãos de companhias espanholas ligadas ao porto de Cádiz e Barcelona, cujas frotas já contavam com alguns navios a vapor: Pinillos Izsquierdo y Cia. e Antonio López y Cia., ambas associavam o transporte da emigração às subvenções estatais para realização dos serviços pos-

---

[164] Despacho do cônsul francês em Cádiz (06 de outubro de 1889). Cf. Antonio M. Bernal. "La emigración de Andalucía". In: Nicolás Sánchez-Albornoz (org.). *Españoles hacia América. La emigración en masa, 1880-1930*. Madri: Alianza Editorial, 1988, p. 163.

[165] Alejandro Vásquez González. "De la vela al vapor. La modernización de los buques en la emigración gallega a América". *Estudios Migratórios Latinoamericanos*. Buenos Aires, ano 9, n. 28, 1994, p. 583. Esse processo de modernização não foi igual em toda a Espanha. Para um estudo sobre a transição da vela para o vapor na Catalunha e no País Basco ver Jesus M. Valdaliso. "La transición de la vela al vapor en la flota mercante española: cambio tecnico y estrategia empresarial". *Revista de Historia Económica*. Madri, ano X, n. 1, 1992, p. 63-98. É interessante salientar que em nenhum momento o autor menciona a emigração como fator ativo nesse processo.

[166] Após algumas viagens na década de 1860, a Pacific Steam Navegation Company regularizou uma escala mensal em 1870; A A. Lopéz y Cia. consolidou sua presença a partir de 1865; no início dos anos 1870, chegaram a Royal Mail Steam Packet Company, a Compagnie Générale Trasatlantique Française, a Hamburg Amerikanische e a Messageries Maritimes. Com o aumento do fluxo, nos anos 80 veio a Nord-Deutscher Lloyd e nos 90, a Chargeurs Reunis e a Pinillos Izquierdo y Cia (esta atraída pela emigração para Cuba). Já as companhias italianas não frequentaram os portos galegos ao menos até 1937. Cf. Alejandro Vásquez González. "Os novos señores da rede comercial da emigración a América por portos galegos", *op. cit.*, p. 12-14; ver ainda a Tabela 1, p. 15-16.

tais marítimos.[167] As relações entre o Estado e a Antonio López y Cia (depois Compañía Trasatlántica), vertebradas pelo contrato de comunicações marítimas entre península e colônias do Atlântico (Cuba e Porto Rico), do Pacífico (Filipinas) e da costa ocidental da África, subscrito em 1861 e periodicamente renovado, e pelos serviços prestados à armada nacional nas campanhas militares empreendidas nas colônias, sobretudo na guerra contra os Estados Unidos em 1898, foram fundamentais para o desenvolvimento da companhia.[168]

Os números organizados por Vásquez González demonstram a reduzida presença das companhias espanholas no tráfico migratório da Galícia para a América. Entre 1870 e 1910, das 2.208 viagens nos vapores que transportaram emigrantes, apenas 446 (20,2%) foram realizadas pela bandeira nacional, cuja participação caiu significativamente no período de 1911 a 1939 para 8,1%. Para os anos de 1912 a 1915, com base nos registros da *Estadística de Migración Transoceánica*, o autor evidencia a elevada proporção de companhias estrangeiras nos portos da Galícia – Vigo (90,8%), La Coruña (86,1%), Villagarcía (75,5%) – quando comparada com todos os portos da Espanha (67,9%).[169]

Nessa conjuntura, restou aos antigos armadores galegos transformarem-se em consignatários das grandes sociedades de navegação, adaptando-se à nova atividade.[170] Se até 1870, geralmente programava-se uma viagem cuja data seria marcada apenas após a venda das passagens pelos agentes e subagentes, com a predominância dos vapores, a realidade mudou radicalmente. As novas condições de transporte exigiam linhas regulares, escalas, pontualidade nos horários de partida e chegada e não só atendiam a demanda, mas estimulavam o tráfico. Nesse sentido, sob os auspícios das grandes companhias, o setor dos consignatários foi obrigado a

---

167 A Pinillos Izquierdo y Cia. foi constituída em 1835. A Antonio Lopez y Cia. data de 1849 para realizar serviços de cabotagem em Cuba; posteriormente, expandiu suas atividades ligando a ilha ao território espanhol. Em 1881 deu origem à Compañía Trasatlántica Española, a mais importante sociedade de navegação do país. Para uma breve antologia das duas companhias ver José Gerardo Manrique de Lara. *La marina mercante ochocentista y el puerto de Cádiz*. Cádiz: Ediciones de la Caja de Ahorros de Cádiz, 1973. Especificamente sobre algumas das rotas exercidas pela Trasatlántica ver a compilação de Juan Llabrés Bernal (org.). *Para la historia de la Compañía Trasatlántica Española. Notas del capellán d. Juan Albertí (1886-1919)*. Palma de Mallorca: s.e., 1964. Jesus Valdaliso assinala que "el verdadero negocio de los navieros españoles en la navegación con las Antillas no residía en el tráfico de ida, sino en el de vuelta, transportando azúcar desde Cuba a Estados Unidos y retornando desde allí a Europa con cereales y algodón". Jesus M. Valdaliso. "La transición de la vela al vapor en la flota mercante española: cambio tecnico y estrategia empresarial", *op. cit.*, p. 91.

168 Cf. Carlos Llorca Baus. *La Compañía Trasatlántica en las campañas de ultramar*. Madri: Ministerio de Defesa, 1990.

169 Alejandro Vásquez González. "Os novos señores da rede comercial da emigración a América por portos galegos", *op. cit.*, p. 19.

170 Alejandro Vásquez González. "La emigración gallega. Migrantes, transporte y remesas", *op. cit.*, p. 90.

modernizar suas redes anteriormente estabelecidas. Para tanto, o pagamento de comissões foi instrumento fundamental.

O número de intermediários cresceu paralelamente ao aumento da demanda por passagens e à inserção de novas companhias nos portos da Galícia. Muitas agências ampliaram seus negócios abrindo filiais em outros portos da região ou mesmo fora dela; a década de 1910, que testemunhou o auge da emigração, também correspondeu ao maior número de companhias de navegação e de intermediários.[171] O intenso movimento migratório de galegos para a América, a alta concentração de emigração em seus portos, cada vez mais especializados nesse tipo de transporte contribuíram, segundo Vásquez González, para configurar na Galícia um reduzido grupo constituído por importantes consignatários, cujos interesses primeiros residiam na manutenção e ampliação do fluxo. Sua força pode ser medida através do amplo controle sobre os mecanismos de transporte e de obtenção de documentos, pela proximidade e influência nas autoridades locais relacionadas à emigração e pela repercussão de seus interesses nas políticas do governo.[172]

Em vários momentos, esse grupo de pressão mostrou sua face para defender seu valioso negócio baseado na liberdade de emigrar e, principalmente, na liberdade de promover a emigração. Em um deles, ao final do século XIX, através da *Cámara Oficial de Comercio, Industria y Navegación de Vigo*, solicitou-se ao *Ministerio da Gobernación* a supressão urgente da permissão de embarque por considerá-lo vexatório e inútil, sugerindo autorizar o embarque de todo o espanhol maior de idade apenas com o comprovante de residência.[173] Na justificativa não faltaram argumentos que transitavam das inconveniências ocasionadas aos passageiros a questões de interesse nacional – os benefícios da emigração de retorno e das remessas monetárias e a perda de ingressos do Tesouro pelos embarques clandestinos ou em portos estrangeiros.

A pressão, no entanto, não foi plenamente eficaz. A Lei de Emigração de 1907 proibiu o recrutamento de emigrantes, a propaganda para fomentar a emigração (art. 33) e a existência de agências de emigração em todo território espanhol (art. 34), o que provocou a elaboração de documento por parte dos antigos agentes de embarque de La Coruña ao presidente do *Consejo Superior de Emigración*, no qual asseguravam que nunca haviam cometido abusos durante o exercício de seu trabalho e que cessaram suas atividades após a publicação

---

171 Os dados sobre a evolução das companhias de navegação e de seus consignatários no período de 1870-1939 estão em Alejandro Vásquez González. "Os novos señores da rede comercial da emigración a América por portos galegos", *op. cit.*, p. 21-22, Gráfico 2 e Tabela 3.

172 Alejandro Vásquez González. "Os novos señores da rede comercial da emigración a América por portos galegos", *op. cit.*, p. 21.

173 *Archivio General de la Administración*. Gobernación. Correspondencia. *Apud* Alejandro Vásquez González. "Os novos señores da rede comercial da emigración a América por portos galegos", *op. cit.*, p. 23.

da nova lei. No mesmo documento, expressava-se a necessidade do controle sobre a ação dos incontáveis *ganchos* que surgiram a galope do crescimento do fluxo.[174]

Apesar da legislação espanhola proibir a abertura de agências de emigração, a obtenção de licença para qualquer tipo de atividade mercantil servia de cobertura legal para desenvolver a ampla gama de serviços a ela ligados. Dessa forma, esse negócio funcionou informalmente à sombra das sociedades de armadores, dos consignatários, dos consulados e de outros locais onde se exerciam atividades de comércio. Reflexo, segundo Vázquez González, da influência alcançada por esse setor, que viu na consignação da emigração um negócio rentável e um importante instrumento de acumulação de capital que proporcionou, inclusive, o desenvolvimento de outras atividades industriais também ligadas ao mar.[175]

Dessa forma, ao menos na Galícia, o negócio de emigração permitiu a um certo grupo social nativo – originariamente ligado ao transporte de emigrantes, mas que com o passar do tempo estabeleceu relação de interdependência com as grandes companhias de navegação – encabeçar, dentro das limitações inerentes à economia galega, o processo de modernização e industrialização da região.

Vásquez González chama atenção para outro aspecto que no fundo demonstra a acentuada dependência das atividades portuárias galegas em relação às flutuações da economia internacional: a inserção de seus produtos no comércio mundial e a oferta e demanda de mão de obra condicionada às conjunturas econômicas nos países de emigração e imigração.[176] Em posição privilegiada quanto à oferta de transporte de mercadorias – que englobava em termos econômicos uma área que se estendia dos principais portos da Europa ocidental e do norte da Espanha e Portugal até os congêneres latino-americanos – associada ao tráfico de emigrantes, a economia galega, no entanto, não pôde aproveitar plenamente a conjuntura favorável devido às limitações de seu setor de exportação. Nesse sentido, a possibilidade de "casar" o transporte de emigrantes com o de mercadorias teve seus maiores efeitos na indústria de conservas de peixe que, ao lado da consignação migratória (na verdade ligada a ela) e de outras poucas atividades econômicas, como a pesca e a criação de gado para o mercado europeu, pavimentaram o caminho da industrialização da Galícia.

Ao que parece, a emigração no restante da Espanha não teve efeito semelhante. Certamente algumas companhias de navegação nacionais, como a Compañía Trasatlántica

---

174 Orovio Naranjo. *Del campo a la bodega: recuerdos de gallegos en Cuba (siglo XX)*, 1988. *Apud* Alejandro Vásquez González. "Os novos señores da rede comercial da emigración a América por portos galegos", *op. cit.*, p. 23.

175 Alejandro Vásquez González. "Os novos señores da rede comercial da emigración a América por portos galegos", *op. cit.*, p. 28.

176 Alejandro Vásquez González. "Os novos señores da rede comercial da emigración a América por portos galegos", *op. cit.*, p. 37-39.

Española (originalmente Antonio Lopéz y Cia), desfrutaram do tráfico de emigrantes, sobretudo das regiões ao sul da península e das ilhas. As anotações de Juan Bernal, capelão da companhia em viagens durante o período de 1886 a 1919, testemunham a presença da emigração em alguns de seus vapores e apontam a estratégia que parecia ser bastante comum: escalas em Cádiz, Vigo, La Coruña e Villagarcía para embarcar ou desembarcar emigrantes para ou da América. No início do século XX, percebe-se que os vapores faziam escalas em Gênova e Nápoles, transportando emigrantes italianos na rota do Atlântico norte para Nova York e na do Atlântico sul para a Argentina.[177]

Nas outras regiões, as redes de serviços de emigração ligadas às companhias espanholas e estrangeiras, mesmo auferindo ganhos, não conseguiram ou não se interessaram em trilhar o mesmo caminho de suas similares galegas. Avaliar os motivos não é tarefa deste estudo, todavia vale lembrar a importância de alguns fatores internos, como as marcantes diferenças regionais que se refletiram, inclusive, nos gradientes de emigração,[178] e, no plano externo, os aspectos que definiram a participação de algumas das maiores companhias de navegação estrangeiras, como a relação da viabilidade econômica das rotas e dos grandes navios a vapor com a capacidade e a posição geográfica dos principais portos do êxodo.

As mudanças ocorridas na emigração de asturianos nas décadas finais do Oitocentos, por exemplo, nada mais foram do que o resultado da conjunção desses fatores. Até 1860 o fluxo para a América realizou-se com frotas locais de veleiros que partiam de portos da região, sobretudo Gijón, responsável por cerca de 73% dos embarques. A chegada de grandes companhias com seus vapores suprimiu as empresas e os portos locais, modificando radicalmente a geografia do embarque dos emigrantes das Astúrias para as cidades portuárias de Santander, La Coruña e Vigo. Com efeito, ao final da mesma década, as saídas por Gijón reduziram-se a apenas 19% e nos anos seguintes praticamente não existiam mais.[179]

---

177 Em 1890, vapor *Rabat* com emigração procedente da Argentina aportou em Cádiz, Vigo e La Coruña; em 1902, vapor *Rabat* com emigrantes da região do Prata fez escalas em Cádiz, Vigo, Villagracía e La Coruña; em outubro de 1903, vapor *Cataluña* em viagem de Gênova com emigrantes italianos para Nova York, Havana e Vera Cruz e retorno com emigração italiana até Nápoles. Um dos mais modernos navios da companhia, o recém-construído *Infanta Isabel de Borbón*, também foi utilizado no tráfico de emigrantes: "He continuado dando los viajes en este buque los años 1914, 1915, 1916. Para la habilitación de emigrantes italianos hemos estado varias veces en Génova, oltras veces se ha limpiado en Marsella (...)". Cf. Juan Llabrés Bernal (org.). *Para la historia de la Compañía Trasatlántica Española, op. cit.*, p. 9, 14, 16 e 24.

178 Para um estudo sobre as causas da emigração espanhola por regiões ver Blanca Sánchez Alonso. *Las causas de la emigración española, 1880-1930, op. cit.*, capítulo 6.

179 Moisés Llordén Miñambres. "Los inicios de la emigración asturiana a América, 1858-1870", *op. cit.*, p. 57-58. Dentre as companhias o autor destaca a espanhola A. López y Cia.

No mesmo sentido, La Coruña, Vigo e Villagarcía, mais adequados para comportar grandes vapores, passaram pelo que Vásquez González denominou de processo de especialização como portos de emigração para a América (tanto na ida quanto na volta), não só da Galícia, mas de toda a Espanha. Configurou-se até certa diferenciação dos destinos ofertados em cada um: por La Coruña saíam os maiores contingentes para Cuba, Porto Rico e México, enquanto por Vigo e Villagarcía, os emigrantes que se dirigiam ao Brasil, Uruguai e Argentina.[180]

Ainda dentro das questões relacionadas aos emolumentos proporcionados pela emigração, as remessas monetárias dos emigrados para o Novo Mundo merecem destaque em dois sentidos. Seu impacto direto na alteração da condição de vida daqueles que emigravam e de seus dependentes,[181] além de proporcionar maior liquidez no meio rural e, por outro lado, conferiram oportunidades de ganhos para os que se candidatassem a criar canais de transferência para esse enorme montante.

No plano macroeconômico, assim como ocorreu em Portugal e na Itália, a chegada das remessas teve papel importante no equilíbrio da balança de pagamentos da Espanha. Acompanhando o incisivo aumento da emigração a partir dos primeiros anos do século XX, a afluxo de dinheiro da América parece ser a explicação para os aparentes superávits em conta corrente a partir de 1900.[182] No mesmo sentido, Juan Sardá assinalou como o débito da balança de pagamentos de aproximadamente 3 bilhões de pesetas entre 1882 e 1913 foi coberto pelas remessas dos emigrantes e repatriações de capital.[183]

A pouca historiografia sobre o tema é unânime em afirmar as imensas dificuldades em avaliar de forma precisa o montante dessas remessas. Vázquez González visitou estimativas de diversas fontes e obras contemporâneas para elaborar tabela (reproduzida parcialmente a seguir) que fornecesse visão global – ainda que com números aproximados – dos fluxos monetários para Espanha e Galícia durante o período migratório, confirmando, assim, a relação direta entre os volumes do êxodo e das remessas.

---

180   Alejandro Vásquez González. "La emigración gallega. Migrantes, transporte y remesas", *op. cit.*, p. 84-85. Ainda segundo o autor, o volume de passageiros espanhóis que saíram por portos galegos passou de 32% entre 1887-1902 para 40% no período de 1903-1918. No retorno, os índices chegaram a 19% e 34%, respectivamente.

181   "Parece lógico suponer que el primer dinero que llegaba se empleaba generalmente en pagar las deudas que se habían contraído al emigrar, si éste era el caso, o las posibles deudas familiares. Posteriormente comenzaría la adquisición de tierras, casa, títulos de la deuda…, etc". Blanca Sánchez Alonso. "La emigración española a la Argentina, 1880-1930". In: Nicolás Sánchez-Albornoz (org.). *Españoles hacia América. La emigración en masa, 1880-1930*. Madri: Alianza Editorial, 1988, p. 229.

182   Leandro Prados de La Escosura. *De império a nación. Crescimento y atraso económico en España (1790-1930)*. Madri, 1988. *Apud* Blanca Sánchez Alonso. "La emigración española a la Argentina, 1880-1930", *op. cit.*, p. 228.

183   Juan Sardá. *La política monetaria y las flutuaciones de la economía española en el siglo XIX*. Madri, 1948. *Apud* Alejandro Vásquez González. "La emigración gallega. Migrantes, transporte y remesas", *op. cit.*, p. 95-96.

Tal quantidade de recursos necessitava de canais de transferência para atravessar o oceano e chegar aos povoados da península e ilhas. Nos primeiros anos da emigração, a ausência de uma rede de bancos abriu caminho para que essa atividade fosse realizada pelos capitães das embarcações, armadores e comerciantes. Mais tarde, a galope do incremento do fluxo de pessoas, ocorreu proliferação de pequenas casas bancárias que interligaram os dois lados do Atlântico com maior eficiência. Existiam ainda outras formas para o envio de dinheiro: através dos cônsules espanhóis, carta postal, o próprio emigrante portava consigo no retorno. Bancos espanhóis, argentinos e até portugueses também participaram desse processo. A despeito das tentativas de Portugal e Itália em centralizar as remessas dos emigrantes através da *Agência Financial do Rio de Janeiro* e do *Banco di Napoli*, respectivamente, a Espanha nada fez com tal intuito.

Tabela 3.7. Estimativas das remessas vindas da América, em milhões de pesetas

Ano	Galícia	Espanha
1904	40 a 50	–
1906	48	96
1907	70	–
1908	–	171,9
1909	–	212,9
1910	–	376,9
1912	–	acima de 500
1913	–	300
1914	50 a 60	–
1920	–	800

Fonte: Alejandro Vásquez González. "La emigración gallega. Migrantes, transporte y remesas", *op. cit.*, p. 96, Quadro 5.6.

No caso da Galícia, o que chama atenção é a participação dos consignatários das companhias de navegação na transferência das remessas. Vázquez González observa que alguns constituíram casas bancárias próprias ou ao menos participavam delas, trilhando, assim, o caminho que conduziu a acumulação de capital obtida com a intermediação desses fluxos monetários ao papel ativo do investimento na industrialização.[184] Segundo Sánchez Alonso, a presença de

---

[184] Para uma lista das casas bancárias ligadas aos consignatários galegos ver Alejandro Vásquez González. "Os novos señores da rede comercial da emigración a América por portos galegos", *op. cit.*, p. 27. "Evidentemente, el trato emigratorio no fue su única fuente de capital, pero hay que tener en cuenta la incidencia de la acumulación efectuada a partir de esta actividad y su contribuición en la formación de varios sectores económicos y de la propia burguesía de Galicia". Alejandro Vásquez González. "La emigración gallega. Migrantes, transporte y remesas", *op. cit.*, p. 103.

capital indiano[185] no setor bancário tornou-se evidente nas regiões de emigração. Instituições como o *Banco Pastor de La Coruña*, ou mais explicitamente o *Banco Hispanoamericano*, devem sua origem ao dinheiro americano.[186]

As remessas americanas também forneceram outra via de acumulação aos consignatários galegos. Como o financiamento das passagens dependia largamente desse dinheiro, a emigração cumpriu mais uma vez a função de canalizar recursos para esse grupo que, excetuadas as companhias de navegação, encontrava-se no topo da hierarquia da rede que desfrutava e servia ao fluxo migratório.[187]

Por fim, cabe aqui uma avaliação do que representou para os contemporâneos a emigração em termos de abertura e conquista de mercados e da consequente expansão da economia espanhola, sem esquecer das prementes questões coloniais que colocaram a prova o combalido poder espanhol. Na impossibilidade de consultar as fontes primárias envolvidas no debate, recorreu-se a alguns estudos historiográficos sobre o tema. O trabalho de Blanca Sánchez Alonso representa o principal pilar de sustentação da discussão a seguir.[188]

Apoiada em obras de estudiosos e publicistas, atas das discussões parlamentares e em estudos de comissões oficiais, a historiadora fornece panorama da visão espanhola sobre a emigração entre as décadas finais do século XIX e o início da Primeira Guerra. Em essência, o debate apresentava visão pessimista do êxodo envolto em um sentimento nacionalista, que se acentuou no século XX, com a associação da emigração à decadência da Espanha, ao antipatriotismo e à ideia de que o poderio da nação relacionava-se ao número de seus habitantes. Nesse sentido, como questão central, a perda de população balizou diversos estudos e a própria legislação. Uma das conclusões da *Comisión* criada em 1881 para estudar o assunto deixava pouca margem a dúvidas: "a emigração é um grande mal para a Espanha" e expressava "um desequilíbrio completo entre as necessidades e os recursos que a pátria oferece".[189]

Diante desse quadro, surgiram publicações contrárias ao êxodo que pintavam quadro aterrador sobre a vida do outro lado do oceano e creditavam à ação dos agentes e dos *ganchos* – qualificados como "modernos especuladores de carne humana" – que, sempre zelosos em conseguir compensações financeiras, enganavam os camponeses, levando-os a abandonar a

---

185 Indiano: termo muito comum na Espanha, relacionado à emigração, para indicar alguém ou algo que veio da América.

186 Blanca Sánchez Alonso. "La emigración española a la Argentina, 1880-1930", *op. cit.*, p. 230.

187 Alejandro Vásquez González. "La emigración gallega. Migrantes, transporte y remesas", *op. cit.*, p. 101.

188 Blanca Sánchez Alonso. "La visión contemporánea de la emigración española", *op. cit.*

189 *Comisión especial para estudiar los medios de contener en lo posible la emigración por medio del desarrollo del trabajo. Apud* Blanca Sánchez Alonso. "La visión contemporánea de la emigración española", *op. cit.*, p. 442.

pátria. Outro ponto importante, levantado por Cristóbal Botella em 1888,[190] foi o problema da inconveniência de se fomentar a emigração – considerada por ele um erro e um crime – e o cerceamento do direito fundamental da liberdade de movimento. Habilmente o deputado e publicista deu vazão ao ideário nacionalista para colocar o direito de existência da nação acima dos direitos individuais, justificando, assim, a oposição à saída de população.

O contraponto a essa posição tinha como base principal a Galícia, onde a imprensa local encontrava-se sob forte influência dos interesses dos consignatários. Eram eles, juntamente com os armadores, os principais compradores de espaços publicitários nos jornais. Por outro lado, muitos dos representantes e agentes de transporte de emigrantes participavam dos conselhos de administração dos diários ou mesmo de sua fundação e também editavam folhetos e revistas de informação sobre a emigração. Nessas condições, os aspectos legais e os abusos cometidos contra os emigrantes apareciam apenas nas circulares e boletins oficiais, enquanto imperava o silêncio da imprensa em relação às notícias negativas sobre o êxodo, reflexo claro do poder desses consignatários no sentido de neutralizar qualquer informação adversa que prejudicasse seu importante negócio.[191]

A intensa emigração para países da América continental começou a preocupar o governo espanhol, que por meio da R.O. de fevereiro de 1880, propôs medidas para orientá-la para Cuba, solicitando colaboração ao *Círculo de Hacendados* – uma corporação de produtores de açúcar da ilha – no pagamento dos gastos, assim como facilidades de emprego aos emigrados espanhóis residentes na América do Sul que desejassem trasladar-se voluntariamente para a ilha caribenha. Em 1882, a política de atração prosseguiu com a criação do *Centro Protector de Inmigrantes* e da *Ley de Colonización para las Provincias Esapañolas de Ultramar*, oferecendo uma série de facilidades aos que emigrassem para as colônias do reino.[192] Anos mais tarde, em 1891, outra R.O. resgatou a ideia de encaminhar a emigração para as possessões do ultramar, ao mesmo tempo em que deliberou sobre o fomento da colonização do interior da península. É importante ressaltar, no entanto, que o debate sobre o tema emigração e colônias teve pouca reper-

---

190 Cristóbal Botella. El problema de la emigración. Madri, 1888. *Apud* Blanca Sánchez Alonso. "La visión contemporánea de la emigración española", *op. cit.*, p. 443-444.

191 Um pequeno histórico dos consignatários que fundaram ou participaram de jornais galegos está em Alejandro Vásquez González. "Os novos señores da rede comercial da emigración a América por portos galegos", *op. cit.*, p. 29-30.

192 Fe Iglesias García. "Características de la emigración española en Cuba". In: Nicolás Sánchez-Albornoz (org.). *Españoles hacia América. La emigración en masa, 1880-1930*. Madri: Alianza Editorial, 1988, p. 275. Ainda segundo o autor, para esse período, os efeitos positivos dessas medidas sobre a imigração são de difícil avaliação nas fontes cubanas.

cussão na Espanha e contou apenas com o apoio da imprensa em lugares específicos como no caso do fluxo das Ilhas Canárias para Cuba.[193]

Em 1898, a desastrosa derrota na guerra contra os Estados Unidos, que resultou na perda de Cuba, Porto Rico e Filipinas,[194] influenciou o debate sobre a emigração de duas formas. Como consequência lógica do fim do que restava do império ultramarino espanhol, as antigas e fluidas ideias de canalizar o fluxo para as colônias esvaíram-se. O principal efeito, porém, como sublinha Sánchez Alonso, foi a potencialização da visão negativa da emigração associada à consciência de decadência que tomou conta do imaginário do país. A partir de então, sedimentou-se a ideia de que a saída de espanhóis era um dos sintomas claros do processo de degeneração nacional. Com a identificação da emigração com miséria e pobreza, chegou-se à conclusão de que esses dois males deveriam ser combatidos. A reconstrução da Espanha, acreditava-se, dependia do aumento de sua população e, por conta disso, os emigrantes ganharam o estigma de antipatriotas, sobretudo aqueles com idade produtiva e com obrigações militares.[195]

Outro aspecto que mereceu pouca atenção por parte da sociedade espanhola foi a associação entre emigração e desenvolvimento de colônias que, em essência, criaria um mercado para produtos espanhóis no exterior, fomentando seu comércio e a produção interna. Sánchez Alonso assinala, por exemplo, a ínfima repercussão que tiveram algumas ideias de Joaquín Costa entre os estudiosos contemporâneos do tema.[196] Ainda que não se referissem especificamente à emigração, as teses elaboradas pelo jurista e um dos principais nomes regeneracionismo espanhol,[197] entre meados dos anos 80 e início dos 90, representaram esboço de um projeto de colonialismo pacífico, conquista de mercados e desenvolvimento de linhas de navegação externas; fatores fundamentais, em sua ótica, para o crescimento da Espanha.

---

193 Blanca Sánchez Alonso. "La visión contemporánea de la emigración española", *op. cit.*, p. 445.

194 Ao final do século XIX, os Estados Unidos emergiam como grande potência. Seus primeiro feito de destaque foi a derrubada dos últimos bastiões espanhóis na América (Cuba e Porto Rico) e na Ásia (Filipinas). 1898, portanto, não representou apenas uma grande vitória da nova nação imperialista, mas o fim do decadente colonialismo espanhol. Maria Helena Rolim Capelato. "A data símbolo de 1898: o impacto da independência de Cuba na Espanha e Hispanoamérica". *História*. São Paulo, v. 22, n. 2, 2003, p. 35-58. Com a perda do império, a Espanha voltou-se para a África, aspirando colônias mediante as disputas com outras potências europeias, por razões mercantis, econômicas e políticas. Cf. Roberto Mesa. *El colonialismo en la crisis del XIX español*, *op. cit.*, p. 229-234.

195 Blanca Sánchez Alonso. "La visión contemporánea de la emigración española", *op. cit.*, p. 450.

196 Blanca Sánchez Alonso. "La visión contemporánea de la emigración española", *op. cit.*, p. 448.

197 Surgida após a perda do império ultramarino em 1898 e a posterior crise nacional, essa corrente de pensamento defendia que a regeneração da Espanha deveria fazer-se em todos os apsectos: social, político, econômico e científico-cultural.

Alejandro Fernández estudou as exportações espanholas para a Argentina entre 1880 e 1935 para compreender porque elas não acompanharam o volume migratório para aquele país.[198] Segundo o autor, o fracasso da tentativa de criação de um mercado étnico em terras argentinas deveu-se a uma série de fatores, com destaque para a falta de competitividade de suas exportações no mercado argentino, especialmente em relação ao problema do comércio de retorno das embarcações que lá chegavam, e às limitações da economia espanhola para expandir-se devido à sua baixa produtividade. Como exceção, cita o consumo de azeite de oliva espanhol em terras portenhas, o único item que interagiu positivamente ao aumento do fluxo. Nesse sentido, o caso argentino talvez justificasse, em termos de expectativas, o reduzido debate sobre o tema, ao mesmo tempo em que era exemplo cabal da precária realidade econômica da Espanha, sobretudo no mercado internacional.

Em 1916, o *Consejo Superior de Emigración* publicou uma memória sobre a emigração espanhola sob o título *La emigración española transoceánica*, reflexo, segundo Sánchez Alonso, do ambiente desfavorável à emigração dos anos de 1910-1912, quando ocorreu campanha da imprensa contra a proliferação de agências clandestinas.[199] Apesar disso, no que se refere às consequências da emigração, sobretudo na Galícia, é interessante notar o silêncio das palavras sobre qualquer expectativa positiva de que a associação entre emigração, colônias e comércio exterior poderia representar alguma forma de desenvolvimento para o país. Se as conclusões da *Comisión* de 1881 apontavam a emigração como um grande mal para a Espanha, 35 anos mais tarde, pouca coisa mudou. Ratificava-se a antiga posição negativa usando a Galícia, principal região de êxodo, como exemplo:

> (…) a região segue tão pobre como sempre ou mais do que nunca, apesar de sua exuberante emigração.[200]

Um paralelo com a Itália

O fenômeno migratório italiano já foi analisado no primeiro capítulo. Sua relação com projetos para transformá-lo em um dos motores do comércio externo italiano e

---

198 Alejandro E. Fernández. *Un "mercado étnico" en el Plata. Emigración y exportaciones españolas a la Argentina, 1880-1935*. Madri: Consejo Superior de Investigaciones Científicas, 2004.

199 Blanca Sánchez Alonso. "La visión contemporánea de la emigración española", *op. cit.*, p. 455-456.

200 Consejo Superior de Emigración. *La emigración española transoceánica, 1911-1915*. Madri, 1916. *Apud* Blanca Sánchez Alonso. "La visión contemporánea de la emigración española", *op. cit.*, p. 461.

seus efeitos no desenvolvimento econômico de setores específicos, como as companhias de navegação, são estudados nos Capítulos 4 e 5. No entanto, estabelecer um paralelo da emigração na chamada Europa mediterrânea certamente ajudará na compreensão de seu significado para o principal país do Velho Mundo em termos de fornecimento de contingente migratório transoceânico no período da *new emigration*.

Entre 1870 e 1913, estatísticas indicam que o contingente de 45 milhões de europeus que atravessaram o Atlântico em busca de oportunidades no Novo Mundo contou com cerca de 14,1 milhões de italianos, 10,8 milhões de britânicos, 4,3 milhões de austro-húngaros, 3,4 milhões de espanhóis, 3 milhões de alemães e 1,1 milhão de portugueses. Quando a emigração é comparada com a população total de cada país, os índices mais representativos, por mil habitantes, são os seguintes: Irlanda (11,0‰), Itália (10,1‰), Grã-Bretanha (7,3‰), Noruega (6,6‰), Portugal (6,0‰), Espanha (5,6‰) e Suécia (5,2‰).[201]

Ou seja, diante de qualquer um dos dois parâmetros – absoluto ou relativo – a Itália sempre prevaleceu como país de emigração. Tal fato, certamente, constituiu parte da explicação para a forte repercussão do fenômeno naquela sociedade, enquanto Portugal e, especialmente Espanha, não conheceram efeito similar. Outro componente explicativo deve ser procurado na conjuntura interna de cada nação, na qual determinados setores posicionaram-se a favor ou contra a emigração, ao mesmo tempo em que tinham condições de defender seus interesses, chamando o Estado para realizar essa tarefa. Por fim, deve-se considerar a conjuntura externa, a inserção econômica e geopolítica desses países em um mundo em rápida transformação, seus reflexos nas expectativas políticas e econômicas e nos projetos para alcançá-las.

Como já foi observado, semelhanças também se impunham, sobretudo na organização da rede de recrutamento. Todas guardavam especificidades correspondentes às demandas internas, mas também se configuraram mediante imposição externa de companhias de navegação estrangeiras, além das nacionais, e das características do mercado de trabalho no outro lado do Atlântico; tudo isso matizado pela capacidade de pressão na defesa dos interesses ligados aos serviços atinentes ao fluxo.

Em Portugal, o aparato migratório contou com as companhias de navegação estrangeiras no topo da hierarquia e, logo abaixo, com as agências de emigração, em grande parte também exógenas; na outra extremidade, situavam-se os subagentes ou engajadores, que só poderiam ser portugueses, na medida em que o sucesso do recrutamento estava ligado ao

---

201 Rui Pedro Esteves; David Khoudour-Castéras. *A fantastic rain of gold: European migrants' remittances and balance of payments adjustment during the gold standard period*. Universidad Externado de Colombia; University of Oxford (working paper), 2007. Cálculos dos autores com base nos dados de Imre Ferenczi; Walter Willcox. *International migrations. v. I: Statistcs*. Nova York: National Bureau of Economic Research, 1929.

conhecimento das gentes e dos locais com potencial de êxodo. Essa estratégia mais miúda era recorrente em todos os países.

A rede de serviços da emigração na Espanha, apesar de organizada estruturalmente de forma análoga, apresentou diferenças em relação aos atores. É certo que na Galícia, a principal região migratória, as companhias de navegação estrangeiras dominaram plenamente o transporte de emigrantes, mas tanto em portos galegos quanto nos outros – de forma mais intensa –, a bandeira espanhola teve certa participação nesse tráfico. Nesse sentido, dois aspectos chamam atenção. Primeiro, a transformação dos antigos armadores de veleiros da Galícia em consignatários das grandes companhias espanholas ou estrangeiras. Tal fato revela, inicialmente, a fraqueza concorrencial para suportar o avanço tecnológico que representou a navegação a vapor; mas com o passar do tempo, esse grupo, já adaptado às suas novas funções e auferindo ganhos significativos, conseguiu organizar-se para defender seus interesses relacionados à emigração. Segundo, a intervenção do Estado estabelecendo por lei que a função de consignatário só poderia ser exercida por espanhóis e proibindo a existência de agências de emigração por todo o território.

Na Itália, em certo sentido, a questão era mais complexa. Em meio ao crescimento do fluxo migratório e ao consequente desenvolvimento da rede de serviços a ele relacionada, emergiram grupos cujos interesses divergiam ou convergiam conforme o momento, com destaque para os armadores genoveses, os agentes e subagentes do *Mezzogiorno* e, de forma indireta, os grandes proprietários agrários, temerosos com a perda de população e o possível aumento dos salários no campo. A própria ação do Estado, como reflexo da repercussão da emigração na sociedade, ocorreu de forma mais intensa.

Em Gênova, já nos primeiros anos, armadores e outros setores ligados à marinha mercante perceberam o potencial econômico representado pela emigração. Não só perceberam, como tiveram condições de enfrentar, ao menos em parte, a concorrência estrangeira, que também já havia notado esse grande negócio. A diretriz basilar dessa estratégia consistiu em obter o apoio do Estado e, mais do que isso, conseguir que seus interesses particulares se transformassem em objetivos nacionais. Por outro lado, municiados pelo sempre crescente movimento de expatriação, os agentes e subagentes também se organizaram, ganhando força e, em determinados momentos, incomodaram e até se posicionaram contra os interesses das companhias de navegação.

A repercussão da emigração clandestina na Itália talvez seja o exemplo mais bem acabado da estratégia acima mencionada. As companhias de navegação, através da imprensa e de seus representantes políticos, sempre pressionaram o Estado no sentido de não colocar entraves à emigração, que resultariam nas saídas clandestinas. Esse era o ponto central. Mais do que a falta de passaporte, importava evitar o embarque de emigrantes italianos em portos estrangeiros, geralmente associado à clandestinidade, e que causava sérios prejuízos à marinha mercante italiana.

A experiência mostrou que as piores condições de embarque, viagem e até mesmo nos locais de destino acompanhavam a emigração clandestina e isso foi habilmente utilizado durante as discussões da lei de 1901 que definiu a figura jurídica do clandestino e, em resposta direta aos pedidos das companhias locais, proibiu qualquer vetor legalizado de embarcar italianos em portos estrangeiros. Nos reinos ibéricos, a clandestinidade também foi objeto de discussão, mas lá prevaleceram dois problemas: as péssimas condições de embarque e, principalmente, as saídas ilegais de emigrantes que procuravam escapar do alistamento militar. Lamentava-se a perda de braços úteis ao país, mas pouco ou nada se falava sobre os possíveis danos a algum grupo específico ligado aos serviços da emigração ou ao interesse nacional.

A emigração devia ser considerada como fator positivo ou negativo? Mais do que na resposta de cada país, a chave para apreender o que representou o fenômeno migratório está na repercussão dessa pergunta e no esforço empreendido para respondê-la. O debate na Itália surgiu contemporaneamente ao início do êxodo que, de problema de ordem social passou a ser visto como fator de desenvolvimento da nação. Nesse sentido, o Estado deveria protegê-la e organizá-la em todos os níveis. As inúmeras circulares e a complexidade das leis de 1888, e, sobretudo a de 1901, que impôs ao governo a responsabilidade da tutela da emigração, inclusive na questão das remessas, são provas vivas desse envolvimento.

Na Espanha, apenas em 1907 – certamente fruto da intensificação do fluxo em meados da primeira década do século XX – aprovou-se lei semelhante na forma – tutela por parte do Estado –, porém bem menos intervencionista e com objetivos mais restritos, ligados à proteção dos que partiam. Portugal também demorou a conhecer alguma lei específica sobre emigração. Em 1905, nomeou-se uma comissão para elaborar o regulamento geral de emigração e passaportes, que deu origem à lei de 25 de abril de 1907, a tentativa mais completa de abordagem do fenômeno migratório português até aquele momento. Após a proclamação da República, essa legislação foi aprimorada através de um conjunto de instruções publicadas em 25 de novembro de 1912.

Como assinalado no Capítulo 1, na Itália, a concepção da emigração como fator positivo de desenvolvimento econômico não era a única em pauta, mas certamente foi a que prevaleceu. Na visão de vários estudiosos, a "exuberância demográfica" italiana era uma realidade e a emigração seria um instrumento para transformá-la em elemento de progresso nacional sob dois aspectos: através do desenvolvimento da marinha mercante e dos setores ligados à indústria naval – inclusive a marinha de guerra – e, por outro lado, contribuiria para a abertura de novos mercados no além-mar, com a criação das chamadas colônias pacíficas que naturalmente demandariam produtos italianos.

No reino recém-unificado, a identificação da emigração com o progresso – apesar de todos os problemas internos e externos enfrentados – parecia caminhar de mãos dadas com o espírito do *Risorgimento*. Se a Itália não possuía colônias políticas, seus cidadãos no exterior, juntamente com os futuros emigrantes, formariam novos mercados. Se a marinha mercante e de guerra das grandes potências europeias eram fortes, a italiana, com o tempo, também se tornaria vigorosa.

Esse pensamento contrastava com o caso espanhol, cuja visão negativa da emigração era sua principal característica. Reino que tempos atrás comandava boa parte do mundo então conhecido, a Espanha viu o que restava de seu império desmoronar ao final do século XIX. Intensificou-se no país um sentimento de decadência associado à perda das colônias. Inserida nesse momento, a emigração passou a ser um símbolo desse declínio, revelando a anemia do povo e a incapacidade do Estado em reter e oferecer meios de subsistência a seus habitantes, da mesma maneira que não conseguiu preservar suas possessões do ultramar. Por outro lado, o êxodo também não fazia parte dos planos regeneracionistas, que viam no crescimento da população um dos pilares para a reconstrução da Espanha.

Em Portugal, os debates sobre a emigração e sua potencialidade como instrumento de desenvolvimento do país ficaram subordinados ao histórico fluxo para o Brasil e ao problema da organização do império ultramarino. À parte de algumas tentativas de canalizar o fluxo para as colônias em África, o êxodo sempre esteve ligado a uma tradicional forma de ascensão econômica pessoal que, no entanto, ganhou contornos de problema nacional com o crescente volume das remessas monetárias enviadas do além-mar pelos "brasileiros". Nesse sentido, o governo português buscou alguma forma de intervenção através da criação de uma agência bancária oficial para transferência desses ativos e, assim, tentar desfrutar do consolidado "caminho brasileiro" de enriquecimento individual – cada vez mais valioso nos parâmetros da economia interna e externa – na expectativa de fomentar a prosperidade nacional.

Ainda no que tange às remessas, no caso espanhol, excetuada a questão da balança de pagamentos, elas não puderam sequer ser utilizadas para justificar ou defender a emigração, pois até mesmo seu impacto no meio rural foi minimizado,[202] o que talvez justifique o silêncio da lei de 1907 sobre o assunto. Na Itália, a situação era totalmente diferente.

---

202 Blanca Sánchez Alonso. "La visión contemporánea de la emigración española", *op. cit.*, p. 455. Ainda em relação às remessas, Sánchez Alonso indica outro fator negativo que em nada auxiliava os defensores da emigração: sua escassa quantia quando comparada com Portugal e Itália. No entanto, tal conclusão parece precipitada, pois em outro estudo, a própria autora sublinha a necessidade de se conhecer melhor o volume das remessas enviadas da América. "En el terreno de las remesas la tarea más urgente es una estimación de su cuantía lo más aproximada posible, y el estudio de sus efectos sobre la balanza de pagos (...)". Blanca Sánchez Alonso. "La emigración española a la Argentina, 1880-1930", *op. cit.*, p. 231.

Os chamados "rios de ouro", cujo volume acompanhava a dinâmica das expatriações, constituíram-se em mais um argumento dos defensores do êxodo no sentido de comprovar seus benefícios para o país e justificar as expectativas de um futuro promissor – não por acaso as remessas foram objeto da Lei n. 24 de 1º de fevereiro de 1901.

Em suma, no universo da Europa mediterrânea aqui analisada, a diferença fundamental no tratamento do tema emigração residia, mais do que a visão negativa ou positiva, na sua conexão ou não com projetos de desenvolvimento e construção de cada nação. Maior fornecedor de emigrantes para o Novo Mundo, a Itália seguiu naturalmente os caminhos desse vínculo que, no caso de Portugal e Espanha, foi mais tênue ou praticamente não existiu. Por fim, vale lembrar que os três países, no início do movimento de saída, trataram o problema como questão de segurança pública e de ordem social, ligado aos seus ministérios de assuntos internos. Na Itália, na medida em que a emigração adensou-se, surgiu a hipótese de que deveria ficar a cargo do Ministério da Agricultura, Indústria e Comércio. Posteriormente, percebida como instrumento de política externa ativa, passou para a alçada do Ministério do Exterior. Já nos reinos ibéricos, apesar de algumas discussões nesse sentido, não ocorreu nenhuma alteração institucional semelhante.

Inseridos nesse contexto, as expectativas e os ambiciosos projetos de transformação do reino italiano, a galope do crescimento da emigração, são objetos de discussão do capítulo seguinte.

Capítulo 4. *La Più Grande Italia*

Emigração, desenvolvimento econômico e política externa

ALÉM DE RECONHECER A EMIGRAÇÃO como um problema de natureza social, a lei de 1901 representou mudança importante no tratamento do fenômeno migratório. Consolidado, a partir de então, como elemento de progresso nacional, fez-se necessária a intervenção estatal contra o jogo natural do equilíbrio de mercado. Nessa perspectiva, o problema do fluxo protegido do ponto de vista econômico e jurídico apresentava-se não apenas como elemento de política interna, mas também externa.[1] Tal fato acarretou na prevalência do Ministério do Exterior como o órgão responsável pelos assuntos relacionados à emigração.

Antonio Annino observou que um dos primeiros sinais da futura mudança para esse "novo endereço" foi dado pela iniciativa do ministro Blanc que, em 1894, enviou circular a todos os agentes diplomáticos e consulares na América, recomendando o estudo de medidas mais convenientes oferecidas pelos países para estabelecimento de correntes migratórias onde existissem melhores condições de trabalho e clima.[2] A partir de então, intensificaram-se análises e pesquisas sobre os países de imigração e as condições de vida dos emigrados. Na primeira década do século XX surgiram importantes trabalhos, com destaque para os de Bernardino Frescura, Vincenzo Grossi, Antonio Franceschini, entre outros.[3]

---

1   Zeffiro Ciuffoletti; Mauricio Degl'Innocenti. *L'emigrazione nella storia d'Italia 1868-1975*. Florença: Vallechi Editore, 1978, p. 374.

2   Antonio Annino. "Origine e controversie della legge 31 gennaio 1901. La politica migratoria dello Stato postunitario". *Il Ponte*. Gênova. n. 30-31, 1974, p. 1261.

3   Vincenzo Grossi. *Storia della colonizzazione europea al Brazile e della emigrazione italiana nello stato di S. Paulo*. Roma: Officina Poligrafica Italiana, 1905. Antonio Franceschini. *L'Emigrazione italiana nell'America del sud: studi sulla espansione coloniale transatlantica*. Roma: Tip. Forzani, 1908. Bernardino Frescura, docente de geografia econômica na Università di Genova escreveu, no início do século XX, cerca de nove guias

O relatório do projeto de lei sobre emigração dos deputados Luzzatti e Pantano também era bastante claro em relação às novas prerrogativas do Ministério do Exterior.

> Não é que os Ministérios do Interior, da Marinha, do Comércio, do Tesouro, não devam agir sobre as correntes de emigração; mas é necessário que um pensamento novo a todos os campos, que não traga sua razão exclusivamente da polícia, da tutela da marinha mercante, da defesa única dos interesses econômicos, da cobrança de impostos; e sem negligenciar nenhum desses elementos, que possuem voz no Comissariado, considere os emigrantes como a flor de nossa gente infeliz e como sementes que da joeira da pátria difundem-se pelos países estrangeiros e distantes a fecundar empresas que nos honram, e demandam a ajuda, o vigilante e amoroso olhar do Ministério dos Negócios Estrangeiros, a quem cabe representar a dignidade e a sorte da Itália fora da Itália.[4]

Tais conceitos amadureceram dentro do circuito intelectual italiano a partir da última década do Oitocentos. Um de seus expoentes, Francesco Nitti, escreveu um ensaio em 1896, cujo título parecia delimitar essa mudança de enfoque sobre a emigração: *La nuova fase della emigrazione d'Italia*.[5] De origem meridional e emigracionista convicto, Nitti buscava convencer os senhores de terras do sul de que a emigração representava uma válvula de segurança no campo. Habilmente, ele não tocava em questões relativas à estrutura agrária ou às condições salariais dos camponeses, alegando que o problema devia-se essencialmente ao aumento da população.[6] Sua preocupação fundamentava-se em como tutelar o fluxo migratório e transformá-lo em importante canal de desenvolvimento da economia italiana.

---

para os emigrantes. Antonio Gibelli (org.). *Dal porto al mondo. Un sguardo multimediale su Genova e la grande emigrazione*. Gênova: CISEI, 2004, p. 47. Sobre Vincenzo Grossi ver Francesco Surdich. "Il contributo di Vincenzo Grossi al dibattito sull'emigrazione italiana in Brasile". *Cuadernos de Ultramar*. Montevidéu, ano II, n. 4, 2002, p. 59-99

[4] *Relazione sul progetto di legge sull'emigrazione*. Apresentada por Luzzatti e Pantano à Câmara dos Deputados em novembro de 1900. *Apud* Ciuffoletti & Degl'Innocenti, *op. cit.*, p. 370.

[5] Francesco S. Nitti. "La nuova fase della emigrazione d'Italia". *La Riforma Sociale*. Turim, ano III, v.VI, 1896, p. 745-772.

[6] "Noi abbiamo una densità di popolazione di 107 abitanti per chilometro quadrato: laddove il rapporto medio della Francia è di 72, di 81 quello dell'Austria, di 97 quello della Germania". Francesco S. Nitti. "La nuova fase della emigrazione d'Italia", *op. cit.*, p. 746.

> A maior força da Itália, porém, consistirá um dia na emigração, quando esse rio humano, regulado e dirigido, não se dissipar em córregos sinuosos, nem, ao invés de elemento fecundador, ainda continuar mal explorado.
> Considerado quase que somente do ponto de vista da segurança, a emigração italiana não é protegida nem defendida na partida, durante a viagem, na chegada.[7]

A ação dos agentes era vista com reservas e os subagentes qualificados como parasitas, sobretudo aqueles que arrolavam emigrantes para a travessia gratuita. Consoante com os interesses das grandes sociedades de navegação, Nitti criticava a deplorável condição de transporte, característica recorrente dos pequenos armadores ligados à emigração provocada; já as maiores companhias haviam progredido bastante e "tratavam muito bem" os viajantes de terceira classe.

Finalmente, depois de ressaltar a importância das remessas dos emigrantes da América para a Itália, informando, inclusive, seus valores anuais – 150 a 200 milhões de liras – e defender a participação do Estado na melhoria desse tipo de serviço, Nitti desenvolveu suas preferências sobre o destino da emigração no além-mar. Nesse ponto, o autor fez uso do que se pode chamar de "julgamento competitivo" sobre qual "raça" seria a mais forte para a obra colonizadora e em qual área das Américas o italiano poderia atuar. Descartando os Estados Unidos devido à concorrência dos ingleses, escandinavos e alemães, o publicista via na América do Sul, especialmente na Argentina e no Brasil, o futuro da Itália. Na república do Prata, os italianos constituíam a grande maioria dos imigrantes, seguidos, a grande distância, pelos espanhóis e franceses – estes superiores (segundo sua ótica), mas com pouca população disponível para a emigração. No Brasil, apesar do clima tropical, Nitti acreditava que o italiano poderia triunfar sobre "uma raça inferior", formada pela mistura do negro, do português e do indígena, pois

> (...) um país de tal natureza onde existe intensa luta de raças, em que, inevitavelmente, a prevalência competirá à melhor nação, não pode abrir-se aos italianos.[8]

Como receita para o sucesso da emigração transformada em empreendimento nacional, concluía que seriam necessárias algumas medidas: criação do cargo de comissário geral de emigração, para tratar diretamente com os países estrangeiros e garantir as condições de trabalho nas colônias; abolição da figura do agente e do subagente; estabelecimento de um padrão mínimo de condições de navegabilidade para as companhias italianas e estrangeiras;

---

7   Francesco S. Nitti. "La nuova fase della emigrazione d'Italia"... *op. cit.*, p. 750.

8   Francesco S. Nitti. "La nuova fase della emigrazione d'Italia", *op. cit.*, p. 757.

garantia da segura transmissão das economias dos emigrantes; obrigatoriedade, mediante convenção com outros países, do passaporte para passageiros de terceira classe; e, finalmente, proteger sempre a marinha italiana. Em suma, medidas que, poucos anos depois, formariam a base da lei sobre emigração de 1901.

Anos antes do estudo de Francesco Nitti, em 1892, Giuseppe Carerj,[9] em comunicação apresentada no *Primo Congresso Geografico Italiano*, criticava duramente a lei de emigração de 1888, considerada "um monumento de ignorância", um "atentado aos interesses econômico-sociais da Itália" e uma "solene contradição ao princípio de expansão colonial". No decorrer do texto, seus objetivos ficavam claros: defender a atividade dos agentes e subagentes, considerada mediação essencial entre os desejosos de emigrar e as companhias de navegação, e demonstrar, mediante complexo jogo de palavras, que, na verdade, a lei proibia apenas a emigração gratuita, muito comum na Alta Itália, especialmente no Vêneto, e pouco conhecida no *Mezzogiorno*, pois "os governos introdutores excluíam essas populações dos benefícios da viagem subsidiada".[10]

Sua visão, entretanto, ultrapassava as fronteiras da Itália. Demonstrando clara sintonia com a integração econômica mundial em curso, apontava os estreitos liames entre emigração, comércio, colonização e desenvolvimento nacional.

> Mas eu disse que aqueles que defendem essa lei não estão à altura dos tempos. E de fato nas condições atuais das comunicações e da concorrência, realmente o falar de fronteiras ou de permissão de partida é algo que não faz mais sentido. Hoje, o mercado age sobre os homens como sobre as mercadorias; e os homens correm para onde encontram melhores condições, assim como as mercadorias correm para onde encontram os melhores preços.
>
> A facilidade das comunicações, os salários mais altos e os negócios mais fáceis conduzem-nos; hoje, portanto, querer discutir a emigração é tão irrelevante quanto querer negar a luz do sol.

---

9   Giuseppe Carerj. "La legge sull'emigrazione al cospeto della critica". *I Congresso Geografico Italiano*. Gênova. v. II, t. II, 1892, p. 322-351. Carerj não se restringiu apenas ao discurso. Era também diretor da *Società Italiana per la Emigrazione e Colonizazione*, cujos objetivos principais eram: "Dirigere ed assistere efficacemente nel suo naturale corso la emigrazione, sottraendola alle illegittime speculazioni, mantenere tra l'emigrante e la patria continui ed utili rapporti onde far convergere ad esclusivo beneficio dell'Italia la potenzialità economica di cui è capace la emigrazione italiana". Cf. Giuseppe Carerj. *Società Italiana per la Emigrazione e Colonizazione (Statuto)*. Nápoles, s.e., s.d.

10 O autor referia-se especificamente aos governos do Brasil, Argentina e Uruguai.

> Não apenas isso, mas a emigração representa a forma atual da conquista. É a emigração que fez a potência das raças Anglo-Saxônicas. Quantas são as conquistas que os Anglo-Saxões alcançaram com as armas na mão? São pouquíssimas e essas preparadas pela emigração.
> De que maneira a Alemanha conseguiu contrabalancear a influência dos Anglo-Saxões na América? Com a emigração. E na América meridional, feita pelos Espanhóis com outros métodos bastante dolorosos, se hoje em alguma das suas partes aumentou sensivelmente a influência italiana não é devido unicamente à emigração?[11]

A importância da América meridional para a emigração italiana e seus potenciais frutos econômicos animavam determinados grupos italianos em clamar por subsídios do Estado. Em sua ótica, tal procedimento acarretaria em uma marinha mercantil forte, além de um intenso e remunerativo fluxo de produtos agrícolas e industriais.

A criação de uma nova *Italia al di là dell'Atlantico*: esse era o caminho advogado por Luigi Einaudi, em estreita ligação com os interesses industrialistas do norte. Brasil e Argentina eram os países preferidos. Para justificar tais subsídios, o publicista empregou a estatística sobre a entrada de capitais no porto de Gênova. O principal porto da Itália a cada ano fornecia à bandeira nacional (marinha a vapor) cerca de 27 milhões de liras, sendo que a linha da América meridional era responsável pela entrada de 23 milhões de liras; quanto à bandeira estrangeira, dos 55 milhões de liras arrecadados, apenas 7,5 milhões correspondiam ao movimento sul-americano.[12]

Uma frase de Einaudi talvez seja a melhor síntese de seu pensamento sobre a estreita ligação entre emigração, indústria, expansão comercial e marinha mercante, que ganhava ainda mais força no alvorecer do século XX.

> A sorte dos camponeses é a sorte de uma das maiores indústrias nacionais: a marinha mercante.[13]

Liberal convicto, Luigi Einaudi acreditava que a emigração poderia ser o motor do capitalismo italiano e, portanto, deveria ser atividade de iniciativa privada. Essas ideias

---

11   Giuseppe Carerj. "La legge sull'emigrazione al cospeto della critica"... *op. cit.*, p. 345-346.
12   Luigi Einaudi. "Il Problema dell'Emigrazione in Italia". *La Stampa*, 16 de março de 1899. *Apud* Angelo Filipuzzi. *Il dibattito sull'emigrazione. Polemiche nazionali e stampa veneta (1861-1914)*. Florença: Felice le Monnier, 1976, p. 298-302.
13   Luigi Einaudi. *Apud* Angelo Filipuzzi. *Il dibattito sull'emigrazione... op. cit.*, p. 300.

apareciam em seu livro *Un Principe mercanti. Studio sulla espansione coloniale italiana*, publicado em 1900, sobre a história de um empreendedor chamado Enrico Dell'Acqua, que em poucos anos tornou-se um rico mercador graças aos negócios com a América meridional. Einaudi exaltava os antigos princípios mercantis de Pisa, Gênova e Veneza, presentes em Dell'Acqua:

> (…) encarnação viva das qualidades intelectuais e organizacionais destinadas a transformar a pequena Itália atual em uma futura *più grande Italia* pacificamente expandindo seu nome e sua linhagem sobre um continente mais amplo que o antigo império romano.[14]

Mas a realidade era diversa daquilo que sonhava Einaudi. Os *principi mercanti* eram raros. A Itália não exportava capitais, mas cidadãos italianos para atender a demanda por mão de obra no Novo Mundo, cumprindo seu papel no mercado internacional de trabalho.

Após a lei de 1901, não faltaram estudos endossando a relação direta entre emigração e comércio exterior e suas consequências positivas para a economia nacional. Pugliese, diretor da *Rivista Italo-Americana*, escreveu editorial afirmativo sobre as possibilidades italianas na América do Sul. O mote de sua exposição era a defesa de tratados comerciais com Brasil e Argentina – os grandes receptores da emigração – que estipulassem o rebaixamento de tarifas alfandegárias italianas sobre produtos importados em troca de melhores condições de trabalho para os imigrantes residentes – um exemplo claro de que a emigração deveria ser tratada na esfera dos assuntos ligados à política externa. No caso brasileiro, o deputado evocava a possibilidade de redução da tarifa de entrada do café pela proteção da emigração e concessão de terras para criação de colônias de italianos.[15]

---

14 Luigi Einaudi. *Un Principe mercanti. Studio sulla espansione coloniale italiana.* Turim, 1900. *Apud* Fernando Manzotti. *La polemica sull'emigrazione nell'Italia Unita*. Milão: Società Editrice Dante Alighieri, 1969, p. 102-103.

15 G. A. Pugliese. "Trattati di commercio". *Rivista Italo-Americana di scienze, lettere, politica, emigrazione e commercio*. Roma, anno I, fasc. III, 1902. FA. Fondo Ansaldo, Coll. Publicazione Periodiche, 080. O título do periódico já deixava claros seus objetivos. Para uma relação de outros trabalhos sobre a expansão italiana na virada do século ver Manzotti. *La polemica sull'emigrazione nell'Italia Unita*, op. cit., p. 102-103, nota 19. Ercole Sori observa que depois da 1ª Guerra Mundial, aflorou a noção de utilizar o emigrante como mercadoria de troca. Recuperando uma ideia já formulada e algumas experiências tentadas no passado. Nos anos 20 trabalhou-se muito para inserir cláusulas sobre a emigração nos tratados de comércio, com o evidente objetivo de usar a grande massa de mão de obra italiana, partindo de uma espécie de monopólio que o país tinha sobre o mercado de trabalho internacional, como instrumento de pressão para obter acordos comerciais mais favoráveis. Ercole Sori. *L'emigrazione italiana dall'Unità alla Seconda Guerra Mondiale*. Bolonha: Il Mulino, 1979, p. 132.

A ideia, no entanto, não era inédita. Quando Brasil e Itália iniciaram tratativas de comércio na virada do século, o emigrante italiano entrou na mesa de negociação. O governo brasileiro, preocupado em expandir o mercado europeu para o café, propôs aos países do Velho Mundo, entre eles a Itália, a redução da tarifa alfandegária do produto em troca de tarifas mínimas para as exportações. O tratamento seria equitativo, ou seja, o estabelecimento de tarifas máximas para os produtos daqueles que agissem da mesma forma em relação ao café. Em resposta, o ministro do Exterior da Itália argumentou que seria uma injustiça fechar os portos do Brasil aos produtos do reino, enquanto a imigração era recebida de braços abertos. Todavia, com a promessa de redução da tarifa alfandegária de 150 para 130 liras por cem quilos do café, celebrou-se um acordo provisório em 5 de julho de 1900. As conversas continuaram, mas após assumir a chancelaria em 1901, Giuglio Prinetti empenhou-se em obter uma convenção sobre as condições de trabalho dos imigrantes e quis negociá-las juntamente com o acordo de comércio definitivo. O governo brasileiro se opôs e, meses depois, renunciou ao tratado. Em 26 de março de 1902, aproveitando-se dos relatos de Adolfo Rossi, enviado especial do *Commissariato dell'Emigrazione*, sobre as condições de vida dos italianos nas fazendas paulistas, e do malogro das negociações comerciais, Prinetti proibiu a emigração subsidiada para o Brasil.[16]

A frota mercante, instrumento fundamental para a execução de qualquer plano expansionista, no entanto, foi bastante favorecida pela emigração. A via de transporte para a América, garantida pelos mecanismos constantes de autofinanciamento devido ao crescente fluxo migratório, permitiu o desenvolvimento da marinha a vapor. A decadência da vela acelerou o fim do chamado armador mercador, que associado a fatores conjunturais como o refreamento do comércio devido à guerra alfandegária com a França, a tarifa protecionista e a diminuição de alguns preços das matérias primas no mercado mundial, acabaram por subtrair do comércio o papel de fator principal de acumulação de capital. Isso foi acompanhado por modificação importante da estrutura das sociedades armadoras. Saiu de cena a figura

---

16 Para detalhes da questão diplomática ver Amado Luiz Cervo. *As relações históricas entre o Brasil e a Itália: o papel da diplomacia*. Brasília/São Paulo: UnB/Istituto Italiano di Cultura, 1992, p. 68 e ss. Trento assinala a extrema solicitude com que se proibiu a emigração com base no relatório de Adolfo Rossi, pois o enviado nem sequer havia retornado de sua viagem. Angelo Trento. *Do outro lado do Atlântico. Um século de imigração italiana no Brasil*. São Paulo: Nobel; Istituto Italiano di Cultura di San Paolo; Instituto Cultural Ítalo-Brasileiro, 1988, p. 53. O estudo do inspetor viajante foi publicano pelo *Commissariato*: Adolfo Rossi. "Condizioni dei coloni italiani nello stato di S. Paolo". *Bolletino dell'Emigrazione*, n. 7, 1902. Sobre a passagem de Prinetti pelo Ministério do Exterior ver Pietro Pastorelli. "Giulio Prinetti, ministro degli Esteri (1901-1902)". *Nuova Antologia*. Florença, v. 576, fasc. 2197, 1996, p. 51-70.

do armador mercador, substituído pelas sociedades anônimas, com participação de capital diversificado, que operava na indústria e nas finanças.[17]

Esse novo tipo de capital foi incentivado pelas subvenções e prêmios de navegação estatais[18] que, por seu caráter seletivo, acentuaram a tendência ao monopólio, cuja máxima expressão encontrava-se na Navigazione Generale Italiana (NGI), constituída pela fusão das companhias Rubattino (de Gênova) e Florio (de Palermo) em 1881. União que deu início a um processo de concentração, através da absorção sucessiva de outras sociedades, que transformou a NGI na maior companhia de navegação italiana e a principal beneficiária das subvenções estatais e dos prêmios de navegação[19] instituídos pela lei de 1885 – inspirada no protecionismo marítimo da França – e pela legislação posterior.

Essa tendência à concentração foi fruto, já na metade dos anos oitenta, de um consenso apoiado em fatos que demonstravam como a lógica de potência e de conquista de novos mercados estava ligada ao sistema de grandes companhias de navegação diretamente subvencionadas pelo Estado.[20] Naquele momento, com exceção da Inglaterra, cuja superioridade da marinha a vapor era incontestável,[21] outros países como a Alemanha e França empreenderam subsídios estatais para compensar a preeminência inglesa no comércio mundial, e a Itália, ainda mais frágil, procurou seguir o mesmo caminho, sempre apoiada nos resultados positivos de seu movimento migratório.

Em estudo sobre os efeitos das subvenções a favor da marinha mercante italiana, Bernardi observou que os resultados dos últimos 20 anos (1885-1904), não foram satisfatórios, mas mesmo assim, reafirmou a necessidade desse artifício, pois a indústria de construção naval ainda não estava completamente desenvolvida e, portanto mal preparada para enfrentar a concorrência estrangeira. Por outro lado, o estudioso lembrou que os armadores nacionais, na medida em que o tráfico marítimo oferecia ganhos significativos, tratavam de construir embarcações sem se preocuparem em desfrutar de prêmios ou subsídios por parte

---

17 Antonio Annino. "Origine e controversie della legge 31 gennaio 1901"... *op. cit.*, p. 1257.

18 Para um estudo bastante completo sobre as leis de prêmios e subsídios estatais à marinha mercantil italiana ver G. Bernardi. "I provvedimenti a favore della marina mercantile". *Rivista Marittima*. Roma: ano XXXVIII, fasc. IV, 1905. Apesar de apontar os fracos resultados obtidos, o autor conclui que a marinha italiana ainda não podia prescindir do auxílio do Estado, pois "(...) devesi osservare che le nostre industrie delle costruzioni navali e della navigazione non sono ancora così sviluppate o assicurate su tali basi da poter essere senz'altro abbandonate alla libera concorrenza." p. 70.

19 Antonio Annino. "Origine e controversie della legge 31 gennaio 1901"... *op. cit.*, p. 1257.

20 Giuseppe Barone. "Lo Stato e la marina mercantile italiana (1881-1894)". *Studi Storici*. Istituto Gramsci Editore, ano XV, n. 3, 1974, p. 624-625.

21 Para a comparação entre as marinhas mercantes dos principais países europeus ver Tabela A. 18.

do Estado. Esse grande movimento, segundo Bernardi, estava sempre associado ao "nosso comércio mais lucrativo, o da emigração".[22]

Ao final do Oitocentos, a emigração assumiu relevo econômico de primeiro plano dentro de um dos maiores monopólios industriais do período, cujos interesses financeiros ainda envolviam a siderurgia e a construção naval.[23] Devido ao escasso incremento no comércio marítimo italiano de exportação, a emigração transformou-se, juntamente com as demandas militares, no principal ponto de incentivo ao desenvolvimento de um importante setor da indústria italiana. Foi esse novo aspecto econômico da emigração, mais do que o agrário ou o meramente comercial, que contribuiu de forma direta para dar ao êxodo o caráter de problema nacional, no sentido de requerer a intervenção estatal para regular de maneira orgânica os complexos problemas delineados ao seu redor.[24]

A Lei n. 23 de 31 de janeiro de 1901 emergiu dessa discussão e foi vista por muitos estudiosos contemporâneos como passo importante na tutela do emigrante diante do objetivo maior: o desenvolvimento da Itália. Nesse sentido, a obra de Antonio Franceschini, publicada em 1908, sintetizava, em seu título e conteúdo, o pensamento de uma corrente originária do ideário genovês da década de 1860. Quase ao final de *L'emigrazione italiana nell'America del Sud. Studi sulla espansione coloniale transatlantica*, após defender enfaticamente a prioridade da marinha mercante italiana em relação ao transporte de emigrantes, apontando os benefícios para a nação, o publicista relembrou o antigo sonho de Cristoforo Negri, o primeiro presidente da *Società Geografica Italiana*.

> Agora convém integrar essa ação do Estado [Lei n. 23] com uma mais difícil, a tutela econômica e social dos nossos colonos nos países de imigração, proteção que conseguirá estreitar cada vez mais as relações dos filhos distantes com a pátria-mãe. Somente com isso e por isso, poderá surgir a Itália austral, a nós coligada não apenas por pertencer ao mesmo reino, mas por vínculos mais tenazes e mais úteis de interesses em comum, como um dia sonhou Cristoforo Negri.[25]

---

22 G. Bernardi. "I provvedimenti a favore della marina mercantile". *Rivista Marittima*. Roma, ano XXXVIII, fasc. IV, 1905, p. 35-71.

23 A pesquisa realizada nos exemplares da revista *La Marina Mercantile Italiana* para o período de 1903-1915 revela o duplo interesse dos setores ligados à construção naval, siderurgia e transporte marítimo: a emigração, na sua concepção de colônias livres; e a marinha de guerra, importante para outra política de expansão, a via militar.

24 Antonio Annino. "Origine e controversie della legge 31 gennaio 1901"... *op. cit.*, p. 1258.

25 Antonio Franceschini. *L'emigrazione italiana nell'America del Sud, op. cit.*, p. 904.

Mais de quarenta anos depois dos primeiros passos, a emigração – com seus supostos benefícios – ainda criava expectativas positivas como um dos principais instrumentos para o surgimento da chamada *La più grande Italia*, a alternativa pacífica e indireta do colonialismo italiano, cujo objetivo era transformar

> (…) o enorme exército de trabalhadores, comerciantes e agricultores que, não se perdendo de sua pátria, se converteriam em seus defensores morais e econômicos, a vanguarda da expansão étnica e comercial.[26]

Em 1906, Luigi Fontana-Russo publicava *Emigrazioni di uomini ed esportazione di merci*.[27] Síntese das teorias que associavam emigração ao desenvolvimento da Itália, o estudo apontava os benefícios derivados dessa "exportação de homens": o aumento do comércio de mercadorias, da poupança interna e dos salários; as remessas traziam consigo a renovação das antigas formas de trabalho, o equilíbrio da balança de pagamentos e o aumento do consumo. Além disso, o emigrante, ao requerer produtos da pátria-mãe no exterior, promovia novas artérias de trocas comerciais, aumentando a atividade da marinha nacional. Em suma, a exportação humana agia sobre a exportação de mercadorias, estimulando seu incremento.

Após analisar individualmente os principais países receptores dos emigrantes italianos, Fontana-Russo comparou a Itália com a Grã-Bretanha no que diz respeito ao estágio de desenvolvimento industrial, observando que a importância da emigração, como ponta de lança para a exportação de mercadorias, era mais evidente nos países de forte êxodo, como o reino italiano que, além disso, não possuía grande capacidade produtiva. No caso britânico, esses efeitos eram menos evidentes, pois a forte estrutura da indústria conquistada por meio de uma vigorosa expansão comercial transformou a ilha na maior potência econômica do globo e, portanto, senhora do mercado mundial.

Segundo o autor, os países em transformação encontravam-se vulneráveis à concorrência estrangeira devido ao alto custo de produção de mercadorias. Nesse sentido, a Itália deveria aproveitar sua "exuberância demográfica" e, através da emigração, constituir novos mercados que aumentariam seu comércio internacional, desenvolvendo seu parque produtivo. A evolução da indústria de tecidos de algodão italiana representava, para Fontana-Russo, a materialização de sua teoria. Sob a tutela do Estado, abarcou o mercado interno.

---

26 P. Ghinassi. "Per le nostre colonie. Nel Brasile". *L'Italia Coloniale*. 1901. *Apud* Ercole Sori. "La política de emigración en Italia (1860-1973). *Estudios Migratórios Latinoamericanos*. Buenos Aires, ano 11, n. 53, 2004, p. 11.

27 Luigi Fontana-Russo. "Emigrazioni di uomini ed esportazione di merci". *Rivista Coloniale*. Roma, ano I, v. 2, 1906, p. 26-40. O autor era docente de política comercial e legislação aduaneira do *Istituto Superiore di Studi Coloniali e Commerciali di Roma* e organizador da *Federazione degli Armatori Italiani*.

O mercado externo, porém, desenvolveu-se à sombra da emigração: em 1896, mais de 2/3 da exportação destinavam-se à América Central e Meridional, as áreas, até então, com maior número de italianos no exterior.

Em suma, essa era uma das armas que a Itália deveria utilizar para se inserir na economia mundial: a relação insolúvel entre expansão comercial e emigração – "causa de força para os países pobres de capital" e, portanto, fracos diante da concorrência internacional.[28]

Emigração e comércio de mercadorias

A tentativa de estabelecer relação direta entre emigração e exportação, ou seja, de maior integração da economia italiana ao sistema internacional, sobretudo na América, confundiu-se com o movimento migratório, já na década de 1860. Datam dessa época estudos como os de Jacopo Virgilio,[29] economista ligado aos armadores e ao comércio de Gênova, e do também economista Vittorio Ellena,[30] que vislumbravam as possíveis vantagens comerciais da associação dos primeiros movimentos consistentes de expatriação transoceânica com o comércio de importação de peles e lãs e exportação de produtos italianos. A ideia era estabelecer a compensação dos fretes para os navios que na ida transportavam a rica mercadoria constituída pelos emigrantes e, na volta, as matérias-primas "peso-perdenti".[31]

---

28   Luigi Fontana-Russo. "Emigrazioni di uomini ed esportazione di merci", *op. cit.*, p. 40.

29   Jacopo Virgilio. *Delle migrazioni transatlantiche degli italiani ed in especie di quelle dei liguri alle regioni del Plata: cenni economico-statistici*. Gênova: Typografia del Commercio, 1868. No Vêneto, o grande expoente das ambições comerciais na região do Prata foi o também liberal Pacifico Valussi, que chegou a citar Jacopo Virgilio em seus numerosos escritos em jornais. Dentre eles: "La politica italiana nell'America meridionale". *Giornale di Udine* (10 de abril de 1868); "La colônia italiana al Rio della Plata". *Giornale di Udine* (16 de janeiro de 1868). *Apud* Emilio Franzina. *A Grande Emigração. O êxodo dos italianos do Vêneto para o Brasil.* Campinas: Unicamp, 2006, p. 423-425.

30   Vittorio Ellena. "L'emigrazione e le sue leggi". *Archivio di Statistica*, v. I, 1876; e "La statistica di alcune industrie italiane". *Annali di Statistica*. Roma, 1880. *Apud* Ercole Sori. *L'emigrazione italiana dall'Unità alla Seconda Guerra Mondiale, op. cit.*

31   Ercole Sori. *L'emigrazione italiana dall'Unità alla Seconda Guerra Mondiale, op. cit.*, p. 127-128. A corrente defendida por Jacopo Virgilio não era unanimidade nem mesmo em Gênova. Em 1874, o economista Gerolamo Boccardo escreveu um artigo na revista *Nuova Antologia* ressaltando os aspectos negativos da emigração para o reino, propondo o emprego dos trabalhadores italianos em obras de infra-estrutura por toda península. *Apud* Angelo Filipuzzi. *Il dibattito sull'emigrazione... op. cit.*, p. 32-36. A discórdia também residia na liberdade ou não de emigrar. Nesse sentido, um dos maiores críticos de Jacopo Virgilio era Giovanni Florenzano. *Della emigrazione italiana in America*. Nápoles, 1874. Para uma síntese sobre essa polêmica ver Fernando Manzotti. *La polemica sull'emigrazione nell'Italia Unita, op. cit.*, p. 26-32. No mesmo ano, Leone Carpi publicava, em Milão,

A região do Prata, pela tradição do comércio e pela antiga presença de lígures, era vista como extensão natural da península italiana, ou seja, com uma colônia em potencial. Mesmo antes de Jacopo Virgilio escrever seu livro, em 1865, o jornal genovês *La Borsa* já publicava artigos seus indicando o Atlântico sul como caminho para sua expansão.

> O Prata é um dos pontos onde os italianos estão de preferência concentrados, ativando entre essa localidade e a Itália um comércio de não pequena importância... Os nossos compatriotas além do tráfico estabelecido com vários portos italianos, mas principalmente com o de Gênova, obtêm lá não pequenos lucros a partir de indústrias pessoais.[32]

Foi, aliás, para esse jornal que Virgilio colaborou intensamente. Defensor de teses liberais, criticava o modelo de colônia desenvolvido às custas do Estado (metrópole), subordinado às suas leis e dependente politicamente. Sua preferência era outra, baseada em colônias fundadas gradualmente com indivíduos que para lá se dirigiam espontaneamente, onde seriam tratados pelos respectivos governos como cidadãos e teriam condições de exercerem suas atividades econômicas.[33]

Em seus escritos, Jacopo Virgilio imaginava como deveria ser essa colônia em terras meridionais do outro lado do Atlântico, exaltando, além das prerrogativas econômicas, sua função político-social.

> Uma colônia pacífica e liberal, que respeita todos os direitos e todas as liberdades, tanto dos nativos quanto dos emigrantes; uma colônia que não imponha sacrifício algum ao tesouro público, é considerada como um meio eficaz para ropagar

---

os quatro volumes de *Delle colonie e dell'emigrazione d'italiani all'estero*, certamente o estudo mais abrangente produzido até aquele momento, que relacionava a emigração italiana aos aspectos políticos, econômicos e sociais no âmbito interno e seus reflexos e potencialidades no âmbito externo.

32 *La Borsa*. 03 de novembro de 1865. *Apud* Francesco Surdich. "I viaggi, i commerci, le colonie: radici locali dell'iniziativa espansionista". In: Antonio Gibelli; Paride Rugafiori (orgs.). *Storia d'Italia. Le regioni dall'Unità a oggi. La Liguria*. Turim: Giulio Einaudi Editore, 1994, p. 469-470.

33 Jacopo Virgilio. *Delle migrazioni transatlantiche degli italiani... op. cit.*, p. 110. A convicção liberal do autor pode ser resumida na seguinte frase: "Noi siamo convinti che quando l'Italia avesse un diretto dominio su Montevideo e Buenos Ayres, tutta la prosperità di quelle colonie, tutti i vantaggi che la nostra nazione attualmente vi ricava, sfumerebbero".

as sementes da civilização e aliviar as antigas populações da exuberância, que tende a diminuir a prosperidade geral dos indivíduos.[34]

Em suma, segundo o economista genovês, o tipo de colônia que a Itália necessitava – e que poderia encontrar na região do Prata – nada mais era do que vastos centros de população italiana no exterior, formados pela livre escolha dos emigrantes, sob a égide da lei do país que os recebia, onde encontrariam fraterna hospitalidade.[35]

Esse era o caminho para se estabelecer um tráfico comercial intenso no Atlântico sul, e assim desenvolver não só a marinha mercante, mas também a economia italiana. Nesse sentido, a emigração tinha duas funções: criar mercados para os produtos italianos no exterior e, ao mesmo tempo, transformar-se, sobretudo na fase inicial, na principal fonte de renda e estímulo ao crescimento da indústria marítima.

O ressurgimento marítimo italiano, na opinião de Virgilio, devia muito à emigração. Foi o transporte de emigrantes que inicialmente tornou rentável as viagens de ida, pois a demanda por produtos italianos ainda era mínima. Os italianos residentes no exterior incentivariam as relações comerciais, divulgando os produtos da colônia e preparando a mesma para receber os artigos da península. Um tráfico de especial interesse para marinha do reino, sobretudo em relação aos fretes das exportações, compensados pelo valor arrecadado com as passagens de 3ª classe.[36] Recorrendo às estatísticas do comércio e da indústria dos anos de 1864, 1865 e 1867, elaboradas pela *Camera di Commercio di Genova*, cujos números demonstravam o crescimento do movimento de navios e da tonelagem de mercadorias que entravam e saíam, afirmava que:

> Mas o maior bem proveniente da emigração foi o de reanimar o comércio, e de modo particular, a marinha mercante e todas as outras artes afins.
> Depois que a emigração italiana tornou-se mais numerosa e é cada vez mais considerável a quantidade de nossos compatriotas estabelecidos em diversos pontos da América do Sul, o tráfico para esses portos vem, por vários anos, crescendo gradativamente, como é visível a todos.[37]

---

34 "Le Repubbliche della Plata sono quelle che presentano maggiori risorse pei nostri emigranti". Jacopo Virgilio. *Delle migrazioni transatlantiche degli italiani...* op. cit., p. 67.

35 Jacopo Virgilio. *Delle migrazioni transatlantiche degli italiani...* op. cit., p. 110.

36 Jacopo Virgilio. *Delle migrazioni transatlantiche degli italiani...* op. cit., p. 106-107.

37 Jacopo Virgilio. *Delle migrazioni transatlantiche degli italiani...* op. cit., p. 101. Os números encontram-se nas p. 102-106.

Outra questão de relevo relacionava-se às possibilidades abertas para a incipiente indústria de lanifícios italiana. Através da importação de lã da Argentina e do Uruguai, acalentava-se o sonho de promover a substituição da importação de tecidos manufaturados mediante a criação de estoques que forneceriam matéria-prima para as fábricas. No entanto, a realidade que persistiu ao longo de vários anos era diferente.[38] Enquanto grandes potências europeias exportavam capitais e quantidades massivas de produtos industrializados, a base das exportações italianas guiadas pela emigração era mais frágil. Como informa Ercole Sori, constituía-se essencialmente de produtos alimentícios como vinho, azeite, massas, frutas, legumes, queijos, ou seja, bens de consumo perecíveis e sujeitos à forte concorrência interna.[39]

Em sua época, Jacopo Virgilio não apresentou nada de original quando relacionou a prosperidade da nação ao comércio, sobretudo marítimo, e à "aquisição" de colônias. No entanto, fiel à sua formação de economista afinado com os interesses da indústria marítima lígure, foi um dos primeiros pensadores italianos a formular, senão a perceber, a potencialidade da emigração como instrumento para alcançar esse fim. Uma frase, quase ao final de seu livro, parece ser a expressão mais fina de seu pensamento.

> Em suma, sem colônias não existe o verdadeiro comércio, não existe marinha próspera, não existe atividade nas indústrias, nem, portanto, prosperidade no Estado.[40]

Anos mais tarde, em 1881, respondendo ao quesito "relação entre emigração e marinha mercante" da *Inchiesta Parlamentare per la Marina Mercante*, a *Società di Mutuo Soccorso dei Capitani Marittimi Liguri*, aproveitou para ampliar o foco do tema, incluindo a questão das colônias e do comércio. As observações da sociedade em nada se diferenciavam das formulações de Virgilio.

> (...) acreditamos que a emigração dos italianos ao exterior, desde que dirigida aos centros comerciais onde é acolhida amigavelmente, seja um bem, porque instrui e estimula à atividade os mais preguiçosos e os mais ignorantes. Onde estão reunidos muitos compatriotas se estabelece um consumo de produtos nacionais, e um comércio com a pátria-mãe, que por sua vez alimenta e cria linhas de navegação a vapor e dá trabalho aos veleiros. Todas as nações que possuem

---

38 Ao final do século XIX, ocorreu mudança qualitativa nas exportações italianas, que passou a vender não só produtos alimentícios, mas também manufaturados, resultando em balança comercial favorável. Cf. Antonio Annino. "Espansionismo ed emigrazione verso l'America Latina (L'Italia coloniale 1900-1904)". *Clio*. Roma, v. XII, n. 1-2, 1976, p. 119.

39 Ercole Sori. *L'emigrazione italiana dall'Unità alla Seconda Guerra Mondiale*, op. cit., p. 129.

40 Jacopo Virgilio. *Delle migrazioni transatlantiche degli italiani... op. cit.*, p. 109.

colônias desenvolveram-nas com a corrente de emigração e, em troca, a emigração enriqueceu e desenvolveu as próprias colônias.[41]

Segundo Ercole Sori, essa *Inchiesta* (1881-1882) marcou o momento em que o governo italiano aderiu oficialmente à chamada via italiana do colonialismo comercial.[42] Dinucci assinala que, juntamente com o problema central sobre qual tipo de intervenção deveria ser adotado para enfrentar a crise do transporte marítimo (subvenção ou prêmios de navegação), debateu-se intensamente o papel da emigração e das colônias no desenvolvimento do comércio e da navegação.[43] O ministro da Agricultura, ao comentar a *Inchiesta*, evidenciou a existência de um vínculo positivo entre fluxo migratório, colonização e desenvolvimento da riqueza nacional, o que obrigava à instituição de um programa de intervenção direta para favorecer a expansão do país no exterior.[44] Nesse sentido, emigração, comércio e marinha mercante associavam-se ao interesse nacional. A expectativa era de que o fluxo de italianos para o exterior se transformasse em uma das ferramentas para desenvolver a economia do reino.

No início da década de 1890, a Argentina apresentava-se como a área mais promissora em matéria de importação de produtos italianos, que não se reduzia apenas a vinho e azeite. Em 1891, as exportações de fios e tecidos de algodão começaram a crescer, o que reforçou o interesse dos industriais setentrionais pela tutela e organização da emigração transoceânica, na esperança de reservar um mercado para seus produtos. Nesse sentido, vale destacar que as trocas de Itália e Argentina, entre 1892 e 1896, favoreciam a balança comercial da primeira.[45]

Arrolar os dados sobre o movimento de entrada e saída de mercadorias nos portos italianos, ou mesmo em Gênova, é tarefa difícil. Na tentativa de apreender ao menos a essência desse

---

41 Società di M. S. dei Capitani Marittimi Liguri. *Risposte ai quesiti formulati dalla Commissione de Inchiesta Parlamentare per la Marina Mercantile.* Gênova: Il Commercio Gazzetta di Genova, 1881, p. 20.

42 Ercole Sori. *L'emigrazione italiana dall'Unità alla Seconda Guerra Mondiale*, *op. cit.*, p. 128.

43 Gigliola Dinucci. "Il Modello della colonia libera nell'ideologia espansionistica italiana"... *op. cit.*, p. 441.

44 Por conta desse programa foram instituídas oito câmaras de comércio no exterior: três na região do Prata (Montevidéu, Buenos Aires e Rosário); três no Mediterrâneo (Alexandria, Tunísia e Constantinopla); uma em Paris e outra em São Francisco. Gigliola Dinucci. "Il Modello della colonia libera nell'ideologia espansionistica italiana"... *op. cit.*, p. 442-443. Outros autores também assinalam o estabelecimento de uma câmara de comércio em Nova York. Antonio Annino. "Espansionismo ed emigrazione verso l'America Latina (L'Italia coloniale 1900-1904)", *op. cit.*, p. 126.

45 Com base em estatísticas oficiais, Dinucci informa que em 1896, a Argentina era a principal importadora de tecidos de algodão (branco e colorido) e de tecidos de lã simples. Gigliola Dinucci. "Il Modello della colonia libera nell'ideologia espansionistica italiana"... *op. cit.*, p. 474. Segundo Annino, a indústria têxtil, a mais desenvolvida daquele período, exportava boa parte de sues produtos para a Argentina, resistindo bem à concorrência britânica. Antonio Annino. "Origine e controversie della legge 31 gennaio 1901"... *op. cit.*, p. 1261.

comércio recorreu-se a algumas poucas estatísticas e a outras fontes como jornais e escritos sobre o principal porto da Ligúria. Para o ano de 1889, o periódico *L'Avvisatore Marittimo*[46] trazia em suas edições a seção "Aviso de entrada de navios e mercadorias no Porto de Gênova", com a origem e as especificações das mercadorias trazidas pelas embarcações. Entre 2 de janeiro e 28 de dezembro, foram relacionadas 104 viagens de vapores vindos de Buenos Aires, Montevidéu, Rio de Janeiro e Santos – as escalas entre essas cidades eram muito comuns. Apenas três viagens foram realizadas por uma companhia francesa, o restante dividiu-se entre as italianas NGI, La Veloce, Schiaffino & Solari e F. Lavarello. Dentre as mercadorias importadas destacavam-se grãos, couros, lãs, peles e café (Tabela A.16 do Anexo).[47]

A comparação das informações do jornal com documento produzido no Brasil[48] sobre o desembarque de emigrantes ilustra como funcionava, na prática, a tão desejada complementação no transporte de emigrantes e mercadorias: em 7 de dezembro de 1888, o *San Gottardo*, da companhia de navegação La Veloce, chegou ao porto de Santos transportando 1.527 emigrantes italianos; após viagem de retorno, no dia 12 de janeiro de 1889, o vapor atracou em Gênova com carregamento de café.

Discorrendo sobre a participação do porto de Gênova no tráfico marítimo internacional ao final do Oitocentos, Natale Malnate forneceu indícios da importância da América do Sul para o comércio externo italiano.

> A respeito das cem mil toneladas de mercadorias enviadas da Itália para a América do Sul, a cada ano, é de relevar que formam a sexta parte de todo o comércio marítimo italiano de exportação ao exterior.[49]

O inspetor do porto de Gênova, entretanto, chamava atenção para um fato importante. O volume de mercadorias transportado não acompanhava em razão direta o número de emigrantes para lá dirigidos. Suas observações, porém, eram plenas de esperança, quando afirmava

---

46 *L'Avvisatore Marittimo – Giornale Commerciale Marittimo*. Os exemplares localizados na *Biblioteca Universitaria di Genova* referem-se apenas ao ano de 1889. Não foi possível apurar se o jornal existiu por um período maior.

47 Conforme a estatística de entrada de mercadorias no porto de Gênova em 1890, a quantidade de grãos só perdia em importância para a importação de carvão. Cf. Ministero di Agricoltura, Industria e Commercio. Direzione Generale della Statistica. *Annali di Statistica. Statistica Industriale. Notizie sulle condizioni industriale della provincia di Genova*. Roma, fasc. XL, 1892, p. 29.

48 Livro Caixa da Sociedade Promotora de Imigração. DAESP. Secretaria da Agricultura. EO 1409.

49 Natale Malnate. *Il porto di Genova in relazione al trafico marittimo mondiale*. Genova: Pietro Pellas Fu L., 1897, p. 19.

que o êxodo para a América não superara duas décadas e, com o crescimento da população italiana no ultramar, o futuro seria promissor.

Após a virada do século, a discussão sobre a conexão da emigração com o transporte de mercadorias ainda continuava em pauta. Em respeitável revista ligada à marinha mercante, Gambeta observava que naquelas condições (de grande fluxo migratório), não seria possível aos vapores adaptados ao transporte de emigrantes carregarem inclusive mercadorias, mas estas tinham sua importância. Se na viagem de ida, cerca de 200 mil passageiros asseguravam o tráfico a 100 navios por todo o ano, no retorno, com menor movimento de pessoas, a compensação viria através de um maior carregamento de mercadorias, dentre as quais, grãos e café.[50]

Fica claro, portanto, que sua preocupação não era com o comércio de exportação, mas com a própria marinha mercante, que através da importação pela Itália de produtos das áreas para onde se dirigiam os emigrantes, maximizaria seus ganhos nas viagens de volta. Nesse sentido, o movimento de emigração era visto como a maior garantia de estabilidade para o tráfico. Dinucci chama a atenção para a importância conferida pelas companhias de navegação ao transporte de emigrantes em detrimento do tráfico de mercadorias. Em 1902, a NGI lamentava o limitado comércio de exportação como fonte de grande prejuízo, enquanto a indústria manufatureira italiana imputava a escassa capacidade de penetração em de novos mercados à indiferença das companhias de navegação em relação ao transporte de mercadorias, e à sua preferência pelo rentável, e menos arriscado, transporte de emigrantes.[51]

Buscando inserção na economia mundial, a via italiana do colonialismo comercial apoiava-se na seguinte relação direta: quanto mais emigrantes, maiores seriam as exportações. Seu sucesso, no entanto, foi relativo. Embora ganhasse força com o extraordinário aumento do fluxo, a ponto de se transformar em política de governo para o desenvolvimento da economia, esse modelo de comércio exterior, com o passar do tempo, não apresentou resultados significativos por si só, e revelou o papel secundário da Itália na rede mundial de comércio.

A Tabela 4.1 mostra a comparação entre fluxo migratório e aumento do comércio com Estados Unidos, Brasil e Argentina. As exportações cresceram de 5 a 6% do total, entre 1861 e 1865, para 20 a 21% nos primeiros quinze anos do século seguinte. Ercole Sori observa que apesar das expectativas criadas nas décadas de 1860 e 1870, essa expansão mostrou-se aquém do esperado, precária em alguns casos, como no Brasil,[52] e escassamente elástica em relação ao

---

50 F. Gambeta. "Effetti dell'emigrazione per la marina mercantile". *Rivista Marittima*. Roma, ano XXXV, fasc. VI, 1902, p. 434.

51 Gigliola Dinucci. "Il Modello della colonia libera nell'ideologia espansionistica italiana"... *op. cit.*, p. 463, nota 110.

52 Sobre as dificuldades em se incrementar o intercâmbio comercial entre Itália e Brasil no período da emigração ver Angelo Trento. *Do outro lado do Atlântico, op. cit.*, p. 68-74.

fluxo migratório. Ainda segundo o historiador, tal fato parece corresponder mais à fase na qual a Itália colhia as migalhas do comércio exterior, dentro do modelo de intercâmbio mundial que se afirmou entre 1850 e 1914.[53]

Tabela 4.1. Emigração italiana e comércio exterior com Argentina, Brasil e Estados Unidos, em quinquênios (1861-1915)

Anos	Argentina			Brasil			EUA		
	Emigração	Exportação*	% Exp. Total	Emigração	Exportação*	% Exp. Total	Emigração	Exportação*	% Exp. Total
1861-1865		107.000	3,79		6.000	0,21		49.000	1,73
1866-1870		122.000	3,30		8.000	0,22		142.000	3,85
1871-1875		243.000	4,52		1.000	0,02		147.000	2,73
1876-1880	43.000	148.000	2,75	19.000	–	–	13.000	200.000	3,72
1881-1885	133.000	105.000	1,89	42.000	–	–	74.000	278.000	5,02
1886-1890	259.000	149.000	3,11	174.000	12.000	0,25	170.000	332.000	6,94
1891-1895	156.000	154.000	3,16	330.000	46.000	0,94	207.000	449.000	9,21
1896-1900	211.000	311.000	5,06	250.000	77.000	1,25	307.000	525.000	8,54
1901-1905	279.000	438.000	5,75	200.000	79.000	1,04	999.000	900.000	11,81
1906-1910	456.000	734.000	7,69	103.000	107.000	1,12	1.332.000	1.216.000	12,74
1911-1915	261.000	791.000	6,88	107.000	211.000	1,84	1.055.000	1.322.000	11,50

* Valores em mil liras italianas.
Fonte: Ercole Sori. *L'emigrazione italiana dall'Unità alla Seconda Guerra Mondiale, op. cit.*, p. 131.

Sori tem razão em relação ao papel secundário da Itália no comércio internacional, mas seria difícil não levar em consideração o crescimento dos números da exportação para a América, sem atribuir, em grande parte, à evolução do movimento migratório destinado àquela região. Seu significado destaca-se ainda mais quando se comparam as condições econômicas e estruturais da península com Inglaterra, França ou mesmo Alemanha (cuja unificação remete-se ao mesmo período). O tamanho da marinha mercante de cada país era reflexo disso.[54] As palavras do his-

---

53   Ercole Sori. *L'emigrazione italiana dall'Unità alla Seconda Guerra Mondiale, op. cit.*, p. 130.
54   Ver Tabela A.17 do Anexo.

toriador ilustram a situação: "as fracas estruturas capitalistas e gerenciais das empresas italianas empenhadas nesse tipo de fluxo de exportação foram incapazes de criar uma organização comercial no exterior, que demandava, em suma, elevados custos de ingresso; a isso se somavam a carência de linhas de navegação e a deficiente rede consular, mesmo nos países que recebiam grande número de italianos".[55] Nessa conjuntura, associar o transporte de mercadorias ao de emigrantes parecia alternativa natural, que teve seus frutos colhidos exatamente nas rotas comerciais formadas ou intensificadas à sombra do fluxo migratório para a América.

Vale mencionar, como reforço a essa ideia, o amplo estudo de Giorgio Doria, segundo o qual, a virada do século XIX testemunhou grande desenvolvimento do tráfico marítimo da e para a Itália. No entanto, a participação da bandeira nacional nesse tráfico não chegava aos 50%.[56] A dissecação da porcentagem fornecida pelo autor, quando analisada em outra perspectiva, aponta para a articulação da emigração com o comércio de produtos. Assim, 64% das mercadorias embarcadas e desembarcadas para além do Canal de Suez eram transportadas por bandeira estrangeira; tal percentual subia para 70% em relação à Austrália e 93% para China e Japão. Na linha da América centro-meridional, a principal rota do tráfico de emigrantes italianos, a bandeira estrangeira absorvia apenas 26% das mercadorias transportadas; tal percentual chegava a 50% na rota do Pacífico.[57] Os números são gerais, mas dão suporte para afirmar que a combinação do comércio de mercadorias com o transporte de emigrantes foi, certamente, a grande responsável pelo melhor desempenho da bandeira italiana na rota para a América.

Ainda em relação às balanças de comércio, o estudo de Paul Bairoch[58] sobre a estrutura geográfica da exportação/importação europeia nos séculos XIX e XX traz estatísticas que permitem interessante comparação. Para o período de 1830-1910, além dos dados gerais do Velho Continente, o autor individualizou o destino (América do Norte, América do Sul, África, Ásia e Oceania) das exportações de alguns dos principais países.[59] Trabalhando com

---

55 Ercole Sori. *L'emigrazione italiana dall'Unità alla Seconda Guerra Mondiale*, op. cit., p. 129.

56 Giorgio Doria. *Investimenti e sviluppo economico a Genova alla vigilia della prima guerra mondiale (1882-1914)*. Milão: A. Giuffrè Editore, 1973. v. II, p. 265. Franzina também observa que o comércio entre a Itália e os países da América do Sul com grandes comunidades de imigrantes italianos foi bastante intenso já durante os últimos anos do século XIX, ainda que não o fosse na medida indicada por alguns estudiosos à época. Emilio Franzina. *A Grande Emigração*, op. cit., p. 450, nota 18.

57 Os dados foram extraídos de G. Bettolo. "Stato e marina mercantile". *Nuova Antologia*, 1903. Apud Giorgio Doria. *Investimenti e sviluppo economico a Genova... op. cit.* v. II., p. 265-266, nota 12.

58 Paul Bairoch. "Geographical structure and trade balance of European foreign trade from 1800 to 1970". *The Journal of European Economic History*. v. 3, n. 3, 1974.

59 "This part will deal, first and foremost, with the presentation and analysis of data pertaining to the evolution of the geographical export structure for the whole of Europe. In view of the vast differences existing among the

porcentagens em intervalos de tempo relativamente longos (10 a 20 anos), mas o suficiente para captar a dinâmica do fenômeno, seu objetivo era identificar a estrutura geográfica das balanças comerciais e tecer algumas considerações sobre suas causas.

A Tabela 4.2 relaciona as exportações para a América do Sul. Em relação à Europa, os números mantiveram certa estabilidade entre 1830 e 1910, variando de 7,8 a 7,5%, apenas com queda mais significativa em 1880 (6%). Quando analisados individualmente, observa-se que dentre os principais países europeus, Alemanha e Itália tiveram crescimento significativo de suas exportações para aquela região. O caso italiano é bastante interessante, pois parece "tentar" acompanhar o aumento do fluxo migratório para o Brasil e repúblicas do Prata. De 1860 a 1910, a participação das exportações para a América do Sul na balança de comércio da península passou de 1,9% para 11,6%, evolução única entre os países analisados.[60] A própria Grã-Bretanha não sofreu alteração significativa nesse período, oscilando positivamente em torno de 12 %, a despeito de França e Espanha que sofreram quedas mais acentuadas, para depois se recuperarem.

Tabela 4.2. Movimento das exportações da Europa para a América do Sul, em porcentagem do total

Origem	1830	1860	1880	1900	1910
Europa	7,8	7,7	6,0	–	7,5
Grã-Bretanha	19,0	12,0	10,2	9,3	12,6
França	16,8	12,0	10,2	5,4	6,9
Alemanha	–	2,6	3,1	4,8	7,8
Espanha	–	27,8	16,9	11,8	18,2
Itália	–	1,9	2,4	7,2	11,6

Fonte: Paul Bairoch. "Geographical structure and trade balance of European foreign trade from 1800 to 1970", *op. cit.*, Tabelas 4 e 6.

Em relação à América do Norte (Tabela 4.3), para o mesmo período, enquanto a Europa apresentou declínio relativo nas exportações (de 9,1% em 1860, para 7,6% em 1910), com

---

countries, we will then proceed to a brief examination of the data pertaining to the export structure of continental Europe, as well as that of some major countries". Paul Bairoch. "Geografical structure"... *op. cit.*, p. 559.

60   O crescimento das exportações para a Argentina na última década do século XIX já foi assinalado. Para o Brasil, de 1888 a 1898, o valor das exportações italianas passou de 2 para 6,5 milhões de liras italianas, metade representada por vinhos e fios de algodão. Cf. Antonio Annino. "Espansionismo ed emigrazione verso l'America Latina (L'Italia coloniale 1900-1904)", *op. cit.*, p. 135, nota 91.

destaque negativo para França e Grã-Bretanha, a participação dessa região na balança de exportação italiana cresceu de 1,3% para 13,3%. Dentre os países analisados, a Alemanha foi o único em que se verificou certa regularidade, oscilando em torno de 9%.

Tabela 4.3. Movimento das exportações da Europa para a América do Norte, em porcentagem do total

Origem	1830	1860	1880	1900	1910
Europa	11,9	9,1	8,4	–	7,6
Grã-Bretanha	18,4	16,6	15,9	9,7	11,6
França	17,8	10,2	9,2	6,4	7,4
Alemanha	–	7,0	9,0	9,3	9,0
Espanha	–	7,0	3,5	2,5	6,5
Itália	–	1,3	5,4	9,5	13,3

Fonte: Paul Bairoch. "Geographical structure and trade balance of European foreign trade from 1800 to 1970", *op. cit.*, Tabelas 4 e 6.

Analisando-se a América como um todo, verifica-se que a participação das exportações italianas para o continente passou de 3,2% em 1860, para 24,9% em 1910, do total de sua balança de comércio. Um indício forte da importância da emigração na abertura de mercados para produtos do reino e do transporte conjugado de emigrantes e mercadorias.[61]

Deve-se ressaltar, no entanto, que esses dados refletem apenas a participação de determinada região no total das exportações de um país, ou seja, a estrutura geográfica de sua balança comercial. O volume de comércio em números absolutos não foi objeto de análise de Bairoch. É fato que o comércio inglês com as Américas, assim como o resto do mundo, era muito superior ao dos outros países europeus e, portanto, correspondia a uma maior fatia do total das exportações e importações do Velho Mundo. Isso pode ser percebido pela similaridade da evolução das curvas de exportação da Europa e da Inglaterra para as Américas (Gráficos 4.1 e 4.2).

---

61 De acordo com os cálculos de Paul Bairoch, o montante principal das exportações italianas destinava-se aos países europeus (89,1%, em 1880; 76,9% em 1900 e 65,8% em 1910). Annino assinala que em 1898, Alemanha, Suíça, França e Império Austro-Húngaro importavam mercadorias da Itália no valor aproximado de 580 milhões de liras italianas sobre pouco mais de um bilhão do total das exportações. Antonio Annino. "Espansionismo ed emigrazione verso l'America Latina (L'Italia coloniale 1900-1904)", *op. cit.*, p. 120, nota 29.

Gráfico 4.1. Movimento das exportações para a América do Sul, em % do total

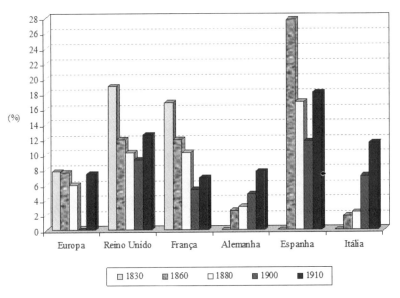

Fonte: Tabela 4.2.

Gráfico 4.2. Movimento das exportações para a América do Norte, em % do total

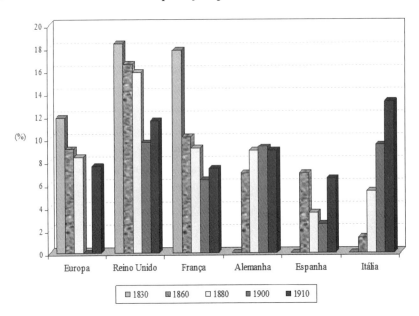

Fonte: Tabela 4.3.

As observações de Bairoch são esclarecedoras. A estrutura geográfica de vendas dos países depende fundamentalmente de três variáveis: sua localização geográfica, disponibilidade de um império colonial e do seu nível de industrialização. O tamanho do país não parece ter grande importância. O nível de industrialização tem influência direta na diversificação das exportações. Em outras palavras, quanto mais industrializado, mais diversificadas geograficamente seriam suas exportações. Nesse sentido, a Grã-Bretanha constitui-se no exemplo clássico do resultado da conciliação industrialização, comércio e império ultramarino.[62]

Portugal é outro exemplo citado pelo autor. Apesar de sua economia ser complementar à economia britânica, a nação ibérica apresentava balança com diversificada estrutura geográfica devido ao seu relativamente grande império colonial e à sua localização. No caso da Itália, outra importante variável entrou em cena: a presença de seus emigrantes na nova colonização dos países ultramarinos. A elevada percentagem de vendas para os Estados Unidos pode ser explicada por essa variável que exerceu influência direta, através do consumo de produtos em grande escala da mãe pátria e, indireta, mediante a possibilidade de estabelecer relações comerciais, uma vez que parte da população era originária do país exportador. Bairoch lançou seu olhar apenas para os Estados Unidos, mas os números autorizam a extrapolação de suas conclusões para a América do Sul, sobretudo para a Argentina.

Sobre o comércio entre Brasil e Itália, a Tabela 4.1 aponta as dificuldades encontradas pelas exportações italianas mesmo depois de iniciada a grande emigração. Pelo lado brasileiro, a situação não era diferente: em 1901, apenas 0,93% destinavam-se ao mercado italiano[63] (Tabela A.19 do Anexo). As trocas comerciais resumiam-se no caso brasileiro ao café, que correspondia a aproximadamente 75% das exportações para a península, cujos produtos principais de venda eram vinho e azeite. Ao menos até a última década de 1890, a rubiácea ainda era pouco consumida na Itália. Uma comparação com a França, feita pela revista *L'Amazzonia*, sobre os efeitos do rebaixamento das tarifas alfandegárias pagas pelo café importado, dá a medida de sua importância para cada país.

> Na Itália, com efeito, o benefício das trocas e a renda que o erário retira do café exercem em nosso balanço um efeito menos importante que no balanço francês. O imposto sobre o café nas alfândegas francesas representa a quarta parte da

---

62   Paul Bairoch. "Geographical structure"... *op. cit.*, p. 573-574.
63   Amado Luiz Cervo. *As relações históricas entre o Brasil e a Itália: o papel da diplomacia*, op. cit., p. 75.

entrada sobre as importações e constitui uma renda mais de quinze vezes superior ao que essa mercadoria arrecada na Itália.[64]

Alguns dados extraídos dos relatórios da Associação Comercial de Santos sobre o movimento de embarcações no porto, durante o período de 1876 a 1914, ajudam a elucidar melhor o papel da emigração no desenvolvimento da marinha mercante italiana, e, consequentemente, sua potencialidade em relação ao transporte de mercadorias – aspectos que certamente definiram sua posição dentro do comercio mundial de longo curso. Apesar da lacuna significativa entre 1884 e 1898,[65] período áureo da emigração italiana para São Paulo, a análise ainda é valida, pois cobre a metade final dos anos de 1870, quando esse movimento ainda dava seus primeiros passos, e o início do século XX, que apresentou números significativos, porém mais modestos que os das décadas de 1880 e 1890.

A Tabela 4.4 relaciona a entrada anual das embarcações no porto de Santos por bandeira e a participação de cada uma no movimento total. O primeiro ponto a destacar é o aumento na quantidade de navios (quase 3,5 vezes de 1876 a 1914), impulsionado, certamente, pelas exportações de café, fato que se repetiu, em maior ou menor grau, nas quatro bandeiras: na inglesa (3,4 vezes), na alemã (1,6), na francesa (4,7), com destaque para a italiana, que cresceu 21 vezes. Essa evolução por si só pouco explica. É importante observar o pequeno número de navios italianos em 1876 para que não se tenha a falsa impressão de uma notável evolução de sua navegação em relação à linha do Brasil.

Os números relativos são mais claros e expressam comportamentos diferentes. A participação da bandeira inglesa em relação ao total de embarcações manteve-se praticamente estável, flutuando entre 35 e 40%; a alemã apresentou certo crescimento, para depois cair a níveis mais baixos que o de 1876; a francesa apresentou discreta oscilação positiva. Já a bandeira italiana teve evolução bastante significativa, passando de 2,3% em 1876 para 14,2% em 1914, com picos de 19 a 22% entre 1907-1910.

---

64 *L'Amazzonia*. 1º de dezembro de 1899.

65 Vários relatórios desse período não foram localizados no arquivo da Associação Comercial de Santos enquanto outros não continhbam informações sobre o movimento do porto.

Tabela 4.4. Movimento de entrada de navios no porto de Santos (1876-1914)
Navegação de longo curso

Ano	Bandeira								Todas*
	Italiana		Inglesa		Alemã		Francesa		
	Navios	% do total	Navios	% do total	Navios	% do total	Navios	% do total	Navios
1876	7	2,3	107	35,0	84	27,5	23	7,5	306
1877	14	5,3	99	37,4	79	29,8	28	10,6	265
1878	11	3,8	101	34,7	90	30,9	25	8,6	291
1879	12	3,6	104	31,6	111	33,7	27	8,2	329
1880	12	3,8	128	40,6	83	26,3	30	9,5	315
1882	9	3,1	118	40,3	90	30,7	30	10,2	293
1883	9	3,3	95	34,9	90	33,1	32	11,8	272
1899	61	11,3	182	33,8	134	24,9	80	14,8	539
1900	40	9,1	149	34,0	125	28,5	54	12,3	438
1901	66	11,7	201	35,6	139	24,6	95	16,8	565
1902	76	13,3	212	37,1	124	21,7	98	17,2	571
1903	57	10,2	199	35,7	126	22,6	110	19,7	557
1904	80	13,4	218	36,5	118	19,8	122	20,4	597
1906	123	16,6	266	35,9	130	17,5	129	17,4	741
1907-1908#	206	22,0	354	37,8	137	14,6	127	13,6	936
1909-1910#	194	19,2	359	35,4	138	13,6	132	13,0	1.013
1913	175	13,5	516	39,8	217	16,7	122	9,4	1.296
1914	147	14,2	371	35,9	138	13,4	110	10,6	1.033

* Inclui também as outras bandeiras estrangeiras
# Período de um ano, correspondente à safra de café.
Fonte: Relatórios da Associação Comercial de Santos (vários anos).

Tudo indica que essa evolução foi consequência da emigração, que deu à marinha mercante da Itália condições de intensificar o tráfico com o Brasil. Certamente o volume de mercadorias transportadas (exportação e importação) não acompanhou o crescimento do fluxo migratório, mesmo sendo favorecido por ele. Os dados da Tabela 4.1 deixam claro que, em relação ao caso brasileiro, a via do colonialismo comercial italiano baseada na emigração não correspondeu às expectativas de seus teóricos, ficando aquém de Argentina e Estados Unidos, os maiores receptores de emigrantes.

Com relação à viagem de volta, o transporte do café que saiu pelos portos brasileiros – Rio de Janeiro, Santos, Vitória e Salvador – pode dar a medida da pequena participação da marinha italiana no comércio mundial da rubiácea (Tabela 4.5). Enquanto as principais companhias alemãs (Hamburg-Amerika Line, H. S. A. Dampfschiffahrts Gesellschaft, Nord-Deutscher Lloyd) e inglesas (Lamport & Holt Line, Royal Mail Steam Packet C.) carregavam seus navios com um, dois ou até três milhões de sacas anualmente,[66] a soma das italianas não ultrapassava 250 mil, ou seja, correspondente à quota média inferior a 2% de todo volume do tráfico, e bem abaixo, no caso do porto de Santos, do movimento de seus vapores (Tabela 4.4).

Tabela 4.5. Café exportado por portos brasileiros (sacas de 60Kg)

Portos	Ano da safra	Total de exportações (mil sacas)*	Bandeira italiana	
			mil sacas*	% do Total
Brasil**	1902-1903	13.300	250	1,9
	1903-1904	11.300	140	1,2
	1904-1905	10.500	127	1,2
	1905-1906	11.300	198	1,7
	1907	16.000	119	0,7
Santos	1905-1906	7.300	80	1,0
	1907	11.500	60	0,5
	1912-1913	8.800	161	1,8
	1913-1914	11.300	186	1,6

* Valores arredondados
** Portos de Santos, Rio Janeiro, Vitória e Salvador.
Fonte: Tabelas A.21 a A.24 do Anexo

Vale a pena reafirmar que as expectativas otimistas de maior inserção da economia italiana no comércio mundial através da articulação entre emigração e exportação de produtos não se concretizaram. No entanto, longe de se pretender fazer história contra-factual, parece correto considerar que sem a emigração, as condições gerais da marinha mercante italiana, inclusive em relação ao comércio de mercadorias, seriam ainda mais precárias. Dessa forma,

---

[66] A lista completa das companhias de navegação encontra-se nas Tabelas A.21 a A.24 do Anexo.

caminhos comerciais como o ítalo-argentino,[67] o ítalo-norte-americano e até mesmo o ítalo-brasileiro evidenciaram o relativo sucesso do que talvez não fosse uma estratégia deliberada, mas sim oportunidade que não foi desperdiçada.

Expansionismo: América ou África?

Os interesses da Itália na América, como já foi observado, baseavam-se na presença de emigrantes em diferentes setores da economia, seja como trabalhadores braçais no campo ou no meio urbano, seja como proprietários de terras ou mesmo pequenos e grandes comerciantes. Na África, entretanto, a situação era diferente, o expansionismo italiano só foi possível por meio da ocupação político-militar dos territórios conquistados.

O debate entre o modelo expansionista do colonialismo pacífico[68] e o da conquista de colônias africanas, ambos tendo como pano de fundo a questão da emigração, e por objetivo final o desenvolvimento da nação, persistiu desde a Unificação até a ocupação da Líbia.[69] A maior ou menor repercussão de cada um dependia de fatores externos – as vicissitudes conjunturais das áreas que recebiam emigrantes, a débil inserção italiana no contexto mundial e suas tentativas de se afirmar como potência – e internos – interesses de grupos econômicos e políticos na expansão e tutela da emigração e a capacidade e demanda da produção industrial. Os dois arquétipos nem sempre foram exclusivos e em certos momentos surgiram como proposta única de ação.

Na base das duas formulações estava a relação entre colonialismo e a chamada "exuberância demográfica", a alternativa italiana de expansão em que a falta de capitais para exportação seria compensada pela força de trabalho dos emigrantes e pela criação de mercados externos para

---

67   Sobre as exportações italianas para a Argentina ver Alejandro E. Fernández. *Un "mercado étnico" en el Plata. Emigración y exportaciones españolas a la Argentina, 1880-1935*. Madri: Consejo Superior de Investigaciones Científicas, 2004, p. 55 e ss. O foco do autor é a relação entre emigração e as exportações espanholas para a Argentina, mas o caso italiano também é analisado de forma comparativa.

68   Dinucci observa que entre o final do século XIX e início do XX, o uso do termo "colônia" para se referir à Argentina e ao Brasil era bastante difundido na Itália, sendo empregado por aqueles contrários a uma política de conquista territorial, que acreditavam na criação espontânea de colônias. Entretanto, o termo não fugia tanto de sua definição quando associava a imagem dos dois países à necessidade da Itália em conquistar novos mercados e possessões coloniais e era teorizado com base na suposta inferioridade étnica, cultural e política. Gigliola Dinucci. "Il Modello della colonia libera nell'ideologia espansionistica italiana. Dagli anni'80 alla fine del secolo". *Storia Contemporanea*. Bolonha, ano X, n. 3, 1979, p. 430. Sobre a via do expansionismo pacífico, Sori divide-a em duas variantes: a comercial pura e a da colonização agrícola e econômica baseada em investimentos italianos no exterior. Ercole Sori. *L'emigrazione italiana dall'Unità alla Seconda Guerra Mondiale, op. cit.*, p. 152.

69   Antonio Annino. "Espansionismo ed emigrazione verso l'America Latina (L'Italia coloniale 1900-1904)". *Clio*. Roma, v. XII, n. 1-2, 1976, p. 114.

a produção do reino. Como observa Carocci, na lógica do imperialismo italiano, a emigração era um tipo de exportação (de homens) que, como a de capitais e à diferença da de produtos industrializados, requeria o controle do país para onde ela se dirigia, sobretudo para que o êxodo deixasse de representar hemorragia de recursos e se transformasse em fator de potência.[70]

Nos anos de 1860, durante a emigração mais consistente para a região do Prata, predominou visão liberal e mercantil da expansão italiana apoiada na expectativa do início de uma fase de colonização, que viria acompanhada pelo crescimento dos primeiros núcleos de emigrantes e, consequentemente, potencializaria o desenvolvimento econômico do país. Ao mesmo tempo, as primeiras expectativas verdadeiramente coloniais surgiram após a abertura do canal de Suez e da iniciativa da companhia Rubattino em estabelecer uma rota de navegação subvencionada pelo Estado até o Mar Vermelho, onde, em 1869, adquiriu gestão do porto da baía de Assab.[71]

Nas décadas finais do século XIX, a Itália recém-unificada, desejosa de participar da partilha do continente africano, entrou na acirrada disputa entre as grandes potências europeias. Essa concorrência pela anexação de colônias, uma das faces marcantes do imperialismo, chama atenção em dois aspectos complementares. Por um lado, refletiu a nova conformação de forças no Velho Continente, onde, sobretudo a Alemanha, fortalecida economicamente, passou a reivindicar porções do território africano.[72] Por outro, intensificou as rivalidades e a política de ocupação preventiva, cujo objetivo principal não era outro senão garantir a maior fatia de terras em extensão e/ou em posição geográfica estratégica.

Apoiadas em novas tecnologias – navios a vapor, ferrovias, armamentos de guerra – e no poder da diplomacia, as potências europeias retalharam rapidamente o mapa africano. Se até o final da década de 1870 as possessões na África eram relativamente poucas e limitadas ao litoral, em 1900, praticamente todo o continente já se encontrava dividido e controlado por alguma nação do Velho Mundo. As exceções eram Libéria, Marrocos, Líbia e Etiópia. E foram exatamente essas duas últimas áreas os objetos da tardia cobiça italiana. A tentativa de conquista do território etíope, entretanto, resultou em retumbante fracasso com a derrota na batalha de Ádua no ano de 1896.[73] As pretensões expansionistas da Itália na região sofreram

---

70   Giampiero Carocci. *Storia d'Italia dall'Unità ad oggi*. Milão: Feltrinelli Editore, 1995. p 100.

71   Para descrição do processo de aquisição da baía de Assab pela companhia de navegação Rubattino ver Giorgio Doria. *Debiti e navi. La compaghia di Rubattino (1839-1881)*. Gênova: Marieti, 1990, p. 129-136.

72   A Bélgica também tinha pretensões na África que se concretizaram com o estabelecimento do Congo Belga, propriedade pessoal do rei Leopoldo II. Com o *Ultimatum* britânico de 1890, Portugal não pôde colocar em prática seu "mapa cor-de-rosa" que unia Angola a Moçambique, mas com os limites dos dois territórios definidos, ainda lhe restaram grandes possessões.

73   A Etiópia seria conquistada apenas em 1935, após sete meses de batalha, quando Mussolini concretizou o principal objetivo do sonho expansionista italiano na África.

duro golpe, apenas superado, anos mais tarde, com a conquista da Líbia, invadida em 1911, como resultado de um acordo com Espanha, Inglaterra e França para subdividir a parcela ainda não subjugada do Norte da África.[74]

A história italiana na África, entretanto, era um pouco mais antiga. A primeira conquista, como já observado, foi a baía de Assab. Na Tunísia, as pretensões de criar uma colônia na zona mediterrânea africana caíram por terra quando a França invadiu a região em 1881, colocando-a sob sua proteção.[75] Diante disso, restou à Itália voltar-se para a zona africana do Mar Vermelho onde, anos mais tarde, passou a dominar duas áreas vizinhas à Etiópia – ao norte, a região costeira denominada Eritreia (1885) e ao sudeste, a larga porção da Somalilândia[76] (1889), zona litorânea do Oceano Índico. Foi, aliás, a ocupação de Massaua, na Eritreia, em 05 de fevereiro de 1885, que marcou a entrada oficial da Itália na competição colonial, logo ao final da Conferência de Berlim.[77]

Essas conquistas fortaleceram ainda mais a perspectiva africanista na sociedade italiana e dentro do próprio governo. Emigração e colonização aproximaram-se dentro da perspectiva da Itália meridional[78], cuja experiência histórica remonta à emigração temporânea e à presença de uma colônia agrícola de sicilianos na Tunísia.[79] Em 1890, por iniciativa

---

74 Com o acordo, a Itália ficou livre para empreender sua guerra contra o combalido Império Turco pelo controle de Trípoli, para depois completar a anexação da Líbia. O Marrocos foi dividido em 1912 entre França e Espanha, a quem coube a região do Estreito de Gibraltar. Sobre a partilha da África e o Imperialismo europeu ver John M. MacKenzie. *The partition of Africa, 1880-1900*. (Lancaster Pamphlets). Londres: Methuen & Co., 1983; Harry Magdoff. *Imperialismo: da era colonial ao presente*. Rio de Janeiro: Zahar, 1979.

75 Segundo Dinucci, as ocupações da Tunísia pela França e do Egito pela Inglaterra colocaram fim na esperança de italianização dessas regiões, o que levou à maturação, na Itália, da perspectiva da conquista direta de territórios africanos e mediterrâneos. Gigliola Dinucci. "Il Modello della colonia libera nell'ideologia espansionistica italiana"... *op. cit.*, p. 448. Além da Tunísia, os italianos também estavam presentes no Egito com emigração qualificada, mas que perdeu influência a partir de 1882, quando o país africano ficou sob tutela política da Inglaterra. Cf. Francesco Surdich. "Nel Levante". In: Piero Bevilacqua; Andreina De Clementi; Emilio Franzina (orgs.). *Storia dell'emigrazione italiana. Arrivi*. Roma: Donzelli Editore, 2002, v. II, p. 181-191.

76 Região estratégica, especialmente após a abertura do Canal de Suez em 1869, que ligou o Mediterrâneo ao Mar Vermelho e, consequentemente, através do Estreito de Bab-el-Mandeb, ao Oceano Índico, a Somalilândia foi dividida entre Inglaterra, Itália e França.

77 Ludovica de Courten. *La marina mercantile italiana nelle politica di espansione, 1860-1914*. Roma: Bulzoni, 1989, p. 209.

78 "Come si sa, il meridionalismo liberale contribuí potentemente a creare il clima psicologico e ideale in cui l'Italia realizzò i suoi primi tenttativi di conquista coloniale". R. Villari. *Conservatori e democratici nell'Italia liberale*, 1964. *Apud* Zeffiro Ciuffoletti. "L'emigrazione e le classi dirigenti. I meridionalisti liberali". *Il Ponte*. La Nuova Italia editrice, n. 30-31, 1974, p. 1281-1282, nota 36.

79 Antonio Annino. "Origine e controversie della legge 31 gennaio 1901"... *op. cit.*, p. 1247-1248. O autor observa, ainda, que alternativa africana interessava a grupos agrários da Sicília já acostumados a descarregar na

de Francesco Crispi, então presidente do Conselho de Ministros, constitui-se a Colônia Eritreia, um projeto do deputado Franchetti para colonizar parte daquele território com famílias de camponeses italianos, que se tornariam proprietárias, com apoio do Estado.[80]

O fracasso da tentativa de colonização da Eritreia e a derrota militar em Ádua colocaram em dúvida a capacidade colonizadora da Itália,[81] acarretando no arrefecimento da alternativa africana e no fortalecimento da via pacífica representada pela emigração para a América do Sul, que na verdade nunca saíra da pauta.

Quanto à emigração de italianos para a África, um observador contemporâneo assim se expressou:

> Apesar de todos os disparates e de todos os subterfúgios, não é para a costa africana, mas para as praias da América que se dirigiu, espontaneamente, a grande corrente de nossa emigração. O camponês não irá à África mesmo que a força e se protegido por armas (...).[82]

O histórico da emigração italiana para o continente africano apresentado na Tabela 4.6 dá razão a essa afirmação. Entre 1880 e 1915, o número de emigrantes que se dirigiu à África jamais ultrapassou 5% do total anual; na verdade, com algumas exceções, a média desses 26 anos não chegou a 2%. O fluxo migratório não sofreu alterações significativas após as conquistas

---

Tunísia as tensões que percorriam os campos do *Mezzogiorno*. A importância da presença de italianos, sobretudo sicilianos, na Tunísia pode ser mensurada pela quantidade e tamanho das propriedades rurais pertencentes a imigrantes europeus na região. Entre 1881 e 1910, os franceses constituíram-se nos principais donos de terras, enquanto os italianos apareciam logo depois, superando a somatória das outras nacionalidades. Cf. Ercole Sori. *L'emigrazione italiana dall'Unità alla Seconda Guerra Mondiale, op. cit.*, p. 143., Tabela 5.3.

80   Gigliola Dinucci. "Il Modello della colonia libera nell'ideologia espansionistica italiana"... *op. cit.*, p. 470. Uma análise bastante completa do período em que Crispi comandou o governo italiano colocando em pratica seu modelo imperialista está em Carlo Zaghi. L'Africa nella coscenza europea e l'imperialismo italiano. Nápoles: Guida Editori, 1973. capítulo IV.

81   Bodio colocou a questão em seu devido lugar ao afirmar que a colonização da Eritreia requeria a antecipação de não menos de 4 mil liras italianas por família de 5 a 7 pessoas, mas era exatamente a falta desse capital a causa da emigração. Luigi Bodio. Della protezione degli emigranti italiani in America. 1895. *Apud* Fernando Manzotti. *La polemica sull'emigrazione nell'Italia Unita, op. cit.*, p. 99.

82   Giustino Fortunato. Antologia dei suoi scritti. 1948. *Apud* Ercole Sori. *L'emigrazione italiana dall'Unità alla Seconda Guerra Mondiale, op. cit.*, p. 155-156. Sori traça quadro desolador sobre a experiência colonial na Eritreia ao afirmar que em 1905, existiam na colônia 62 agricultores, 531 militares e 81 funcionários; dentre as 10 unidades instituídas, 9 extinguiram-se em dois anos.

coloniais, nem mesmo durante as tentativas de colonização.[83] Dois momentos são dignos de menção, embora diluídos em meio ao fluxo transoceânico: os primeiros anos do século XX e o ano de 1912, logo após a campanha vitoriosa na Líbia. Outro aspecto que salta aos olhos é a predominância dos egressos do *Mezzogiorno*, em virtude, provavelmente, ao já aludido movimento histórico de sicilianos em direção à costa mediterrânea africana.

Tabela 4.6. Emigração italiana para a África: Total e *Mezzogiorno** (1880-1915)

Ano	Todas as regiões		Mezzogiorno	Ano	Todas as regiões		Mezzogiorno
	N. Absolutos	% do Total	N. Absolutos		N. Absolutos	% do Total	N. Absolutos
1880	2.555	2,14	1.596	1898	3.551	1,25	2.152
1881	2.792	2,05	1.826	1899	4.848	1,57	2.719
1882	7.855	4,86	6.068	1900	5.417	1,54	3.566
1883	6.835	4,04	5.026	1901	9.499	1,78	7.756
1884	3.754	2,56	1.851	1902	11.771	2,21	9.623
1885	6.217	3,96	4.780	1903	10.691	2,10	8.221
1886	4.964	2,96	3.605	1904	16.598	3,52	13.199
1887	3.451	1,60	2.149	1905	13.072	1,80	9.982
1888	3.334	1,14	2.709	1906	11.569	1,47	8.620
1889	2.413	1,10	1.761	1907	12.685	1,80	9.893
1890	2.228	1,04	1.707	1908	7.351	1,51	5.013
1891	2.401	0,82	1.743	1909	7.098	1,14	4.741
1892	2.547	1,14	1.885	1910	6.670	1,02	4.581
1893	3.649	1,48	2.793	1911	7.393	1,38	4.737
1894	2.663	1,18	1.550	1912	15.725	2,21	8.440
1895	3.432	1,17	2.372	1913	6.541	0,75	4.510
1896	3.934	1,28	2.278	1914	4.951	1,03	2.469
1897	2.726	0,91	1.597	1915	5.306	3,63	3.823

* Inclui a Sardenha
Fonte: Commissariato Generale dell'Emigrazione. *Annuario statistico della emigrazione italiana dal 1876 al 1925*. Roma, 1926.

---

83 "Ad onta degli sforzi e delle ingenue illusioni di un Franchetti di avviare l'emigrazione verso gli aridi territori eritrei per tentarvi, in piena guerra, una colonizzazione agricola e di popolamento, gli emigranti meridionali, proprio in quelli anni, prendevano la via delle Americhe". Zeffiro Ciuffoletti. "L'emigrazione e le classi dirigenti. I meridionalisti liberali", *op. cit.*, p. 1290.

Nicola Labanca divide a emigração italiana para o continente africano em três vertentes para analisá-las quantitativamente: a integralmente colonial; a que se dirigiu às colônias não italianas do Mediterrâneo; a voltada para a África negra. Essa diferenciação é reveladora, pois mostra que, ao menos no período da grande emigração, o fluxo de italianos para as colônias conquistadas sempre foi muito pequeno. Mais intenso era o movimento para Argélia, Tunísia e Egito, cuja tradição histórica legou importantes comunidades italianas alimentadas por constante imigração. Finalmente, a emigração para a África negra – a de menor proporção entre as três – composta de aventureiros, técnicos, investidores, missionários, operários, que buscavam oportunidades nas colônias inglesas, francesas, alemãs e portuguesas da África austral.[84] Em suma, o estudo de Labanca ratifica a preferência dos emigrantes italianos pela América, e expõe o desprezo por parte destes pela política colonial e pela propaganda em relação à África italiana.

Ao final do Oitocentos, a posse de colônias africanas abriu para alguns segmentos da economia italiana novas perspectivas de incremento do comércio e do desenvolvimento da indústria. As rivalidades europeias, o triunfo das práticas protecionistas em quase todos os países do continente e o declínio das exportações para a França, em virtude da guerra alfandegária a partir de 1887, contribuíram para que setores da indústria manufatureira setentrional apontassem essa expansão como possível solução na busca por novos mercados.[85]

Outros interesses também estavam em jogo. Uma política de prestígio e de potência exigia gastos militares, transporte de tropas, linhas de comunicação, que favoreceriam setores da marinha mercante[86] e da indústria pesada, sobretudo a de armamento naval de guerra. No caso da marinha mercante, o principal objetivo residia na execução de serviços postais nas rotas regulares do Mediterrâneo e do Oriente, ambas estrategicamente subvencionadas pelo Estado. A grande defensora da via africanista era a Navigazione Generale Italiana, a herdeira da companhia Rubattino, cuja história sempre esteve ligada aos caminhos marítimos do Mediterrâneo e do Oriente e às subvenções estatais.[87] Tal apoio não vinha apenas

---

84   Nicola Labanca. "Nelle colonie". In: Piero Bevilacqua; Andreina De Clementi; Emilio Franzina (orgs.). *Storia dell'emigrazione italiana. Arrivi*. Roma: Donzelli Editore, 2002, v. II, p. 200-203. Para um estudo mais completo do mesmo autor ver Nicola Labanca. *Oltremare. Storia dell'espansione coloniale italiana*. Bolonha: Il Mulino, 2002.

85   Gigliola Dinucci. "Il Modello della colonia libera nell'ideologia espansionistica italiana"... *op. cit.*, p. 462.

86   Para uma discussão sobre os interesses da marinha mercante em relação às linhas para o Mar Vermelho e colônias africanas, ambas subvencionadas pelo Estado, ver Ludovica de Courten. *La marina mercantile italiana nelle politica di espansione, 1860-1914, op. cit.*, p. 209 e ss.

87   Sobre essas linhas ver histórico das companhias de navegação no Capítulo 5.

no campo das ideias, sobretudo via imprensa,[88] mas também material. Nas duas expedições para Massaua, em 1887 e 1896, a companhia disponibilizou parte de seus vapores para o transporte de tropas e suprimentos.[89] Anos mais tarde, durante a campanha da Líbia, além da NGI, outras companhias – La Veloce e Italia – forneceram embarcações que serviram de navios auxiliares à marinha de guerra.

A ideologia expansionista italiana fundamentada na emigração apresentava a própria expansão como solução para os problemas do desenvolvimento econômico.[90] Os caminhos para esse fim poderiam passar pela colonização de territórios mediante a emigração, como na região do Prata, ou pela conquista de colônias,[91] reflexo direto do complexo jogo de forças internas e externas ao país. Esses interesses encontraram eco dentro do ideário italiano que, imerso em uma Europa envolvida na acirrada competição internacional, repercutia o pensamento dominante à época, relacionando o desenvolvimento de uma nação à sua capacidade de conquistar mercados para seus produtos, áreas para investimento de capitais e fontes de matérias-primas, ou seja, na sua capacidade de obter colônias.

Antonio Annino observa que durante todo o período que vai da Unificação até a conquista da Líbia, as características do modelo expansionista com base migratória pouco se alteraram.[92] Mudaram progressivamente, porém, as forças políticas que conduziram a polêmica com apoio da imprensa das quais era porta-voz. Assim, as primeiras disputas abertas com a emigração para a América do Sul entre os liberais, partidários do expansionismo

---

88 Dinucci relata os inúmeros artigos africanistas publicados no jornal *Marina e Commercio e Giornale delle Colonie*, ligado à NGI. Gigliola Dinucci. "Il Modello della colonia libera nell'ideologia espansionistica italiana"... *op. cit.*, p. 462-463. Por outro lado, a revista L'Amazzonia, ligada à companhia Ligure Brasiliana, oferecia forte oposição à vertente africanista, alegando ser a região Norte do Brasil a melhor opção para a expansão de mercados para produtos italianos. Mario Enrico Ferrari. "*La Amazzonia*. Una rivista per l'emigrazione nel Brasile Settentrionale". *Miscellanea di Storia delle esplorazioni VIII*. Gênova: Bozzi Editore, 1983, p. 285-289.

89 Oreste Calamai. *Annuario della Marina Mercantile e delle Industrie Navali in Italia*. Gênova: La Marina Mercantile Italiana Editrice, 1914, p. 637. Para a campanha de 1896, foram transportados na ida e na volta 2.762 oficiais, 75.960 soldados e 11.761 cavalos, além do material bélico.

90 Are e Giusti assinalam que o desenvolvimento da ideologia imperialista na Itália não foi apenas condicionado por fatores econômicos. O tema da emigração teve participação essencial nesse processo, e qualquer estudo do debate sobre imperialismo não pode prescindir de levá-lo em conta. Giuseppe Are; Luciana Giusti. "La scoperta dell'imperialismo nella cultura italiana del primo novecento (II)". *Nuova Rivista Storica*. Roma, v. LIX, 1975, p. 168.

91 Gigliola Dinucci. "Il Modello della colonia libera nell'ideologia espansionistica italiana"... *op. cit.*, p. 429.

92 Antonio Annino. "Espansionismo ed emigrazione verso l'America Latina. (L'Italia coloniale 1900-1904)", *op. cit.*, p. 114-115.

comercial, e os proprietários de terras, contrários ao êxodo, foram substituídas, logo após 1887, pelo pensamento protecionista com forte teor colonialista. Depois da crise de Ádua, a opção pela colonização pacífica desenvolveu-se através de apelos antiafricanistas, alcançando papel relevante na imprensa e nos debates políticos.[93] A emigração era defendida, mais uma vez, como instrumento fundamental de expansão e, finalmente, como fator de conservação do equilíbrio social interno – tema caro ao setor agrário, sobretudo no *Mezzogiorno*.

Somente após a vitória na Líbia, que conferiu novo ímpeto aos nacionalistas, é que a alternativa sul-americana foi suplantada. Nessa conquista sob os moldes imperialistas reconhecia-se a prova da força e do ressurgimento da Itália, apontavam alguns publicistas defensores do papel da marinha mercante nesse processo, como Salvatore Raineri.

> Parecia o início de uma nova era. Após a guerra, senão depois da paz ítalo-turca, pelas quais o nosso país, através de uma luta épica e gloriosa, reconquistou o império africano dos romanos, foi consumada a primeira grande iniciativa digna da nova Itália. Finalmente, se dizia, a Itália se prepara para sua grande missão de nação; como espera construir uma nova frota de batalha, planeja, portanto, uma grande marinha mercante.[94]

Para defender a mudança de rumo da política expansionista do reino nada melhor do que expor o verdadeiro quadro das condições em que se encontravam os italianos na América do

---

93 Não cabe aqui realizar análise da ampla discussão que teve lugar na imprensa e nas instituições que, de uma forma ou de outra, sentiam-se ligadas ao tema da emigração e da expansão econômica da Itália. Diversos estudos tratam do assunto, dentre eles: Mario Enrico Ferrari. "*La Amazzonia*. Una rivista per l'emigrazione nel Brasile Settentrionale", *op. cit.*; Mario Enrico Ferrari. *Emigrazione e colonie: il giornale genovese La Borsa (1865-1894)*. Gênova: Bozzi Editore, 1983; Francesco Surdich. "I problemi dell'emigrazione nella rivista genovese *Il Faro*, portavoce degli interessi degli agenti marittimi (1888-1901)". *Miscellanea di Storia delle esplorazioni XXIX*. Gênova: Bozzi Editore, 2004; Francesco Surdich. "Il problema dell'emigrazione in un giornale di armatori genovesi: *Italia all'Estero* (1894)". *Porto e aeroporto di Genova*. Gênova, n. 33, 1990; Guido Ratti. *Il Corriere Mercantile di Genova dall'Unità al Fascismo*. Parma: Guanda Editore, 1973; Antonio Annino. "Espansionismo ed emigrazione verso l'America Latina. (L'Italia coloniale 1900-1904)", *op. cit.*; Gigliola Dinucci. "Il Modello della colonia libera nell'ideologia espansionistica italiana"… *op. cit.*; Grazia Dore. "Tra i miti di una 'più grande Italia". *Rassegna di Politica e di Storia*. Roma, v. 5, 1958. Para um histórico da imprensa genovesa ao final do Oitocentos ver Marina Milan. *La stampa periodica a Genova dal 1871 al 1900*. Milão: Franco Angeli, 1989. O estudo de Angelo Filipuzzi. *Il dibattito sull'emigrazione, op. cit.*, baseado em artigos publicados na imprensa vêneta, também mostra o jogo de interesses nos jornais e revistas da época.

94 Salvatore Raineri. "L'emigrazione al Brasile e la politica marinara". *Rassegna Nazionale*. Florença, v. CXC, ano XXXV, 1913, p. 419.

Sul. Ainda mais que naquele momento, o fluxo migratório para Argentina e Brasil mostrava-se enfraquecido e a ideologia da livre colonização esgotara-se em todos os sentidos.[95]

Na verdade, a vertente sul-americana foi sobrepujada em termos, pois, em 1913, Giovanni Bettolo, ex-ministro da Marinha, centrado no reconhecimento da necessidade de possuir territórios de domínio direto, afirmava que as duas formas de emigração, a destinada às verdadeiras colônias e a que se dirigia às colônias espontâneas, deveriam coexistir. O verdadeiro empreendimento africano estava em seu início[96] e a experiência de décadas da emigração para a América do Sul, pareciam autorizar o político, então imerso no ideário nacionalista, a elaborar o seguinte pensamento:

> Desde que as nossas possessões africanas não permitam ainda acolher, ao menos por hora, nem mesmo uma fração das grandes correntes migratórias que se dirigem às Américas seria necessário que as colônias étnicas fossem utilizadas da melhor maneira possível, estimulando o comércio de produtos italianos e protegendo-o adequadamente, mantendo alto o nosso prestígio nacional com uma política de potência e de armamento; de incremento da frota mercantil e militar.[97]

Nesse sentido, a observação de Annino é cabal. Para o autor, a "teoria emigração-expansão" nada mais era do que o reflexo ideológico do atrasado desenvolvimento industrial da Itália em relação às outras potências; uma tentativa de superação das dificuldades concernentes ao caráter monopolista do mercado mundial.[98] Para conquistar mercados, a proposta era contrapor à escassez de capitais a exportação de homens e mercadorias. Essa inversão do modelo inglês e alemão, talvez a única alternativa possível na ótica de certos segmentos da sociedade italiana, com o passar dos anos, não correspondeu às expectativas e suscitou a busca

---

95 Gigliola Dinucci. "Il Modello della colonia libera nell'ideologia espansionistica italiana"... *op. cit.*, p. 432.

96 O estudo sobre as possibilidades agrícolas da zona de Trípoli realizado por uma comissão ligada ao Ministério da Agricultura italiano era taxativo: "(...) nelle attuali plaghe dei giardini potrà aversi in misura lenta e ristretta un infiltramento della classe degli agricoltori nostri, specialmente meridionali. In modo pure lento limitato potrà estendersi la piccola coltura irrigua attorno alle attuali oasi (...). Non sarà prudente indirizzare sulla restante zona una corrente migratoria troppo numerosa e troppo affrettata di agricoltori (...)." Ministero di Agricultura, Industria e Commercio. *Ricerche e studi agrologici sulla Libia* (1912). *Apud* Ercole Sori. *L'emigrazione italiana dall'Unità alla Seconda Guerra Mondiale, op. cit.*, p. 157.

97 Giovanni Bettolo. "Politica coloniale ed estera e preparazione navale dell'Italia" (1913). *Apud* Gigliola Dinucci. "Il Modello della colonia libera nell'ideologia espansionistica italiana"... *op. cit.*, p. 479.

98 Antonio Annino. "Espansionismo ed emigrazione verso l'America Latina. (L'Italia coloniale 1900-1904)", *op. cit.*, p. 140.

de alternativas, reavivando a opção por conquistas territoriais pela via militar – caminho que a Itália também teria dificuldade em trilhar.

As remessas: *I fiumi d'oro*

> O *Banco di Napoli* está autorizado a assumir o serviço de coleta, tutela, empenho e transmissão no Reino das poupanças dos emigrantes italianos. Para tal fim, está autorizado pelo Ministério do Tesouro, a estabelecer acordos especiais com casas bancárias e com o Ministério dos Correios e Telégrafos.[99]

Assim começava o artigo primeiro da Lei n. 24 para tutela das remessas dos italianos que se encontravam no exterior, publicada em 1º de fevereiro de 1901, exatamente um dia depois da Lei n. 23 sobre a emigração.

A ideia de disciplinar o movimento das remessas encarregando alguma instituição bancária, no entanto, não era nova. Em 1894, a casa *Cesare Conti* de Nova York ofereceu seus serviços, que seriam executados juntamente com a administração dos correios da Itália. Dois anos depois, surgia a ideia da criação de um banco colonial por ações, que agiria dentro e fora do reino, contando, inclusive, com o auxílio dos consulados no exterior. Ainda em 1896, Francesco Nitti propôs ao Ministério do Tesouro um projeto para a constituição da *Banca per gli Emigrati d'Italia*, com o privilégio do serviço de remessa e apoio do ofício postal italiano.[100]

Da parte do governo, o ministro do Tesouro, Luigi Luzzatti, apresentou à Câmara seu projeto para a tutela das remessas dos emigrados na América, cujo objetivo era

> (…) salvar da rapina dos fraudadores e da astúcia dos usurários o dinheiro dos nossos pobres emigrantes.[101]

Palavras bonitas que revelavam preocupação com os emigrados; mas na mesma relação, Luzzatti expunha claramente o outro lado da moeda: os interesses de grupos econômicos na tutela, e no consequente desfrute, das economias enviadas à pátria mãe.

---

99 Legge n. 24, per la tutela delle rimesse e dei risparmi degli emigrati italiani all'estero, 1º febbraio 1901. *Leggi e Decreti del Regno d'Italia*. Gazzetta Ufficiale del Regno.

100 Luigi De Rosa. *Emigranti, capitali e banche (1896-1906)*. Nápoles: Edizione del Banco di Napoli, 1980, p. 119-120.

101 "Relazione Luzzatti alla Camera" (1º de dezembro de 1897). *Apud* Adriano R. Fiorentino. *Emigrazione trasnsoceanica (storia, statistica, politica, legislazione)*. Roma: U.S.I.L.A., 1931, p. 21.

Entre as várias propostas das quais se junta uma lista, o Governo se demorou particularmente sobre uma, que tinha o sufrágio de egrégios capitalistas e representantes das companhias de navegação, e fora proposta por um talentoso economista nosso.[102]

O "talentoso economista" era Nitti, cujo projeto inspirou o de Luzzatti. A diferença principal, no entanto, estava na escolha do tipo de instituição bancária responsável pela transferência do dinheiro da América para a Itália. Nitti defendia a participação de uma instituição privada com capital acionário, mas Luzzatti preferiu um banco público para tal serviço, o *Banco di Napoli*, pois, segundo ele, as garantias do governo dariam maior segurança ao dinheiro dos emigrados.[103]

Mesmo com a saída de Luzzatti do Ministério do Tesouro, as discussões prosseguiram até a aprovação do projeto no início de 1901. Durante essa fase, as reações não foram pequenas, dado que alcançava interesses diversos preocupados em manter ou participar de alguma forma na gestão dos chamados "rios de ouro". Resistência significativa e reveladora veio do exterior, mais precisamente de Nova York, onde os chamados "banchieri" italianos, que há muito eram os responsáveis pela ampla rede informal de transferência do dinheiro dos emigrados, não queriam abrir mão dessa relevante fonte de renda e especulação.

Na Itália, o protesto principal referia-se ao monopólio das remessas conferido ao *Banco di Napoli*.[104] Por um lado, sublinhava-se a incapacidade da instituição para execução do serviço; por outro, retomava-se a ideia de que a constituição de um banco colonial seria mais adequada, sobretudo quando se considerava o financiamento do crescimento do país – nessa segunda concepção ficava patente mais uma vez o pensamento que imperou nos debates da época: a articulação entre emigração e desenvolvimento econômico da nação, agora sob a ótica das remessas.

Toda essa controvérsia não era em vão. O volume das remessas justificava tal empenho. A historiografia tem apontado as dificuldades para mensurá-lo devido às várias alternativas engendradas para transferência das economias dos emigrados, muitas delas informais. Segundo Luigi De Rosa, antes da Lei n. 24, os emigrantes tinham à sua disposição os seguintes meios para enviar dinheiro à Itália: vale internacional, vale consular, bilhetes do Estado ou de bancos italianos de emissão[105] (*Banco d'Italia, Banco di Napoli, Banco di*

---

102 "Relazione Luzzatti alla Camera". *Apud* Luigi De Rosa. *Emigranti, Capitali e Banche (1896-1906), op. cit.*, p. 121.

103 Luigi De Rosa. *Emigranti, capitali e banche (1896-1906), op. cit.*, p. 121 e 123.

104 Para um excelente histórico dos interesses que emergiram das discussões que precederam a aprovação da Lei n. 24 ver Luigi De Rosa. *Emigranti, capitali e banche (1896-1906), op. cit.*, p. 125-166.

105 Esse tipo de bilhete era um bônus emitido pelo Estado ou por um banco autorizado que se obrigava a pagar a vista e ao portador o valor discriminado.

Sicilia), remessa via banqueiros privados.[106] Além desses banqueiros que surgiam nos lugares de destinação, Gino Massullo chama atenção para outros canais informais, considerados "invisíveis", para execução da tarefa: por meio de parente ou compadre que retornava à pátria, envio pelo correio ordinário, o próprio emigrante portava consigo no regresso.[107]

O estudo mais completo sobre as remessas é o de Luigi Mittone. Abarcando o período de 1902 a 1913, o objetivo era duplo: ciente das dificuldades em relação à quantificação, sobretudo das economias enviadas por meios informais, sua preocupação tem caráter metodológico de reconstrução de uma série histórica; feito isso, o autor analisa o papel das remessas no desenvolvimento econômico italiano, com atenção especial para a balança de pagamentos.[108]

Para executar essa reconstrução, Mittone apoiou-se nas informações publicadas pelo *Commissariato Generale dell'Emigrazione* no *Annuario statistico della emigrazione italiana dal 1876 al 1925*, em 1926, no qual estão reportados três canais fundamentais para transmissão das remessas: o *Banco di Napoli*, a caixa postal de poupança e o vale postal internacional, considerados os meios "visíveis" para o envio do dinheiro. Quanto aos meios "invisíveis", cuja dificuldade de mensuração é obvia, seus cálculos basearam-se em fontes alternativas: estudos de autores contemporâneos, como os de Francesco Coletti e B. Stringher, que estimaram, para o triênio 1907-1909, o volume total das remessas em cerca de 500 milhões de liras.[109]

Mittone organizou sua série histórica computando os valores das remessas durante o período de 1902 a 1913, subdividindo-os de acordo com a forma de envio, ressaltando que, para as transferências informais, tratava-se de um cálculo aproximado.[110] A Tabela 4.7 apresenta esses números, mas também incorpora a observação de Massullo – cujo trabalho é tributário ao de Mittone – sobre a necessidade de se relativizar o montante enviado por

---

106 Luigi De Rosa. *Emigranti, capitali e banche (1896-1906), op. cit.*, p. 109; para um breve estudo dessas práticas nos Estados Unidos, Argentina e Brasil ver p. 109-119.

107 Gino Massullo. "Economia delle rimesse". In: Piero Bevilacqua; Andreina De Clementi; Emilio Franzina (orgs.). *Storia dell'emigrazione italiana. Partenze*. Roma: Donzelli Editore, 2001. v. I., p. 162-163.

108 Luigi Mittone. "Le rimesse degli emigrati sino al 1914". *Affari sociali internazionali*. Milão, n. 4, 1984, p. 125-160.

109 Francesco Coletti. "Dell'emigrazione italiana" e B. Stringher. "Gli scambi con l'estero e la bilancia dei pagamenti italiana", ambos publicados na coletânea *Cinquant'anni di storia italiana*. Milão: Hoelpi, 1911.

110 Sobre a metodologia empregada na estimativa das remessas informais e do total ver Luigi Mittone. "Le rimesse degli emigrati sino al 1914", *op. cit.*, p. 131-141.

vale postal internacional, subtraindo um terço do valor total, que corresponderia às transações comerciais também transmitidas por esse meio.[111]

Tabela 4.7. Total das remessas enviadas à Itália, em liras italianas (1902-1913)

Ano	Formais				Informais	Total
	Banco di Napoli	Caixa Postal de Poupança	Vale Postal Internacional*	Sub-Total	Sub-Total	
1902	9.304.835	12.137.448	45.231.971	66.674.254	65.199.746	131.874.000
1903	23.576.694	22.936.545	71.202.001	117.715.240	121.235.760	238.951.000
1904	28.299.399	28.699.504	84.270.944	141.269.847	145.700.153	286.970.000
1905	38.417.886	32.943.590	98.712.166	170.073.642	177.390.358	347.464.000
1906	29.888.687	52.188.318	130.295.802	212.372.807	208.891.193	421.264.000
1907	38.441.306	74.006.763	165.461.571	277.909.640	272.090.360	550.000.000
1908	36.662.542	47.737.763	148.700.931	233.101.236	232.912.764	466.014.000
1909	40.178.527	25.557.106	137.844.571	203.580.204	203.380.796	406.961.000
1910	57.364.999	51.694.044	177.383.507	286.442.550	294.040.450	580.483.000
1911	68.723.016	39.462.572	179.034.259	287.219.847	294.632.153	581.852.000
1912	76.204.554	55.581.189	182.578.785	314.364.528	328.587.472	642.952.000
1913	84.563.049	80.408.714	197.743.087	362.714.850	353.798.150	716.513.000
Soma	531.625.494	523.353.556	1.618.459.593	2.673.438.643	2.697.859.357	5.371.298.000
%	9,90	9,74	30,13	49,77	50,23	100

* Valor correspondente a 2/3 do total.
Fonte: Luigi Mittone. "Le rimesse degli emigrati sino al 1914", *op. cit.*, Tabelas 1 e 4; Gino Massullo. "Economia delle rimesse", *op. cit.*, Tabelas 2 e 3.

Apesar da lei que concedeu o monopólio das remessas ao *Banco di Napoli*, os números revelam que apenas 9,9% do total utilizaram-se desse canal; a caixa postal de poupança ficou com 9,74% e o vale internacional com 30,13%. Já os meios informais responderam por pouco mais da metade das economias enviadas do exterior. Considerando-se apenas as vias formais, pelo *Banco di Napoli* passaram 19,88% de todo montante transferido pelos emigrados.

---

111   Massullo apoia-se nas observações de F. Coletti "Dell'emigrazione italiana", *op. cit.* e F. Balletta. *Il Banco di Napoli e le remesse degli emigrati (1914-1925)*. Nápoles, 1972.

Um artigo publicado em 1915, na revista *La Vita Italiana*, sediada em Roma, oferece algumas explicações sobre os limites de atuação do *Banco di Napoli* nos Estados Unidos. Iniciando com a pergunta:

> O que fez o *Banco di Napoli* em 14 anos para cumprir o mandato que lhe conferia a lei?[112]

O articulista anônimo afirmava que os correspondentes nomeados pelo banco eram os antigos "banqueiros" que já agiam enganando os imigrantes. Além disso, representavam outros agentes financeiros, nem sempre italianos, pelos quais enviavam as economias para a Itália. Criticava, ainda, a tardia e insuficiente decisão do banco de abrir uma agência em Nova York em 1908, enquanto o volume do fluxo crescia em outras cidades – Chicago, Boston, São Francisco e Nova Orleans. Lembrava que os recentes esforços dos Estados Unidos para absorver as poupanças dos emigrados deveriam despertar o banco para a necessidade de criar uma rede de escritórios espalhados pelas áreas de maior população italiana. Por fim, respondendo a própria pergunta, conclamava a direção do banco a fazer sua escolha:

> Ou realizar a missão confiada ao Instituto pela lei de 1901, ou recusar a tarefa de proteger as poupanças dos emigrantes.[113]

Em relação às quantias encaminhadas pela emigração transoceânica via *Banco di Napoli*, a Tabela 4.8 mostra que as remessas advindas dos Estados Unidos eram de longe as mais vultosas; no primeiro quinquênio do século XX, as do Brasil apareciam em segundo lugar, mas foram superadas pelas da Argentina no período seguinte. Mesmo quando se consideram os vales postais internacionais, a situação pouco se altera.[114]

---

112 *La Vita Italiana. Rasegna mensile di politica interna, estera, coloniale e di emigrazione.* 15 de outubro de 1915.

113 *La Vita Italiana. Rasegna mensile di politica interna, estera, coloniale e di emigrazione.* 15 de outubro de 1915.

114 Angelo Trento. *Do outro lado do Atlântico, op. cit.*, p. 73-74. O historiador tem hipótese bastante interessante sobre esse fato. Além da superioridade do fluxo de italianos, as remessas maiores dos Estados Unidos podem ser explicadas, em parte, por se tratar de emigração individual, enquanto que para o Brasil, vieram grupos familiares, decididos a construir o próprio futuro no novo país, e que, possivelmente, não haviam deixado parentes próximos a quem enviar dinheiro. No entanto, somente estudos específicos poderiam comprová-la.

Tabela 4.8. Remessas da emigração transoceânica via *Banco di Napoli*, em liras italianas (1902-1915)

Origem	1902	1903	1904	1905	1906-1910	1911-1915
EUA	7.441.721	18.567.373	22.022.384	27.775.519	121.251.000	351.245.000
Brasil	1.462.683	3.021.292	3.658.328	6.243.695	25.389.000	40.290.000
Argentina	400.429	1.986.281	2.616.007	4.369.281	53.353.000	61.591.000

Fonte: Para 1902 a 1905 – *La Marina Mercantile Italiana*. 07 de julho de 1905; para 1906 a 1915 – Angelo Trento. *Do outro lado do Atlântico, op. cit.*

Em relação ao final do Oitocentos, existem apenas algumas estimativas como a de Francesco Nitti, segundo a qual, para a segunda metade da década de 1890, os imigrantes italianos nas Américas mandavam entre 150 a 200 milhões de liras italianas por ano, sendo que apenas de Nova York chegavam 25 milhões.[115] Com base nas ordens de pagamentos por via postal e consular, ou seja, sem considerar as remessas informais, Antonio Franceschini apresentou números mais modestos para o período compreendido entre 1886-1899. Do Brasil foram enviados pouco mais de 1,8 milhões de liras italianas; da Argentina, quase 5 milhões; dos Estados Unidos, 38,5 milhões.[116] Jacopo Virgilio, sempre otimista quando o assunto era emigração para a região do Prata, calculava que as cifras anuais giravam em torno de 3 a 4 milhões ao final da década de 1860.[117]

De qualquer maneira, o volume de dinheiro enviado para a Itália – sobretudo no espaço de tempo da grande emigração (entre a década de 1890 e o início da Primeira Guerra Mundial) – adquiriu importância suficiente para ser notado na balança de pagamentos do reino. Apoiado em dados oficiais, Ercole Sori elaborou um modelo-padrão denominado por ele de "estrutura pré-bélica de ativos na balança de pagamentos italiana".[118]

---

115   Francesco S. Nitti. "La nuova fase della emigrazione d'Italia", *op. cit.*, p. 753.
116   Antonio Franceschini. *L'emigrazione italiana nell'America del Sud, op. cit.*
117   Jacopo Virgilio. *Delle migrazioni transatlantiche degli italiani... op. cit.*, p. 56, nota 2.
118   Ercole Sori. *L'emigrazione italiana dall'Unità alla Seconda Guerra Mondiale, op. cit.*, p. 121.

Exportações visíveis	65,0%
Remessas	13,2%
Despesas do turismo	12,0%
Saldos postais ativos	5,5%
Interesses de capitais italianos no exterior	1,8%
Fretes ativos[119] e outros itens	2,5%

Correspondendo a mais de 13% dos ativos, as remessas não despertaram apenas o interesse dos contemporâneos, cujo pragmatismo – na ótica de Ercole Sori – fez com que se abandonassem as últimas resistências ao fluxo migratório para as Américas[120] – *il fiume d'oro* era bastante persuasivo. A historiografia também atentou para esse fato e procurou analisá-lo em duas ordens de grandeza que se entrecruzam: suas implicações macro e microeconômicas.

No plano macroeconômico a questão principal reside em definir qual o papel das remessas no desenvolvimento econômico da Itália. Para Ercole Sori, o afluxo de dinheiro dos emigrados foi importante em vários aspectos: permitiu o financiamento das importações[121] na fase em que o ritmo de crescimento industrial da península ainda era insuficiente; contribuiu para triplicar o valor das reservas de ouro entre 1896 e 1912; e através de sua canalização para o sistema de crédito, tornou-se importante fonte de recursos para financiar setores da indústria ligados aos grandes bancos.[122]

Nesse sentido, Gramsci, em análise clássica e pioneira, desnudou o funcionamento do mecanismo que subordinava o trabalhador agrícola meridional ao desenvolvimento do capitalismo nas áreas mais avançadas do país.[123] Quando a emigração assumiu forma gigantesca característica do século XX e as primeiras levas começaram a afluir da América,

---

119 Ativos relacionados em grande parte à marinha mercante como fruto do movimento de ida e volta da migração transoceânica.

120 Ercole Sori. *L'emigrazione italiana dall'Unità alla Seconda Guerra Mondiale, op. cit.*, p. 123.

121 Entre 1902 e 1912, as importações superaram as exportações em mais de 10,2 bilhões de liras italianas, sobretudo pela necessidade de matéria-prima para a nascente indústria siderúrgica sustentada pelas tarifas de proteção de 1878 e 1887. As remessas cobriram 61% desse valor. Gino Massullo. "Economia delle rimesse", *op. cit.*, p. 169.

122 Ercole Sori. *L'emigrazione italiana dall'Unità alla Seconda Guerra Mondiale, op. cit.*, p. 121-123.

123 "A unificação colocou em íntimo contato as duas partes da península. A centralização bestial confundiu suas exigências e necessidades, e o efeito foi a emigração de todo dinheiro líquido do Sul para o Norte, com o fim de encontrar rendimentos maiores e mais imediatos na indústria, bem como a emigração dos homens para o exterior, a fim de encontrar o trabalho que faltava no próprio país". Antonio Gramsci. "O Sul e a guerra" (1916). *A questão meridional*. Rio de Janeiro: Paz e Terra, 1987, p. 62.

os economistas liberais proclamaram que o sonho de Sonnino[124] realizara-se e que uma silenciosa revolução no *Mezzogiorno* modificaria toda a estrutura econômica e social da região. Mas o Estado interveio e a revolução foi sufocada no nascedouro. O governo ofereceu bônus do Tesouro a juros fixos[125] e os emigrantes e suas famílias transformaram-se, de agentes da revolução silenciosa, em agentes que forneciam ao Estado os meios financeiros para subsidiar as indústrias parasitárias do Norte.[126]

No âmbito microeconômico, o ingresso das economias no campo italiano possibilitou maior consumo e liquidez monetária, com reflexos macroeconômicos óbvios em virtude da ampliação do mercado. Entretanto, como observa Ercole Sori, o estudo das formas de emprego desse capital, levando-se em consideração as antigas relações sociais no meio rural, sobretudo as ligadas ao comércio e à renda, indica que se deve relativizar seus efeitos.[127]

De maneira geral, parcela significativa do capital ganho pelos emigrantes no exterior teve os seguintes destinos: em primeiro lugar, o pagamento dos débitos relacionados à viagem de emigração e às hipotecas das pequenas propriedades, depois quitar dívidas com os proprietários de terras e com os usurários. As remessas ainda foram aplicadas na melhoria da alimentação e das condições de vida, bem como na aquisição da casa ou de um pedaço de terra. Todo processo encontrou resistência de uma camada intermediária acostumada aos laços de dependência, característicos da vida camponesa, em especial na Itália meridional, que de tudo fez para impedir que o dinheiro saísse do tradicional circuito econômico local.[128] Ao mesmo tempo, a intensificação da demanda por terras no *Mezzogiorno* provocou aumento de seu preço e reduziu ainda mais os efeitos positivos das remessas.[129]

---

124 Sidney Sonnino, político, economista liberal e um dos principais defensores da liberdade de emigrar, elaborou a tese de que a emigração seria a "válvula de segurança" contra os problemas sociais no campo e uma forma de redenção da plebe rural (ver Capítulo 1). O envio das economias dos emigrados ou mesmo o retorno destes com algum dinheiro foi comemorado por muitos como a materialização de suas ideias. Sobre os projetos de Sonnino ver Zeffiro Ciuffoletti. "L'emigrazione e le classi dirigenti. I meridionalisti liberali", *op. cit.*

125 Sori chama atenção para as poucas alternativas de investimentos para as economias dos emigrantes, restritas ao simples depósito bancário e postal. Ercole Sori. *L'emigrazione italiana dall'Unità alla Seconda Guerra Mondiale, op. cit.*, p. 122.

126 Antonio Gramsci. "Alguns temas da questão meridional" (1926). *A questão meridional, op. cit.*, p. 160.

127 Ercole Sori. *L'emigrazione italiana dall'Unità alla Seconda Guerra Mondiale, op. cit.*, p. 127.

128 Para análise mais detalhada dos aspectos microeconômicos das remessas ver Ercole Sori. *L'emigrazione italiana dall'Unità alla Seconda Guerra Mondiale, op. cit.*, p. 159-182; Gino Massullo. "Economia delle rimesse", *op. cit.*, p. 170-183.

129 Zeffiro Ciuffoletti. "L'emigrazione e le classi dirigenti. I meridionalisti liberali", *op. cit.*, p. 1292. Para um estudo sobre os efeitos das remessas na região do Vêneto ver Emilio Franzina. *Storia dell'emigrazione veneta. Dall'Unità all'fascismo.* Verona: Cierre edizioni, 1991, p. 113-127. O papel da emigração e das remessas

Por fim, cabe ressaltar que a Itália, com sua economia frágil, praticamente não exportava capitais. No entanto, diante de um modelo *sui generis*, apoiado na emigração, passou a percebê-los com as volumosas remessas enviadas pelos italianos que trabalhavam no exterior. Nesse sentido, as observações de Franco Bonelli, apoiadas nas teses de Gramsci, são esclarecedoras: a partir da segunda metade dos anos de 1890, a Itália já havia escolhido exportar mão de obra em massa, transformando os emigrantes em produtores de renda no exterior, em detrimento da criação de consistente mercado de consumo interno. Como grande parte dessa população era proveniente do setor agrícola, configurou-se particular mecanismo de transferência de recursos da agricultura para a indústria.[130]

O diagnóstico, no entanto, já era fornecido por Francesco Nitti, em 1888, ao sublinhar que a emigração era o resultado do débil desenvolvimento econômico do reino que, sem condições de exportar capitais, exportava homens.

> Enquanto não nos tornarmos um grande país exportador de mercadorias, e as nossas indústrias não tiverem uma força motriz e um desenvolvimento ao menos dez vezes superior ao atual, nós seremos por necessidade um país exportador de homens.[131]

Inserida no mercado internacional de trabalho, essa exportação de braços necessitava de meios para se desenvolver. Assim, o transporte transoceânico e o recrutamento de populações, transformados em negócio, conferiram ganhos a diversos sujeitos nos dois lados do Atlântico.

---

como estratégia familiar no Mezzogiorno para conservação ou recuperação da pequena propriedade foi analisado por Andreina De Clementi. *Di qua e di là dall'Oceano. Emigrazione e mercati nel Meridione (1860-1930)*. Roma: Carocci, 1999.

130 Franco Bonelli. "Il capitalismo italiano. Linee generali d'interpretazione". In: Ruggiero Romano (org.). *Storia d'Italia. Annali I. Dal feudalismo al capitalismo*. Turim: Giulio Einaudi Editore, 1978. p. 1222.

131 Francesco S. Nitti. "L'emigrazione italiana e i suoi avversari" (1888). *Scritti sulla questione meridionali*. Bari: Laterza, 1958. v. I. p. 441.

Capítulo 5. O oceano como espaço de acumulação

Sujeitos da acumulação na Itália

Histórico das companhias de navegação italianas

AUGUSTA MOLINARI AFIRMA que os proventos obtidos pelas sociedades armadoras genovesas no tráfico de emigração favoreceram processos de concentração que levaram à formação dos primeiros grupos empreendedores e assinalaram o fim da figura do armador-mercante.[1] Em 1871, surgiram na cidade de Gênova as duas primeiras companhias de grande porte: o Lloyd Italiano e a Gio Batta Lavarello & C. que à época monopolizava grande parte do transporte de emigrantes para a América do Sul. Existiam, ainda, outros importantes grupos de armadores, com destaque para o de Raffaele Rubattino, o da família Piaggio, o da família Raggio[2] e, na cidade de Palermo, o de Vicenzo Florio.

---

[1] Augusta Molinari. "Porti, trasporti, compagnie". In: Piero Bevilacqua; Andreina De Clementi; Emilio Franzina (orgs.). *Storia dell'emigrazione italiana. Partenze.* v. I. Roma: Donzelli Editore, 2001, p. 237-255. Giorgio Doria aponta ainda as dificuldades financeiras para investimentos na construção de vapores, que exigia grande imobilização de capitais. Tal fato era agravado pela pequena difusão no setor de armamento da sociedade anônima e da negociação de títulos na bolsa de valores de Gênova. O autor fornece dados extraídos da *Camera di Commercio di Genova* sobre a concentração da frota de vapores nas mãos de poucos grupos armatoriais: "Dal 1872 al 1875 l'82-90% del tonnellaggio era proprietà di 5 grossi imprese; nel 1876 sono 4 le società proprietarie dell'88% del tonnellaggio; dal 1877 al 1880, le 3 principali ditte possiedono circa il 90% del naviglio; nel 1881-82 tornano ad essere 4 le società che detengono rispettivamente l'80-85% del naviglio". Giorgio Doria. *Investimenti e sviluppo economico a Genova alla vigilia della prima guerra mondiale (1815-1882)*. Milão: A. Giuffrè Editore, 1969. v. I., p. 282-283.

[2] Augusta Molinari. "Porti, trasporti, compagnie", *op. cit.*, p. 243-244.

Nesse período, a Rubattino & C., que atuava no Mediterrâneo e no Oriente, começava a se consolidar como a principal sociedade de navegação genovesa,[3] absorvendo, em 1876, o material de navegação do Lloyd Italiano e, em 1877, cinco dos principais vapores da recém-liquidada Peirano e Danovaro. À sombra da Rubattino, três importantes companhias conseguiam espaço para se desenvolver na medida em que operavam no Atlântico, ou seja, fora de sua área de ação. Todas eram ligadas a homens e capitais provenientes do antigo armamento à vela e encontravam na emigração sua fonte de renda. A família Piaggio possuía uma frota de veleiros destinada ao transporte de emigrantes para a região do Prata; negócio que financiou a renovação de seu material náutico, já no início da década de 1880: dos bergantíns aos *clippers* e depois aos modernos vapores. Da mesma forma originou-se a sociedade dos irmãos Raggio, cuja frota de veleiros era mais modesta que a dos Piaggio.[4]

A terceira companhia, a de Lavarello, também teve sua origem ligada aos veleiros que, já em 1859, transportavam emigrantes para a América do Sul. A partir de 1870, seus três *clippers* partiam mensalmente para a região do Prata. Em 1871, constitui-se a sociedade anônima Gio Batta Lavarello e Companhia, com capital de 4 milhões de liras italianas, reunindo numerosos comerciantes e ilustres personalidades genovesas. Com a execução do serviço postal subvencionado pelo governo, a partir de 1873, associado ao transporte de emigrantes, sua frota aumentou rapidamente, mas a concorrência da Piaggio e da recém-formada Navigazione Generale Italiana (1881) levaram à sua dissolução em 1883.[5]

Além dessas companhias, inúmeras sociedades menores e fretadores de navios também se ocupavam da emigração para América do Sul. O estudo de Malnate é esclarecedor no que diz respeito à diversidade daqueles que se ocupavam do tráfico de emigrantes para a América do Sul em 1883, ou seja, de pequenos armadores a grandes companhias (Tabela 5.1).[6]

---

3   Sobre a historia da Rubattino & C. ver Giorgio Doria. *Debiti e navi. La compaghia di Rubattino (1839-1881)*. Gênova: Marieti, 1990.

4   Giorgio Doria. *Investimenti e sviluppo economico a Genova... op. cit.*, v. I., p. 284-287.

5   Giorgio Doria. *Investimenti e sviluppo economico a Genova... op. cit.*, v. I., p. 287-289.

6   Natale Malnate. *L'emigrazione all'America Meridionale dal porto di Genova durante l'anno 1883*. Gênova: Pietro Pellas Fu L., 1884.

Tabela 5.1. Movimento mensal para a América do Sul dos emigrantes embarcados no Porto de Gênova, em 1883

Mês	Armador/Cia.	Emigrantes	Mês	Armador/Cia.	Emigrantes	Mês	Armador/Cia.	Emigrantes
Jan.	R. Piaggio	1.387	Mai.	S.G. Francesa	1.218	Out.	R. Piaggio	1.680
	Lavarello	1.008		Lavarello	589		Raggio	987
	Dufour e Bruzzo	560		R. Piaggio	399		La Veloce	751
	S.G. Francesa	470		Duca Galliera	148		Dufour e Bruzzo	676
	S. German	392	Jun.	Raggio	817		S.G. Francesa	633
	S.G. Italia	196		S.G. Francesa	678		Duca Galliera	552
Fev.	Dufour e Bruzzo	660		Lavarello	640		Volpe*	4
	Lavarello	597		Schiaffino	296		Novella*	3
	S.G. Francesa	566		R. Piaggio	270		Roncagliolo*	1
	Raggio	295	Jul.	Raggio	883	Nov.	Raggio	2.717
	Banco Sc.	78		S.G. Francesa	661		La Veloce	2.197
	Novella*	7		La Veloce	397		Schiaffino	956
Mar.	Raggio	959	Ago.	Lambruschini*	5		R. Piaggio	913
	S.G. Francesa	774		R. Piaggio	799		S.G. Francesa	898
	Lavarello	690		S.G. Francesa	361		Raggio	2.381
Abr.	R. Piaggio	1.611		La Veloce	181		S.G. Francesa	906
	S.G. Francesa	1.149	Set.	Raggio	2.242	Dez.	Gaggino	592
	Lavarello	882		S.G. Francesa	1.417		La Veloce	552
	Schiaffino	461		Schiaffino	808		R. Piaggio	449
				La Veloce	636		Gallo*	1

* Transporte realizado por veleiros
Fonte: Natale Malnate. *L'emigrazione all'America Meridionale dal porto di Genova durante l'anno 1883*.

Pela tabela acima, percebe-se que a La Veloce começou a levar emigrantes para a América do Sul a partir de julho, quando foi constituída em substituição à sociedade Lavarello.[7] Em

---

7 A transformação da G. B. Lavarello na La Veloce será abordada mais a frente, no histórico da companhia de navegação La Veloce.

relação aos 44.036 emigrantes transportados em 1883,[8] merecem destaque as companhias Raggio (11.281), a francesa S. G. Transports Maritimes à Vapeur (9.731), R. Piaggio (7.058), La Veloce (4.714) e Lavarello (4.406), que dominavam esse mercado em Gênova.

O padrão de diversidade, entretanto, começou a mudar já na década de 1880, mais especificamente em 1881, ano da formação da Navigazione Generale Italiana (NGI), fruto da fusão das sociedades Florio e Rubattino. Intensificou-se o processo de concentração que atingiria sua expressão máxima no final do Oitocentos e início do século XX, potencializado pela entrada de capitais estrangeiros, pelo aumento extraordinário do movimento migratório, pelas subvenções estatais (prêmios e convenções marítimas) e, finalmente, pela lei de emigração de 1901, amplamente favorável às grandes companhias – praticamente as únicas a obterem a patente de vetor de emigração.

Desse modo, das 130 sociedades armatoriais presentes em Gênova em 1873, poucas conseguiram sobreviver à virada do século em virtude da forte concorrência estrangeira, do crescimento do fluxo migratório para os Estados Unidos, em detrimento da América do Sul, e das exigências do transporte marítimo, que obrigavam à substituição dos antigos veleiros por modernos vapores.[9]

Ilustrativa, portanto, a situação da Società Anonima Genovese di Navigazione a Vapore, formada em 1902, para exercer o transporte de emigrantes com apenas um vapor construído em 1881. Em reunião do conselho administrativo, cinco anos mais tarde, quando enfrentava sérios problemas financeiros, chegou-se à conclusão de que

> A cada dia está se tornando mais difícil para os pequenos armadores participar do tráfico do transporte de emigrantes (…). Acreditamos, de fato, ser conveniente não continuar mais com a patente de "Vetor de emigrantes" que para nós se transformou em uma fonte de encargos em vez de representar um benefício.[10]

A concentração do setor de armamento e navegação era a regra. Após sua formação, a Navigazione Generale Italiana passou a fagocitar as sociedades em dificuldades para se tornar a maior companhia italiana. Em 1885, as frotas das companhias Raggio e Piaggio foram absorvidas

---

8 O destino dos emigrantes na América do Sul foi o seguinte: Argentina (31.121), Brasil (7.940), Uruguai (3.472), outros países (1.503). Ainda segundo Malnate, dos 44.036 emigrantes, 2.616 provinham de partes italianas no Tirol e na Suíça.

9 Augusta Molinari. "Porti, trasporti, compagnie", *op. cit.*, p. 244.

10 *Apud* Giorgio Doria. *Investimenti e sviluppo economico a Genova alla vigilia della prima guerra mondiale (1882-1914)*. Milão: A. Giuffrè Editore, 1973. v. II., p. 277. O autor observa que essa companhia realizava o transporte de emigrantes por portos não italianos do Mediterrâneo.

pela NGI, que passou a dispor de 81% da frota a vapor de Gênova.[11] Essa política de concentração e criação de uma grande companhia vinha ao encontro das pretensões do governo italiano e de parte dos intelectuais e políticos, que, amparados na experiência de outros países com marinha mercantil forte e subvencionada pelo Estado (como Alemanha e França), acreditavam que o desenvolvimento econômico do reino dependia, em grande medida, da existência de uma poderosa companhia de navegação com apoio estatal para enfrentar a concorrência estrangeira.

O ápice dessa concentração foi alcançado em meados da primeira década do século XX. Giorgio Doria observa que, no espaço de seis anos (Tabela 5.2), através de uma série de operações financeiras, a Navigazione Generale Italiana passou a controlar a combinação de mais três sociedades – La Veloce em 1902, Italia em 1905 e Lloyd Italiano em 1907 – totalizando um capital de 96,4 milhões de liras italianas e uma frota a vapor que representava cerca da metade (46,8%) da tonelagem inscrita no compartimento de Gênova em 1907.[12]

Tabela 5.2. Tonelagem dos vapores controlados pela NGI e pelas outras sociedades do grupo – compartimento de Gênova (1897-1907)

Ano	NGI	La Veloce	Italia	Lloyd Italiano	Total	% da Tonelagem Total
1897	46.398	–	–	–	46.398	30,8
1898	53.719	–	–	–	53.719	34,1
1899	52.911	–	–	–	52.911	30,8
1900	53.445	–	–	–	53.445	26,5
1901	62.370	–	–	–	62.370	26,6
1902	65.585	30.624	–	–	96.209	38,0
1903	65.899	30.624	–	–	96.523	38,1
1904	83.852	29.421	–	–	113.273	42,5
1905	70.967	34.938	11.705	–	117.610	46,7
1906	87.505	30.456	10.834	–	128.795	44,3
1907	77.410	33.910	10.834	19.686	141.840	46,8

Fonte: Giorgio Doria. *Investimenti e sviluppo economico a Genova... op. cit.*, v. II., p. 271-272. nota 32.

Giorgio Doria atenta ainda para a importância dos recursos estatais nas primeiras décadas de atividades da Navigazione Generale Italiana, prática comum entre as grandes companhias

---

[11] Augusta Molinari. "Porti, trasporti, compagnie", *op. cit.*, p. 244. A Figura A.1 do Anexo apresenta de forma esquemática os passos mais importantes do processo de concentração das companhias de navegação em torno da NGI.

[12] Giorgio Doria. *Investimenti e sviluppo economico a Genova... op. cit.*, v. II., p. 271.

de navegação europeias. A sociedade recebia do governo italiano, por prêmios de navegação e subvenções às linhas convencionadas para os serviços postais, uma cifra anual que oscilava entre 9 e 10 milhões de liras italianas. Em essência, o Estado deu à companhia, entre 1890 e 1899, o valor correspondente ao seu capital subscrito.[13]

A NGI, porém, não foi a única companhia de navegação importante da Itália. Em 1884, visando o significativo mercado relacionado à emigração para a América do Sul, foi criada a La Veloce, em 1897, a Ligure Brasiliana e, em 1899, a Sociedade Italia. No início do século XX, constituíram-se o Lloyd Italiano[14] (1904) e o Lloyd Sabaudo (1906). Em Nápoles, principal porto de saída de emigrantes para os Estados Unidos, surgia, em 1906, a Sicula-Americana e, em 1913, a companhia Italia transferiu sua sede de Gênova para essa cidade.

Um histórico dessas companhias pode iluminar a análise do fenômeno migratório enfocando sua relação com o desenvolvimento da marinha mercantil e, consequentemente, da economia italiana.[15]

NAVIGAZIONE GENERALE ITALIANA (NGI) – SOCIETÀ RIUNITE FLORIO & RUBATTINO

Constituída em 4 de setembro de 1881, após a fusão das duas maiores companhias à época: a R. Rubattino & C. de Gênova e a Piroscafi Postali di Ignazio e Vicenzo Florio & C. de Palermo.[16] Fundadas na década de 1840, essas duas sociedades tinham algo mais em comum: grande parte de seu desenvolvimento esteve associado aos acordos firmados com os governos da península para execução dos serviços postais. Em 1848, a Rubattino assumiu essa tarefa entre Gênova e a Sardenha e, em 1861, estendeu sua área de atuação à região da Toscana. No mesmo ano, a sociedade Florio firmou com o governo italiano um contrato para os serviços postais marítimos. Em 1862, transformou-se em sociedade por ações, o que, para a Rubattino, ocorreria apenas em 1880, às vésperas da fusão.[17]

---

13 Giorgio Doria. *Investimenti e sviluppo economico a Genova... op. cit.*, v. II., p. 151.

14 Companhia nova, sem nenhuma ligação com o antigo Lloyd Italiano citado anteriormente, cujas atividades encerram-se em 1876.

15 Extraiu-se grande parte das informações a seguir de Oreste Calamai. *Annuario della Marina Mercantile e delle Industrie Navali in Italia*. Gênova: La Marina Mercantile Italiana Editrice, 1914, p. 634-701. As outras fontes estão identificadas no decorrer do texto.

16 Cf. *Statuto della Società Navigazione Generale Italiana (Società riunite Florio e Rubatino)*.

17 Empresa com escasso capital, endividada pela aquisição de oito vapores, a Rubattino à época da fusão precisou de financiamento do governo para a conclusão do acordo com a Florio.

Ainda no que tange à intima relação dessas duas companhias com o Estado, então unificado, as convenções postais de 1877 deram à Sociedade Rubattino os serviços da Sardenha, do Egito e das Índias e à Sociedade Florio, os serviços da Sicília, Malta e Tunísia, do Adriático e do Levante.

Fundada com o objetivo implícito de poder suportar a concorrência da marinha estrangeira, especialmente a francesa "che, sussidiata e proteta in ogni modo dal proprio governo, aspirava ad accaparsi il commercio dei porti italiani",[18] a NGI estabeleceu sua sede em Roma, duas sedes compartimentais em Gênova e Palermo e duas sucursais em Nápoles e Veneza. A duração da sociedade foi fixada em 30 anos a partir de 1º de julho de 1881. A aprovação da sociedade veio com o decreto régio de 16 de março de 1882.

Reunindo as frotas das duas antigas sociedades, a NGI passou a contar com 89 vapores, incluindo algumas novas unidades adquiridas para a linha da América do Norte e Índias,[19] totalizando, assim, 67 mil toneladas de registro. Entre 1884-1885, foram adquiridos 12 vapores da companhia Raggio e, posteriormente, os da R. Piaggio & Fº. A partir de então, estabeleceu-se o serviço de navegação para a região do Prata, abrindo-se, portanto, à sociedade, o próspero negócio da emigração para a América do Sul.

Dando prosseguimento à sua política de expansão, a NGI continuou a absorver velhas sociedades genovesas, napolitanas e sicilianas e a receber cerca de 90% das subvenções estatais destinadas à marinha mercantil. Ao alvorecer do novo século, a NGI associou-se, através da compra de ações e de um acordo de gerenciamento conjunto das linhas transoceânicas, às companhias La Veloce, Italia e Lloyd Italiano, para fazer frente à concorrência estrangeira e intensificar seus negócios.

Autores como Doria e Roncagli atentam para uma característica marcante da NGI, sempre muito criticada à época: seu critério de gestão era utilizar até o limite extremo o material náutico, suportando relevantes despesas de manutenção, reparação e transformação. Sua frota envelhecia ano após ano: entre 1891 e 1894, por exemplo, às vésperas da renovação das convenções marítimas com o Estado, o percentual de tonelagem dos navios com mais de 20 anos passava de 27% para 38%.[20]

---

18 Mario Pozzo; Giuseppe Felloni. *La borsa valori di Genova nel secolo XIX*. Turim: ILTE, 1964, p. 410.

19 Os novos vapores eram os seguintes: *China, Rubattino, Vicenzo Florio, Archimede, Indipendente, Washington* e *Gottardo*.

20 Ainda segundo Roncagli, um claro índice de como a frota da NGI vinha transformando-se em um "depósito de ferro velho" era o valor atribuído ao material de navegação nos seus balanços sociais: em pouco mais de dez anos, de 1886 a 1897, a tonelagem da frota aumentava em mais de 10%, mas seu valor em liras italianas diminuía em 56%. G. Roncagli. *L'industria dei trasporti maritimi*. Milão, 1911. *Apud* Giorgio Doria. *Investimenti e sviluppo economico a Genova... op. cit.*, v. II., p. 151-152.

Ainda segundo Doria, era dessa maneira que a mais potente sociedade armatorial italiana dispunha de recursos para alargar sua esfera de influência, absorvendo outras companhias. Ou seja, não despendendo para adquirir vapores novos, sobrava dinheiro para comprar os pacotes acionários de suas concorrentes.[21]

Em 1910, constituiu-se a Società Nazionale dei Servizi Marittimi e a NGI transferiu muitos de seus vapores para essa companhia. Sua frota foi então reduzida de 102 para 17 unidades.[22] Em 1932, a NGI, o Lloyd Sabaudo e a Cusolick Line de Trieste reuniram-se para operarem juntas sob o nome de Società Italia Flotte Reuniti.

A companhia executava serviços nas seguintes rotas:

– 1881-1910: Gênova/Palermo – Nova York
– 1881-1910: Gênova/Palermo – Levante e Portos no Adriático
– 1881-1910: Gênova/Palermo – Sicília
– 1881-1910: Gênova/Palermo – Marselha – Nápoles – Bombaim – Singapura – Jacarta – Hong Kong
– 1881-1910: Gênova/Palermo – Portos Mediterrâneos – Tunísia
– 1881-1910: Gênova/Palermo – Alexandria – Levante – Mar Negro
– 1885-1932: Gênova/Palermo – Américas do Norte e do Sul

LA VELOCE SOCIETÀ ANONIMA

Sua origem remonta a 1870, quando o capitão Lavarello, há muitos anos dedicado ao transporte de emigrantes para a Argentina, apoiado por Matteo Bruzzo e outros, transformou sua companhia em uma sociedade por ações, a Gio. Batta. Lavarello & C., presidida por ele até 1881, ano de sua morte. Em fevereiro de 1883 a assembleia geral dos acionistas deliberou pela sua liquidação e, em junho do mesmo ano, o material foi adquirido por um grupo de antigos acionistas representados por Matteo Bruzzo, que após a compra de dois vapores – *Nord America* e o *Matteo Bruzzo* – em 1884, deu à nova empresa o nome de La Veloce – Linea di Navigazione Italiana. Em 1887, foram adquiridos mais três vapores – *Duchessa di Genova*, *Duca di Galiera* e *Vittoria*. Após isso, constituiu-se sociedade anônima denominada La Veloce – Navigazione Italiana, com sede em Gênova, cuja principal rota ainda era a da América do Sul.

---

21   Giorgio Doria. *Investimenti e sviluppo economico a Genova... op. cit.*, v. II., p. 271.
22   Navigazione Generale Italiana. Relazione sul Rendiconto e Bilancio dell'esercizio 1910-1911. Gênova, 1911.

A importância do tráfico de emigrantes para a La Veloce pode ser medida pela consequência da queda da emigração em 1884 devido à epidemia de cólera na Itália e às medidas sanitárias tomadas pelos governos de países americanos onde seus vapores aportavam: a diminuição do número de viagens e a necessidade de alugar o *Nord America* para o governo inglês. Em 1888, apesar da perda do vapor *Sud America*,[23] o aumento do movimento migratório fez com que a distribuição dos dividendos para aquele ano atingisse o valor de 15%. No ano seguinte, com a suspensão da emigração para o Brasil,[24] o dividendo distribuído foi de 6%. Nesse mesmo ano, a maior parte das ações da companhia foi adquirida por um grupo de banqueiros alemães.

Em 1891, foram comprados os vapores da Sociedade Fratelli Lavarello já em processo de falência: *Las Palmas* (ex *G.B. Lavarello*), *Rio Janeiro* (ex *Adelaide Lavarello*), *Montevidéo* (ex *Città di Napoli*) e *Città di Genova*.[25] Em 1894, a La Veloce estabeleceu, de forma pioneira, uma ligação com a América Central.

Em 1901, suas ações foram recompradas por capitalistas italianos por iniciativa da NGI, que passou a ter ingerência sobre a La Veloce. No mesmo ano, objetivando afrontar a concorrência estrangeira, as duas companhias estabeleceram um serviço comum para as Américas. Em 1924, a La Veloce foi liquidada.

As rotas exercidas pela sociedade eram as seguintes:

– 1883-1924: Gênova/Nápoles/Palermo – Las Palmas – América do Sul
– 1901-1922: Gênova/Nápoles/Palermo – Nova York – Filadélfia
– Alguns serviços para Nova Orleans e América Central.

---

23 O vapor *Sud America* naufragou em 1888 após colidir com o vapor *La France* da companhia de navegação francesa Transports Maritimes. No acidente morreram 87 passageiros.

24 Em março de 1889, Crispi, presidente do Conselho de ministros, suspendeu através de decreto a imigração para o Brasil; isso perduraria até 1891.

25 Em edição do dia 04 de abril de 1891, o jornal genovês *La Borsa* noticiou o pedido de moratória por parte da Fratelli Lavarello: "Una brutta notizia si è sparsa lunedì scorso sulla nostra piazza: la Società di navigazione fratelli Lavarello há chiesto la moratoria". Três meses depois, o mesmo jornal, que parecia ser contrário à aquisição da Lavarello pela La Veloce informava: "Si è sparsa ai quattro venti la notizia che la flotta della Società Lavarello è stata acquistata dalla *Veloce*. Il fatto non è ancora avvenuto e finora si lavora molto di fantasia. La cose stanno così: venne fatto un semplice compromesso, che però necessita dell'omologazione del Tribunale per la cessione di sei (non sette) Vapori dei fratelli Lavarello. La *Veloce* poi ha appunto riunito l'Assemblea pel giorno 20 corr. per decidere sulla cosa. Del resto nulla, nulla assolutamente di concluso. Vi sono trattative. Quelli meglio informati di noi ci faranno un piacere a correggerci!" *La Borsa*, 11 de junho de 1891.

ITALIA SOCIETÀ DI NAVIGAZIONE A VAPORE

Constituída em 6 de maio de 1899, por obra de capitalistas alemães,[26] a sociedade, inicialmente com sede em Gênova, também tinha como objeto a rota transoceânica para as Américas. Em 1905, com o auxílio da *Società Bancaria Italiana*, suas ações foram adquiridas pela NGI, que eliminou de vez a influência germânica nas companhias genovesas.[27]

Seus vapores foram utilizados a princípio na linha do Brasil e da região do Prata. Em 1906, para fazer frente à demanda da América do Norte por emigrantes, a companhia encomendou a construção três vapores. Em março de 1908, inaugurou a linha regular Gênova-Nápoles-Palermo para Nova York-Filadélfia.

Em 21 de junho de 1913, a assembleia geral dos acionistas aprovou a proposta do conselho de administração de transferir a sede de Gênova para Nápoles em virtude da prevalência geográfica de seu porto na emigração meridional destinada ao Estados Unidos.

LLOYD ITALIANO SOCIETÀ DI NAVIGAZIONE

A sociedade foi constituída em Gênova no dia 7 de novembro de 1904 por iniciativa do senador Erasmo Piaggio, que até o final de 1903 era diretor geral da NGI. Participaram, também, muitos nomes do seguimento financeiro de Gênova, Turim e alguns capitalistas da Itália meridional. O objetivo do empreendimento era o transporte de emigrantes para as Américas.

No ano seguinte, o conselho administrativo foi autorizado a aumentar o capital de 12 para 20 milhões de liras. Consequência direta do empenho na utilização de material novo, com a construção de 8 vapores de grande dimensão e potente motor para o transporte de emigrantes.[28] O vapor *Florida*, por exemplo, foi projetado exclusivamente para esse fim.

No ano de 1907, com apoio de Piaggio, então presidente do Lloyd Italiano, a NGI adquiriu a maioria absoluta de suas ações, e, assim, a sociedade tornou-se parte integrante do acordo que envolvia também a La Veloce e a Italia.

---

26 A Italia foi constituída com capitais da companhia de navegação alemã Hamburg Amerikanishe Paketfahrt Gesellschaft. Giorgio Doria. *Investimenti e sviluppo economico a Genova...* op. cit., v. II., p. 179.

27 Giorgio Doria. *Investimenti e sviluppo economico a Genova...* op. cit., v. II., p. 271.

28 Giorgio Doria. *Investimenti e sviluppo economico a Genova...* op. cit., v. II., p. 273.

LA LIGURE BRASILIANA SOCIETÀ ANONIMA DI NAVIGAZIONE

Constituída em 1897 por iniciativa do genovês Gustavo Gavotti, deputado e sócio minoritário da antiga Società Ligure Romana di Navigazione, sua precursora. Desde sua formação em 1894, a Ligure Romana já realizava o transporte de imigrantes para o Brasil com dois vapores. Sua sucessora deu continuidade a esse serviço e, em iniciativa inédita, estabeleceu uma linha entre Gênova-Manaus-Belém, com objetivos comerciais baseados na emigração para o norte do Brasil.

A linha de Gênova ao norte do Brasil para transporte de mercadorias e emigrantes não era, entretanto, sua maior fonte de renda. A sociedade também mantinha rota regular com as regiões do centro-sul brasileiro interessadas no trabalhador italiano. Em 1903, a linha para o norte do Brasil foi encerrada. No ano de 1906, sua frota foi toda redirecionada para a linha do Prata. Em 1911, foram comprados dois vapores junto ao Lloyd Italiano para o transporte de emigrantes para a América do Norte. Em 1913, a Ligure Brasiliana foi comprada pela Hamburg-Amerika Line e, em 1914, passou a se chamar Transatlantica Italiana S. A. di Navigazione.[29]

SOCIETÀ DI NAVIGAZIONE A VAPORE ITALO-PLATENSE

A sociedade foi constituída em 1868 pelo capitão Antonio Oneto com apoio de italianos residentes na Argentina. No ano seguinte era lançado um programa explicativo para a subscrição das ações denominado: *Proyecto de una compania de navegacion a vapor entre Genova, Napoles, Rio de la Plata y vice-versa*.[30] O objetivo da sociedade, portanto, era claro: aproveitar o intenso tráfego de passageiros que ganhava força já na década de 1870. Para tanto, foram utilizados três vapores: o *Italo-Platense*, o *Po* e o *Pampa*.

A empreitada, porém, enfrentou sérias dificuldades e, no final de 1871, a sociedade apresentava grande endividamento. Não suportando a concorrência da companhia de Lavarello e da francesa Transports Maritimes, a Italo-Platense foi dissolvida em 1876 e seus vapores vendidos.

---

29 G. Giacchero. *Genova e Liguria nell'età contemporanea*. Gênova, 1970, p. 510. *Apud* Mario Enrico Ferrari. "La Amazzonia. Una rivista per l'emigrazione nel Brasile Settentrionale", *op. cit.*, p. 281.

30 Mario Enrico Ferrari. *Emigrazione e colonie: il giornale genovese La Borsa (1865-1894)*. Gênova: Bozzi Editore, 1983, p. 201-202.

OTTAVIO ZINO

A companhia foi constituída em Savona, no ano de 1889, para operar a linha Gênova-América do Sul. A partir de 1900, seus navios começaram a se dirigir para Nova Orleans e, de 1902 a 1906, para Nova York. Em 1908, a companhia parou de transportar emigrantes. Com a emigração italiana para o Chile, Zino constituiu a Società Lloyd del Pacifico, para a qual foram transferidos os navios de passageiros.

LLOYD SABAUDO SOCIETÀ ANONIMA PER AZIONI

Com sede em Turim, a sociedade foi constituída em 21 de junho de 1906 e, em 1907, operava a linha Gênova-Nápoles-Nova York com três vapores – *Re d'Italia*, *Regina d'Italia* e *Principe di Piemonte*. Em 1908, iniciaram-se as linhas para a região do Prata e Brasil através dos transatlânticos *Tomaso di Savoia* e *Principe di Udine*.

Seu principal objetivo não era apenas transportar emigrantes, mas também outro tipo de passageiro – o de 1ª e 2ª classes – que até aquele momento era alvo apenas de companhias de navegação estrangeiras. Esclarecedoras eram as palavras de Oreste Calamai sobre essa questão.

> Não convém ocultar, agora menos do que nunca, que, baseada em uma visão imperfeita do nosso problema marítimo, a navegação italiana contou somente com a emigração descuidando do rentável tráfico dos outros passageiros. O Loyd Sabaudo certamente demonstrou compreender a necessidade de chamar para nós tal tráfico e para isso constituiu uma frota de *liners* (...).[31]

Ficava claro, ainda, em seu estatuto, a diversificação das atividades da companhia, especialmente no ramo de seguros.

> O Lloyd Sabaudo foi constituído (...) tendo como objetivo:
> a) a navegação marítima, lacustre e fluvial, a fim de transportar pessoas e bens em qualquer parte do globo;
> (...)
> b) o exercício de seguros e resseguros em geral, seja de pessoas, de bens móveis e imobiliários (...).[32]

---

31   Oreste Calamai. *Annuario della Marina Mercantile... op. cit.*, p. 689.

32   Estatuto de constituição do Lloyd Sabaudo (1906). Cf. Oreste Calamai. *Annuario della Marina Mercantile... op. cit.*, p. 687.

SICULA-AMERICANA SOCIETÀ DI NAVIGAZIONE A VAPORE

A sociedade foi constituída em 31 de outubro de 1906, em Messina, pela companhia Fratelli Peirce. Seu propósito era o transporte de emigrantes meridionais, especialmente os oriundos da Sicília, para a América do Norte. O tráfico iniciou-se um ano depois com dois vapores, o *San Giorgio* e o *San Giovanni*. Em 1908, sua sede foi transferida para Nápoles; em 1912, a sociedade estabeleceu uma linha para a América do Sul: Sicília-Montevidéu-Buenos Aires. A Sicula-Americana passou para o controle acionário da NGI em 1917.

Relatórios e balanços dos exercícios financeiros[33]

O histórico acima representa a primeira aproximação para se apreender a relevância do transporte de emigrantes para as companhias de navegação italianas. Muitas foram criadas com esse objetivo ou, ao menos, resultaram de antigas empresas que realizavam esse tipo de tráfico.

Mesmo a Navigazione Generale Italiana, advinda da fusão das companhias Florio e Rubattino que não tinham preocupação imediata em desfrutar do fluxo migratório, e cujo "carro-chefe" era o comércio conjugado de mercadorias e os serviços postais amplamente subvencionados pelo Estado, ao absorver sociedades que realizavam o transporte de italianos para a América do Sul (a companhia já possuía linha para a América do Norte), passou a se preocupar com a oportunidade de obter maiores rendimentos para seus negócios.

A concorrência da bandeira estrangeira era grande, sempre abocanhando metade ou mais do mercado do tráfico de emigrantes, mas, mesmo assim, essa parcela assegurou ganhos ao armamento italiano. É o que demonstra Giorgio Doria através do cálculo – a partir do preço médio das passagens (170 liras italianas) – das receitas anuais geradas pelo transporte da emigração, reproduzido na tabela abaixo.

Tabela 5.3. Ganhos com o tráfico de emigrantes, em liras italianas (1897-1907)

Período	Armadores Italianos	Armadores Estrangeiros
1897-1900	12.000.000	22.000.000
1901-1904	30.600.000	37.400.000
1905-1907	55.800.000	68.200.000

Fonte: Giorgio Doria. *Investimenti e sviluppo economico a Genova... op. cit.*, v. II, p. 266-267. nota 16.

---

33   Esse tipo de documentação era produzido anualmente pelas companhias. Constituía-se, em geral, pelo Relatório do Conselho Administrativo, pelo Balanço Contábil do respectivo exercício, pelo Relatório dos Auditores e pelas deliberações da Assembleia Geral Ordinária, responsável pela aprovação do mesmo.

Os gráficos a seguir foram elaborados a partir dos números do *Commissariato dell'Emigrazione*, publicados no *Annuario statistico della emigrazione italiana dal 1876 al 1925*, e ilustram a proporção dos emigrantes transportados por companhias de navegação estrangeiras e italianas durante o século XX.[34] Os dados referem-se ao volume direcionado ao continente americano como um todo e também aos fluxos destinados às Américas do Norte e do Sul.

Os números devem ser observados sob três aspectos. Ao se considerar a emigração para a América, percebe-se leve predomínio das companhias de navegação estrangeiras, ao menos até 1907, ano em que foi ultrapassada pela bandeira italiana. Quando o destino era a América do Norte, a marcante prevalência estrangeira foi superada apenas a partir de 1908. No que diz respeito à América do Sul, os navios italianos sempre transportaram mais emigrantes que os concorrentes de outros países. Em sua relação sobre os serviços de emigração entre 1909-1910, Luigi Rosi observou o progresso técnico e econômico conseguido pelo material de navegação italiano em confronto com o estrangeiro. Tal fato repercutiu no aumento da participação da bandeira italiana no transporte de emigrantes.

> Até 1906, a nossa bandeira na linha da América do Norte, onde a competição é mais forte, não havia superado 31% dos emigrantes transportados; o percentual subiu para 43,3% em 1907, 51,6% em 1908, e 53,7% em 1909. O mesmo ocorreu, porém em proporção um pouco menor, na linha do Sul, onde grande parte do tráfico já era assegurado à bandeira italiana. De fato, o percentual de emigrantes italianos, transportados por embarcações italianas ao Prata, que era de 71,4% em 1903, 77,8% em 1907, subiu para 86,2% em 1909.[35]

---

34 Apesar de os dados oficiais existirem desde o ano de 1876, a discriminação do transporte de emigrantes por bandeira iniciou-se apenas a partir de 1901, data da nova lei de emigração.

35 Relazione dell'on. Rossi sui servizi dell'Emigrazione per l'anno 1909-1910. La Marina Mercantile Italiana. 25 de fevereiro de 1911.

Gráfico 5.1. Emigração italiana para a América, em números absolutos (1901-1915)

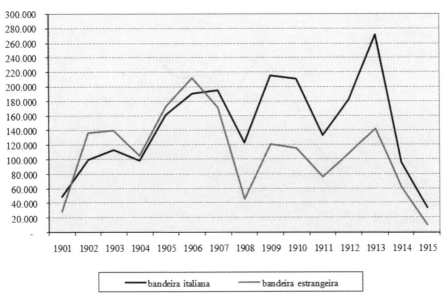

Commissariato dell'Emigrazione. *Annuario statistico della emigrazione italiana dal 1876 al 1925*. Roma, 1926.

Gráfico 5.2. Emigrantes italianos transportados para América do Norte, em números absolutos (1901-1915)

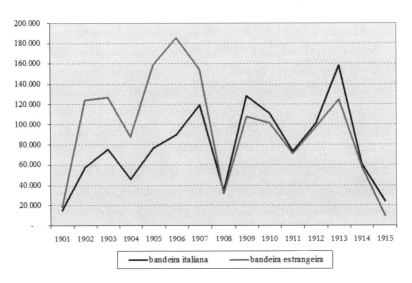

Fonte: Commissariato dell'Emigrazione. *Annuario statistico della emigrazione italiana dal 1876 al 1925*. Roma, 1926.

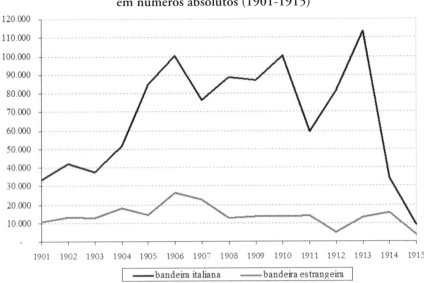

Gráfico 5.3. Emigrantes italianos transportados para América do Sul, em números absolutos (1901-1915)

Fonte: Commissariato dell'Emigrazione. *Annuario statistico della emigrazione italiana dal 1876 al 1925*. Roma, 1926.

Se, como já foi observado anteriormente, o comércio exterior não correspondeu amplamente aos anseios dos grupos econômicos ligados à indústria marítima e de parte dos políticos italianos, o mesmo não se pode dizer da emigração transoceânica, apesar da forte concorrência estrangeira nos portos da península. Considerando-se a América como um todo, e a despeito da luta política e econômica para desenvolver a frota mercantil nacional, as companhias inglesas, alemãs e francesas invariavelmente transportavam mais emigrantes italianos que as próprias companhias da península, ao menos até meados da primeira década de 1900. Havia, porém, diferença significativa em relação ao fluxo para a denominada América meridional, onde a marinha italiana sempre predominou em detrimento dos concorrentes estrangeiros.

À luz dessas evidências, o estudo da contabilidade das companhias de navegação italianas, com base nos balanços publicados e compulsados por esta pesquisa expõe, com números e letras, a importância do negócio do transporte de emigrantes pelo Atlântico para essas sociedades. Como observa Ludovica de Courten, não foi casual o paralelo desenvolvimento entre o incremento das expatriações e a construção de vapores, como mostra a tabela a seguir.[36]

---

36 Ludovica de Courten. *La marina mercantile italiana nelle politica di espansione, 1860-1914*, op. cit., p. 172.

Tabela 5.4. Estatística da emigração transoceânica e da construção naval (1894-1907)

Ano	Emigração Transoceânica		Construção Naval	
	Ida	Retorno	N. de vapores	Tonelagem
1894	111.898	55.221	6	1.970
1895	184.518	53.962	13	3.526
1896	194.247	58.607	9	6.438
1897	172.078	63.893	9	14.249
1898	135.912	71.687	12	21.691
1899	140.762	69.441	16	41.122
1900	166.503	80.570	22	63.294
1901	279.674	77.567	18	56.890
1902	252.234	95.336	10	23.297
1903	275.339	124.590	15	24.847
1904	223.107	177.692	8	19.936
1905	447.083	118.894	21	57.763
1906	511.935	156.273	57	41.646
1907	419.901	–	24	64.113

Fonte: L. Fontana-Russo. "La marina mercantile e l'emigrazione" (1908). *Apud* Ludovica de Courten. *La marina mercantile italiana nelle politica di espansione, 1860-1914*, op. cit., p. 173.

O Gráfico 5.4 mostra que a curva da evolução da tonelagem construída acompanha diretamente a do aumento do volume de emigrantes transportados, com a esperada defasagem temporal da resposta. Nessa análise optou-se apenas pelos dados referentes à emigração de ida, pois esta era fator primordial na decisão de se construir novos vapores, como se evidenciará com o estudo dos balanços das companhias de navegação. Cumpre destacar, no entanto, que a curva representativa da soma do fluxo de ida e volta em nada altera a dinâmica da relação emigrantes/construção de navios.

Gráfico 5.4. Emigrantes transportados e navios construídos, em toneladas (1894-1907)

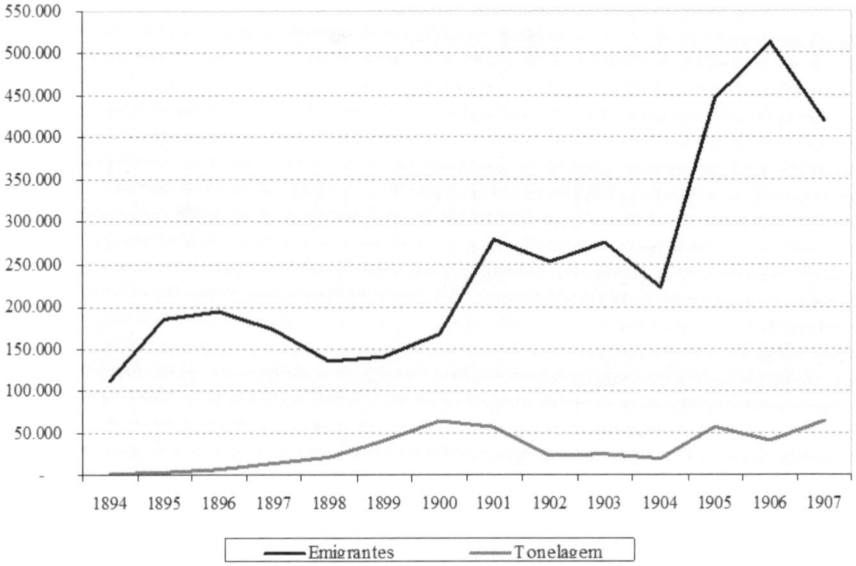

Fonte: Tabela 5.4

Por fim, ressalta-se que a análise aqui realizada atenta para a importância da leitura crítica desse *corpus documental*. Deve-se ter ciência de que os discursos foram proferidos pelos conselhos administrativos das companhias com o intuito de justificar acertos e erros nas decisões tomadas; até mesmo o relatório dos auditores merece esse olhar crítico. Distorcidas ou isentas, o fundamental é que nas justificativas apresentadas para os bons ou maus resultados, a emigração sempre teve papel de relevo, ratificando sua posição ímpar no desenvolvimento da marinha mercante italiana.

O recurso à imprensa ligada à marinha mercante também se apresentou de grande valia, tanto para complementar as eventuais ausências na documentação pesquisada quanto para aferir melhor o discurso sobre o significado da emigração para esse importante setor da economia italiana. A título de exemplo, reproduz-se um excerto do jornal genovês *La Borsa*, em que fica claro, mesmo descontada a parcialidade do periódico em um momento de retração do fluxo, o que representou o transporte transoceânico de emigrantes.

> Como poderia prever esses desastres uma Companhia de Gênova para a qual a Argentina transformou-se há anos o Eldorado, e onde, especialmente entre os

armadores, não se pensava em outra coisa que comprar ou lançar ao mar vapores cada vez maiores para transportar um número sempre crescente de emigrantes.[37]

Relatórios e balanços da La Veloce

No *Rendiconto dell'Esercizio 1896*, o conselho de administração da La Veloce indicava a importância do transporte de emigrantes para a companhia.

> Srs. Acionistas,
> (…)   O movimento de passageiros bem como o de mercadorias na principal de nossas linhas, a das Repúblicas Platenses, foi abundante e os valores dos fretes superaram o total dos anos anteriores, apesar de o movimento geral da Europa ao Prata, em confronto com os anos precedentes, não ter sido muito maior.   (…)
>
> Nas linhas do Brasil, a vossa Companhia não pôde neste ano empenhar-se mais do que limitadamente ao transporte dos emigrantes subsidiados pelos governos brasileiros. Os transportes de emigrantes para o Brasil foram interrompidos a partir do mês de agosto por proibição do governo italiano, medida de origem política e preventiva. O vosso Conselho, embora fosse retirado daquela linha um importante ramo de negócios, pensa em manter inalterados os serviços pré-estabelecidos e pré-anunciados. Esta providência, que foi bem aceita pela classe comercial, que tem relações de negócios entre o Brasil e a Itália, certamente atrairá para nossa Companhia a preferência da emigração espontânea que se dirige, agora em proporção mais abundante, àquela república, assim como os viajantes de retorno e o tráfico de mercadorias.[38]

Um movimento muito bem-vindo, pois em 1891 a companhia havia comprado os vapores da falida Società Fratelli Lavarello, elevando sua frota a 14 navios, todos dedicados ao transporte de passageiros na linha da América do Sul.[39]

---

37   *La Borsa*. 23 de maio de 1891.

38   La Veloce. Rendiconto dell'Esercizio 1896. Gênova, 1897.

39   Os registros da *Camera di Commercio di Genova* mostram a evolução da frota da La Veloce: 5 navios em 1886; 8 em 1887; 7 entre 1888-1890. *Apud* Giorgio Doria. *Investimenti e sviluppo economico a Genova… op. cit.*, v. II., p. 58.

> Frota igual ainda não foi possuída por qualquer companhia mercantil italiana não subsidiada pelo governo e que atue na linha entre Itália e América do Sul, que foi, e é até o presente, o campo mais ativo do comércio marítimo italiano.[40]

O valor da transação atingiu a cifra de 5 milhões de liras italianas, sendo a maior parte (3.700.000,00 liras italianas) paga com obrigações da própria La Veloce e o restante, em dinheiro. Defendendo a operação de aquisição, o conselho administrativo afirmava que a situação financeira da sociedade era bastante sólida, contando, inclusive, com a participação de dois bancos alemães.[41]

> Ele [Conselho] orgulha-se também de cumprir um dever declarando-lhes que, à combinação desse negócio, bem como à estruturação mais sólida da posição financeira da La Veloce, contribuíram eficazmente com trabalho solícito, válido e voluntarioso os dois bancos alemães, *Berliner Handels Gesellschaft* e *Bank für Andel Industrie*, e é uma satisfação anunciar estas duas Instituições como beneméritas dos interesses de nossa Companhia.[42]

Giorgio Doria assinala que o ano de 1891 marcou uma nova fase de desenvolvimento da La Veloce, pois além da aquisição dos navios da Lavarello, que aumentou em 45% a tonelagem de sua frota, a companhia operou "corajoso saneamento financeiro", reduzindo seu capital social de 15 milhões para 13 milhões de liras italianas. Em 1893, inaugurou nova linha com a América Central e, em 1896, decidiu aumentar seu capital para 18 milhões de liras italianas.[43]

O aumento da frota vinha ao encontro da forte demanda por parte das repúblicas do Prata e pelos contratos de introdução de imigrantes no Brasil no início da última década do século XIX. Dessa forma, evitava-se o aluguel de navios de outras sociedades para a execução desse serviço.

---

40   La Veloce. Relazione del Consiglio *d'Amministrazione*. Gênova, 1891.

41   "Si tenga conto che il capitale estero subentrava nel maggio 1889, rilevando la maggioranza delle azioni attraverso un consorzio di banche tedesche, con un investimento di oltre 11 milioni di lire, in una azienda che aveva distribuito l'anno precedente un dividendo del 15%". Giorgio Doria. *Investimenti e sviluppo economico a Genova… op. cit.*, v. II., p. 60. Ainda segundo o autor, as ações da La Veloce eram cotadas e negociadas nas bolsas de Berlim e Frankfurt. "Intanto, nel periodo che va dal 1897 al 1901, bisogna notare la presenza rilevante del capitale tedesco che continuava a detenere la quasi totalità del pacchetto azionario della *Veloce*". *Idem, Ibidem*, p. 269. Entretanto, a incidência do capital alemão sobre o total da frota a vapor do compartimento de Gênova perdeu importância com o alvorecer do século XX: de 20% em 1897, para 13% em 1901; em 1902, com a venda do controle acionário da La Veloce para a NGI, a participação alemã reduziu-se a 2,6% e, em 1907, a 1,4%. *Idem, Ibidem*, p. 270-271.

42   La Veloce. Relazione del Consiglio d'Amministrazione. Gênova, 1891.

43   Giorgio Doria. *Investimenti e sviluppo economico a Genova… op. cit.*, v. II., p. 153.

> Esses vapores têm boa qualidade náutica e instalações internas especialmente adaptadas ao transporte de passageiros de 3ª classe (emigrantes). Como é de conhecimento público, eles se adaptam otimamente ao material da La Veloce e o completam de modo que, a nossa Companhia, que com a presente aquisição possuirá 14 vapores, poderá exercitar a linha da América meridional, satisfazendo a todas as exigências do público e dando execução, com material próprio, aos contratos de transporte de emigrantes para o Brasil por ela assumidos, para o cumprimento dos quais havia anteriormente recorrido ao aluguel de vapores de terceiros.[44]

No exercício de 1888, por exemplo, quando sua frota era constituída por 7 vapores, quase 10% (1.164.165,11 liras italianas) da receita com transporte de passageiros e mercadorias foram obtidas com o emprego de navios alugados de outras companhias.[45] Ao final de 1891, essa mesma receita caiu substancialmente para apenas 1.118,77 liras italianas.[46]

Com base na aquisição dos vapores da Società Lavarello, o conselho da companhia vislumbrava fortes motivos para acreditar em um futuro promissor.

> Aumentada a frota da Companhia, com a aquisição dos vapores da Lavarello, é lícito esperar que o exercício corrente se encerrará em melhores condições do que o anterior, que, como vimos, foi bastante satisfatório.[47]

O conselho administrativo também expunha claramente que qualquer restrição dos governos italiano, brasileiro ou das repúblicas do Prata causaria reflexos negativos diretos na receita da companhia.

> O exercício de 1891 abriu-se sob os melhores auspícios, porque diminuíram por parte do governo italiano as restrições à emigração, já apresentou no 1º semestre resultados satisfatórios e promete desempenho igual no 2º semestre, no qual, por notícias que se tem, espera-se um abundante movimento de passageiros.[48]

Anos mais tarde, em 1897, a La Veloce preparava-se para receber mais quatro vapores – *Savoia*, *Centro America*, *Città di Milano* e *Città di Torino* – que mandara construir em 1894, e

---

44   La Veloce. Relazione del Consiglio d'Amministrazione. Gênova, 1891.
45   La Veloce. Bilancio e Conto dell'Esercizio 1888. Gênova, 1889.
46   La Veloce. Esercizio 1891. *La Borsa*, 29 de maio de 1892.
47   La Veloce. Esercizio 1891. *La Borsa*, 29 de maio de 1892.
48   La Veloce. Relazione del Consiglio d'Amministrazione. Gênova, 1891.

ainda encomendava mais outro.⁴⁹ Entretanto, o exercício do mesmo ano apresentou prejuízo de 1.279.837,08 liras italianas, devido, segundo sua diretoria, à queda no movimento de passageiros, ocasionada pela quebra da safra de grãos na Argentina e pela perda de concessões de transporte de emigrantes para São Paulo.⁵⁰

> Nossas esperanças foram frustradas pelas seguintes causas.
> Na República Argentina, a colheita de 1896-1897, atrapalhada por fortes danos devido às intempéries e às pragas, deixou sem trabalho as imponentes massas de pessoas encaminhadas para lá no final de 1896. Isso interrompeu o movimento de emigração para o Rio da Prata, ativo principal das linhas entre a Itália e aquelas repúblicas, nem mesmo a melhor colheita de 1897-1898 fez retomar o movimento, pois esta só foi capaz de ocupar os trabalhadores atraídos no ano precedente.
> Na república do Brasil, os estados brasileiros quiseram continuar o sistema de fomento à emigração pagando as passagens dos emigrantes a concessionários encarregados de sua introdução. O estado de São Paulo, que atrai majoritariamente o emigrante italiano e requer em maior abundância os trabalhadores, anunciou uma concorrência para uma concessão similar.
> Vossa Companhia participou apresentando condições restritas e sérias garantias de boa execução, mas a concessão foi atribuída a outras pessoas, que, não sendo armadores, confiavam às linhas concorrentes da nossa Companhia o transporte dos emigrantes que deveriam introduzir.⁵¹

Apesar de a companhia dedicar-se também ao transporte da emigração espontânea e de mercadorias, o conselho de administração informava que a forte concorrência de outras companhias italianas e estrangeiras dificultava enormemente os ganhos neste setor. Isso, em parte,

---

49 Em comparação com a NGI, a frota da La Veloce era mais moderna. Entre 1891 e 1894, o percentual de vapores da companhia com mais de vinte anos de idade manteve-se em torno de 20% da tonelagem total, enquanto que o da NGI passou de 27% para 38%. Giorgio Doria. *Investimenti e sviluppo economico a Genova… op. cit.*, v. II., p. 151 e 153.

50 Ainda segundo o Relatório, a companhia estava restrita ao transporte de emigrantes para Minas Gerais, cujo movimento era muito pequeno e já se encontrava suspenso. Lamentava-se ainda a suspensão da emigração para o Espírito Santo por parte do governo italiano. La Veloce. Rendiconto dell'Esercizio 1897. Gênova, 1898. Sobre a imigração italiana para Minas Gerais ver Norma de Góes Monteiro. *Imigração e colonização em Minas Gerais, 1889-1930*. Belo Horizonte; Rio de Janeiro: Itatiaia, 1994.

51 La Veloce. Rendiconto dell'Esercizio 1897. Gênova, 1898. O relatório referia-se à concorrência pública para introdução de 60 mil imigrantes, na qual a La Veloce participou, mas foi derrotada pelas propostas de Angelo Fiorita & C. e José Antunes dos Santos, que assinaram contrato com o governo de São Paulo em 6 de agosto de 1897. Cf. Relatorio de 1897 apresentado ao Dr. Francisco de Assis Peixoto Gomide, Vice-Presidente do Estado, pelo Dr. Firmiano M. Pinto, Secretario dos Negocios da Agricultura, Commercio e Obras Publicas, p. 95 e ss.

era explicado pela emigração subsidiada para o Brasil, cujos contratos com outras companhias faziam diminuir o número de passageiros espontâneos nas linhas regulares, inclusive na linha destinada à região do Prata.

> Nessas circunstâncias, tanto na linha do Rio da Prata quanto na do Brasil, vossa Companhia devia dedicar-se ao transporte da emigração espontânea e dos passageiros de primeira classe e ao serviço de mercadorias. Nesses ramos, contudo, encontra-se uma vivíssima concorrência constituída não somente pelas linhas italianas e estrangeiras já existentes, mas também pelo novo serviço da Companhia Hamburguesa, que implantado no final de 1896, quando o movimento migratório era abundante, manteve-se perseverantemente.
>
> Além disso, uma concorrência não desprezível derivada também da forte corrente de emigração subsidiada promovida pelo Brasil que, além de subtrair bom número de passageiros espontâneos das linhas regulares para tais regiões, diminuiu o movimento nas linhas para a República Argentina, onde os emigrantes chegavam por portos do Brasil, nos quais eram recebidos como emigrantes gratuitos.[52]

Bastante minucioso, o Rendiconto dell'Esercizio 1897 também traçou um paralelo entre o movimento geral do porto de Gênova para a região do Prata e o volume de passageiros transportados pela La Veloce. Os números apresentados ilustram a acentuada queda.

> Passageiros embarcados em Gênova para a América do Sul (Prata):
> 1896 .... 65.952
> 1897 .... <u>37.472</u>
>   28.480 déficit em 1897
>
> Passageiros embarcados pela La Veloce em Gênova para o Prata:
> 1896 .... 21.488
> 1897 .... <u>11.487</u>
>   10.001 déficit em 1897
>
> Rendas brutas no ramo de passageiros
> 1896 .... L. 8.983.493,28
> 1897 ...... <u>L. 7.093.622,36</u>
>   L. 1.889.870,92 diferença

---

52 La Veloce. Rendiconto dell'Esercizio 1897. Gênova, 1898.

Diminuição do tráfico de emigrantes, concorrência estrangeira e aumento das despesas de navegação: antes de apresentar a situação financeira da La Veloce no exercício de 1897, o administrador resumiu de maneira esclarecedora o que atravancava o desenvolvimento da companhia.

> Nós nos limitamos a vos declarar que constatamos uma acentuada redução do tráfico, sobretudo no ramo "passageiros", e a necessidade de redução nas tarifas e de aumento nos custos, motivados de uma parte pelo menor movimento da emigração, de outra, além de muitas outras causas, pela concorrência persistente de companhias estrangeiras, que, em condições por demais favoráveis, vêm aos nossos portos disputar com nossa bandeira os recursos que nos restavam da navegação transoceânica.[53]

Em 1898, o prejuízo alcançou a cifra de 1.348.624,61 liras italianas. A causa apontada era a mesma: queda no movimento migratório, agora agravada pela perda dos vapores *Las Palmas* e *Sud America*. A crise da companhia provocou a venda do vapor *Rosario* e alienação dos vapores *Rio Janeiro* e *Città di Genova*, reduzindo sua frota a 10 navios.[54]

> Essa depressão no movimento de passageiros, que até o momento era o tráfico mais remunerativo da Companhia e ao qual se encontram melhor adaptados os seus vapores, já havia causado consequências funestas ao exercício de 1897 e perdurava em boa parte de 1898 (...).[55]

Existem grandes lacunas na documentação pesquisada sobre a La Veloce em relação às últimas duas décadas do século XIX. Mesmo assim, é possível estabelecer com relativa clareza a evolução dos movimentos de cargas, passageiros e vapores durante os anos de 1890 (Tabela 5.5). O ano de 1888 serve de referência para o volume de mercadorias e a quantidade de viagens, em significativo progresso até 1894, seguindo-se de um período de estabilidade até, finalmente, atingir grandes proporções em 1898. Quanto ao número de emigrantes transportados, deve ser lembrado que o ano de 1888 testemunhou o primeiro grande pico da emigração de italianos para o Brasil, sobretudo para São Paulo, com reflexos positivos para as companhias de navegação, o que pode falsear o confronto com os outros anos.

---

53 La Veloce. Rendiconto dell'Esercizio 1897. Gênova, 1898.
54 La Veloce. Rendiconto dell'Esercizio 1898. Gênova, 1899.
55 La Veloce. Rendiconto dell'Esercizio 1898. Gênova, 1899.

A queda desse volume em 1889 é mais um indício do excepcional desempenho obtido em 1888 às custas do fluxo migratório para a América do Sul. Os entraves que proporcionaram essa contração estão descritos no relatório da La Veloce.

> Outros fatores importantes contribuíram para diminuir de forma imprevisível as receitas da Companhia, isto é: a proibição imposta pelo Governo de embarcar emigrantes para o Brasil onde dominava a febre amarela, com prejuízo de ao menos 900.000 liras para a Companhia; o exorbitante ágio sobre o ouro na Argentina que reduziu o valor do Escudo americano a 2 liras ou menos e teria provocado no câmbio um prejuízo de quase 2.200.000; o grave aumento dos preços do carvão (de 8 liras por tonelada, o que, dado um consumo anual de 1000.000 toneladas, representa uma despesa de 800.000 liras), como também o crescimento dos preços dos víveres em geral.[56]

Dessa forma, considerando as especificidades dos dois últimos anos da década de 1880, especialmente em relação ao grande movimento de italianos para o Brasil, a comparação dos exercícios do decênio posterior parece ser o caminho mais adequado para estabelecer a dinâmica desses fluxos.

Através dos dados expostos na Tabela 5.5, percebe-se que o número de viagens e a quantidade de passageiros transportados apresentaram taxas de crescimento semelhantes – respectivamente, 24% e 22% – enquanto o volume de mercadorias sofreu um aumento de 62%. Essa evolução, analisada à luz das informações contidas nos balanços discutidos até este momento, ratifica a importância da emigração para a La Veloce – serviço para o qual a companhia foi criada. A prova disso é que mesmo com o significativo índice de incremento no volume de mercadorias transportadas – cerca de 2,5 vezes superior ao de passageiros – e de sua contrapartida financeira, a preocupação nos relatos do conselho administrativo e do presidente sobre a situação econômica da companhia era uníssona: relacionar lucros e prejuízos às vicissitudes do movimento migratório. Outro aspecto que chama atenção é a importância das viagens de retorno dos emigrados, responsável, em média, por 39% do total do movimento de passageiros.

---

56   La Veloce. Esercizio 1889. *La Borsa*. Ano I, n. 2, 18 de novembro de 1890.

Tabela 5.5. La Veloce – Linha Gênova-América do Sul
Movimento anual de vapores, passageiros e mercadorias (1888-1898)

Ano	Viagens			Passageiros			Mercadorias (tonel.)
	Ida	Volta	Total	Ida	Volta	Total	Ida e volta
1888	43	39	82	–	–	63.647	45.143.142
1889*	–	–	94	–	–	46.673	56.541.000
1894	51	51	102	24.702	16.440	41.142	83.409.920
1895	56	53	109	32.140	17.012	49.152	93.297.997
1896	63	60	123	38.120	17.695	55.815	96.801.257
1897	63	66	129	26.698	19.732	46.430	94.587.149
1898	63	62	125	26.264	24.953	51.217	135.271.626

Fonte: La Veloce. Bilancio dell'Esercizio 1888 e Rendiconto dell'Esercizio 1898; *La Borsa*, 18 de novembro de 1890.

Em geral, nos balanços anuais, os valores do transporte de passageiros e mercadorias que compunham as receitas obtidas não eram discriminados, o que dificulta análise mais detalhada. Entretanto, para alguns anos, como mostra a Tabela 5.6, os números[57] corroboram a importância do tráfico de emigrantes para a companhia e justificam a atenção dispensada por seus mandatários: 81% do total dos rendimentos em 1896 e 73% em 1897.

Tabela 5.6. La Veloce – Passageiros transportados e receitas
(1888-1898), em liras italianas

Ano	Passageiros Transportados	Receita Total**	Receita com Passageiros
1888	63.647	13.669.779,26***	–
1889*	46.673	16.358.457,00	–
1891	–	11.281.288,93***	–
1896	55.815	11.098.566,31	**8.983.493,28**
1897	46.430	9.689,821,17	**7.093.622,36**
1898	51.217	12.568.217,04	–

** Fretes de passageiros e mercadorias, serviços postais, prêmios de navegação e outros serviços.
*** Inclui ainda a receita obtida através de navios alugados (1.164.165,11 liras em 1888 e 1.118,77 liras em 1891).
Fonte: La Veloce. Bilancio e Conto dell'Esercizio 1888; Rendiconto dell'Esercizio 1891, 1896, 1897 e 1898 e *La Borsa*, 18 de novembro de 1890.

---

57 Esses números estão discriminados no Rendiconto dell'Esercizio 1897 e foram utilizados pelo conselho administrativo para ilustrar a queda da receita com o transporte de emigrantes.

Outro parâmetro importante, como se depreende da Tabela 5.7, é a relação entre o número de passageiros transportados e o encerramento do exercício com lucro ou prejuízo. Já foi observada a singularidade do fluxo de emigrantes para 1888, resultado que se refletiu em ganho excepcional. Para os anos de 1891 e 1896, os resultados positivos foram mais modestos, bem inferiores, por exemplo, ao de 1889. Em 1890, a La Veloce amargou uma pequena perda, mas em 1897 e 1898, os balanços fecharam com prejuízos significativos associados à queda do tráfico de emigrantes, a despeito do forte aumento na tonelagem de mercadorias transportadas, sobretudo em 1898. Em suma, para o período analisado, a diminuição na venda de bilhetes de terceira classe (as passagens dos emigrantes) afetou radicalmente o desempenho financeiro da companhia.

Tabela 5.7. La Veloce – Comparação entre os resultados financeiros, em liras italianas, e o movimento de passageiros e mercadorias (1888-1898)

Ano	Lucro	Prejuízo	Passageiros	Mercadorias (tonel.)
1888	3.238.639,80	–	63.647	45.143.142
1889	1.642.899,00	–	46.673	56.541.000
1890*	–	472.000,00	–	–
1891	784.958,79	–	–	–
1896	1.174.056,03	–	55.815	96.801.257
1897	–	1.279.837,08	46.430	94.587.149
1898	–	1.348.624,61	51.217	135.271.626

Fonte: *Idem* Tabela 5.5 e * *La Borsa*, 23 de maio de 1891.

Ainda em relação ao ano de 1898, outro dado chama atenção: o acréscimo de aproximadamente 11% no volume de passageiros transportados quando comparado com 1897 não impediu um prejuízo maior em alguns milhares de liras italianas, mesmo com o já mencionado crescimento do movimento de mercadorias. A explicação pode ser encontrada no substancial aumento das despesas de navegação[58] (Tabela 5.8), a despeito da diminuição da frota, com a perda de três vapores. Tal fato, no entanto, não mereceu nada mais que o silêncio do conselho de administração ao comentar a queda dos números no balanço.

---

58 Sem sombra de dúvida, esse tipo de despesa constitui-se no principal componente do total das despesas de qualquer companhia de navegação.

Tabela 5.8. La Veloce – Total das receitas e despesas de navegação
(1896-1898), em liras italianas

Ano	Fretes de Mercadorias e Passageiros*	Despesas de Navegação**
1896	11.098.566,31	7.526.806,38
1897	9.689.821,17	7.917.103,36
1898	12.568.217,04	9.806.646,80

* Incluindo prêmios de navegação e serviço postal.
** Descontadas as despesas com manutenção.
Fonte: La Veloce. Rendiconto dell'Esercizio 1896, 1897 e 1898.

Os balanços da La Veloce para os anos de 1903 a 1915 revelam certa estabilidade nos lucros (Tabela 5.9 e Gráfico 5.5), com exceção do ano de 1908, que apresentou prejuízo, e do aumento consistente em 1912, alcançando valores que se mantiveram elevados nos anos seguintes.

Tabela 5.9. La Veloce – Resultados financeiros dos Exercícios de
1903 a 1915, em liras italianas

Ano	Lucro	Prejuízo
1903	645.346,37	–
1904	635.909,16	–
1905	649.870,19	–
1906	783.939,78	–
1907	640.010,25	–
1908	–	195.414,43
1909	721.614,68	–
1910	756.294,96	–
1911	636.436,81	–
1912	1.160.649,53	–
1913	1.489.867,68	–
1914	977.665,12	–
1915	1.049.348,58	–

Fonte: La Veloce. Relazione sul Rendiconto e Bilancio. (1903-1915).

O volume de passageiros transportados ainda parece comandar tal desempenho, mas deve-se atentar para o fato de que nos anos de 1912, 1913 e 1914, os lucros, muito acima da média, contaram com somas referentes à venda de alguns navios pela companhia: respectivamente, L. 412.983,85; L. 346.502,20 e L. 272.017,92[59]. O relatório do exercício de 1912 observa esse fato:

> Assim é que, na sua finalidade, o resultado industrial se mostra quase igual ao precedente, e o excedente de L.it. 524.212.72 no rendimento deste balanço, encontra a exclusiva razão de ser tanto no lucro de L.it. 412.938,85, retratado acima, pela alienação de outros vapores, já concorrentes a formar a frota social, quanto nas L.it. 24.945,89 da menor cota de depreciação em consequência da mesma venda.[60]

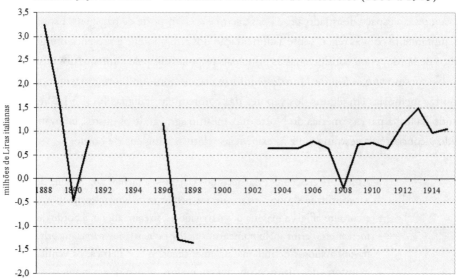

Gráfico 5.5. La Veloce – Resultados financeiros do exercícios (1888 a 1915)

Fonte: Tabelas 5.7 e 5.9.

Voltando aos balanços, a grande novidade reside na presença constante de referências às exigências da lei de emigração aprovada em 31 de janeiro de 1901, sempre lembrada para justificar ganhos abaixo das expectativas.

---

59 La Veloce. Relazioni sul Rendiconto e Bilancio dell'Esercizio (1912-1914). A venda dos vapores será analisada mais adiante.

60 La Veloce. Relazioni sul Rendiconto e Bilancio dell'Esercizio 1912. Gênova, 1913.

> (…) se o Exercício de 1904 apresenta uma leve melhora nas Recitas, apresenta ainda um aumento nas despesas, seja por razões dependentes da exigência do tráfico, seja pelas contínuas variações referentes às instalações e às adaptações de bordo por força das prescrições do serviço da Emigração.[61]
> (…) seja pelas condições do tráfico nas linhas exercidas por nós, seja pelos efeitos de novas e mais onerosas disposições em matéria de Emigração, torna-se mais difícil o exercício da nossa Indústria.
> (…)
> Sempre mais onerosas, pois, foram as disposições relativas à emigração, seja na dependência das contínuas transformações impostas às adaptações e instalações de bordo, seja pelos melhoramentos relativos ao tratamento geral dos passageiros de 3ª classe.[62]

Essa nova legislação definiu os requisitos técnicos obrigatórios quanto à velocidade mínima dos vapores, ao espaço destinado a cada passageiro e ao transporte de bagagens. Especificações que, juntamente com as regras sobre a alimentação dos emigrantes e a presença obrigatória do médico de bordo, eram consideradas as principais responsáveis pelo aumento dos custos.[63]

No mesmo ano, a *Rivista Marittima* informava, em tom um tanto exagerado, a adoção de outras melhorias em alguns dos vapores das companhias italianas NGI e La Veloce, sobretudo da linha para a América do Norte que, mesmo agravando os custos, eram inevitáveis devido à concorrência estrangeira e às exigências relativas à higiene de bordo.

> As sempre crescentes exigências dos viajantes, a melhora da higiene dos navios, a necessidade do bem-estar que faz pensar com horror os tempos em que o escorbuto afligia a maioria dos navegadores, fizeram adotar, a bordo dos vapores mercantes, certos melhoramentos que há poucos anos pareciam privilégios de navios luxuosos de milionários americanos. A luz elétrica, os ventiladores, os exaustores de ar já se encontram em muitos vapores de emigrantes.
> (…)
> Nesses tempos de acirrada concorrência, é necessário que os armadores acentuem o empenho para superar seus rivais em alguma coisa que possa assegurar sua simpatia e preferência dos passageiros e dos emigrantes.[64]

---

61 La Veloce. Relazioni sul Rendiconto e Bilancio dell'Esercizio 1904. Gênova, 1905.

62 La Veloce. Relazioni sul Rendiconto e Bilancio dell'Esercizio 1905. Gênova, 1906.

63 A lei de 1901 também estabeleceu o controle estatal dos preços das passagens e o imposto de 8 liras por emigrante embarcado; ambos foram objetos de críticas por parte das companhias de navegação e de seus representantes.

64 *Rivista Marittima*. Ano XXXIV, fasc. VI, 1901, p. 540-541.

A linha da América do Norte ganhava, então, mais um concorrente. O novo destino da La Veloce passou a compor os ganhos nos primeiros anos do século XX, quando a companhia começou a explorar a rota Gênova-Nápoles-Nova York.

> Não se deve esquecer que se este exercício beneficiou-se do próspero início do serviço de emigração para a América do Norte, e deve sofrer ainda o efeito do esperado e previsível passivo proveniente da linha da América Central (...).[65]

A depressão no tráfico de emigrantes para a América do Sul era justificada pelos problemas econômicos enfrentados por Brasil e Argentina. Entretanto, se nesse período, o movimento migratório para a região do Prata passava por bons e maus momentos, o do Brasil apresentava-se invariavelmente reduzido.

> (...) os maiores benefícios obtidos na gestão da navegação em todas as Linhas exercitadas pela nossa Companhia, exceção feita a do Brasil e da América Central.[66]

Em meados de 1903, a La Veloce voltou a operar uma linha para a América Central através de convenção firmada com o governo italiano, que ficaria responsável por sua subvenção. Não foi uma negociação fácil: a falta de verba, a burocracia e a lentidão do Parlamento eram obstáculos a serem superados. Com o apoio da *Camara di Commercio ed Arti di Genova*, a proposta seguiu para o Ministério dos Negócios Estrangeiros que, alegando incompetência constitucional, repassou-a ao Ministério dos Correios e Telégrafos. Este, após consulta ao Ministério do Tesouro, enalteceu a iniciativa da companhia, mas não atendeu ao pedido de subvenção no valor de 800 mil liras italianas por ano.[67]

> Este Ministério reconhecendo e apreciando os sacrifícios feitos pela Companhia "La Veloce" para manter o prestígio das nossas relações e por favorecer uma

---

65 La Veloce. Relazioni sul Rendiconto e Bilancio dell'Esercizio 1903. Gênova, 1904.

66 La Veloce. Relazioni sul Rendiconto e Bilancio dell'Esercizio 1906. Gênova, 1907. Essa observação era recorrente nos relatórios anteriores. "(...) Persistette la depressione del traffico sulla Linea del Brasile (...)". Relazioni sul Rendiconto e Bilancio dell'Esercizio 1905. Gênova, 1906. "Non così può dirsi, finora, della linea esclusiva del Brasile per la quale perdurano le cause di depressione (...)". Relazioni sul Rendiconto e Bilancio dell'Esercizio 1904. Gênova, 1905.

67 Cf. Carta do *Ministero degli Affari Esteri* à *Camara di Commercio ed Arti di Genova* (03 de maio de 1902); Ofício (cópia) do *Ministero del Tesoro* ao *Ministero delle Poste e dei Telegrafi* (06 de agosto de 1902). ASG. Fondo Camera di Commercio, Busta 105.

corrente de tráfico com a América Central, ficaria feliz de poder dar um auxílio eficaz à louvável iniciativa da Companhia no acolher a demanda que tratam os ofícios de 2 e 28 de julho passado, N. 56 e 105.

Se bem que as condições do balanço não suportem a despesa anual de 800 mil liras necessárias para conservar a dita linha, e este Ministério que seguiu com vivo interesse o desenvolvimento dos serviços exercidos pela "La Veloce" e a coragem manifestada por ela para realização de louváveis intenções, sem recorrer à ajuda do Estado, é lamentável que não se possa, sobretudo neste momento, conceder uma subvenção para a manutenção da linha, que com tanta abnegação e em detrimento de seus interesses a "La Veloce" realizou por sete anos, conservando à Itália uma periódica comunicação com o mar das Antilhas.[68]

Considerando todas essas dificuldades, chegou-se a uma subvenção anual de 500 mil liras italianas a partir de 1º de julho de 1903, data da primeira viagem. Todavia, a pedido do governo italiano, o acordo sofreu algumas alterações, que se estenderam até março de 1904 e arrastaram o pagamento até a votação do projeto de lei que regulamentava a convenção.[69] Cerca de dois anos e meio mais tarde, o conselho de administração da La Veloce anunciava a prorrogação da convenção da linha da América Central até 30 de junho de 1910.[70]

Descontada a irrelevância da emigração para a região, a expectativa de um comércio profícuo era grande, especialmente com a futura abertura do Canal do Panamá.[71] Apesar disso, e a despeito das subvenções pagas pelo Estado, os relatos de prejuízos nessa linha reproduziam-se constantemente nos balanços.

---

68   Carta do *Ministero delle Poste e dei Telegrafi* à *Camara di Commercio ed Arti di Genova* (19 de agosto de 1902). ASG. Fondo Camera di Commercio, Busta 105.

69   Pela convenção assinada em 15 de maio de 1903, a La Veloce receberia a título de subvenção 500 mil liras italianas por ano, além dos prêmios de navegação referentes aos vapores que exerceriam a linha. Cerca de um mês depois, o *Ministero delle Poste* solicitou à companhia que abdicasse dos prêmios em troca da elevação do subsídio para 550 mil liras italianas. Mais tarde foi solicitada sua renúncia aos valores referentes a 1º de junho de 1903 a 31 de março de 1904 (9 meses) em troca dos prêmios de navegação que eventualmente teriam direito os vapores utilizados na linha para a América Central. A proposta foi aceita pela companhia em 22 de março de 1904, com a condição de que o governo enviasse o projeto de lei acompanhado por um pedido de urgência para discussão na Câmara dos Deputados. Cf. Carta da La Veloce – Navigazione Italiana a Vapore à *Camera de Commercio ed Arti di Genova*. ASG. Fondo Camera di Commercio, Busta 105.

70   La Veloce. Relazioni sul Rendiconto e Bilancio dell'Esercizio 1906. Gênova, 1907.

71   O canal começou a ser construído em 1904, quando os Estados Unidos assumiram o protetorado do recém-independente Panamá. Dez anos mais tarde, em 15 de agosto de 1914, o Canal do Panamá foi aberto ao comércio mundial.

> A linha para a América Central tinha, ainda no ano passado, peso entre as despesas do exercício, sendo mais profundamente percebida, à medida que em 1903 essas despesas foram constituídas pelo passivo de apenas quatro viagens (sendo que a linha foi reativada em 1º de julho, com uma viagem não concluída devido a avarias), no exercício do qual nos ocupamos, são computados os passivos de todas as doze viagens.[72]

Não faltavam, porém, justificativas para defender a manutenção do aporte financeiro do governo italiano.

> Os assíduos cuidados e a solicitude que continuaremos a dedicar a este serviço, único exercido por Companhia Italiana, confiamos, nos farão atingir no futuro os resultados favoráveis que aspiramos, o que não é esperado para os próximos exercícios. Podemos, no entanto, nos sentirmos felizes porque, mesmo a custo de sacrifícios relevantes, nossa Companhia pode ainda fazer tremular a bandeira italiana nos mares da América Central, cujas rotas marítimas, especialmente em vista da abertura do Canal do Panamá, formam uma verdadeira e promissora miragem para as marinhas mercantes de todas as nações. A prova disso é que os Governos estrangeiros subvencionam largamente as Companhias de Navegação que atuam na linha, proporcionando-lhes assim capacidade de fazer frente aos sacrifícios que encontram.[73]

Ainda em 1903, a companhia encomendou a construção de três vapores, cujos nomes, muito provavelmente, simbolizavam sua principal fonte de rendimentos: *Italia*, *Argentina* e *Brasile*, ambos destinados à linha da região do Prata. A busca pela modernização da frota ficava patente não apenas pelas características dos navios – todos com cerca de 5 mil toneladas, motor dupla hélice, capacidade para mil passageiros de 3ª classe, iluminação e ventilação elétrica – mas também pela venda dos mais antiquados como o *Las Palmas*, construído em 1886.[74]

Os negócios pareciam caminhar bem: em 1904, a La Veloce adquiriu o vapor *Washington*, varado em 1880, "para permitir que o material da frota atenda a todas as exigências do

---

72 La Veloce. Relazioni sul Rendiconto e Bilancio dell'Esercizio 1904. Gênova, 1905. A avaria refere-se ao vapor Venezuela, que na viagem de inaugural da linha para América Central encalhou próximo ao porto de Marselha. Após ser resgatado, seguiu para Gênova onde foi reparado, voltando ao mar em 1º de setembro de 1903.

73 La Veloce. Relazioni sul Rendiconto e Bilancio dell'Esercizio 1903. Gênova, 1904.

74 O vapor *Las Palmas* foi vendido para a NGI, enquanto o *Duca de Galliera* e o *Duchessa di Genova* também foram negociados, mas com a condição de que seriam desmontados. La Veloce. Relazioni sul Rendiconto e Bilancio dell'Esercizio 1905. Gênova, 1906.

tráfego", que navegou em diversas linhas da sociedade.[75] Em 1905, para a rota Gênova-Nova York, foi encomendado o vapor *Europa* com dimensões superiores às dos outros três: 7 mil toneladas e capacidade para 1.700 emigrantes.[76]

Apesar de todo investimento, o exercício do ano de 1908 encerrou-se com prejuízo (Tabela 5.9). Um resultado que, segundo o conselho de administração da companhia, já estava previsto e cujas causas residiam na depressão do movimento comercial, por conta, sobretudo, da crise econômica norte-americana a partir do final de 1907 e do aumento extraordinário do preço do combustível.[77]

A depressão econômica nos Estados Unidos teve duas consequências diretas no movimento migratório: a diminuição do fluxo de emigrantes e o significativo acréscimo do número de passageiros que retornaram à Itália.[78] Ainda conforme o conselho, nem mesmo esse aumento conseguiu minorar os efeitos negativos da queda na emigração.

> (…) embora o grande número de passageiros de retorno que poderia compensar, ao menos em parte, os prejuízos da falta de emigração, contribuiu inversamente para aumentar as perdas em consequência da conhecida guerra de tarifas promovida pelas Companhias Estrangeiras contra a bandeira nacional.[79]

O acompanhamento da evolução das despesas e receitas de navegação da companhia durante os primeiros quinze anos do século XX (Tabela 5.10) deixa claro que o exercício de 1908 foi excepcional no que diz respeito à diminuição do fluxo migratório, sobretudo para os Estados Unidos. Ratificando tal fenômeno, o Gráfico 5.2 sobre os emigrantes italianos transportados para a América do Norte demonstra que os números caíram, tanto para a bandeira italiana quanto para as estrangeiras.

---

75   La Veloce. Relazioni sul Rendiconto e Bilancio dell'Esercizio 1904. Gênova, 1905.

76   La Veloce. Relazioni sul Rendiconto e Bilancio dell'Esercizio 1906. Gênova, 1907.

77   Para a marinha mercante italiana, sobretudo genovesa, alguns efeitos da crise de 1907-1908 são assinalados por Giorgio Doria: forte queda da emigração transoceânica (20-25% em relação a 1906); diminuição do tráfico de mercadorias; aumento da ociosidade dos navios; restrição do mercado, que se refletia na concorrência da marinha estrangeira, mais moderna e com custos mais baixos; rebaixamento dos preços dos fretes. O ano de 1908 foi difícil paras as companhias de navegação; todas, com exceção da NGI, apresentaram balanço passivo, como mostra o quadro elaborado pelo autor. Giorgio Doria. *Investimenti e sviluppo economico a Genova… op. cit.*, v. II., p. 320-322.

78   Seus reflexos também foram sentidos nas remessas enviadas para a Itália pelos imigrantes italianos nos Estados Unidos. Nos anos de 1908 e 1909 verifica-se intervalo descendente na sempre crescente trajetória dessas economias (Tabela 4.7).

79   La Veloce. Relazioni sul Rendiconto e Bilancio dell'Esercizio 1908. Gênova, 1909.

Tabela 5.10. La Veloce – Exercícios de navegação: despesas e receitas*, em liras italianas (1903-1915)

Ano	Despesas	Receitas
1903	11.805.594,07	13.956.368,29
1904	11.871.222,06	14.211.427,19
1905	13.633.385,98	16.223.619,90
1906	15.759.197,61	19.052.413,78
1907	13.711.618,23	16.911.600,03
1908	**10.567.491,41**	**12.692.656,81**
1909	11.298.249,37	13.846.856,82
1910	13.799.354,76	16.547.107,55
1911	13.732.495,78	16.585.251,58
1912	13.688.277,61	16.731.844,53
1913	14.918.790,87	17.901.956,43
1914	12.145.351,61	14.692.108,11
1915	12.958.100,70	15.901.751,36

Fonte: La Veloce. Relazione sul Rendiconto e Bilancio. (1903-1915).
*Geradas apenas com os serviços de passageiros, mercadorias, prêmios de navegação e serviço postal. Não estão computadas despesas administrativas, indenizações e impostos, amortizações, nem eventuais receitas com venda de material de navegação.

Quanto ao aumento dos custos com combustível, lamentava-se a impossibilidade de repassá-lo às tarifas de transporte de emigrantes em decorrência de o *Commissariato dell'Emigrazione* interpretar o artigo 14 da lei de 1901 de forma equivocada, segundo os administradores da La Veloce.

> (...) e isso devido à prática seguida pelo *Commissariato dell'Emigrazione* ao interpretar o artigo 14 da lei, a de "tarifar" o preço dos fretes e não de "determinar o preço máximo do frete" – essa última permitiria ao Vetor as variações na aplicação dos preços dos fretes de acordo com a intensidade do movimento migratório.[80]

Mesmo diante de um quadro negativo, o planejamento de renovação da frota prosseguia. Dessa forma, os navios *Centro America* e *Venezuela* – "mentre erano divenuti poco

---

80 La Veloce. Relazioni sul Rendiconto e Bilancio dell'Esercizio 1908. Gênova, 1909.

adatti per l'esercizio di linee transoceaniche" – foram vendidos para a NGI, enquanto a companhia preparava-se para receber os dois novos vapores encomendados em 1907: o *America*, que começaria a navegar no final de 1908, e o *Oceania*, em vias de ser entregue. Entretanto, ambos foram solicitados e inscritos como navios auxiliares à marinha de guerra italiana, na categoria "cruzadores", o que atrasou um pouco sua utilização comercial na linha Gênova/Nápoles-Nova York.[81] O *America* fez sua primeira viagem em 20 de maio de 1909 e o *Oceania*, em 1º de dezembro do mesmo ano.

Tudo indica que a demanda de navios para a linha da América do Norte era grande, pois enquanto aguardava a entrada em serviço dos vapores recém-adquiridos, a La Veloce foi obrigada a recorrer ao aluguel de dois navios da NGI – o *Lombardia* e o *Liguria* – para satisfazer as exigências "dei nostri servizi".[82]

A modernização da frota não tinha outro objetivo senão atender às exigências do *Commissariato dell'Emigrazione* que, com base na legislação, avaliava periodicamente as condições dos navios destinados ao transporte de emigrantes. As vendas do *Las Palmas* em 1905 e do *Città di Napoli* em 1909, ambos retirados pelo *Commissariato* do elenco de vapores habilitados ao serviço da emigração, são a prova de que a La Veloce, apesar de também se dedicar ao transporte de mercadorias, dependia exclusivamente dos serviços de emigração. Nesse sentido, a companhia lamentava o impedimento legal de um dos mais antigos vapores de sua frota, o *Nord America*, construído em 1882 e reformado no início do novo século.

> Em 1909, por efeito do Real Decreto N. 130, de março do dito ano, que, como se nota, fundamento o juízo sobre a validade dos vapores, mais em relação à sua idade do que em outras características, foi retirado do serviço de emigração também o vapor *Nord America* que, depois foi desmontado, apesar dos grandes reparos e modificações sofridos em 1900-1901, ainda possuía qualidade náutica e adaptações capazes de responder a todas as exigências de longa navegação com o transporte de emigrantes.[83]

---

81 "L' incrociatore ausiliario, mercantile armato o nave mercantile armata si indica una nave della marina mercantile armata ed adattata all'uso militare. L'uso di navi, quali transatlantici e trasporti, modificate con l'aggiunta di artiglierie ed altri armamenti navali, è stato diffuso nei conflitti del XIX secolo e del XX secolo, con compiti di scorta convogli, pattugliamento, posamine, ed interdizione commerciale". La Veloce. Relazioni sul Rendiconto e Bilancio dell'Esercizio 1908. Gênova, 1909.

82 La Veloce. Relazioni sul Rendiconto e Bilancio dell'Esercizio 1909. Gênova, 1910. Os navios alugados realizaram duas viagens cada um.

83 La Veloce. Relazioni sul Rendiconto e Bilancio dell'Esercizio 1909. Gênova, 1910. O *Nord America* foi restaurado na Inglaterra: "La riparazione generale consistette nel cambiamento delle vecchie caldaie *compound*

O *Commissariato dell'Emigrazione*, no entanto, parecia ter razão em vetá-lo. No retorno de uma viagem extraordinária de Gênova à região do Prata, realizada no final de 1910, o *Nord America*, navegando sob intensa neblina, foi surpreendido por uma forte tempestade e bateu nas proximidades da ilha Arzila, na costa marroquina. Não houve vítimas fatais, mas as severas avarias impossibilitaram seu reaproveitamento. Dessa forma, a frota da La Veloce ficou reduzida a nove navios.[84]

No exercício de 1911, a redução do lucro foi creditada a fatores internos da Itália: as péssimas condições sanitárias do reino e o Decreto Régio que suspendeu a emigração para a Argentina. Em contrapartida, informava o conselho administrativo, que as rotas do Brasil, da América Central e da América do Norte registraram sensível melhora. Chama atenção a redução do número de viagens (de 58 para 50),[85] certamente em consequência da cessão de três vapores – *Città di Torino*, *America* e *Europa* – ao governo italiano para que estes atuassem na expedição da Líbia, transportando tropas.[86]

Em 1912, a La Veloce realizou a primeira viagem de uma linha exclusiva para o Brasil. Na verdade, um convênio estipulado com outras três importantes sociedades de navegação italianas: a Navigazione Generale Italiana, o Lloyd Italiano e a Italia. A ideia não poderia ser outra senão a de transportar emigrantes, mas batia de frente com o decreto do governo que vetava o traslado de passageiros de terceira classe nessa rota. Em vista das dificuldades, no ano seguinte, essa linha exclusiva foi suspensa.[87]

---

e nella triplicazione della macchina originale. (...) In tale occasione si è pure costruita una camera refrigerante per la conservazione dei viveri". *Rivista Marittima*. Ano XXXIV, fasc. VI, 1901, p. 541.

84 La Veloce. Relazioni sul Rendiconto e Bilancio dell'Esercizio 1910. Gênova, 1911. Neste relatório, o conselho administrativo fez um balanço das condições da frota: "La loro età media risulta di sette anni, la stanzza complessiva raggiunge circa 55.000 tonnellate e la forza indicata 50.200 cavalli".

85 Na verdade, o número de 58 viagens realizadas no ano de 1910 foi excepcional. A informação não apareceu em todos os relatórios, mas quando isso ocorreu (1908, 1909, 1911), a quantidade de viagens era sempre a mesma: 50; em 1912, foram 44 viagens e, em 1913, 43.

86 "Dal R. Governo furono requisti tre nostri piroscafi: il 'Città di Torino', che fu restituito dopo circa due mesi di requisizione, ed i piroscafi 'America' ed 'Europa' rimasti a disposizione del Corpo di Spedizione nei tre ultimi mesi dell'Esercizio chiuso al 31 Dicembre 1911. Nel momento in cui Vi riferiamo [março/1912], al servizio del R. Governo resta solo il piroscafo 'Europa'". La Veloce. Relazioni sul Rendiconto e Bilancio dell'Esercizio 1911. Gênova, 1912. O vapor *Europa* continuou a serviço do governo italiano durante todo o ano de 1912 e início de 1913. La Veloce. Relazioni sul Rendiconto e Bilancio dell'Esercizio 1912. Gênova, 1913.

87 Commissariato dell'Emigrazione. *Bollettino dell'Emigrazione*. Roma, anno XIII, n.1, 1914.

> Está suspensa a linha exclusiva para o Brasil devido às dificuldades criadas pelo Decreto emanado pelo Ministério dos Negócios Estrangeiros, mencionadas no relatório anterior.[88]

No período compreendido entre 1912-1914, a frota da La Veloce apresentou alterações significativas. Em 1912, sofreu redução de 9 para 8 unidades, com a venda dos vapores *America* e *Italia* para a NGI, do *Brasile* para uma sociedade navegação francesa, e a aquisição do *Duca di Genova* e do *Umbria*, que, de acordo com o relato do conselho de administração, eram mais adaptados às exigências das linhas de navegação nas quais a companhia devia investir – ou seja, nas rotas da emigração.[89] No ano seguinte, foram incorporados para o serviço da linha da América Central – cuja convenção fora mais uma vez renovada pelo governo italiano – o *Siena* e o *Bologna*, e vendidos o *Umbria* e o *Argentina* (renomeado *Brasile* em 1912).[90] Finalmente, em 1914, a sociedade desfez-se de dois de seus mais antigos navios, o *Città di Milano* e o *Città di Torino*, substituídos nos serviços da linha para a América Central, devido às suas condições de idade, de adaptação e de baixa propulsão, que "mal potevano essere adattati ai nostri servizi transoceanichi".[91]

No início de 1914, toda essa movimentação de compra e venda mereceu comentário por parte dos auditores, sobretudo em relação à diminuição do valor da frota social da companhia.

> O valor dos novos Vapores, que melhor respondem às crescentes exigências do comércio e dos passageiros, não iguala completamente a importância daqueles sensatamente alienados. Daí uma diminuição na cifra inscrita no Balanço para os Vapores.[92]

Adaptação do material de navegação às necessidades do transporte de emigrantes. Essa era a dinâmica interna da La Veloce, sobretudo após a lei de emigração de 1901, testemunhada pelos relatórios analisados neste estudo. Nesse sentido, a preocupação com os fluxos migratórios e as condições sociais, políticas e econômicas na Itália e nas regiões de destino – entenda-se Estados Unidos, Argentina e Brasil – eram recorrentes nesses relatos, como mostra o seguinte excerto.

---

88 La Veloce. Relazioni sul Rendiconto e Bilancio dell'Esercizio 1913. Gênova, 1914.

89 La Veloce. Relazioni sul Rendiconto e Bilancio dell'Esercizio 1912. Gênova, 1913.

90 La Veloce. Relazioni sul Rendiconto e Bilancio dell'Esercizio 1913. Gênova, 1914.

91 La Veloce. Relazioni sul Rendiconto e Bilancio dell'Esercizio 1914. Gênova, 1915.

92 La Veloce. Relazioni sul Rendiconto e Bilancio dell'Esercizio 1913. Gênova, 1914.

O exercício de 31 de dezembro de 1913 fecha com resultados mais favoráveis que o precedente. As ameaçadoras medidas restritivas na emigração para os Estados Unidos e o fim da compressão exercida na emigração para a Argentina pelo conhecido decreto tiveram a natural reação na intensificação do movimento emigratório, que nós aproveitamos.[93]

Em 1914, com a aproximação e a eclosão da guerra, a retração dos negócios transoceânicos refletiu-se imediatamente nas companhias de navegação. No caso da La Veloce, o relatório referente ao mesmo ano era esclarecedor ao observar que as boas condições econômicas do primeiro semestre sofreram forte abalo com o início da guerra na Europa. Dentre tantos, um aspecto em especial causava apreensão ao conselho administrativo: a possibilidade da quase completa suspensão do movimento migratório.

> Considerem o seguinte: o número muito escasso de passageiros de cabine e o quase supresso movimento emigratório; reduzida a exportação pelos vetos impostos em defesa da preparação econômica e militar do País; a importação afetada pelas restrições consagradas nas múltiplas ordenações relativas ao contrabando.
> (...)
> Contração geral que atinge a indústria da navegação, que (...) tinha, também, de suportar a despesa com o seguro contra os riscos da guerra e o enorme aumento do preço do combustível.[94]

É nesse momento de crise conjuntural que se percebe a verdadeira dimensão do transporte de emigrantes para a companhia.

> A deficiência da tonelagem navegante e o grande incentivo ao fornecimento de gêneros de primeira necessidade produziram, é verdade, um sensível aumento no valor dos fretes; mas infelizmente, tal elemento de compensação não pode ser aproveitado por vossa Companhia que tem uma frota adaptada principalmente ao transporte de passageiros e em especial de emigrantes.[95]

Em 1915, mediante o conflito armado, o diagnóstico afirmava-se com mais força e deixava claro que o problema não estava apenas no baixo movimento de emigrantes, mas

---

93 La Veloce. Relazioni sul Rendiconto e Bilancio dell'Esercizio 1913. Gênova, 1914.
94 La Veloce. Relazioni sul Rendiconto e Bilancio dell'Esercizio 1914. Gênova, 1915.
95 La Veloce. Relazioni sul Rendiconto e Bilancio dell'Esercizio 1914. Gênova, 1915.

também na elevação dos custos desse serviço, que não encontrava compensação equivalente ao aumento dos fretes das mercadorias.

> Parco o Balanço, modestíssimo o relatório: Não podemos mais que repetir o quanto já dissemos na Assembleia anterior sobre as extremas dificuldades que as contingências atuais criaram a esta Companhia, que, com uma frota adaptada ao transporte de viajantes, sofre o grave ônus do caro preço do combustível e dos prêmios de seguro e não tira proveito dos altos valores dos fretes que paga a mercadoria.[96]

No entanto, a guerra era uma realidade e começou a fazer parte dos relatórios do conselho de administração, não apenas como explicação essencial das dificuldades relacionadas à queda do tráfico marítimo – mercadorias e passageiros – e dos consequentes problemas econômicos enfrentados pela La Veloce, mas também através da exaltação do sentimento patriótico que justificaria qualquer sacrifício em nome do país.

> Constatamos o fato sem lamentações, compenetrados da justeza e inevitabilidade da guerra que o país combate, e porque sentimos que qualquer sacrifício é desigual ao altíssimo objetivo, que se trata de conseguir.
> (…)
> Não duvidamos de que tudo fizemos como intérpretes fieis de vossos patrióticos sentimentos, que serão reconfirmados através dos votos de Vitória aos nossos vigorosos combatentes de terra e de mar, além do desejo de boa sorte à grande Pátria.[97]

Relatórios e balanços da Navigazione Generale Italiana (NGI)

Os balanços anuais[98] da Navigazione Generale Italiana permitem explicitar melhor a importância da emigração em seus ganhos, pois era relativamente comum a separação das receitas obtidas com o transporte de passageiros daquelas relacionadas aos fretes de mercadorias. Deve ser lembrado, porém, que a NGI não foi criada com o objetivo específico de aproveitar o fluxo migratório italiano, sobretudo para a América do Sul.[99]

---

96 La Veloce. Relazioni sul Rendiconto e Bilancio dell'Esercizio 1915. Gênova, 1916.

97 La Veloce. Relazioni sul Rendiconto e Bilancio dell'Esercizio 1915. Gênova, 1916.

98 O exercício social da companhia compreendia o período de 1º de junho a 30 de junho do ano seguinte. Cf. *Statuto della Società Navigazione Generale Italiana (Società riunite Florio e Rubatino)*, artigo 56.

99 "La Società ha per oggetto: a) L'esecuzioni di tutti i servizi marittimi già conceduti alle Società R. Rubattino e C. ed I. e V. Florio e C. e di tutti quelli altri che verranno concessi; b) Ogni operazione di navigazione e

Maior sociedade de navegação da Itália, a NGI possuía frota com cerca de uma centena de vapores, que navegavam por linhas que cobriam o Mar Vermelho, o Mediterrâneo, o Adriático, o Oriente, o Atlântico norte, e recebia importantes subsídios do governo para execução de serviços postais. Da mesma forma que a La Veloce, seus balanços anuais também vinham acompanhados do relatório do conselho administrativo. A diferença residia na diversidade das preocupações, que iam além das rotas para as Américas e o transporte de emigrantes.

Até o exercício de 1883-1884, a NGI não operava nenhuma rota para a América do Sul. Entretanto, com o passar de poucos anos e a incorporação de sociedades que tinham como mote esse tipo de serviço, a companhia ampliou seus horizontes e começou a agir nesse mercado em franca expansão. Em março de 1885, instituiu a linha regular mensal Gênova-Montevidéu-Buenos Aires, que se transformou em semanal a partir de novembro; no ano anterior, já havia estabelecido duas ligações com a América do Norte: Palermo-Nova York e Nápoles-Nova York.[100]

Em maio de 1886, o jornal *Marina e Commercio e Giornale delle Colonie*, ligado à companhia, comentava a absorção de duas sociedades de navegação no ano anterior:

> A NGI, depois da aquisição do material das companhias Raggio e Piaggio, composto por 15 grandes vapores, não só continuou as navegações para o Rio da Prata, já exercidas por aquelas companhias, como as expandiu consideravelmente, prolongando-as até os portos do Peru, além de aumentar o número de viagens. A companhia envia às sextas-feiras de cada semana um vapor a Montevidéu e Buenos Aires, tocando Barcelona, Gibraltar, São Vicente, e quinzenalmente, Rio de Janeiro.[101]

Em seu opúsculo sobre a história das principais sociedades de navegação italianas no início do século XX, Oreste Calamai, diretor da revista *La Marina Mercantile Italiana* e organizador do *Annuario della Marina Mercantile*, observou a importância das linhas transoceânicas no desenvolvimento da NGI.

> A partir de então, a "Navigazione Generale Italiana" tem continuamente, intensamente progredido, a passos rápidos e seguros. As iniciativas particulares da Companhia, nascida e desenvolvida com critérios altamente patrióticos, asseguravam-lhe pouco a pouco linhas de comunicação e de tráfico entre os portos do

---

    di trasporto marittimo in qualunque mare e per qualunque destinazione". *Statuto della Società Navigazione Generale Italiana*... *op. cit.*, artigo 16.

100 Gigliola Dinucci. "Il Modello della colonia libera nell'ideologia espansionistica italiana"... *op. cit.*, p. 447.

101 *Marina e Commercio e Giornale delle Colonie*. 02 de maio de 1886.

Estado enquanto simultaneamente aumentavam em número e em importância suas linhas transoceânicas.[102]

Evolução que pode ser traduzida em números. Nos três primeiros exercícios (1881-1882, 1882-1883 e 1883-1884), a receita obtida com o transporte de passageiros não ultrapassou a casa dos 29% do total – o que possivelmente repetiu-se em 1884-1885. Percebe-se também que dentre as diversas rotas, a mais importante em termos de passageiros, sem contar as chamadas "linhas internas", era, em um primeiro momento (1881-1882), a linha Gênova-Egito que, dois anos depois, foi superada por aquela que tinha como destino final a América do Norte.[103]

Após esse período, a falta dos balanços referentes aos exercícios da segunda metade da década de 1880 inviabiliza a avaliação precisa do impacto imediato ocasionado pelo início dos serviços da linha para a América do Sul. Essa ausência, no entanto, pode ser relativamente compensada pela historiografia e por algumas informações publicadas nos jornais *Marina e Commercio e Giornale delle Colonie* e *La Borsa* e na revista *La Marina Mercantile Italiana*.[104]

Segundo Gigliola Dinucci, no exercício que precedeu o ingresso na linha da região do Prata, o conselho administrativo da NGI lamentava as dificuldades financeiras causadas pela queda dos tráficos para o Egito e Índias. Após a absorção das frotas das companhias Raggio e Piaggio e a consequente execução dos serviços da rota Gênova-Prata, a situação mudou significativamente: diminuiu o movimento geral das linhas, mas a receita de navegação sofreu importante aumento. O mesmo aconteceu no exercício de 1885-1886, quando os proventos maiores derivaram do transporte de passageiros pela rota platense.[105]

Observando-se a Tabela 5.11, na qual, na medida do possível, estão discriminadas as receitas de navegação (passageiros, mercadorias, subvenções), alguns aspectos chamam a atenção diante da evolução anual desses valores.

---

102 Oreste Calamai. *Annuario della Marina Mercantile... op. cit.*, p. 637.

103 Nesses três exercícios, as "linhas internas" corresponderam em média 40% do total dos rendimentos com o transporte de passageiros. No mesmo período, os ganhos com a rota da América do Norte chegaram a mais que dobrar: L. 468.768,90 em 1881-1882, L. 747.747,64 em 1882-1883 e L. 1.037.620,58 em 1883-1884. Navigazione Generale Italiana. Relazioni e Bilancio dell'Esercizio 1881-1882. Roma, 1883; Relazioni e Bilancio dell'Esercizio 1882-1883. Roma, 1883; Relazioni e Bilancio dell'Esercizio 1883-1884. Roma, 1884.

104 O jornal *Marina e Commercio e Giornale delle Colonie* era publicado em Roma; o jornal *La Borsa* e a revista *La Marina Mercantile Italiana*, em Gênova.

105 Gigliola Dinucci. Gigliola Dinucci. "Il Modello della colonia libera nell'ideologia espansionistica italiana"... *op. cit.*, p. 461.

Tabela 5.11. Comparação das receitas de navegação obtidas pela NGI por Exercício Social (1881-1882 a 1914-1915), em liras italianas

Exercício	Total	Mercadorias	Passageiros*	Passageiros p/América do Sul	Passageiros e Mercadorias	Subvenção
1881-1882	32.989.780,45	17.243.349,16	6.786.029,14		24.029.378,30	8.125.010,00
1882-1883	35.348.314,95	18.394.765,69	7.540.245,33		25.935.011,02	8.435.159,60
1883-1884	32.738.535,26	16.712.505,61	6.785.551,08		23.498.056,69	8.487.981,96
1885-1886	42.097.015,47				-	-
1886-1887	43.220.862,12				-	-
1889-1890	46.606.775,00				-	-
1890-1891	42.020.229,26	17.203.994,61	13.399.261,51	4.435.897,52	30.603.256,12	9.975.188,65
1891-1892	41.380.633,63	17.299.335,91	13.397.809,32	5.115.598,29	30.697.145,23	9.489.925,24
1892-1893	42.176.386,38	16.424.483,54	15.187.362,02	6.420.923,20	31.611.845,56	9.301.845,56
1893-1894	37.096.373,18	14.452.425,15	12.590.283,54		27.042.708,69	9.105.110,60
1894-1895	36.870.940,24	14.464.318,94	13.303.476,33		27.767.795,27	8.989.357,82
1895-1896	46.400.937,37	14.379.087,83	23.382.893,33		37.761.981,16	8.612.222,95
1896-1897	39.109.136,91	14.709.597,48	15.250.173,17		29.959.770,65	8.616.030,90
1897-1898	38.159.259,61	16.558.721,84	12.400.370,03		28.959.091,87	8.704.587,09
1898-1899	40.734.022,20	18.894.876,16	12.826.500,20		31.721.376,36	8.696.050,81
1899-1900	44.282.554,76	18.624.664,56	16.296.731,56		34.921.396,12	9.107.834,20
1901-1902	50.697.096,50	19.734.192,28	21.231.075,35		40.965.267,63	9.371.652,81
1902-1903	50.417.717,23	19.319.654,75	20.486.079,43		39.805.734,18	9.342.302,56
1903-1904	51.950.860,82					
1904-1905	**					
1905-1906	**					
1906-1907	55.158.533,86					9.324.600,00
1907-1908	**					
1908-1909	62.208.086,75	20.953.741,97	30.567.025,41		51.520.767,38	9.461.375,21
1909-1910	**					
1910-1911	33.314.966,50					381.859,00
1911-1912	**					
1912-1913	29.773.059,86					100.801,00
1913-1914	**					
1914-1915	**					

* Passageiros de todas as linhas, inclusive da América do Sul.
** Exercícios cujos relatórios e balanços foram publicados parcialmente (sem os valores das receitas e despesas) nos jornais e revistas citados a seguir.
Fonte: Navigazione Generale Italiana. Relazioni e Bilancio dell'Esercizio (1881-1882 a 1883-1884; 1890-1891 a 1899-1900; 1901-1902; 1902-1903; 1906-1907; 1910-1911); *Marina e Commercio e Giornale delle Colonie* (1885-1886; 1886-1887); *La Borsa* (1889-1890); *La Marina Mercantile Italiana* (1903-1904 a 1905-1906; 1907-1908 a 1909-1910; 1911-1912; 1913-1914; 1914-1915); *Annuario della Marina Mercantile e delle Industrie Navali in Italia* (1912-1913).
Não foram localizados os valores referentes aos exercícios de 1884-1885, 1887-1888, 1888-1889, 1900-1901.

Apesar da ausência de números específicos para os exercícios de 1884-1885 a 1889-1890 é possível estabelecer a importância da nova linha que ligava Gênova à região do Prata: basta constatar o acréscimo de quase 10 milhões de liras italianas na receita total de 1885-1886 em relação aos três anteriores (1881-1882; 1882-1883 e 1883-1884). No relatório do mesmo exercício, o conselho de administração já anunciava o aumento na receita dos serviços desse tipo de transporte graças à emigração transoceânica.

> Renunciando, portanto, de explicar-lhes, aquele primeiro título dos rendimentos, os maiores fretes de L. 5.497.704,00, nos contentaremos em informá-los como fato puramente estatístico que o aumento na arrecadação deveu-se em quase quatro quintos ao movimento de passageiros, que caracteriza as novas linhas do Prata a despeito das mercadorias (...).[106]

Seguindo a mesma linha, o balanço de 1886-1887 comparava a receita obtida no exercício anterior (L. 42.097.015,47 contra os atuais L. 43.220.862,12), observando que a diferença a maior correspondia ao crescimento do número de passageiros e, em parte, ao aumento dos serviços postais.[107] Infelizmente, a falta de documentação para os exercícios de 1887-1888 e 1888-1889, período em que a emigração italiana para o Brasil cresceu extraordinariamente,[108] não permite reflexão aprofundada sobre seus possíveis efeitos financeiros para a NGI. Resta apenas registrar um exemplo desse período favorável à companhia. No início de 1887, a NGI estabeleceu contrato com Antonio Prado, então ministro da

---

106 Relazione del Consiglio d'Amministrazione della Navigazione Generale Italiana all'adunanza generale del 18 decembre 1886. Cf. *Marina e Commercio e Giornale delle Colonie*. 02 de janeiro de 1887.

107 Navigazione Generale Italiana. Assemblea Generale e Bilancio 1886-1887. Cf. *Marina e Commercio e Giornale delle Colonie*. 25 de dezembro de 1887.

108 Ver Capítulo 1.

gricultura do Brasil, para transportar 20 mil emigrantes italianos com redução de 20% no valor da passagem; diferença que seria paga com recursos do Estado.[109]

Em 1889-1890, a pequena queda no lucro (Tabela 5.12) – pouco mais de 108 mil liras italianas – era atribuída à diminuição do número de viagens para o Prata.

> De fato, com os acontecimentos políticos da América do Sul trazendo uma grande perturbação nas relações entre estas regiões e a Itália, a Companhia Generale foi naturalmente forçada a reduzir o número de viagens pela via do Prata, o que acarretou na diminuição de 2.500.000 liras no exercício destas linhas. Da mesma forma, a linha do Pacífico, que era já pouco produtiva foi suspensa trazendo assim uma diminuição de 1.600.000 liras nas receitas brutas.
> Porém, essa diminuição total foi quase que inteiramente coberta por uma criteriosa redução das despesas e pelo maior desenvolvimento das outras linhas.[110]

Essa justificativa, na verdade, demonstra a diversidade das operações da NGI que, como já foi lembrado, não foi criada mediante a expectativa única de desfrutar dos rendimentos com o transporte de emigrantes para as Américas.

Os balanços correspondentes aos três primeiros exercícios da década de 1890 informavam separadamente as receitas obtidas com o transporte de mercadorias e passageiros em cada linha de navegação. A partir desses dados, pode-se apreender o quão significativo para a companhia tornou-se o fluxo de emigrantes para o Brasil e repúblicas do Prata.

Para esse período, entre todas as receitas com transporte de passageiros, a linha da América do Sul constituiu-se na principal fonte. Sua participação, sempre crescente, foi a seguinte: 33,1% em 1889-1890, 38,2% em 1890-1891 e 42,3% em 1891-1892. Em relação ao total das receitas de navegação, nota-se também aumento relativo: 14,5%, 16,7% e 20,3%, respectivamente. Descontadas as subvenções pagas pelo governo italiano (cerca de 9 milhões de liras italianas anuais), as porcentagens elevam-se para 21,5%, 24,2% e 28,8%. Tal fato reforça a tese de que o transporte de emigrantes para essa região foi o grande responsável pelo aumento da participação da rubrica "receita com passageiros" no total dos proventos obtidos.

Um fenômeno dessa magnitude não poderia passar em branco nos relatórios do conselho administrativo. No do exercício de 1891-1892, reportava-se que o acréscimo no número de passageiros transportados devia-se principalmente à linha interna entre Nápoles e Palermo. Quanto à América do Sul, o volume de passageiros embarcados ajudou a superar a diminuição do

---

109 *Marina e Commercio e Giornale delle Colonie*. 06 de março de 1887.

110 Resoconto della Società di Navigazione Generale Italiana per l'esercizio 1889-1890. Cf. *La Borsa*, 03 de fevereiro de 1891.

movimento em outras linhas, como as de Barcelona e da América do Norte. A forte concorrência também era lembrada, especialmente para justificar a redução dos preços das passagens.

> O movimento total do ano ascendeu a 449.328, enquanto o do precedente foi de 416.811; foram, portanto, 32.517 viajantes a mais. Esse aumento explica-se em parte pelos cerca de 22.000 passageiros da linha Nápoles-Palermo e vice-versa, em consequência da Exposição Nacional.
> Os embarques para os portos da América do Sul também aumentaram e superaram em muito aqueles que faltaram para Barcelona e Gênova.
> Levando em conta a concorrência exercida por outras Companhias, pode deduzir que a emigração para Buenos Aires, Montevidéu e Rio de Janeiro foi superior a do exercício precedente, enquanto diminuiu o número dos repatriados. À mais calma condição político-econômica daquelas regiões deve-se atribuir tal variação de tráfico.
> Decresceu o movimento entre a Itália e a América do Norte. Isso se verifica nas partidas de Palermo e de Nápoles. Essa deficiência é justificada, porém, pelo menor número de viagens com emigrantes ao qual a Companhia teve que se adaptar em vista da redução dos preços das passagens provocada pela concorrência.
> (…)
> Tanto para as mercadorias quanto para os passageiros, quando se olhar o balanço do ano correspondente, observa-se que as rendas não aumentaram em relação direta ao tráfego, acrescido em cerca de 12%, embora diminuindo o percurso realizado pelos vapores da Companhia. Contra as maiores quantidades de mercadorias e passageiros transportados, tem-se a redução dos preços dos fretes imposta pela concorrência e por circunstâncias especiais.[111]

O relatório de 1892-1893 apresentou diagnóstico interessante ao analisar o volume de passageiros transportados. Apesar da redução do movimento total, a receita foi superior à dos exercícios anteriores. Isso porque o menor fluxo nas linhas internas – sobretudo a rota Nápoles-Palermo – foi compensado de maneira "mais que satisfatória" pelo crescimento do número de viajantes nos percursos mais longos e, portanto, mais rentáveis: a rota das Américas.

> O paralelo entre os resultados dos dois últimos exercícios evidencia um maior movimento de mercadorias por toneladas, 23.000 a favor do exercício de 1892-93, e uma pouco perceptível redução do movimento total nas várias categorias e classes de passageiros. Os resultados financeiros do último ano, porém, estão em

---

111 Resoconto della Società di Navigazione Generale Italiana per l'esercizio 1891-1892. Cf. *La Borsa*, 31 de maio de 1893.

razão inversa ao tráfego, porque ocorreram rendimentos maiores para o transporte de passageiros e menores para o de mercadorias.

(...)

Por outro lado, o maior número de viajantes nas linhas de percurso mais longo, especialmente das duas Américas, compensa e supera em rendimentos as deficiências no movimento das linhas de menor importância.

Nessas circunstâncias, é oportuno deter-se, mais do que nas diferenças assinaladas, nas oscilações que são encontradas nos dois tipos de tráfego, sempre em comparação com o aumento anterior.

(...)

As diferenças a menor encontram-se nos viajantes ordinários, e mais sensivelmente naqueles de 1ª e 2ª classe.

Entre as principais razões que explicam as deficiências de tráfego vale recordar o maior movimento determinado em 1891-1892 pela Exposição nacional de Palermo nas linhas que contemplam esse porto.

O reduzido número de viagens feitas pelos vapores sociais nas linhas internacionais do Mediterrâneo explica a diminuição do tráfego nos portos relativos.

Por último: o menor número de passageiros de 3ª classe embarcados em Montevidéu, Buenos Aires e Rio de Janeiro para a Itália justifica-se pela melhoria das condições políticas daquelas regiões que tem, não apenas mantido, mas chamado para lá um maior número de emigrantes italianos.[112]

A partir de 1895-1896, alguns exercícios fecharam com a receita do transporte de passageiros superior àquela obtida com os fretes de mercadorias; tendência que, na virada do século, tornou-se mais forte. Nesse período, além da emigração para a América do Sul, é provável que o fluxo para a América do Norte também tenha colaborado de forma expressiva. Nos exercícios de 1890-1891, 1891-1892 e 1892-1893, a receita conferida pelo transporte de passageiros destinados ao norte do continente – apesar de também apresentar crescimento – era muito inferior aos ganhos referentes à América do Sul.[113] Provavelmente, o movimento de passageiros via NGI para terras norte-americanas deve ter aumentado nos anos posteriores – acompanhando a tendência do fluxo migratório em geral – sem, no entanto, ultrapassar o sul-americano.

É o que demonstra o relatório do exercício de 1899-1900 ao citar o notável desenvolvimento do tráfico internacional, sobretudo o de emigrantes para as Américas, justificando, inclusive, a proposta de construção de novos vapores. Em outro excerto do documento

---

112 La Navigazione Generale Italiana, l'esercizio 1892-1893. Cf. *La Borsa*, 28 de julho de 1894.

113 L. 1.616.897,28; L. 945.814,60 e L. 1.580.809,33 respectivamente. Nesse período, essas receitas foram inferiores também àquelas correspondentes às "linhas internas" de transporte de passageiros.

aludia-se a uma prática que ganhava força entre as companhias de navegação: a emissão de passagens do outro lado do Atlântico – os bilhetes pré-pagos.

> O desenvolvimento de nosso tráfego internacional acentuou-se notavelmente no exercício em exame, no qual estamos propondo-lhes, com a utilização mais ativa de nossa frota, preparar novas linhas para os vapores em construção e para aqueles que podemos ainda encomendar, ativando gradualmente nosso programa.
> (…) preferência que nos dão todos os tipos de passageiros em todas as linhas, e especialmente os emigrantes naquelas da América, ao ponto de os bilhetes já emitidos por nossas agências do outro lado do Atlântico para os passageiros de terceira classe da Itália, alcançarem cerca de um milhão de liras.[114]

A concorrência nos portos de embarque de emigrantes para as Américas, entretanto, era intensa.[115] Em relação ao Brasil e à região do Prata, a disputa no porto de Gênova resumia-se às diversas companhias italianas e à bandeira francesa. Nos portos do sul da península – Palermo e Nápoles – os principais pontos de saída de italianos para o continente norte-americano, prevaleciam as sociedades de navegação inglesas e alemãs, que com melhores equipamentos e apoiadas nas estreitas relações comerciais do governo de seus países com os Estados Unidos, executavam esse serviço com maior competência, constituindo-se, historicamente, em entrave fundamental às pretensões da marinha mercante italiana na rota do Atlântico norte. O Gráfico 5.2 ilustra essa preponderância, ao menos nos primeiros anos do novo século.

No início do século XX, para explicar as dificuldades financeiras enfrentadas pela NGI, ao fator concorrência, associavam-se problemas econômicos na região do Prata e a quarentena em diversos portos estrangeiros. Lamentava-se especialmente a sensível passividade da linha da América do Sul durante o exercício de 1901-1902 – *una delle più importante fra quelle esercitate dalla Società*.[116]

Oscilações do movimento migratório, no entanto, não colocaram entraves quando da discussão do programa de renovação da frota aprovado na assembleia geral de outubro de 1903.[117] Dessa forma, deliberou-se pela construção de 12 vapores. Um para a linha Nápoles-Palermo-Tunísia, 5 para o Levante e o Adriático e 6 transatlânticos, de 8 mil toneladas cada um, para as Américas (4 para o Prata e 2 para Nova York) – *Re Vittorio, Regina Elena, Principe*

---

114 Navigazione Generale Italiana. Relazione e Bilancio dell'Esercizio 1899-1900. Anno XIX. Roma, 1900.

115 A concorrência extrapolava os portos italianos, pois era muito comum o embarque de italianos a partir de Marselha e do Havre.

116 Navigazione Generale Italiana. Relazione e Bilancio dell'Esercizio 1901-1902. Anno XXI. Roma, 1902.

117 Oreste Calamai. *Annuario della Marina Mercantile, op. cit.*, p. 638.

Umberto, Duca di Genova, Duca degli Abruzzi e *Duca d'Aosta*.[118] Política que se manteve ativa, pois conforme relato do exercício de 1904-1905, mais 6 vapores, agora de 10 mil toneladas cada, foram encomendados, com expectativa de entrega para 1907.

> Essas novas unidades, que são destinadas aos serviços transoceânicos, planejadas com amor e com inteligente prudência por nossa Direção, representam o que há de mais confortável e bonito, e por sua potencialidade constituirão os mais soberbos vapores em que, até agora, a bandeira italiana tremulou.[119]

A descrição das características desses vapores aparecia dois meses antes, quando a revista *La Marina Mercantile Italiana* celebrava a vitória de um estaleiro italiano, mais especificamente genovês, na disputa com empresas estrangeiras pelas seis encomendas da NGI. O que chama atenção, é a grande capacidade destinada ao transporte de emigrantes.

> Os dois transatlânticos, que deverão ser utilizados nas viagens entre a Itália e a América do Norte, possuirão dois motores e dupla hélice; um deslocamento de mais de 11.000 toneladas; velocidade aproximada de 17 milhas em navegação; cumprimento de 142,50 e 143,50 metros. Espera-se que possam ser concluídos em 1906.
> Esses vapores poderão transportar uma carga de 1400 emigrantes, que terão à sua disposição um grande salão de refeição, como é determinado pela legislação dos Estados Unidos. Possuirão todo conforto para 200 passageiros de classe, além de cabines elegantes, salas e salões de todos os tipos, gabinetes de toalete e de banho.
> Dos outros quatro transatlânticos, que serão usados na linha de Gênova ao Prata, a construção foi contratada em 15 de agosto último (…).
> Também esses quatro transatlânticos terão dois motores e dupla hélice; uma velocidade de 15 milhas em navegação e um deslocamento de 10.000 toneladas. Poderão transportar não menos do que 1300 emigrantes e cerca de 200 passageiros de classe. Seu mobiliário será o mais suntuoso a tal ponto de não temer confronto com os melhores transatlânticos estrangeiros.[120]

---

118 Navigazione Generale Italiana. Relazione e Bilancio dell'Esercizio 1903-1904. Cf. *La Marina Mercantile Italiana*. 07 de janeiro de 1905.

119 Navigazione Generale Italiana. Relazione e Bilancio dell'Esercizio 1904-1905. Cf. *La Marina Mercantile Italiana*. 22 de dezembro de 1905.

120 *La Marina Mercantile Italiana*. 07 de outubro de 1905.

No relatório do exercício de 1905-1906 comemorou-se os resultados favoráveis de várias linhas, a despeito da passividade de umas poucas, ressaltando a necessidade de aumento da frota. Mais uma vez, mereceu destaque a rota da América do Sul.

> Não houve muita vantagem do Brasil onde na opinião dos relatores se prepara um período de prosperidade duradoura que esperamos seja acompanhado pela necessária legislação local para que seja possível usufruir daquela corrente emigratória específica.
> (…)
> Por outro lado, em relação ao tráfego com a Argentina, que continua em seu feliz desenvolvimento, a NGI tem participado largamente: o número de viagens cresceu de 2 para 31, e foram transportados 11.000 passageiros a mais que no exercício anterior. (…) E tal posição não tem como não se consolidar, em comparação com outras eventuais iniciativas, quando na linha do Prata introduzirmos os quatro grandes transatlânticos a ela destinados.[121]

Dois exercícios mais tarde, o conselho administrativo observava que uma crise comercial atingia quase todos os países, sobretudo os Estados Unidos, provocando diminuição do tráfico e acentuando a concorrência, já fomentada pelo excesso de tonelagem existente no mercado marítimo mundial. Os reflexos foram imediatos: redução do valor dos fretes e atrofia do lucro (Tabela 5.12).

Ao final de 1908, a *Camera di Commercio de Genova* publicava nota na imprensa expressando a gravidade da situação para a marinha mercante genovesa – extremamente dependente do transporte de emigrantes.

> Nossas Companhias de navegação criaram nos últimos anos uma verdadeira frota de vapores especializados no transporte de emigrantes. Agora, com a cessação da emigração… a maior parte dessas embarcações está parada, ao contrário dos navios pertencentes às bandeiras estrangeiras concorrentes, que, sendo menos especializados, podem realizar outros tipos de transportes.[122]

---

[121] Navigazione Generale Italiana. Relazione e Bilancio dell'Esercizio 1905-1906. Cf. *La Marina Mercantile Italiana*. 25 de dezembro de 1906. Ainda segundo o relatório, o movimento para a América do Norte sofreu leve queda. Em relação ao número extremamente baixo de 2 viagens no exercício anterior em comparação as 31 do atual, tudo indica que houve um erro de impressão. No entanto, não foi possível averiguar a quantidade verdadeira.

[122] *L'Economista d'Italia*. 05 de dezembro de 1908. *Apud* Giorgio Doria. *Investimenti e sviluppo economico a Genova… op. cit.*, v. II., p. 319-320.

A turbulência fez diminuir sensivelmente o fluxo migratório no Atlântico, afetando todas as companhias de navegação que desfrutavam desse tipo de serviço. De posse dos números da emigração de 1908, a revista *La Marina Mercantile Italiana* publicou no início de 1909 uma matéria sob o título "Minori introiti delle Compagnie per la diminuita emigrazione". Os dados são reveladores e merecem ser reproduzidos.

> Em 1908, o tráfego de passageiros no Atlântico teve uma diminuição de cerca de um milhão de indivíduos em relação ao tráfego de 1906.
> Durante 1908, as Companhias de navegação transportaram 1.530.161 passageiros, dos quais 670.680 "westbound" e 859.481 "eastbound". Pela primeira vez um grande número de passageiros de retorno (eastbound) superou consideravelmente o tráfego de ida (westbound), e tal fenômeno deveu-se, como se nota, à crise de trabalho nos Estados Unidos que teve início em fins de 1907 e se propagou por todo ano seguinte.
> A diminuição do número de passageiros verificou-se em todas as três classes nas viagens de ida e para a primeira e a segunda classe nas viagens de retorno.
> O movimento de passageiros transatlânticos é dado para os últimos cinco anos pelas seguintes estatísticas:
>
> | Ano | 1908 | Passageiros | 1.530.961 |
> | Ano | 1907 | Passageiros | 2.457.328 |
> | Ano | 1906 | Passageiros | 1.984.688 |
> | Ano | 1905 | Passageiros | 1.662.624 |
> | Ano | 1904 | Passageiros | 1.503.177[123] |

Para proporcionar ideia do prejuízo, a revista compilou os dados apresentados pelo *New York Journal of Commerce*. Com base no custo médio do bilhete de 3ª classe (125 liras italianas) e na diferença no número de emigrantes transportados em 1907 e 1908 (855.995 a menos), o jornal calculou a perda aproximada das companhias de navegação: 107 milhões de liras italianas.[124]

Restava apenas lamentar a situação. Lamento que, na verdade, ratificava de forma clara a relação de dependência das companhias de navegação italianas com a emigração transoceânica.

---

123   *La Marina Mercantile Italiana*. 25 de janeiro de 1909.

124   Ainda segundo os cálculos do periódico, somando-se os valores correspondentes aos bilhetes dos passageiros de 1ª e 2ª classes, o "suposto prejuízo" chegaria a L. 131.529.050,00.

> Essas cifras são muito eloquentes e explicam plenamente as péssimas condições financeiras que atingem hoje algumas grandes Companhias de navegação que têm a maior parte da frota, ou uma parte conspícua dela, interessada no tráfego atlântico.[125]

Enfrentar a concorrência estrangeira: mais uma tarefa essencial que o próprio conselho se impunha. Para tanto, mencionava-se seus efeitos positivos para a marinha italiana, associados às exigências da lei sobre emigração de 1901: a construção de novos e modernos vapores. Argumento fundamental para justificar maior participação do Estado no sentido de satisfazer os interesses da marinha mercante da península.

> As causas do conflito residem na superprodução de tonelagem naval, que era alheia à necessária renovação da nossa frota, particularmente a nós imposta pela lei de emigração em face à bandeira estrangeira que mal suporta o renascimento marítimo da Itália.
> (…)
> A lei de emigração, por exemplo, atingiu sob o ponto de vista marítimo todos os seus efeitos. Os armadores cumpriram seus deveres renovando suas frotas; porque as autoridades públicas devem preservar um sistema inspirado no mais largo liberalismo quando outras nações destinam o tráfego emigratório a especial proveito das próprias marinhas?[126]

O exercício de 1910-1911 testemunhou uma verdadeira revolução na estrutura e na política de gestão da Navigazione Generale Italiana.[127] Dois aspectos mereceram atenção. A rescisão das convenções firmadas com o governo italiano para execução dos serviços marítimos subvencionados,[128] que passaram para a Società Nazionale di Servizi Marittimi,[129]

---

125 *La Marina Mercantile Italiana*. 25 de janeiro de 1909.

126 Navigazione Generale Italiana. Relazione e Bilancio dell'Esercizio 1907-1908. Cf. *La Marina Mercantile Italiana*. 25 de dezembro de 1908.

127 Essa reestruturação já estava em estudo desde os primeiros anos do século XX. No exercício de 1903-1904, o conselho administrativo observava que algumas modificações no estatuto social permitiriam à NGI preparar-se para uma completa transformação "che potrà metterla facilmente a paro delle più potenti fra le grandi Società di navigazione estere". Navigazione Generale Italiana. Relazione e Bilancio dell'Esercizio 1903-1904. Cf. *La Marina Mercantile Italiana*. 07 de janeiro de 1905.

128 As subvenções anuais sempre giraram em torno de 9 milhões de liras italianas (ver Tabela 5.11).

129 A companhia formou-se em 1910, com capital social de 15 milhões e, em apenas três exercícios, recebeu 27 milhões de liras italianas em subvenção. Giorgio Doria *Investimenti e sviluppo economico a Genova… op. cit.*,

recém-constituída com a aquisição de 61 de seus vapores; e a venda de outros 18 para outras companhias, reduzindo sua frota a 17 navios dedicados à navegação transoceânica.

A renúncia à subvenção por motivos econômicos começou a ser aventada no exercício de 1904-1905. Alegava-se que essas linhas eram extremamente passivas e sua continuidade não mais se justificava.

> Impávidos e seguros, agora como no período que precedeu a aprovação das convenções atuais, nós nos prepararemos para renunciar aos serviços subvencionados quando não for possível assumir a gestão sem danos a nós.
> Estaremos sem dúvida satisfeitos, se nossa Companhia puder continuar a prestar ao Estado e ao público, para as linhas a serem subvencionadas, os serviços que agora quase tradicionalmente essa faz; mas se também a tradição devesse ser interrompida, não por isso a bandeira de nossa Companhia cessará de tremular orgulhosa em nosso Mediterrâneo e nos Oceanos distantes.[130]

Após discussão e votação da nova lei dos serviços subvencionados no Parlamento,[131] o conselho administrativo aproveitou o relatório do exercício de 1907-1908 para elaborar um diagnóstico das dificuldades que seriam encontradas pela companhia.

> Não participamos dos leilões realizados pela Administração dos Correios, e que andam desertos, não por coalizões breves, mas em consequência da unânime condenação, por nós de resto a vós declarado em tempos não suspeitos, ou seja, no final de dezembro de 1905, sobre a impossibilidade, do ponto de vista técnico e financeiro, de dar execução à lei dos serviços subvencionados na forma como foi preparada antes e aprovada depois pelo poder legislativo.[132]

Em virtude da insegurança por parte de alguns acionistas quanto às mudanças propostas, o conselho administrativo fez a seguinte declaração, que foi aprovada em assembleia:

---

v. II., p. 461.

130 Navigazione Generale Italiana. Relazione e Bilancio dell'Esercizio 1904-1905. Cf. *La Marina Mercantile Italiana*. 22 de dezembro de 1905.

131 A nova lei foi aprovada em 05 de abril de 1908.

132 Navigazione Generale Italiana. Relazione e Bilancio dell'Esercizio 1907-1908. Cf. *La Marina Mercantile Italiana*. 25 de dezembro de 1908.

> Que a Companhia, vindo a cessar os contratos vigentes com o Estado, não terá prejuízo porque poderá dedicar-se exclusivamente e com maior proveito ao exercício dos serviços livres que serão fonte de seguros e maiores benefícios que, em breve, poderão ter o desenvolvimento que agora não é possível dar-lhes, pelos cuidados especialmente dedicados aos serviços subvencionados. Ainda a respeito dos serviços postais, ocorre que os acionistas sabem como algumas linhas, apesar das subvenções, são passivas e absorvem uma parte da margem de lucro que as outras deixam.[133]

No relatório do exercício seguinte, ficavam consolidadas as diretrizes do novo programa da NGI, ou seja, o abandono dos serviços subvencionados e a orientação para as linhas de tráfico livre, com destaque para a via da América.

> Se nossas esperanças se concretizarem, deveremos em breve convocar uma Assembleia extraordinária para harmonizar o Estatuto com as novas diretrizes, nas quais, vindo a cessar o exercício dos serviços subvencionados, deverá orientar-se e endereçar-se a vossa Companhia.
> Essas diretrizes já são conhecidas. Elas já permitiram à nossa Companhia elevar-se ao nível em que se encontra: são para as vias de comércios livres que devemos voltar toda a nossa atividade. Mas não apenas nos tráfegos com as Américas nós endereçaremos nossas energias; mas sim, sempre que o interesse nacional se faça sentir vivo e concreto e as condições dos mercados assim consentirem, nós estudaremos e instituiremos linhas, permanentes ou temporárias, para o transporte de mercadorias e de passageiros, seguros como somos de que, especialmente os armadores italianos terão o justo apoio das autoridades públicas (…).[134]

Finalmente, na relação de 1909-1910, o conselho administrativo informava que este era o último exercício com a participação dos serviços subvencionados e o primeiro de uma "nova era" que se abria para a companhia, cujo marco seria a drástica redução da frota. Essas medidas rompiam com a tradição histórica da NGI, ou seja, a de possuir a maior frota entre as companhias de navegação italianas e de ser a principal beneficiada pelas subvenções estatais. Ciente de tal polêmica, o conselho administrativo ressaltou a realização de estudos que justificariam essa mudança de rumo, dando especial atenção ao serviço de transporte de emigrantes.

---

133 Navigazione Generale Italiana. Relazione e Bilancio dell'Esercizio 1907-1908. Cf. *La Marina Mercantile Italiana*. 25 de dezembro de 1908.

134 Navigazione Generale Italiana. Relazione e Bilancio dell'Esercizio 1908-1909. Cf. *La Marina Mercantile Italiana*. 10 de janeiro de 1910.

> Em efeito, depois de um conscienioso estudo realizado por nós sobre os custos de produção de serviços individuais, pensamos – e o expusemos nos Relatórios de 1905-1906-1907 – que a vossa Empresa deveria melhor interessar-se pelos grandes serviços livres que pareciam monopólio da bandeira estrangeira ainda que por inércia nossa. Como a Navigazione Generale Italiana era o principal organismo marítimo nacional, e o único que possuía energia financeira verdadeiramente conspícua, seduziu-nos um programa altamente industrial e puramente italiano: revitalizar a nossa Marinha, cimentá-la em torno de um objetivo comum, lançá-la compacta e firme, com as próprias energias renovadas, à concorrência estrangeira.
>
> (…)
>
> O estudo dos Tráfegos de emigração aconselhou-nos a construção de material novo e adequado, e, sem mais, encomendamos aos estaleiros *Navali Riuniti* seis grandes transatlânticos apesar da suspensão das medidas de proteção direta ao armamento e da incerteza daquela dirigida à construção.[135]

Na assembleia geral, em que se avaliou a conduta do conselho de administração, as duas propostas a serem votadas demonstravam a excepcionalidade das medidas tomadas. Uma defendia a anulação dos atos da administração, inclusive em relação à alienação dos 82 vapores; outra – aquela que venceu – referendava a gestão do exercício 1909-1910, cujo objetivo era:

> (…) ceder uma parte da frota, e adotar deliberações necessárias para dar à nossa Companhia organização mais comercial e mais econômica; ao passo que agora, a nossa Administração, ágil pela nova organização, livre do material antigo, forte pelas importantes disponibilidades financeiras, poderá examinar os novos projetos de serviços subvencionados para estudar a conveniência dos mesmos, na forma que será mais apropriada.[136]

Essa mudança de política da NGI em relação à busca por subvenções do Estado pode ser inserida na conjuntura da metade da primeira década do século XX, período em que, segundo Giorgio Doria, o governo italiano sentiu-se constrito a redimensionar suas contribuições devido à forte oposição da opinião pública e do Parlamento. Tal fato foi suficiente para modificar a orientação do capital genovês que abandonou, mesmo que temporariamente,

---

135 Navigazione Generale Italiana. Relazione e Bilancio dell'Esercizio 1909-1910. Cf. *La Marina Mercantile Italiana*. 25 de janeiro de 1911.

136 Navigazione Generale Italiana. Relazione e Bilancio dell'Esercizio 1909-1910. Cf. *La Marina Mercantile Italiana*. 25 de janeiro de 1911.

uma política perseguida tenazmente por mais de meio século, desinteressando-se pelos serviços subsidiados.[137]

Uma reviravolta interessante, que pode ser explicada pela falta de retorno financeiro dessas linhas, pois as convenções marítimas com o Estado sempre forneceram quantias significativas para a NGI – em média 9 milhões de liras italianas ao ano (ver Tabela 5.11). Valores que, quando comparados aos dados do relatório do deputado Pantano sobre as subvenções estatais à marinha mercante entre 1862 e 1905, chegavam a quase 90% do total das verbas destinadas a esse fim.

> Do relatório do deputado Pantano sobre os serviços marítimos, destacam-se os seguintes dados a respeito das despesas custeadas pelo Estado italiano para subvenções e auxílios à marinha mercante.
> As subvenções para os serviços marítimos de 1862 a todo o exercício de 1904-1905 chegaram a L. 389.325.193,28. Em 1862, as subvenções foram de 5.367.150,85 e esta soma aumentou gradativamente até um máximo de 11.108.985[,00] liras em 1890. No exercício financeiro posterior, desceu a L. 10.191.931[,00], se manteve entorno de 9 milhões de 1892 a 1900, subindo a cerca de 10 milhões nos exercícios financeiros de 1901 a 1913, a 11.085.577[,00] no exercício de 1903-1904 e a 11.722.238[,00] no de 1904-1905.[138]

Para Ludovica de Courten, a decisão da NGI tinha objetivo claro: dedicar-se exclusivamente ao transporte de passageiros e emigrantes. A autora chama atenção para as consequências da lei de 1901 como fator fundamental dessa mudança. Entre 1904 e 1909, em virtude da concorrência estrangeira e das exigências da legislação, quase toda a frota transatlântica italiana foi renovada, provocando um processo de especialização do armamento que eliminou vetores ocasionais, realizando finalmente a distinção entre navios de passageiros e navios de carga.[139]

Sobre a redução da frota, a relação do conselho administrativo que abria o relatório do exercício de 1910-1911 iniciava-se da seguinte forma:

> A frota social que em 30 de junho de 1910 consistia de N° 102 vapores para um valor total de 39.496.769,21 liras italianas; no fechamento do exercício a que nos

---

137 Giorgio Doria *Investimenti e sviluppo economico a Genova... op. cit.*, v. II., p. 461.
138 "Le sovvenzioni Governative alla marina mercantile". *La Marina Mercantile Italiana*. 25 de abril de 1906.
139 Ludovica de Courten. *La marina mercantile italiana nelle politica di espansione, op. cit.*, p. 185-186.

referimos, consistia de Nº 17 unidades para um valor total de 35.713.723,61 liras italianas em consequência da venda feita a várias companhias de Nº 85 vapores.[140]

Com essa frota, além das linhas do Mediterrâneo, foram realizadas 66 viagens transoceânicas, sendo 36 para a América do Sul e 30 para a América do Norte. Entretanto, informava o conselho, esse tráfico começava a sentir os efeitos da suspensão, por parte do governo italiano, da emigração dirigida para Argentina e Uruguai.[141]

No exercício seguinte, o número de viagens para as Américas sofreu pequena queda, nem tanto pelas persistentes dificuldades em relação à emigração para a região do Prata, mas pela requisição de 8 vapores por parte do governo italiano em virtude da campanha da Líbia.[142] A política de modernização da frota prosseguia, sempre tendo em vista o outro lado do Atlântico. Foram vendidos 5 vapores – *Liguria, Lombardia, Sicilia, Sardegna* e *Umbria* – e adquirido o *América*, resultando na redução da frota para 12 navios. Anunciavam-se, mais uma vez, "transformações radicais", que teriam início com a construção, já encomendada, de 4 "cargo-boats", de 8 mil toneladas cada, para transporte de combustível (carvão) e prosseguiria com o projeto de

> (…) construção de três grandes transatlânticos, dos quais um destinado à América do Norte, e dois à América do Sul, com características e adaptações para assegurar a primazia da Itália nas linhas entre o Mediterrâneo e as Américas.[143]

Outro reflexo da relevância do movimento migratório transoceânico foi a instituição de uma sede da NGI em Nápoles.

---

140 Navigazione Generale Italiana. Relazioni sul Rendiconto e Bilancio dell'Esercizio 1910-1911. Anno XXX. Gênova, 1911. Note-se que o lugar de publicação dos relatórios passou de Roma para Genova, a nova sede da companhia a partir de então. "Così già a Genova funziona la Sede Centrale della Società, mentre a Roma è restato un semplice uffucio per il servizio passeggieri".

141 Navigazione Generale Italiana. Relazioni sul Rendiconto e Bilancio dell'Esercizio 1910-1911. *op. cit.* Ainda segundo o relatório, as modificações do Estatuto, deliberadas na Assembleia extraordinária de 25 de abril de 1911, foram homologadas pelo *Reggio Tribunale di Roma* através do decreto de 29 de abril de 1911.

142 Os vapores requisitados foram os seguintes: *Duca di Genova, Duca degli Abruzzi, Re Vittorio, Liguria, Lombardia, Umbria, Lazio* e *Sannio*. Em vista disso, o conselho comemorava a qualidade náutica desses navios, salientando a importância da marinha mercante no fortalecimento da frota naval de guerra italiana. Navigazione Generale Italiana. Relazioni sul Rendiconto e Bilancio dell'Esercizio 1911-1912. Cf. *La Marina Mercantile Italiana*. 25 de outubro de 1912.

143 Navigazione Generale Italiana. Relazioni sul Rendiconto e Bilancio dell'Esercizio 1911-1912. Cf. *La Marina Mercantile Italiana*. 25 de outubro de 1912.

Aproveitamo-nos da possibilidade aberta no art. 3 do Estatuto Social e instituímos em Nápoles uma Sede. O maior porto do *Mezzogiorno* e o primeiro porto italiano em circulação de passageiros impunha essa medida.[144]

Os três exercícios que se seguiram – 1912-1913, 1913-1914 e 1914-1915 – testemunharam poucas alterações. Entre compras e vendas de vapores e a entrega dos 4 "cargoboats" já mencionados, a frota da NGI encontrava-se ao final desse período com 14 navios. O movimento de passageiros – leia-se emigrantes – também sofreu pouca alteração. Nem mesmo o aumento recorde da emigração para os EUA no ano de 1913[145] foi mencionado nos relatórios, dando a entender que a companhia estranhamente não se beneficiou desse movimento – certamente a concorrência estrangeira explica esse fato.

A sensibilidade da companhia às variações do fluxo migratório ficou explícita na relação de 1913-1914, quando o conselho administrativo afirmou que apesar do número de viagens ter superado o exercício anterior, caíram a quantidade de mercadorias e de passageiros de 3ª classe transportados. Dessa forma, questionou-se o descaso do *Commissariato dell'Emigrazione* em relação aos valores quadrimestrais das passagens que não atendiam à diminuição do tráfico, nem os novos encargos advindos do decreto sobre a "Tutela Giuridica degli Emigranti".[146]

A guerra se espalhava pela Europa no ano de 1915, refletindo-se negativamente no comércio mundial. Com a emigração não foi diferente. Os números desabaram pela metade já em 1914.[147] Somadas, as depressões nos dois tráficos acarretaram problemas para as com-

---

144 Navigazione Generale Italiana. Relazioni sul Rendiconto e Bilancio dell'Esercizio 1911-1912. Cf. *La Marina Mercantile Italiana*. 25 de outubro de 1912.

145 Nos 11 primeiros meses de 1913, embarcaram em portos europeus para os Estados Unidos 1.304.092 emigrantes, excedendo em 336.677 o ano anterior. Cf. *La Marina Mercantile Italiana*. 25 de janeiro de 1914.

146 Navigazione Generale Italiana. Relazioni sul Rendiconto e Bilancio dell'Esercizio 1913-1914. Cf. *La Marina Mercantile Italiana*. 25 de setembro de 1914. O decreto de 05 de março de 1914 modificou alguns aspectos da Lei n. 1075 de 02 de agosto de 1913 sobre a tutela da emigração, impondo maior responsabilidade aos chamados vetores de emigração – as companhias e armadores. A preocupação por parte desse grupo está expressa em uma carta publicada na revista *La Marina Mercantile Italiana* em 10 de abril de 1914.

147 Sempre zelosa quando o assunto era emigração, a revista *La Marina Mercantile Italiana* publicava, em 25 de agosto de 1915, um balanço do fluxo migratório italiano para o ano de 1914, reportando que a substancial queda era decorrente do início do conflito bélico. "Ed infatto, la diminuzione più forte si è avuta nel terzo trimestre del 1914, e cioè al divampare del conflitto europeo. L'emigrazione per l'Europa ed altri paesi del bacino Mediterraneo ebbe quindi una sensibile ripresa nel quarto trimestre, ma non quella dei paesi transoceanici, che non potè riaversi e dalla quale derivò quindi la differenza maggiore. (…) Nel 1914 l'esodo per le Americhe, si ridusse a meno della metà di quello verificatosi nell'anno antecedente". Assim, em 1913,

panhias de navegação em todo o globo. O relatório do exercício de 1914-1915 do conselho de administração da NGI observava a queda na emigração, mas comemorava o aumento do frete e do movimento de seus navios de carga, apresentando diagnóstico interessante sobre os primeiros momentos imersos na guerra.

> O atual conflito europeu sem precedentes por extensão e intensidade, perturbando a economia mundial, deveria ter uma enorme repercussão no desenvolvimento do comércio marítimo. O valor e mais ainda o rendimento dos vários tipos de navios, de repente, mudaram substancialmente. Diminuído gradualmente e quase anulado o movimento de passageiros, veio a faltar o natural alimento aos grandes e velozes vapores e especialmente aqueles pertencentes às nações beligerantes, exatamente no momento em que cresciam em excesso os custos do exercício, sobretudo pelo altíssimo preço do combustível e pelas despesas com o seguro contra riscos de guerra. Os navios de carga, ao contrário, depois da incerteza dos primeiros meses, foram sempre muito requisitados, e por isso os fretes, pelo aumento da demanda, pela diminuição da tonelagem disponível, pela maior duração das viagens, pelas escalas anormais em portos lotados, atingiram valores que permitiram aos Armadores cobrirem os acrescidos custos e alcançarem largas margens de lucro.[148]

Por fim, a questão dos lucros anuais merece uma análise em conjunto. Para tanto, a Tabela 5.12 e o Gráfico 5.6 podem ajudar. O primeiro ponto a chamar atenção é que durante todo o período analisado (1881-1882 a 1914-1915), apenas o exercício de 1883-1884 fechou com prejuízo de quase 1 milhão de liras italianas (Tabela 5.12), coincidentemente ou não, às vésperas da implantação da linha para a América do Sul. Após isso, com exceção de alguns poucos momentos de baixa relativa (1893-1894, 1894-1895, 1898-1899, 1904-1905 e 1908-1909), os lucros da NGI seguiram linha ascendente, como se depreende do Gráfico 5.6.

Especificamente nos últimos 6 anos, a curva de crescimento dos lucros intensificou-se, coincidindo com a consolidação das reformas implementadas pelo conselho administrativo: fim das convenções com o Estado italiano e a drástica redução e modernização da frota, que passou a se dedicar quase que exclusivamente às linhas transoceânicas. Dessa forma, mesmo com a diminuição do valor de sua frota social – em 1910

---

partiram para o outro lado do oceano 556.325 indivíduos; em 1914, o número caiu para 230.695, ou seja, uma redução de aproximadamente 59%.

148 Navigazione Generale Italiana. Relazioni sul Rendiconto e Bilancio dell'Esercizio 1914-1915. Cf. *La Marina Mercantile Italiana*. 10 de outubro de 1915.

correspondia a L. 59.496.769,21 e, em 1911, a L. 35.713.723,61[149] – o aumento dos ganhos advinham de uma estrutura mais enxuta e do tamanho dos navios que levavam e traziam mercadorias e passageiros.

Tabela 5.12. NGI – Resultados financeiros dos exercícios de
1881-1882 a 1914-1915, em liras italianas

Exercício	Lucro	Prejuízo	Exercício	Lucro	Prejuízo
1881-1882	2.789.227,65	–	1899-1900	3.532.640,00	–
1882-1883	872.786,54	–	1901-1902	2.934.704,64	–
1883-1884	–	929.135,28	1902-1903	2.929.638,76	–
1885-1886	1.466.252,05	–	1903-1904	2.943.699,81	–
1886-1887	1.820.195,95	–	1904-1905	2.229.000,00	–
1888-1889	3.031.237,00	–	1905-1906	3.869.051,38	–
1889-1890	2.922.759,00	–	1906-1907	4.801.520,86	–
1890-1891	2.088.001,96	–	1907-1908	4.045.232,69	–
1891-1892	2.485.429,38	–	1908-1909	2.635.061,34	–
1892-1893	2.693.864,46	–	1909-1910	4.281.243,77	–
1893-1894	1.434.685,03	–	1910-1911	4.291.216,15	–
1894-1895	1.104.829,33	–	1911-1912	5.363.681,33	–
1895-1896	2.654.429,91	–	1912-1913	6.493.222,82	–
1896-1897	2.691.376,86	–	1913-1914	6.450.917,92	–
1897-1898	2.568.048,25	–	1914-1915	7.460.373,92	–
1898-1899	1.882.174,79	–	–	–	–

Fonte: *Idem* Tabela 5.11.

---

149 Navigazione Generale Italiana. Relazioni sul Rendiconto e Bilancio dell'Esercizio 1910-1911. *op. cit.*

Gráfico 5.6. NGI – Resultados financeiros dos exercícios(1881-1882 a 1914-1915)

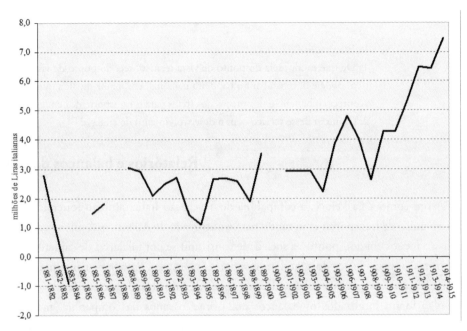

Fonte: Tabela 5.12.

Em suma, o transporte de emigrantes não foi o único fator a alavancar o processo de modernização da NGI, mas, com certeza, desempenhou papel fundamental em sua concretização. Nesse sentido, uma das suas respostas ao questionário da *Commissione Reale pei Servizi Maritimi* inibe qualquer dúvida sobre a relação direta entre emigração e rotas transoceânicas da companhia.

> Nossas linhas transoceânicas baseiam-se apenas no serviço de emigração e, por isso, a questão da concorrência das linhas estrangeiras assume caráter diferente em relação às outras linhas nossas, ainda que pela importância do material com o qual devem ser exercitadas.[150]

A própria pesquisa, dividida em cinco tópicos temáticos (I. Material; II. Exercício; III. Subvenção; IV. Pessoal de Bordo; V. Emigração), já expressava o significado do fluxo

---

150 Navigazione Generale Italiana. Risposte al questionario della Commissione Reale pei Servizi Maritimi. Roma, 1905, p. 46.

migratório para o desenvolvimento da marinha mercante italiana em geral – o que se depreende dos subitens a ele relacionados:

> V. Emigração
> 1. De que modo, seja do ponto de vista técnico, seja do ponto de vista legislativo, pode e deve usufruir a bandeira nacional, em maior medida que hoje não acontece, o benefício dos preços dos fretes para o transporte dos emigrantes?
> 2. Conexão desse serviço com o desenvolvimento do tráfego?[151]

Relatórios e balanços da Italia

Assim como a La Veloce, a companhia de navegação Italia também foi criada com o objetivo único de transportar emigrantes para o outro lado do Atlântico. A diferença, porém, residia ao menos em dois pontos: a sociedade constituiu-se por iniciativa de capitais alemães e sua frota era formada por dois modernos vapores – *Toscana* e *Ravenna* – construídos exclusivamente para passageiros, encomendados à época da formação da sociedade.[152]

Não foram localizados os balanços dos primeiros anos da companhia, mas outros documentos revelam que, nesse período, a Italia cresceu conforme a necessidade do tráfico, aumentando, inclusive, seu capital de 5 milhões de liras italianas para 8 milhões em 1904. Nesse mesmo ano, foi providenciada a construção de mais dois navios – *Sienna* e *Bologna*. Apesar dos investimentos, no exercício seguinte, a Italia amargou um prejuízo de L. 378.490,95 (ver Tabela 5.13).

Em 1906, a companhia já contava com quatro vapores em sua frota e comemorava o lucro de L. 418.805,80.[153] Em vista do crescimento do movimento para a América do Norte, encomendou mais três vapores – *Ancona*, *Verona* e *Taormina*[154] – exclusivamente para essa nova linha, e deliberou em assembleia que seu capital social passaria a 20 milhões de liras italianas (12 milhões aplicados) a partir de 1907.[155]

---

151 Navigazione Generale Italiana. Risposte al questionario… *op. cit.*

152 O vapor *Toscana* foi entregue em 1900 e o *Ravenna* em 1901, ambos tinham capacidade para transportar cerca de 1400 emigrantes. *La Marina Mercantile Italiana*. 10 de outubro de 1907.

153 *La Marina Mercantile Italiana*. 25 de abril de 1907.

154 Os navios foram construídos na Inglaterra e possuíam capacidade para 60 passageiros de 1ª classe e 2400 de 3ª classe, "con tutte le comodità moderne e con locali per le tavole da pranzo degli emigranti secondo le ultime disposizioni delle leggi italiane ed americane". *La Marina Mercantile Italiana*. 10 de maio de 1907.

155 Oreste Calamai. *Annuario della marina mercantile… op. cit.*, p. 677.

Os três vapores citados entraram em serviço em 1908, quando se inaugurou a linha para a América do Norte. No entanto, por conta da crise que atingiu o comércio mundial e seus reflexos na emigração, sobretudo para os Estados Unidos, a Italia não conseguiu fugir à regra, e, como as outras companhias de navegação, passou por dificuldades que resultaram no prejuízo de L. 114.846,77.

> Mas estes vapores entraram em exercício quando a crise geral havia restringido de forma imprevisível a emigração para os Estados Unidos, absorvendo ainda os poucos benefícios que deixaram as rotas do Prata e do Brasil.[156]

A queda no movimento de ida não pôde ser compensada pelo aumento proporcional do movimento de volta, pois segundo relato do conselho de administração, a companhia teve que enfrentar

> (...) a guerra de tarifas que todas as Companhias italianas travaram contra a coalizão das maiores Companhias estrangeiras. Tal luta prolongou-se até o fim do exercício ao qual nos referimos e frustrou nossas esperanças.[157]

No mesmo relatório, procurava-se justificar o significativo acréscimo da frota através de vagas expectativas de melhora do movimento migratório.

> Devemos, todavia, confirmar-lhes que já podemos contar com uma paz honrada, e que o novo período de emigração se apresenta com aspectos, os quais autorizam a conceber boas esperanças para um melhor exercício.[158]

Pode-se depreender da Tabela 5.13 que, vagas ou não, as expectativas se confirmaram. As flutuações dos lucros anuais nada mais eram do que o reflexo do fluxo migratório italiano para as Américas (ver Gráficos 5.1, 5.2 e 5.3), sustentadas, em grande parte, pelo investimento no aumento da frota, que gerou mais despesas e receitas. Nesse sentido, apesar de operar no prejuízo, o ano de 1908 – quando foram incorporados os três vapores já citados – pode ser considerado chave na evolução da Italia. Os balanços dos exercícios de 1909 a 1914 testemunham tal fato. Ou seja, os valores das rubricas da

---

156 *La Marina Mercantile Italiana*. 10 de abril de 1909.
157 *La Marina Mercantile Italiana*. 10 de abril de 1909.
158 *La Marina Mercantile Italiana*. 10 de abril de 1909.

despesa e da receita mais que dobraram, demonstrando que a companhia conquistava maior capacidade para buscar resultados financeiros melhores atuando em sua área fim: o transporte de emigrantes.

Tabela 5.13. Italia – Exercícios de Navegação despesas e receitas* (1905-1914), em liras italianas

Ano	Despesas	Receitas	Lucro	Prejuízo
1905	–	–	–	378.490,95
1906	6.920.113,59	8.010.822,62	418.805,80	–
1907	5.435.804,11	5.905.242,92	518.620,40	–
1908	–	–	–	114.846,77
1909	12.970.132,00	14.498.225,47	919.294,77	
1910	14.060.926,24	15.076.918,87	804.395,70	
1911	13.604.812,98	14.738.514,48	665.217,47	
1912	12.794.150,34	14.194.564,78	1.429.035,07	
1913	13.258.197,30	15.433.253,93	1.593.822,41	
1914	10.420.489,07	11.418.590,62	1.024.010,84	

Fonte: *La Marina Mercantile Italiana* (1905 a 1908); Italia Società di Navigazione a Vapore. Relazioni e Bilancio dell'Esercizio (1909 a 1914).
*Geradas apenas com os serviços de passageiros, mercadorias, prêmios de navegação e serviço postal. Não estão computadas despesas administrativas, indenizações e impostos, amortizações, nem eventuais receitas com venda de material de navegação.

No relatório de 1909, comemorava-se o bom resultado, mas não se esquecia de ressaltar a necessidade de o Estado proteger a marinha mercante italiana.

> Este resultado confirma plenamente as esperanças que lhes fazíamos notícia na precedente reunião, e nos autoriza a esperar ainda que, se distúrbios não ocorrerem no andamento dos tráfegos e se pudermos contar com uma política de emigração preocupada em proteger mais seriamente a bandeira nacional, a justa remuneração aos seus capitais não faltará.[159]

O desempenho similar no exercício de 1910 foi atribuído à retomada do movimento de passageiros e mercadorias para a região do Prata nos últimos meses do ano, compensando,

---

159 Italia Società di Navigazione a Vapore. Relazioni e Bilancio dell'esercizio 1909. Gênova, 1910.

assim, certa oscilação do tráfico com a América do Norte que, se teve um primeiro semestre bastante proveitoso, retraiu-se no segundo devido a questões sanitárias.[160]

Essa mesma justificativa integrou o relatório de 1911, ocasionando, inclusive, pequena diminuição do número de viagens, que totalizou 19 para a América do Norte e 21 para a América do Sul – uma a menos em relação a 1910. Não por acaso esse exercício apresentou ganhos menores quando comparado aos do período pós 1908 (Tabela 5.13).

> As condições sanitárias, também para 1911, e a suspensão da Emigração para a Argentina justificam, mesmo em parte compensadas por um menor número de desarmes, a diminuição do lucro em relação ao ano passado.[161]

O significativo aumento do lucro no exercício de 1912 – mais de duas vezes superior ao anterior – surgia como resultado direto do fluxo migratório sem restrições sanitárias e, ao que parece, de uma pequena participação dos ganhos obtidos pelos serviços prestados ao Estado italiano no transporte de material e soldados para a guerra contra a Líbia.[162]

Em 1912, após a negociação do *Taormina* com o Lloyd Italiano no ano anterior, a companhia empreendeu uma série de operações de compra e venda de navios, que levou à redução gradual do valor do ativo *Materiale per la Navigazione*.[163] Em 1913, a Italia vendeu os vapores *Verona* à NGI e *Bologna* e *Siena* à La Veloce; em contrapartida, comprou o *Brasile* (ex *Argentina*) e o *Italia* da La Veloce e o *Napoli* (ex *Sannio*) da NGI.[164]

As 36 viagens – 14 para a América do Norte, 18 para a região do Prata e Brasil e mais 4 exclusivas para o Brasil – do exercício de 1913, fruto das "fortunate circostanze che hanno accompagnato lo svolgimento dei traffici"[165] foram as responsáveis pelo lucro recorde de L. 1.593.822,41. No mesmo ano concretizou-se a transferência da sede da companhia de Gênova para Nápoles, conforme deliberação da Assembleia extraordinária de 28 de junho. Resposta, até certo ponto tardia, ao aumento da

---

160   Italia Società di Navigazione a Vapore. Relazioni e Bilancio dell'esercizio 1910. Gênova, 1911.

161   Italia Società di Navigazione a Vapore. Relazioni e Bilancio dell'esercizio 1911. Gênova, 1912.

162   De acordo com o balanço, o valor correspondia a L. 606.248,69. Italia Società di Navigazione a Vapore. Relazioni e Bilancio dell'esercizio 1912. Gênova, 1913.

163   Considerando também a depreciação do valor da frota, a rubrica "Materiale per la Navigazione" passou de L. 14.732907,32 em 1911, para L. 10.660.094,78 em 1912 e L. 8.933.673,03 em 1913.

164   Italia Società di Navigazione a Vapore. Relazioni e Bilancio dell'esercizio 1913. Nápoles, 1914.

165   Italia Società di Navigazione a Vapore. Relazioni e Bilancio dell'esercizio 1913. Nápoles, 1914.

emigração do sul da península já na primeira década do século XX, que tinha como destino os Estados Unidos.[166]

> De fato, independentemente de que a maior parte dos emigrantes para a América do Norte é constituída por italianos do *Mezzogiorno* e também para a América do Sul formou-se uma corrente não diferente, as estatísticas desses últimos anos mostram como seriam possíveis, em Nápoles, e de forma satisfatória, tráfegos complementares: a isso se junta que em Nápoles é ainda fácil a organização de uma forte Empresa Marítima que lhe assegure vantagens, reforçando-a seguramente diante de qualquer concorrência.[167]

A eclosão da guerra em 1914 trouxe consequências financeiras imediatas para a companhia. A redução do número de viagens para 30 – 17 para a América do Sul e 13 para a América do Norte – e a requisição, ainda que por um breve tempo, do vapor *Napoli* por parte do governo italiano resultaram na diminuição do lucro, tanto que o conselho administrativo advertia que grande parte dos ganhos era formada pela gestão ativa estranha ao exercício da navegação.

> A depressão geral do comércio pelas crises predominantes nos mercados da América do Sul e do Norte, com repercussões no movimento de emigração, caracterizou todo o exercício do primeiro semestre, enquanto a guerra com todas as suas consequências – a começar pelos decretos relativos ao contrabando, às inumeráveis proibições de exportação, às restrições impostas ao movimento

---

[166] Segundo Giorgio Doria, no campo do armamento verificou-se uma atração de Nápoles em detrimento de Gênova: "a volte sono modesti episodi, come quello del maggiore industriale del legname, Rinaldo Piaggio, che forma una piccola società a Napoli 'per il commercio del legname ed il noleggio di velieri'; altre volte sono fatti importanti come il trasferimento avvenuto nel 1913 della sede della Italia, Società di Navigazione a Vapore dal capoluogo ligure a quello campano". O autor assinala ainda a preocupação da *Camera di Commercio di Genova* com essa perda: "la compagnia ha 7 piroscafi che fanno 40 viaggi transoceaniche all'anno, il suo trasferimento comporta per Genova la perdita di 4 milioni di lavoro e di forniture all'anno". Giorgio Doria. *Investimenti e sviluppo economico a Genova... op. cit.*, v. II, p. 503. Na edição do dia 10 de junho de 1913, a revista *La Marina Mercantile Italiana* lamentava essa transferência: "(...) non esitiamo ad esprimere tutto il nostro rammarico per tale decisione che allontana da Genova una Società la quale vi nacque, vi si affermò e vi scrisse pagine incancellabili nel rinnovamento del nostro naviglio transatlantico contribuendo ad accrescere all'estero il prestigio della bandiera italiana e ad intensificare gli scambi commerciali fra i nostri porti e quelli delle Americhe".

[167] Italia Società di Navigazione a Vapore. Relazione del Consiglio di Amministrazione dell'esercizio 1912. *Apud* Oreste Calamai. *Annuario della marina mercantile... op. cit.*, p. 680.

emigratório – e com todos os seus prejudiciais efeitos pesou, e continua pesando, no segundo semestre.[168]

Ou seja, em termos de negócios, guerra e transporte de emigrantes não combinavam. Ao mesmo tempo em que o movimento caía, o preço dos combustíveis aumentava, pressionando ainda mais as despesas de navegação; sem contar a soma despendida com o seguro contra riscos do estado de guerra, que no caso da companhia Italia chegou a 2,5 milhões de liras italianas.[169]

Relatórios e balanços do Lloyd Italiano

> Foi definitivamente constituída em Gênova com o nome de Lloyd Italiano a companhia que anunciamos a formação por obra do senador Erasmo Piaggio. A companhia se propõe a executar o serviço regular de transportes acelerados de mercadorias e viajantes entre a Itália e as duas Américas.[170]

Assim a imprensa anunciava o propósito de mais um empreendimento ligado à marinha mercante, constituído ao final de 1904, com frota de três navios. Número que rapidamente dobraria com a chegada de outros três encomendados no mesmo ano.[171]

No relatório de 1906, o conselho de administração informava que com a entrada em serviço dos novos vapores *Luisiana*, *Cordova* e *Virginia*, a companhia adquiria capacidade para transportar 220 passageiros de 1ª classe, 8.500 de 3ª classe e 18.000 m³ de mercadorias. A importância da emigração para a companhia pode ser vislumbrada quando o mesmo conselho chamava atenção para a suspensão de projetos de construção de novos navios enquanto se esperava pelas modificações que o governo italiano introduziria na lei e

---

168 Italia Società di Navigazione a Vapore. Relazioni e Bilancio dell'esercizio 1914. Nápoles, 1915.

169 Italia Società di Navigazione a Vapore. Relazioni e Bilancio dell'esercizio 1914. Nápoles, 1915.

170 *Rivista Marittima*. Città di Castello. ano XXXVII, fasc. XII, dez., 1904, p. 556. O pequeno artigo também informa a lista dos principais sócios do Lloyd Italiano.

171 "(…) per ora [1904] sono in costruzione a Riva Trigoso, tre piroscafi di 6.000 tonelate di registro lordo, con due propulsori ad elica". *Rivista Marittima*. Città di Castello, ano XXXVII, fasc. X, out., 1904, p. 156.

no regulamento para a emigração e as expectativas geradas pelo conhecimento das disposições da nova lei dos Estados Unidos sobre as embarcações que transportavam imigrantes.[172]

> Esta lei, aprovada em fevereiro passado [1907], trará um notável peso à linha da América do Norte a partir de 1º de janeiro de 1909. Devido às suas disposições será necessária certamente muita ponderação antes de encomendar a construção de outros transatlânticos especiais para emigrantes destinados à dita linha.
> É de se notar que, se os encargos relativos à atual lei italiana, além daqueles provenientes da lei americana, forem mantidos, a nossa Marinha Mercante será colocada em dura prova para este gênero de transportes.[173]

Completadas as 29 viagens – 15 para a região do Prata e 14 para a América do Norte – o diagnóstico para o exercício que findava era o seguinte:

> O tráfego na linha do Prata mantém-se ativo, sobretudo na ida, tanto para o movimento de passageiros quanto para o de mercadorias; na linha da América do Norte tivemos um bom número de passageiros na ida, pobres, entretanto, foram os retornos, escassa a mercadoria e a fretes pouco remunerativos.[174]

Os dados referentes ao biênio seguinte são escassos. Para 1907, os números mostraram o aumento nas despesas e receitas, sem alteração significativa no lucro (Tabela 5.14), o que pode estar associado à efetiva participação do aumento da frota anunciada anteriormente.[175] Em relação a 1908, ano em que a crise econômica afetou gravemente

---

172 Ao estabelecer um espaço mínimo de 2,75m³, para cada emigrante nas embarcações, a nova lei causou graves problemas às companhias italianas que navegavam lotadas. Dessa forma, não foram poucas a companhias, dentre as quais a NGI, a modificar rotas e portos. Em vez de Nova York, preferia-se fazer escala em Nova Orleans, porto menos controlado e mais seguro quando os vapores eram particularmente velhos e carregados de emigrantes. Augusta Molinari. "Porti, trasporti, compagnie", *op. cit.*, p. 246.

173 Lloyd Italiano Società di Navigazione. Relazioni e Bilancio Esercizio 1906. Gênova, 1907. O novo regulamento de imigração estadunidense, em seu artigo 42, estabelecia o aumento de 25% no espaço mínimo destinado a cada imigrante nos transatlânticos. Tal dispositivo traria problemas, conforme informava a revista *La Marina Mercantile Italiana*, sobretudo às companhias italianas, que normalmente completavam até o máximo da sua capacidade legal, e que, a partir de 1909, deveriam transportar menor número de emigrantes ou adaptar seus vapores. *La Marina Mercantile Italiana*. 25 de março de 1907.

174 Lloyd Italiano Società di Navigazione. Relazioni e Bilancio Esercizio 1906. Gênova, 1907.

175 *La Marina Mercantile Italiana*. 10 de abril de 1908.

as companhias de navegação italianas, a única fonte de informação é o estudo de Giorgio Doria que acusa um prejuízo no valor de 0,5% do capital social da companhia.[176]

Em 1909, o Lloyd Italiano completou o primeiro quinquênio de vida e aproveitou para comemorar as cinco viagens para a região do Prata de seu mais novo transatlântico, o *Principessa Mafalda*, que, segundo relato do conselho administrativo, era o mais moderno vapor já construído para o transporte de emigrantes, um marco na política empreendida pela companhia. Esse relato, destinado aos acionistas, não era nada modesto.

> Do Lloyd Italiano é o mérito de ter introduzido na Itália o tipo especial de vapor de emigrantes, que do *Florida* foi se aperfeiçoando até o *Virginia*, e que assim promoveu viva competição entre as Companhias nacionais.
> Com o *Principessa Mafalda* dotamos as nossas rotas transatlânticas de um tipo de vapor veloz, completo, potente, de tal modo que, nas condições dessas rotas, não será fácil superar.
> (...)
> Dos balanços do quinquênio resulta que o vosso capital obteve, mesmo através da feroz crise que assolou as indústrias marítimas, uma remuneração média de 6%.[177]

Ainda dentro desse espírito comemorativo, publicou-se o resumo das atividades da companhia durante os cinco anos: 150 viagens para as duas Américas, transportando 230 mil passageiros e 390 mil entre toneladas e metros cúbicos de mercadorias.[178]

O relatório do exercício de 1910 trazia o resultado das 44 viagens – 24 para a América do Sul e 20 para Nova York – o mesmo do ano anterior, no entanto com lucro bastante inferior[179] (Tabela 5.14). O movimento migratório sofreu lenta e progressiva melhora, sobretudo na linha sul-americana. Entretanto, devido às medidas sanitárias adotadas pelo governo italiano para combater a epidemia de cólera no *Mezzogiorno*, criaram-se alguns embaraços para o desenvolvimento do tráfico marítimo.

---

176 Giorgio Doria. *Investimenti e sviluppo economico a Genova... op. cit.*, v. II., p. 467-468, tabela da nota 33.
177 Lloyd Italiano Società di Navigazione. Relazioni e Bilancio Esercizio 1909. Gênova, 1910.
178 Lloyd Italiano Società di Navigazione. Relazioni e Bilancio Esercizio 1909. Gênova, 1910.
179 Na verdade, o lucro muito superior do exercício de 1909 foi atribuído a "proventos estranhos" aos resultados daquele ano, de acordo com a Relazione dei Sindaci, anexa ao mesmo relatório: em suma, mediante artifícios contábeis, ficou demonstrado que tais "proventos", no valor de 925 mil liras italianas, tinham origem nos exercícios de 1906 e 1907. Lloyd Italiano Società di Navigazione. Relazioni e Bilancio Esercizio 1910. Gênova, 1911.

Tabela 5.14. Lloyd Italiano – Exercícios de Navegação despesas e receitas* (1905-1916), em liras italianas

Ano	Despesas	Receitas	Lucro	Prejuízo
1905	–	–	**	–
1906	6.557.417,00	8.866.091,10	1.675.177,74	–
1907	9.332.175,25	12.414.504,72	1.667.995,42	–
1908	–	–	–	115.215,00
1909	10.239.214,21	14.137.824,16	2.028.776,99	–
1910	10.643.132,21	13.534.661,53	1.054.497,54	–
1911	10.172.004,20	12.545.485,08	1.055.585,06	–
1912	11.730.614,83	14.890.006,46	1.292.070,72	–
1913	12.111.221,86	16.080.368,78	2.569.990,17	–
1914	10.007.448,66	13.288.445,25	1.852.558,39	–
1915	11.951.870,55	20.002.774,37	4.800.741,94	–
1916	11.223.096,71	22.464.125,68	3.970.862,97	–

Fonte: Lloyd Italiano Società di Navigazione. Relazioni e Bilancio (1906; 1907; 1909 a 1916); para 1908, *La Marina Mercantile Italiana*. 08 de outubro de 1911.
*Geradas apenas com os serviços de passageiros, mercadorias, prêmios de navegação e serviço postal. Não estão computadas despesas administrativas, indenizações e impostos, amortizações, nem eventuais receitas com venda de material de navegação.
**O relatório de 1906 informava que o exercício de 1905 apresentou lucro, mas sem indicar o valor.

Sempre preocupado com o fluxo de emigrantes, o conselho de administração alertava que modificações na frota deveriam ser vistas com reservas. Se de um lado, argumentava o conselho, as exigências dos passageiros e a disponibilidade de fundos indicavam a via de novas construções; do outro, porém, as correntes migratórias dos anos 1905, 1906 e 1907 incentivavam forte tonelagem especializada no transporte de emigrantes que, muitas vezes, excedia a potencialidade do tráfico, mesmo em seus períodos áureos. Nesse sentido, recomendava-se cautela na aquisição de novas unidades sem a elaboração de um estudo para averiguar sua utilidade.[180]

Seguindo esse raciocínio, em 1911, o Lloyd Italiano vendeu o *Florida* e o *Virginia* para a Ligure Brasiliana. Como consequência inevitável, o número de viagens caiu para 37 – 22 na linha da América do Sul e 15 na de Nova York – ajudado também pela requisição do vapor *Mendoza* por parte do governo italiano. Quanto ao movimento migratório, uma série

---

180 Lloyd Italiano Società di Navigazione. Relazioni e Bilancio Esercizio 1910. Gênova, 1911.

de entraves oficiais dificultou sobremaneira seu desenvolvimento: às medidas adotadas pelo governo italiano após a epidemia de cólera juntaram-se outras não menos severas dos governos espanhol e argentino. Lamentava-se ainda o decreto que suspendia a emigração para a República da Argentina, fruto da controvérsia sanitária com a Itália[181] e o decepcionante movimento de passageiros e mercadorias para os Estados Unidos.[182]

Em contrapartida à alienação dos dois vapores já citados, foi comprado da companhia Italia o transatlântico *Taormina*, que entrou em serviço no exercício de 1912 na linha da América do Norte.[183] Isso certamente explica o aumento na quantidade de viagens dessa rota (18) em detrimento da América do Sul (19), visto que o número total de viagens (37) não se alterou em relação ao ano passado.[184] O movimento migratório mostrava-se mais ativo, sobretudo no final do ano, após a revogação do decreto que suspendia a emigração para a Argentina. Entretanto, com a crise do mercado de carvão e o consequente aumento de custos, explicitava-se uma questão importante: enquanto tais acréscimos podiam ser repassados aos valores dos fretes das mercadorias e das passagens de 1ª e 2ª classes, os preços da 3ª classe, onde viajavam os emigrantes, estavam, por lei, subordinados ao *Commissariato dell'Emigrazione*, que raramente atendia ou seguia a dinâmica do mercado mundial.

Dessa forma, no relatório do exercício de 1912 surgiu a até então inédita ilação por parte do conselho administrativo:

> Às maiores receitas do tráfego conseguidas no ramo de mercadorias e passageiros de classe deve-se essencialmente o êxito bastante satisfatório deste exercício.[185]

Em 1913, quando o balanço apresentou lucro quase duas vezes maior que o anterior (Tabela 5.14), a justificativa, no entanto, recorreu mais uma vez ao objeto maior da companhia: o transporte de emigrantes.

---

181 O problema, na verdade, residia na intenção do governo argentino de embarcar um inspetor médico-sanitário em cada vapor italiano que conduzisse emigrantes. O governo italiano não aceitou essa "ingerência" e, na falta de um acordo, proibiu a emigração para a Argentina através do decreto de 31 de julho de 1911. Alguns dias depois, em vista da mesma medida sanitária tomada pelo governo do Uruguai, a Itália também suspendeu a emigração para esse país. *La Marina Mercantile Italiana*. 10 de agosto de 1911.

182 Lloyd Italiano Società di Navigazione. Relazioni e Bilancio Esercizio 1911. Gênova, 1912.

183 No exercício de 1911, o conselho administrativo dava notícia do início de um programa de renovação da frota com a venda dos vapores *Florida* e *Virginia*, construídos em 1905 e 1906, respectivamente, e a compra do *Taormina*, de 1908. Lloyd Italiano Società di Navigazione. Relazioni e Bilancio Esercizio 1911. Gênova, 1912.

184 Lloyd Italiano Società di Navigazione. Relazioni e Bilancio Esercizio 1912. Gênova, 1913.

185 Lloyd Italiano Società di Navigazione. Relazioni e Bilancio Esercizio 1912. Gênova, 1913.

> O lucro deste exercício (…) deve-se ao concurso de particulares e favoráveis circunstâncias, dentre as principais: o movimento muito ativo ocorrido na emigração para os Estados Unidos, que no total atingiu cifras há muito tempo não vistas, e o forte êxodo de emigrantes para o Prata, prolongando-se de forma incomum para além do mês de abril.[186]

Ciente da situação, o conselho deixava claro a excepcionalidade do fato, fruto da suspensão de medidas restritivas que, na verdade, represavam o potencial migratório da península, como efeito semelhante ao da abertura de uma comporta: intenso, mas efêmero.

> Não devemos, porém, omitir-lhes que as principais causas determinantes das condições propícias em que se envolve o Exercício da Empresa em 1913 tiveram caráter transitório, notando que o êxodo extraordinário de emigrantes para a América do Norte, assinalado acima, foi provocado pelas esperadas medidas restritivas contra a imigração nos Estados Unidos, enquanto o forte movimento para o Prata manifestou-se por certo período depois da revogação do conhecido Decreto de suspensão da emigração para a República da Argentina.[187]

A redução das viagens em 1914 – 12 para o Prata e 18 para Nova York – foi a consequência direta do conflito europeu, que pesou fortemente na economia e nas trocas internacionais, sem contar o aumento no preço do combustível e as despesas extras relacionadas à asseguração da frota contra riscos de guerra.[188] Com efeito, além da queda no lucro, o relatório informava que grande parte deste provinha de gestões ativas estranhas ao exercício da navegação, pois

> A nossa bandeira, ainda que neutra, não pôde escapar às danosas consequências do estado de guerra; os decretos relativos ao contrabando, as limitações à exportação e a restrição imposta ao movimento emigratório, não tardaram a fazer sentir os seus prejudiciais efeitos, contrabalanceados apenas em parte pelos elevados preços dos fretes das mercadorias de importação para a América.[189]

---

186   Lloyd Italiano Società di Navigazione. Relazioni e Bilancio Esercizio 1913. Gênova, 1914.

187   Lloyd Italiano Società di Navigazione. Relazioni e Bilancio Esercizio 1913. Gênova, 1914.

188   O valor aprovisionado para o "Fondo per rischi speciali in dipendenza dello stato di guerra" era de 3 milhões de liras italianas. Lloyd Italiano Società di Navigazione. Relazioni e Bilancio Esercizio 1914. Gênova, 1915.

189   Lloyd Italiano Società di Navigazione. Relazioni e Bilancio Esercizio 1914. Gênova, 1915.

A situação se invertera radicalmente no exercício seguinte. Com apenas duas viagens a mais – 17 para o Prata e 15 para Nova York – os ganhos da companhia alcançaram cifra recorde (Tabela 5.14), alimentados, sobretudo, pelo transporte de mercadorias. Enquanto isso, o movimento de passageiros continuava escasso, ocasionando o desarmamento do vapor de luxo *Principessa Mafalda*. Nesse sentido, para aproveitar as condições anormais do mercado dos fretes, ou seja, seu elevado valor em tempos de guerra, algumas medidas importantes foram tomadas: a promoção de viagens em exclusivo serviço de mercadorias dos navios *Luisiana* e *Taormina*, escolhidos, segundo o relatório do conselho de administração,

> (...) pelas favoráveis características que oferecem estas unidades de adaptarem-se igualmente ao transporte de mercadorias e passageiros.[190]

O relatório do exercício de 1916 demonstra bem os problemas advindos com a entrada da Itália na guerra. O lucro, ainda bastante significativo, derivava essencialmente do transporte de mercadorias, enquanto o de passageiros reduzia-se cada vez mais, atingindo apenas 40% do fraco movimento do ano anterior. Por outro lado, as requisições de navios por parte do governo italiano intensificaram-se, onerando o balanço financeiro da companhia.

> As requisições por parte do Régio Governo tiveram uma duração total de cerca de 630 dias, contra cerca de 300 em 1915. O vapor *Principessa Mafalda* foi requisitado por mais de 10 meses, como navio-caserna, com êxito fortemente passivo.[191]

É certo que a guerra agravou de forma significativa os custos de navegação – combustível, seguro contra riscos, fretes – e enfraqueceu o fluxo migratório, mas, por outro lado, fez a concorrência diminuir, especialmente a inglesa, alemã e francesa[192]. Essa combinação – menor concorrência e fretes elevados – poderia transformar-se, ao menos até a Itália entrar na guerra, em fator de lucro para as companhias italianas que melhor se adaptassem à nova

---

190 Lloyd Italiano Società di Navigazione. Relazioni e Bilancio Esercizio 1915. Gênova, 1916.

191 Lloyd Italiano Società di Navigazione. Relazioni e Bilancio Esercizio 1916. Gênova, 1917.

192 Em edição de 10 de outubro de 1915, a revista *La Marina Mercantile Italiana* publicava esclarecedor balanço sobre o movimento de navios no porto de Gênova em relação à emigração, apontando a suspensão de algumas linhas de companhias estrangeiras, o que pode também explicar a redução da concorrência pelo transporte de mercadorias. "Sino alla fine di luglio 1914 si ebbe servizio regolare eseguito dalle bandiere inglese, tedesca, francese ed italiana. Allo scoppio del conflitto europeo cessò del tutto il servizio germanico della 'Norddeutscher Lloyd' e dell' 'Hamburg America'. Le linee inglesi continuarono regolarmente con la 'White Star Line'. La linea francese dei 'Transports Marittimes', dopo una breve interruzione, fu limitata ad una partenza mensile".

conjuntura bélica, no caso, transportar mercadorias em vez de emigrantes. Ao que parece, o Lloyd Italiano estava mais preparado para enfrentar problemas relacionados à inconstância do fluxo migratório do que, por exemplo, a La Veloce e a Italia.

A união contra a concorrência estrangeira

Na primeira década do século XX realizaram-se acordos e operações financeiras entre as companhias de navegação italianas na tentativa criar condições favoráveis para enfrentar o avanço das concorrentes estrangeiras em portos do reino. A preocupação era clara: aumentar a participação da marinha nacional no transporte de emigrantes. Toda essa complexa operação teve início quando a Navigazione Generale Italiana passou a comprar pacotes de ações de sociedades italianas concorrentes: La Veloce, em 1902; Italia, em 1905; Lloyd Italiano, em 1907 (ver Tabela 5.2).

Dessa forma, a NGI, apoiada financeiramente por bancos italianos,[193] aumentou sua participação acionária, conseguindo, assim, determinar os caminhos a serem seguidos por seus pares. A Tabela 5.15 apresenta a evolução do número de ações possuídas pela principal sociedade de navegação da Itália até se tornar a maior acionista de cada uma das outras três companhias.

---

193 O pacote acionário da La Veloce foi comprado com a participação da *Banca Commerciale Italiana*, enquanto o da Italia, com a colaboração da *Società Bancaria Italiana*. Ao menos até meados da segunda década do século XX, o setor bancário também era o principal acionista da NGI. Giorgio Doria. *Investimenti e sviluppo economico a Genova... op. cit.*, v. II., p. 271 e 462.

Tabela 5.15. Evolução da participação acionária da NGI
nas outras companhias de navegação (1907-1915)

Companhias	Total de ações	Valor unitário	Ano	Nº de ações da NGI
La Veloce	44.000	L. 250,00	1907	12.500
			1910	39.000
Italia	24.000	L. 500,00	1908	11.300
			1910	11.300
			1911	17.700
			1912	22.000
Lloyd Italiano	100.000	L. 200,00	1909	16.000
			1910	51.000
			1911	49.000
			1912	60.350
			1913	77.000
			1914	81.000
			1915	83.000

Fonte: Giorgio Doria. *Investimenti e sviluppo economico a Genova... op. cit.*, v. II., p. 463, nota 23.

Esse processo de centralização, entretanto, necessitava de discurso que o justificasse. Nada melhor, portanto, do que identificar os interesses das companhias de navegação – mais especificamente os da NGI – com os interesses nacionais. Papel desempenhado pela imprensa, por políticos e pelas próprias companhias em seus relatórios e balanços destinados aos acionistas. No exercício de 1900-1901, por exemplo, o conselho administrativo da NGI tratava os primeiros movimentos de compra de ações da La Veloce como meio de

> (...) aumentar a potência marítima italiana (...) no intento de manter alto seu prestígio no comércio internacional.[194]

Sobre o mesmo episódio, a *Rivista Marittima* exaltava a "nacionalização" da La Veloce, que passava das mãos de capitalistas alemães para o controle da NGI. O periódico tomava o

---

194 Navigazione Generale Italiana. Relazione e Bilancio dell'Esercizio 1900-1901. *Apud* Giorgio Doria. *Investimenti e sviluppo economico a Genova... op. cit.*, v. II., p. 271, nota 21.

cuidado de afirmar que a autonomia da companhia continuaria, sem se esquecer de defender a colaboração entre ambas no que diz respeito aos serviços marítimos.[195]

> Que a "Navigazione Generale Italiana" tenha, seja em nome próprio, seja por meio de seus maiores sócios, adquirido uma parte das ações, não impede que a "La Veloce" continue uma empresa autônoma: todavia, uma aliança cordial entre as duas Companhias não pode ser mais do que bem vista ao país e favorável a elas, para uma harmônica organização das linhas transoceânicas e dos serviços americanos. Desse modo, ambas, sabiamente dirigidas, podem preparar-se bem para as importantes iniciativas do futuro e reconquistar para a bandeira nacional aqueles tráfegos que por tanto tempo foram desfrutados pelas marinhas estrangeiras.[196]

Em 1905, quando o controle acionário da Italia passou para a NGI, ocorreu uma série de mudanças dentro de seu conselho, inclusive com a demissão de seu presidente, um holandês que também dirigia a representação em Gênova das companhias Amburghese-Americana e White Star Line.[197] A ideia difundida era a mesma, a Navigazione Generale havia resgatado mais uma sociedade italiana das mãos do capital estrangeiro.[198]

A partir desse momento, três das principais companhias italianas começaram a operar juntas, elaborando até mesmo um boletim informativo quinzenal em conjunto dedicado aos representantes das companhias de navegação – *Bollettino per l'Emigrazione delle Società di Navigazione (Navigazione Generale Italiana – La Veloce – Italia)* – cujo primeiro número, publicado no início de 1907, expressava seu objetivo capital – retomar os serviços de emigração – e seu conteúdo:

> Itinerários das viagens (…), decretos, os avisos, as disposições do Comissariado de Emigração, as instruções sobre modo de aplicá-las, a confirmação e a transcrição das circulares enviadas, referindo-se ainda às advertências úteis à emigração,

---

195 "Occorre che nel 1901 la 'Veloce' e la 'Navigazione Generale Italiana' vollero allearsi organizzando un servizio comune per le Americhe, che, per la frequenza delle partenze la velocità e la comodità dei piroscafi, potesse vittoriosamente competere colke linee estere". Oreste Calamai. *Annuario della Marina Mercantile… op. cit.,* p. 662.

196 *Rivista Marittima*. Ano XXXIV, fasc. VI, 1901, p. 542.

197 *La Marina Mercantile Italiana*. 07 de outubro de 1905.

198 Oreste Calamai. *Annuario della Marina Mercantile… op. cit.,* p. 638.

indicação de critérios especiais de jurisprudência em matéria de emigração. Decisões arbitrais, artigos importantes publicados por jornais italianos e estrangeiros (...).[199]

Ao final de 1907, após a aquisição da maioria das ações do Lloyd Italiano pela NGI, o acordo ampliou-se para as quatro sociedades – NGI, La Veloce, Italia e Lloyd Italiano.[200] Patrocinada por três dos principais expoentes da indústria marítima italiana – senador Erasmo Piaggio, deputado Carlo Raggio e o comendador Florio –, essa tratativa era anunciada com grande esperança pela imprensa genovesa. Esse consórcio – não truste, como fazia questão de lembrar a revista *La Marina Mercantile Italiana* – manteria a autonomia das sociedades, que seriam dirigidas por um só presidente. Eliminada a concorrência interna, a expectativa era de que essa união de forças credenciasse não só a marinha mercante, mas a própria nação italiana a competir com as nações estrangeiras mais desenvolvidas. Mais uma vez confundia-se, de forma proposital, interesses privados e públicos.[201]

> O Consórcio felizmente constituído – que todo bom italiano deve considerar como indicador de nova força e de maior riqueza nacional – significa que, de agora em diante, eliminados os mal-entendidos e as discordâncias, a maior parte da marinha nacional estará em condições de impor aos estrangeiros tal força de resistência que nos deixa seguros de que, em breve passar de tempo, poderá tornar-se dominante incontestável nos portos e nos mares nossos, considerada e temida.
> (...)
> Assim, força moral e força material, que são sempre, em todos os campos, no campo de batalha cruel como no campo pacífico das lutas comerciais, as razões da vitória. Nós saldamos o Consórcio como cidadãos italianos, e como tais seguiremos os acontecimentos e assinalaremos as vitórias inevitáveis.[202]

O conselho diretor da então denominada Società di Navigazione Consorziate era composto por um representante de cada companhia: Attilio Odero (NGI), Gerolamo

---

199 *Bollettino per l'Emigrazione delle Società di Navigazione (Navigazione Generale Italiana – La Veloce – Italia)*. Ano I, n. 1. 15 de fevereiro de 1907.

200 Oreste Calamai. *Annuario della Marina Mercantile... op. cit.*, p. 671.

201 A ideia, porém, não era nova. No início da década de 1880, para enfrentar a concorrência estrangeira, as companhias Raggio e Piaggio estabeleceram, em comum acordo, viagens alternadas na rota do Prata. Gigliola Dinucci. "Il Modello della colonia libera nell'ideologia espansionistica italiana"... *op. cit.*, p. 447.

202 *La Marina Mercantile Italiana*. 10 de dezembro de 1907.

Rossi-Martini (La Veloce), C. Pastorino (Italia), Emilio Menada (Società Commerciale Italiana di Navigazione) e Erasmo Piaggio (Lloyd Italiano), que foi chamado para a presidência do consórcio.[203] Em 1912, comunicava-se que a sede administrativa do grupo, agora sob a presidência de Carlo Raggio, mudaria de endereço, com a locação de um edifício situado na via Balbi, uma das mais valorizadas áreas de Gênova. No entanto, sempre prezando sua principal fonte de recursos, ou seja, o transporte de emigrantes, deliberou-se que as agências de passageiros de classe e de emigração seriam alocadas na antiga sede do Lloyd Italiano, o Palácio *Doria*, próximo à estação ferroviária *Principe*, o principal terminal de chegada daqueles que, posteriormente, pegariam os vapores com destino às Américas.[204]

Em 10 de setembro de 1912, as quatro companhias agiram juntas e estipularam acordo com os governos brasileiro e paulista para o estabelecimento de uma linha subvencionada exclusiva entre Itália e Brasil, partindo de Gênova ou Nápoles, passando pelo Rio de Janeiro, tendo Santos como destino final e escala alternada em Pernambuco e Bahia. O intervalo de 14 dias entre as partidas resultaria em 26 viagens por ano. Para tanto, seriam pagos 60 contos de réis de subvenção a cada percurso completado – dois terços pela União e um terço pelo Estado de São Paulo.[205]

As primeiras viagens já apareceram nos balanços das companhias no exercício de 1912. Os relatórios da Italia e do Lloyd Italiano davam notícia dessas viagens sem, no entanto, indicar a quantidade. A La Veloce informava que havia executado apenas uma viagem, mas que tinha plena convicção de que o acordo

> (…) traria uma notável contribuição à consolidação das relações comerciais e políticas do nosso país com o Brasil.[206]

Antes do final do ano, o acordo foi analisado pelo *Consiglio dell'Emigrazione*, órgão subordinado do Ministério dos Negócios Estrangeiros que, com o decreto de 31 de dezembro, suspendeu a patente de vetor para a linha direta Itália-Brasil.[207] Tal fato mereceu comentários

---

203 *La Marina Mercantile Italiana*. 25 de janeiro de 1908. Ainda segundo a revista, os vapores da Società Commerciale Italiana di Navigazione teriam função específica dentro do consórcio: transportariam carvão. Talvez não por acaso, em notícia localizada imediatamente abaixo, relatava-se uma reunião em Londres para formação de um *pool* de grandes sociedades de navegação do norte da Europa com o escopo de transportar emigrantes.

204 *La Marina Mercantile Italiana*. 25 de setembro de 1912.

205 Esse contrato encontra-se reproduzido no *Bollettino dell'Emigrazione*. Roma, Ano XIII, n. 1, jan., 1914, p. 20-23.

206 La Veloce. Relazioni sul Rendiconto e Bilancio dell'Esercizio 1912. Gênova, 1913.

207 Toda a discussão sobre esse tema está documentada no *Bollettino dell'Emigrazione*. Roma, Ano XIII, n. 1, jan., 1914.

nos relatórios das companhias, que entraram com recurso e mantiveram a linha nos primeiros meses de 1913.[208]

No recurso para anulação do decreto, as companhias de navegação utilizaram-se mais uma vez dos supostos efeitos positivos que essa iniciativa poderia trazer à nação italiana.

> As companhias italianas, desejosas de assegurar à bandeira nacional o comércio entre o Mediterrâneo e o Brasil, na certeza de que o Governo italiano via com bons olhos esse fato e que estava disposto a prestar o apoio de seu representante no Rio, concluíram as tratativas com o Governo brasileiro.[209]

Quanto à subvenção acertada, afirmavam que era a compensação do ônus proporcionado pela periodicidade das partidas, pela renúncia ao importante tráfico com a região do Prata, pelas escalas obrigatórias e pela redução do preço dos fretes de mercadorias; sem nenhuma relação com o transporte de emigrantes a valores abaixo do normal ou, ainda, a custo zero.[210]

A questão central da polêmica não poderia ser outra senão a emigração. Apesar do contrato estabelecer a proibição do transporte de passageiros com viagem paga total ou parcialmente pelos governos brasileiro e paulista e expressar que os objetivos da linha eram desenvolver o serviço de colonização e defender os produtos brasileiros no exterior, vários membros do *Consiglio* entenderam que o escopo principal da linha ainda era facilitar a emigração subvencionada para o Brasil, ou seja, mais uma tentativa de iludir o Decreto Prinetti de 1902.

> O duplo objetivo que o Brasil deseja atingir com este contrato é evidente. De um lado, busca incrementar a exportação de seu café para a Itália e Europa; de outro, procura desenvolver a importação de carne humana.[211]

Dessa forma, após quase um ano de discussões, recursos, pareceres favoráveis e contrários, decidiu-se em 19 de dezembro de 1913 pela manutenção do Decreto de 31 de dezembro de 1912 que em seu texto trazia o seguinte:

---

208 No relatório de exercício de 1913, a companhia Italia ainda reportava 4 viagens da linha exclusiva do Brasil. Italia Società di Navigazione a Vapore. Relazioni e Bilancio dell'esercizio 1913. Nápoles, 1914.
209 *Bollettino dell'Emigrazione... op. cit.*, p. 26.
210 *Bollettino dell'Emigrazione... op. cit.*, p. 30.
211 Intervenção do deputado Edorado Pantano, membro da comissão parlamentar de vigilância do *Fondo dell'emigrazione*, na discussão do *Consiglio dell'Emigrazione. Bollettino dell'Emigrazione... op. cit.*, p. 11.

> As patentes de vetores para o ano de 1913 das Companhias "Navigazione Generale Italiana", "La Veloce", "Italia" e "Lloyd Italiano" estão limitadas ao exercício das linhas Itália-América do Norte, Itália-Prata, apenas com escalas eventuais no Rio de Janeiro e Santos, permanecendo excluído o exercício da linha subvencionada Itália-Brasil.[212]

A decisão provocou uma série de críticas dos setores ligados à marinha mercante, lamentando, sobretudo, a perda dos subsídios oferecidos pelo governo brasileiro, fonte de importantes recursos para o desenvolvimento da frota, mas também a impossibilidade de estabelecer comércio mais significativo entre os dois países, o que caminhava na contra-mão das práticas protecionistas de países como França e Alemanha.]

> Portanto, a oposição à instituição de uma nova Linha de navegação ao Brasil, tanto terá um efeito retardatário ou mesmo inibidor sobre a corrente de emigração, propriamente dita, quanto influenciará de forma direta e danosa o desenvolvimento do tráfego, ou seja, do comércio.[213]

Por fim, vale destacar a evolução dos lucros obtidos pelas quatro companhias analisadas. Para o período de 1903 a 1915, intervalo cujos dados compilados fornecem série completa, as curvas apresentadas no Gráfico 5.7 têm similaridade entre si e com o volume de emigrantes transportados por navios de bandeira italiana para a América (Gráfico 5.1), sobretudo após a contração de 1907-1908, momento que também marcou o início de sua supremacia no transporte para a América do Norte. Além disso, o acordo entre as quatro companhias parece ser um dos responsáveis pelo crescimento mais intenso dos ganhos a partir de 1908.

---

212 *Testo del Decreto di S. E. Il Ministro degli Affari Esteri, 31 dicembre 1912, che nega la patente di vettore per la linea diretta Italia-Brasile. Bollettino dell'Emigrazione... op. cit.*, p. 24.

213 Salvatore Raineri. "L'emigrazione al Brasile e la politica marinara". *Rassegna Nazionale*. Florença, v. CXC, ano XXXV, 1913, p. 431.

Gráfico 5.7. Comparação dos lucros das companhias de navegação italianas (1881-1915)

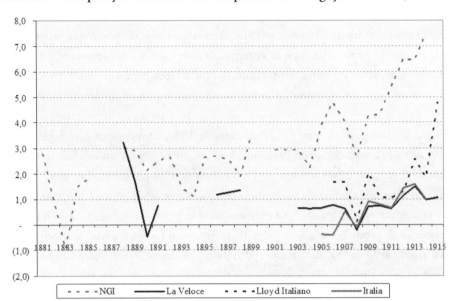

Fonte: Tabelas 5.7, 5.9, 5.12, 5.13 e 5.14.

Ligure Brasiliana

Empreendimento de menores proporções quando comparado às principais companhias italianas, a Società Anonima di Navigazione Ligure Brasiliana pode ser considerada exemplo típico da trajetória de um prestador de serviços de emigração que conseguiu constituir uma frota. A companhia tomou forma quando o deputado Gustavo Gavotti, um fretador de navios que distribuía os emigrantes para diversas companhias de menor porte que exercitavam a linha de navegação entre Itália e América do Sul, resolveu trabalhar com seus próprios vapores. Assim informava o jornal genovês *Il Faro*:

> Um belo dia, porém, teve a boa sorte de pensar que, levando em conta o grande número de passageiros, que anualmente embarcavam através de seus serviços, podia ele mesmo providenciar o embarque com vapores próprios, sem depender de outros. E então, Gavotti constituiu uma pequena frota, que hoje conta com 10 vapores e em breve 12.[214]

---

214 *Il Faro*. 1º de junho de 1896.

Das sociedades de navegação que este estudo se propõe a analisar, a Ligure Brasiliana, por suas características, foi, sem sombra de dúvidas, um empreendimento *sui generis*. O pequeno histórico desenvolvido anteriormente evidenciou que a companhia tinha intenção de estabelecer ligação comercial entre Itália e Brasil apoiada no fluxo de emigrantes. De forma pioneira, tentou ampliar esses laços para os estados do Amazonas e do Pará através da rota Gênova-Belém-Manaus, com o intuito de permitir o desenvolvimento de trocas comerciais e de conquistar mercados para produtos italianos.

A viagem inaugural ocorreu em 18 de maio de 1897, com o vapor *Re Umberto*.[215] Um contrato assinado com o estado do Pará, em 18 de janeiro de 1897, com validade de dez anos, garantiu a subvenção de 360 mil francos (370 contos de réis) por 12 viagens anuais.[216] Com o estado do Amazonas, o acordo foi firmado poucos meses depois, em 21 de maio, no valor de 365 contos por igual período.[217] O objetivo dos dois governos era desenvolver o comércio de exportação de produtos nativos – particularmente o látex – no Mediterrâneo, com escalas de ida e volta por Marselha, Barcelona, Cádiz, Tanger, Lisboa e Ponta Delgada. Outro ponto fundamental era a esperança de estabelecer um fluxo imigratório para Amazônia, elevando sua densidade demográfica e, através de um programa estatal de constituição de colônias, desenvolver o potencial agrícola da região.[218]

Quanto se observa o movimento de vapores no porto de Belém, percebe-se que em meio a companhias inglesas, francesas, alemãs, espanholas e portuguesas, a Ligure Brasiliana era a única sociedade de navegação italiana a frequentá-lo.[219] Apesar disso – ou talvez por isso

---

215 Mario Enrico Ferrari. "*La Amazzonia*. Una rivista per l'emigrazione nel Brasile Settentrionale". *Miscellanea di Storia delle esplorazioni VIII*. Gênova: Bozzi Editore, 1983, p. 267-268.

216 Mensagem dirigida ao Congresso do Estado do Pará pelo Dr. José Paes da Carvalho, Governador do Estado, em 1 de fevereiro de 1901, p. 96.

217 Mensagem lida no Congresso pelo Sr. Silvério José Nery, Governador do Estado do Amazonas, em 10 de julho de 1901. Anexo n. 9.

218 "O Governo contractou a navegação entre esta capital e Genova, com subvenção inferior a estipulada em lei. Já os vapores tem vindo em nosso porto, abrindo assim ao Amazonas um novo mercado aos seus productos. É digno de patrocinio este tentamen, que tornando-nos mais conhecidos na Europa, facilmente conduzirá ao nosso seio braços e capitaes que necessitamos". Mensagem do Exmº. Sr. Dr. Fileto Pires Ferreira, Governador do Estado do Amazonas, em 6 de janeiro de 1898, p. 35. Povoar a imensa região sempre foi questão histórica fundamental para os chefes do executivo do Amazonas e do Pará. Buscava-se não apenas imigrantes, mas também nacionais. Durante as secas de 1877-1879 e 1888-1889, por exemplo, milhares de flagelados do Ceará e do Rio Grande do Norte deslocaram-se naquela direção e foram prontamente recebidos pelos governantes. Para uma pequena discussão sobre esse tema ver Paulo Cesar Gonçalves. *Migração e mão de obra: retirantes cearenses na economia cafeeira do Centro-Sul (1877-1901)*. São Paulo: Humanitas, 2006. Capítulo 2.

219 *L'Amazzonia*. 01 de janeiro de 1899; 15 de outubro de 1899; 15 de dezembro de 1899; 15 de janeiro de 1900.

–, poucos anos depois, Augusto Montenegro, então governador do Pará, lamentava "os quasi nullos resultados obtidos com a navegação para o Mediterraneo", colocando em xeque a subvenção ao anunciar que tentaria reduzi-la via negociação.[220] Em 1904, ainda no comando do estado, Montenegro informava que, em setembro de 1901, havia reduzido pela metade o número de viagens e, ao final de 1903, conseguiu rescindir o contrato com a companhia italiana, pagando a indenização de 90 mil francos.[221]

No Amazonas, a avaliação do acordo era positiva, o que levou o governador a aventar a hipótese de aumentar a frequência das viagens mensais para quinzenais. A Ligure Brasiliana, aliás, era a única companhia estrangeira subvencionada pelo estado.[222] No final do mesmo ano, ao contrário do que pretendia o mandatário, as carreiras tornaram-se bimensais e, em 1902, quadrimensais, revelando as dificuldades desse empreendimento nas duas regiões.[223]

Como se depreende, a proposta de Gustavo Gavotti era bastante ambiciosa, mas com o passar do tempo revelou-se frágil. No entanto, tal projeto necessitava ser adequadamente sustentado por uma constante propaganda, aproveitando a repercussão do expansionismo entre armadores e políticos da Ligúria. Para defender seus interesses, o deputado patrocinou a publicação da revista *L'Amazzonia: Organo degli interessi dell'Amazzonia*, cujo objetivo primeiro era divulgar aspectos positivos daquela região.[224] Dirigida por Oreste Calamai,[225] a revista possuía respeitados colabora-

---

220 Mensagem dirigida ao Congresso do Estado do Pará pelo Dr. Augusto Montenegro, Governador do Estado, em 10 de setembro de 1901, p. 49. Para justificar os resultados insatisfatórios, apresentou em anexo (n. 3) uma lista com o resumo de todos os gêneros (segundo o porto de origem) introduzidos no estado pelas 34 viagens realizadas pelos vapores da Ligure Brasiliana entre junho de 1897 e dezembro de 1900, p. 87-90.

221 Mensagem dirigida ao Congresso do Estado do Pará pelo Dr. Augusto Montenegro, Governador do Estado, em 7 de setembro de 1904, p. 74-75.

222 Mensagem lida no Congresso pelo Sr. Silvério José Nery, Governador do Estado do Amazonas, em 10 de julho de 1901, p. 270.

223 Mensagem lida no Congresso pelo Sr. Silvério José Nery, Governador do Estado do Amazonas, em 10 de julho de 1902, p. 431.

224 "(...) emerge chiaro lo scopo del nostro giornale. Facendo propaganda a favore degli Stati del Nord del Brasile, miriamo a favorire lo scambio dei prodotti dei due paesi e, più che altro, a farci conoscere come produttori, come commercianti arditi e intelligenti: in una parola a consolidare a Belem e a Manaos il predominio di cui ora, mercè l'iniziativa audace dell'armatore Gavotti, gode l'Italia". Il nostro Programma. *L'Amazzonia*. 15 de julho de 1898. Publicada pela primeira vez nessa data, com periodicidade quinzenal, a revista durou até 15 de janeiro de 1900, totalizando 25 edições. Para um excelente estudo sobre esse periódico, sua relação com a Ligure Brasiliana e o expansionismo italiano ver Mario Enrico Ferrari. "*La Amazzonia. Una rivista per l'emigrazione nel Brasile Settentrionale*". op. cit.

225 O nome do jornalista Oreste Calamai (ex-oficial do exército italiano, condecorado na guerra da África) já foi citado inúmeras vezes no decorrer deste capítulo, sempre relacionado à direção de algum periódico ligado à marinha mercante italiana. Basta lembrar, por exemplo, a revista *La Marina Mercantile Italiana* e o *Annuario della Marina*

dores do circuito intelectual genovês, como os geógrafos Vicenzo Grossi e Bernardino Frescura e o publicista Oreste Mosca, e editava reportagens diversificadas sobre a região: estudos de geografia física e humana, condições sanitárias, dados sobre produção e comércio (sobretudo da borracha), análises da situação política e, é claro, sobre questões relacionadas à emigração.

O projeto era grandioso, mas a companhia iniciava suas atividades de forma modesta. Seu tamanho pode ser mensurado pelo volume de seu capital social, que variou significativamente com o passar dos anos. A Ligure Brasiliana originou-se da Società Ligure Romana di Navigazione, constituída em 1894 com capital de apenas 650 mil liras italianas e dois vapores. Em 1897, já sob novo nome, seu capital passou para 2,5 milhões de liras italianas; em 1908, foi reduzido para 1,25 milhões e, cinco anos mais tarde, aumentado para 5 milhões.[226] Outra alteração ocorreu em 1914, quando a companhia foi comprada pela Hamburg-Amerika Line e teve seu estatuto social modificado, passando a se chamar Transatlantica Italiana Società di Navigazione, com capital social elevado a 30 milhões de liras italianas, sendo 10 milhões aplicados.[227]

Para executar os serviços a que se propôs – transportar emigrantes para o Brasil e região do Prata e manter uma linha regular mensal entre Gênova e os estados brasileiros do Amazonas e Pará –, a Ligure Brasiliana utilizou, a princípio, três vapores herdados da Ligure Romana, todos construídos entre 1891-1892: *Re Umberto*, *Rio Amazonas* e *Minas*. A política de aproveitar ao máximo o material de navegação fez com que os três navios permanecessem navegando até 1910, contando, inclusive, com a patente de vetor de emigração fornecida pelo *Commissariato dell'Emigrazione*. Somente em 1911 foram comprados do Lloyd Italiano os vapores *Cavour* (1905) e *Garibaldi* (1906), conferindo à companhia material náutico um pouco mais moderno.

> O Conselho adquiriu o vapor *Virginia* que batizou com o nome de *Garibaldi*, de recente construção, de mais de 5000 toneladas e velocidade aproximada de 15 milhas, e logo verá a compra de um novo vapor para poder sustentar a concorrência das outras companhias de navegação que transportam emigrantes.[228]

Mercantile e delle Industrie Navali in Italia de 1914. Para mais informações sobre o jornalista ver Mario Enrico Ferrari. "*La Amazzonia*. Una rivista per l'emigrazione nel Brasile Settentrionale", op. cit., p. 263.

226   Oreste Calamai. *Annuario della Marina Mercantile... op. cit.,* p. 696-697.

227   La Ligure Brasiliana. Relazione e Bilancio dell'Esercizio 1913-1914. Gênova, 1914; Transatlantica Italiana. Relazione e Bilancio dell'Esercizio 1914. Gênova, 1915.

228   *La Marina Mercantile Italiana*. 25 de agosto de 1911. Por outro lado, como já foi mencionado, com a venda desses dois vapores para a Ligure Brasiliana, o conselho administrativo do Lloyd Italiano anunciava o início de um programa de renovação de sua frota.

Renovação relativa, na medida em que um anúncio publicado na revista *La Marina Mercantile Italiana* no início de 1913 ainda oferecia os serviços do *Re Umberto* para a América do Sul[229] – provavelmente o navio mais antigo que ainda transportava emigrantes. Em 1914, já como Transatlantica Italiana, a companhia deu início aos serviços da linha para Nova York com o recém-construído transatlântico *Dante Alighieri*, enquanto ainda aguardava a entrega de outro, o *Giuseppe Verdi*.

Um histórico dos rendimentos da Ligure Brasiliana (Tabela 5.16), mesmo que relativamente incompleto, revela transformação importante logo após a sua aquisição pela Hamburg-Amerika Line. Além do já mencionado acréscimo do capital social, com a incorporação de novos vapores à sua frota, a companhia teve extraordinário aumento no valor de seu material para navegação,[230] o que certamente permitiu maiores ganhos.

Tabela 5.16. Ligure Brasiliana – Resultados financeiros dos exercícios de 1904 a 1916, em liras italianas

Ano	Lucro	Prejuízo
1904	*	–
1905	–	–
1906	–	*
1907	–	80.000,00
1908	–	*
1909	87.500,00	–
1910	–	35.238,41
1911	212.500,00	–
1912	202.398,84	–
1913	234.894,16	–
1914	182.294,09	–
1915	1.831.989,00	–
1916	7.076.943,91	–

Fonte: para 1904, 1906 e 1908, Giorgio Doria. *Investimenti e sviluppo economico a Genova... op. cit.*, p. 322 (o autor não fornece os valores); para 1907, 1909 e 1911, *idem*, p. 468, nota 33 (cálculo aproximado); para 1910, *La Marina Mercantile Italiana*. 25 de agosto de 1911; para 1912, *La Marina Mercantile Italiana*. 10 de agosto de 1911; para 1913, La Ligure Brasiliana. Relazione e Bilancio dell'Esercizio 1913-1914; para 1914, 1915 e 1916, Transatlantica Italiana. Relazione e Bilancio dell'Esercizio 1914; 1915 e 1916.

---

229   *La Marina Mercantile Italiana*. 10 de janeiro de 1913.

230   Em dezembro de 1914, já como Transatlantica Italiana, o valor do ativo material para navegação era de L. 3.146.115,69; um ano depois, atingia a cifra de L. 13.322.376,40. Transatlantica Italiana. Relazione e Bilancio dell'Esercizio 1914. Gênova, 1915; Transatlantica Italiana. Relazione e Bilancio dell'Esercizio 1915. Gênova, 1916.

Modesta durante mais de uma década de existência, depois fortalecida por capitais alemães, a Ligure Brasiliana sempre dependeu – pois foi concebida para isso – do transporte de emigrantes, mesmo quando executava a linha com os estados do Amazonas e Pará. Após anos de dedicação exclusiva ao tráfico com o Brasil e Argentina, nada mais revelador do que sua entrada, já como Transatlantica Italiana, no crescente mercado de serviços de emigração para os Estados Unidos; investimento que a antiga sociedade não tinha condições de arcar, mas que surgiu em seu horizonte no período imediatamente anterior à mudança.

> Como foi assinalado na dita reunião, confiamos à *Società Esercizio Bacini* a construção de dois novos vapores que se chamarão *Dante Alighieri* e *Giuseppe Verdi*, e que esperamos poderão entrar em serviço de navegação, respectivamente, ao final do ano corrente e nos primeiros meses do ano seguinte.
> (…)
> Com eles poderemos iniciar também um serviço na Linha da América do Norte, que, para maior salvaguarda de vossos interesses, sentimos grande necessidade.[231]

Em 1914, consolidado o primeiro exercício da nova fase, os vapores e as linhas estavam definidos de acordo com as exigências da demanda da emigração: o material mais antigo – *Cavour* e *Garibaldi* – para a América do Sul, e o mais moderno – *Dante Alighieri* e *Giuseppe Verdi* – para a América do Norte. As justificativas para as dificuldades também obedeciam a essa lógica.

> Os nossos navios melhor adaptados ao transporte de passageiros ressentiram-se enormemente da estagnação do movimento emigratório que as sucessivas restrições e proibições governativas têm sempre acentuado (…).[232]

A natural queda do movimento de passageiros e o aumento no preço dos fretes de mercadorias devido à guerra levaram o conselho administrativo da Transatlântica Italiana[233] a defender, no relatório do exercício de 1916, a aquisição de vapores de carga. Por outro lado, em meio a todos esses problemas, comemorava-se o movimento de mais de 23 mil

---

231 La Ligure Brasiliana. Relazione e Bilancio dell'Esercizio 1913-1914. Gênova, 1914.

232 Transatlantica Italiana. Relazione e Bilancio dell'Esercizio 1914. Gênova, 1915.

233 Após a entrada da Itália na guerra, formou-se um conselho de diretores italianos sob a liderança de Venceslao Carrara (seu futuro presidente) para comprar as ações que estavam em mãos alemãs. A operação foi concretizada em 28 de março de 1916. Cerca de um ano depois, o controle da companhia foi vendido a um dos principais conglomerados industriais de Gênova, o grupo Ansaldo. Cf. Carta enviada (sem indicação de remetente) ao ministro da Justiça da Itália em 21 de julho de 1917. FA. Fondo Puri. Busta 4/35.

passageiros de 3ª classe na linha da América do Norte, conseguido com 12 viagens (ida e volta), que alçou a companhia ao primeiro lugar no tráfico de passageiros no Atlântico Norte e conferiu-lhe notável lucro.[234]

Em suma, a Ligure Brasiliana – ao menos até se transformar na Transatlantica Italiana – parecia simbolizar os preceitos que conduziram boa parte daqueles que se preocupavam com os destinos da Itália e com seus negócios ligados ao mar: utilizar a emigração como um dos pilares do desenvolvimento da marinha mercante, através da criação de mercados para os produtos nacionais e dos ganhos diretos com o transporte de passageiros e mercadorias.

A falta de documentação referente aos primeiros anos de sua existência constituiu lacuna significativa e impossibilitou a avaliação dos resultados no período relacionado à rota Gênova-Belém-Manaus. Por outro lado, a companhia também transportou imigrantes para Santos e outros portos brasileiros na vigência dos contratos da Angelo Fiorita & C. e até mesmo depois. Uma estreita relação que certamente levou Fiorita a estabelecer uma casa de exportação e importação e uma agência marítima em Belém para representar a Ligure Brasiliana nos estados do Amazonas e Pará. Interesses em comum que permitiram a Enrico Ferrari identificar a existência do "grupo Gavotti-Fiorita" agindo nos dois lados do Atlântico.[235]

Sujeitos da acumulação no Brasil

Agências introdutoras de imigrantes

Como ficou demonstrado no Capítulo 2, a necessidade de recrutar braços na Europa movimentou grande volume de recursos financeiros via contratos, estimulando a participação de agências que passaram a se dedicar quase que exclusivamente a esse negócio. Celebraram acordos para introdução de imigrantes e participaram de uma rede de interesses que unia não só o Brasil à Itália, mas também à Espanha e Portugal. Nesse sentido, as mais remotas paragens dos três países europeus encontravam-se unidas às fazendas paulistas por um grande número de intermediários: na Europa, pelos agentes e subagentes de emigração, companhias de navegação, corpo consular e outros órgão estatais relacionados à emigração; no Brasil, pelo aparato estatal a serviço da imigração e pelas agências introdutoras de imigrantes. Dentre

---

234 Para a América do Sul foram 9 viagens (ida e volta) e 6.940 passageiros de 3ª classe. Transatlantica Italiana. Relazione e Bilancio dell'Esercizio 1916. Gênova, 1917.

235 Mario Enrico Ferrari. "*La Amazzonia*. Una rivista per l'emigrazione nel Brasile Settentrionale", *op. cit.*, p. 280.

essas agências, duas merecem destaque: Angelo Fiorita & C. e José Antunes dos Santos, as principais beneficiárias dos contratos estabelecidos com o governo paulista.

Angelo Fiorita & C.

Segundo Renzo Grosselli, não se pode falar de imigração italiana para o Brasil, especialmente São Paulo, sem evocar o nome de Angelo Fiorita, o fundador da A. Fiorita & C., a firma que, amparada em uma rede de agentes espalhados por toda a península italiana e em parte do império austríaco, sobretudo na área de língua italiana e nas terras eslavas, foi responsável pela introdução da maior parte dos imigrantes subvencionados.[236] Com escritórios no Rio de Janeiro, São Paulo e Santos, a agência representava os interesses de companhias de navegação italianas, francesas e alemãs e se tornou a principal parceira da Sociedade Promotora de Imigração nos contratos para introdução de imigrantes no território paulista. Também trabalhou para o governo central, Rio de Janeiro, Espírito Santo, Minas Gerais ou diretamente com alguns fazendeiros.[237]

Angelo Fiorita, no entanto, não é muito conhecido pelos historiadores. Além do estudo de Grosselli, existem algumas poucas referências na historiografia a respeito da agência por ele constituída.[238] A pesquisa em alguns periódicos brasileiros e italianos permitiu que se sanasse parcialmente esse problema. Na imprensa genovesa, seu nome apareceu em alguns artigos das revistas *La Marina Mercantile* e *L'Amazzonia*. O teor das matérias era uníssono: tratava-se de uma "pessoa honrada", "dignificante do nome da Itália no exterior", que "fez fortuna no Brasil" e "bastante respeitada nas praças do Rio de Janeiro e São Paulo".

Em 1º de setembro de 1899, a revista *L'Amazzonia* chegou a publicar na primeira página a foto desse cidadão italiano para contar sua história de vida na América iniciada, segundo o artigo, em 1851, quando Angelo Fiorita deixou Santa Margherita Ligure[239] para se estabelecer no Brasil. A reprodução parcial do texto revela – à parte da linguagem extremamente elogiosa – os passos de um homem sempre ligado ao comércio de exportação e importação – inicialmente, de mercadorias, depois, de pessoas.

---

236 Renzo M. Grosselli. *Di schiavi Bianchi a coloni. Um progetto per le fazendas; contadini trentini (veneti e lombardi) nelle foreste brasiliane*. Trento: S.N., 1991, p. 112. Segundo o autor: "La Italia per la Fiorita era porto franco", p. 115.

237 A relação dos contratos está em Renzo M. Grosselli. *Di schiavi Bianchi a coloni, op. cit.*, p. 114.

238 Thomas H. Holloway. *Imigrantes para o café: café e sociedade em São Paulo, 1886-1934*. Rio de Janeiro: Paz e Terra, 1984; Mario Enrico Ferrari. "La Amazzonia. Una rivista per l'emigrazione nel Brasile Settentrionale". *op. cit.*

239 Cidade portuária situada 40 km a sudeste de Gênova.

Depois de haver exercido por algum tempo o comércio em Pernambuco, estabeleceu-se no Rio de Janeiro, onde fundou uma casa de modas, que importava de Paris, de Manchester, de Turim, de Gênova e de outras cidades, fazendo com que aquele importante mercado brasileiro conhecesse as sedas e os tecidos italianos até aquela época quase desconhecidos.

Os negócios prosperaram e o jovem negociante pôde dar maior impulso aos seus empreendimentos, e uma vez que, como bom italiano, desejava que os produtos de sua pátria, até então pouco conhecidos e apreciados, encontrassem no Brasil uma útil colocação, assim começou a importar os vinhos da Sicília, as massas alimentares, e tantos outros gêneros produzidos em nosso país.

Angelo Fiorita via seu comércio crescer admiravelmente, o qual presidia infatigavelmente, dia e noite trabalhando com a mente e com o corpo, satisfeito pelo grande crédito e pela estima que o circundavam no Rio de Janeiro, onde já era considerado como um dos mais inteligentes, ativos e irrepreensíveis negociantes daquela praça. A insuperável atividade deste homem não tinha nem podia ter limite. O seu nome havia já atravessado os confins do Rio de Janeiro. O eco de seus sucessos alcançou Gênova e outras principais cidades marítimas de nosso país. Por isso, à sua firma foram recomendados primeiramente todos os veleiros italianos, que atracavam no Rio em avaria e todos os outros provenientes de Gênova; e, depois, os vapores de Lavarello e de outras sociedades italianas de navegação.

Contemporaneamente ele iniciou, em grande escala e com sorte variada, o comércio de café e de algodão, que expedia em abundância aos principais mercados italianos, franceses, ingleses e austríacos.

Deu depois vida no Rio de Janeiro a uma empresa de tijolos e de cimentos, materiais até então desconhecidos no Brasil; e uma vez que aquela indústria vingou, fez construir uma fábrica de tijolos, de cimentos e de molduras para casas na rua Menina de Botafogo.

Em seguida fundou um fábrica de sacos de juta, sem costura, para café e cereais; fábrica que em breve assumiu uma grande importância, e que ele teve de ceder em plena atividade não podendo atender a tantas e variadas ocupações. Essa fábrica ainda existe próspera e vigorosa.

A Angelo Fiorita foram entregues os primeiros contratos de emigração pelo Estado de São Paulo, pelo Governo Federal e por outros estados que iniciaram a colonização com braços europeus.

São mais de um milhão de emigrantes – italianos, em sua grande maioria – que ele introduziu no Brasil. O seu nome é, portanto, estreitamente ligado, como aquele de seu genro Gavotti, ao ressurgimento agrícola dos principais estados da Federação Brasileira.

Hoje – depois de 48 anos ininterruptos de trabalho – teria direito a um merecido repouso; mas ele está ainda *sulla breccia* trabalhando com o vigor e o entusiasmo da antiga juventude.

Vemo-lo assim na chefia de uma Casa de Câmbio e Valores, de negócios de banco e consignação de barcos no Rio de Janeiro; da Casa Fiorita & De Vincenzi representante geral da Società Generale di Navigazione Italiana; e da Casa A. Fiorita & C., Agente da Ligure Brasiliana e da colossal Companhia japonesa Ippon Emigration Company, na mesma cidade do Rio de Janeiro".[240]

Em suma, essa breve biografia – um tanto parcial – revela trajetória de sucesso de um emigrante que fez fortuna na nova terra de adoção, uma espécie de *principe mercante*, como descreveu Luigi Einaudi em seu livro de 1900.[241] Com auxílio do *Almanak Laemmert* foi possível identificar melhor algumas das atividades comerciais de Angelo Fiorita na capital do Império. A partir de 1856, uma firma com seu sobrenome – Fiorita Canessa & C. –, estabelecida na rua da Quitanda, apareceu na seção "morada dos negociantes"; em 1858, o nome foi trocado para Fiorita Flora & C., mas continuou no mesmo endereço. Em 1859, estabeleceu sociedade com outro italiano, criando a Fiorita & Tavolara, que perduraria por décadas. Em 1873, a sede mudou para a rua da Alfândega.[242] Segundo Franco Cenni, essa foi a primeira casa de comércio de produtos importados da Itália no Rio de Janeiro.[243]

Três pessoas faziam parte da sociedade: Angelo Fiorita, Manoel de Passos Malheiros e Luiz Felipe Tavolara, este residente em Paris. Segundo o *Almanak*, a casa dedicava-se ao comércio de importação e exportação e comissões; era agente da companhia de vapores *Servizio Postale Italiana* e de outros vapores; trabalhava com saques e vales postais pagáveis em qualquer ponto da Itália. Em 1883, anúncios de página inteira mostravam a quem pertenciam esses vapores. Fiorita & Tavolara eram agentes da G. B. Lavarello & C., da Società Rocco Piaggio & Figlio e da Società Schiaffino, todas de Gênova. Com a dissolução da Lavarello e a constituição da La Veloce Navigazione Italiana, a casa herdou essa representação. As importações de produtos italianos ou mesmo franceses vinham nas embarcações que invariavelmente partiam de Gênova, passavam por Nápoles e Marselha, até chegar ao Rio de Janeiro. O serviço de venda de passagens de 1ª, 2ª e 3ª classe também era responsabilidade da Fiorita & Tavolara.[244]

---

240 *L'Amazzonia*. 1º de setembro de 1899, p. 1-2.

241 Luigi Einaudi. *Un principe mercante. Studio sulla espansione coloniale italiana*. Turim: Bocca, 1900.

242 *Almanak Laemmert. Almanak Administrativo, Mercantil e Industrial do Rio de Janeiro*. (1844-1879).

243 Franco Cenni. *Italianos no Brasil*. 3ª ed. São Paulo: Edusp, 2003, p. 278.

244 *Almanak Laemmert. Almanak Administrativo, Mercantil e Industrial do Rio de Janeiro*. (1880-1885).

Documentos oficiais produzidos por cônsules italianos relatam que a Fiorita & Tavolara ofereceu-se, em setembro de 1882, ao governo paulista para introduzir na província 10 mil famílias ou 50 mil colonos italianos setentrionais. A proposta, no entanto, foi rejeitada, tanto por São Paulo, quanto por Minas Gerais e pelo governo imperial. A firma voltou-se, então, para os proprietários, lavrando contratos. Dessa forma, fizeram-se vários recrutamentos na Itália, dentre eles o de 130 camponeses para os terrenos de Sousa Queirós e o embarque no porto de Gênova, em dezembro do mesmo ano, de 1.527 emigrantes nos vapores *Habsburgo* e *Berlim*.[245]

Em 1886, a casa entrou em liquidação e os anúncios das companhias de navegação já apareciam apenas com o nome de um único agente, Angelo Fiorita, ainda na rua da Alfândega. As atividades da nova casa ampliaram-se: envio e recebimento de dinheiro da Itália, representação da La Veloce, das novas companhias Fratelli Lavarello e Schiaffino & Solari, e de uma fábrica de sacos sem costura (Leslie & C.).[246] Por volta de 1896, Angelo Fiorita, mesmo preservando sua agência, associou-se a um antigo representante da Navigazione Generale Italiana no Rio de Janeiro para formar a Fiorita & De Vicenze, ampliando, assim, suas relações com as companhias de navegação italianas.[247]

Seus negócios, no entanto, não se restringiram ao Rio de Janeiro. Na década de 1880, Angelo Fiorita já estava instalado em Santos e, provavelmente em São Paulo, onde celebraria contratos para introdução de imigrantes com a recém-constituída Sociedade Promotora de Imigração, aproveitando-se de sua sólida rede de relações comerciais na Itália, sobretudo na Ligúria. Ao final do século XIX, Fiorita abriu uma sede em Belém, que também tratava dos assuntos de Manaus, para representar os interesses da companhia de navegação Ligure Brasiliana, cujo proprietário Gustavo Gavotti, seu genro, havia estabelecido uma linha regular de vapores entre Gênova e o norte do Brasil. Desde sua criação em 1897, a companhia passou a ter Angelo Fiorita como seu agente em São Paulo, Rio de Janeiro e Santos.

Em Santos, os negócios também se relacionavam com exportação e importação. Seu nome figurou na lista de sócios em alguns relatórios da Associação Comercial do município. Em 1899, a A. Fiorita & C. subscreveu, juntamente com outros oito autodenominados

---

245 *Statistica dellaemigrazione italiana per gli anni 1884 e 1885*. Apud J. P. Oliveira Martins. "A Província III". In: *Obras completas de Oliveira Martins*. Lisboa: Guimarães Editores, 1959, p. 409.

246 *Almanak Laemmert. Almanak Administrativo, Mercantil e Industrial do Rio de Janeiro*. (1886-1889).

247 "Il Consiglio di Amministrazione, nella sua seduta del 28 marzo, ha nominato agenti generali della Società pel Brasile, con sede a Rio Janeiro, i signori Fiorita & De Vincenzi, in sostituzione della ditta I. N. De Vincenzi & Figli". *Bollettino Ufficiale dela Navigazione Generale Italiana*. Anno III, n. 9 (04 de abril de 1896). No início do século XX, os anúncios de chegada de vapores do *Jornal do Commercio* do Rio de Janeiro (1900-1902) apontavam os consignatários das mercadorias e as duas agências – Fiorita & De Vicenze e A. Fiorita & C. – estavam sempre presentes.

agentes de companhias de navegação a vapor, entre eles, Zerrenner, Büllow & C. – que além de grande exportador café, chegou a trazer imigrantes alemães para São Paulo – um abaixo-assinado enviado ao presidente da Associação para que este solicitasse ao Presidente da República auxílio para suprir a "falta no mercado de esteiras para estiva dos vapores que demandam este porto, para conduzir café para o exterior".[248]

No mesmo ano, agora com a denominação de importadoras, A. Fiorita & C. mais 44 casas, enviaram nova correspondência ao presidente da Associação Comercial de Santos solicitando intervenção junto ao ministro da Fazenda, na tentativa de buscar alguma solução para isentar os produtos encomendados antes da entrada em vigor das novas tarifas alfandegárias no dia 31 de dezembro de 1899, mas que só chegariam depois.[249]

Em todos os relatórios da Associação Comercial de Santos pesquisados, a Angelo Fiorita & C. jamais apareceu na lista dos principais exportadores de café pelo porto, mas o primeiro documento mencionado acima demonstra seu interesse na comercialização do principal produto brasileiro.[250] Apontado pela revista *L'Amazzonia* como importante exportador de café para a Itália e outros poucos países da Europa, Angelo Fiorita, na verdade, ficou conhecido em São Paulo, Santos e Rio de Janeiro, como o proprietário da principal agência de recrutamento de italianos, e o maior beneficiário dos grandes contratos para introdução de imigrantes com a Sociedade Promotora de Imigração.

Uma história que começou em 1886, já no primeiro acordo para introdução de 6 mil imigrantes e não parou nem após a extinção da Promotora, pois Fiorita continuou celebrando contratos diretamente com o governo paulista. Suas relações na Itália, cultivadas há anos como homem de negócio, foram fundamentais para que se lançasse nessa empreitada e conseguisse executá-la com sucesso, tanto em São Paulo quanto no resto do país. No entanto, era necessário vencer a concorrência pela prestação dos serviços e, ao que tudo indica, esse lígure soube como fazê-lo. Grosselli afirma, sem se aprofundar no tema, ser evidente que Angelo Fiorita possuía ligações importantes com o ambiente político-administrativo no Rio de Janeiro, "como provam os vantajosos contratos firmados com o governo geral". Quanto a São Paulo, o historiador lembra que a Sociedade Promotora rapidamente reconheceu a agência como praticamente sua única parceira.[251]

---

248 Relatório da Associação Comercial de Santos, 1900. Anexo 41 – A.

249 Relatório da Associação Comercial de Santos, 1900. Anexo 45.

250 Seria necessária uma pesquisa sobre os exportadores de café no porto do Rio de Janeiro para confirmar a importância da Angelo Fiorita & C. nesse negócio.

251 Renzo M. Grosselli. *Di schiavi Bianchi a coloni, op. cit.*, p. 112.

Angelo Fiorita e Gustavo Gavotti pareciam ter algum prestígio no Rio de Janeiro. Em meados de 1898, o *Jornal do Brasil* publicou uma nota congratulando o deputado italiano pela reeleição e, ao mesmo tempo, fez questão de lembrar que ele era genro de Fiorita. Suas atividades no Brasil não foram esquecidas: "armador da companhia Ligure Brasiliana, cujos vapores conduzem imigrantes para o nosso paiz" e ainda desenvolve "sua actividade no Pará e no Amazonas".[252]

As observações de Grosselli encontram eco no *Fanfulla*,[253] jornal dedicado à comunidade italiana que vivia em São Paulo. Em alguns dos exemplares compulsados por esta pesquisa existem artigos criticando a "quase total exclusividade" dada a Angelo Fiorita & C. na execução dos contratos para introdução de imigrantes estabelecidos com a Sociedade Promotora de Imigração e com o governo brasileiro, insinuando, inclusive, favorecimento ilícito.[254] O periódico também condenava duramente a qualidade dos serviços prestados pela agência que utilizava vapores da Ligure Brasiliana, revelando a condição precária do transporte transatlântico oferecido.

---

252 Nota reproduzida na revista *L'Amazzonia*. 15 de outubro de 1898.

253 O *Fanfulla* foi fundado em 1893, na cidade de São Paulo, pelo jornalista italiano Vitaliano Rotellini. *Fanfulla* era o pseudônimo de Tito di Lodi (o soldado-frade), lembrado nas crônicas do século XVI como valoroso homem de armas que, a certa altura de sua vida, decidiu tornar-se frade. Entretanto, sua vida religiosa foi breve já que não conseguia resistir aos apelos do campo de batalha. Tito di Lodi foi celebrizado nos romances de Massimo d'Azeglio. Franco Cenni. *Italianos no Brasil, op. cit.*, p. 346-347. Em 17 de junho de 1893, chegou às ruas o primeiro exemplar do jornal. Inicialmente publicado aos domingos, no mesmo mês passou a sair também às quintas e, depois, três vezes por semana. Em meados de 1894, passou a ser diário. Cf. Angelo Trento. *Do outro lado do Atlântico. Um século de imigração italiana no Brasil*. São Paulo: Nobel; Istituto Italiano di Cultura di San Paolo Instituto Cultural Ítalo-Brasileiro, 1988, p. 191. O jornal era tradicional defensor da emigração italiana para o Brasil, o que não o impedia de denunciar as agruras dos imigrantes desde a viagem até os problemas enfrentados nas fazendas ou núcleos coloniais. Suas reportagens abordavam a situação dos emigrantes na Itália, no Brasil, na Argentina e em outros países da América. Para um estudo específico sobre o jornal ver Marina Consolmagno. *Fanfulla: perfil de um jornal de colônia (1893-1915)*. Dissertação de Mestrado. São Paulo: FFLCH/USP, 1993. Para alguns aspectos da imprensa italiana no Brasil ver Angelo Trento. "La stampa periodica italiana in Brasile, 1765-1915". *Il Vetro – Rivista della Civiltà Italiana*. Roma, ano XXXIV, n. 3-4, 1990, p. 301-315.

254 Não há dúvida da necessidade de se relativizar os textos publicados no *Fanfulla* que tratavam de denúncias contra Angelo Fiorita. O objetivo desta pesquisa não é comprová-las, mas apenas apreender o nível das relações sociais e políticas que porventura o auxiliaram na condução de seus negócios. Cabe ressaltar que essas denúncias, publicadas em 1894, resultaram em processo criminal por injúria impetrado por Angelo Fiorita contra Rodolpho Giomondi e Vitaliano Rotellini, os responsáveis pelo jornal. Arquivo do Tribunal de Justiça do Estado de São Paulo: (1896) 003L1374–0009–0. (documentação fotografada e gentilmente cedida por Lucília Siqueira, a quem o autor registra seus agradecimentos).

> Na verdade, em Gênova, os vapores (sob os auspícios dos genros do senhor Fiorita, o banqueiro Massone e o advogado Gavotti) eram alugados a preços vis, os emigrantes alojados como sacas de café e tratados pior do que bestas, enquanto o senhor Fiorita, em virtude desses contratos, recebia do governo brasileiro 175 francos por lugar inteiro.[255]
>
> Os pobres emigrantes introduzidos pela firma Fiorita & C. não podiam não sofrer a bordo de vapores não construídos para o uso a que eram empregados. São vapores "de carga", construídos e adaptados ao transporte de mercadorias e especialmente para o de carvão da Inglaterra para a Itália e de grãos dos países do Mar Negro para Gênova.[256]

As críticas e denúncias contra Fiorita invariavelmente eram assinadas por Omino di Bronzo – provavelmente um pseudônimo – sempre preocupado em documentá-las: "para que não me chamem de caluniador".[257] Em 4 de junho de 1894, o jornal publicou carta enviada pela Angelo Fiorita & C. à La Veloce. O documento, depois de fazer uma proposta para que a companhia transportasse os emigrantes recrutados para o Brasil, inclusive espanhóis e portugueses, deixava explícita a capacidade de articulação de seu proprietário em terras italianas e brasileiras. O ano era 1890, quando a emigração para o Brasil estava suspensa por ordem do governo de Crispi.[258]

> A respeito disso [transporte de imigrantes], obtuvemos do ministro Sr. Francisco Glicério facilitações especiais, sendo ele íntimo de nosso chefe Sr. Fiorita.
> Nesse momento devemos adverti-los de uma coisa: encontram-se aqui os senhores Edoardo Pierantoni e Salvatore Nicosta, o primo irmão do senador italiano Pierantoni, para tratar com este governo uma grande operação; uma imensa concessão de terras para colonizar, com capital inglês.
> Quando o negócio for concluído, pelo qual o nosso chefe Sr. Angelo Fiorita trabalha junto a S. E. ministro Glicério com certeza de êxito, Pierantoni partirá para Roma com uma concessão de 100 mil emigrantes.

---

255 *Fanfulla*. 29 de maio de 1894.

256 *Fanfulla*. 13 de junho de 1894.

257 *Fanfulla*. 26 de maio de 1894.

258 A Circular de 13 de março de 1889, com a qual Crispi suspendeu a emigração para o Brasil, foi uma resposta à lei brasileira sobre a "grande naturalização" que atribuía cidadania brasileira a todo imigrante estrangeiro residente no país há dois anos, caso não expressasse sua oposição por escrito. Sobre a repercussão na Itália ver Angelo Filipuzzi. *Il dibattito sull'emigrazione. Polemiche nazionali e stampa veneta (1861-1914)*. Florença: Felice le Monnier, 1976, p. 273-284.

Tudo está combinado de forma que, com o apoio político desses homens, será fácil convencer Crispi a reabrir os portos para a emigração.[259]

Em 1896, durante outra suspensão da emigração devido aos protestos contra italianos em São Paulo, quando dois vapores – *America* e *Raggio* – com cerca de 2 mil passageiros de 3ª classe foram proibidos de partir de Gênova para o Brasil, também ficou demonstrado o prestígio de Fiorita. Seu genro, Gustavo Gavotti, telegrafou pedindo sua intervenção junto ao ministro plenipotenciário para que este solicitasse ao governo brasileiro, permissão para o desembarque dos imigrantes e sua tutela.[260]

Em texto publicado em 13 de junho de 1894, intitulado "La Promotora e il novo contratto Fiorita", o jornal acusava a Sociedade Promotora de Imigração de favorecer a Angelo Fiorita & C., sobretudo porque pagaria o valor de 166,45 francos por imigrante adulto, quando no contrato anterior o valor era de 140 francos.[261] Na edição do dia anterior, Omino di Bronzo, já havia deixado claro quem era o responsável por essa preferência:

> O seu excelente amigo e aliado Martinho Prado Júnior, detalhando-lhe as bases em que devia apresentar a proposta de empreitada à respeitável Companhia da qual ele era o dedicado presidente e factótum indiscutível.[262]

O articulista referia-se ao contrato de 3 de março de 1888, observando que Fiorita, "não se sabe como, vencia sempre" as licitações públicas para os contratos, mesmo quando outros concorrentes apresentavam condições mais vantajosas e maiores garantias materiais. Como exemplo, di Bronzo assinalou que a proposta da "Companhia Generale di Navigazione Florio Rubattino" (NGI) para transportar imigrantes para o Brasil ao preço de 135 liras italianas foi rejeitada, preferindo-se estabelecer acordo com o "monopolizzatore Fiorita" que, sob as mesmas bases, cobraria 180 liras.[263]

---

259 *Fanfulla*. 04 de junho de 1894. Tradução do autor. Ao que parece, a operação de concessão de terras referia-se a uma área rica em carvão em Santa Catarina, entregue à Companhia Metropolitana.

260 Mario Enrico Ferrari. "*La Amazzonia*. Una rivista per l'emigrazione nel Brasile Settentrionale", *op. cit.*, p. 285-286.

261 *Fanfulla*. 13 de junho de 1894.

262 *Fanfulla*. 12 de junho de 1894.

263 *Fanfulla*. 14 de junho de 1894. Um ano antes, o jornal *O Commercio de São Paulo* publicou uma série de artigos criticando os altos preços cobrados por Angelo Fiorita como resultado da falta de concorrência e de seu monopólio na celebração de contratos para introdução de imigrantes com a Sociedade Promotora de

Os anos passavam, novas licitações eram abertas e Angelo Fiorita continuava a vencê-las, mesmo após a extinção da Sociedade Promotora de Imigração, ao final de 1895. A análise do desfecho da concorrência pública para introdução de 60 mil imigrantes autorizada pela Secretaria da Agricultura em 27 de julho de 1897 comprova o poder de persuasão desse mercador de braços. Após o edital, apresentaram-se onze proponentes: Pedro S. Lamas; Giacomo Cresta; Barreto, Schiffini & C.; Zucco, Pesce & C.; Companhia de Navegação La Veloce; Angelo Fiorita & C.; A. Lacerda Urioste, Samuel Malfatti e Joaquim Branco; José Antunes dos Santos; Carlos Rudolph Kastrup; Carlos Alexandre Carliste.[264]

As propostas seguiram-se discriminando cada uma a quantidade de imigrantes por nacionalidade; o preço das passagens (inteira, meia e um quarto); prazo para execução do contrato; condições de pagamento das passagens. Para analisá-las, o secretário da Agricultura, Firmiano de Moraes Pinto, impôs como primeira condição a "idoneidade dos proponentes" e observou que "o governo, entretanto, não se obriga a aceitar a proposta mais baixa nem qualquer das propostas". Dessa forma, seis concorrentes foram descartados e nem tiveram suas propostas avaliadas por serem "desconhecidos como executores do serviço de introdução de imigrantes" e não apresentarem "documento algum pelo qual se possa ajuizar da sua idoneidade para o caso". Idônea, a La Veloce teve sua oferta rejeitada por exigir a conferência dos imigrantes a bordo das embarcações – contrariando o edital que indicava que essa tarefa seria realizada na Hospedaria dos Imigrantes do Brás – e o pagamento das passagens no prazo de 30 dias, quando o normal era de 90 dias.

Pedro S. Lammas e Giacomo Cresta,[265] apesar de oferecerem seus serviços a preços mais baixos não venceram a concorrência porque, segundo o secretário, a proporção de "elementos novos" – nacionalidades "ainda não testadas na lavoura cafeeira" – era muito grande (21 mil e 20 mil, respectivamente) e colocaria em risco o suprimento urgente de braços; o prazo de onze meses para introdução também foi considerado inviável.[266] Restaram, assim, as propostas de Angelo Fiorita e José Antunes dos Santos, consideradas mais adequadas,

---

Imigração. *O Commercio de São Paulo*. 21 a 29 de junho de 1893. (artigos compilados e gentilmente cedidos por Ivison Poleto dos Santos, a quem o autor registra seus agradecimentos).

264 Relatorio de 1897 apresentado ao Dr. Francisco de Assis Peixoto Gomide, Vice-Presidente do Estado, pelo Dr. Firmiano M. Pinto, Secretario dos Negocios da Agricultura, Commercio e Obras Publicas. A discussão a seguir baseia-se nas informações desse relatório.

265 Imigrantes italianos e espanhóis trazidos por Giacomo Cresta apareceram nas Listas Gerais de Desembarque de Passageiros em 1890 e 1893. MI: Microfilme 1000/01.

266 Para justificar sua afirmação, o secretário lembrou que dos 700.219 imigrantes introduzidos em São Paulo até 1896, apenas 38.158 não eram italianos, austríacos, espanhóis e portugueses.

quando reunidas, para atender às necessidades daquele momento, fornecendo "na sua quase totalidade elementos já experimentados" no período de um ano.

O problema, no entanto, residia nos custos: as duas propostas eram "sensivelmente mais caras". Para justificar sua opção, Moraes Pinto alegou que a questão dos valores não tinha "maior peso na concorrência, conforme expresso no edital" e que quantia total desse novo acordo traria ônus menor do que o último contrato de 7 de março de 1896.[267] Além disso, ambas possuíam "toda a idoneidade, comprovada pela execução do mesmo serviço para este Estado", a Fiorita como contratante e José Antunes dos Santos como seu agente em Portugal e Espanha.

Isso explica porque as duas agências apresentaram propostas complementares – Angelo Fiorita & C. traria 30 mil italianos e 10 mil austríacos e José Antunes dos Santos, 10 mil espanhóis, 5 mil portugueses e 5 mil alemães, belgas, suecos e dinamarqueses –, enquanto as outras fizeram propostas separadas para introdução de 60 mil, 40 mil e 20 mil imigrantes de acordo com as opções oferecidas pelo edital. Se não é possível afirmar que houve algum tipo de favorecimento, não se pode negar que as experiências anteriores ajudaram em muito na elaboração da ementa vencedora. Por outro lado, em 1896, Fiorita fortaleceu-se ainda mais nos negócios da imigração, ao se unir a De Vicenzi, no Rio de Janeiro. Dessa forma, conseguiu ampliar seu leque de relações, tornado-se também agente geral da NGI em Santos, substituindo a Fratelli Cresta – muito provavelmente Giacomo Cresta representava ou era sócio dessa firma.[268]

Pode-se afirmar que Angelo Fiorita, associado a Gustavo Gavotti e a genoveses, como seu outro genro, o banqueiro Giuseppe Massone, constituíram uma cadeia completa a serviço da imigração. No Brasil, detinham a grande maioria dos contratos de introdução de imigrantes. O transporte era realizado, em grande parte por vapores da Ligure Brasiliana. O recrutamento na Itália, em certa medida, também contava com a participação desse grupo. Enrico Ferrari observa que junto à companhia de navegação, desenvolveu-se a atividade de agência de emigração através da criação Ligure Americana, com sede em Gênova, na qual operavam Secondo Gavotti, parente de Gustavo, e Giuseppe Fornari. Este, por seu turno, era sócio da Fornari & Calabrese, agentes marítimos para passageiros de 3ª classe para Itália meridional, com sede em Nápoles. A casa representava não apenas a Ligure Brasiliana, mas a Amburghese Americana

---

[267] Pelos cálculos apresentados pelo secretário, as despesas com o contrato de 1896 (ainda por terminar) chegariam a £ 294.678-2-6; com relação ao novo acordo, o valor seria um pouco menor £ 262.675-0-0. Matemática estranha, pois segundo o contrato de 1897, as subvenções pagas por alemães (£ 6-6-0) e austríacos (£ 5-16-0) eram superiores as do anterior (£ 5-10-0). Ver Capítulo 2.

[268] *Bollettino Ufficiale dela Navigazione Generale Italiana*. Anno III, n. 9 (04 de abril de 1896).

(linha do Prata), a Prince Line (linha de Nova York) e ainda oferecia "emigrazione gratuita per Santos e S. Paulo" por intermédio da Ligure Americana.[269]

Bem articulado, o grupo fez do binômio comércio/emigração a base de seu enriquecimento. No entanto, isso não significa que a Ligure Brasiliana monopolizou o transporte subvencionado de imigrantes italianos para o Brasil. Como já foi observado, Fiorita era agente de várias companhias de navegação e a empresa de Gavotti não tinha condições materiais de encampar sozinha esse volumoso fluxo. Mas também é fato, que sem Angelo Fiorita, as condições para o desenvolvimento da Ligure Brasiliana seriam totalmente diversas.

Em 22 de maio de 1903, a revista *La Marina Mercantile Italiana* anunciava a morte de Angelo Fiorita, no Rio de Janeiro. O breve artigo descrevia parte de suas atividades no Brasil.

> Chega-nos a notícia da morte, ocorrida há poucos dias, no Rio de Janeiro, do Sr. Angelo Fiorita.
>
> Partindo muito jovem para o Brasil, conseguiu com atividade, com inteligência e com honestidade, adquirir uma posição econômica e social invejável. Dedicando-se ao comércio de café, tornou-se um dos principais exportadores a enviar aos principais mercados da Europa centenas de milhares de sacas por ano.
>
> Com a inesperada crise desse rico produto, aplicou-se especialmente ao comércio marítimo; e o bom nome que o circundava era tal que quase todos os vapores italianos eram a ele recomendados. Assim era representante das sociedades 'Navigazione Generale Italiana' e 'Ligure Brasiliana' e dos armadores Duffor e Bruzzo, Zino e outros.
>
> Trabalhador incansável, morreu como viveu, trabalhando, como um soldado *sulla breccia*, aos 75 anos de idade.
>
> A sua morte colocou em luto os parentes e os numerosos amigos na Itália e na sua segunda pátria: o Brasil. No Rio de Janeiro realizaram-se atos funerais imponentes: a colônia italiana era largamente representada. O cadáver será transportado para a Itália para ser sepultado no túmulo da família, em Santa Margherita Ligure.
>
> Ao filho Angelo, às filhas Adelina e Marequita, às irmãs Lugia viúva Cambiaso e Caterina, aos genros, banqueiro Giuseppe Massone e honorável advogado Gustavo Gavotti, aos netos todos em especial aos senhores Dr. Giovanni Buscaglione e Marco Passalacqua, nossos caríssimos amigos, as nossas mais sinceras e sentidas condolências.[270]

---

269 Mario Enrico Ferrari. "*La Amazzonia*. Una rivista per l'emigrazione nel Brasile Settentrionale", *op. cit.*, p. 280-283; *La Amazzonia*. (anúncio publicitário em várias edições).

270 "La Morte del Cav. Angelo Fiorita". *La Marina Mercantile Italiana*. Gênova. 22 de maio de 1903. O *Jornal do Commercio*, de 15 de maio de 1903, também noticiou o falecimento, acompanhado de uma breve biografia,

À época de sua morte, já não existiam mais os grandes contratos para introdução de imigrantes subvencionados e o governo republicano já não interferia mais de forma ativa na imigração. A nova política imigratória paulista fixou um prêmio a ser pago às companhias de navegação ou armadores que se encarregassem de trazer braços, desde que atendessem às exigências da legislação. Nesse sentido, agências de introdução de imigrantes, como a de Angelo Fiorita, perderam sua principal fonte de ganhos, mas continuaram a representar as companhias de navegação estrangeiras na venda de passagens e consignação de mercadorias ou mesmo trazendo imigrantes dentro do novo regime imposto pela lei.

Em 1903, as sociedades das quais Fiorita participava começaram a se reestruturar. No Rio de Janeiro, a Fiorita & De Vicenzi deu lugar à firma Matarazzo & De Vicenzi, nomeada agente geral para o Brasil da NGI. Em Santos e São Paulo, a representação passou para Matarazzo & C.[271] Quanto à Ligure Brasiliana, anúncios no *Jornal do Commercio* indicavam que a companhia ainda era representada pela A. Fiorita & C. até 1904, quando a firma entrou em liquidação. No mesmo ano, surgiu a D. Fiorita & C., a partir de então, agente não apenas da companhia de Gavotti, mas também da recém-criada Lloyd Italiano Società di Navigazione.[272]

Em agosto de 1907, um documento enviado do Rio de Janeiro, sede da D. Fiorita & C., ao secretário de Agricultura de São Paulo trazia o nome dos sócios: Giacomo Agnese, Dario Fiorita Agnese, Carlos D. Inglez de Souza e Luiz Augusto Araújo. Informava também as atividades-fim do empreendimento: agentes gerais do Lloyd Italiano, Ligure Brasiliana e Fratelli Caprino (serviço de imigração); comissões, consignações, importação por conta própria e de terceiros; despachos na alfândega; encomendas de artigos estrangeiros em qualquer país. O objetivo do ofício era comunicar ao secretário a reorganização da sociedade, pois naquele momento Luiz de Araujo estava de saída, e apresentar o nome do novo responsável pela filial de Santos.[273] Isso prova que, mesmo ao final da década de 1910, a D. Fiorita & C. ainda mantinha relações com o governo paulista, muito provavelmente para tratar de assuntos ligados à imigração. Grosselli assinala que no ano de 1909 a agência fez uma proposta de contrato para transportar para São Paulo, em cinco anos, 100 mil colonos "de preferência italianos".[274]

---

em que destacava o papel de Fiorita como negociante, dono de várias "firmas e empresas", agente de companhias de navegação e principal responsável pela vinda de milhares de colonos italianos para o Brasil.

271 *Bollettino Ufficiale dela Navigazione Generale Italiana*. Anno X, n. 31 (26 de novembro de 1903).

272 *Jornal do Commercio* do Rio de Janeiro (1903-1905). No Relatório da Associação Comercial de Santos de 1904 a D. Fiorita & C. já figurava no quadro de sócios.

273 Ofício de D. Fiorita & C. ao secretário da Agricultura (07 de agosto de 1907). DAESP: Secretaria da Agricultura, CO 7254.

274 DAESP: Secretaria da Agricultura, CO 7311. *Apud* Renzo M. Grosselli. *Di schiavi Bianchi a coloni*, op. cit., p. 115.

Não existe notícia de que o acordo se concretizou. O fato é que a partir de 1904, qualquer agência ligada ao sobrenome Fiorita jamais apareceu nas Listas Gerais de Desembarque de Passageiros.[275] Essa tentativa, no entanto, mostra como a importação de braços ainda permanecia no horizonte dos herdeiros dos negócios de Angelo Fiorita. Nada mais compreensível, principalmente quando se observa o patrimônio construído pelo negociante em seu testamento que, entre títulos de renda da Itália, apólices do estado do Espírito Santo e dinheiro em espécie, chegaram a quase dois mil contos de réis[276] – quase 10% do imposto arrecadado com a exportação de café pelo porto de Santos no mesmo ano de sua morte.

Seriam necessárias pesquisas específicas para identificar todo seu patrimônio, consultando, além de seu inventário, o de sua mulher e filhos, tanto no Brasil quanto na Itália. A comparação com a renda proveniente do café tem sentido simbólico, apenas para ilustrar o tamanho da riqueza de Angelo Fiorita conseguida, em grande parte, atuando como o maior mercador de braços do circuito Brasil-Itália, carreando mão de obra para a cafeicultura.

José Antunes dos Santos

Em relação a José Antunes dos Santos, as informações são mais escassas. Sabe-se que sua sede era em Lisboa, mas tudo indica a existência de uma filial em Santos, pois alguns relatórios da Associação Comercial registraram abaixo-assinados de negociantes ligados ao porto em que aparece o nome J. A. dos Santos.[277] Anos mais tarde, em 1907, uma casa denominada Antunes dos Santos & C. entrou para a lista de sócios da mesma Associação,[278] nome que começou a figurar também nas Listas Gerais de Desembarque de Passageiros em meados de 1905.[279]

Seu campo geográfico de ação incluía Portugal, Espanha e as Ilhas Canárias, dos Açores e da Madeira. O primeiro contrato com o governo de São Paulo foi celebrado em maio de 1886, ainda sem a participação da Sociedade Promotora de Imigração. A partir de então, sua relação com a entidade, e depois com o estado, passou a ter como intermediária a Angelo Fiorita & C. Juntas, as duas agências dominaram os contratos subsidiados para introdução

---

275 Ao menos até abril de 1912, correspondente à última lista disponível. MI. Listas Gerais de Desembarque de Passageiros. Microfilme 1035/36. O restante ainda se encontra em processo de microfilmagem.

276 AN: Verba Testamentária. Códice 80. Livro 82. N. 105, p. 117-118.

277 Relatório da Associação Comercial de Santos de 1900 (mesmo abaixo-assinado que Angelo Fiorita & C. participou) e de 1901.

278 Relatório da Associação Comercial de Santos (1907-1911).

279 MI: Listas Gerais de Desembarque de Passageiros. Microfilme 1015/16.

de imigrantes, dividindo a Europa conforme suas próprias redes de recrutamento – Fiorita, na Itália e Áustria; José Antunes dos Santos, nos países ibéricos.

Na verdade, José Antunes dos Santos era agente da Angelo Fiorita & C. e da Ligure Brasiliana em Lisboa, porém anteriormente já representava a companhia de navegação francesa S. G. Transports Maritimes à Vapeur. Esse acordo era fundamental para Fiorita estender sua área de recrutamento para outros países europeus e assim cumprir as cotas das nacionalidades estipuladas nos contratos. Sua ingerência sobre o sócio minoritário parecia ser grande. Na carta enviada à La Veloce em 1890, que o jornal *Fanfulla* reproduziu em 4 de junho de 1894, Fiorita informava à companhia que

> Seus grandes vapores fariam o transporte da emigração portuguesa e espanhola tocando Málaga, Barcelona, Almería, etc. (...) Um de nossos agentes e sócio de Lisboa, senhor José Antunes & Cia dará preferência aos seus vapores, mesmo sendo agente da Companhia Transports Maritimes de Marselha.[280]

Oferta que não se concretizou, pois a grande maioria dos imigrantes ibéricos encaminhados por José Antunes dos Santos continuou viajando em vapores franceses da Messageries Maritimes e S. G. Transports Maritimes à Vapeur,[281] e alemães da Nord-Deutscher Lloyd.[282] A logística e a geografia determinavam a divisão das rotas entre as companhias. Os navios de bandeira francesa saíam de Marselha e tocavam portos do Mediterrâneo para embarcar imigrantes – Barcelona, Valência, Gibraltar, Málaga – enquanto os de bandeira alemã faziam escalas em portos atlânticos – Vigo, Leixões, Lisboa. Ambos podiam ainda parar nas Canárias, Madeira e Açores.[283] Nesse sentido, sua rede de recrutamento deveria agir eficazmente em amplo território e, para tanto, encontrava-se espalhada pela península e arquipélagos ibéricos, além de Bordeaux e Marselha.

Após anos de parceria, José Antunes dos Santos celebrou contrato de forma independente com o governo de São Paulo em 1901, comprometendo-se a trazer portugueses,

---

280 *Fanfulla*. 04 de junho de 1894.

281 Os vapores da Transports Maritimes também foram utilizados por Angelo Fiorita & C. para trazer imigrantes italianos. MI: Listas Gerais de Desembarque de Passageiros (vários anos).

282 O transporte de emigrantes para o Brasil era um importante componente da compensação dos fretes dos vapores alemães que, ao deixarem o porto de Santos, seguiam para a Europa carregados de café.

283 MI: Listas Gerais de Desembarque de Passageiros. Microfilme 1005/6. Em menor medida no arquipélago dos Açores, cuja emigração direcionava-se, em sua grande maioria, aos Estados Unidos. Cf. Joaquim da Costa Leite. *Portugal and emigration, 1855-1914*. Tese de Doutoramento. Nova York: Columbia University, 1994.

espanhóis e, de forma inédita até então, italianos.[284] A ampliação de sua área de ação para Itália pode ser explicada pela associação com outra agência portuguesa de nome Rui D'Orey & C., para formar a Orey, Antunes & C., cuja sede continuava em Lisboa, porém com uma vasta rede de agências em cidades como Gênova, Nápoles, Vigo, Málaga, Marselha e Gibraltar.

Não foi possível localizar nenhuma fonte que comprovasse essa união, mas as evidências são grandes. O histórico do grupo português Orey Antunes (que hoje atua em diversos segmentos, inclusive o de navegação e comércio), informa que "em 1900, a empresa Rui D'Orey & C., fundada em 1886 para se dedicar à venda de ferro e aço, iniciou sua atividade de agente de navegação, associando-se ao Sr. Antunes dos Santos, mudando o nome para Orey, Antunes & C.".[285] Muito provavelmente Antunes dos Santos e José Antunes dos Santos eram a mesma pessoa ou firma. Basta lembrar que no início do século XX tanto nos relatórios da Associação Comercial de Santos (1907) quanto nas Listas Gerais de Desembarque (1905) ocorreu o mesmo fato.

Ainda em relação às Listas de Desembarque, elas testemunham que, a partir de 1900, José Antunes dos Santos começou a compartilhar o recrutamento dentro de sua área de atuação (Portugal e Espanha) com Orey, Antunes & C., este também responsável pelos imigrantes da Itália. De qualquer maneira, a falta de documentos exige um exercício de comparação para tentar comprovar essa sociedade.

A análise do "Mapa dos imigrantes entrados pelo porto de Santos no ano de 1901" (Tabela 5.17), que faz parte do Relatório da Associação Comercial de Santos,[286] e das Listas de Gerais de Desembarque de Imigrantes para o mesmo ano[287] lança luz sobre essa hipótese. De acordo com o primeiro documento, José Antunes dos Santos foi responsável pela entrada de 18.360 imigrantes (Orey, Antunes & C. não foi citado nesta estatística); as nacionalidades não estavam discriminadas em relação aos introdutores, mas considerando-se que o número de portugueses e espanhóis era de 8.703, e que A. Fiorita & C. trouxe 29.613 dos 41.908 italianos, restaram 12.295 destes. Mesmo que todos os imigrantes trazidos pelos "armadores diversos" e os espontâneos fossem italianos, ainda sobrariam 9.385 italianos que obrigatoriamente chegaram ao porto

---

284 José Antunes dos Santos também celebrou contratos com o governo do Rio de Janeiro. Cf. Maria Beatriz Rocha Trindade. *Bibliografia da emigração portuguesa*. Lisboa: Centro de Estudos de História e Cultura Portuguesa; Instituto Português de Ensino a Distância, 1984; Na Lista Geral de Desembarque de Passageiros existe menção a um contrato celebrado entre J. A. dos Santos e o Estado do Rio de Janeiro para a introdução de 10 mil imigrantes. MI: Microfilme 1006/7.

285 História do Grupo Orey – Sociedade Comercial Orey Antunes S.A. www.orey.com (acesso em 16 de março de 2008).

286 Relatório da Associação Comercial de Santos, 1902.

287 MI: Listas Gerais de Desembarque de Passageiros. Microfilmes 1010/11, 1011/12 e 1012/13.

de Santos por conta do agente português. Nas Listas de Desembarque observa-se que a soma dos imigrantes italianos (trazidos por Orey, Antunes e C.), portugueses e espanhóis (recrutados por José Antunes dos Santos) chegou a 18.368, número muito próximo daquele que aparece no relatório da Associação Comercial de Santos e atribuído unicamente a José Antunes dos Santos.

Tabela 5.17. Mapa dos imigrantes que chegaram ao porto de Santos em 1901, divididos por nacionalidades e agências introdutoras

Italianos	Espanhóis	Portugueses	Poloneses	Húngaros	Austríacos	Suíços	Total
41.908	5.883	2.820	189	49	33	1	**50.883**

Angelo Fiorita & C.	29.613
José Antunes dos Santos	18.360
Diversos Armadores	2.015
Espontâneos	895
Total	50.883

Fonte: Relatório da Associação Comercial de Santos, 1902. Anexo n. 75.

No *Jornal do Commercio*, na seção "Avisos Marítimos" (Tabela 5.18) existiam anúncios de Orey, Antunes & C. que informavam o endereço das sedes em São Paulo, Santos e Rio de Janeiro.[288] O nome de José Antunes dos Santos não consta no jornal, mas o endereço da Antunes dos Santos & C. (rua 15 de Novembro, 70) fornecido pelo relatório da Associação Comercial de Santos, era praticamente o mesmo da publicidade. Em 1915, a casa D'Orey & C. apareceu na relação de sócios da mesma Associação.

---

288 *Jornal do Commercio* do Rio de Janeiro (1900-1901), várias edições.

Tabela 5.18. Companhias de Navegação e seus representantes no Brasil (1900-1901)

Companhia	País de origem	Agente	Endereço
Navigazione Generale Italiana	Itália	Fiorita & De Vicenzi	Primeiro de Março, 39 (RJ)
La Ligure Brasiliana	Itália	A. Fiorita & C.	Primeiro de Março, 37 (RJ)
La Veloce	Itália	H. Campos	Primeiro de Março, 81 (RJ)
S. G. Transports Maritimes	França	Orey, Antunes & C	Gal. Câmara, 10 (RJ)
			Rua do Commercio, 15 (SP)
			15 de Novembro, 65 (Santos)
Messageries Maritimes	França	S. Montoux	Primeiro de Março, 79 (RJ)
Pacifc Steam Navigation C.	Inglaterra	Wilson Sons & C.	S. Pedro, 2 (RJ)
Compañia Transatlántica	Espanha	Juan Capllonch y Puerto	Rua do Ouvidor, 34 (RJ)
Cantábrica de Nav. Hespanhola	Espanha	A. Fiorita & C.	Primeiro de Março, 37 (RJ)
Hamburg Sudamerikanische	Alemanha	E. Johnston & C.	S. Pedro, 62 (RJ)
Hamburg-Amerika Line	Alemanha	Teodor Wille & C.	Gal. Câmara, 43 (RJ)

Fonte: *Jornal do Commercio* (1900-1901). Seção Diária: "Avisos Marítimos" (anúncios de saída dos Vapores).

Em meio a essa profusão de nomes, deve-se destacar o interesse da casa Ruy D'Orey no negócio de recrutamento de imigrantes e a união de forças com José Antunes dos Santos, que propiciou à nova casa intensificar a participação nesse tipo de serviço. Foi assim que, após a extinção dos grandes contratos, Orey, Antunes & C. tornou-se um dos maiores responsáveis pela entrada de imigrantes no regime estabelecido pelo Decreto n. 823 de 1900 em execução da Lei n. 673 de 1899, que estabelecia um prêmio a ser pago pelo Estado a quem transportasse europeus aptos para a lavoura. Tal fato ocorreu até meados de 1907. A partir de então, surgiu o nome de Antunes dos Santos & C., que continuou importando braços para São Paulo, sobretudo espanhóis durante o auge dessa imigração.[289]

---

289 MI: Listas Gerais de Desembarque de Passageiros. Microfilmes 1015/16 a 1035/36. Nos documentos levantados por Pereira, essa casa permaneceu em atividade, trazendo imigrantes, até meados da década de 1920. Miriam Halpern Pereira. *A política portuguesa de emigração (1850-1930)*. Bauru, SP: EDUSC; Portugal: Instituto Camões, 2002.

Em suma, Angelo Fiorita & C. e José Antunes dos Santos constituíram-se nas duas agências de recrutamento mais importantes, mas não foram as únicas. Outras mantiveram contratos com o governo paulista em menor proporção e em anos específicos, dentre elas: Zerrenner Büllow & C., Campos Gasparetti, Francisco Cepeda, Gastaldi & C., Roso Lagoa. Aliado a isso, a concorrência para o edital de 1897, em que participaram onze candidatos, e as inúmeras propostas – muitas vezes fracassadas – delineadas ao longo do período da grande imigração, e mesmo antes, não deixam margem a dúvidas de que as agências de recrutamento de imigrantes, uma das engrenagens que moviam a máquina responsável pelo deslocamento de milhões de europeus para o Novo Mundo, eram empreendimento lucrativo para alguns e bastante tentador para outros.

Com a demanda da grande lavoura cafeeira e a disponibilidade de populações no Velho Mundo, um negócio novo descortinou-se, unindo os dois lados do Atlântico através de uma rede que tinha como origem relações comerciais de importação e exportação. Não é de surpreender que os indivíduos e sociedades que se dedicaram a trazer braços fossem negociantes, e mais do que isso, também emigrados das regiões que forneceram os maiores contingentes. Na origem, formaram casas comerciais para importar e exportar mercadorias, em que a representação de uma ou mais companhias de navegação estrangeiras seria fundamental para o sucesso do empreendimento. Ao surgir a oportunidade, especializaram-se em recrutar emigrantes e encaminhá-los ao Brasil utilizando-se de outra importante engrenagem do processo: as próprias companhias de navegação a eles ligadas, que também perceberam a importância do fluxo migratório para o seu desenvolvimento.

Algumas dessas casas trabalharam eventualmente nesse ramo aproveitando-se de sua rede de relações comerciais. Talvez o melhor exemplo seja Zerrenner Büllow & C., uma das principais exportadoras de café pelo porto de Santos, que em determinado momento se propôs a "importar" imigrantes alemães. Mas o caso clássico é o da Angelo Fiorita & C., uma exportadora de café e importadora de mercadorias europeias estabelecida inicialmente no Rio de Janeiro,[290] que conseguiu seus maiores ganhos construindo uma ponte entre Itália e Brasil, ou seja, importando homens, mulheres e crianças, a força de trabalho tão desejada pela lavoura cafeeira paulista.

---

290 Em pesquisa no *Jornal do Commercio* do Rio de Janeiro (1900), constatou-se que nos vapores italianos chegavam mercadorias encomendadas por firmas de importação, dentre elas a A. Fiorita & C.

Considerações finais

A DEMANDA POR MÃO DE OBRA nas Américas e o processo histórico que disponibilizou contingentes significativos da população europeia foram engendrados, na segunda metade do Oitocentos, pela produção em larga escala, pela divisão internacional do trabalho e pelo avanço do comércio em dimensão mundial. O próprio desenvolvimento do mercado internacional de trabalho, que tocou as duas margens do Atlântico, fomentou rentável ramo de negócios a partir do fornecimento de braços livres para a expansão das fronteiras produtivas do Novo Mundo, delimitando, assim, o período clássico da migração transoceânica de trabalhadores: entre a segunda metade do Oitocentos e as primeiras décadas do século XX.

O Atlântico, natural meio de comunicação entre os dois continentes, e principal caminho do tráfico de escravos africanos, foi reduzido em tamanho pelo avanço tecnológico que, ao comprimir o tempo e os custos de transporte, viabilizou o deslocamento de enormes contingentes populacionais da Europa, impulsionou os ganhos dos armadores e das companhias de navegação e o crescimento de uma rede de intermediários ligados a esses serviços. Envolvidos nessa complexa trama que unia comércio local e internacional havia, além de agentes e subagentes de emigração e agências de recrutamento, instituições públicas, companhias ferroviárias, companhias de colonização, propagandistas, bancos e pequenos banqueiros, casas de câmbio e hospedarias.

Com o tempo e a intensidade do fluxo, transpor o oceano passou a exigir meios e recursos suportáveis apenas por grandes companhias marítimas, que conquistaram o monopólio do transporte, encampando ou esmagando pequenas sociedades de navegação, garantindo, assim, altos rendimentos ao empreendimento. Dentro dessa perspectiva, portanto, o oceano integrou-se ao Velho e ao Novo Mundo como espaço geográfico da acumulação capitalista. O emigrante transformou-se em mercadoria a ser transportada para além-mar, consumindo capitais para seu deslocamento e instalação. Oportunidade que não foi desperdiçada por muitos agentes econômicos.

Nas décadas finais do Oitocentos, a galope do intenso fluxo, os negócios da emigração alcançaram grandes proporções na Europa mediterrânea (Itália, Portugal e Espanha), de acordo com as especificidades de cada nação. Na Itália, apesar da concorrência estrangeira, as companhias de navegação realizaram parte significativa do tráfico e se desenvolveram sobre essa base. Nos dois reservatórios ibéricos de emigrantes, a situação foi um tanto diversa. O transporte foi efetuado quase na sua totalidade por companhias inglesas, alemãs, francesas e até italianas. Se em Portugal, não surgiu nenhuma companhia nacional de grande porte, na Espanha, sua mais importante sociedade de navegação teve papel secundário no transporte de emigrantes.

No caso específico das companhias italianas, objeto de análise deste estudo, os relatórios e balanços financeiros mostram a importância da emigração para seus negócios. Mais do que isso, muitas foram criadas com o único objetivo de transportar emigrantes pelo Atlântico. A partir da experiência genovesa com a linha de navegação para a região do Prata, executada inicialmente por veleiros de tradicionais famílias de armadores, os proventos obtidos no tráfico de emigrantes favoreceram processos de concentração que levaram à formação dos primeiros grupos empreendedores por ações e assinalaram o fim da figura do armador-mercante.

Se até os primeiros anos da década 1880, a diversidade de armadores que realizavam esse serviço era o padrão, com o advento da Navigazione Generale Italiana (NGI) iniciou-se processo de concentração com apoio de recursos estatais – prática comum entre as grandes sociedades de navegação europeias – que, em pouco tempo, transformou-a na maior companhia de navegação da Itália.

O exemplo da NGI é bastante significativo. Das cinco principais companhias analisadas neste estudo, ela foi a única que não teve origem ligada ao tráfico de emigrantes. No entanto, o lucrativo negócio não tardou muito a entrar em seu horizonte com a absorção de sociedades que realizavam o transporte de italianos para a América do Sul (a companhia já possuía linha para a América do Norte). Os reflexos foram imediatos: a partir de meados da década de 1890, alguns exercícios fecharam com a receita do transporte de passageiros superior àquela obtida com os fretes de mercadorias, tendência fortalecida na virada do século.

Anos mais tarde, entre 1910 e 1911, estabeleceu-se nova estrutura e política de gestão. A Navigazione Generale Italiana foi desmembrada de acordo com a atividade-fim, dando origem à Società Nazionale di Servizi Marittimi, que manteve as convenções firmadas com o governo italiano para execução dos serviços subvencionados, sobretudo o postal. Mais enxuta, com frota reduzida a 17 navios dedicados à navegação transoceânica, a NGI optou por dedicar-se exclusivamente ao transporte de passageiros e emigrantes, o serviço mais lucrativo da navegação. O crescimento dos ganhos intensificou-se, coincidindo com as reformas implantadas pelo conselho administrativo.

Nesse sentido, deve-se ressaltar o papel da lei de emigração de 1901 como fator fundamental na renovação da frota transatlântica italiana, que, ao lado da concorrência estrangeira, provocou processo de especialização do armamento que eliminou vetores ocasionais, consolidando a distinção entre navios de passageiros e de carga – estes largamente utilizados para transportar emigrantes nos primeiros anos do grande fluxo e alvo de intensa polêmica à época.

A constituição da La Veloce ocorreu de forma diversa. Herdeira da Lavarello & C., tradicionalmente ligada à rota comercial do Prata, a companhia sempre teve como mote o tráfico de emigrantes para a América do Sul. Com o crescimento do fluxo do *Mezzogiorno* para os Estados Unidos, instituiu linha para Nova York no alvorecer do século XX. Como ficou demonstrado nos balanços analisados, a saúde financeira da sociedade sempre esteve ligada às conjunturas do transporte de passageiros de 3ª classe.

As companhias de navegação Italia e Lloyd Italiano também foram criadas com o objetivo único de transportar emigrantes para o outro lado do Atlântico. A primeira era obra de capitais alemães que, interessados nos rendimentos desse tipo de serviço, já haviam adquirido o controle acionário da La Veloce. A segunda teve como mentor Erasmo Piaggio, membro de uma das principais famílias de armadores ligados à emigração e ex-diretor da Navigazione Generale Italiana.

Ainda na primeira década do século XX, preocupadas em aumentar a participação da marinha nacional no transporte de emigrantes, as quatro companhias italianas celebraram acordo para criar condições favoráveis, através da eliminação da concorrência interna, e enfrentar o avanço das concorrentes estrangeiras em portos do reino.

A Ligure Brasiliana, embora mais modesta, também não fugiu à regra: nasceu para transportar emigrantes. No entanto, suas atividades representavam a busca da associação da emigração ao desenvolvimento da marinha mercante e do país em dois sentidos: ganhos diretos com o transporte de passageiros e a criação de mercados para os produtos nacionais, com a instituição da linha Gênova-Belém-Manaus. Em suma, a companhia parece ter personificado os anseios por uma Itália mais forte, instrumentalizada por sua marinha mercante, em uma perspectiva colonialista apoiada no exuberante fluxo migratório.

É importante destacar que para as companhias italianas, o negócio da emigração foi instrumento de sua afirmação diante da acirrada concorrência entre as sociedades de navegação da Europa, evidenciada na incômoda presença da marinha mercante francesa, alemã e inglesa nos portos de Gênova e Nápoles. Por meio do estudo individualizado, percebem-se os caminhos trilhados para atingir esse fim: a Navigazione Generale Italiana, após alguns anos, voltou-se para o tráfico de emigrantes e, finalmente, especializou-se no transporte transoceânico; a La Veloce pode ser considerada a representante da antiga tradição marítima genovesa que se modernizou e buscou sobreviver em meio à concorrência interna e externa e, não por acaso, passou, em pouco tempo, para as mãos de investidores alemães e depois para o controle da própria NGI; a Sociedade Italia e o Lloyd Italiano foram iniciativas que procuraram desfrutar do fluxo migratório quando este já estava consolidado em termos numéricos e de possibilidade de grandes rendimentos.

No caso específico da emigração italiana para o Brasil, organizar o movimento migratório tornou-se atividade bastante rentável. Na Itália, para companhias de navegação, agentes e subagentes; no Brasil, para agências de recrutamento, através dos contratos de introdução de imigrantes celebrados, sobretudo com São Paulo. Tarefa que exigia grande capacidade de articulação e aporte financeiro possíveis apenas ao Estado, que também foi chamado para organizá-la. A necessidade de recrutar imigrantes movimentou grande volume de recursos via contratos, estimulando a participação de agências que passaram a se dedicar quase que exclusivamente a essa empresa.

Com a prevalência do projeto de fornecer imigrantes para a lavoura cafeeira, São Paulo estruturou-se para executá-lo, canalizando recursos que foram o objeto de interesse daqueles que se propuseram a prestar dois serviços de suma importância: o recrutamento e o transporte de imigrantes. Aberta, em 1885, a possibilidade legal para que o governo estabelecesse contratos de introdução de imigrantes em grande quantidade com companhias de navegação e agências, surgiram empresas capazes de estender suas relações até o outro lado do Atlântico para recrutar contingentes de população, que atravessariam o oceano na 3ª classe dos vapores de companhias marítimas ávidas em desfrutar desse rentável tráfico.

Parte fundamental do projeto paulista, a Sociedade Promotora de Imigração foi o instrumento que permitiu a execução do programa imigratório, criado para atender às necessidades da grande lavoura cafeeira. Durante toda sua existência (1886-1895), não serviu apenas aos interesses dos cafeicultores, também funcionou como canal de transferência de dinheiro público para companhias de navegação e agências contratadas para introduzir imigrantes. Receita vultosa que, com sua extinção, passou a ser distribuída pela Secretaria da Agricultura, mediante novos acordos.

Dado o volume da oferta e da demanda, não era mais viável aos fazendeiros buscarem imigrantes *in loco*. Até mesmo os contratos celebrados entre estes e empresas encarregadas do recrutamento mostraram seus limites. A criação da Hospedaria de Imigrantes do Brás representou importante estratégia para centralizar a mão de obra que chegava em grande número e alocá-la de acordo com a demanda da cafeicultura. Dessa forma, pode-se afirmar que o espaço geográfico do recrutamento, do contato direto dos fazendeiros com a mão de obra, foi estrategicamente deslocado da Europa para São Paulo, mais especificamente em uma construção imponente, próxima à ferrovia, na tentativa de impedir o contato dos recém-chegados com o mundo exterior.

O traço característico do programa imigratório paulista era a subvenção das passagens sob contrato e, em menor medida, o reembolso do valor despendido na viagem dos imigrantes espontâneos que se enquadrassem nas exigências da lei. O olhar retrospectivo sobre a legislação e as estatísticas permite identificar ao menos dois momentos distintos. O primeiro, que cobriu o início da imigração sob grandes contratos até a virada do século, marcado pela prevalência dos imigrantes subsidiados. O segundo, quando o padrão se inverte e os espontâneos tornaram-se o principal grupo. No entanto, isso não representou alteração na essência da política de imigração oficial. Suprir a lavoura cafeeira de mão de obra ainda era seu principal intento.

Analisando a emigração como negócio durante esses dois momentos verifica-se que, inicialmente, as agências de introdução de imigrantes e as companhias de navegação foram as principais beneficiadas. Depois, com a suspensão dos grandes contratos, apenas as companhias continuaram a auferir grandes lucros com o transporte daqueles que cruzavam o Atlântico.

Do grupo de agências de recrutamento, Angelo Fiorita & C. e José Antunes dos Santos foram as mais importantes e, durante algum tempo, sócias nesse empreendimento, aumentando a área de atuação para os países ibéricos. O papel desempenhado por ambas era fundamental, além de lucrativo: unir os dois lados do Atlântico no que diz respeito ao movimento de mão de obra do Velho para o Novo Mundo. As duas casas ligadas ao ramo do comércio de importação e exportação aproveitaram, e certamente ampliaram, suas redes comerciais já estabelecidas, como a representação de grandes companhias de navegação, para ingressar no rentável negócio de importação de braços.

A história do lígure Angelo Fiorita é ilustrativa do tema deste estudo. Estabelecido no Rio de Janeiro, com negócios atinentes ao comércio e às atividades financeiras, como saques e descontos de dinheiro no Brasil e na Itália, transformou-se em um verdadeiro mercador de braços, especializado em recrutar imigrantes e encaminhá-los ao território brasileiro. Utilizando-se de suas estreitas relações, sobretudo com Gustavo Gavotti, o proprietário da Lígure Brasiliana, e o banqueiro Giuseppe Massone, ambos casados com suas duas filhas, constituiu sólida rede a serviço da imigração que, ao que tudo indica, em muito contribuiu para seu enriquecimento.

Na Itália, a emigração teve outros desdobramentos. Em termos de evolução e tratamento político, o estudo sobre o corpo legislativo relativo ao êxodo procurou apontar o caminho percorrido pelo fenômeno migratório italiano até se constituir em um dos alicerces da economia no período pós-unificação. De problema social, tratado como questão de segurança pública, para fator ativo de política econômica externa, a saída de populações ganhou importância dentro do modelo específico de acumulação e desenvolvimento que se afirmava no país, levando determinados grupos beneficiários a terem sempre em seu horizonte a emigração como um negócio.

Mais do que a questão agrária, foram os interesses do grande capital emergente, representado por companhias de navegação e indústria pesada (construção naval e siderurgia), que contribuíram de forma direta, conferindo ao êxodo caráter de problema nacional e justificando a intervenção do Estado para organizá-lo ao seu feitio.

Por outro lado, vasta gama de intermediários, sobretudo no *Mezzogiorno*, responsável pelo estabelecimento da comunicação entre o mais remoto vilarejo no campo italiano e os portos de embarque, também desfrutou financeiramente, embora em menores proporções, desse intenso movimento de saída. Seus serviços foram essenciais, tanto para o candidato a emigrante, quando este não era enganado, quanto para as companhias de navegação e agências de emigração, que pagavam comissão por indivíduo recrutado.

No plano mais geral, no debate sobre as potencialidades da emigração, esta foi considerada um instrumento para alçar o reino ao nível das potências europeias através do fortalecimento da marinha mercante e dos setores ligados à indústria naval, ao mesmo tempo em que, do outro lado do Atlântico, esperava-se que se abrissem novos mercados com a criação de colônias italianas.

Inevitável, no entanto, a constatação do contraste entre a ideia que norteou parte das estratégias expansionistas italianas com o verdadeiro papel que a imensa maioria dos emigrados proletarizados desempenhou no além-mar: força de trabalho para agricultura e indústria. Ao final do Oitocentos, a Itália praticamente não exportava capital e sim braços. Nesse sentido, desenvolveu modelo econômico ancorado nas volumosas remessas enviadas por seus emigrantes da América: os chamados "rios de ouro", que ajudaram a financiar o desenvolvimento industrial do reino e a intensificar a disparidade entre o Norte e o Sul.

Por fim, cumpre-se traçar um paralelo entre o tráfico negreiro e a rede envolvida no recrutamento e transporte de emigrantes europeus. Em meio a semelhanças e diferenças, ambos existiram basicamente pela necessidade de canalizar mão de obra de um lugar para outro, e indivíduos ou companhias dispuseram-se a realizar essa tarefa. O momento histórico delimitou a amplitude e as características de cada um. Sob o aspecto moral, se o comércio de cativos era contemporaneamente condenado, no limite, particularmente nos primeiros anos da grande emigração, quando os vapores ficaram conhecidos como *navi di Lazzaro*, os *mercanti di carne umana* também foram alvo de severos julgamentos, sendo comparados, inclusive, aos antigos traficantes. Pode-se até não aceitar que o primeiro integrou o processo de acumulação primitiva de capitais, enquanto o segundo – caso em que certamente a polêmica é menor – constituiu-se em uma empresa capitalista, mas seria difícil não perceber o objetivo em comum: a busca por ganhos financeiros.

Tendo como palco principal o Oceano Atlântico, desde o século XVI, baseado na transferência de escravos africanos para terras americanas, o negócio de braços era rentável. Mais tarde, no Oitocentos, outra empresa prosperou recrutando e transportando camponeses europeus libertados dos jugos tradicionais. Sob a égide do livre comércio, ou durante o protecionismo característico da fase imperialista, a demanda por mão de obra, sempre intensa, resultou na consolidação dos mercadores de braços como capitalistas.

Fontes

Manuscritas

Arquivo Público do Estado de São Paulo

SECRETARIA DA AGRICULTURA CO 4152

Certificado de família para emigração espontânea (17 de maio de 1893). Agensia Generale Marittima – Gramatica Gerolamo & C.

Certificado emitido por João Vieira da Silva, Cônsul Geral do Brasil em Portugal (11 de julho de 1893).

Declaração (13 de abril de 1893) do "sindaco", para emigração espontânea.

Lista anexa à Declaração com os nomes, idades, profissão, naturalidade, sexo e religião.

Declaração (s.d.) assinada pelo emigrante.

SECRETARIA DA AGRICULTURA CO 4738

Ofício enviado pelo Inspetor de Terras a Colonização o Secretário de Agricultura de SP (12 de agosto de 1898).

Recibos de pagamentos a José Antunes dos Santos. (22 de junho de 1898).
 – Atestados da Hospedaria de Imigrantes certificando a entrada de imigrantes.

Recibos de pagamentos a Angelo Fiorita & C. (22 de junho de 1898).
 – Atestado da Hospedaria de Imigrantes certificando a entrada de imigrantes.

Ofício enviado pelo Inspetor de Terras a Colonização o Secretário de Agricultura de SP (16 de agosto de 1898).
 – Recibo de pagamento a Angelo Fiorita & C. (04 de julho de 1898).
 – Atestado da Hospedaria de Imigrantes

Ofício enviado pelo Inspetor de Terras a Colonização o Secretário de Agricultura de SP (20 de agosto de 1898).
– Recibo de pagamento a José Antunes dos Santos. (22 de junho de 1898).
– Atestado da Hospedaria de Imigrantes

Ofício enviado pelo Inspetor de Terras a Colonização o Secretário de Agricultura de SP (24 de agosto de 1898).
– Recibo de pagamento a Angelo Fiorita & C. (22 de junho de 1898).
– Atestado da Hospedaria de Imigrantes

Lista dos emigrantes (segunda via) embarcados na Ilha da Madeira, por José Antunes dos Santos, por conta do contrato de 06 de agosto de 1897.
– Lista em anexo
– Certificado do vice-cônsul do Brasil na Ilha da Madeira (1º de junho de 1898)

Lista nominativa de emigrantes embarcados em Marselha a bordo do vapor *Italie* em 26 de maio de 1898, por José Antunes dos Santos.
– Certificado do Cônsul do Brasil Marselha (26 de maio de 1898).

Declaração de passageiro chefe de família de que não pagou pelas passagens, não esteve no Brasil e que é lavrador.

Lista nominativa dos 33 emigrantes espanhóis embarcados em Málaga (28 de maio de 1898) por José Antunes dos Santos.
– Lista em anexo

Declarações de passageiros chefes de família de que não pagaram pelas passagens, não estiveram no Brasil e que são lavradores.

Ofício da Inspetoria de Terras, Colonização e Imigração (30 de agosto de 1898) informando da chegada dos 95 emigrantes no vapor *Italie* na Hospedaria em 17 de junho de 1898.

Recibos de pagamentos a Angelo Fiorita & C. (26 de julho de 1898).
– Atestado da Hospedaria de Imigrantes certificando a entrada de imigrantes

Recibos de pagamentos a José Antunes dos Santos. (1º de agosto de 1898).
– Atestado da Hospedaria de Imigrantes certificando a entrada de imigrantes

Recibos de pagamentos a José Antunes dos Santos. (23 de julho de 1898).
– Atestado da Hospedaria de Imigrantes certificando a entrada de imigrantes

Recibos de pagamentos a José Antunes dos Santos. (10 de agosto de 1898).
– Atestado da Hospedaria de Imigrantes certificando a entrada de imigrantes

Recibos de pagamentos a Angelo Fiorita & C. (23 de julho de 1898).
– Atestado da Hospedaria de Imigrantes certificando a entrada de imigrantes

Recibos de pagamentos a Angelo Fiorita & C. (21 de maio de 1898).

– Atestado da Hospedaria de Imigrantes certificando a entrada de imigrantes

Recibos de pagamentos a José Antunes dos Santos. (19 de agosto de 1898).

– Atestado da Hospedaria de Imigrantes certificando a entrada de imigrantes

Recibos de pagamentos a Angelo Fiorita & C. (19 de agosto de 1898).

– Atestado da Hospedaria de Imigrantes certificando a entrada de imigrantes

Secretaria da Agricultura CO 4256

Solicitação (20 de abril de 1897) de A. Fiorita & C. para complementar o número de 55 mil imigrantes através da introdução de italianos e uma prorrogação do prazo para chegada dos mesmos para cumprimento do contrato de 07 de março de 1896.

Parecer do Inspetor e do Diretor Geral da Inspetoria de Terras e Colonização com despacho do Secretário da Agricultura (30 de abril de 1897).

Proposta (30 de junho de 1897) de A. Fiorita & C. para introdução de 40 mil imigrantes de acordo com o edital de 26 de abril de 1897.

Solicitação (15 de julho de 1897) de A. Fiorita & C. para prorrogação do prazo até 30 de setembro de 1897, para chegada dos imigrantes que faltavam para cumprir o contrato de 07 de março de 1896.

Parecer do Inspetor e do Diretor Geral da Inspetoria de Terras e Colonização com despacho do Secretário da Agricultura (21 de julho de 1897).

Ofício do Inspetor de Terras, Colonização e Imigração (12 de novembro de 1897) informando sobre a intenção de A. Fiorita & C. de introduzir imigrantes japoneses.

Solicitação (03 de novembro de 1897) de A. Fiorita & C. para introdução de imigrantes japoneses nas mesmas condições dos europeus (auxílio do governo).

Secretaria da Agricultura CO 7254

Ofício (02 de janeiro de 1901) encaminhado por A. Fiorita & C. ao secretário da agricultura informando sobre a chegada dos últimos imigrantes necessários para o cumprimento do aditamento ao contrato de 06 de agosto de 1896.

Pedido de informações sobre meios de vir como imigrante e resposta da Secretaria de Agricultura (04 de dezembro de 1907).

Carta encaminhada (27 de agosto de 1907) por Fratelli Martinelli & Cia. ao secretário da agricultura, Carlos Botelho.

Ofício (07 de agosto de 1907) encaminhado por D. Fiorita & C. ao secretário da agricultura informando a nova composição de sócios da companhia.

Ofício da Agência Oficial de Colonização e Trabalho (09 de dezembro de 1907) ao secretário da agricultura informando sobre as "fórmulas de chamadas" de imigrantes por fazendeiros paulistas.

Quadro dos imigrantes entrados na Hospedaria da Capital, durante o semestre de 1º de janeiro a 30 de junho de 1905 (02 de setembro de 1907).

Secretaria da Agricultura EO 1409

Livro Caixa da Sociedade Promotora de Imigração (período: 14 de outubro de 1887 a 10 de junho de 1893).

Secretaria da Agricultura – Núcleos Coloniais – CO 7215

Mapa estatístico dos imigrantes no porto de Santos (1872).

Secretaria da Agricultura – Núcleos Coloniais – CO 7215

Ofícios da Agência Oficial de Colonização em São Paulo sobre imigrantes italianos (1878).

Mapa diário da movimentação da hospedaria de imigrantes; chegada de imigrantes italianos; solicitação de passagens de trem (1878).

Secretaria da Agricultura – Núcleos Coloniais – CO 7216

Ofícios da Agência Oficial de Colonização em São Paulo sobre imigrantes italianos (1879).

Chegada de imigrantes estrangeiros remetidos pela Inspetoria Geral das Terras e Colonização (1879).

Requerimento ao Inspetor de Terras e Colonização solicitando lotes no Núcleo Colonial de Cascalho para lavradores nacionais e estrangeiros (1886).

Memorial do Imigrante de São Paulo

Listas Gerais de Desembarque de Passageiros – 1888-1912. (microfilme)

Arquivo Nacional – RJ

Testamento de Angelo Fiorita. Verba Testamentária. Códice 80. Livro 82. N. 105, p. 117-118

Archivio di Stato di Genova

Fondo Camera di Commercio

Busta 105

Carta enviada pela *La Veloce – Navigazione Italiana a Vapore* à Camera di Commercio ed Art di Genova (março/1904)

Fondo Prefettura di Genova

Busta 104

Traffico e Tratta dei Negri

Busta 144

Carta do Ministro dell'Interno al Prefetto di Genova, Firenze Addì 5 Luglio 1871

Carta do Ministro dell'Interno al Prefetto di Genova, Firenze Addì 26 Apprile 1871

Impressas

Arquivo da Associação Comercial de Santos

Relatórios da Associação Comercial de Santos. Anos: 1876; 1877; 1879 a 1881; 1883 a 1887; 1899 a 1904; 1906 a 1908; 1911 a 1916.

Biblioteca do Museu Paulista – USP

Decreto N. 2400 de 09 de julho de 1913 – "Manda observar a consolidação das leis, decretos e decisões sobre immigração, colonisação e patronato agrícola".

Provincia de São Paulo no Brasil: emigrante lede este folheto antes de partir. São Paulo: Imprensa a Vapor Lombaerts & C., 1886

Leis e Regulamentos de immigração e colonias do estado de São Paulo (Brazil). São Paulo: Typographia do Diario Official, 1901.

Biblioteca da Faculdade de Direito – USP

Colleção das Leis promulgadas pela Assembléa da Provincia de São Paulo (1884-1888). São Paulo: Tipografia a vapor de Jorge Seckles.

Relatório da Associação Comercial de São Paulo, 1895.

Belli, B. *Le relazioni commerciali fra l'Italia e il Brasile.* São Paulo: Carlos Gerke, 1902.

Werneck, Luiz Peixoto de Lacerda. *Idéas sobre colonisação precedidas de uma succinta exposição dos principios geraes que regem a população.* Rio de Janeiro: Typographia Universal de Laemert, 1855.

Biblioteca da Florestan Fernandes – FFLCH/USP

Colleção das Leis e Decretos do Estado de São Paulo (1899-1915). São Paulo: Imprensa Oficial do Estado.

Oliveira Martins, Joaquim Pedro de. "A Província III". In: *Obras completas de Oliveira Martins.* Lisboa: Guimarães Editores, 1959.

Biblioteca Central da Escola Politécnica – USP

Pinheiro, João Pedro Xavier. *Importação de trabalhadores chins. Memoria apresentada ao Ministerio da Agricultura, Commercio e Obras Publicas e impressa por sua ordem.* Rio de Janeiro: Typographia de João Ignacio da Silva, 1869.

Biblioteca da Faculdade de Economia e Administração – USP

Souza, João Cardoso de Menezes e. *Theses sobre a colonização do Brasil. Projecto de solução ás questões sociaes, que se prendem a este dificil problema.* Rio de Janeiro: Typographia Nacional, 1875.

Relatorio de 1897 apresentado ao Dr. Francisco de Assis Peixoto Gomide, Vice-Presidente do Estado, pelo Dr. Firmiano M. Pinto, Secretario dos Negocios da Agricultura, Commercio e Obras Publicas.

Relatorio apresentado ao Bernardino de Campos, Presidente do Estado, pelo João Baptista de Mello Peixoto, Secretario da Agricultura, ano de 1902.

Centro de Apoio à Pesquisa em História – FFLCH/USP

Jornal *Fanfulla* – 1893-1898. (microfilme)

Cátedra Jaime Cortesão – FFLCH/USP

OLIVEIRA MARTINS, Joaquim Pedro de. *O Brasil e as colónias portuguesas* (1880). 7ª. ed. Lisboa: Guimarães & C. Editores, 1978.

Instituto de Estudos Brasileiros – USP

Relatório da Diretoria da Sociedade Promotora de Imigração ao ilustre cidadão Dr. José Alves Cerqueira Cesar, vice-presidente do Estado de São Paulo, 16 de janeiro de 1892.

LEMOS, Miguel. *Immigração chineza. Mensagem a S. Ex. o embaixador do Celeste Imperio junto aos governos de França e Inglaterra*. Rio de Janeiro: Centro Positivista Brasileiro; Typ. Central, 1881.

Biblioteca Universitaria di Genova

Revista *L'Amazzonia* (julho/1898-janeiro/1900)

Jornal *L'Avvisatore Marittimo* (janeiro-dezembro/1889)

Revista *La Marina Mercantile Italiana* (fevereiro/1903-dezembro/1915)

Jornal *La Borsa* (março/1874 e novembro/1890-novembro/1894)

Jornal *Messagero Marittimo* (julho/1911-junho/1914)

Jornal *Il Faro* (novembro/1888-abril/1889; 1895; março/1896-janeiro/1901)

Rivista Marittima (1901)

Jornal *L'Italia all'Estero* (1884)

Jornal *Corriere Mercantile* (1904)

Annali di Statistica. *Statistica Industriale. Notizie sulle condizioni industriale della provincia di Genova*. Roma, fasc. XL, 1892.

La Veloce. *Istruzioni ai signori subagenti per l'esecuzione dell servizio passageri* (s.d.).

La Veloce. *Prezzi di passagio*,1886.

La Veloce. *Memoriale A S.E. Il Ministro della Marina*, 1888.

Navigazione Generale Italiana. *Regolamento Organico approvato dal consiglio di amministrazione*, 1895.

Commissariato Generale dell'Emigrazione. *Annuario statistico della emigrazione italiana dal 1876 al 1925*. Roma, 1926.

Ministero di Agricoltura, Industria e Commercio. "Emigrazione italiana all'estero avvenuta nell'anno 1894 confrontata con quella dell'anno 1893". *Gazeta Ufficiale del Regno d'Italia*, n. 160, 1895.

Ministero di Agricoltura, Industria e Commercio (Direzione Generale della Statistica). *Annuario statistico italiano 1905-1907*. 2v. Roma: G. Bertero & C., 1907.

Berlingieri, Edoardo. *Pensieri sulla Marina Mercantile coordinati al formolario dell'Inchiesta Parlamentare sulla Marina medesima*. Gênova: Il Commercio Gazzetta di Genova, 1881.

Bernardi, G. "I provvedimenti a favore della marina mercantile". *Rivista Marittima*. Roma, ano XXXVIII, fasc. IV, 1905.

Camperio, Manfredo. "Sulla decadenza della marina mercantile italiana". *Rivista Marittima*. Florença, ano XIV, v. 1, 1881.

Carerj, Giuseppe. "La legge sull'emigrazione al cospeto della critica". *I Congresso Geografico Italiano*. Gênova, v. II, t.II, 1892.

Carpi, Leone. *Delle colonie e dell'emigrazione d'italiani all'estero sotto l'aspetto dell'industria, commercio, agricoltura, e con trattazione d'importanti questioni sociali*. 4 v. Milão: Tip. Editrice Lombarda, 1874.

Cravero, Enrico. *Risposte all'interrogatorio dell'onorevole Commissione Parlamentare per l'Inchiesta sulla Marina Mercantile*. Gênova: Narcisi e C., 1881.

D'amora, P. Cronaca: "La Marina Mercantile". *Rivista Marittima*. Florença, ano XI, v. 3, 1878.

Daneo, Carlo. *Note sulle industrie marittime publicate sull "Fanfulla"*. Gênova: s.e., 1889.

Einaudi, Luigi. *Un principe mercante. Studio sulla espansione coloniale italiana*. Turim: Bocca, 1900.

Jarach, C.. "L'emigrazione transoceanica durante il 1912". *Giornale degli Economisti e Rivista di Statistica*. Roma, n. 1, 1913.

Malnate, Natale. *L'emigrazione all'America Meridionale dal porto di Genova durante l'anno 1883*. Gênova: Pietro Pellas Fu L., 1884.

Malnate, Natale. *Il porto di Genova in relazione al trafico marittimo mondiale*. Gênova: Pietro Pellas Fu L., 1897.

Malnate, Natale. La tutela all'emigrazione italiana. Florença: Rassegna Nazionale, 1898.

Malnate, Natale. *Gli italiani in America*. Gênova: Pietro Pellas Fu L., 1898.

Malnate, Natale. Spontaneità ed artificio nell'emigrazione. Florença: Rassegna Nazionale, 1910.

Malnate, Natale. L'emigrazione clandestina. Florença: Rassegna Nazionale, 1911.

Malnate, Natale. Gli agenti d'emigrazione. Florença: Rassegna Nazionale, 1911.

Malnate, Natale. Gli italiani all Brasile. Florença: Rassegna Nazionale, 1913.

Nitti, Fracesco S. "La nuova fase della emigrazione d'Italia". *La Riforma Sociale*. Turim, ano III, v. VI, 1896.

Prato, Giuseppe. Rassegna dell'emigrazione – "Un episodio della legislazione contro i 'trusts'". *La Riforma Sociale*. Turim/Roma: Roux e Viarengo, ano X, v.XIII, 1903.

Randaccio, C. "Sulle condizioni della marina mercantile italiana al 31 dicembre 1881 – Relazione A S.E. Il Ministro della Marina (Elenco nominativo dei piroscafi)". *Rivista Marittima*. Florença, ano XV, v. 2, 1882.

Società di M. S. dei Capitani Marittimi Liguri. *Risposte ai quesiti formulati dalla Commissione de Inchiesta Parlamentare per la Marina Mercantile*. Gênova: Il Commercio Gazzetta di Genova, 1881.

Virgilio, Jacopo. *Migrazioni transatlantiche degli italiani ed in especie di quelle dei liguri alle regioni del Plata – cenni economico-statistici*. Gênova: Typografia del Commercio, 1868.

Fondazione Ansaldo

Fondo Puri

Busta 1

Balanços da Ligure Brasiliana (1913)

Balanços (1914-25) e Estatutos (s.d.) da Transatlantica Italiana

Estatuto da Navigazione Generale Italiana (s.d.)

Busta 4

Carta ao ministro solicitando intervenção para captação de capital externo para a Transatlântica Italiana.

Fondo Ansaldo – Coll. Publicazione Periodiche

L'Italia all'Estero – 148

Rivista Italo-Americana – 080

La Vita Italiana – 111

Pugliese, G. A. "Trattati di commercio". *Rivista Italo-Americana*. Roma, ano I, fasc. III, 1902.

Archivio Ligure della Scritura Populare

Legge n. 23, sulla Emigrazione, 31 gennaio 1901 (estrato delle) *Leggi e Decreti del Regno d'Italia*.

Legge n. 24, per la tutela delle rimesse e dei risparmi degli emigranti italiani all'estero, 1 febbraio 1901 (estrato delle) *Leggi e Decreti del Regno d'Italia*.

Regio Decreto n. 375, che manda in vigore la legge n. 23 del 31 gennaio 1901 sull'emigrazione ed aprova il relativo regolamento, 10 luglio 1901 (estrato delle) *Leggi e Decreti del Regno d'Italia*.

Regolamento per l'esecuzione della legge 31 gennaio, n. 23, sull'emigrazione (estrato delle) *Leggi e Decreti del Regno d'Italia*.

Ministero degli Affari Esteri (a cura di Francesca Grispo). *La estrutura e il funzionamento degli preposti all'emigrazione (1910-1919)*. Roma: Istituto Poligrafico e Zecca dello Stato, 1985.

Biblioteca Civica Berio

Calamai, Oreste. *Annuario della Marina Mercantile e delle Industrie Navali in Italia*. Edizione 1914.

Rosmini, Cesare. "Il novo progetto di legge sulla emigrazione". *Giornale degli Economisti*. Bolonha: Tipografia Fava e Garagnani, n. 2, 1888.

Rosmini, Cesare. "Sull controprogetto di legge sulla emigrazione". *Giornale degli Economisti*. Bolonha: Tipografia Fava e Garagnani, n. 6, 1888.

Piaggio, Erasmo. "Lo Stato e la marina mercantile". *Nuova Antologia*. Roma, julho/agosto, 1904.

Archivio di Stato di Genova

Fondo Camera di Commercio

Busta 93

Condizione e tariffe di trasporto della Navigazione Generale Italiana 1899-1900

Busta 99

Commissariato dell'emigrazione (1902). *Relazione del Commissariato sui prezzi dei noli per trasporto degli emigranti per il primo quadrimestre dell'anno 1902*.

Biblioteca Nazionale Centrale Firenze

Bollettino per l'emigrazione delle Società di Navigazione Navigazione Generale Italiana – La Veloce – Itália. 1907-1908.

Navigazione Generale Italiana. *Tariffe generale del trasporto dei passeggieri comuni.* Roma, 1890.

Navigazione Generale Italiana. *Statistica generale delle operazioni in merci e passeggieri durante l'esercizio 1891-1892.* Roma, 1893.

Navigazione Generale Italiana. *Relazione e bilancio dell'esercizio 1881-1882.* Roma, 1883.

Navigazione Generale Italiana. *Relazione e bilancio dell'esercizio 1882-1883.* Roma, 1883.

Navigazione Generale Italiana. *Relazione e bilancio dell'esercizio 1883-1884.* Roma, 1884.

Navigazione Generale Italiana. *Relazione e bilancio dell'esercizio 1890-1891.* Roma, 1891.

Navigazione Generale Italiana. *Relazione e bilancio dell'esercizio 1891-1892.* Roma, 1893.

Navigazione Generale Italiana. *Relazione e bilancio dell'esercizio 1892-1893.* Roma, 1894.

Navigazione Generale Italiana. *Relazione e bilancio dell'esercizio 1893-1894.* Roma, 1894.

Navigazione Generale Italiana. *Relazione e bilancio dell'esercizio 1894-1895.* Roma, 1894.

Navigazione Generale Italiana. *Relazione e bilancio dell'esercizio 1895-1896.* Roma, 1896.

Navigazione Generale Italiana. *Relazione e bilancio dell'esercizio 1896-1897.* Roma, 1897.

Navigazione Generale Italiana. *Relazione e bilancio dell'esercizio 1897-1898.* Roma, 1898.

Navigazione Generale Italiana. *Relazione e bilancio dell'esercizio 1898-1899.* Roma, 1900.

Navigazione Generale Italiana. *Relazione e bilancio dell'esercizio 1899-1900.* Roma, 1900.

Navigazione Generale Italiana. *Relazione e bilancio dell'esercizio 1901-1902.* Roma, 1902.

Navigazione Generale Italiana. *Relazione e bilancio dell'esercizio 1902-1903.* Roma, 1903.

Navigazione Generale Italiana. *Istruzioni regulamentari per l'esercizio del mandato di subagente di emigrazione.* Roma: Tip. dell'Unione Cooperativa Editrice, 1897.

Navigazione Generale Italiana. *Bollettino Ufficiale* (1894-1896; 1903; 1906; 1907).

Navigazione Generale Italiana. *Raccolta delle circolari e delle disposizioni in vigore dal 30 giugno 1895.* Roma: Tip. dell'Unione Cooperativa Editrice, 1895.

Navigazione Generale Italiana. *Risposte al questionario della Commissione Reale pei servizi marittimi.* Roma, 1905.

La Veloce. *Bilancio e conto dell'esercizio 1888.* Gênova, 1889.

La Veloce. *Relazione del Consiglio d'Amministrazione*. Gênova, 1891.

La Veloce. *Rendiconto dell'esercizio 1896*. Gênova, 1897.

La Veloce. *Rendiconto dell'esercizio 1897*. Gênova, 1898.

La Veloce. *Rendiconto dell'esercizio 1898*. Gênova, 1899.

La Veloce. *Istruzioni ai signori subagenti per l'esecuzione del servizio passeggeri*. Gênova: Stab. Tip. Genovese, 1890.

Colajanni, Giuseppe. *Vade Mecum dell'italiano per l'America del Sud – Argentina – Brasile – Peru – Uraguay – Paraguay ecc. Almanaco pel 1886*. Gênova: Stab. Pellas, 1885.

Longhitano, Paolo. *Per la tutela della nostra emigrazione: il problema della marina mercantile nazionale in rapporto all'emigrazione*. Messina: Tip. P. Trinchera, 1908.

Longhitano, Paolo. *Relazioni commerciale fra l'Italia ed il Brasile: proposte di tutela del colono italiano al Brasile*. Gênova: Stab. Tip. G.B. Marsano & C., 1903.

Rocco, Mariano. *I noli degli emigranti prima e dopo la Legge del 1901*. Turim: S.T.E.N., 1908.

Biblioteca Nazionale Centrale Roma

Infromazione e Notizie. *Rivista Marittima*. Città di Castello, ano XXXVII, fasc. X, 1904.

Infromazione e Notizie. *Rivista Marittima*. Città di Castello, ano XXXVII, fasc. XII, 1904.

Marina e Commercio – Giornale Settimanale (Società Florio) – 1881.

Marina e Commercio e Giornale delle Colonie (NGI) – 1885-1888; 1902.

Atti della Camera di Deputati, 1888.

Atti Parlamentari – Senato del Regno, 1901.

Gambeta, F. "Effetti dell'emigrazione per la marina mercantile". *Rivista Marittima*. Roma, ano XXXV, fasc. VI, 1902.

Centro Studi Emigrazione Roma

Navigazione Generale Italiana &. La Veloce. *Dall'Italia a New York. Guida dell'emigrante, 1902*.

L'emigrazione e la Circolare Lanza. Gênova, 1873.

Reggio Commissariato dell'emigrazione. *Avvertenze perchi emigra al Brasile*. Roma: Cooperativa Tipografica Manuzio, 1908.

Reggio Commissariato dell'emigrazione. *Relazione sui servizi dell'emigrazione per l'anno 1909-1910, presentata al Ministro degli Affari Esteri dal commissario generale Luigi Rossi*. Roma: Tip. Nazionale di G. Bertero & C., 1910.

BERTAGNOLLI, C. *L'emigrazione dei contadini per l'America*. Florença: Uffizio della Rassegna Nazionale, 1887.

CARERJ, Giuseppe. *Società Italiana per la Emigrazione e Colonizazione* (Statuto). Nápoles: s.e., s.d.

GABRIELLI, Pasquale. *Saggio circa l'urgente riforma del regolamento pel trasporto degli emigranti*. Nápoles: Tip. Gennaro Errico e Figli, 1903.

MARANGHI, Giuseppe. *La nazionalizzazionne del trasporto degli emigranti*. Gênova: Cromo-Tipografia G.B. Marsano, 1898.

Archivio Centrale dello Stato Roma

FONDO MINISTERO DELLE COMUNICAZIONE, DIREZIONE GENERALE DELLA MARINA MERCANTILE, ISPETTORATO DEI SERVIZI MARITTIMI

Busta 708

Navigazione Generale Italiana. *Relazione e bilancio dell'esercizio 1910-1911*. Roma, 1911.

Lloyd Sabaudo. *Relazione e bilancio dell'esercizio 1907*. Turim, 1907.

Lloyd Sabaudo. *Relazione e bilancio dell'esercizio 1908*. Turim, 1908.

Lloyd Sabaudo. *Relazione e bilancio dell'esercizio 1909*. Turim, 1909.

Lloyd Sabaudo. *Relazione e bilancio dell'esercizio 1910*. Turim, 1910.

Lloyd Sabaudo. *Relazione e bilancio dell'esercizio 1916*. Turim, 1916.

Lloyd Italiano. *Relazione e bilancio dell'esercizio 1906*. Gênova, 1906.

Lloyd Italiano. *Relazione e bilancio dell'esercizio 1909*. Gênova, 1909.

Lloyd Italiano. *Relazione e bilancio dell'esercizio 1910*. Gênova, 1910.

Lloyd Italiano. *Relazione e bilancio dell'esercizio 1911*. Gênova, 1911.

Lloyd Italiano. *Relazione e bilancio dell'esercizio 1912*. Gênova, 1912.

Lloyd Italiano. *Relazione e bilancio dell'esercizio 1913*. Gênova, 1913.

Lloyd Italiano. *Relazione e bilancio dell'esercizio 1914*. Gênova, 1914.

Lloyd Italiano. *Relazione e bilancio dell'esercizio 1915*. Gênova, 1915.

Lloyd Italiano. *Relazione e bilancio dell'esercizio 1916.* Gênova, 1916.

Italia. *Relazione e bilancio dell'esercizio 1909.* Gênova, 1909.

Italia. *Relazione e bilancio dell'esercizio 1910.* Gênova, 1910.

Italia. *Relazione e bilancio dell'esercizio 1911.* Gênova, 1911.

Italia. *Relazione e bilancio dell'esercizio 1912.* Gênova, 1912.

Italia. *Relazione e bilancio dell'esercizio 1913.* Gênova, 1913.

Italia. *Relazione e bilancio dell'esercizio 1914.* Gênova, 1914.

Transatlantica Italiana. *Relazione e bilancio dell'esercizio 1916.*

Ministero delle Poste e dei Telegrafi (folhas):
— Navigazione Generale Italiana. *Relazione e bilancio dell'esercizio 1906-1907*
— La Veloce. *Relazione e bilancio dell'esercizio 1907*
— Italia. *Relazione e bilancio dell'esercizio 1907*
— Lloyd Italiano. *Relazione e bilancio dell'esercizio 1907*

Busta 707

La Veloce. *Relazione e bilancio dell'esercizio 1903.*

La Veloce. *Relazione e bilancio dell'esercizio 1904.*

La Veloce. *Relazione e bilancio dell'esercizio 1905.*

La Veloce. *Relazione e bilancio dell'esercizio 1906.*

La Veloce. *Relazione e bilancio dell'esercizio 1908.*

La Veloce. *Relazione e bilancio dell'esercizio 1909.*

La Veloce. *Relazione e bilancio dell'esercizio 1910.*

La Veloce. *Relazione e bilancio dell'esercizio 1911.*

La Veloce. *Relazione e bilancio dell'esercizio 1912.*

La Veloce. *Relazione e bilancio dell'esercizio 1913.*

La Veloce. *Relazione e bilancio dell'esercizio 1914.*

La Veloce. *Relazione e bilancio dell'esercizio 1915.*

Biblioteca della Facoltà di Economia dell'Università Roma La Sapienza

Commissariato dell'Emigrazione. *Bollettino dell'Emigrazione*. Roma, ano XIII, n.1, 1914.

Biblioteca Paolo Baffi della Banca d'Italia – Roma

CARERJ, Giuseppe. "Trusts e marina mercantile". *L'Italia Coloniale*. Roma, ano II, n. 1, 1901, p. 13-64.

RAINERI, Salvatore. "L'emigrazione al Brasile e la politica marinara". *Rassegna Nazionale*. Florença, ano XXXV, v. CXC, 1913, p. 419-433.

Biblioteca della Facoltà di Economia dell'Università degli Studi di Bari

FONTANA-RUSSO, L. "Emigrazioni di uomini ed esportazione di merci". *Rivista Coloniale*. Roma, ano I, v. 2, set/dez, 1906, p. 26-40.

Chicago University (www.crl.uchicago.edu)

Relatórios do Ministério dos Negócios da Agricultura, Comércio e Obras Públicas. Anos: 1871; 1876 a 1879; 1882; 1884 a 1890; 1892 a 1898; 1900; 1914.

Sociedade Promotora de Immigração de São Paulo. Relatorio da Directoria ao ilustre cidadão Dr. José Alves Cerqueira Cesar Vice-Presidente do Estado de São Paulo em 16 de Janeiro de 1892.

Sociedade Promotora de Immigração de São Paulo. Relatorio apresentado ao Ilm°. e Exm°. Sr. Visconde do Parnahyba Presidente da Província de São Paulo. Anexo IV da Exposição com que o Exm°. Sr. Visconde do Parnahyba passou a administração da Provincia de São Paulo ao Exm°. Sr. Dr. Francisco de Paula Rodrigues Alves Presidente desta Provincia no dia 19 de novembro de 1887.

Discurso com que o Ilm°. Sr. Dr. José Antonio Saraiva, Presidente da Provincia de São Paulo, abrio a Assembléa Legislativa Provincial, no dia 15 de fevereiro de 1855.

Discurso com que o Ilm°. Sr. Dr. Antonio Roberto d'Almeida, Vice-Presidente da Provincia de São Paulo, abrio a Assembléa Legislativa Provincial, no dia 15 de fevereiro de 1856.

Discurso com que o Ilm°. Sr. Dr. José Joaquim Fernandes Torres, Presidente da Provincia de São Paulo, abrio a Assembléa Legislativa Provincial, no dia 2 de fevereiro de 1859.

Discurso com que o Ilmº. Sr. Dr. Antonio José Henriques, Presidente da Provincia de São Paulo, abrio a Assembléa Legislativa Provincial, no dia 2 de março de 1861.

Relatorio apresentado á Assembléa Legislativa Provincial de São Paulo pelo Presidente da Província, Exmº. Sr. Dr. Sebastião José Pereira, em 2 de fevereiro de 1876.

Relatorio com que passou a administração da Provincia de São Paulo ao Exmº. Presidente Conselheiro Francisco de Carvalho Soares Brandão o Vice-Presidente Manoel Marcondes de Moura e Costa (1882).

Falla dirigida á Assembléa Legislativa Provincial de São Paulo na abertura da 2ª. sessão da 24ª. Legislatura em 10 de janeiro de 1883 pelo Presidente Conselheiro Francisco de Carvalho Soares Brandão.

Falla dirigida á Assembléa Legislativa Provincial de São Paulo na abertura da 1ª. sessão da 25ª. Legislatura em 26 de janeiro de 1884 pelo Presidente Barão de Guajará.

Relatorio com que o Exmº. Sr. Dr. Luiz Carlos d'Assumpção Vice-Presidente da Provincia de São Paulo passou a administração ao Presidente Exmº. Sr. Dr. José Luiz de Almeida Couto (1884).

Falla dirigida á Assembléa Legislativa Provincial de São Paulo na abertura da 2ª. sessão da 26ª. Legislatura em 10 de janeiro de 1885 pelo Presidente Dr. José Luiz de Almeida Couto.

Relatorio com que o Exmº. Sr. Dr. José Luiz de Almeida Couto Presidente da Provincia de São Paulo passou a administração ao 1º Vice-Presidente Exmº. Sr. Dr. Francisco Antonio de Souza Queiroz Filho (1885).

Relatorio com que passou a administração da Provincia de São Paulo ao Exmº. Presidente Conselheiro João Alfredo Corrêa de Oliveira o Vice-Presidente Dr. Elias Antonio Pacheco e Chaves (1885).

Relatorio apresentado á Assembléa Legislativa Provincial de São Paulo pelo Presidente da Provincia João Alfredo Corrêa de Oliveira no dia 15 de fevereiro de 1886.

Relatorio apresentado á Assembléa Legislativa Provincial de São Paulo pelo Presidente da Provincia Barão do Parnahyba no dia 17 de janeiro de 1887.

Exposição com que o Exmº. Sr. Visconde do Parnahyba passou a administração da Provincia de São Paulo ao Exmº. Sr. Dr. Francisco de Paula Rodrigues Alves Presidente desta Provincia no dia 19 de novembro de 1887.

Relatorio apresentado ao Illmº. e Exmº. Snr. Visconde de Parnahyba Presidente da Provincia de São Paulo pela Sociedade Promotora de Immigração (1887).

Relatorio apresentado á Assembléa Legislativa Provincial de São Paulo pelo Presidente da Provincia Exmº. Sr. Dr. Francisco de Paula Rodrigues Alves no dia 10 de janeiro de 1888.

Relatorio com que o Exmº. Sr. Dr. Francisco de Paula Rodrigues Alves passou a administração da Provincia de S. Paulo ao Exmº. Sr. Dr. Francisco Antonio Dutra Rodrigues 1º. Vice-Presidente no dia 27 de abril de 1888.

Relatorio apresentado á Assembléa Legislativa Provincial de São Paulo pelo Presidente da Provincia Dr. Pedro Vicente de Azevedo no dia 11 de janeiro de 1889.

Mensagem dirigida ao Congresso Legislativo de São Paulo, pelo Presidente do Estado, Dr. Bernardino de Campos, no dia 7 de abril de 1894.

Mensagem apresentada ao Congresso Legislativo do Estado, em 7 de abril de 1895, pelo Presidente do Estado, Dr. Bernardino de Campos.

Mensagem enviada ao Congresso Legislativo, a 7 de abril de 1897, por Campo Salles, Presidente do Estado.

Mensagem enviada ao Congresso do Estado, a 7 de abril de 1901, pelo Dr. Francisco de Paula Rodrigues Alves, Presidente do Estado.

Mensagem enviada ao Congresso Legislativo, a 14 de julho de 1907, pelo Dr. Jorge Tibiriçá, Presidente do Estado.

Mensagem enviada ao Congresso Legislativo, a 14 de julho de 1908, pelo Dr. M. J. Albuquerque Lins, Presidente do Estado.

Mensagem enviada ao Congresso Legislativo, a 14 de julho de 1909, pelo Dr. M. J. Albuquerque Lins, Presidente do Estado.

Mensagem apresentada ao Congresso Legislativo do Estado, em 14 de julho de 1917, pelo Dr. Altino Arantes, Presidente do Estado de São Paulo.

Mensagem dirigida ao Congresso do Estado do Pará pelo Dr. José Paes da Carvalho, Governador do Estado, em 1º de fevereiro de 1901.

Mensagem dirigida ao Congresso do Estado do Pará pelo Dr. Augusto Montenegro, Governador do Estado, em 10 de setembro de 1901.

Mensagem dirigida ao Congresso do Estado do Pará pelo Dr. Augusto Montenegro, Governador do Estado, em 7 de setembro de 1904.

Mensagem do Exmº. Sr. Dr. Fileto Pires Ferreira, Governador do Estado do Amazonas, em 6 de janeiro de 1898.

Mensagem lida no Congresso pelo Sr. Silvério José Nery, Governador do Estado do Amazonas, em 10 de julho de 1901.

Mensagem lida no Congresso pelo Sr. Silvério José Nery, Governador do Estado do Amazonas, em 10 de julho de 1902.

Proyecto Dos Orillas (www.entredosorillas.org/index.aspx)

Ley de Emigración de 21 de diciembre de 1907. *Boletín del Consejo Superior de Emigración*. Madri, ano I, t. I, 1909.

Bibliografia

ALENCASTRO, Luiz Felipe de. "Proletários e escravos: imigrantes portugueses e cativos africanos no Rio de Janeiro, 1850-1872". *Novos Estudos CEBRAP*. São Paulo, n. 21, 1988, p. 30-56.

_____. *O trato dos viventes: Formação do Brasil no Atlântico Sul*. São Paulo: Companhia das Letras, 2000.

ALEXANDRE, Valentim. *Origens do colonialismo português moderno (1822-1891)*. Lisboa: Sá da Costa, 1979.

ALONSO, Blanca Sánchez. "La visión contemporánea de la emigración española". *Estudios Migratórios Latinoamericanos*. Buenos Aires, ano 4, n. 13, 1989, p. 439-466.

_____. "Una nueva serie anual de la emigración española: 1882-1930". *Revista de Historia Económica*. Madri, ano VIII, n. 1, 1990, p. 133-170.

_____. *Las causas de la emigración española, 1880-1930*. Madri: Alianza Universidad, 1995.

_____. "Algunas reflexiones sobre las políticas de inmigración en América Latina en la época de las migraciones de masas". *Estudios Migratórios Latinoamericanos*. Buenos Aires, ano 18, n. 53, 2004, p. 155-175.

ALVES, Jorge Fernandes. *Os brasileiros, emigração e retorno no Porto oitocentista*. Tese de Doutoramento. Porto: Faculdade de Letras da Universidade do Porto, 1993.

_____. "Terra de esperanças – O Brasil na emigração portuguesa". *Portugal e Brasil – Encontros, desencontros, reencontros*. Cascais: Câmara Municipal, VII Cursos Internacionais, 2001, p. 113-128.

ALVIM, Zuleika M. F. *Brava gente! Os italianos em São Paulo, 1870-1920*. São Paulo: Brasiliense, 1986.

ANDERSON, Perry. *Portugal e o fim do ultracolonialismo*. Tradução de Eduardo de Almeida. Rio de Janeiro: Civilização Brasileira, 1966.

ANNINO, Antonio. "Origini e controversie della legge 31 gennaio 1901. La politica migratoria dello Stato postunitario". *Il Ponte*. Gênova, n. 30-31, 1974, p. 1229-1268.

ANNINO, Antonio. "Espansionismo ed emigrazione verso l'America Latina (L'Italia coloniale 1900-1904)". *Clio*. Roma, v. XII, n. 1-2, 1976, p. 113-140.

ARE, Giuseppe; GIUSTI, Luciana. "La scoperta dell'imperialismo nella cultura italiana del primo novecento (II)". *Nuova Rivista Storica*. Roma, v. LIX, 1975, p. 100-168.

ARRIGHI, Giovanni. *O longo século XX: dinheiro, poder e as origens de nosso tempo*. Tradução de Vera Ribeiro. Rio de Janeiro: Contraponto; São Paulo: Editora Unesp, 1996.

ARRUDA, José Jobson de Andrade. *O Brasil no comércio colonial*. São Paulo: Ática, 1980.

_____. *A grande revolução inglesa, 1640-1780: revolução inglesa e revolução industrial na construção da sociedade moderna*. São Paulo: Depto. de História-FFLCH-USP; Hucitec, 1996.

_____. "Decadência ou Crise do Império Luso-Brasileiro: o novo padrão de colonização do século XVIII". *Actas dos IV Cursos Internacionais de Verão de Cascais* (7 a 12 de Julho de 1997). Cascais: Câmara Municipal de Cascais, v. 3, 1998, p. 213-228.

_____. "O sentido da Colônia. Revisitando a crise do antigo sistema colonial". In: TENGARRINHA, José (org.). *História de Portugal*. Bauru, SP: EDUSC; São Paulo: Editora Unesp; Portugal: Instituto Camões, 2000, p. 167-185.

_____. "A expansão europeia oitocentista: emigração e colonização". In: SOUSA, Fernando de; MARTINS, Ismênia; PEREIRA, Conceição Meireles. *A emigração portuguesa para o Brasil*. Porto: CEPESE; Afrontamento, 2007, p. 13-40.

AZEVEDO, Célia Maria Marinho de. *Onda negra, medo branco: o negro no imaginário das elites – século XIX*. Rio de Janeiro: Paz e Terra, 1987.

BAGANHA, Maria Ioannis B. "Uma Imagem desfocada – a emigração portuguesa e as fontes sobre a emigração". *Análise Social*. Lisboa, v. XXVI, n. 112-113, 1991, p. 723-739.

_____. "A emigração portuguesa e as correntes migratórias internacionais (1855-1974) – Síntese histórica". *Estudios Migratórios Latinoamericanos*. Buenos Aires, ano 12, n. 38, 1998, p. 29-55.

BAINES, Dudley. *Emigration from Europe, 1815-1930*. Houndmills, Basingstoke, Hampshire: Macmillan, 1991.

BAIROCH, Paul. "Geographical structure and trade balance of european foreign trade from 1800 to 1970". *The Journal of European Economic History*. Roma, v. 3, n. 3, 1974, p. 557-608.

BARONE, Giuseppe. "Sviluppo capitalistico e politica finanziaria in Italia nel dedennio 1880-1890". *Studi Storici*. Istituto Gramsci Editore, ano XIII, n. 3, 1972, p. 568-599.

_____. "Lo Stato e la marina mercantile italiana (1881-1894)". *Studi Storici*. Istituto Gramsci Editore, ano XV, n. 3, 1974, p. 624-659.

BASSETTO, Sylvia. *Política de mão de obra na economia cafeeira do oeste paulista (período de transição)*. Tese de Doutoramento. São Paulo: FFLCH/USP, 1982.

BAUS, Carlos Llorca. *La Compañía Trasatlántica en las campañas de ultramar.* Madri: Ministerio de Defesa, 1990.

BEIGUELMAN, Paula. "A grande imigração em São Paulo" (I). *Revista do Instituto de Estudos Brasileiros.* São Paulo, n. 3, 1968, p. 99-116.

_____. "A grande imigração em São Paulo" (II). *Revista do Instituto de Estudos Brasileiros.* São Paulo, n. 4, 1968, p. 145-157.

_____. *Formação do povo no complexo cafeeiro – aspectos políticos.* 3ª ed. São Paulo: Edusp, 2005.

BERNAL, Juan Llabrés (org.). *Para la historia de la Compañía Trasatlántica Española. Notas del capellán d. Juan Albertí (1886-1919).* Palma de Mallorca: s.e., 1964.

BERNASCONI, Alicia. "Aproximacion al estudio de las redes migratorias a través de las listas de desembarco; Possibilidades y problemas". *Inmigración y redes sociales en la Argentina moderna.* Buenos Aires: CEMLA, 1995, p. 191-202.

BEVILACQUA, Piero, DE CLEMENTI, Andreina & FRANZINA, Emilio (orgs.). *Storia dell'emigrazione italiana. Partenze.* v. I. Roma: Donzelli Editore, 2001.

_____. *Storia dell'emigrazione italiana. Arrivi.* v. II. Roma: Donzelli Editore, 2002.

BIANCO, Maria Eliana Basile. *A Sociedade Promotora de Imigração (1886-1895).* Dissertação de Mestrado. São Paulo: FFLCH/USP, 1982.

BIRNIE, Arthur. *História Econômica da Europa.* Tradução de Christiano Monteiro Oiticica. Rio de Janeiro: Zahar Editores, 1964.

BLACKBURN, Robin. *A queda do escravismo colonial: 1776-1848.* Tradução de Maria Beatriz de Medina. Rio de Janeiro: Record, 2002.

_____. *A construção do escravismo no Novo Mundo, 1492-1800.* Tradução de Maria Beatriz de Medina. Rio de Janeiro: Record, 2003.

BONELLI, Franco. "Il capitalismo italiano. Linee generali d'interpretazione". In: ROMANO, Ruggiero (org.). *Dal feudalismo al capitalismo. Annali I. Storia d'Italia.* Turim: Giulio Einaudi Editore, 1978, p. 1193-1255.

BRAUDEL, Fernand. *El Mediterráneo y el mundo mediterráneo en la época de Felipe II.* t. I. 2ª ed. Tradução de Mario Monteforte Toledo, Wenceslao Roces e Vicente Simón. México: Fondo de Cultura Económica, 1992.

_____. *El Mediterráneo y el mundo mediterráneo en la época de Felipe II.* t. II. 2ª ed. Tradução de Mario Monteforte Toledo, Wenceslao Roces e Vicente Simón. México: Fondo de Cultura Económica, 1995.

_____. *Civilização material, economia e capitalismo, séculos XV-XVIII*: II. Os jogos das trocas. Tradução de Telma Costa. São Paulo: Martins Fontes, 1995.

_____. *Civilização material, economia e capitalismo, séculos XV-XVIII*: III. O tempo do mundo. Tradução de Telma Costa. São Paulo: Martins Fontes, 1995.

_____. "No Brasil: dois livros de Caio Prado Júnior". *Revista Praga*. Tradução de Bernardo Ricupero e Paulo Henrique Martinez. São Paulo, n. 8, 1999, p. 131-135. ("Aux Brésil: deux livres de Caio Prado". *Annales: économies, sociétés, civilisations*, n. 1, 1948).

BRUNELLO, Piero. "Agenti di emigrazione, contadini e immagini dell'America nella provincia di Venezia". *Rivista di Storia Contemporanea*. Turim, ano XI, fasc. 1, 1982, p. 95-122.

CÁNOVAS, Marília Dalva Klaumann. *A emigração espanhola e a trajetória do imigrante na cafeicultura paulista: o caso de Villa Novaes, 1880-1930*. Dissertação de Mestrado. São Paulo: FFLCH/USP, 2001.

CAPELATO, Maria Helena Rolim. "A data símbolo de 1898: o impacto da independência de Cuba na Espanha e Hispanoamérica". *História*. São Paulo, v. 22, n. 2, 2003, p. 35-58.

CARACCIOLO, Alberto; VILLANI, Pasquale. "L'Europa dell'Imperialismo". *Quaderni Storici*. Ancona, ano 7, n. 20, 1972.

CARDOSO, Fernando Henrique. "Dos governos militares a Prudente–Campos Salles". In: FAUSTO, Boris (org.). *História Geral da Civilização Brasileira. O Brasil Republicano*. t. III, v. 1. São Paulo: Difel, 1977.

CARMAGNANI, Marcello. *Emigración mediterránea y América. Formas y transformaciones, 1860-1930*. Colombres (Astúrias): Fundación Archivo de Indianos, 1994.

CAROCCI, Giampiero. *Storia d'Italia dall'Unità ad oggi*. Milão: Feltrinelli Editore, 1995.

CARVALHO, José Murilo de. *Pontos e Bordados: escritos de história e política*. Belo Horizonte: Editora da UFMG, 1998.

CENNI, Franco. *Italianos no Brasil*. 3ª ed. São Paulo: Edusp, 2003.

CERVO, Amado Luiz. *As relações históricas entre o Brasil e a Itália: o papel da diplomacia*. Brasília: UnB; São Paulo: Istituto Italiano di Cultura, 1992.

CIUFFOLETTI, Zeffiro. "L'emigrazione e le classi dirigenti. I meridionalisti liberali". *Il Ponte*. Gênova, n. 30-31, 1974, p. 1269-1292.

CIUFFOLETTI, Zeffiro & DEGL'INNOCENTE, Maurizio. *L'emigrazione nella storia d'Italia (1868-1975). Storia e documenti*. 2v. Florença: Vallechi Editore, 1978.

CONGRESSO AGRÍCOLA, Rio de Janeiro, 1878. *Anais*. Introdução e Notas de José Murilo de Carvalho. Rio de Janeiro: Fundação Casa Rui Barbosa, 1988 (Edição fac-similar).

CONRAD, Robert. "The planter class and the debate over chinese immigration to Brazil, 1850-1893". *International Migration Review*. Nova York, v. IX, n. 1, 1975, p. 41-55.

CONRAD, Robert. *Os últimos anos da escravatura no Brasil: 1850-1888*. Tradução de Fernando de Castro. Rio de Janeiro: Civilização Brasileira, 1978.

CONSOLMAGNO, Marina. *Fanfulla: perfil de um jornal de colônia (1893-1915)*. Dissertação de Mestrado. São Paulo: FFLCH/USP, 1993.

COSTA, Emília Viotti da. *Da senzala à colônia*. 3ª ed. São Paulo: Editora Unesp, 1998.

COSTA, Rovílio. "Fonti per lo studio dell'emigrazione italiana in Brasile". *Altreitalie*. Turim, Fondazione Giovanni Agnelli, n. 1, 1989.

COURTEN, Ludovica de. *La marina mercantile italiana nelle politica di espansione, 1860-1914*. Roma: Bulzoni, 1989.

CUNEO, Niccolò. *Storia dell'emigrazione italiana in Argentina, 1810-1870*. Milão: Garzanti, 1940.

DAVATZ, Thomas. *Memórias de um colono no Brasil* (1850). Tradução, prefácio e notas de Sérgio Buarque de Holanda. São Paulo: Livraria Martins, 1972.

DE CLEMENTI, Andreina. *Di qua e di là dall'Oceano. Emigrazione e mercati nel Meridione (1860-1930)*. Roma: Carocci, 1999.

DE LARA, José Gerardo Manrique. *La marina mercante ochocentista y el puerto de Cádiz*. Cádiz: Ediciones de la Caja de Ahorros de Cádiz, 1973.

DE PRADA, Valentin Vázquez. *História económica mundial. II – Da Revolução Industrial à actualidade*. Tradução de Armando Bacelar e Elisa Amado Bacelar. Porto: Livraria Civilização Editora, 1976.

DE ROSA, Luigi. *Emigranti, capitali e banche (1896-1906)*. Nápoles: Edizione del Banco di Napoli, 1980.

DEAN, Warren. *Rio Claro: um sistema brasileiro de grande lavoura (1820-1920)*. Tradução de Waldívia Marchiori Portinho. Rio de Janeiro: Paz e Terra, 1977.

DELFIM NETTO, Antonio. *O problema do café no Brasil*. 3ª ed. São Paulo: Editora Unesp/Facamp, 2009.

DEPARTAMENTO ESTADUAL DO TRABALHO. "Contratos relativos á immigração". Boletim do *Departamento Estadual do Trabalho*. São Paulo, ano VI, n. 22, 1917, p. 39-55.

DEPARTAMENTO ESTADUAL DO TRABALHO. "Dados para a Historia da Immigração e da Colonização em S. Paulo". *Boletim do Departamento Estadual do Trabalho*. São Paulo, ano V, n. 19, 1916, p. 175-208.

DEVOTO. Fernando J. "Políticas migratórias argentinas y flujo de población europea (1876-1925)". *Estudios Migratórios Latinoamericanos*. Buenos Aires, ano 4, n. 11, 1989, p. 135-158.

DINUCCI, Gigliola. "Il Modello della colonia libera nell'ideologia espansionistica italiana. Dagli anni'80 alla fine del secolo". *Storia Contemporanea*. Bolonha, ano X, n. 3, 1979, p. 427-479.

DOLHNIKOFF, Miriam. *O pacto imperial: origens do federalismo no Brasil*. São Paulo: Editora Globo, 2005.

DORE, Grazia. "Alcuni aspetti dei primi studi e dibattiti sull'emigrazione transoceanica". *Rassegna di Politica e di Storia*. Roma, v. 2, 1955, p. 2-8.

_____. "Il mezzogiorno e gli agenti di emigrazione". *Rassegna di Politica e di Storia*. Roma, v.3, 1956, p. 10-17.

_____. *Bibliografia per la storia dell'emigrazione italiana in America*. Roma: Diretoria-Geral da Emigração, 1956.

_____. "Tra i miti di una 'più grande Italia". *Rassegna di Politica e di Storia*. Roma, v. 5, 1958, p. 11-16.

_____. *La democrazia italiana e l'emigrazione in America*. Brescia: Morcelliana, 1964.

DORIA, Giorgio. *Investimenti e sviluppo economico a Genova alla vigilia della prima guerra mondiale (1815-1882)*. v. I. Milão: A. Giuffrè Editore, 1969.

_____. *Investimenti e sviluppo economico a Genova alla vigilia della prima guerra mondiale (1882-1914)*. v. II. Milão: A. Giuffrè Editore, 1973.

_____. *Debiti e navi. La compagnia di Rubattino 1839-1881*. Gênova: Marietti, 1990.

ESTEVES, Rui Pedro; KHOUDOUR-CASTÉRAS, David. *A fantastic rain of gold: European migrants' remittances and balance of payments adjustment during the gold standard period*. Universidad Externado de Colombia; University of Oxford (working paper), 2007.

FALCON, Francisco José Calazans. "O capitalismo unifica o mundo". In: REIS FILHO, Daniel Aarão; FERREIRA, Jorge & ZENHA, Celeste (orgs.). *O século XX. O tempo das certezas: da formação do capitalismo à Primeira Grande Guerra*. Rio de Janeiro: Civilização Brasileira, 2003.

FAUSTO, Boris (org.). *Fazer a América. A imigração em massa para a América latina*. 2ª ed. São Paulo: Edusp, 2000.

_____. *Historiografia da imigração para São Paulo*. São Paulo: Editora Sumaré; Fapesp, 1991.

FERENCZI, Imre; WILLCOX, Walter. *International migrations*. v. 1: *Statistics*; v. 2: *Interpretations*. Nova York: National Bureau of Economic Research, 1929.

FERLINI, Vera Lucia Amaral. *Açúcar e Colonização*. São Paulo: Alameda, 2010.

FERNANDES, Florestan. *A revolução burguesa no Brasil: ensaio de interpretação sociológica*. 5ª ed. São Paulo: Globo, 2006.

FERNÁNDEZ, Alejandro E. *Un "mercado étnico" en el Plata. Emigración y exportaciones españolas a la Argentina, 1880-1935*. Madri: Consejo Superior de Investigaciones Científicas, 2004.

FERRARI, Mario Enrico. "*La Amazzonia*. Una rivista per l'emigrazione nel Brasile Settentrionale". *Miscellanea di Storia delle esplorazioni VIII*. Gênova: Bozzi Editore, 1983, p. 257-316.

_____. "Sulla tratta dei 'coolies' cinesi a Macao nel secolo XIX: l'abolizione della schiavitù e lo sfruttamento dei nuovi 'coatti' nelle colonie europee e in America latina". *Storia Contemporanea*. Bolonha, ano XIV, n. 2, 1983, p. 309-332.

FERRARI, Mario Enrico. *Emigrazione e colonie: il giornale genovese La Borsa (1865-1894)*. Gênova: Bozzi Editore, 1983.

FERRO, Marc. *História das colonizações: das conquistas às independências, séculos XIII a XX*. Tradução de Rosa Freire D'Aguiar. São Paulo: Companhias das Letras, 1996.

FILIPUZZI, Angelo. *Il dibattito sull'emigrazione. Polemiche nazionali e stampa veneta (1861-1914)*. Florença: Felice le Monnier, 1976.

FIORENTINO, Adriano R. *Emigrazione trasnsoceanica (storia, statistica, politica, legislacione)*. Roma: U.S.I.L.A., 1931.

FLORENTINO, Manolo. *Em costas negras: uma história do tráfico de escravos entre a África e o Rio de Janeiro (séculos XVIII-XIX)*. São Paulo: Companhia das Letras, 1997.

FORJAZ, Djalma. *O senador Vergueiro: sua vida e sua época, 1778-1859*. São Paulo: Officinas do Diario Official, 1924.

FRAGINALS, Manuel Moreno. *O engenho: complexo sócio-econômico açucareiro cubano*. v. I. Tradução de Sônia Rangel e Rosemary C. Abílio. São Paulo: Hucitec/Editora Unesp, 1987.

FRANCESCHINI, Antonio. *L'emigrazione italiana nell'America del Sud. Studi sulla espansione coloniale transatlantica*. Roma: Forzani e C. Editori, 1908.

FRANZINA, Emilio. *La grande emigrazione. L'esodo dei rurali dal Veneto durante il secolo XIX*. Veneza: Marsilio Editore, 1976.

_____. "Emigrazione e storia del Veneto: spunti per um dibattito". *Rivista di Storia Contemporanea*. Turim, ano XI, fasc. 3, 1982, p. 465-489.

_____. "L'emigrazione dalla montagna veneta fra Otto e novecento". *La montagna veneta in età contemporanea. Storia e amibente. Uomini e risorce*. s.n., 1991.

_____. *Storia dell'emigrazione veneta. Dall'Unità al Fascismo*. Verona: Cierre Edizione, 1991.

_____. *Gli italiani al Nuovo Mondo: l'emigrazione italiana in America, 1492-1942*. Milão: A. Modadori, 1995.

_____. *A grande emigração. O exôdo dos italianos do Vêneto para o Brasil*. Tradução de Edilene Toledo e Luigi Biondi. Campinas: Editora Unicamp, 2006.

Frascani, Paolo (org.). *A vela e a vapore. Economie, culture e istituzioni del mare nell'Italia dell'Ottocento*. Roma: Donzelli Editore, 2001.

Furtado, Celso. *Formação econômica do Brasil*. 5ª. ed. Rio de Janeiro: Fundo de Cultura, 1963.

Gabaccia. Donna R. *Emigranti. Le diaspore degli italiani dal Medievo a oggi*. Turim: Einaudi Editore, 2000.

Gadelha, Regina M. d'Aquino Fonseca. *Os núcleos coloniais e o processo de acumulação cafeeira em São Paulo (1850-1920)*. Tese de Doutoramento. São Paulo: FFLCH/USP, 1982.

_____. "A Lei de Terras (1850) e a abolição da escravidão: capitalismo e força de trabalho no Brasil do século XIX". *Revista de História*, São Paulo, n. 120, 1989, p. 153-162.

Gebara, Ademir. *O mercado de trabalho livre no Brasil (1871-1888)*. São Paulo: Brasiliense, 1986.

Gibelli, Antonio (org.). *La vie dell'Americhe. L'emigrazione ligure tra evento e racconto*. Gênova: Sagep Editrice, 1989.

_____. *Dal porto al mondo. Un sguardo multimediale su Genova e la grande emigrazione*. Gênova: CISEI (Centro Internazionale di Studi sull'Emigrazione Italiana), 2004.

Gibelli, Antonio; Rugafiori, Paride (orgs.). *La Liguria. Le regioni dall'Unità a oggi. Storia d'Italia*. Turim: Giulio Einaudi Editore, 1994.

Glade, William. "A América Latina e a economia internacional, 1870-1914". In: Bethell, Leslie (org.). *História da América Latina: de 1870 a 1930*. v. 4. São Paulo: Edusp; Imprensa Oficial do Estado; Brasília: FUNAG, 2001.

Godinho, Vitorino Magalhães. *A estrutura da antiga sociedade portuguesa*. Lisboa: Arcádia, 1971.

Gonçalves, Paulo Cesar. *Migração e mão de obra: retirantes cearenses na economia cafeeira do Centro-Sul (1877-1901)*. São Paulo: Humanitas, 2006.

González, Alejandro Vásquez. "De la vela al vapor. La modernización de los buques en la emigración gallega a América". *Estudios Migratórios Latinoamericanos*. Buenos Aires, ano 9, n. 28, 1994, p. 569-596.

_____. "Os novos señores da rede comercial da emigración a América por portos galegos: os consignatarios das grandes navieiras transatlánticas, 1870-1939". *Estudios Migratórios*. Santiago de Compostela, n. 13-14, 2002, p. 9-49.

Gooch, John. *A Unificação da Itália*. Tradução de Lólio Lourenço de Oliveira. São Paulo: Ática, 1991.

Gould, J. D. "European inter-continental emigration, 1815-1914: patterns and causes". *The Journal of European Economic History*. Roma, v. 8, n. 3, 1979, p. 593-679.

Graham, Douglas H. "Migração estrangeira e a questão da oferta de mão de obra no crescimento econômico brasileiro – 1880-1930". *Estudos Econômicos*. São Paulo, v. 3, n. 1, 1973, p. 7-64.

GRAMSCI, Antonio. *Il Risorgimento*. Turim: Einaudi Editore, 1947.

_____. *A questão meridional*. Tradução de Carlos Nelson Coutinho e Marco Aurélio Nogueira. Rio de Janeiro: Paz e Terra, 1987.

_____. *Cadernos do cárcere. O Risorgimento. Notas sobre a história da Itália*. v. 5. Tradução de Luiz Sérgio Henriques. Rio de janeiro: Civilização Brasileira, 2002.

GRANDI, Casimira (org.). *Emigrazione: memorie e realtà*. Trento, s.e., 1990.

GRISPO, Francesca (org.). Ministero degli Affari Esteri. *La strutura e il funzionamento degli organi preposti all'emigrazione (1910-1919)*. Roma: Istituto Poligrafico e Zecca dello Stato, 1985.

GROSSELLI, Renzo Maria. *Di schiavi bianchi a coloni. Um progetto per le fazendas; contadini trentini (veneti e lombradi) nelle foreste brasiliane*. Trento: s.e., 1991.

HALL, Michael M. *Origins of mass migration in Brazil, 1871-1914*. Tese de Doutoramento. Nova York: Columbia University, 1969.

_____. "Reformadores de classe média no Império brasileiro: a Sociedade Central de Imigração". *Revista de História*. São Paulo, ano XXVII, v. LIII, 1976, p. 147-171.

HOBSBAWM, Eric J. *A era dos impérios, 1875-1914*. 3ª ed. Tradução de Sieni Maria Campos e Yolanda Steidel de Toledo. Rio de Janeiro: Paz e Terra, 1988.

_____. *A era do capital, 1848-1875*. 5ª ed. Tradução de Luciano Costa Neto. Rio de Janeiro: Paz e Terra, 1996.

_____. *Da Revolução Industrial inglesa ao imperialismo*. Tradução Donaldson Magalhães Garschagen. 5ª. ed. Rio de Janeiro: Forense Universitária, 2003.

HOBSON, John Atkinson. *Estudio del imperialismo* (1902). Tradução de Jesús Fomperosa. Madri: Alianza, 1981.

HOLLOWAY, Thomas H. "Condições do mercado de trabalho e organização do trabalho nas plantações na economia cafeeira de São Paulo, 1885-1915". *Estudos Econômicos*. São Paulo, v. 2, n. 6, 1972, p. 145-180.

HOLLOWAY, Thomas H. *Imigrantes para o café: café e sociedade em São Paulo, 1886-1934*. Tradução de Eglê Malheiros. Rio de Janeiro: Paz e Terra, 1984.

HUTTER, Lucy Maffei. *Imigração italiana em São Paulo (1880-1889); os primeiros contatos do imigrante com o Brasil*. São Paulo: IEB/USP, 1972.

_____.*Imigração italiana em São Paulo de 1902 a 1914: o processo imigratório*. São Paulo: IEB/USP, 1986.

_____. "Entrada de imigrantes italianos em São Paulo em princípios do século XX: análise dos dados estatísticos". In: DE BONI, L. A. (org.). *Presença italiana no Brasil*. Porto Alegre: Escola Superior de Teologia, 1990.

IANNI, Constantino. *Homens sem paz. Os conflitos e bastidores da emigração italiana*. São Paulo: Difusão Europeia do Livro, 1963.

IBGE. Conselho Nacional de Estatística. *A população do Brasil: Dados censitários – 1872/1950*. Rio de Janeiro: IBGE, 1958.

IBGE. *Estatísticas históricas do Brasil. Séries econômicas demográficas e sociais de 1550 a 1988*. v. 2. 2ª ed. Rio de Janeiro: IBGE, 1990.

In Memoriam, Martinho Prado Júnior. São Paulo: Elvino Pocai, 1944.

IOTTI, Luiza Horn (org.). *Imigração e Colonização: legislação de 1747 a 1915*. Porto Alegre: Assembleia Legislativa do Estado do Rio Grande do Sul; Caxias do Sul: EDUCS, 2001.

KLEIN, Herbert S. "A integração social e econômica dos imigrantes portugueses no Brasil nos finais do século XIX e no século XX". *Análise Social*. Lisboa, v. XXVIII, n. 121, 1993, p. 235-265.

_____. *A imigração espanhola no Brasil*. Tradução de Pedro Maia Soares. São Paulo: Editora Sumaré; Fapesp, 1994. (Série Imigração, v. 5).

_____. *O tráfico de escravos no Atlântico*. Tradução e revisão de Francisco A. M. Duarte, Elsie O. Rossi, José Tadeu de Sales e Mariane Banks. Ribeirão Preto: FUNPEC, 2004.

KOWARICK, Lúcio. *Trabalho e vadiagem: a origem do trabalho livre no Brasil*. 2ª ed. Rio de Janeiro: Paz e Terra, 1994.

LA BLACHE, Paul Vidal de. *Princípios de geografia humana*. 2ª ed. Tradução, notas e prefácio de Fernando Martins. Lisboa: Cosmos, 1954.

LABANCA, Nicola. *Oltremare. Storia dell'espansione coloniale italiana*. Bolonha: Il Mulino, 2002.

LAMOUNIER, Maria Lúcia. *Da escravidão ao trabalho livre: a lei de locação e serviços de 1879*. Campinas, SP: Papirus, 1988.

LEITE, Joaquim da Costa. "Emigração portuguesa: a lei e os números". *Análise Social*. Lisboa, v. XXIII, n. 97, 1987, p. 463-480.

_____. "O transporte de emigrantes: da vela ao vapor na rota do Brasil 1851-1914". *Análise Social*. Lisboa, n. 112-113, 1991, p. 741-752.

_____. *Portugal and emigration, 1855-1914*. Tese de Doutoramento. Nova York: Columbia University, 1994.

_____. "Os negócios da emigração (1870-1914)". *Análise Social*. Lisboa, v. XXXI, n. 136-137, 1996, p. 381-396.

LEITE, Rosângela Ferreira. *Nos limites da colonização: ocupação territorial, organização econômica e populações livres pobres (Guarapuava, 1808-1880)*. Tese de Doutoramento. São Paulo: FFLCH/ USP, 2006.

LENIN, Vladimir I. *Imperialismo: fase superior do capitalismo* (1916). 3ª ed. Tradução de Olinto Beckerman. São Paulo: Global Editora, 1985.

LEVY, Maria Stella Ferreira. "O papel da migração internacional na evolução da população brasileira (1872-1972)". *Revista de Saúde Pública*. São Paulo, v. 8 (supl.), 1974, p. 49-90.

LINHARES, Maria Yedda Leite. "O capitalismo: seus novos modos de ação". *Revista Civilização Brasileira*. Rio de Janeiro, v. 3, n. 15, 1967, p. 65-89.

LO MONACO, Mario. "L'emigrazione dei contadini sardi in Brasile negli anni 1896-1897". *Rivista di Storia dell'Agricoltura*. Florença, ano V, n. 2, 1965, p. 186-217.

LOBO, Eulália Maria Lahmeyer. *Imigração portuguesa no Brasil*. São Paulo: Hucitec, 2001.

MACKENZIE, John M. *The partition of Africa, 1880-1900*. (Lancaster Pamphlets). Londres: Methuen & Co., 1983.

MAGDOFF, Harry. *Imperialismo: da era colonial ao presente*. Tradução de Ruy Jungman. Rio de Janeiro: Zahar, 1979.

MAKINO, Miyoko. "Contribuição ao estudo da legislação sobre núcleos coloniais no período imperial". *Anais do Museu Paulista*. São Paulo, t. XXV, 1971-1974, p. 79-130.

MANZOTTI, Fernando. *La polemica sull'emigrazione nell'Italia Unita*. Città di Castello: Società Editrice Dante Alighieri, 1969.

MARSON, Isabel Andrade. "Trabalho livre e progresso". *Revista Brasileira de História*. São Paulo, n.7, 1974, p. 81-93.

MARTELLINI, Amoreno. "Le struture della mediazione. Agenti e agenzie di emigrazione nelle Marche dagli anni Ottanta allá prima guerra mondiale". In: SORI, Ercole. *Le Marche fuori dalle Marche. Migrazioni interne ed emigrazione all'estero tra XVIII e XX secolo*. Ancôna, t. II, 1998, p. 463-475.

MARTINEZ, Elda E. González. "Españoles en Brasil: características generales de un fenómeno emigratorio". *Ciência e Cultura* (Revista da SBPC). São Paulo, v. 42, n. 5-6, 1990, p. 341-346.

MARTINS, José de Souza. *A imigração e a crise no Brasil agrário*. São Paulo: Livraria Pioneira Editora, 1973.

_____. *O cativeiro da terra*. 6ª ed. São Paulo: Hucitec, 1996.

MATOS, Odilon Nogueira. "Visconde de Indaiatuba e o trabalho livre em São Paulo". *Anais do VI Simpósio Nacional dos Professores Universitários de História* ("Trabalho livre e trabalho escravo"), v. I. Coleção da Revista de História. São Paulo, 1973.

Matos, Sérgio Campos (org.). *Crises em Portugal nos séculos XIX e XX. Actas do Seminário organizado pelo Centro de História da Universidade de Lisboa* (6 e 7 de dezembro de 2001). Lisboa: Centro de História da Universidade de Lisboa, 2002.

Maupassant, Renè Albert Guy de. *Bajo el sol de África* (1884). Barcelona: Ed. Maucci, 1905.

Mello, João Manuel Cardoso de. *O capitalismo tardio: contribuição à revisão crítica da formação e do desenvolvimento da economia brasileira*. 9ª ed. São Paulo: Brasiliense, 1998.

Melo, José Evando Vieira de. *O Engenho Central de Lorena: modernização açucareira e colonização (1881-1901)*. Dissertação de Mestrado. São Paulo: FFLCH/USP, 2003.

Mendes, Plinio Silveira. "São Paulo e seus serviços administrativos de imigração". *Boletim do Serviço de Imigração e Colonização*. Secretaria da Agricultura, Indústria e Comércio. São Paulo, n. 4, 1941, p. 85-99.

Mesa, Roberto. *El colonialismo en la crisis del XIX español*. Madri: Ciencia Nueva, 1967.

Milan, Marina. *La stampa periodica a Genova dal 1871 al 1900*. Milão: Franco Angeli, 1990.

Milliet, Sergio. *Roteiro do café e outros estudos*. 4ª ed. São Paulo: Hucitec, 1982.

Miñambres, Moisés Llordén. "Posicionamentos del Estado y de la opinión pública ante la emigración española ultramarina a lo largo del siglo XIX". *Estudios Migratórios Latinoamericanos*. Buenos Aires, ano 7, n. 21, 1992, p. 275-289.

Mittone, Luigi. "Le rimesse degli emigrati sino al 1914". *Affari sociali internazionali*. Milão, n. 4, 1984, p. 125-160.

Molinari, Augusta. *Le Navi di Lazzaro. Aspetti sanitari dell'emigrazione transoceanica italiana: il viaggio per mare*. Milão: Franco Angeli, 1988.

_____. "Fuentes para la historia de la emigración transoceánica italiana: la documentación sanitaria de a bordo". *Estudios Migratórios Latinoamericanos*. Buenos Aires, ano 5, n. 15-16, 1990, p. 533-545.

_____. *Traversate. Vite e viaggi dell'emigrazione transoceanica italiana*. Milão: Seleni Edizioni, 2005.

Monbeig, Pierre. *Pioneiros e fazendeiros de São Paulo*. Tradução de Ary França e Raul de Andrade e Silva. São Paulo: Hucitec, 1984.

Monteiro, Norma de Góes. *Imigração e colonização em Minas Gerais, 1889-1930*. Belo Horizonte; Rio de Janeiro: Itatiaia, 1994.

Morse, Richard M. *Formação histórica de São Paulo*. São Paulo: Difusão Europeia do Livro, 1970.

Moura, Ana Maria da Silva. *Cocheiros e carroceiros. Homens livres no Rio de Janeiro de senhores e escravos*. São Paulo: Hucitec, 1988.

NOGUEIRA, Arlinda Rocha. *A imigração japonesa para a lavoura cafeeira paulista, 1909-1922*. São Paulo: IEB/USP,1973.

NOGUEIRA, Oracy. *Desenvolvimento de São Paulo: imigração estrangeira e nacional*. São Paulo: Cibpu, 1964.

NORTHRUP, David. *Indentured labor in the age of imperialism, 1834-1922*. Nova York: Cambridge University Press, 1995.

NOVAIS, Fernando A. *Portugal e Brasil na crise do Antigo Sistema Colonial (1777-1808)*. 7ª. ed. São Paulo: Hucitec, 2001.

NOVAIS, Fernando A. *Aproximações: estudos de história e historiografia*. São Paulo: Cosac Naify, 2005.

OLIVIERI, Mabel. "Un siglo de legislación en materia de inmigración Italia-Argentina, 1860-1960". *Estudios Migratórios Latinoamericanos*. Buenos Aires, ano 2, n. 6-7, 1987, p. 225-248.

ORTIZ, Antonio Domínguez. *España, tres milenios de historia*. Madri: Marcial Pons, 2001.

PAIVA, Odair da Cruz. *Caminhos cruzados: migração e construção do Brasil moderno (1930-1950)*. Bauru, SP: EDUSC, 2004.

PANIKAR, K. M. *A dominação ocidental na Ásia: do século XV aos nossos dias*. 3ª ed. Tradução de Nemésio Salles. Rio de Janeiro: Paz e Terra, 1977.

PASTORELLI, Pietro. "Giulio Prinetti, ministro degli Esteri (1901-1902)". *Nuova Antologia*. Florença, v. 576, fasc. 2197, 1996, p. 51-70.

PEREIRA, Miriam Halpern. *A política portuguesa de emigração (1850-1930)*. Bauru, SP: EDUSC; Portugal: Instituto Camões, 2002.

PETRONE, Maria Theresa Schorer. "Política imigratória e interesses econômicos". In: ROSOLI, Gianfausto (org.). *Emigrazioni europee e popolo brasiliano – Atti del Congresso Euro-Brasiliano sulle migrazioni*. Roma, Centro Studi Emigrazione, 1987.

PINTO, Virgílio Noya. "Balanço das transformações econômicas no século XIX". In: MOTA, Carlos Guilherme (org.). *Brasil em perspectiva*. 14ª ed. São Paulo: Difel, 1984.

POZZO, Mario & Felloni, Giuseppe. *La borsa valori di Genova nel secolo XIX*. Turim: ILTE, 1964.

PRADO, Eduardo. "A imigração no Brasil" (II). *Boletim do Serviço de Imigração e Colonização*. Secretaria da Agricultura, Indústria e Comércio. São Paulo, n. 4, 1941, p. 101-116.

PRADO JÚNIOR, Caio. *Formação do Brasil contemporâneo: colônia*. 9ª ed. São Paulo: Brasiliense, 1969.

_____. *História econômica do Brasil*. 40ª ed. São Paulo: Brasiliense, 1993.

RATO, Maria Helena da Cunha. "O colonialismo português, factor de subdesenvolvimento nacional". *Análise Social*. Lisboa, v. XIX, n. 77-78-79, 1983, p. 1121-1129.

Ratti, Guido. *Il Corriere Mercantile di Genova dall'Unità al Fascismo*. Parma: Guanda Editore, 1973.

Rebouças, André. *Agricultura nacional: estudos econômicos. Propaganda abolicionista e democrática* (1883). Estudo introdutório de Joselice Jucá. 2ª ed. fac-similar. Recife: FUNDAJ; Editora Massangana, 1988.

Renda, Francesco. *L'emigrazione in Sicilia (1652-1961)*. Tradução de Fanny Wrobel. Caltanissetta-Roma: Salvatore Sciascia Editore, 1989.

Ricciardi, Adelino R. "Parnaíba, o pioneiro da imigração". *Revista do Arquivo Municipal*. São Paulo, n. XLIV, 1938, p. 137-184.

Rodanò, Carlo. *Mezzogiorno e sviluppo economico*. Bari: Laterza, 1954.

Rohan, Henrique Beaurepaire. *O futuro da grande lavoura e da grande propriedade no Brasil*. Congresso Agrícola do Rio de Janeiro, 1878. Anais. Rio de Janeiro: Fundação Casa Rui Barbosa, 1988 (Edição fac-similar), p. 242-252.

Rosoli, Gianfausto (org.). *Emigrazioni europee e popolo brasiliano – Atti del Congresso Euro-Brasiliano sulle migrazioni*. Roma: Centro Studi Emigrazione, 1987.

Rosoli, Gianfausto "Um quadro globale della diaspora italiana nelle Americhe". *Altreitalie*, Turim, n. 8, 1992.

_____. "Le relazioni tra Italia e Brasile e le questioni dell'emigrazione (1889-1896)". In: Rosoli, Gianfausto. *Emigrazioni europee e popolo brasiliano*. Roma, Centro Studi Emigrazione, 1987, p. 180-205.

Salles, Iracy Galvão. *República: a civilização dos excluídos (representações do "trabalhador nacional" – 1870-1919)*. Tese de Doutoramento. São Paulo: FFLCH/USP, 1995.

Sánchez, Joan-Eugeni. *Espacio, economía y sociedad*. Madri: Siglo Vinteuno Ediciones, 1991.

Sánchez-Albornoz, Nicolás. *Españoles hacia América. La emigración en masa, 1880-1930*. Madri: Alianza Editorial, 1988.

Santos, Ivison Poleto dos. *A Sociedade Promotora de Imigração e o financiamento público do serviço de imigração (1886-1895)*. Dissertação de Mestrado. São Paulo: FFLCH/USP, 2008.

Santos, Roselys Izabel Correa dos. *Terra prometida: tese e antítese; os jornais do norte da Itália e a imigração para o Brasil (1875-1899)*. Tese de Doutoramento. São Paulo: FFLCH/USP, 1995.

Schwarcz, Lilia Moritz. *O espetáculo das raças: cientistas, instituições e questão racial no Brasil, 1870-1930*. São Paulo: Companhias das Letras, 1993.

Scott, Rebecca J. *Emancipação escrava em Cuba: a transição para o trabalho livre, 1860-1899*. Tradução de Maria Lúcia Lamounier. Rio de Janeiro: Paz e Terra; Campinas, SP: Editora da Unicamp, 1991.

SERENI, Emilio. *Il Capitalismo nelle campagne (1860-1900)*. Turim: Einaudi Editore, 1980.

SERRÃO, Joel. *Temas oitocentistas – I. Para a história de Portugal no século passado*. Lisboa: Livros Horizonte, 1980.

SIEWERT, Wulf. *El Atlántico: geopolítica de un océano* (1942). Tradução de Francisco Payarols. Barcelona: Editorial Labor, s.d.

SILVA, Alberto da Costa e. *Um rio chamado Atlântico: A África no Brasil e o Brasil na África*. Rio de Janeiro: Nova Fronteira; Ed. UFRJ, 2003.

SILVA, Lígia Osorio. *Terras devolutas e latifúndio: efeitos da Lei de 1850*. Campinas, SP: Editora da Unicamp, 1996

SILVA, Maria Beatriz Nizza da. *Documentos para a história da imigração portuguesa no Brasil, 1850-1938*. Rio de Janeiro: Editorial Nórdica, 1992.

SILVA, Sergio. *Expansão cafeeira e as origens da indústria no Brasil*. São Paulo: Alfa-Omega, 1995.

SIMONSEN, Roberto C. *Evolução industrial do Brasil e outros estudos*. São Paulo: Editora Nacional; Editora da USP, 1973.

SKIDMORE, Thomas E. *Preto no branco: raça e nacionalidade no pensamento brasileiro*. 2ª ed. Tradução de Raul de Sá Barbosa. Rio de Janeiro: Paz e Terra, 1976.

SMITH, Roberto. *Propriedade da terra e transição: estudo da formação da propriedade privada da terra e transição para o capitalismo no Brasil*. São Paulo: Brasiliense, 1990.

SORI, Ercole. *L'emigrazione italiana dall'Unità alla Seconda Guerra Mondiale*. Bolonha: Il Mulino, 1979.

SORI, Ercole. "La política de emigración en Italia (1860-1973). *Estudios Migratórios Latinoamericanos*. Buenos Aires, ano 18, n. 53, 2004, p. 7-42.

SORI, Ercole; TREVES, Anna (orgs.). *L'Italia in movimento: due secoli di migrazioni (XIX-XX)*. Udine: Forum, 2008.

SOUZA, Ricardo Luiz de. "Imigração chinesa, escravidão e questão racial". *Ágora*. Santa Cruz do Sul/ RS, v. 12, n. 1, 2006, p. 123-143.

SPINDEL, Cheywa R. *Homens e máquinas na transição de uma economia cafeeira*. Rio de Janeiro: Paz e Terra, 1979.

STEIN, Stanley J. *Grandeza e decadência do café no Vale do Paraíba*. Tradução de Edgar Magalhães. São Paulo: Brasiliense, 1961.

STOLCKE, Verena; HALL, Michael M. "A introdução do trabalho livre nas fazendas de café de São Paulo". *Revista Brasileira de História*. São Paulo, n. 6, 1983, p. 80-120.

SURDICH, Francesco. "Il problema dell'emigrazione in un giornale di armatori genovesi: *Italia all'Estero* (1894)". *Porto e aeroporto di Genova.* Gênova, n. 33, 1990, p. 961-968.

_____. "Il contributo di Vincenzo Grossi al dibattito sull'emigrazione italiana in Brasile". *Cuadernos de Ultramar.* Montevidéu, ano II, n. 4, 2002, p. 59-99.

SURDICH, Francesco. "I problemi dell'emigrazione nella rivista genovese *Il Faro*, portavoce degli interessi degli agenti marittimi (1888-1901)". *Miscellanea di Storia delle esplorazioni XXIX.* Gênova: Bozzi Editore, 2004, p. 145-160.

TAUNAY, Affonso d'Escragnolle. *História do café no Brasil.* v. 8. Rio de Janeiro: Departamento Nacional do Café, 1943

TELLES, Antonio de Queiroz. "Lavoura e imigração". *Revista da Sociedade Rural Brasileira.* São Paulo, n. 102, 1928, p. 331-334.

TONIZZI, M. Elizabetta. *Merci, strutture e lavoro nel porto di Genova tra '800 e '900.* Milão: Franco Agneli, 2000.

TRENTO, Angelo. *Do outro lado do Atlântico. Um século de imigração italiana no Brasil.* São Paulo: Nobel; Inst. Italiano di Cultura di San Paolo; Inst. Cultural Ítalo-Brasileiro, 1988.

_____. "La stampa periodica italiana in Brasile, 1765-1915". *Il Vetro – Rivista della Cività Italiana.* Roma, ano XXXIV, n. 3-4, 1990, p. 301-315.

TRINDADE, Maria Beatriz Rocha. *Bibliografia da emigração portuguesa.* Lisboa: Centro de Estudos de História e Cultura Portuguesa; Instituto Português de Ensino a Distância, 1984.

VALDALISO, Jesus M. "La transición de la vela al vapor en la flota mercante española: cambio tecnico y estrategia empresarial". *Revista de Historia Económica.* Madri, ano X, n.1, 1992, p. 63-98.

VALLAUX, Camille. *El suelo y el Estado.* Tradução de Carlos G. Posada. Madri: Daniel Jorro Editor, 1914.

VANGELISTA, Chiara. *Os braços da lavoura: imigrantes e caipiras na formação do mercado de trabalho paulista (1850-1930).* Tradução de Thei de Almeida V. Bertorelli. São Paulo: Hucitec, 1991.

_____. *Dal vechio al nuovo continente. L'immigrazione in America Latina.* Turim: Paravia, 1997.

VASCONCELOS, Henrique Doria de."Oscilações do movimento imigratório no Brasil". *Revista de Imigração e Colonização.* Rio de Janeiro, ano I, n.2, 1940.

VASSILIEF, Irina. Sociedade Central de Imigração nos fins do século XIX e a democracia rural. Tese de Doutoramento. São Paulo: FFLCH/USP, 1987.

VILLA, Deliso. Storia dimenticata. L'emigrazione italiana: il più grande esodo di un popolo nella storia moderna. Porto Alegre: EST, 2002.

VILLELA, Annibal Villanova; SUZIGAN, Wilson. *Política do governo e crescimento da economia brasileira, 1889-1945*. 2ª ed. Rio de Janeiro: IPEA; INPES, 1975.

WALLERSTEIN, Immanuel. *El moderno sistema mundial: la segunda era de gran expansion de la economia mundo capitalista, 1730-1850*. v. 3. Tradução de Jesus Albores. Madri: Siglo XXI, 1999.

_____. *Capitalismo histórico e civilização capitalista*. Tradução de Renato Aguiar. Rio de Janeiro: Contraponto, 2001.

WILLIAMS, Eric. *Capitalismo e escravidão* (1944). Tradução e notas de Carlos Nayfeld. Rio de Janeiro: Editora Americana, 1975.

WITTER, José Sebastião. *Ibicaba, uma experiência pioneira*. São Paulo: Edições Arquivo do Estado, 1982.

ZAIDMAN, Diana. *A imigração ao Brasil no Império: o caso particular da Hospedaria de Imigrantes da Ilha das Flores*. Dissertação de Mestrado. Niterói: ICHF/UFF, 1983.

Anexos

Tabela A.1. Movimento da emigração italiana, em % (1876-1915)
Região de origem e destino

Ano	Europa			América		
	Itália Setentrional	Itália Central	Itália Meridional	Itália Setentrional	Itália Central	Itália Meridional
1876	90,45	7,02	2,53	75,08	5,50	19,42
1877	90,80	7,30	1,90	73,46	4,36	22,18
1878	89,02	6,96	4,02	58,95	4,51	36,54
1879	86,16	8,81	5,03	50,35	3,46	46,19
1880	88,77	7,47	3,76	46,42	4,11	49,17
1881	88,13	8,82	3,05	45,63	4,62	49,75
1882	88,24	7,64	4,12	43,73	3,66	52,61
1883	84,91	8,37	6,72	39,32	5,37	55,31
1884	88,05	7,17	4,78	55,52	35,60	40,87
1885	83,54	10,19	6,27	48,32	5,07	46,61
1886	83,00	11,76	5,24	37,97	5,11	56,92
1887	85,30	9,71	4,99	47,49	5,63	46,88
1888	87,00	8,12	4,88	65,82	3,76	30,42
1889	88,64	6,35	5,01	49,15	7,84	43,01
1890	89,36	6,03	4,61	35,71	6,31	57,98
1891	88,14	5,95	5,91	60,44	4,04	35,52
1892	89,26	5,62	5,12	46,15	5,59	48,26
1893	88,84	5,22	5,94	33,14	6,51	60,35
1894	90,08	3,88	6,04	43,80	8,09	48,11

Tabela A.1. Movimento da emigração italiana, em % (1876-1915)
Região de origem e destino (cont.)

Ano	Europa			América		
	Itália Setentrional	Itália Central	Itália Meridional	Itália Setentrional	Itália Central	Itália Meridional
1895	90,47	3,68	5,85	43,66	9,00	47,34
1896	90,19	3,49	6,32	32,96	12,02	55,02
1897	89,29	6,32	4,39	36,44	12,68	50,88
1898	88,96	6,16	74,88	23,55	9,82	66,63
1899	89,94	6,48	3,58	20,14	9,72	70,14
1900	83,22	11,11	5,67	14,44	8,59	76,97
1901	78,65	11,87	9,48	12,40	12,51	75,09
1902	77,47	12,48	10,05	12,11	8,63	79,26
1903	77,59	12,49	9,92	14,08	9,91	75,41
1904	76,74	14,65	8,61	21,87	10,70	67,43
1905	77,78	14,97	7,25	16,78	10,58	72,64
1906	75,76	17,38	6,86	17,28	11,36	71,36
1907	74,25	17,67	8,08	17,42	11,33	71,25
1908	76,45	16,44	7,11	22,38	11,14	66,48
1909	75,22	16,34	8,44	15,23	11,30	73,47
1910	75,51	16,74	7,75	17,72	10,98	71,30
1911	76,46	17,19	6,35	19,00	11,34	69,66
1912	74,77	18,09	7,14	18,32	12,42	69,26
1913	76,86	16,48	6,66	17,76	12,68	69,56
1914	82,20	13,10	4,70	22,83	11,93	65,24
1915	79,15	13,33	7,19	19,05	11,30	69,65

Fonte: Commissariato dell'Emigrazione. *Annuario statistico della emigrazione italiana dal 1876 al 1925*. Roma, 1926.

Tabela A.2. Emigração italiana para a Europa e América, em % (1876-1915)

Ano	Europa	América	Outros Continentes*
1876	79,40	18,03	2,57
1877	77,12	21,34	1,54
1878	75,17	21,55	3,28
1879	66,76	30,94	2,30
1880	70,24	27,59	2,17
1881	67,81	30,09	2,10
1882	58,14	36,95	4,91
1883	58,35	37,49	4,16
1884	59,55	37,73	2,72
1885	49,77	46,11	4,12
1886	47,91	48,95	3,14
1887	38,24	60,03	1,73
1888	28,53	70,26	1,21
1889	42,41	56,40	1,19
1890	46,45	52,36	1,19
1891	35,38	63,50	1,12
1892	47,85	50,88	1,27
1893	42,34	56,05	1,61
1894	49,15	49,47	1,38
1895	35,91	62,73	1,36
1896	35,75	62,77	1,48
1897	41,79	57,13	1,08
1898	50,95	47,65	1,40
1899	52,83	45,38	1,79
1900	51,32	46,95	1,73
1901	45,82	52,16	2,02
1902	44,42	53,17	2,41
1903	42,51	55,20	2,29
1904	43,28	52,97	3,75
1905	36,76	61,23	2,01
1906	33,62	64,64	1,74
1907	39,24	58,79	1,97

Tabela A.2. Emigração italiana para a Europa e América, em % (1876-1915) (cont.)

Ano	Europa	América	Outros Continentes*
1908	49,51	48,78	1,71
1909	35,10	63,58	1,32
1910	37,20	61,53	1,27
1911	49,45	48,77	1,78
1912	41,38	56,18	2,44
1913	35,26	63,75	0,99
1914	50,40	48,16	1,44
1915	50,94	45,12	3,94

* África, Ásia e Oceania
Fonte: Commissariato dell'Emigrazione. *Annuario statistico della emigrazione italiana dal 1876 al 1925*. Roma, 1926.

Tabela A.3. Emigração Transoceânica por Portos Italianos
Comparação entre bandeira italiana e bandeira estrangeira (1901-1915)

Ano	Bandeira Italiana		Bandeira Estrangeira*		Bandeira Italiana		Bandeira Estrangeira*	
	N.º Vapores	%	N.º Vapores	%	N.º Viagens	%	N.º Viagens	%
1901	33	45,83	35	54,17	59	48,36	57	51,64
1902	39	40,62	49	59,38	174	45,19	194	54,81
1903	39	41,49	48	58,51	180	45,45	187	54,55
1904	37	42,05	41	57,95	170	44,27	182	55,73
1905	43	47,25	37	52,75	198	45,21	193	54,79
1906	46	47,92	38	52,08	204	46,79	190	53,21
1907	43	48,31	38	51,69	43	50,81	182	49,19
1908	44	55,00	30	45,00	44	58,60	142	41,40
1909	47	56,63	32	43,37	47	61,03	159	38,97
1910	45	56,96	32	43,04	45	61,89	161	38,11
1911	47	61,04	30	38,96	47	65,40	127	34,60
1912	34	56,67	26	43,33	34	60,94	125	39,06
1913	39	58,21	28	41,79	39	62,36	137	37,64
1914	35	50,00	35	50,00	35	64,10	112	35,90
1915	33	73,33	11	26,67	33	75,94	44	24,06

Tabela A.3. Emigração Transoceânica por Portos Italianos
Comparação entre bandeira italiana e bandeira estrangeira (1901-1915) (cont.)

Ano	Bandeira Italiana		Bandeira Estrangeira*	
	N.º Emigrantes	%	N.º Emigrantes	%
1901	48.597	61,15	28.934	38,85
1902	100.197	41,76	137.114	58,24
1903	113.580	43,64	139.780	56,36
1904	98.330	46,67	105.397	53,33
1905	162.247	46,41	173.090	53,59
1906	190.754	45,66	211.977	54,34
1907	196.008	52,12	171.410	47,88
1908	123.371	72,52	45.926	27,48
1909	215.863	63,55	120.736	36,45
1910	211.717	64,47	115.353	35,53
1911	133.845	63,59	76.624	36,41
1912	182.735	62,70	108.722	37,30
1913	272.443	65,67	142.417	34,33
1914	96.161	60,49	62.798	39,51
1915	33.164	76,68	10.026	23,32

* Alemã, Francesa e Inglesa.
Fonte: Commissariato dell'Emigrazione. *Annuario statistico della emigrazione italiana dal 1876 al 1925*. Roma, 1926.

Tabela A.4. Emigração Transoceânica dos Portos Italianos para a América do Norte
Bandeira Italiana e Bandeira Estrangeira (1901-1915)

Ano	Bandeira Italiana		Bandeira Estrangeira*		Bandeira Italiana		Bandeira Estrangeira*	
	N.º Vapores	%	N.º Vapores	%	N.º Viagens	%	N.º Viagens	%
1901	6	19,35	24	80,65	14	25,93	39	74,07
1902	20	32,79	37	67,21	64	28,44	153	71,56
1903	24	35,82	37	64,18	79	33,91	142	66,09
1904	20	35,09	28	64,91	65	30,09	134	69,91
1905	20	35,71	27	64,29	72	28,02	158	71,98
1906	23	35,93	31	64,07	75	29,18	157	70,82
1907	23	38,98	28	61,02	101	38,11	144	61,89
1908	23	46,94	21	53,06	82	42,05	108	57,95
1909	26	48,15	24	51,85	120	47,43	126	52,57
1910	24	47,06	25	52,94	123	48,81	125	51,19
1911	24	51,06	23	48,94	106	49,30	109	50,70
1912	12	38,71	19	61,29	78	44,32	98	55,68
1913	16	44,44	20	55,56	95	47,03	107	52,97
1914	19	50,00	19	50,00	97	55,11	79	44,89
1915	18	75,00	6	25,00	81	71,05	33	28,95

Tabela A.4. Emigração Transoceânica dos Portos Italianos para a América do Norte Bandeira Italiana e Bandeira Estrangeira (1901-1915) (cont.)

Ano	Bandeira Italiana		Bandeira Estrangeira*	
	N.º Emigrantes	%	N.º Emigrantes	%
1901	14.807	44,55	18.364	55,45
1902	57.763	31,51	123.839	68,49
1903	75.497	36,32	126.812	63,68
1904	45.871	33,04	87.356	66,96
1905	76.779	31,07	158.598	68,93
1906	89.733	31,08	185.695	68,92
1907	118.983	42,32	153.794	57,68
1908	34.041	51,65	31.167	48,35
1909	128.174	53,73	107.275	46,27
1910	110.734	51,88	101.391	48,12
1911	73.284	50,59	71.569	49,41
1912	100.726	50,83	97.441	49,17
1913	158.490	55,93	124.869	44,07
1914	61.225	51,29	58.151	48,71
1915	23.822	72,02	9.257	27,98

* Alemã, Francesa e Inglesa.
Fonte: Commissariato dell'Emigrazione. *Annuario statistico della emigrazione italiana dal 1876 al 1925*. Roma, 1926.

Tabela A.5. Emigração Transoceânica dos Portos Italianos para a América do Sul
Bandeira Italiana e Bandeira Estrangeira (1901-1915)

Ano	Bandeira Italiana		Bandeira Estrangeira*		Bandeira Italiana		Bandeira Estrangeira*	
	N.º Vapores	%	N.º Vapores	%	N.º Viagens	%	N.º Viagens	%
1901	26	63,41	12	36,59	42	64,62	18	35,38
1902	29	65,91	12	34,09	103	68,67	31	31,33
1903	26	68,42	11	31,58	95	65,52	45	34,48
1904	27	60,00	15	40,00	93	63,27	48	36,73
1905	36	75,00	10	25,00	114	71,70	35	28,30
1906	40	75,47	11	24,53	117	74,52	33	25,48
1907	29	72,50	11	27,50	106	73,10	38	26,90
1908	34	77,27	10	22,73	124	78,48	34	21,52
1909	31	79,49	8	20,51	128	79,50	33	20,50
1910	35	83,33	7	16,67	133	78,70	36	21,30
1911	30	81,08	7	18,92	123	87,23	18	12,77
1912	24	77,42	7	22,58	105	79,55	27	20,45
1913	28	77,78	8	22,22	120	80,00	30	20,00
1914	21	77,78	6	22,22	91	81,25	21	18,75
1915	15	78,95	3	21,05	50	83,33	9	16,67

Tabela A.5. Emigração Transoceânica dos Portos Italianos para a América do Sul Bandeira Italiana e Bandeira Estrangeira (1901-1915) (cont.)

Ano	Bandeira Italiana		Bandeira Estrangeira*	
	N.º Emigrantes	%	N.º Emigrantes	%
1901	33.576	72,96	10.570	27,04
1902	42.069	75,05	13.275	24,95
1903	37.643	73,21	12.968	26,79
1904	51.728	72,94	18.041	27,06
1905	84.618	83,47	14.492	16,53
1906	100.203	78,31	26.282	21,69
1907	76.084	81,10	22.590	18,90
1908	88.718	85,74	12.945	14,26
1909	87.046	86,61	13.600	13,39
1910	100.368	87,79	13.461	12,21
1911	59.506	92,17	13.962	7,83
1912	81.176	87,80	5.055	12,20
1913	113.335	86,59	13.046	13,41
1914	34.384	90,48	15.783	9,52
1915	9.179	93,07	3.618	6,93

* Alemã, Francesa e Inglesa.
Fonte: Commissariato dell'Emigrazione. *Annuario statistico della emigrazione italiana dal 1876 al 1925*. Roma, 1926.

Tabela A.6. Estatística dos Imigrantes entrados no Estado de São Paulo (1827 a 1915), por nacionalidades

Anos	Italianos	Espanhóis	Portugueses	Brasileiros	Austríacos	Diversas	Espontâneos	Subsidiados	Total
1827						226			226
1828						700			700
1829						29			29
1836						27			27
1837						277			277
1840			80						80
1846						18			18
1847						465			465
1849						86			86
1850						5			5
1851			53						53
1852			230			746			976
1853			379			156			535
1854			451			281			732
1855			618			1.507			2.125
1856		37	490			399			926
1857			294			215			509
1858			92			237			329
1859						120			120
1860						108			108
1861						218			218
1862						185			185
1863						10			10
1865						1			1
1866						144			144
1867			29			760			789
1868						109			109

Tabela A.6. Estatística dos Imigrantes entrados no Estado de São Paulo (1827 a 1915), por nacionalidades (cont.)

Anos	Italianos	Espanhóis	Portugueses	Brasileiros	Austríacos	Diversas	Espontâneos	Subsidiados	Total
1869			117						117
1870						159			159
1871			18			65			83
1872					13	310			323
1873			135			455			590
1874	5		91			24			120
1875	126	1	40			3.122			3.289
1876						1.303			1.303
1877	2.006	23	602		122	79			2.832
1878	706	251	557	380	35	129			2.058
1879	568	25	217	20	6	137			973
1880	97	21				495			613
1881						2705			
1882	1.866	223	547		37	70			2.743
1883	3.155	317	1.300		2	138			4.912
1884	2.169	134	2.280	11	45	240			4.879
1885	4.176	137	1.995		58	134			6.500
1886	6.094	178	2.718	2	84	460			9.536
1887	27.323	218	2.704	2	162	1.703			32.112
1888	80.749	1.465	7.757	260	1.112	743			92.086
1889	19.025	2.845	3.312	199	1.090	1.422	5.007	22.886	27.893
1890	20.991	4.875	5.561		620	6.244	6.475	31.816	38.291
1891	84.486	9.284	5.552	48	1.876	7.490	1.200	107.536	108.736
1892	34.274	3.166	3.551		535	535	1.088	40.973	42.061
1893	48.739	19.122	11.412		1.996	476	3.776	77.969	81.745
1894	22.420	5.869	4.676		1.042	85	14.855	34.092	48.947
1895	84.722	13.989	14.185		1.120	753	25.229	114.769	139.998
1896	49.846	14.965	5.713		3.663	731	24.092	74.918	99.010

Tabela A.6. Estatística dos Imigrantes entrados no Estado de São Paulo (1827 a 1915), por nacionalidades (cont.)

Anos	Italianos	Espanhóis	Portugueses	Brasileiros	Austríacos	Diversas	Espontâneos	Subsidiados	Total
1897	52.880	9.943	3.751		3.097	382	28.081	70.053	98.134
1898	20.389	3.439	2.470		463	453	19.725	27.214	46.939
1899	11.496	2.342	2.140	43	498	145	14.551	16.664	31.215
1900	7.460	2.055	251		1.335	8	11.693	11.109	22.802
1901	55.764	6.744	4.927	1.434	540	2.373	22.183	49.599	71.782
1902	28.895	1.741	4.817	2.555	441	1.937	21.075	19.311	40.386
1903	9.444	1.930	3.367	1.068	123	1.689	17.932	229	17.621
1904	9.476	6.372	5.168	3.990	224	2.521	20.746	7.005	27.751
1905	13.596	22.128	5.878	1.978	203	4.034	21.802	26.015	47.817
1906	16.394	20.349	4.773	2.215	911	3.787	24.544	23.885	48.429
1907	13.556	4.709	6.900	2.781	287	3.448	26.819	4.862	31.681
1908	9.704	9.891	11.855	2.947	367	5.461	30.792	9.433	40.225
1909	10.345	12.605	9.161	1.366	946	5.251	26.738	12.936	39.674
1910	8.988	13.336	8.714	992	604	7.844	24.961	15.517	40.478
1911	18.830	17.862	17.507	3.482	1.434	5.875	43.532	21.458	64.990
1912	24.813	28.987	32.813	3.307	1.065	10.962	59.460	42.487	101.947
1913	24.355	33.066	40.760	3.118	914	17.545	66.039	53.719	119.758
1914	11.706	14.903	11.697	1.789	393	7.925	32.977	15.436	48.413
1915	4.184	4.369	5.828	5.323	82	1.151	18.227	2.710	20.937
Total	845.818	293.916	260.533	39.310	27.545	120.027	613.599	934.601	1.725.375

Para período de 1884 a 1900, a divisão por nacionalidade refere-se exclusivamente aos imigrantes que vieram com passagens pagas pelo governo.

Obs.: Os cálculos foram revisados e corrigidos: detectou-se uma diferença a menor de 3.245 no total de imigrantes, sendo 540 na soma dos "brasileiros" e 2.705 na soma das "nacionalidades diversas".

Fonte: "Dados para a História da Immigração e da Colonização em S. Paulo". *Boletim do Departamento Estadual do Trabalho*. São Paulo, ano V, n. 19, 1916, p. 183-185.

Tabela A.7. Valor das passagens entre 1898 e 1901 (em liras italianas)
Transporte de emigrantes para Nova York

Companhia	Porto de Origem	1898	1899	1900	1901
Nav. Generale Italiana	Gênova	–	180	180	180
	Nápoles	126	126 a 160	165	165 a 185
La Veloce	Gênova	–	–	–	175 a 190
	Nápoles	–	–	–	175 a 185
Anchor Line	Gênova	–	–	–	–
	Nápoles	126 a 160	126 a 160	165	165 a 191
Cyprien Fabre & C.	Gênova	–	–	–	–
	Nápoles	126	126 a 160	165	165
Prince Line	Gênova	120	115	180 a 200	165 a 180
	Nápoles	146 a 156	146 a 160	165 a 175	165 a 185
Hamburg-American Line	Gênova	120 a 125	125 a 200	200	200
	Nápoles	156	156 a 186	191	165 a 191
Nord-Deutscher Lloyd	Gênova	120 a 125	125 a 200	200	200
	Nápoles	156 a 166	156 a 186	191	191
Transatlántica di Barcelona	Gênova	–	–	180	180
	Nápoles	–	–	–	165 a 180

Fonte: Commissariato dell'emigrazione (1902). *Relazione del Commissariato sui prezzi dei noli per trasporto degli emigranti per il primo quadrimestre dell'anno 1902.* ASG. Fondo Camera di Commercio. Busta 99.

Tabela A.8. Valor das passagens entre 1898 e 1901 (em liras italianas) Transporte de emigrantes para o Rio de Janeiro e Santos

Companhia	Porto de Origem	1898	1899	1900	1901
Nav. Generale Italiana	Gênova	150 a 170	140 a 150	150	150 a 170
	Nápoles	–	–	–	–
La Veloce	Gênova	130 a 150	140 a 170	150 a 170	150
	Nápoles	130	150	150 a 170	150 a 170
La Ligure Brasiliana	Gênova	130 a 150	150	130 a 160	150
	Nápoles	–	–	–	–
Transports Maritimes	Gênova	100 a 140	110 a 150	150 a 170	150 a 170
	Nápoles	–	150 a 160	–	110
Ottavio Zino	Gênova	–	–	–	–
	Nápoles	–	–	–	150

Fonte: Commissariato dell'emigrazione (1902). *Relazione del Commissariato sui prezzi dei noli per trasporto degli emigranti per il primo quadrimestre dell'anno 1902*. ASG. Fondo Camera di Commercio. Busta 99.

Tabela A.9. Valor das passagens entre 1898 e 1901 (em liras italianas)
Transporte de emigrantes para o Prata

Companhia	Porto de Origem	1898	1899	1900	1901
Nav. Generale Italiana	Gênova	170	170 a 200	180 a 220	170 a 200
	Nápoles	–	–	–	–
La Veloce	Gênova	–	160 a 200	180 a 220	200
	Nápoles	–	180	–	170
Italia	Gênova	–	–	200	125 a 150
	Nápoles	–	–	–	–
Puglia	Gênova	153 a 160	150 a 180	180 a 200	150
	Nápoles	–	–	–	–
Gelidense	Gênova	–	–	180 a 200	100 a 170
	Nápoles	–	–	180 a 200	100
Transports Maritimes	Gênova	153 a 160	150 a 180	180 a 200	150
	Nápoles	160 a 176	160 a 180	–	–
Transatlántica di Barcelona	Gênova	–	–	180 a 200	150 a 200
	Nápoles	–	–	–	165 a 180

Fonte: Commissariato dell'emigrazione (1902). *Relazione del Commissariato sui prezzi dei noli per trasporto degli emigranti per il primo quadrimestre dell'anno 1902*. ASG. Fondo Camera di Commercio. Busta 99.

Tabela A.10. Preços da passagem declarados na partida / Preços propostos no 1º Quadrimestre / Preços aprovados (1902)

Vapores	Preços declarados na partida	Preços efetivamente praticados	Preços propostos no 1º. quadrimestre	Preços máximos até abril de 1902
Linha do Brasil (Gênova ou Nápoles para Rio de Janeiro e Santos) (Gênova para Belém e Manaus)				
Navigazione Generale Italiana				
Washington	175	165	165	160
Marco Minghetti	175	–	165	160
Sempione	175	165	165	160
Para os rápidos (1)	–	–	165	160
La Veloce				
Savoia	210	–	185	160
Nord America	195	–	185	160
Ducca di Galliera	195	–	185	160
Duchessa di Genova	195	–	185	160
Venezuela	195	–	185	160
Centro America	195	–	185	160
Città di Milano	175	165	165	160
Città di Torino	175	–	165	160
Città di Genova	175	170	165	160
Piemonte	175	175	165	160
Etruria	175	–	165	160
Las Palmas	175	175	165	160
Ottavio Zino				
Attività	165	165	165	160
Equità	165	165	165	160

Tabela A.10. Preços da passagem declarados na partida / Preços propostos no 1º Quadrimestre / Preços aprovados (1902) (cont.)

Vapores	Preços declarados na partida	Preços efetivamente praticados	Preços propostos no 1º. quadrimestre	Preços máximos até abril de 1902
Linha do Brasil (Gênova ou Nápoles para Rio de Janeiro e Santos) (Gênova para Belém e Manaus)				
Ligure Brasiliana				
Rio Amazonas	165	165	165	160
Re Umberto	165	165	165	160
Minas	165	165	165	160
Colombo - Belém	143	168	168	160
Colombo - Manaus	180	208	208	185

(1) ver linha do Prata
Fonte: Commissariato dell'emigrazione (1902). *Relazione del Commissariato sui prezzi dei noli per trasporto degli emigranti per il primo quadrimestre dell'anno 1902*. ASG. Fondo Camera di Commercio. Busta 99.

Tabela A.11. Preços da passagem declarados na partida / Preços propostos no
1º Quadrimestre / Preços aprovados (1902)

Vapores	Preços declarados na partida	Preços efetivamente praticados	Preços propostos no 1º. quadrimestre	Preços máximos até abril de 1902
Linha do Prata (Gênova ou Nápoles para Montevidéu e Buenos Aires)				
Navigazione Generale Italiana				
Regina Margherita	230	230	200	–
Sirio	210	190 a 210	200	185
Orione	210	170 a 210	200	185
Perseo	210	170	200	185
Vicenzo Florio	185	–	180	–
Sempione	185	–	180	170
Manilla	–		180	170
La Veloce				
Savoia	230	170 a 210	200	185
Nord America	210	–	200	185
Ducca di Galliera	210	210	200	185
Duchessa di Genova	210	170 a 190	200	185
Venezuela	210	190 a 210	200	185
Centro America	210	210	200	185
Città di Milano	190	190	180	170
Città di Torino	190	–	180	170
Città di Genova	190	180 a 190	180	170
Piemonte	190	–	180	170
Etruria	190	–	180	170
Las Palmas	190	–	180	170
Italia				
Toscana	200	175 a 190	180	170
Ravenna	200	200	180	170
Antonia	200	190 a 200	180	170
La Plata	200	175 a 200	180	170

Tabela A.11. Preços da passagem declarados na partida / Preços propostos no 1º Quadrimestre / Preços aprovados (1902) (cont.)

Vapores	Preços declarados na partida	Preços efetivamente praticados	Preços propostos no 1º. quadrimestre	Preços máximos até abril de 1902
Linha do Prata (Gênova ou Nápoles para Montevidéu e Buenos Aires)				
Ercoli Saviotti				
Regina Elena	180	150 a 180	172	165
Calabro	180	180	172	165
Britania	–	172	172	165

Fonte: Commissariato dell'emigrazione (1902). *Relazione del Commissariato sui prezzi dei noli per trasporto degli emigranti per il primo quadrimestre dell'anno 1902.* ASG. Fondo Camera di Commercio. Busta 99.

Tabela A.12. Evolução dos Preços das Passagens: Linha do Brasil (valores em liras) – parte I

Cias. e Vapores / Ano de construção	$ Médio com concorrência	$ Médio com acordo	1902	1903	1904			1905			1906			1907	
					1º Quad.	2º Quad.	3º Quad.	1º Quad.	2º Quad.	3º Quad.	1º Quad.	2º Quad.	3º Quad.	1º Quad.	2º Quad.
NGI															
Umbria – 1902				180	180	180	180	180	180	180	178	178	178	178	178
Sicilia – 1901				180	180	180	180	180	180	180	178	178	178	178	178
Sardegna – 1901				180	180	180	180	180	180	180	178	178	178	178	178
Liguria – 1901	–		–	180	180	180	180	180	180	180	178	178	178	178	178
Lombardia – 1901		–		180	180	180	180	180	180	180	178	178	178	178	178
Piemonte – 1901				–	–	–	–	–	–	160	150	150	150	140	140
Campania – 1902				–	–	–	–	–	–	–	–	–	–	173	173
La Veloce															
Italia – 1905	–		–	–	–	–	–	–	–	180	178	178	178	178	178
Brasile – 1905		–		–	–	–	–	–	–	–	178	178	178	178	178
Argentina – 1905				–	–	–	–	–	–	–	178	178	178	178	178
Transp. Marítimes															
Pampa – 1906	–		–	–	–	–	–	–	–	–	–	–	173	173	173
Formosa – 1906		–		–	–	–	–	–	–	–	–	–	173	173	173
Algérie – 1901				165	165	165	165	165	160	160	158	158	158	158	158

Fonte: Mariano Rocco. *I noli degli emigranti prima e dopo la Legge del 1901*. Turim: S.T.E.N., 1908.

Tabela A.12. Evolução dos Preços das Passagens: Linha do Brasil (valores em liras) – parte II

Companhias e Vapores Ano de construção	$ Médio com concorrência	$ Médio com acordo	1902	1903	1904			1905			1906			1907	
					1º Quad.	2º Quad.	3º Quad.	1º Quad.	2º Quad.	3º Quad.	1º Quad.	2º Quad.	3º Quad.	1º Quad.	2º Quad.
NGI															
Regina Margherita – 1884			160	180	180	180	180	180	180	180	178	178	173	173	173
Orione – 1883			160	180	180	180	180	180	180	180	178	178	173	173	173
Perseo – 1883	150	150 a 170	160	180	180	180	180	180	180	180	178	178	173	173	173
Lazio – 1899			–	–	–	–	–	–	–	–	–	173	173	173	173
Sannio – 1899			–	–	–	–	–	–	–	–	–	173	173	173	173
La Veloce															
Savoia – 1897			160	180	180	180	180	180	180	180	178	178	178	178	178
Nord America – 1882			160	180	180	180	180	180	180	180	178	178	178	173	173
Centro America – 1897			160	180	180	180	180	180	180	180	178	178	178	173	173
Venezuela – 1898	130 a 150	150 a 170	160	180	180	180	180	180	180	180	178	178	178	173	173
Città di Napoli – 1871			160	170	170	170	170	170	170	170	163	158	158	153	153
Washington – 1880			160	165	165	165	165	165	165	165	163	153	148	148	148
Città di Milano – 1897			160	165	165	165	165	165	165	165	163	156	156	156	156
Città di Torino – 1897			160	165	165	165	165	165	165	165	163	156	156	156	156

Tabela A.12. Evolução dos Preços das Passagens: Linha do Brasil (valores em liras) – parte II (cont.)

Ligure Brasiliana														
Bulgaria – 1898		—	—	—	—	—	—	—	—	—	—	165	165	165
Re Umberto – 1892	130 a 150	130 a 160	165	—	—	—	—	165	165	163	160	160	160	160
Rio Amazonas – 1891			160	165	165	165	165	165	163	160	160	160	158	158
Minas – 1891			160	—	165	165	165	165	163	160	160	160	158	158
Transports Maritimes														
Aquitaine – 1891				—	165	165	165	165	155	153	153	153	153	153
Les Alpes – 1882			160	165	165	165	165	155	150	148	148	148	148	148
Provence – 1884			160	165	165	165	165	155	155	153	153	153	153	153
Italie – 1895	100 a 140	110 a 170	160	165	165	165	165	160	158	158	158	158	158	158
Espagne – 1891			160	165	165	165	165	160	158	158	158	158	158	158
France – 1897			—	—	165	165	165	160	158	158	153	158	158	158
Ottavio Zino														
Equità – 1885	100 a 140	150	160	165	165	165	165	165	155	150	150	148	148	148
Attività – 1888			160	165	165	165	165	160	152	145	142	143	134	134

Fonte: Mariano Rocco. *I noli degli emigranti prima e dopo la Legge del 1901*. Turim: S.T.E.N., 1908.

Tabela A.13. Número dos representantes autorizados e sua distribuição por província e por vetor (1909-1910)

Região	Navigazione Generale Italiana	La Veloce	Italia	Ligure Brasiliana	Lloyd Italiano	Lloyd Sabaudo	Sicula Americana	Nord-Deutscher Lloyd	White Star Line	Hamburg Amerika Line	Cyprien Fabre e C.
Piemonte	109	103	17	50	71	96	19	32	1	–	11
Ligúria	27	30	5	5	31	25	5	12	3	2	5
Lombardia	72	81	9	32	66	58	12	29	2	5	8
Vêneto	49	49	5	23	52	33	1	9	–	–	–
Emilia	62	60	5	15	38	37	6	21	1	–	7
Toscana	68	70	3	21	32	46	9	31	3	–	7
Marche	55	57	11	23	50	51	21	20	3	3	34
Umbria	18	20	8	3	13	20	10	6	1	2	17
Lazio	44	40	17	9	41	27	33	21	11	10	31
Abruzzi e Molise	162	166	51	33	147	141	120	152	88	75	155
Campânia	192	189	53	75	175	174	153	156	101	91	179
Puglia	93	78	27	28	85	82	62	70	38	30	94
Basilicata	86	85	30	24	81	75	35	45	31	28	53
Calábria	153	145	37	56	155	135	124	138	56	53	152
Sicília	178	162	137	84	159	159	165	145	120	111	157
Sardenha	22	18	–	5	10	20	4	9	–	–	3
Reino	**1.390**	**1.353**	**415**	**486**	**1.206**	**1.179**	**779**	**896**	**459**	**410**	**913**

Fonte: Reggio Commissariato dell'emigrazione. *Relazione sui servizi dell'emigrazione per l'anno 1909-1910, presentata al Ministro degli Affari Esteri dal commissario generale Luigi Rossi*. Roma: Tip. Nazionale di G. Bertero & C., 1910.

Tabela A.14. Movimento de vapores entre os portos da Europa e Santos (1898)

Vapor	Companhia	Embarque	Local	Chegada em Santos	Agência
Provence	SGTMV		Málaga	01 de junho	J. Antunes dos Santos
			Marselha		
			Gênova		Angelo Fiorita
			Gênova		Angelo Fiorita
Provence	SGTMV			19 de agosto	Angelo Fiorita
			Gênova		Angelo Fiorita
			Marselha		J. Antunes dos Santos
			Málaga		J. Antunes dos Santos
Matapan	Mess. Maritimes		Lisboa	07 de junho	J. Antunes dos Santos
S. Gottardo	Ligure Brasiliana		Gênova	10 de junho	Angelo Fiorita
Minas	Ligure Brasiliana		Gênova	26 de junho	Angelo Fiorita
			Gênova		Angelo Fiorita
Italie	SGTMV	26 de maio	Marselha	17 de junho	Angelo Fiorita
			Málaga		J. Antunes dos Santos
		28 de maio	Málaga		J. Antunes dos Santos
			Gênova		Angelo Fiorita
			Gênova		Angelo Fiorita
		01 de junho	Ilha da Madeira		J. Antunes dos Santos
			Ilha da Madeira		J. Antunes dos Santos
Rei de Portugal	Mess. Maritimes	10 de agosto	Leixões		J. Antunes dos Santos
Coblenz	Nord-Deutscher	16 de junho			J. Antunes dos Santos

Tabela A.14. Movimento de vapores entre os portos da Europa e Santos (1898) (cont.)

Vapor	Companhia	Embarque	Local	Chegada em Santos	Agência
Cordonan	Mess. Maritimes	01 de agosto	Lisboa		J. Antunes dos Santos
Sempione	NGI	21 de maio	Gênova		Angelo Fiorita
					Angelo Fiorita
			Marselha		Angelo Fiorita
Aquitanie	SGTMV	01 de agosto	Málaga		J. Antunes dos Santos
Les Andes	SGTMV	05 de julho	Marselha		J. Antunes dos Santos
			Málaga		J. Antunes dos Santos
Bearn	SGTMV	23 de julho	Málaga		J. Antunes dos Santos
			Marselha		J. Antunes dos Santos
			Marselha		Angelo Fiorita
Medoc	Mess. Maritimes	06 de julho	Lisboa		J. Antunes dos Santos
			Leixões		J. Antunes dos Santos

Fonte: Elaborada a partir de documentos do DAESP: Secretaria da Agricultura, CO 4738.

Tabela A.15. Importação de "trabalhadores sob contrato", por destino (1831-1920)

Região	1831-1840	1841-1850	1851-1860	1861-1870	1871-1880
Caribe Britânico	8.426	72.844	67.449	85.764	85.086
Ilhas Maurícios	25.403	94.272	184.289	71.292	37.829
Ilha da Reunião		19.015	65.598	15.005	7.807
Caribe Francês		1.180	26.879	34.755	27.238
Pacífico Francês				1.035	
Guiana Holandesa			801	2.447	6.763
Cuba		571	49.330	58.991	12.918
Peru		1.500	20.000	47.116	32.000
África				6.445	17.834
Queensland		780	4.350	3.667	16.265
Ilhas Fiji				3.349	12.915
Havaí			672	1.747	13.371
Total	33.829	190.162	419.368	331.613	270.026

Região	1881-1890	1891-1900	1901-1910	1911-1920	Total
Caribe Britânico	68.948	64.934	54.803	21.150	529.404
Ilhas Maurícios	19.178	8.194	12.145		452.602
Ilha da Reunião	3.695				111.120
Caribe Francês	10.746				100.798
Pacífico Francês					1.035
Guiana Holandesa	8.727	9.782	15.043	13.588	57.151
Cuba					121.810
Peru		790	5.311	11.663	118.380
África	20.134	72.662	130.167	8.074	255.316
Queensland	26.621	12.054	3.935		67.672
Ilhas Fiji	14.930	12.276	23.350	15.640	82.460
Havaí	39.449	59.949			115.188
Total	212.428	240.641	244.754	70.115	2.012.936

Fonte: David Northrup. *Indentured labor in the age of imperialism, 1834-1922*. Nova York: Cambridge University Press, 1995, p. 159-161.

Tabela A.16. Aviso de entradas de navios e mercadorias no porto de Gênova no ano de 1889

L'AVVISATORE MARITTIMO – Giornale Commerciale Maritimo				
Data	Procedência	Vapor	Cia. de Navegação	Produtos
04.jan.1889	Buenos Aires	Umberto	NGI	grãos; tecidos; couro seco
05.jan.1889	Santos; RJ; Bahia	Poitou	SGTMV	café; cacau
05.jan.1889	Santos	Bourgogne	SGTMV	café
11.jan.1889	Buenos Aires	Regina Marghetita	NGI	lã; peles
11.jan.1889	Buenos Aires	Matteo Bruzzo	La Veloce	lã; peles
12.jan.1889	Santos	San Gottardo	La Veloce	café
16.jan.1889	Rio de Janeiro	Birmania	NGI	café
22.jan.1889	Buenos Aires	Adria	NGI	couro seco
24.jan.1889	Buenos Aires	Nord America	La Veloce	lã; peles
28.jan.1889	RJ; Santos	Fortunnata R.	La Veloce	café; cognac
28.jan.1889	B. Aires; Montevidéu	Provincia de S. Paolo	Schiaffino & Solari	lã; grãos
29.jan.1889	Rio de Janeiro	Malabar	NGI	café; tabaco
29.jan.1889	Buenos Aires	Manilla	NGI	objetos de arte
07.fev.1889	Buenos Aires	Duca di Galliera	La Veloce	lã; couros; grãos
14.fev.1889	Rosário; Montevidéu	Solferino	Schiaffino & Solari	peles; couro seco; semelino
19.fev.1889	B. Aires; Montevidéu	Perseo	NGI	couros; peles
26.fev.1889	Santos; RJ	Regina	La Veloce	café
05.mar.1889	B. Aires; Montevidéu	Sirio	NGI	couros
05.mar.1889	Buenos Aires	Napoli	La Veloce	grãos; vinho; couro seco
12.mar.1889	Rosário; B. Aires; Montevidéu	G.B. Lavarello	F. Lavarello	couros; café; 11 cavalos; 2 elefantes
20.mar.1889	Buenos Aires	Indipendente	NGI	peles; couros; café
21.mar.1889	Buenos Aires	Umberto	NGI	grãos; chifres; couros; estampas
22.mar.1889	B. Aires; Montevidéu	Duchesa di Genova	La Veloce	lã; couro seco; erva-mate; peles; banana
26.mar.1889	Bahia	Adria	NGI	café; couro
26.mar.1889	Buenos Aires	Nord America	La Veloce	couro; lã; vinho

Tabela A.16. Aviso de entradas de navios e mercadorias no
porto de Gênova no ano de 1889 (cont.)

L'AVVISATORE MARITTIMO – Giornale Commerciale Maritimo

Data	Procedência	Vapor	Cia. de Navegação	Produtos
26.mar.1889	Rosário; Buenos Aires	Rosario	F. Lavarello	couro seco; grãos; lã; chifres
28.mar.1889	Rio de Janeiro; L'Asinara	San Gottardo	La Veloce	café; farinha
04.abr.1889	B. Aires; Montevidéu	Regina Marghetita	NGI	couro; café; grãos; peles
06.abr.1889	B. Aires; Montevidéu	Matteo Bruzzo	La Veloce	couro; chifres, lã, vinho
06.abr.1889	Santos	Fortunnata R.	La Veloce	café; açúcar
12.abr.1889	Buenos Aires	Europa	La Veloce	couro seco; lã; peles; grãos
16.abr.1889	Montevidéu	San Martino	Schiaffino & Solari	conservas; couro
16.abr.1889	B. Aires; Montevidéu	Duca di Galliera	La Veloce	lã; chifres; couro seco
18.abr.1889	Rio de Janeiro	Carlo R.	La Veloce	café
20.abr.1889	Buenos Aires	Orione	NGI	grãos; miúdos
23.abr.1889	B. Aires; Rio de Janeiro	Giava	NGI	couro seco; grãos; café
29.abr.1889	B. Aires; Montevidéu	Vittoria	La Veloce	diversos
07.mai.1889	B. Aires; Montevidéu	Perseo	NGI	grãos; couro seco; carne seca
08.mai.1889	Rio de Janeiro	Birmania	NGI	café
16.mai.1889	Buenos Aires	Napoli	La Veloce	couro seco; chifres, lã
17.mai.1889	Buenos Aires	Pacifica	Schiaffino & Solari	couro; grãos
20.mai.1889	Rio de Janeiro; L'Asinara	Regina	La Veloce	café
20.mai.1889	Montevidéu; Rio de Janeiro	Pò	NGI	peles; café
25.mai.1889	B. Aires; Montevidéu	Duchesa di Genova	La Veloce	lã; couro seco; vinho
28.mai.1889	Rosário; Buenos Aires	G.B. Lavarello	F. Lavarello	lã; grãos; vinho; chifres
29.mai.1889	B. Aires; Montevidéu	Sirio	NGI	grãos; couro; peles
31.mai.1889	Buenos Aires	Brasil	G. Cresta	lã; peles; grãos
05.jun.1889	Buenos Aires	Nord America	La Veloce	peles; lã; chifres

Tabela A.16. Aviso de entradas de navios e mercadorias no
porto de Gênova no ano de 1889 (cont.)

\multicolumn{5}{c}{L'AVVISATORE MARITTIMO – Giornale Commerciale Maritimo}
Data	Procedência	Vapor	Cia. de Navegação	Produtos
11.jun.1889	Buenos Aires	Indipendente	NGI	erva-mate; chifres; grãos
15.jun.1889	B. Aires; Montevidéu	Regina Marghetita	NGI	grãos; vinho; couro seco; peles
22.jun.1889	B. Aires; Montevidéu	Europa	La Veloce	diversos; peles
26.jun.1889	Rosário; Buenos Aires	Città di Genova	F. Lavarello	grãos; erva-mate; farinha
27.jun.1889	Buenos Aires	Duca di Galliera	La Veloce	peles
04.jul.1889	Bahia (Marselha)	Savoie	SGTMV	café; cacau
05.jul.1889	Buenos Aires	Orione	NGI	couro; grãos, lã; couro seco
09.jul.1889	Rosário; Montevidéu	Adelaide	F. Lavarello	grãos; estampas; peles; lã
10.jul.1889	Buenos Aires; Barcelona	Vittoria	La Veloce	lã; peles; material elétrico
25.jul.1889	B. Aires; Montevidéu	Montana	F. Lavarello	couro; lã
02.ago.1889	B. Aires; Montevidéu; Barcelona	Umberto	NGI	prata; couro seco; peles; lã; algodão
02.ago.1889	Santos	Fortunnata R.	La Veloce	café; couro
07.ago.1889	Buenos Aires	Carlo R.	NGI	tabaco; peles
07.ago.1889	Buenos Aires	Duchesa di Genova	La Veloce	grãos; couro seco
08.ago.1889	Rosário; Montevidéu	G.B. Lavarello	F. Lavarello	grãos; couro; peles
15.ago.1889	Buenos Aires	Giava	NGI	peles secas
17.ago.1889	B. Aires; Montevidéu; Santos; RJ	Birmania	NGI	grãos; peles; chifres; café
25.ago.1889	Buenos Aires; Barcelona	Napoli	La Veloce	compostos medicinais; onorificenze
03.set.1889	B. Aires; Montevidéu; RJ	Indipendente	NGI	lã; peles; couro seco; café; medicamentos
04.set.1889	B. Aires; Montevidéu	Città di Genova	F. Lavarello	couro seco
08.set.1889	B. Aires; Montevidéu	Pò	NGI	lã; grãos; couro seco; ovos de avestruz
10.set.1889	Rosário; B. Aires; Montevidéu	Caffaro	Stef. Repetto	couro seco
17.set.1889	Rio de Janeiro	Adria	NGI	café

Tabela A.16. Aviso de entradas de navios e mercadorias no porto de Gênova no ano de 1889 (cont.)

L'AVVISATORE MARITTIMO – Giornale Commerciale Maritimo

Data	Procedência	Vapor	Cia. de Navegação	Produtos
18.set.1889	B. Aires; Montevidéu	Duca di Galliera	La Veloce	couro seco; farinha; prata; peles; lã
19.set.1889	B. Aires; Montevidéu	Sirio	NGI	grãos; vinho; peles; couro seco
24.set.1889	Rosário; B. Aires; Montevidéu	Adelaide	F. Lavarello	grãos; café
02.out.1889	Buenos Aires	Vittoria	La Veloce	couro; peles; grãos
05.out.1889	Motevidéu; Santos; Rio de Janeiro	Regina	La Veloce	lã; café
11.out.1889	B. Aires; Montevidéu	Orione	NGI	grãos; couro seco; peles
12.out.1889	B. Aires; Montevidéu	Montana	F. Lavarello	grãos; chifres; couro; lã
18.out.1889	Buenos Aires; Rio de Janeiro	Stura	NGI	grãos; café
19.out.1889	B. Aires; Montevidéu	Perseo	NGI	grãos; chifres; couro seco; peles; lã
26.out.1889	B. Aires; Montevidéu	Matteo Bruzzo	La Veloce	grãos; peles
28.out.1889	Buenos Aires	Nord America	La Veloce	grãos
29.out.1889	B. Aires; Montevidéu	Napoli	La Veloce	grãos; couro seco; peles
06.nov.1889	B. Aires; Montevidéu	Umberto	NGI	grãos; couro; erva-mate
06.nov.1889	B. Aires; Santos; Rio de Janeiro	San Gottardo	La Veloce	grãos; couro seco; lã; cacau; café; vinho
07.nov.1889	B. Aires; Montevidéu	Duchesa di Genova	La Veloce	grãos; couro seco
07.nov.1889	Rosário; B. Aires; Montevidéu	Acquila	F. Lavarello	couro seco
14.nov.1889	Buenos Aires	Regina Marghetita	NGI	grãos; couro seco
16.nov.1889	Rosário; B. Aires; Montevidéu	Rosario	F. Lavarello	grãos; couro seco
18.nov.1889	Buenos Aires	Vicenzo Florio	NGI	lã; grãos; café; couro seco
21.out.1889	Buenos Aires	Europa	La Veloce	grãos; couro seco
22.nov.1889	B. Aires; Montevidéu	Città di Genova	F. Lavarello	grãos; peixe seco

Tabela A.16. Aviso de entradas de navios e mercadorias no
porto de Gênova no ano de 1889 (cont.)

L'AVVISATORE MARITTIMO – Giornale Commerciale Maritimo				
Data	Procedência	Vapor	Cia. de Navegação	Produtos
27.nov.1889	B. Aires; Montevidéu	*Duca di Galliera*	La Veloce	lã; grãos; couro seco; peles
03.dez.1889	Santos	*Brasil*	G. Cresta	café; cacau; vinho
04.dez.1889	B. Aires; Montevidéu; Santos; RJ	*Carlo R.*	La Veloce	couro seco; grãos; farinha; lã; peles; café
04.dez.1889	B. Aires; Montevidéu	*Adelaide Lavarello*	La Veloce	grãos; chifres; couro seco; cx. de ouro e prata
04.dez.1890	B. Aires; Montevidéu; RJ	*Pò*	NGI	grãos; couro seco; café
10.dez.1889	B. Aires; Montevidéu; Barcelona	*Vittoria*	La Veloce	grãos; couro seco; peles; lã; prata; vinho
12.dez.1889	B. Aires; Montevidéu	*Sirio*	NGI	grãos; couro seco; vinho
14.dez.1889	Santos; Bahia	*Dauphnè*	A. Crilanovich	café
19.dez.1889	B. Aires; Montevidéu	*Nord America*	La Veloce	grãos; peles; lã
23.dez.1889	B. Aires; Montevidéu	*Montana*	F. Lavarello	grãos; couro seco; chifres
28.dez.1889	Buenos Aires	*G.B. Lavarello*	F. Lavarello	grãos
28.dez.1889	B. Aires; Montevidéu; RJ	*Giava*	NGI	grãos; couro seco; couro; café

Resumo: 104 vapores, entre 02 de janeiro a 28 de dezembro de 1889.
Fonte: *L'Avvisatore Marittimo* (BUG).

Tabela A.17. Número e tonelagem de vapores e veleiros por país (1903)

País	Vapores		Veleiros		Total	
	Nº	Ton. de registro	Nº	Ton. de registro	Nº	Ton. de registro
Inglaterra	5.839	8.404.740	7.029	2.233.684	12.868	10.338.424
Alemanha	1.167	1.631.296	957	527.543	2.124	2.158.839
Estados Unidos	774	1.018.589	3.784	1.433.998	4.558	2.452.587
França	556	563.695	1.429	467.026	1.985	1.030.721
Noruega	804	538.341	1.837	807.125	2.641	1.345.466
Espanha	428	482.461	573	98.264	1.001	580.725
Itália	353	456.574	1.561	529.401	1.914	985.975
Rússia	523	348.874	2.956	542.129	3.479	891.003
Holanda	288	360.325	695	118.326	983	478.651
Japão	365	333.446	1.497	172.480	1.862	505.926
Áustria	221	326.032	125	32.905	346	358.937
Suécia	570	312.933	1.533	280.864	2.103	593.797
Dinamarca	339	266.567	758	125.799	1.097	392.366
Grécia	158	183.579	910	175.999	1.068	359.578
Bélgica	78	111.626	12	3.065	90	114.691
Brasil	204	85.680	340	76.648	544	162.328
Turquia	93	60.179	914	180.363	1.007	240.542
Argentina	81	41.861	159	41.776	240	83.637
Chile	39	39.844	111	50.960	150	90.804
China	35	36.600	12	1.661	47	38.261
Portugal	25	28.758	275	55.814	300	84.572
Cuba	38	24.481	118	11.425	156	35.906
Uruguai	26	15.026	–	–	26	15.026
Romênia	12	12.092	23	4.207	35	16.299
México	24	7.182	48	8.747	72	15.929

Fonte: *La Marina Mercantile Italiana*. n.19, Ano I, 1903.

Tabela A.18. Quadro resumo da tonelagem da marinha mercante no mundo veleiros e vapores (1815-1903)

Ano	Vapores (toneladas)	Veleiros (toneladas)	Total
1816	1.500	3.415.100	3.416.600
1830	30.200	4.016.000	4.046.200
1840	97.000	4.656.000	4.753.000
1850	216.800	6.983.900	7.200.700
1860	764.000	10.712.000	11.476.000
1870	1.709.100	12.352.600	14.061.700
1880	4.745.700	13.267.500	18.013.200
1890	8.286.747	10.540.051	18.826.798
1900	12.165.251	8.347.596	20.512.847
1901	13.042.283	8.203.201	21.245.484
1902	14.653.993	8.117.796	22.771.789
1903	15.431.704	8.078.997	23.510.701

Fonte: *La Marina Mercantile Italiana*. n. 22, Ano I, 1903.

Tabela A. 19. Valores das exportações e importações brasileiras, em libras esterlinas (1872-1915)

Ano	Mundo (M)				Itália (I)			I/M (%)	
	Exportação	Importação	Saldo	Exportação	Importação	Saldo		Exportação	Importação
1872-1873	22.392.000	16.516.000	5.876.000	112.849	79.505	33.344		0,50	0,48
1901	40.622.000	21.377.000	19.245.000	378.171	816.667	-438.496		0,93	3,82
1902	36.437.000	23.279.000	13.158.000	325.104	852.886	-527.782		0,89	3,66
1903	36.833.000	24.208.000	12.625.000	312.240	901.259	-589.019		0,85	3,72
1904	39.430.000	25.915.000	13.515.000	373.313	942.249	-568.936		0,95	3,64
1905	44.643.000	29.830.000	14.813.000	414.270	993.994	-579.724		0,93	3,33
1906	53.059.000	33.204.000	19.855.000	510.118	1.094.826	-584.708		0,96	3,30
1907	54.177.000	40.528.000	13.649.000	316.047	1.434.821	-1.118.774		0,58	3,54
1908	44.155.000	35.491.000	8.664.000	505.049	1.204.624	-699.575		1,14	3,39
1909	63.724.000	37.139.000	26.585.000	548.162	1.081.628	-533.466		0,86	2,91
1910	63.092.000	47.872.000	15.220.000	434.139	1.519.965	-1.085.826		0,69	3,18
1911	66.839.000	52.822.000	14.017.000	770.204	1.926.282	-1.156.078		1,15	3,65
1912	74.649.000	63.425.000	11.224.000	842.820	2.488.798	-1.645.978		1,13	3,92
1913	65.451.000	67.166.000	-1.715.000	836.890	2.544.407	-1.707.517		1,28	3,79
1914	46.803.000	35.473.000	11.330.000	1.393.753	1.448.567	-54.814		2,98	4,08
1915	53.951.000	30.088.000	23.863.000	1.662.748	1.323.013	339.735		3,08	4,40

Fonte: IBGE. *Estatísticas históricas do Brasil. Séries econômicas demográficas e sociais de 1550 a 1988.* v. 2. 2ª ed. Rio de Janeiro: IBGE, 1990, p. 568-570 e 574.

Tabela A.20. Café recebido no porto de Santos (1885-1915) sacas de 60Kg

Ano	Milhares de sacas
1885	1.665
1886	2.620
1887	1.115
1888	2.610
1889	1.870
1890	2.915
1891	3.655
1892	3.215
1893	1.720
1894	3.985
1895	3.090
1896	5.100
1897	6.160
1898	5.580
1899	5.705
1900	7.970
1901	10.165
1902	8.350
1903	6.395
1904	7.426
1905	6.983
1906	15.392
1907	7.203
1908	9.533
1909	11.495
1910	8.110
1911	9.972
1912	8.585
1913	10.855
1914	9.497
1915	11.747

Fonte: Thomas H. Holloway. "Condições do mercado de trabalho e organização do trabalho nas plantações na economia cafeeira de São Paulo, 1885-1915". *Estudos Econômicos*. São Paulo, v. 2, n. 6, 1972, p. 178-179. Apêndice I.

MERCADORES DE BRAÇOS 525

Tabela A. 21. Mapa demonstrativo do transporte de café por companhias de navegação nacionais e estrangeiras
(safras de 1902-1903 a 1905-1906)

Companhias	Rio	Santos	Vitória	Bahia	Outros Portos	1905/1906	1904/1905	1903/1904	1902/1903
Lamport & Holt Line	1.205.457	1.207.208	161.950	35.652	10	2.610.277	2.932.131	2.692.800	2.678.560
H.S.A Dampfschiffahrts Gesellschaft	181.525	1.243.834	4.689	41.205	–	1.471.253	1.300.721	1.294.514	1.591.471
Chargeurs Réunis	110.155	335.639	–	15.378	–	461.172	347.598	961.928	1.221.301
Hamburg Amerika Linie	94.557	847.572	–	652	17	942.798	612.672	849.524	1.170.279
Prince Line	172.149	439.510	28.750	302	–	640.711	670.482	785.312	866.854
Nord-Deutscher Lloyd	87.112	724.646	–	32.285	1.473	858.516	476.784	647.194	855.378
Royal S. Navigation Co. "Adria"	64.398	268.586	3.505	7.180	–	343.669	329.337	304.133	–
Austrian Lloyd	99.508	321.875	2.250	4.206	–	427.839	286.284	356.516	686.087
Roberto M. Sloman & C.	56.990	249.481	–	–	1.258	307.729	488.237	577.213	657.228
Royal Mail Steam Packet C.	158.227	238.763	–	38.644	1.744	437.428	245.935	484.058	710.335
Société Générale de Transp. Marit.	196.022	161.397	–	18.048	–	375.467	200.682	286.471	334.692
Lloyd Brasileiro	35.877	225	–	–	–	36.102	68.659	98.857	98.748
La Veloce	81.377	44.052	–	–	–	125.429	80.652	69.086	127.094
Ligure Brasiliana	11.578	20.092	–	–	8.014	39.684	32.660	32.040	94.254
Messageries Maritimes	70.578	40.055	–	8.114	–	118.747	54.258	65.717	83.561
E.N. Grão Pará	16.634	110	–	–	–	16.744	71.577	80.367	89.436
Companhia de Navegação "Costeira"	82.528	–	–	–	–	82.528	50.311	33.865	50.246
La Gelidence	–	–	–	–	–	–	–	–	31.029
Navigazione Generale Italiana	20.583	12.417	–	–	–	33.000	14.372	38.824	28.560

Tabela A. 21. Mapa demonstrativo do transporte de café por companhias de navegação nacionais e estrangeiras (safras de 1902-1903 a 1905-1906) (cont.)

Companhias	Rio	Santos	Vitória	Bahia	Outros Portos	1905/1906	1904/1905	1903/1904	1902/1903
Companhia Transatlantica	–	–	–	–	1.638	–	–	38.464	–
Pacific. Steam Navigation	32.880	85	–	–	–	34.703	5.241	6.003	12.612
Empresa Sal e Navegação	1.020	–	–	–	–	1.920	6.238	4.366	4.461
E. Navegação Salina	9.972	–	–	–	–	9.972	3.320	7.200	4.951
E. Navegação Pernambucana	967	–	–	–	–	967	1.095	6.897	16.512
Empresa Esperança Marítima	–	–	–	–	–	–	901	1.020	1.185
E.N. Paraense	22.103	–	–	–	–	22.103	15.972	15.132	15.658
Società di Navigazione Italiana	–	57.395	–	–	–	57.395	57.166	40.151	68.612
Booth Line	–	–	–	–	–	–	–	–	103.497
Companhia Nacional do Maranhão	–	–	–	–	–	–	–	–	13.837
Empresa de Nav. "R. de Janeiro"	–	–	–	–	–	–	1.340	3.185	1.000
Empresa Marítima Brasileira	150	–	–	–	–	150	1.311	2.425	–
Empresa Freitas	76.226	–	–	–	–	76.226	62.834	1.410	–
Honston Line	–	–	–	–	–	–	–	1.027	–
A Folck	1.735	88.070	–	–	–	89.805	34.388	–	–

Tabela A. 21. Mapa demonstrativo do transporte de café por companhias de navegação nacionais e estrangeiras
(safras de 1902-1903 a 1905-1906) (cont.)

Companhias	Rio	Santos	Vitória	Bahia	Outros Portos	1905/1906	1904/1905	1903/1904	1902/1903
E.N. Idalina	3.735	–	–	–	–	3.735	4.266	–	–
E.N. Norte e Sul	65	–	–	–	–	55	9.986	–	–
Linea Sul America	7.500	14.310	–	–	–	21.810	15.684	–	–
Diversos	402.683	964.740	196.100	27.416	25.948	1.616.917	2.031.970	1.539.227	1.735.651
Total	3.305.231	7.280.162	397.244	229.112	40.102	11.251.851	10.509.394	11.324.229	13.353.089
Valores corrigidos	3.304.291	7.280.062	397.244	229.082	40.102	11.264.851	10.515.064	11.324.926	13.353.089

Fonte: Relatório da Associação Comercial de Santos, 1906.

Tabela A.22. Café saído, conforme manifestos, para o exterior e por cabotagem, discriminado por portos de procedência e armadores, em sacas de 60 Kg (1907)

Armadores	Rio	Santos	Vitória	Bahia	Outras Origens	Total
Adria	107.933	359.617	–	7.350	–	474.900
Amazon Steam Navigation	–	–	–	–	88	88
Chargeurs Réunis	178.907	676.230	–	25.873	–	881.010
Cia. Commercio e Navegação	90.731	–	–	–	–	90.731
Cia. Italio Americana	3.126	343	–	–	–	3.469
Cia. Nacional de Navegação Costeira	83.844	–	–	–	–	83.844
Cia. de Navegação Pernambucana	1.513	–	–	–	–	1.513
Empresa Esperança Maritima	350	–	–	–	–	350
Empresa de Navegação Sul Rio Grande	1.860	–	–	–	–	1.860
Hamburg Amerika Linie	349.628	1.805.971	–	6.592	4	2.162.195
H.S.A Dampfschiffahrts Gesellschaft	345.851	1.946.592	24.452	16.243	6	2.333.144
La Ligure Brasiliana	6.359	4.609	–	–	–	10.968
Lamport & Holt Line	763.188	2.088.207	173.569	35.978	–	3.060.942
Linea del Sud America "Zino"	8.609	6.089	–	–	–	14.698
Lloyd Brasileiro	175.762	140	50.778	8.351	14.041	249.072
Lloyd Italiano	13.027	6.369	–	–	–	19.396
Lloyd Austriaco	79.166	285.435	–	12.242	105	376.948
Lloyd Sabaudo	–	1.396	–	–	–	1.396
La Veloce	20.310	31.619	–	–	–	51.929
Messageries Maritimes	65.486	20.445	–	6.469	3	92.403

Tabela A.22. Café saído, conforme manifestos, para o exterior e por cabotagem, discriminado por portos de procedência e armadores, em sacas de 60 Kg (1907) (cont.)

Armadores	Rio	Santos	Vitória	Bahia	Outras Origens	Total
Navigazione Generale Italiana	19.752	14.084	–	–	–	33.836
Nord– Deutscher Lloyd	141.445	1.272.927	–	9.215	2.724	1.426.311
Pacific. Steam Navigation	18.915	1.796	6.500	1.200	–	28.411
Prince Line	244.284	665.815	97.750	2.000	–	1.009.849
Roberto M. Sloman & C. (Union)	95.368	202.629	–	–	–	297.997
Royal Mail Steam Packet C.	336.578	1.097.984	–	45.698	1.419	1.481.679
Società di Navigazione "Italia"	18.078	29.878	–	–	–	47.956
S.G. Transports Maritimes à Vapeur	203.790	103.198	–	26.014	6	333.008
S.A Genoveza	–	1.629	–	–	–	1.629
S.A Transatlantica "A Folck"	612	84.453	–	–	–	85.065
Diversos Alemães	–	–	2.500	–	2	2.502
Diversos Americanos	11.000	–	50.000	–	–	61.000
Diversos Argentinos	–	–	–	–	110	110
Diversos Austríacos	–	–	–	–	12	12
Diversos Franceses	–	7.000	–	–	–	7.000
Diversos Espanhóis	–	4.231	–	–	–	4.231
Diversos Ingleses	385.012	651.193	55.400	–	45	1.091.650
Diversos Italianos	–	1.201	–	–	–	1.201
Diversos Nacionais	2.446	91.765	–	–	216	94.427
Diversos Norugueses	54.082	77.835	–	1.013	188	133.118
Diversos Peruanos	–	–	–	–	10	10
Diversos Orientais	–	400	–	–	1	401
Divresos Russos	–	20.801	–	–	–	20.801
Total	3.827.012	11.561.881	460.949	204.238	18.980	16.073.060

Fonte: Relatório da Associação Comercial de Santos, 1909.

Tabela A.23. Exportação de café pelo porto de Santos, discriminado por companhias de navegação – safra 1912/1913

Companhias	2º Semestre de 1912	1º Semestre de 1913	Total
Lamport & Holt Line	1.040.340	585.630	1.625.970
H.S.A Dampfschiffahrts Gesellschaft	955.446	491.635	1.447.081
Prince Line	734.042	303.579	1.037.621
Hamburg Amerika Linie	680.375	319.338	999.713
Nord-Deutscher Lloyd Bremen	604.125	201.032	805.157
Chargeurs Réunis	389.649	239.794	629.443
Royal Mail Steam Packet C.	207.740	230.513	438.253
Adria	262.777	139.766	402.543
Austro-Americana	239.581	82.672	322.253
Koninklijke H. Lloyd	203.963	41.843	245.806
Jonshon Line	98.768	51.433	150.201
Lloyd Brasileiro	86.986	47.638	134.624
Société Générale de Transp. Marit.	83.678	33.838	117.516
Pinillos, Izquierdo y Co.	57.348	37.537	94.885
Harrison Line	45.895	42.882	88.777
Italia	31.567	17.147	48.714
La Veloce	30.167	10.621	40.788
Lloyd Italiano	19.113	13.400	32.513
Navigazione Generale Italiana	12.898	20.598	33.496
Sud-Atlantique	6.489	9.529	16.018
Messageries Maritimes	8.293	–	8.293
Lloyd Sabaudo	3.106	2.599	5.705
Commercio e Navegação	3.201	1.533	4.734
Pacific S. Navigation Co.	1.461	2.252	3.713
Empr. de N. Sul Riograndense	981	–	981
La Ligure Brasiliana	–	22	22
Sicula Americana	–	20	20
Nacional de Navegação Costeira	4	–	4
Diversas	78.127	7.421	85.548
Total	5.886.120	2.934.272	8.820.392

Fonte: Relatório da Associação Comercial de Santos, 1914.

Tabela A.24. Exportação de café pelo porto de Santos, discriminado por companhias de navegação – safra 1913/1914

Companhias	2º Semestre de 1913	1º Semestre de 1914	Total
Lamport & Holt Line	1.148.290	781.884	1.930.174
H.S.A Dampfschiffahrts Gesellschaft	1.105.916	527.900	1.633.816
Prince Line	641.896	525.314	1.167.210
Chargeurs Réunis	720.366	321.130	1.041.496
Nord-Deutscher Lloyd Bremen	682.467	309.033	991.500
Hamburg Amerika Linie	608.170	284.544	892.714
Koninklijke H. Lloyd	493.347	266.218	759.565
Royal Mail Steam Packet C.	576.093	159.313	735.406
Austro-Americana	331.052	87.050	418.102
Adria	242.242	134.212	376.454
Lloyd Brasileiro	237.063	103.469	340.532
Jonshon Line	117.046	48.806	165.852
Harrison Line	70.588	73.222	143.810
Société Générale de Transp. Marit.	106.449	31.207	137.656
Pinillos, Izquierdo y Co.	65.576	33.815	99.391
Navigazione Generale Italiana	37.044	29.637	66.681
La Veloce	25.854	15.192	41.046
Lloyd Italiano	26.468	9.033	35.501
Lloyd Sabaudo	13.766	11.575	25.341
Sud-Atlantique	14.744	8.961	23.705
Italia	11.724	2.466	14.190
Commercio e Navegação	6.981	618	7.599
Transatlantica de Barcelona	158	4.250	4.408
La Ligure Brasiliana	1.306	2.592	3.898
Nacional de Navegação Costeira	668	2.989	3.657
Pacific S. Navigation Co.	1.775	476	2.251
Empr. de Nav "Liberdade"	83	–	83
Societé Generale Atlantique	–	6	6
Diversas	17.197	229.104	246.301
Total	7.304.329	4.004.016	11.308.345

Fonte: Relatório da Associação Comercial de Santos, 1914.

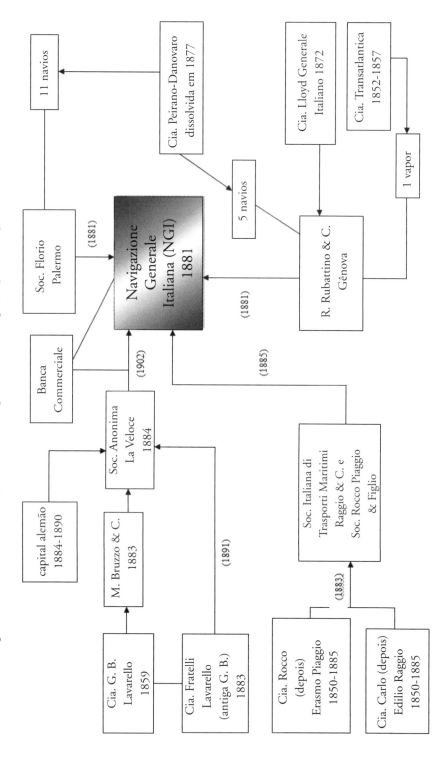

Figura A.1. Processo de incorporação de companhias de navegação pela Navigazione Generale Italiana

Fonte: Adaptado de Mario Enrico Ferrari. *Emigrazione e colonie: il giornale genovese La Borsa (1865-1894)*. Gênova: Bozzi Editore, 1893, p. 199.

Figura A.2. Plano do Porto de Gênova (1876)

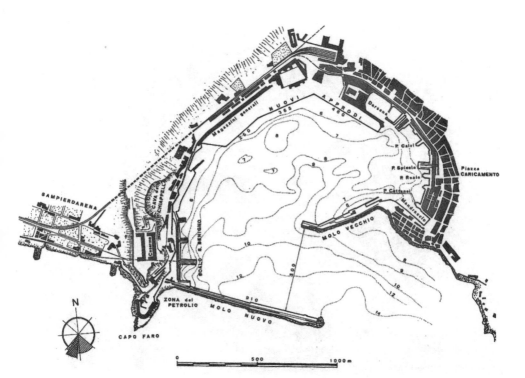

Fonte: G. Borzani. "Cento anni di pianificazioni". *Porto e Aeroporto di Genova*. n. 6, 1978. *Apud* M. Elizabetta Tonizzi. *Merci, strutture e lavoro nel porto di Genova tra '800 e '900*. Milão: Franco Agneli, 2000, p. 209.

Figura A.3. Plano do Porto de Gênova (1890)

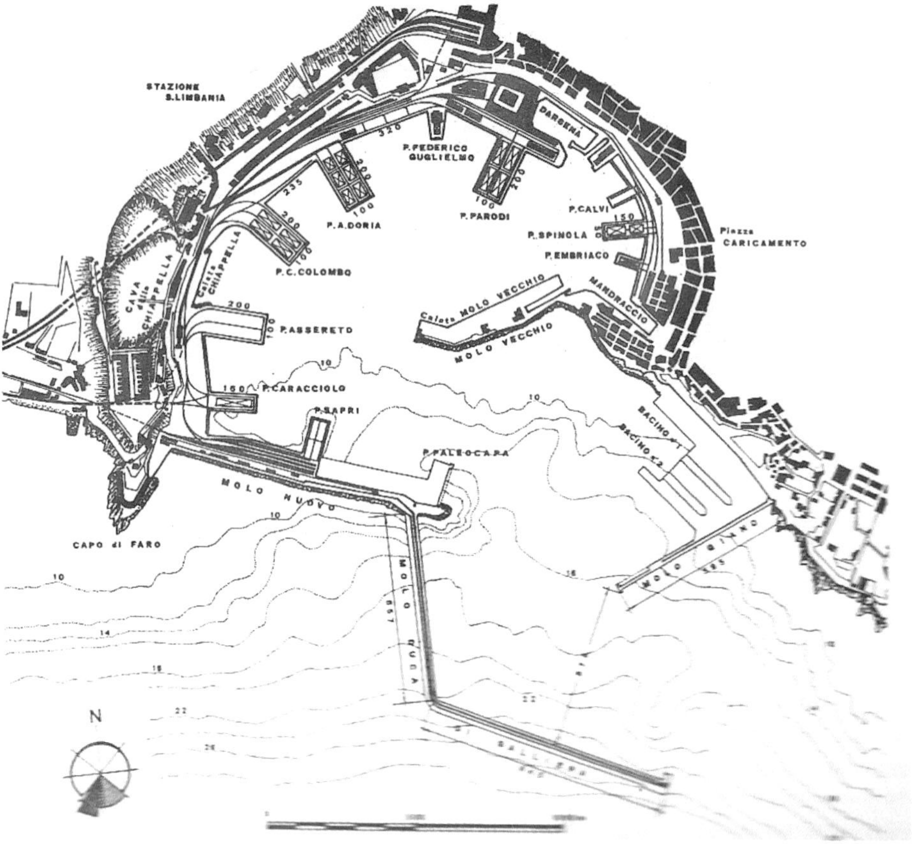

Fonte: G. Borzani. "Cento anni di pianificazioni". *Porto e Aeroporto di Genova*. n. 6, 1978. *Apud* M. Elizabetta Tonizzi. *Merci, strutture e lavoro nel porto di Genova tra '800 e '900*. Milão: Franco Agneli, 2000, p. 210.

Agradecimentos

Este livro é resultado de minha Tese de Doutoramento junto ao Programa de Pós-Graduação em História Econômica do Departamento de História da Faculdade de Filosofia, Letras e Ciências Humanas da Universidade de São Paulo.

Agradeço à Profa. Dra. Vera Lucia Amaral Ferlini, que mais uma vez orientou-me com competência, segurança e paciência, dando-me oportunidade de participar da vida acadêmica, amparado por sua amizade, generosidade e capacidade intelectual, características necessárias a uma grande professora e pesquisadora.

Aos amigos Rosângela Leite, Pablo Mont Serrath e Lucas Jannoni pelo companheirismo de anos, incentivo, discussões acadêmicas ou não, e pelas valiosas sugestões e críticas no decorrer da pesquisa e da elaboração do texto.

A Ana Luíza que me auxiliou com o tema da emigração portuguesa, sugerindo textos e fazendo uma leitura crítica dos escritos.

Aos amigos "históricos" Igor de Lima, José Evando, Rodrigo Ricupero, Avanete Sousa, Lélio de Oliveira, Luís Otávio, Augusto da Silva, Joana Monteleone, Katiane Verazani e Regina Gonçalves por dividir as agruras e os prazeres da vida acadêmica.

Aos membros da banca de examinadora, composta pelas professoras Raquel Glezer, Ana Lúcia Nemi, Rosângela Leite e pelo professor Pedro Paulo Bastos, cujas críticas e sugestões foram, na medida do possível, incorporadas a este texto, revisto à luz de seus comentários. Ana Lúcia, companheira de "geração", também acompanhou mais de perto o processo de pesquisa.

Ao Prof. Dr. José Jobson Arruda pelo importante auxílio no decorrer da pesquisa e nos anos que a sucederam, supervisionando meu Pós-Doutorado junto à Cátedra Jaime Cortesão (USP).

À Profa. Dra. Ismênia Martins, que acreditou neste estudo quando ainda estava na forma de tese, citando-o em seus seminários sobre emigração.

A Wilton Silva, amigo e agora colega de docência da Unesp, pelo apoio no último ano da pesquisa e pela fecunda convivência acadêmica.

Ao Prof. Dr. Joaquim da Costa Leite, especialista em emigração portuguesa, que gentilmente enviou-me sua Tese de Doutorado e ainda se dispôs a trocar inúmeros e-mails com sugestões valiosas para este trabalho.

Aos companheiros de Cátedra Jaime Cortesão: Patrícia Machado, Sônia Barbosa, Luciana Santoni, Natália, Fernando, Bruno, Joaquim, Manuela e os professores Pedro Puntoni, Lincoln Secco, Ana Paula Megiani e Íris Kantor.

Nas instituições e arquivos onde pesquisei sempre fui muito bem recebido. Agradeço especialmente a Débora Silva, responsável pelo arquivo do Memorial do Imigrante, pelo esforço em disponibilizar documentos microfilmados essenciais para esta pesquisa, e a Dirceu Cutti, por me colocar em contato com o importante acervo de periódicos do Centro de Estudos Migratórios de São Paulo.

À Fapesp, financiadora da pesquisa e da publicação deste livro.

À Cátedra Jaime Cortesão pelo apoio institucional.

Na Itália, durante minha pesquisa, contei com o auxílio de várias pessoas. Primeiro, porém, gostaria de agradecer ao professor Ercole Sori, cujos contatos por e-mail tornaram mais produtivo meu trabalho.

Em Gênova, conheci pessoalmente as professoras Chiara Vangelista e Augusta Molinari, que gentilmente me receberam na universidade e me ajudaram nos caminhos que levavam às bibliotecas e aos arquivos da cidade. Agradeço também ao professor Francesco Surdich pelas discussões e indicações bibliográficas, ao professor Antonio Gibelli e a seu grupo de orientandos. A Renata Valente, proprietária da Casa Caminetto, onde fiquei hospedado, que de tudo fez para que eu me sentisse em casa.

Aos funcionários da Biblioteca Universitária de Gênova pela solicitude no atendimento e paciência com o meu italiano.

Às bibliotecárias da Biblioteca Nacional de Florença, cuja disponibilidade permitiu-me aproveitar ao máximo a rápida estadia na capital da Toscana.

Ao professor Angelo Trento, importante interlocutor sobre a imigração italiana para o Brasil.

Finalmente, agradeço a meus pais, que sempre estiveram ao meu lado em todas as decisões importantes, e a Silvana, minha mulher, parceira de projetos de vida e de realizações no presente. Sou um devedor que jamais conseguirá retribuir plenamente o apoio e a confiança dos três, mas prometo continuar tentando.

Esta obra foi impressa em Santa Catarina no verão de 2012 pela Nova Letra Gráfica & Editora. No texto foi utilizada a fonte Adobe Garamond, em corpo 10 e entrelinha de 15 pontos.